21世纪欧亚地缘大博弈

赵鸣文／著

中国出版集团
研究出版社

图书在版编目 (CIP) 数据

21 世纪欧亚地缘大博弈 / 赵鸣文著 . -- 北京 : 研究出版社 , 2020.8

ISBN 978-7-5199-0702-0

Ⅰ . ① 2… Ⅱ . ①赵… Ⅲ . ①国际问题 – 研究 Ⅳ . ① D815

中国版本图书馆 CIP 数据核字 (2020) 第 055766 号

出 品 人：赵卜慧
责任编辑：刘春雨

21 世纪欧亚地缘大博弈
21 SHIJI OUYA DIYUAN DA BOYI

赵鸣文　著

研究出版社 出版发行
（100011　北京市朝阳区安华里 504 号 A 座）

河北赛文印刷有限公司　　新华书店经销

2020 年 8 月第 1 版　2020 年 8 月北京第 1 次印刷
开本：710 毫米 ×1000 毫米　1/16　印张：33
字数：532 千字

ISBN 978 – 7 – 5199 – 0702 – 0　定价：88.00 元

邮购地址 100011　北京市朝阳区安华里 504 号 A 座
电话（010）64217619　64217612（发行中心）

目　录

Ⅲ 命运多舛的独联体

Ⅳ 跌宕起伏的俄美关系

Ⅴ 生机勃勃的上合组织与金砖国家

Ⅵ 全新的中俄关系

前　言

随着国际形势和格局的急剧演变，21世纪初以来，欧亚区域的地缘形势更加错综复杂，各种政治力量既有相互合作需求，也不同程度地加入或被裹挟进地缘博弈旋涡。虽然从地理位置看，美国不属于欧亚地区国家，但美国因素却始终存在于这一区域地缘博弈生态中，并影响着欧亚地区各种政治力量的此消彼长。

在世界百年未有之大变局的当下，透过大量纷繁繁杂的碎片和表象，密切跟踪欧亚区域形势变化，深入分析和研究中国大周边的自然资源争夺态势、俄罗斯外交、独联体兴衰、俄美关系、中俄关系和上海合作组织及金砖国家发展走向，挖掘其本质和特点，进而把握21世纪大国地缘博弈基本特征，做出经得起时间检验的客观结论和判断，对应对瞬息万变的国际和地区形势，为进一步完善中国和平发展战略提供有益参考和借鉴具有十分重要的现实和历史意义。

中国地处亚洲大陆东部中心地带，是世界大国中毗邻国家最多、周边安全环境最为复杂的国家。“二战”结束以来，欧亚地区的各种利益与矛盾相互交织，地缘政治力量竞相角逐。随着欧美在全球的经济扩张以及新兴经济体崛起，这一地区围绕石油、天然气和其他战略资源的攫取与争夺以及跨界水资源矛盾和纷争愈加激烈。

俄罗斯的综合国力历经苏联解体陡然衰弱，再到普京时代逐渐恢复不断增强的发展过程。虽然俄罗斯在许多方面无法与美国等西方发达国家比肩，但不可否认的是，经过20余年的励精图治，特别是在21世纪初以来连续多年保持7%左右的经济增速支撑下，其综合国力显著提升，参与全球治理的能力大为增强，重新成为维系国际战略平衡与稳定的关键因素和国际舞台上不可或缺的重要力量。

独联体是俄罗斯与西方国家地缘博弈的重要战略屏障，无论是叶利钦执政时期，还是普京当政以来，俄罗斯对独联体的经营都力有不逮，但其始终都没有放弃重聚后苏空间人气的努力，尤其是与西方势力在中亚“后院”的地缘角逐不断加剧。

俄美关系是国际关系中最为重要的双边关系之一。两国在一系列核裁军和军控方面合作维系了“二战”结束后的全球稳定与战略平衡。“9·11”事件后，俄美关系前所未有地好转，但自伊拉克战争后，两国关系出现倒退。虽然奥巴马徐图用重启美俄关系将两国关系拉回正常轨道，特朗普也希望通过转圜美俄关系摆脱前任“四面出击”的不利局面，实现战略红利“回归本土”目的，然而，由于双方在一些国际和地区性重大问题上的分歧和矛盾根深蒂固、难以调和，俄美关系始终未能走出低迷的困境。

上海合作组织和金砖国家平台建立以来，两个组织以出人意料的速度快速发展，国际声望和影响力不断上升。尽管随着扩员，上合组织成员国的利益诉求更显多元，不总是事事、处处吻合，美国还在不断分化金砖国家，但相比其他国际组织，上合组织和金砖国家仍是两个共识最多、凝聚力最大、效率最高的多边合作机构，不啻为成员国维护国家安全、发展经济和开展多领域合作的理想平台。

中（苏）俄关系是国际舞台和国家关系中最重要的一对双边关系。中俄历经坎坷，终于找到适合发展两国关系的发展模式。21世纪初以来，面对急剧变化的国际和地区形势，中俄关系历经各种考验，快速发展并不断上升到新台阶，已然成为国际关系中一组十分成熟的新型国家关系。新时代中俄全面战略协作伙伴关系担起了携手维护国际战略稳定并为欧亚地区提供安全保障的历史重任。中俄世代友好、永不为敌为两国人民带来实实在在的福祉，也为世界和地区和平与稳定做出重要贡献。

总之，21世纪头20年欧亚地区既有激烈的地缘博弈，也有休戚与共的互利合作，各种政治力量相互交织，呈现出这一时期的区域地缘形势主要特征。

很早以来，我就萌生了将这些年发表的一些重要文章汇编成册，以飨读者的想法，特别是看到我的一些观点被不断引用，有的文章下载量甚至快要突破2000次，我想尽快完成这一工作的愿望更加强烈。然而，由于经常被派往驻外使馆常驻，回国后的学术、课题和调研任务又十分繁忙，加之我一直在赶写《普京大外交：面向21世纪的俄罗斯对外战略（1999—2017）》一书，所以，拖延至今始终未能如愿。

《21世纪欧亚地缘大博弈》编入总计50万余字的47篇文章，其中8

篇被中国人民大学书报资料中心全文转载，[①]《北约续扩对俄罗斯的内外影响》被中国社会科学院文献信息中心主持编写的《新世纪党政干部理论学习文献》收录，《中俄关系进入新的历史发展时期》被中共中央党校出版社和满洲里市委、市政府作为“贯彻落实习近平总书记系列讲话精神”，“推进中俄战略协作伙伴关系”联袂推出的《中俄（苏）关系史论》收录，《新形势下的中俄全面战略协作伙伴关系》被中国知网“中文精品学术期刊外文版数字出版工程”列入首批（翻译后）境外推广学术论文。

值此《21世纪欧亚地缘大博弈》付梓出版之际，我衷心感谢研究出版社赵卜慧社长的鼎力支持，使该书得以如期问世。倘若本书能为从事我国周边资源安全、俄罗斯、独联体、上海合作组织及金砖国家、俄美关系和中俄关系研究的在校学生和学者提供些许参考和帮助，这将是我的最大欣慰。

赵鸣文

2020年6月30日于北京

① 中国人民大学书报资料中心编辑出版的复印报刊资料有近百种学术系列刊，是从国内公开出版的约4000种报刊上由学科专家和学术编辑共同遴选，并按学科门类进行转载的规模化、专业化、标准化、体系化精品刊群。自1958年开始，该复印报刊资料以“精选千家报刊、荟萃中华学术”为基本理念，依托经验丰富的专业编辑队伍和来自全国知名学术机构的权威专家开展评文、选文活动，积极为中国人文社会科学的繁荣发展服务。在信息冗余时代，复印报刊资料客观上兼具资料与评价功能，成为评价人文社科期刊、机构学术影响力和研究成果水平的参考依据之一。

I

对能源和原材料及水资源的争夺与合作

中国大周边地带的资源争夺态势①

中国地处亚洲大陆东部中心地带，是世界大国中毗邻国家最多、周边安全环境最为复杂的国家。“二战”结束以来，中国大周边地带各种利益与矛盾相互交织，各大地缘政治力量竞相角逐，已成为美国等西方反华势力争夺的重要区域。随着欧美在全球的经济扩张以及新兴经济体的崛起，中国大周边地带围绕石油、天然气和其他战略资源的争夺更加激烈。

世界能源供应链是否安全，能源价格能否合理与稳定，不但关乎国际能源安全体系的健康发展，也涉及能源生产国和消费国的切身利益，更影响着国际和地区的安全与稳定。新千年以来，世界多数国家普遍面临着经济发展和能源紧缺的双重压力，中国等新兴国家获取境外能源资源的难度及其成本和风险不断增加，在利用全球能源资源方面已处于事实上的不平等地位。然而，当今国际能源领域依然维系着以美欧等西方发达国家为主导、广大发展中国家处于被动接受的不合理国际能源供应和定价机制，而对能源资源供应和定价权的争夺也成为冷战后国际关系中最为突出的问题之一。

一、各方围绕能源供应的角逐

自 20 世纪后期，中国大周边地带围绕能源供应的争夺已日趋激烈。美国是能源生产大国，同时又是能源消费和能源进口大国，其对海外油气资源的觊觎和争夺成为全球能源供应争夺不断加剧的重要因素之一。近年来，欧盟试图摆脱对俄罗斯能源进口的依赖，也在积极寻求能源供应多元化渠道，使俄罗斯对欧洲的传统能源供应国地位受到极大挑战。

① 《中国周边安全环境评估及政策选择（2010—2020）》，世界知识出版社 2015 年版，第 179—187 页。

（一）多国“抢滩”中亚里海

中亚里海地区蕴藏着丰富的石油和天然气资源，已探明石油储量大约2000亿桶，占世界探明石油储量的8%左右，天然气储量约23万亿立方米，占世界已探明天然气储量的4.3%。虽然有关专家和机构对中亚里海油气储量的估计差异较大，但中亚里海地区是世界第二大油气富集区也是不争的事实。冷战结束后，美欧等西方大国在已占有海湾、几内亚湾等油气产区的同时，继续“抢滩”中亚里海，不断拓展能源供应新渠道。美国前国务卿赖斯积极促成雪佛龙于1993年成功收购哈萨克斯坦田吉兹油田50%的股份，并组建了田吉兹雪佛龙公司，正式吹响欧美大能源公司进军里海的号角。1994年正当俄罗斯等里海沿岸国在如何划分里海海域吵得不可开交之时，欧美国际石油资本已与阿塞拜疆成功签署银团贷款合同，得到了开发包括巴库近郊陆地在内的21个矿区项目。① 在此后的短短几年里，美国公司获得了里海16%的石油和11.4%的天然气资源控制权，美英两国对里海石油和天然气资源的控制甚至分别达到了平均27%和40%的比例。由于欧美公司蜂拥里海“淘金”，导致中哈石油管道工程一度受到影响而中断。截至2012年，仅在里海土库曼斯坦海域就有马来西亚国家石油公司Petronas，阿联酋的Dragon Oil、印度的ONGC、德国的RWE和Winterschall、奥地利的Maersk、俄罗斯的Itera和Zarubezhneft等多家公司在参与天然气开发作业。中石油和英国的Barren Energy则参与土库曼斯坦的陆上气田开发。

（二）欧美联手遏制俄罗斯在前苏空间的能源供应主导权

苏联解体后，美国为争夺对前苏国家能源外运主导权，竭力推动绕过俄罗斯的巴库—第比利斯—杰伊汉石油管道项目，旨在将里海地区石油通过阿塞拜疆、格鲁吉亚和土耳其输往欧洲。2002年9月18日，布什总统在“杰伊汉”管道开工典礼时亲自致信祝贺。2006年6月，该管道正式竣工运营后，取代了“北线”新罗西斯克管道和“西线”的巴库—苏普萨输油管道，成为阿塞拜疆里海石油最主要的出口渠道，既维护了欧洲能源安全，增强了美国对中亚里海及外高加索地

① 参见日本《产经新闻》2003年10月13日报道。

区的影响力，也削弱了俄罗斯对里海石油过境的主导权。近年来，欧美国家还联手推动“纳布科”和跨里海等绕开俄罗斯的天然气管道建设，以彻底打破俄罗斯对中亚里海能源西向出口的传统垄断地位。

（三）俄罗斯极力加强对前苏地区能源外运的控制权

虽然俄罗斯石油出口涵盖全球50多个国家，但欧洲和独联体国家则是其石油出口的主要市场，尤其是西伯利亚的油气绝大部分输往欧洲，巩固和发展欧洲的传统市场是俄罗斯对外能源战略的最重要方向之一。为此，俄罗斯不断调整能源战略，积极反制美欧对其能源战略的挤压。一是收复能源丧失之地，“重建苏联能源综合体”，[①] 巩固“能源供给国”地位。二是扩大境外油气份额，长期“买断中亚油气外销权”，遏制中亚油气外流势头。三是编织能源产销网络，以同土库曼斯坦和哈萨克斯坦共建沿里海油气管线为突破口，带动环里海国家的能源合作，进而获取对里海能源走向的主导权。俄罗斯同哈萨克斯坦达成五年“执行共同营销政策”共识，与哈萨克斯坦、土库曼斯坦、乌兹别克斯坦共同改造中亚通往俄罗斯的“中亚—中心”天然气管道，巩固俄罗斯作为中亚向欧洲统一供气的“唯一代表”地位。四是开辟南欧新能源市场，建设绕开乌克兰直通欧洲的“北流”和“南流”输气管道，从根本上解决俄罗斯天然气对欧供应过境上的纷争。五是反制“纳布科”管线，以每千立方米350美元高价购买阿塞拜疆沙赫—杰尼兹气田的天然气，争取与其达成更多天然气的采购协议，说服阿什哈巴德通过俄罗斯管网将土库曼斯坦的天然气输送到西方市场，并争取“使其他国家在没有俄罗斯参与下无法向欧洲出口天然气”，对“纳布科”施以釜底抽薪之策，“在对欧洲能源供应上构筑一个‘大围栅’”，使其“难以找到足够的天然气供应”。[②] 莫斯科的反制措施彻底撕开了美欧“多线合围”俄罗斯传统能源输出通道的缺口，使美国主导的“杰伊汉”和巴库—埃尔祖鲁姆等油气管道的战略价值大打折扣。

（四）中亚里海国家不断开拓能源出口多元化渠道

阿塞拜疆早就试图摆脱对俄罗斯油气管道的传统依赖，希望拥有油气出口、

---

① Кризис поможет России собрать вокруг себя новый СССР?//Комсомольская правда. 19.03.2009.

② Russian President strives for a breakthrough moment in Caspian basin energy game//EurasiaNet.org july 3, 2008.

定价、过境费等方面的自主权。哈萨克斯坦也是最早同欧洲、美国和中国等国开展能源合作的中亚国家。2004 年 3 月，纳扎尔巴耶夫总统在会见来访的阿塞拜疆总统阿利耶夫时表示，哈方对美国牵头的从里海到地中海的巴库—第比利斯—杰伊汉管线非常感兴趣，希望通过该管线出口石油。1997 年 6 月，哈萨克斯坦强占先机，率先开启前苏国家同中国能源合作先河，成立了中油—阿克纠宾合资石油公司。9 月，两国签署《中华人民共和国政府和哈萨克斯坦共和国政府关于在石油天然气领域合作的协议》和石油管道建设项目总协议，2006 年 5 月，中哈石油管道全线贯通运营。

土库曼斯坦在尼亚佐夫总统执政期间已开始致力于能源出口多元化的努力，与中国商定修建一条不经过俄罗斯通往中国的输气管道。别尔德穆哈梅多夫总统执政以来，土库曼斯坦的能源出口多元化战略取得积极进展。2009 年 4 月与俄罗斯因天然气管线意外爆炸发生争执后，阿什哈巴德毅然决定参与绕过俄罗斯的“纳布科”天然气管道项目，并与德国能源巨头 RWE 集团签署了向欧洲供应天然气的长期合作备忘录。截至 2011 年，土库曼斯坦除原有向北通往俄罗斯的中央—中亚天然气管道外，又铺设了向东通向中国的天然气管道和向南通往伊朗的二期管道，并就建设 TAPI 管道积极与阿富汗、巴基斯坦和印度磋商。近年来，随着中亚里海国家独立意识不断增强，各国摆脱俄罗斯主导的“转口”欧洲能源管道、拓展能源多元化出口战略的意愿愈加迫切。“中亚国家已把对华能源出口作为各自能源出口多元化战略的重点方向。”尤其是中亚—中国“天然气管线的建成不仅大大缓解了中国能源进口面临的诸多困难，也打破了美国等能源大国试图垄断中亚里海能源对外供应的地区能源战略格局”。①

二、围绕能源定价权的博弈

能源定价权是指一个组织、国家或机构在能源双边和多边贸易以及国际能源市场交易中影响或确定价格、贸易定价机制抑或获取议价的能力。能源定价权体现一个国家或组织的综合实力。从工业时代即出现围绕能源产地和能源定价权的初始争夺，随着现代工业的发展，能源需求迅速增加，能源贸易不断扩大，其交

① Andreas Goldthau,"Resurgent Russia? Rethinking Energy Inc,"*Policy Review*, February & March 2008.

易环节和定价机制也日臻成熟。海湾产油国为维护自身利益，于 20 世纪 60 年代成立石油输出国组织 OPEC，自此，国际能源定价有了正式平台，形成了较为正规的定价机制。

（一）美欧等主要国家及 OPEC“掌控”世界能源价格走势

首先，国际市场油价的形成长期依据美国纽约商品交易所轻质低硫原油价格、英国伦敦国际石油交易所北海布伦特原油价格、阿联酋迪拜原油现货及期货价格和欧佩克成员国的一揽子平均价的 4 种基准价格。

其次，尽管石油期货的金融套利导致溢价因素可能达到 60%—70%，但美欧等西方大国在油价涨幅中的直接和间接因素不能忽视。国际能源大约 80% 的石油和天然气贸易以美元结算，而美元汇率的波动直接牵动国际油价涨幅。美元持续疲软使油价走高是客观联动现象。欧佩克数据显示，美元每贬值 1%，国际石油每桶就上涨 4 美元。

此外，美欧发动局部战争、实施“制裁”行动和国内政经局势变化均影响国际油价波动。20 世纪 80 年代中期，美国里根政府秘密实施沙特石油增产的“沙特行动”引发国际油价暴跌，导致苏联外汇收入锐减，数十个大项目被迫中止，经济蒙受重大损失，并成为苏联解体的催化剂。自“9 · 11”后美国发动全球反恐战争以来，国际油价屡创新高，2008 年上半年突破 100 美元大关后连续冲高，7 月 11 日纽约商品交易所 9 月份交货的轻质原油期货价格达到每桶 145.85 美元历史记录。美国金融危机爆发又引发全球石油价格暴跌，2008 年下半年的油价开始“雪崩”，跌幅达 70% 左右，每桶逼近 30 美元低位。2010 年以来，由于美国等西方国家纵容和插手西亚、北非社会动乱，导致 2010 年 11 月前还处于每桶 90 美元以下的原油价格随着突尼斯和埃及局势动荡，2011 年 2 月升至每桶 100 美元以上。在法国等北约国家袭击利比亚后，布伦特原油期货价格一度突破每桶 125 美元。

（二）俄罗斯主导中亚能源定价权的地位受到挑战

近年来，随着中亚国家独立自主意识不断增强，俄罗斯对中亚能源定价权的主导地位开始受到挑战。2006 年 9 月，俄罗斯不得不接受土库曼斯坦的要求，将土方2007—2009年向其出售的天然气价格定为每千立方米100美元。2007年12月，哈萨克斯坦、乌兹别克斯坦和土库曼斯坦就统一天然气价格达成战略协议，三国共同宣布从2009年起按欧洲价格出售天然气。在此背景下，2008年3月11日，俄罗斯天然气工业股份公司以“净回值”原则与三国达成购买其天然气协议。同时，在土库曼斯坦要求下，2008年上半年俄罗斯将从土库曼斯坦购买的天然气价格也从每千立方米100美元提到150美元。当年12月，莫斯科也同意了塔什干提出的俄乌天然气定价机制的参考标准应由地区参数转为国际参数的要求。2009年1月1日，俄罗斯天然气工业股份公司与乌兹别克斯坦签署的年度供气160亿立方米的天然气合同已完全按中欧天然气价格为基准，每千立方米上涨至301美元，且这一价格还随着国际行情变化每季度调整一次。与此同时，从2009年1月1日起，俄罗斯也开始以欧洲价格购买哈萨克斯坦和土库曼斯坦的天然气，每季度将按与原油和主要成品油价格挂钩的价格公式计算，每千立方米天然气价格将不低于250美元—270美元。中亚国家天然气出口价格向国际市场气价靠拢大势所趋，俄罗斯从中亚低价购买天然气，再转口高价出售的时代一去不复返。

（三）俄欧在天然气定价上交手

近年来，俄欧除在《能源宪章条约》上分歧难解，双方在天然气定价上也时有摩擦。2009年4月，俄罗斯副总理谢钦在土库曼斯坦召开的“可靠和稳定的能源运输及其对保障稳定发展及国际合作的作用”国际研讨会上表示，由于《能源宪章条约》无法保证建立有关“会议主题”的法律基础，俄罗斯制定了新的国际能源合作法律基础文件草案和有关克服能源产品运输中断的条约草案。然而，欧盟不但没有接受这一草案，反而于当年7月通过了一揽子能源市场改革法案，并决定从2011年3月开始实施。时任俄罗斯总理普京随即指出，欧盟这份所谓第三能源一揽子文件，旨在降低天然气进口价格，修改现有的同石油价格挂钩的天然气定价方式，这是俄罗斯所不能接受的。另外，该文件有关“天然气销售国没有运输网络所有权”等规定也“正好限制了俄罗斯天然气工业股份公司的某些经营行为，使得俄罗斯与欧盟国家的天然气合作步履维艰”。[①] 为此，莫斯科一直要求欧盟依据此前与俄罗斯签署的有关能源合作协议，对俄罗斯相关企业给予“例外”待遇，并从法律角度寻找有利于己的理由，以应对这一问题。

（四）天然气出口国论坛欲提高议价能力

自 2001 年 5 月俄罗斯、伊朗和卡塔尔发起并正式成立天然气输出国论坛（GECF）以来，伊朗一直试图将其打造成抵御美国等西方对其战略封锁的类似“欧佩克”的天然气卡特尔组织。俄罗斯也有将天然气出口论坛变成“天然气欧佩克”的考量，尤其是欲将该论坛变成讨论天然气供应线路和价格的平台，以利其丰富的天然气资源潜力转化为巨大的竞争优势，增强抗衡欧美能源战略挤压的能力，提升其在国际舞台上的地位。为维护成员国的利益，2010 年 4 月，天然气输出国论坛能源部长在阿尔及利亚奥兰会议上共同表示，要为天然气的价格调控做出努力，同意将天然气价格与石油价格对等起来。2011 年 11 月召开的首届天然气出口国首脑峰会，对长期低迷的天然气价格“集体”表示不满，共同呼吁国际天然气市场价格应更加“公平、合理”，提出要尽早建立与原油价格挂钩的天然气价格形成机制。峰会声明呼吁，要重视长期天然气贸易协议对建立输出国与输入国间风险均摊机制的重要性。天然气输出国论坛秘书长莱奥尼德·伯克汉诺夫斯基表示，与油气挂钩的长期天然气合同符合买卖双方利益，能够缓冲现货市场价格波动，还可带动价值数十亿美元的管道基础设施建设，有助于保障能源供应安全。伊朗石油部长卡西米甚至提议，为了掌握天然气的定价权，天然气输出国论坛应制订一个全面的天然气市场管理计划，使成员国能够形成统一的战略。

（五）中俄能源供需价格分歧难解难分

尽管中国和俄罗斯是全面战略协作伙伴，但两国能源企业在油气贸易中依然坚持“亲兄弟，明算账”的原则。俄罗斯在对华出口天然气价格上一直坚持与对欧出口同等收益原则，并力求实现经济效益最大化。也正因为如此，定价也成为长期困扰中俄达成天然气管道合作协议的一个主要因素。

① Сергей Куликов. "Газпром" споткнулся о третий энергопакет//Независимая газета.17.10.2011.

围绕主要战略原料供应和定价权展开的争夺①

自然资源日益减少和人类对一次资源无限制的消费，导致近代以来全球尤其是主要大国对战略原料的争夺愈演愈烈，给国际和地区安全与稳定带来极大影响。

一、中国大周边地区战略原料资源丰富

苏联曾是铁矿石最丰富的国家，总储量达517亿吨。苏联解体后的俄罗斯仍是自然资源最为丰富的大国，其铁矿石储量占全球的17%，位居世界前列。哈萨克斯坦探明资源总价值超过1万亿美元，潜在资源储量约10万亿美元以上，居世界矿产资源最丰富国家前十位。其中，铁矿石探明储量约83亿吨，位居世界第七位，铀矿储量约60万吨，占世界储量的25%左右，排名世界第二位，2009年跃居世界第一大产铀国。

乌兹别克斯坦探明资源储量总价值约1.3万亿美元，前景储量总价值3.5万亿美元左右。其中，黄金探明储量2100吨，前景储量3350吨，位居世界第四位，铀探明储量5.5万吨，位居世界第七位。

吉尔吉斯斯坦除可观的铁矿石储量外，还富藏金、锑、钨、锰、汞、铀等稀有金属矿产，其锡和汞产量位居独联体第二，黄金地质储量为2500—3000吨，探明工业储量约为560吨，其锑产量位居世界第三位和独联体第二位。塔吉克斯坦已发现金、银、铁、铝、铅、锑、汞、钨、稀土等70多种矿产，其白银储量位居中亚之首，铅锌矿也有较乐观储量，位居中亚第一。

蒙古国是矿产资源大国，其蕴藏量位居世界前20位，除100余亿吨煤炭储量外，还有大量的石油、油页岩矿、岩金矿、铜、铁、锰、铬、钨、钼、铅、铝、锌、铋、锡、石棉等矿产资源，其探明铀储量超过6万吨，前景储量可能为

① 《中国周边安全环境评估及政策选择（2010—2020）》，世界知识出版社2015年版，第187—192页。

12 万—15 万吨。

南亚和东南亚矿产资源丰富，印度的煤、铁矿石、锰矿石、镉、钛、菱镁、铍、锆、钍等矿产储量均位居世界前列，是世界第五大煤炭及铁矿石产地，也是铝矾土资源最多的国家之一，铝土矿蕴藏量居世界第五位。

巴基斯坦富产金、银、铂、铜矿和含铜的金银矿、铜金矿、铁矿石、铅锌矿、铬铁矿等矿藏，其北部享有宝石王国美誉，盛产红宝石、绿宝石、黄瑜、橄榄石、绿电石和各种石榴石。

印度尼西亚金矿潜在资源量约 5297 吨，探明金矿储量 3156 吨，居亚洲首位，锡储量占世界总量的 13.1%，排名世界第三位。

菲律宾在 20 世纪 80 年代即是全球最大的金、铜、铬和镍生产国之一。马来西亚锡矿储量约 100 万吨，占世界总储量的 16.4%，位居世界第二位。

越南也蕴藏着大量的煤炭、金、铬铁矿、钛铁矿、锡、锌、石墨、宝石等矿藏，是世界第十大钛铁矿资源国，已探明储量超过 160 吨，远景储量超过 1400 余吨，其铁矿石储量也相当可观，总储量超过 12 亿吨。

泰国长石产量位居世界第三位，石膏产量位居世界第六位。缅甸也有相当数量的石油、天然气、铜、铬、锰、锡、锌、铅、钨、翡翠等矿产，其翡翠和红蓝宝石在世界市场占有重要地位，世界 95% 以上的翡翠产自缅甸，而高档翡翠完全产自缅甸。

二、围绕主要战略原料供应的争夺

稀土和铁矿石等主要原材料是现代科技产品、尖端武器及工业发展不可或缺的重要基础原料，其供给稳定与否直接关乎国家经济的可持续发展和战略安全。为此，近代以来国家间的战略原料争夺从来都没有停止过。进入 21 世纪以来，围绕战略原料的争夺仍是国家间产生摩擦和冲突的主要原因之一，而中国大周边地带的资源争夺与博弈尤显突出。

（一）美欧日不断强化原料供应安全战略

美国虽是资源大国，但同时也是资源消费大国，且长期缺少 16 种战略原料。为此，美国在 20 世纪初就制定了海外攫取战略原料战略。从 20 世纪 90 年代美国即停止开采本国稀土资源。2009 年 10 月，美国在先前禁售和限售 13 种稀有原料基础上，又增加了包括特种钢、锂等 14 种禁售和限售稀土元素，使其对重要原材料的储备达 68 种之多。近年来，美国还将掠夺战略资源的触角伸到中亚和南亚等地。

日本对主要战略原料的进口依赖一直在 95% 以上，“二战”前即制定了利用海外资源强国强军的战略。1936 年日本出台的“国策基准”文件强调，日本为巩固国防必须获得更多的海外矿产资源。1937 年日本制定的《处理中国事变大纲》和《华北处理纲要》提出，侵华日军及其在华的军政经等组织要积极推动开采及生产用于日本扩充国力和军力急需的煤炭、铁矿等矿产和物资。[①] 在此方针指导下，日本在“二战”期间对中国、朝鲜和东南亚地区国家的矿产资源进行大肆掠夺。从 20 世纪 80 年代开始，日本利用其跨国公司对外合作以及经援等途径，不断扩大稀有金属中的镍、铬、钨、钼、锰、铁矿石、稀土和铀等重要战略资源的进口。

欧盟的原料需求严重依赖进口，近年来，随着国际原料供需形势日趋紧张，欧盟对保障原材料供应安全的危机感开始上升。2008 年 11 月，欧盟委员会出台《欧盟原材料倡议——满足我们对欧洲增长与就业的关键需求》文件，强调要努力消除供应国对原料出口的限制，利用外交等资源确保欧盟稳定地获取战略资源。2010 年欧盟委员会连续出台《对欧盟生死攸关的原料》和《贸易、增长与世界事务》两份战略文件，将包括稀土在内的 14 种重要矿产原料列入紧缺名单，提出要维护欧盟企业权益，确保获得关键性原材料和可靠的能源供应。

（二）发达国家竞相对中国周边矿产资源国投资

发达国家不断扩大对中亚和东南亚等资源国的投资。1994 年美国建筑业巨头莫瑞森·纳德森公司以投资 70% 的比例与吉尔吉斯斯坦合资开发杰鲁伊金矿，全球排名第二的美国铜生产商菲尔普斯·道奇公司和纽蒙特矿业公司也参与了吉尔吉斯斯坦金矿的开采。为保持对中亚国家的稳定投资与合作，截至 2009 年，美国对哈萨克斯坦矿山开采行业累计投资占到外国对哈直接投资的 48%。1992 年，世界第二大铀矿开发商加拿大 Cameco Corp 同吉尔吉斯斯坦签署合资开采伊

① 日本防卫厅战史室：《华北治安战》，天津市政协编译组译，天津人民出版社 1982 年版。

塞克—库尔斯基的库姆托金矿合同。1993 年，加拿大海湾国际矿物公司同塔吉克斯坦凯拉库姆矿山采选联合企业合资开发阿普烈列夫卡金矿和布尔干达多金属矿。1995 年，英国黄金矿产采掘公司以 49% 的股权与塔吉克斯坦方面建立开采达瓦兹地区金矿联合风险公司，英国 Nelson 金矿有限公司和国际金融公司也参与了在塔吉克斯坦的泽拉夫尚—吉萨尔金的金矿开采项目。英国郎霍公共有限公司还与乌兹别克斯坦方面达成开发阿曼泰套金矿开发协议。1999 年，加拿大海湾国际矿物公司同塔吉克斯坦方面合作开采苏联解体留下的达瓦兹山达克—萨法罗夫沙金矿尾矿项目。2001 年，澳大利亚 Multiplex 矿业公司与乌兹别克斯坦政府签署开发位于萨马尔汗地区的 Zarmitan 和 Gudzhumsay 两个金矿。2006 年初，日本住友商社和关西电力公司与哈萨克斯坦国家原子能公司签署协议，联合投资 1 亿美元开发设计产能 1000 吨铀的西门库杜克铀矿。2007 年和 2008 年，日本与哈萨克斯坦相继达成能源合作协议，内容包括哈从 2010 年起每年向日方提供大约 4000 吨铀，日本向哈提供核电站建设和燃料处理技术支持。

美、日对东南亚国家的投资也在不断增加。近年来，日本已将东盟国家视为其可替代中国稀土和其他原材料的来源地，更加大了对其投资力度。2011 年 10 月，日本首相野田佳彦与到访的越南总理阮晋勇就两国合作开发稀土资源达成一致。2012 年 6 月，两国共建的“稀土研究技术合作中心”也正式成立。在近年日本官方发展援助（ODA）总体萎缩情况下，其 2010—2012 年对湄公河国家的援助仍保持在 55 亿美元左右。

三、影响战略原料价格的相关因素及对其定价权的争夺

主要战略原料定价权是国际定价权的一种。长期以来，发达国家及资源强国凭借其政治经济影响和先发优势，在影响和制定原材料价格方面拥有主导权，发展中国家和欠发达的原料进口国则处于被动接受地位，双方围绕主要战略原料定价权的争夺日显激烈。

长期以来，世界矿山巨头澳大利亚必和必拓公司、澳大利亚力拓集团、巴西淡水河谷三大公司一直占据世界铁矿石 65% 以上的贸易，已形成“三分天下”铁矿石贸易和定价格局。力拓拥有 110 亿吨的铁矿石储量，必和必拓铁矿石储量也达 70 余亿吨，巴西淡水河谷的铁矿石储量也在 40 亿吨左右，可维系开采 400

年。三大矿山凭借巨大的铁矿石储量及其高品位的客观优势始终操纵着全球铁矿石的价格，占据国际铁矿石供应市场的垄断地位。不单中国，欧洲和日本对三大矿山所定价格也无计可施。2007 年日本新日铁和韩国浦项一度宣布联手与三大矿山谈判，以主导铁矿石价格涨幅，但努力未果，只能接受其提出的涨幅，也使这一价格成为当年全球铁矿石价格。为扭转这一局面，2007 年底甚至曝出美国私募基金百仕通集团联合其他财团收购力拓，以抗衡必和必拓的传言。尽管包括中国在内的不少国家反对，但 2010 年维系了 40 年的铁矿石年度长协定价机制还是在三大矿业集体抵制下寿终正寝，转而采用与现货市场挂钩的季度定价机制，导致国际铁矿石价格波动更加频繁。当年 7 月，在世界三大矿山掉期交易和印度矿商跟风推升下，中国钢材市场的热卷板材上涨超过 210 元人民币，铁矿石也从每吨 123 美元急速反弹至每吨 130 美元，导致中国钢企不得不暂停进口现货铁矿石。2010 年以现价采购铁矿石后，中国钢企全年多付出 700 多亿美元。

围绕能源和原料运输通道安全的各方博弈①

能源和原料运输通道安全直接影响国家的战略安全和可持续发展战略，在当今全球一次不可再生资源日益短缺的大背景下，确保能源和原料运输通道安全更有突出的地缘战略意义。近年来，中国大周边地带围绕能源和原料通道安全的各方博弈尤显突出。

一、围绕能源运输通道的争夺

俄罗斯不断加强对后苏空间特别是环里海地区油气运输管网的双控制，中国则积极回应中亚国家能源出口多元化战略需求，努力改善自身能源安全状况。

（一）中亚能源外输通道上的角力

对中亚里海能源运输通道争夺的核心是油气外运方向和由谁主导问题。

中亚对华能源出口实现历史性突破。1997 年 9 月，中国石油天然气集团击败欧美等大型石油公司，获得哈萨克斯坦阿克纠宾斯克和乌津两大油田开采权，并与哈达成建设中哈石油管道工程项目协议。2005 年 5 月，中哈石油管道一期工程贯通，成为中国第一条跨国长输石油管道。2006 年 4 月，中国与土库曼斯坦签署《中华人民共和国政府和土库曼斯坦政府关于实施中土天然气管道项目和土库曼斯坦向中国出售天然气的总协议》及《关于建设中土两国天然气管道基本原则协议》。2007 年中国与土库曼斯坦、乌兹别克斯坦和哈萨克斯坦三国政府、中石油同三国相关企业签署有关对华天然气管道建设和运营协议。2009 年 12 月和 2010 年 10 月，中国—中亚天然气管道 A 线和 B 线全部竣工，正式双线通气。2011 年 4 月，乌兹别克斯坦与中国签署中国—中亚天然气管道 C 线建设协议，

---

① 《中国周边安全环境评估及政策选择（2010—2020）》，世界知识出版社 2015 年版，第 192—198 页。

乌兹别克斯坦每年通过该管道向中国输送250亿立方米天然气。

俄罗斯积极应对中亚国家扩大对华能源出口的挑战。针对中亚国家不断扩大对华能源出口的趋势，“莫斯科也有一个新老结合的应对方案，即沿苏联时期的中亚—俄罗斯中部管道再兴建一条管线”，以“使中石油与俄气公司对土库曼斯坦开采出的天然气形成竞争”态势。① 为此，2008年9月普京访问乌兹别克斯坦期间专门与卡里莫夫总统深入讨论了建设该管线的具体细节。此外，鉴于哈萨克斯坦、土库曼斯坦和乌兹别克斯坦竞相扩大对华能源合作的实际情况，“俄罗斯不得不加快发展中亚—俄罗斯中部天然气管道的谈判进程，以表明它拥有现成的、能替代土中管道的方案。加之按‘欧洲定价模式’收购，使与俄气合作更显诱人”。②

中亚里海国家奉行大国平衡的多元化能源出口战略。哈萨克斯坦一直在强化本国能源外运自主权。1997年4月纳扎尔巴耶夫总统亲自批准成立全资国有公司哈萨克斯坦石油天然气运输公司，明确要求其达到“承揽”全国80%以上石油天然气的运输份额能力。土库曼斯坦在尼亚佐夫总统执政期间就一直试图冲破向北通往俄罗斯的中亚—中央天然气管道束缚，扩大能源对外出口。在此方针指导下，土库曼斯坦已基本实现天然气北走俄罗斯、南向伊朗、东走中国的战略布局。

（二）日本在俄中石油管道合作上搅局

2000年夏，俄罗斯与中国达成共同修建从俄罗斯安加尔斯克到中国大庆的石油管道协议。正当两国筹划“安大线”的关键时刻，日本公开出来搅局。2002年12月，东京向莫斯科提出修建从安加尔斯克到纳霍德卡的“安纳线”方案。由于该线路终端纳霍德卡港口面向太平洋，俄罗斯在向日本供油时，也可进入中国、韩国和潜在的朝鲜甚至还能延伸至美国等更广阔的市场，对俄罗斯吸引力更大。为使莫斯科尽快同意这一方案，日本轮番向其发动外交和经援攻势。2003年，小泉一郎首相数月内接连两次造访莫斯科，先向其允诺提供50亿美元优惠

---

① Алексей Гривач. Трубный зов-Владимир Путин договорился в Ташкенте о строительстве еще одного газопровода в Средней Азии//Время новостей.03.09.2008.

② Алексей Гривач. Трубный зов-Владимир Путин договорился в Ташкенте о строительстве еще одного газопровода в Средней Азии//Время новостей.03.09.2008.

贷款，后又提高到75亿美元，帮助俄罗斯开发相关油田和修建输油管道。日本石油公司也积极配合政府，愿向“萨哈林-1号”和“萨哈林-2号”油田投资80亿美元巨资。2005年7月，日本又打出向俄方投入90亿美元的“管线专项研究资金”和120亿美元的辅助型投资意向，力促俄方做出优先修建“安纳线”的最后抉择。正是在日本的强大攻势下，俄罗斯对先前决定为中国修建“专线”石油管道的立场发生动摇，最终放弃了“安大线”方案。①

二、围绕原料运输通道安全的各方博弈

在自然资源日益短缺、人类对战略原料需求不断增长的大背景下，各国对原料及其运输通道安全的重视与日俱增。美国为遏制中国经济快速增长及其影响力上升，不断加快战略东移步伐，并以航海自由和维护国际运输通道为借口，高调介入南海争端。日本、澳大利亚和印度等国也纷纷加入主导周边贸易通道安全的角逐。俄罗斯、中亚、中国和南亚等国对建设相互间更为便捷、安全的陆路运输通道，既有现实需求，也存在着某种地缘利益的竞争。

（一）海上运输通道是世界经济命脉

每天全球四分之一的商船经马六甲海峡往返航行，中、日、韩的石油运输对马六甲海峡的依赖分别为85.7%、90.6%和87.3%。美国每年经印度洋穿越马六甲海峡进入南海的石油贸易超过百万吨，从亚太地区进口的商品和货物也有90%左右经过南海。日本和韩国90%以上的石油运输需经南海海域，其对南海航线的依存度分别达到91.6%和89.8%。中国进出口贸易对南海通道的依存度超过90%，进口石油的85%须经南海航线运送，进口的工业原料、初级产品、加工的工业成品等也大多经此航线往运。

（二）各方在维护海运通道安全上的博弈

美国凭其强大军政及经济影响控制着世界主要的原料产地和运输通道。2020年前美国还要把60%的海军力量部署在太平洋地区。“9·11”后，日本以《反

---

① Andreas Goldthau,"Resurgent Russia? Rethinking Energy Inc,"*Policy Review*, February & March 2008.

恐特别措施法》和与东盟签署《合作打击国际恐怖主义联合宣言》为依据，试图与马来西亚、印度尼西亚和新加坡等建立联合海上巡逻队，加强对马六甲海峡的监管。近年来，日本不断斥巨资更新海上自卫队装备，提高其加强反潜护航、海峡封锁、保护海上运输线的能力，以确保战时日本的对外运输通道安全。

20 世纪 90 年代印度就制定了“全面控制印度洋”战略，将马六甲海峡、霍尔木兹海峡、巽他海峡等作为其控制的重点，并不断扩建马六甲海峡北部入口处的安达曼群岛军事基地，试图将其打造成控制该海域和孟加拉湾的要塞。近年来，印度又提出要走出印度洋、争取更大生存空间的口号。

（三）有关各方在维护陆路运输通道安全上的较量

中国积极拓展对外贸易运输通道。为适应经济快速发展需要，中国一直在积极推动中国—中亚—欧洲的 3 条东西运输通道早日贯通。1990 年，中国新疆乌鲁木齐至阿拉山口的北疆铁路建成投入运营并与哈萨克斯坦铁路衔接，为构建亚欧第二大陆桥全线贯通奠定了基础。1992 年 12 月，从中国连云港经往哈萨克斯坦、俄罗斯、白俄罗斯、荷兰鹿特丹和比利时的新亚欧大陆桥全线通车，不仅密切了中国同中亚的经贸关系，也对促进中国与欧洲的贸易往来具有重要意义。2008 年 4 月，由中国大连港至满洲里，经莫斯科、圣彼得堡、波兰华沙、德国柏林以及荷兰鹿特丹港等地的“大陆桥”正式运营，使欧亚大陆两端、太平洋西岸和大西洋东岸之间又多了一条快速的国际海陆联运通道。此外，中国同东盟国家的跨境运输通道建设也取得积极进展。2012 年“昆曼”公路全线贯通，将从昆明到曼谷的此前约 42 个小时路程缩短至 20 个小时左右，每天过往货车 2000 余辆，年过货总值超过 4000 亿美元。2013 年 2 月，中国海外港口控股有限公司成功收购并获得巴基斯坦瓜达尔港经营权，使中国有了一条经瓜港至新疆的全天候安全战略通道，比海上航线约缩短 85% 的路程，大大减少了中国对马六甲航线的依赖，对破解“马六甲困局”和中国亚丁湾护航舰队以及未来航母编队在海外的综合补给都具有不可估量的战略意义。

俄罗斯不断巩固和拓展对外贸易运输通道。针对欧盟提出的“欧洲—高加索—亚洲”运输路线，1998 年俄罗斯推出从日本经宗谷海峡到萨哈林岛至共青城，与贝阿铁路干线相接的“大欧亚运输走廊”项目。2000 年 9 月，俄罗斯与印度和伊朗发起建设“南—北走廊”倡议，并共同签署《“南—北”国际运输走廊协议》。该项目是连接印度洋、波斯湾和里海地区与欧洲的集公路、铁路和海路为一体的更便捷通道，立即吸引了中亚等 14 个国家的积极参与。当年 12 月，俄罗斯联邦通过《发展国际运输走廊的联邦纲要》，强调要采取措施，不断增加西伯利亚大铁路的运力。2008 年 1 月，俄罗斯推动欧亚经济共同体政府首脑会议通过《运输空间一体化构想》，强调成员国要在运输领域特别是在铁路建设方面建立统一系统、统一原则和统一技术参数标准。随后，俄罗斯铁路公司推出了“跨西伯利亚铁路 7 日计划”，将该线路的集装箱运输周期（交货时间）缩短至 7 天，以吸引大量货源。此外，俄罗斯还计划修建跨朝鲜半岛至远东滨海边疆区连接西伯利亚大铁路的铁路，修建从日本经萨哈林岛、鞑靼海峡进入俄罗斯与西伯利亚大铁路干线的通道，以平抑经中国的多条运输通道的影响。目前，在现有的 10 条泛亚铁路中俄罗斯已占有 3 条，在 4 条欧亚交通走廊中独占 2 条。俄罗斯还准备修建连接西伯利亚大铁路的纵贯朝鲜半岛的铁路干线，开通连接整个欧洲到太平洋的欧亚大陆桥，以进一步提高俄罗斯在远东和太平洋地区的战略地位。

日本争夺地区运输通道主导权。“由于地缘政治原因，日本对泛亚铁路一直虎视眈眈。”[①] 随着泛亚铁路轮廓日渐清晰，日本已开始插手该项目建设。日本国土交通部国际事务部负责人山本茂太郎公开表示，日本作为亚洲最大的经济体，愿意为泛亚铁路提供资金支持。由于“泛亚铁路将把亚洲和欧洲联系在一起，日本通往欧洲的交通从此又多了一个选择”。[②] 日本还积极推进将中国排除在外的所谓“大湄公河流域开发项目”，利用经援等手段游说中南半岛国家建设“东西走廊”，与泛亚铁路中的中国—新加坡“南北走廊”段抗衡，阻止泛亚铁路南进。2008 年 1 月，日本向越南、泰国、缅甸、柬埔寨和老挝提供 2000 万美元无偿援助，用于构建“东西走廊”物流网，以给日本在东南亚国家的数千家企业往运原料和商品提供便捷通道。日本《产经新闻》明确表示，日本已在关注中国通过援助修建“南北走廊”加深与湄公河流域各国的联系。“中国在亚洲稳步建设卫星城，其目的无疑是掌握湄公河流域开发的主导权，并建立面向东盟的南进据

① 《日本意欲“插手”泛亚铁路 朝鲜亦表现出积极态度》，中新网，2006 年 11 月 21 日，http://www.chinanews.com/gj/news/2006/11-21/824350.shtml。

② 《外电：日高官表态支持泛亚铁路 愿意提供资金》，中国经济网，2006 年 11 月 13 日，http://intl.ce.cn/specials/zxxx/200611/13/t20061113_9393266.shtml。

点。”而日本援建“东西走廊”就是“对抗中国在东南亚日益增长的影响”。[①] 为此，2009 年 11 月，日本在首届“日本—湄公河首脑会议”上对越南等国提出的支持“南北走廊”建设要求不予理会，却力挺对己有利的“东西走廊”。上任不久的鸠山首相公开强调以新的形式构筑日本与湄公河流域各国的信赖关系，并允诺在未来三年再向与会五国提供 55.34 亿美元援助，用于湄公河“东西走廊”物流交通网络等数十个合作项目的落实。“东西走廊”建成后，此前 15 天的海运路程最快 3 天即可到达，对相关国家具有极大的吸引力。2012 年 4 月，日本在第四届日本—湄公河国家领导人峰会上宣布，东京还将从 2013 年起分三年向湄公河五国提供 6000 亿日元（约合 75 亿美元）的政府开发援助，重点加强基础设施建设，深入参与“东西经济走廊”和“南部经济走廊”建设，并同亚洲开发银行等发展伙伴共同落实总金额约 300 亿美元的 57 个旗舰基建项目。日本在 2011 年遭受“三重”巨灾、本国经济复苏乏力、财政紧张的困境下，对湄公河国家再现经援“大手笔”，彰显其以“东西经济走廊”抵制“南北经济走廊”的决心。此外，日本还投资 300 亿美元助印度打造德里—孟买走廊，以拓展亚洲区域内需，扩大在该地区的影响。

① 《日本将援建“东西走廊”讨好东盟 抗衡中国》，中评网，2008 年 1 月 5 日，http://www.crntt.com/crn-webapp/doc/docDetailCreate.jsp?coluid=7&docid=100535577&kindid=0&mdate=0105134437。

跨界水资源矛盾①

长期以来，虽然相关国家签署了一系列共同分享跨界水资源条约，但随着人类无节制的耗费和气候变暖、水资源日益短缺，有关国家利用和开发跨界水域的矛盾日显突出，极大地影响着地区的安全与稳定。

一、跨界水资源的矛盾

水资源分配争端已成为一些国家和地区动荡，甚至爆发武装冲突的重要诱因之一。

（一）中亚水资源纷争难解难分

中亚水资源总量不少，但绝大部分以高山冰雪、冰川和深层地下水形式存在，难以充分利用，加之其沙漠占其总面积近四分之一，且常年降水量不足、蒸发又大，中亚的水资源又相对不多，人年均用水量仅为 2800 立方米，不到世界人均水平的一半，按照联合国的标准属于水资源短缺地区。

几个世纪以来，中亚居民使用的淡水主要取自阿姆河和锡尔河。阿姆河约 82.5% 的径流量形成于塔吉克斯坦，流经乌兹别克斯坦与阿富汗边界，穿过土库曼斯坦后再次流入乌兹别克斯坦，最终流入咸海。锡尔河近约 78% 的水量发源于吉尔吉斯斯坦，流经乌兹别克斯坦、哈萨克斯坦后汇入咸海。哈萨克斯坦、乌兹别克斯坦和土库曼斯坦油气储量丰富，水资源不足。哈萨克斯坦境内河流年均供水量仅为 2 万立方米，中部和南部水资源更是短缺，在独联体国家中排名倒数第二。乌兹别克斯坦人均水资源仅为 702 立方米，属于十分缺水国家。土库曼斯坦人均年用水量仅为 217 立方米，属于严重缺水国家。

---

① 《中国周边安全环境评估及政策选择（2010—2020）》，世界知识出版社 2015 年版，第 198—209 页。

20世纪20年代，苏联中央政府根据“劳动分工”原则，将中亚定位为全苏主要棉花、大米和小麦等农作物产区，同时建立了上下游加盟共和国水资源统一调配和能源补偿机制，即上游通过自己的水利设施为下游灌溉提供用水，下游则为上游提供必要的能源补偿。这一“指令性补偿”机制保持了苏联时期中亚水资源分配的相对平衡，彼此基本相安无事。然而，随着苏联解体，统筹协调中亚水资源的强大中央集权不复存在，跨界水资源分配矛盾随即浮出水面。吉尔吉斯斯坦和塔吉克斯坦不再享受昔日下游国家和莫斯科的油气优厚甚至“免费”待遇，其热电厂的化石燃料和民用天然气成为两国当政者独自解决的问题，蓄水发电也自然成为两国的无奈和唯一选择，导致与下游国家的矛盾不断。虽然，中亚五国就共同合理利用跨界水资源问题签署过《阿拉木图协议》，以延续苏联时期的管理与合作模式，但基于相互间历史积怨难解，新的分歧不断，加之国际能源价格持续上涨，下游国家从经济利益考虑不愿再向下游国家提供优惠的“能源补偿”，而上游国家得不到化石能源供应，导致热电站无法正常运转，不得不采取限电拉闸措施，令百姓苦不堪言。为解决生产和冬季居民的电力需求，上游国家只能在夏季蓄水，冬季放水发电，导致下游冬季洪水泛滥，夏季农作物得不到足够水量灌溉，农户怨声载道。

1998年5月，吉尔吉斯斯坦曾因哈萨克斯坦和乌兹别克斯坦没有履行有关“用水”补贴协议，停止了从托克托古尔水库向下游放水，导致南哈萨克斯坦州和克孜勒奥尔达州的农田得不到灌溉，引起哈萨克斯坦的抗议。2000年冬，吉尔吉斯斯坦因塔什干削减对其化石燃料供应，为保障工业和居民用电不得不大量放水发电，使2001年春季下泄水量大为减少，影响了乌兹别克斯坦的农作物用水，导致两国矛盾进一步恶化，以致乌方一度在乌吉边境集结军队，试图武装占领托克托古拉水库。吉方也不甘示弱，称乌军如进入其境内，吉军将炸毁水库堤坝，水淹乌全境，大有战争一触即发的架势。近年来，吉尔吉斯斯坦还不断强调，锡尔河在乌兹别克斯坦境内形成的径流量仅有10%，却使用了50%以上的用水量，而在吉尔吉斯斯坦境内形成的径流量接近80%，其用水量却不到10%，吉方有权使用本属于自己的水资源，开始启动卡姆巴拉金大型水利枢纽项目，并向下游国家提出了水资源商品化要求。

杜尚别也不断抱怨阿姆河上下游的水分配不合理，称乌兹别克斯坦境内形成的径流量仅占 8%，乌方却占有 43% 的用水量，而超过 80% 的径流量形成于其境内，但塔方的取水量却只占总径流量的 13% 左右。由于水电开发不足，导致塔吉克斯坦每年用于进口油气的支出高达 3.56 亿美元，已占其进口总额的 14.5% 和国内生产总值（GDP）的 9%，财政压力逐年增大。为保障国家能源供应，拉赫蒙总统亲自领导制定了《2015 年前塔吉克斯坦经济发展规划》，将实现能源自己作为国家发展首要任务，强调塔吉克斯坦有权以符合自身利益的方式占有和使用领空、领土和领水在内的一切资源，包括各种形态的水资源，认为“只有大力发展水利设施、修建较大规模的水电站，才能从根本上解决并保障国家的能源安全”，才能“从根本上解决塔的电力和能源不足问题”。[①] 为此，塔吉克斯坦在阿姆河支流瓦赫什河上开始重建和改造多个大型水电站设施，包括罗贡水电站和桑格图德等水电站。而塔什干则不断以欠款为由减少甚至中断对塔吉克斯坦的天然气供应，以迫使杜尚别“改弦易张”。2009 年 12 月乌兹别克斯坦索性退出“中亚统一电网”，不再承担对塔吉克斯坦供电义务。2011 年春，杜尚别以塔什干没有完全解除对其封锁和制裁为由，公开表示将根据国际评估结果重启罗贡水电站建设，随即再次引起乌方强烈不满，进一步加大了对塔方的制裁。2012 年 4 月以来，乌塔两国围绕塔方复建罗贡水电站问题几近兵戎相见。

同为上游的吉尔吉斯斯坦和塔吉克斯坦的边境居民因领土纠纷引发的用水冲突也时有发生，甚至出现械斗伤亡。同为下游的哈萨克斯坦和乌兹别克斯坦在水资源分配上的矛盾也由来已久，双方因跨境水渠年久失修，不断渗漏造成水渠附近民宅和建筑物时有坍塌和人员伤亡，导致在使用和维护水渠以及下泄水质问题等方面相互指责。阿姆河经乌兹别克斯坦流经土库曼斯坦又进乌境，两国互为上下游，多少年来彼此都从阿姆河引水灌溉农田，又都不断指责对方取水过多，导致本国水源不足，在跨界水资源分配上的纷争不断，甚至有数百名士兵在阿姆河水资源分配和开发导致的冲突中伤亡。2000 年 9 月，土库曼斯坦决定在卡拉库姆沙漠修建一个巨大人工湖，更是引起乌兹别克斯坦的强烈反对。

中亚国家独立 20 多年来，各方为解决水资源纠纷付出许多努力，签署了《中亚五国关于在国际水资源利用和共同保护管理方面的合作协议》《关于合作解

① Выступление президента Республики Таджикистана Эмомали Рахмона на церемонии сдачи в эксплуатации третьего агрегата ГЭС Снгтуда-1//Сайт Президента Таджикистана. 05.11.2008.

决咸海问题及保障咸海地区社会和经济健康发展的协议》《关于在现代化条件下过境水资源的利用协议》《关于在锡尔河流域合理利用水资源与能源的合作协议》《关于纳伦河—锡尔河梯级水电站的水和电能综合利用协议》等文件，还相继成立了国际水资源协调委员会、拯救咸海国际基金会、咸海盆地问题国际委员会等协调机构来协调中亚水资源问题。然而，由于各方过于强调自身利益，相互间缺乏诚意和互信，互利共赢意识淡薄，彼此立场僵硬，导致上述合作文件大多束之高阁，各协商机制未能发挥有效作用。相关国家有关锡尔河和阿姆河水资源利用的谈判历经多年未取得实质性进展。近年来，俄美欧等“域外势力”竞相介入中亚水资源问题，又给中亚水资源纷争增加新的复杂因素。俄罗斯与塔吉克斯坦和吉尔吉斯斯坦签署了在两国境内兴建水电站的协议，乌兹别克斯坦则担忧这可能会使该国的水供应面临威胁。①

（二）东南亚水资源争夺日趋激烈

澜沧江—湄公河是亚洲唯一的一条一河连六国的跨境河流，将中国西南和东南亚一些国家的社会、经济和文化紧密地联系在一起，被东南亚国家视为生命之河，也被赞誉为“东方多瑙河”。20 世纪 60 年代初，湄公河委员会前身的“湄公河下游调查协调委员会”提出开发湄公河干流设想，并于 1978 年确定了 12 个梯级水电项目规划，包括位于老挝境内的沙耶武里水电站等 10 个项目和位于柬埔寨境内的两个项目。然而，由于上下游利益难以协调，项目进展并不顺利。老挝欲借水电开发将其打造成“东南亚蓄电池”，力推沙耶武里水电站。泰国因其东北部对电力需求较大，也积极参与并支持老挝的水电开发。下游柬埔寨则担心上游筑坝影响鱼类洄游，破坏其境内洞里萨湖的渔业和其他相关产业的生态环境，对上游水电项目持消极态度。位于下游末端的越南坚决反对上游国家任何形式的水电开发。由于各方意见难以统一，2010 年湄公河委员会利用援款委托“国际环境管理中心”对 12 个干流水电开发项目进行可行性评估后认为，湄公河干流大坝对次区域各国发展利弊兼有，为减少各国社会发展和环境保护的不确定性，建议推迟 10 年决策是否开发干流水电。虽然老挝不顾评估结果提交了自己

① Алексей Тимофеев.Узбекистан воюет на условиях-Ташкент озвучил Москве четыре требования для своего участия в единой армии ОДКБ-КСОР//Взгляд.4 июня 2009 года.

的相关环评报告并拟于2011年开工建设沙耶武里水电站，但迫于越柬两国的强烈反对和湄公河委员会的强大压力，最终只能放弃该项目，作为湄公河干流首个水电站开发项目的沙耶武里水电站建设被无限期搁置。

同时，域外势力不断介入湄公河水资源争夺战。早在2002年美国即开始游说缅甸、老挝、泰国和柬埔寨等东南亚国家与其建立所谓的“湄公河安全组织”。此后，美国、德国、法国、比利时、丹麦、芬兰、澳大利亚和日本等13个国家以及世行、亚洲开发银行、联合国亚太经社会、开发计划署等也相继成为湄委会的发展伙伴和捐助方。2009年美国还发起湄公河下游倡议，计划在未来5年投入4亿美元，用于该地区水资源管理和环境保护等，同时推动密西西比河委员会同湄委会建立姐妹关系。近年来，美国等西方国家为巩固在东南亚的既得利益和遏制中国在本地区的影响，以援助和双边项目合作为手段深度介入湄公河事务，以谋求在次区域事务中发挥重要作用，并通过向湄公河流域的非政府组织提供资助，开展水资源相关问题研究，炒作建设沙耶武里水电站会对环保和生态造成风险，引发该流域水电开发热等，给湄公河有关项目的实施制造舆论压力。2011年7月，美国务卿希拉里·克林顿公开声称，在湄公河上游建坝将影响下游国家环境和粮食安全，要求各方暂时搁置水电站项目。2011年下半年，美参议院还通过议案呼吁美国停止向沙耶武里水电站等湄公河流域环保敏感项目提供资金。

（三）印度与有关国家的跨界河流争端由来已久

印度与巴基斯坦、尼泊尔和孟加拉国等国在跨界水资源利用上的龃龉不断。新德里一直试图用“水龙头效应”牵制尼泊尔和孟加拉国等下游国家的对外政策取向，扩大其对本地区的影响力。自1947年印度与巴基斯坦分治后，两国在印度河水资源分配上的争端不断。两国虽以1960年签署的《印度河水条约》确定了双方用水范围，但40年来两国在水分配问题上的争执依旧，巴方始终抱怨条约有利于印度，要求修改条约。1985年以来，巴基斯坦强烈谴责印度单方面在杰赫勒姆河等流域修建大型水坝，指责印度在杰纳布河修建的巴格里哈尔大坝“偷水”。2009年3月，巴基斯坦以印方有意截流数千万立方米上游水量用于发电，导致巴基斯坦旁遮普省地表和地下水位明显下降为由，向国际仲裁法院提出诉讼，要求对印度“偷水”事件予以仲裁。2010年4月，巴基斯坦就印度在尼勒姆河上游建造的吉萨甘戈大坝违反《印度河水条约》，再次向国际仲裁法院提出申诉。

印度与孟加拉国在跨界河流利用上的争吵愈演愈烈，两国在恒河水分配上的矛盾尤显突出。孟加拉国认为1996年签署的《印度与孟加拉国关于在法拉卡分配恒河水的条约》的某些条款对其不公，不断要求修改条约，并对印度为实施“内河联网工程”拦截流向下游的50余条水系，以及不经处理向恒河排放污水给下游生态环境造成的影响表示强烈不满。孟加拉国还谴责印度以邻为壑，单方面修建河堤使恒河孟方一侧河岸被毁，抱怨其扩建法拉卡大坝，使60%以上的恒河水被引入大坝，导致孟加拉国旱季严重缺水，大片农田歉收，人畜用水严重短缺。2005年4月，印度安全部队在临近孟加拉阿考拉地区没收当地居民取水设备时，与孟加拉国军队发生冲突，造成印度方一名高级军官死亡，两名士兵受伤。孟加拉还不止一次警告，如果印方试图控制恒河，无异于是对孟加拉的宣战。

印度与尼泊尔在水资源利用方面的争执频发。尼泊尔认为早前与印度签署的《柯西条约》和《甘达克条约》有失公允，要求修改某些条款，对1996年两国签署的《马哈卡利河条约》也与印度有不同的理解，这使得两国在马哈卡利河水资源分配上的争端尤为突出。2008年，印度以武力占领马哈卡利河北岸两块有争议的土地遭到尼泊尔强烈谴责。近年来，印度为转移有关邻国与其在水资源利用上的矛盾和不满，极力淡化其上游的地位，试图把有关跨境水争端祸水引向中国，同时，还对中国在雅鲁藏布江干流修建的藏木水电站和计划中的其他大坝颇有微词。

由于印度主要河流大多源于中国西藏，其对华持有偏见的一些人士和媒体很早就在炒作中国在雅鲁藏布江开发水电项目会造成下游的印度流域水量减少的问题。而中印在边界问题上的战略互信缺失，也一定程度地反映在双方水资源合作与利用上。

二、中国在跨界水资源利用上面临的挑战

充分利用跨界河流水能资源开发水电，也成为中国扩大清洁能源、应对气候变化挑战的重要途径之一。

（一）中国水资源人均不多

中国水资源总量大约为28124亿立方米，占全球的6%，位居世界第六位，但人均水资源则在190多个有水统计数字国家排名中列第127位，仅为世界平均水平的28%。正常年份中国每年大约缺水250亿立方米，少雨雪的干旱年份缺水达300亿—500亿立方米。北方缺水量是全国缺水量的四分之三，海河流域尤为严重，只能靠超采地下水来维持民生需求。截至2012年底，中国90%的城市不同程度缺水，其中11个沿海省中的52个沿海城市极度缺水，18个严重缺水，10个中度缺水，9个轻度缺水。北京人均淡水拥有量143立方米，仅相当于世界平均水平的2%，属于重度缺水城市。中国许多省份和地区已经到了单靠挖掘当地水资源潜力，已无法根本解决地区水资源与社会经济发展及其生态环境之间矛盾的程度，严重地制约着经济和社会的可持续发展。

（二）中国对跨境水资源利用率不足

中国与周边国家的跨界大小河流不少，其中，连接俄罗斯、蒙古国、朝鲜、缅甸、老挝、泰国、柬埔寨、越南、印度、巴基斯坦、孟加拉国、哈萨克斯坦的较大河流有15条。在中国2.8万多亿立方米的水资源总量中，跨界河流水量大约占到27%。从对中国西南几条跨界大河历年总用水量统计看，中国年调水量仅为2千亿立方米左右，除澜沧江外中国对跨境河流的利用率在5%左右，远未达到国际的一般惯例。上述几大流域每年从中国境内流出的水量高达8100余亿立方米，发源于中国青藏高原的怒江年入海水量为3318亿立方米，中国每年在上游的取水量仅为其九分之一。流经缅甸、老挝、柬埔寨和越南入海的澜沧江年入海水量3500亿立方米，中国从该流域的取水量还不足其十二分之一。流经印度和孟加拉的雅鲁藏布江每年流入孟加拉湾中的水量为5600亿立方米，而中国在上游的年取水量仅为其入海水量的近六分之一。蓄水量为680万亿立方米左右的青藏高原天然大水库，每年也有大半水量流出境外。总体上，中国对跨界河流水资源和水能资源的开发利用不到8%和7%，大大低于中国对内河和国际通常对大型河流开发利用的平均水平。

（三）中国有限利用和开发跨境水资源引起某些周边国家恐慌

尽管中国始终致力于构建与邻国和谐互利的跨界河流合作关系，并相继与有关比邻国家签订跨界水资源合作协定，开展防洪减灾、水文报讯、突发事件处理等方面的合作，但近年来中国在有效利用跨界流域方面也与有关国家发生了某些分歧和矛盾。随着中国经济和人口的双增长，以及对水资源特别是对跨界流域开发的需求不断上升，客观上给一些周边国家造成一定程度的恐慌和疑虑，个别国家妄称中国在上游开发会给下游国家造成生态灾难，加剧水资源客观分配不公状况，威胁其国家的水资源安全。印度等国对中国计划未来数年在雅鲁藏布江和澜沧江上修建系列水坝一直心存疑虑，担心影响下游的用水和生态环境。

中国西北地区的跨界流域基本处于待开发状态，利用率不到其地表径流量的四分之一，大大低于该地区其他非国际河流的开发水平，但随着伊犁河和额尔齐斯河上游水利开发和新疆人口和经济的不断增长，下游的哈萨克斯坦和俄罗斯已开始担心中国过多从两河取水会影响其正常用水，尤其是哈萨克斯坦认为会影响其巴尔克什湖的蓄水量。此外，哈俄两国对中方在额尔齐斯河兴建的通往乌鲁木齐市运河也疑虑重重，认为2020年投入使用后，每年将从该流域取走大约20%的水量，必将影响下游哈萨克斯坦的巴布洛达尔和俄罗斯鄂木斯克市等工业重镇的正常用水，也会影响哈萨克斯坦扩建额尔齐斯—卡拉干达通往阿斯塔纳运河的引水工程。为此，早在中国与哈萨克斯坦建交后的那几年，哈方即连续向中方递交两国政府间有关共同合理使用跨界河流水资源问题的信函。哈萨克斯坦前总理托卡耶夫甚至公开表示，“哈萨克斯坦中部的水源主要来自额尔齐斯河。这一地区的能源、工业和农业的持续发展与对这条河流资源的使用直接相关”。中方在上游开发水电项目使“额尔齐斯河流域水资源和生态资源形势非常令人不安”。从维护哈萨克斯坦的未来经济与生态安全角度讲，“与中国解决跨界水资源问题是非常重要的”。[①]1999年3月，哈萨克斯坦总统纳扎尔巴耶夫在给中国国家主席江泽民的信函中继续强调，两国在广泛合作框架内的生态，包括伊犁河和额尔齐斯河水资源保护与合理使用问题具有特殊的现实性，呼吁中国采取紧急措施，

① ［哈］卡·托卡耶夫：《中亚之鹰的外交战略》，［哈］赛力克·纳雷索夫译，新华出版社2002年版。

就解决围绕跨界河流产生的问题立即开始谈判。[①]

2009 年秋冬至 2010 年初春以来，澜沧江—湄公河流域由于雨量锐减，导致中国西南部及东南亚一些国家遭遇百年大旱，湄公河水位降至历史最低，水上运输和旅游业中断，沿岸多国农作物枯萎，居民生活用水出现严重困难。越南至少有 19 个省份处于极其危险的火灾风险等级。泰国旱情为 5 年来最严重的一年，有 52 个省府的近 400 个县遭受严重旱情，640 万农村居民缺水，2 万公顷农田受灾，农业造成 60 亿泰铢损失。菲律宾旱情造成损失达数亿美元，马来西亚、泰国和印度尼西亚等国的橡胶和棕榈油产量锐减。处于澜沧江上游的中国许多省份同样遭遇百年不遇大旱，西南地区有 6000 多万人口受到大旱影响，长江重庆段水位下降严重，部分河段已经见底，其他各大河流也接连告急，云南境内的珠江上游南盘江断流，贵州晴隆境内的北盘江流域旱情异常严重，不少水电站逼近死水位，其中“西电东送”至广东的主要水电站大幅削减产能，每天发电量仅为高峰期的十分之一。随后，湄公河委员会首席技术顾问波尔特·沃格尔和湄公河委员会发布的新闻公告证实，湄公河干流水位下降是由于该地区特定的气候和水文条件变化所致，与中国修大坝无关。事实也是这样，澜沧江年出境径流量仅占湄公河年均径流量的 13.5%，而 86.5% 的水量主要形成于中国境外的湄公河流域。

然而，西方及东南亚一些媒体却不顾事实真相，乘机炒作“中国大坝威胁论”，恶意指责旱灾是中国拦水筑坝造成的后果，污蔑“中国建坝毁掉了湄公河”并加剧旱情，使下游国家的经济和居民生活受到严重影响。西方非政府组织也推波助澜，大肆鼓噪中国在澜沧江上修建小湾、漫湾、大朝山、糯扎渡和景洪等水坝会使湄公河流量变小、水质恶化、生物多样性降低，甚至妄称中国将来会完全控制湄公河水量，导致下游国家更加依赖中国。

中国与有关邻国在跨境水资源开发和利用上的客观矛盾将长期存在，尤其是美国等域外势力不断插手湄公河水资源问题，使中国在湄公河上游开发水利设施面临极大挑战，如何处理跨界河流开发问题已成为中国发展同周边国家关系的一个不容忽视的重要问题。

中国对中印跨境水资源开发利用程度总体很低，对雅鲁藏布江的水资源开发

① ［哈］卡·托卡耶夫:《中亚之鹰的外交战略》,［哈］赛力克·纳雷索夫译，新华出版社 2002 年版。

利用率不足1%。[①] 可是，在2008年中国政府批准实施藏木水电站方案后，印度方面的反对声音却不绝于耳，还妄称中方将来每年都要从雅鲁藏布江引入黄河流域2000亿立方米水资源，将给该流域下游的印度工农业和居民用水造成严重困难和其他意想不到的“灾难性后果”。虽然中方在建设藏木水电站规程中本着负责态度，充分考虑下游的利益，前后投入超过3亿元人民币建设过鱼设施（鱼道）、鱼类增殖站、污水处理厂和垃圾回收站等生态环保设施，实行开发与保护并举的政策，环保指标之高在中国乃至全球均为少见，可是，2012年中国国务院通过《能源发展“十二五”规划》，提出进一步推进雅鲁藏布江等流域（河段）的水电开发项目建设后，印度媒体对中方在藏木上下游段继续兴建配套水电妄加非议，认为中方不论是使用蓄水式或径流式发电设施，每年经雅鲁藏布江流入印度的790亿立方米的水源将被分流而减少，中国在雅鲁藏布江上游加大水电站建设已对印度构成巨大威胁，开始新一轮“中国水威胁论”的炒作。同时，印度方面继续不遗余力地推进“北水南调”战略，计划在流经中印东段边界争议区的布拉马普特拉河流上建设“上西昂河水电站”。

---

① 《外交部：建水电站不会影响雅鲁藏布江防洪和生态》，中国网，2012年3月2日，http://www.china.com.cn/international/txt/2012-03/02/content_24787555.htm。

俄罗斯的能源战略[①]

俄罗斯总统普京较早提出能源兴国思想，以利用本国在传统能源方面的优势，运筹世界主要大国和地区国家间关系。俄罗斯的能源安全战略是：防止燃料动力资源可能出现短缺，保质保量地满足能源需求；建立燃料和备用能力及成套设备的战略储备，确保能源——燃力供应系统稳定运转；通过提高本国企业竞争力来有效利用能源。[②]

一、强化对前苏地区能源外运的主导地位

普京当选总统后，将发展能源产业与“强军和创新”并列为俄罗斯 21 世纪兴国战略的三大支柱之一。2006 年初，普京在俄罗斯联邦安全会议例会上指出：“能源是俄罗斯经济崛起和现代化的动力，发展能源是振兴俄罗斯经济的首要任务。”“解决好能源问题符合国家安全利益，俄罗斯应在世界能源市场上占据领袖地位。”[③]

（一）不断调整能源战略规划

1992 年至 1998 年，俄罗斯先后制定和出台了《俄罗斯能源政策构想》《2010 年前俄罗斯能源战略基本原则》《俄罗斯联邦能源安全学说》等中远期能源战略规划。2003 年 5 月，普京签署《2020 年前俄罗斯能源战略》，对未来 17 年俄罗斯能源产业发展做出规划。2007 年 9 月，俄罗斯联邦政府批准经多年酝酿和修改的《在东西伯利亚和远东地区建设天然气开采、运输、供应统一系统及向中国

---

① 《构建亚洲能源合作机制——思路与路径》，江苏人民出版社 2016 年版，第 50—56 页。

② "Стратегия национальной безопасности Российской Федерации до 2020 года"//Совет Безобасности Российской Федерации .12 мая 2009 г.

③ Михаил Маргелов (председатель комитета Совета Федерации по международным делам).Россия на Большом Ближнем Востоке//Российская газета-Федеральный выпуск №4652 (0) от 06.05.2008.

和亚太地区其他国家出口天然气的规划》，对未来面向亚太地区的能源供应和地区能源发展做了进一步安排。11 月，联邦政府批准《2015 年前化学和石化工业发展战略》，提出要在未来 8 年从根本上改变石油、天然气等原材料出口和加工量的比例，将俄罗斯国内油气加工数量从能源总产量的 30% 提高到 70%。2009 年 5 月，梅德韦杰夫总统签署新版《2020 年前俄罗斯国家安全战略》，提出能源安全是保障俄罗斯经济领域国家安全一个长期重要方面，强调要加强能源安全，避免因能源争夺引发边界冲突。① 当年 11 月，联邦政府在颁布的《2030 年前俄罗斯能源战略》提出，在当今油气“战略资源”属性和“经济增长剂”作用越来越突出的情况下，俄罗斯要充分利用这一资源在国民经济和对外交往中的重要效用，不断强化“大能源战略”，更加重视发挥“能源外交”的作用，尽快恢复和巩固前苏联的能源格局。② 2011 年 4 月，俄罗斯制定《2020 年和 2030 年前天然气行业发展总体纲要》，进一步规划了 2030 年前俄罗斯天然气行业发展方向，强调天然气行业要长期为政府预算和国民经济提供保障。③

（二）努力扩大油气产量

《2030 年前俄罗斯能源战略》提出，到 2030 年，俄罗斯全国石油开采量将比 2008 年增长 9.7%，石油加工量增长 16%—33%，天然气产量增长 33%—42%；独立生产商生产的天然气比例将从占全国总产量 17% 扩大到 27%；天然气出口要增长 45%—53%，达到 3490 亿—3680 亿立方米。国家将分三个阶段对燃料能源部门投资 1.8 万亿美元—2.2 万亿美元。④ 2030 年后，俄罗斯石油年开采量将达到 5.3 亿—5.36 亿吨（之前的目标是 5.3 亿—6 亿吨），天然气年开采量为 8800 亿—9400 亿立方米（之前是 9350 亿—9450 亿立方米）。实施上述“能源战略”的 90% 资金将采取商业运作形式。为确保这一能源战略规划的落实，尽管受金融危机影响财政预算吃紧，但俄罗斯政府还是斥资 60 万亿卢布予以大力

---

① Стратегия национальной безопасности Российской Федерации до 2020 года//Совет Безобасности Российской Федерации.12 мая 2009 г.

② 'Энергетическая стратегия России на период до 2030 года"//МИНИСТЕРСТВО ЭНЕРГЕТИКИ РОССИЙСКОЙ ФЕДЕРАЦИИ.13 ноября 2009 г.

③ "Утверждение Генеральной схемы развития нефтяной отрасли до 2020 года и Генеральной схемы развития газовой отрасли до 2030 года"//OILFORUM.RU/12.04.2011.

④ Юлия Назарова,Россия переориентирует поставки нефти и газа с Запада на Восток//РБК.12.10.2009.

支持。[①] 为鼓励石油深加工产业的发展和扩大能源出口，2011 年初以来，俄罗斯联邦政府对原油出口关税再次调整，出台了“60/66”的能源出口新税制，将原油出口税由原先的 66% 减至 60%。9 月 2 日，俄罗斯能源部副部长谢尔盖·库德里亚绍夫表示，在实行关税改革后，原油出口可能增长 10%。根据俄罗斯经济发展部预测，这项政策实施后，2012 年俄罗斯全国原油出口可能增加 2.65 亿吨。2014 年以来，俄罗斯欲将本国液化气占全球市场的比重提升至 15%。[②]

（三）巩固对欧洲的传统能源出口市场

俄罗斯是一个跨欧亚的国家，但其利益侧重点在很大程度上仍然偏向欧洲。[③] 在能源出口方面，俄罗斯最根本的目标在于保住其对欧洲第一大能源供应国的传统地位。《2020 年前俄罗斯能源战略》提出，要“巩固俄罗斯在国际能源市场的地位，最大限度地发挥本国燃料动力综合体的出口能力，提升其产品及服务在国际市场上的竞争力”。[④] 为解决白俄罗斯和乌克兰等过境国对俄罗斯向欧洲输送能源的制约问题，在 2005 年和 2007 年，俄罗斯相继筹划“北溪”和“南溪”输气管道项目建设。2005 年 9 月，普京出访柏林的“重头戏”即是与德国签署绕过波兰和乌克兰铺设的，从俄罗斯维堡港穿越波罗的海，通往德国格赖夫斯瓦尔德岛的“南溪”天然气管道协议。普京明确表示，由于管道途经国家越多，其“付出的过境费越多”；“俄罗斯在生意上不排挤任何人，但我们保留捍卫自己利益的权利”。[⑤]2007 年 3 月，俄罗斯与保加利亚和希腊在雅典签署修建布尔加斯至亚力山德鲁波利斯的跨巴尔干石油管道的政府间协议，进一步巩固了俄罗斯对欧洲天然气供应的传统地位。虽然 2010 年以来欧洲经济复苏乏力，天然气需求市场出现萎缩，但是，“俄罗斯不会失去欧洲市场”。[⑥]

---

① Максим Товкайло.Идем на Восток//Газета Ведомости. № 2430 от 27.08.2009.

② Артур Гущин.Газануть на восток-Энергетический альянс России с Китаем как ответ на угрозу западных экономических санкций//Журнал "Коммерсантъ Власть" №19 от 19.05.2014, стр. 42.

③ Ворнцов Александр-Заведующий отделом Кореи и Монголии Института востоковедения РАН. и Ревенко Олег-политолог.«Большая четвёрка» Северо-Восточной Азии//Фонд Стратегической Культуры.19.02.2009.

④ "Энергетическая стратегия России на период до 2020 года"// "РГ-Бизнес" №429 от 7 октября 2003 г.

⑤ Лариса Кафтан."Путинрассказалнемцам, как А и Б сидели на трубе"//КОМСОМОЛЬСКАЯ ПРАВДА В Кыргызстане. суббода 10 сентября 2005 г.

⑥ Максим Товкайло.Идем на Восток//Газета Ведомости. № 2430 от 27.08.2009.

（四）扩大海外能源开发项目

《2020 年前俄罗斯能源战略》提出，俄罗斯要在能源领域对外经济活动方面建立非歧视性制度，包括允许俄罗斯能源公司进入国外能源市场、金融市场，获取先进的能源技术等。① 在此战略思想指导下，虽然 2008 年下半年爆发金融危机后俄罗斯四处“化缘”应对财政困境，但并未影响其对海外包括能源资源并购和投资活动，俄罗斯政府仍积极鼓励本国企业尽可能多地攫取海外能源资源。2009 年 3 月，在访问委内瑞拉期间，俄罗斯副总理伊戈尔·谢钦与委内瑞拉国家石油公司（PDVSA）签署将委内瑞拉胡宁 –6 号油田区块划归联合勘探与开采的协议及政府间能源合作协定补充协议。这个总投资 300 亿美元的项目由俄罗斯石油公司、天然气工业股份公司、卢克石油公司、苏尔古特石油天然气公司和秋明石油公司各占 20% 股份的“国家石油财团”股份公司组织实施。② 据俄罗斯统计局数字，2009 年俄对外投资总额竟高达 825.95 亿美元，超过其当年引进所有外资的总和。

二、打造全球能源出口安全新机制

针对与乌克兰的天然气争端已殃及对欧洲能源供应的情况，俄罗斯一直在推动国际能源出口安全机制的建立。

（一）谋求能源定价话语权

一个时期以来，国际市场高油价给俄罗斯带来大把额外“石油美元”，但俄罗斯却一直是能源价格制定“游戏规则”的接受方，而非制定者。为此，普京很早即提出必须在天然气市场制定长期的“游戏规则”，以确保俄罗斯能源安全与稳定，并在 2006 年的国情咨文中提出，要在国内开办用卢布结算的石油产品交易所，通过对本国石油产量、出口流向和出口价格政策的调控，从根本上影响国

---

① "Энергетическая стратегия России на период до 2020 года"//"РГ-Бизнес" № 429 от 7 октября 2003 г.

② Вооружения, нефть и газ обсудят на переговорах лидеры РФ и Венесуэлы//РИА Новости.Москва, 10 сентября 2009 г.

际能源市场的供需形势和价格。[①] 2007 年 2 月，普京在克里姆林宫举行的年度记者招待会上表示，俄罗斯与伊朗等国共同成立一个类似（欧佩克）的天然气组织是一个很好的建议。俄罗斯还主动承担起草天然气出口国论坛章程（GECF）的工作。2008 年 10 月，俄罗斯与伊朗、卡塔尔在德黑兰召开会议，商定将在天然气出口上密切协调，并就成立“天然气欧佩克”达成一致。[②] 12 月，在莫斯科举行的天然气出口论坛第七届部长级会议上通过了组织宪章，并决定在卡塔尔首都多哈设立总部和执委会及秘书处。尽管对天然气“不可能像石油那样调整产量和价格”，但俄罗斯能源部在论坛会上散发的会议材料却称，会议将讨论天然气的产量以及制定最低价格问题。俄罗斯试图在努力说服对原油价格暴跌产生危机感的各国就创建天然气出口新机构达成共识，以动摇现有的西方等国家掌控的天然气定价机制。2013 年 7 月，普京在莫斯科举行的第二届天然气出口国论坛峰会（GECF）期间强调，天然气生产国“不能安于现状，否则我们将失去其他资源”，而“应该进一步加强协作”，其“主要的任务是解决价格形成机制，以摆脱过度的价格波动”。与会各方也一致同意将采取与石油挂钩的天然气价格。[③]

（二）致力于构建有利于己的上合组织和金砖国家能源联盟

由于国际能源署以及美国能源安全分析公司经常发布的全球性研究报告“主要公布对自身有利的结论”，而“俄罗斯在全球能源市场的地位经常遭遇贬低”，俄罗斯领导人一直希望能与上合组织和“金砖国家”成员国建立能源俱乐部或能源联盟，创建“金砖国家”自己的能源政策研究所，以及设立燃料储备银行对全球能源市场进行基础性研究，俄罗斯与伙伴国对全球能源形势给出不带偏见的评估及预测具有重要的现实意义，尤其是对于俄罗斯。这是因为，“在这一能源联盟中，唯有俄罗斯是大型能源出口国，其他都是若干个能源消费国”。基于这一特点，“金砖国家”能源联盟的布局可以采取与欧佩克等组织迥异的模式，主要解决 5 个国家间的问题。例如，俄罗斯作为“金砖国家”中唯一的石油天然气出口大国，完全可以提议成为以本国资源为基础，服务于自身以及其他金砖国家的

① ТАСС Новости.Москва, 12 декабря 2008 г.

② Сергей Куликов.Иран втянул Россию в газовую ОПЕК//Независимая газета.22.10.2008.

③ Владимир Путин призвал газовые державы не почивать на лаврах//Республика Армения.Пятница, 5 июля 2013 г.

燃料储备。如此一来，中国及印度将会更为积极购入俄罗斯资源。而巴西及南非在兴建包括水电站、核电站在内的能源基础设施项目时，选择的承包商则非俄罗斯莫属。这一形式的能源同盟不仅会将所有“金砖国家”团结起来，而且还能给它们带来诸多益处。① 在上述思想驱使下，早在2006年上合组织峰会期间，普京就正式提出建立上合能源俱乐部倡议，旨在打破美国和欧佩克主导世界能源供给的格局。

三、拓展亚太地区能源市场

《2020年前俄罗斯能源战略》指出，俄罗斯是世界上最大的天然气出口国，其天然气的主要供应市场是西欧。然而，当前乌克兰危机导致俄欧能源合作止步不前，加之“亚太地区各国对天然气需求的日益增加”并可能变成一个“有前途的天然气、石油、电力、核技术和核燃料系列产品市场”，“俄罗斯天然气开采部门的兴趣大幅度转向东方”，亚太地区和南亚的“中国、韩国、日本和印度成为其主要经济合作伙伴”。该能源战略强调，俄罗斯在巩固对欧洲传统能源供给关系同时，须着手“开辟东方能源市场”，要“鼓励俄罗斯公司制定既在西方也在东方实施大规模天然气、石油和电力国际运输项目”。到2020年，俄罗斯天然气的年出口量将增加到2350亿—2450亿立方米。同时，亚太地区国家在俄罗斯石油出口中所占比重将从当时的3%上升至30%，天然气上升至15%。②

为此，俄罗斯在计划铺设对华原油管道的同时，也在不断加强与日本、朝鲜、韩国和印度等亚太国家的能源合作。自2011年1月中俄原油管道正式投入运营以来，两国能源合作风生水起。2013年6月，双方企业签署预付款条件下通过东、西两线每年对华增供2200万吨原油合同。东线在每年对华出口1500万吨基础上，2013年增供80万吨，2014年增供200万吨，2015—2017年每年增供500万吨，2018—2038年每年增供1500万吨；西线自2014年起，5年内每年对华供应增至700万吨并可延长5年。2014年5月，俄罗斯天然气工业股份公司与中国石油天然气集团公司签署了为期30年的供气合同，俄方每年将向中方出口380亿立方米天然气。

---

① Ольга Самофалова.Страны БРИКС повзрослели//Взгляд.10 июля 2015 года.

② "Энергетическая стратегия России на период до 2020 года"//"РГ-Бизнес" № 429 от 7 октября 2003 г.

俄罗斯对日本的能源合作力度也在不断加大。2009 年 2 月，俄罗斯总统梅德韦杰夫和日本首相麻生太郎共同出席俄罗斯天然气工业股份有限公司与日本联合在萨哈林岛投资建设的液化天然气工厂落成仪式。5 月，普京以总理身份访问日本期间强调，“即便面临金融危机，俄罗斯也将完成对日输油管线的建设”，希望以强化与日本的能源合作来提升俄罗斯在东亚地区的影响力。[①]针对 2011 年 3 月福岛地震引发核电站事故之后，日本国内对传统能源需求不断上升的情况，俄罗斯顺势加大了与日本的能源合作力度，以换取其投资和提供先进技术。3 月 15 日，普京总理表示，俄罗斯准备扩大萨哈林地区对日本的天然气出口，如果日本企业参与萨哈林州新资源开发计划，其未来可实现“每月稳定得到 100 万吨液化天然气的目标”。3 月 22 日，副总理谢钦与日本驻俄大使会晤时表示，为援助遭受地震灾难的日本，2011 年俄罗斯将把对日本的原油供应从上年的 910 万吨增至 1800 万吨。[②]在日本积极推动下，2014 年以来，俄罗斯有关部门对通过铺设从萨哈林到东京的海底管道向日本出口天然气的方案也产生兴趣。因为，日方不仅由私人公司组成财团为管道的 60 亿美元建设融资，还会给予俄方不低于每千立方米天然气 500 美元的价格。对俄罗斯来说，这显然是一个有利可图的建设项目。[③]

与此同时，俄罗斯也将朝鲜半岛作为拓展油气出口多元化的长期目标，计划将这一地区的油气资源出口到朝鲜和韩国。2005 年 1 月，俄罗斯天然气工业股份公司总裁阿列克谢·米勒前往朝鲜访问，同朝鲜有关领导人商讨经其境向韩国出口天然气事宜。“尽管这个项目的经济盈利前景有限，但俄罗斯试图向世界展示它可以通过向朝鲜提供能源来帮助解决政治争端”。[④]2011 年 8 月，在朝鲜领导人金正日访问俄罗斯期间，两国领导人就修建这条长达 1100 公里的天然气管道项目再次深入磋商，决定尽快启动这一项目建设。

鉴于俄罗斯与印度的能源合作一直滞后于其他领域，俄印两国都有加强彼此能源合作的强烈愿望。2006 年 10 月 30 日，印度石油和天然气部长穆利·德

① 《新华侨报：普京访日带来俄日关系新变化》，中新网，2009 年 5 月 15 日，http://www.chinanews.com/hb/news/2009/05-15/1693380.shtml。

② Дмитрий Беликов.Игорь Сечин расставил японцев по местам-Им предложено участие в разработке крупных российских месторождений//Газета "Коммерсантъ" № 49 от 23.03.2011, стр. 1.

③ Александр Лабыкин.Япония готова покупать российский газ// «Expert Online»/ 09 jun 2014.

④ 《俄罗斯“石油牌”打到朝鲜》，东方网，2005 年 1 月 22 日，http://news.sohu.com/20050122/n224062809.shtml。

奥拉访问莫斯科，主要议程是“同俄罗斯工业和能源部长赫里斯坚科会晤，讨论新德里与莫斯科在能源领域的合作”，印度“希望每年购买5000万吨俄罗斯原油”，还准备参与“萨哈林－3”项目开发，同时欢迎并愿意推动俄罗斯企业在印度从事石油加工。[①]2012年10月，俄罗斯天然气工业股份公司新加坡分公司（Gazprom Marketing &Trading Singapore）与印度GAIL公司签署液化天然气买卖合同，俄方每年向GAIL公司出售250万吨液化天然气，期限20年，价格基于同印度码头石油价格挂钩的公式。2014年6月，俄罗斯天然气工业股份公司副董事长亚历山大·梅德韦杰夫对记者说，俄罗斯将把对印度出口液化天然气数量增加到每年350万吨，期限延长至25年。[②]同时，俄罗斯已积极考虑与印度合建一条途经中国新疆的造价约为300亿美元的石油管道。[③]

① Российская нефть потечет в Индию//ЛІГА.новости.30.10.2006.

② 《俄罗斯或向印度每年出口350万吨天然气 期限25年》，星岛环球网，2014年6月18日，http://news.stnn.cc/c6/2014/0618/4232478781.html。

③ Проект энергетической стратегии России на период до 2035 года //Министерство энергетиги ФР.11 марта 2014 г.

中国能源和原料安全面临的主要挑战[①]

中国能源和原料资源总量相对于国土面积并不丰富，且分布不均、人均更少。随着经济和人口不断发展和增长，中国能源和原料安全面临的挑战十分严峻。

一、中国能源和原料基本情况

中国与其他领土面积相当的大国相比能源和原材料总体不多，人均数量更少。随着消费需求的持续增长，中国已面临能源和原料等资源总体供不应求的状况。

（一）原料总量不多，人均更少

一方面，中国地大物博、广袤的国土蕴藏着丰富的矿藏资源，已发现蕴藏矿点 20 余万处，其中 2 万多处为可开采性矿点，是世界最大铟生产和出口国，原生铟产量占全球 60% 以上，也是钨矿储量和生产大国，世界近 90% 的钨工业所需原料均来自中国，钼储量位居世界第二位，占全球供应量的 24%。

另一方面，中国自然矿产资源分布不均衡，人均很少，不少矿产资源均低于世界平均水平，人均资源量并不十分丰富，尤其是森林、淡水、能源矿产中的油气、金属矿产中的铁、铜、铝、铀等重要资源与领土面积相近的美国、加拿大和巴西等其他大国相比相对短缺，人均占有量仅及世界平均水平的三分之一。

（二）既是油气和煤炭生产大国，也是能源消费大国

就其石油、天然气和煤炭储量及其产量来说，中国是一个能源大国。从 20 世纪 70 年代开始，中国已初步建立起东部石油生产基地，1980 年石油产量超过亿吨，跻身世界石油生产七大国行列。2003 年中国原油产量 1.7 亿吨，天然气产

① 《中国周边安全环境评估及政策选择（2010—2020）》，世界知识出版社 2015 年版，第 209—218 页。

量350亿立方米，分别位居世界第五位和第十八位。2010年中国原油产量1.9亿吨，继续保持世界第五大产油国地位，天然气年产量增加到946亿立方米，上升至世界第十位，天然气产量实现跨越式发展。2011年中国石油产量上升至2.03亿吨，升至世界第四位，天然气产量首破1000亿立方米，达到1011.15亿立方米。然而，中国石油和天然气探明剩余可采储量仅居世界第13位和第17位，人均油气可采资源量只有世界人均的六分之一，人均油气占有量只相当于美国的15%和7.8%。虽然油气可采量是个动态数据，有关部门和专家统计结果各异，但中国人均油气占有量相对较少也是业内普遍的共识。

中国在跻身油气生产大国行列同时，也成为一次能源消费大国，早在20世纪70年代中期就一度超过日本。从90年代开始，中国原油生产和消费缺口不断扩大，1990—2002年中国石油消费以年均6.7%的速度递增，而原油产量年均仅增长1.62%。同时，中国也是产煤大国和煤炭消费大国，20世纪90年代后期煤炭产量一度排名世界第一，后又回落至世界第二位。《BP世界能源统计2011》数据显示，中国煤炭探明储量1145亿吨，仅次于美国和俄罗斯排名世界第三，占全球总量的13.3%。2010年中国煤炭生产和消费占全球比重达到48.3%和48.2%，分别比上年的45.6%和46.9%上升了2.7和1.3个百分点，中国煤炭消费在基础能源消费的比重也从2000年的60.6%增加到70.3%，占世界煤炭总消费份额也由22.4%上升至48.37%。2011年中国进口1.8亿吨煤炭，同比煤炭消费增长9.7%。同时，中国单位能耗大也加剧了能源消费增长。2011年中国国内生产总值（GDP）总量超过7.43万亿美元，不到世界的10%，但能耗却占全球19%，与GDP总量15.92万亿的美国相当，是GDP总量5.97万亿的日本的4.7倍。

二、中国能源安全面临的主要挑战

（一）对油气进口依赖日益严重

自1993年成为石油净进口国以来，中国对境外石油依赖度逐年加深，2003年石油对外依赖为32%，2005年和2007年上升至42%以上和49.7%，2008年越过50%后，迅速升至2010年的55%。中国国家统计局2012年2月的数据显示，2011年中国一次能源消费总量34.8亿吨标准煤，比上年增长7.0%。新增消费超过2.3亿吨标准煤，相当于墨西哥当年消费量，其中，原油增长2.7%，天然气增长12%。2011年中国原油进口25378万吨，同比增长6%，虽比上年17.5%的增速大为减缓，但石油在一次能源消费中所占比重仍为20%，工农业和居民对石油整体消费增长趋势没有改变。2011年中国石油对外依赖上升至56%，比上年增加1.7个百分点，原油对外依赖上升的趋势不但没有得到遏制，2012年还上升到了近58%。据国土资源部2011年预测，未来5年中国对石油的需求将增长40%。[①] 综合测算，2015年中国石油需求也将达到5.85亿吨，2020年上升至7.38亿吨，按目前国内需求和产量届时中国石油将分别要进口3.85亿吨和5.38亿吨，石油对外依赖度也将超过66%和73%。高盛和国际能源机构预测，2014年后中国将超过美国成为世界最大的石油进口国，2020年石油消费的76.9%需依赖进口，未来中国石油供应的安全形势十分严峻。

此外，天然气产量不足及其在能源结构中占比很低与消费需求迅速增长的矛盾短期内难以根本解决。中国天然气在能源结构整体占比仅为3%—4.6%，大大低于发达国家24%的平均水平。2010年中国天然气实际需求1000亿立方米，缺口200亿立方米，13亿人口仅有14%的人用上天然气。由于自产天然气不足，且天然气战略储备滞后，储气比仅为2.2%左右，远远低于12%的国际平均水平，新增需求全靠进口支撑，导致中国天然气对外依赖从2007年的5.8%迅速上升到了2012年的28.9%。虽然中国常规天然气产量到2015年将超过1300亿立方米，但相对于2600亿立方米的供应需求仍有一半缺口。根据早前公布的页岩气和煤层气“十二五”发展规划，2015年中国的页岩气和煤层气产量将分别达到65亿和200亿立方米的产量，即使这样，中国在“十二五”末期的天然气对外依赖也将上升到60亿立方米以上，届时天然气消费的对外依赖程度还将上升。这使实现《能源发展“十二五”规划》提出的天然气占一次能源消费总量比重到2015年达到7.5%的目标仍面临巨大挑战。此外，截至2011年，中国已连续3年从煤炭出口国变为净进口国，2011年中国煤炭进口超过1.8亿吨，成为世界第一大煤炭进口国，确保能源供应安全已成为中国政府亟须解决的重大问题。

---

① 中国国土资源部官方网站2012年11月1日报道，http://intl.ce.cn/speciais/zxxx/201211/02/t20121102_23813171.shtml。

（二）石油进口通道存在潜在风险

中国对中东石油的依赖度逐年上升，2006 年从中东进口的石油占总进口的 45.2%，2008 年已上升至 58%。近年来，虽然中哈和中俄原油管道相继开通，但两条管线输油量仅占中国年进口总量的不到 16%，还有超过 84% 的石油需从中东和非洲等地区进口。此外，由于中国的原油进口国伊朗、安哥拉、苏丹、尼日尔、利比亚等都存在不稳定因素，使中国能源供应存在潜在的安全隐患。中国每年有大量石油需从中东和非洲运往中国，路途遥远、航线选择有限，其中约 30% 和 80% 的石油分别要经霍尔木兹海峡和马六甲海峡运输。经波斯湾—霍尔木兹海峡—马六甲海峡、从地中海—直布罗陀海峡—好望角—马六海峡以及从西非—好望角—马六甲海峡至中国的三条航线均难以避开霍尔木兹海峡和马六甲海峡以及与一些邻国有争议的海域，加之所经航线浅滩暗礁无数、海盗活动猖獗，严重威胁着油船的安全。在中国海军短期内难以对马六甲海峡和印度洋海上运输安全提供全天候有效防卫的客观情况下，一旦爆发地区冲突，海峡封闭或限量运行，将对中国的石油运输造成灾难性影响。

（三）尚不具备大范围开采页岩气的条件

中国的油页岩资源丰富，探明储量约为 315 亿吨左右，预测资源量超过 4520 亿吨，全境可开采页岩气预测资源量最少在 12.5 万亿立方米，资源总量仅次于美国、巴西和俄罗斯等国，且煤层气和致密砂岩气尤其是页岩气等非常规油气也有相当储量。

但在可见未来，中国尚不具备全面推广开采的条件。中国对全国页岩气储量测算的基数显然与美国同行无法相比，其准确率更需进一步科学论证。开发页岩气技术要求十分严格，在开发过程中除了气井压裂用水量大外，稍有不慎还会造成地面和地下水土严重污染，严重影响周围生态环境。

（四）海上石油运输配套设施及石油战略储备落后于西方国家

西方发达国家为保障石油运输较早组建了本国的庞大运输船队。美国早在 1920 年即颁布《商船法》，强调建造本国远洋船队的重要性。里根总统执政期间，美国的远洋船队得到空前的发展。欧洲在新千年以来也在重整造船业，不少国家相继出台优惠政策，鼓励船厂建造大型运输船只，以促进欧洲的海上运输业发展。日本为确保2.5亿吨以上的年进口原油安全一直在发展大型油轮产业，并为造船和买船的企业给予低息贷款和补贴倾斜政策，使日本早就拥有了超过700万吨位的庞大船队。

同时，欧美等西方国家还较早建立了战略石油储备制度，法国、英国和德国在20世纪60年代中期或更早就提出建立石油储备构想，并出台了一些石油及其制品储备的法规。2009年欧盟以立法形式进一步加强了欧盟整体战略石油储备制度，规定成员国的石油储备应相当于本国90天原油或成品油内部平均消费量。美国从1973年石油危机后即开始战略石油储备，并于1975年出台《能源政策和储备法》，其石油战略储备规模很快超过120天。截至2011年底，美国战略石油储备超过7亿桶，商业原油库存3.5亿桶，按每天向市场投放440万桶石油计算，可维持大约160天的供应。日本2012年的石油储备已达103天的原油进口量，加之民间储备，可满足169天的需求。

相比之下，中国距世界主要石油产区中东较远，但海上运输业发展却长期滞后，进口原油基本上靠租用外籍油轮。2004年中国租用的外轮数量一度占到总运行油轮的90%，近几年的情况也没有多大改观。此外，中国可接卸20万吨级油轮的港口只有青岛、宁波、舟山、大连和镇江等，难以满足国内日益增长的石油进口需求，液化天然气码头的接卸能力更是有限。

中国的战略石油储备严重滞后，长期依赖三大国有石油公司的商业储备，综合储备天数一度仅为21天左右，成为中国能源安全的一个软肋。2006年以来，随着镇海、舟山、大连、黄岛四大储油基地相继建成和国家、地方、企业原油储备体系的建立，中国战略石油储备状况有所改观，2011年底达到3.62亿桶，其中战略石油储备1.42亿桶，企业石油库存2.2亿桶，按目前消费水平已具备40天消费的储备能力。然而，要在2020年实现战略石油储备90天的国际普遍“达标线”依然任重道远。

三、中国原料安全面临的主要挑战

（一）原料进出口通道存在严重安全隐患

中国对外贸易的97%需海运往来，虽然已有通往150多个国家的30多条传统和新开辟的远洋运输航线，但大多需先走出“多道岛链”，再经过“受制于人”或与声索国时有摩擦的海域，尤其是要经马六甲海峡和霍尔木兹海峡等海盗经常出没的危险航道，使中国原料运输存在很大安全隐患。位于东海和太平洋间的琉球群岛诸水道是中国东出太平洋唯一出口，南海是中国通往东南亚与东北亚各大港口的重要通道，也是中国东南沿海通向澳大利亚、美国和加拿大西海岸必经海域。经南海进印度洋通往新加坡—澳大利亚的海上航线还是中国从东南亚、澳大利亚及其以远地区进口液化天然气、石油、橡胶、木材、铁矿石、铀、锰等重要矿产资源的重要通道。西出马六甲海峡经苏伊士运河达波斯湾，是中国进口中东石油和对欧贸易重要航线。从西非和东南非经好望角过印度洋、穿越马六甲海峡至南中国海，是中国进口石油和原料常走的线路。经巴拿马运河通往大西洋和太平洋，是中国与南美洲东海岸国家往来贸易航线。上述航线所经海域均不同程度地存在着安全风险，仅2012年在印度尼西亚、孟加拉湾、越南、南海海域以及马六甲海峡等海域即发生海盗和武装劫船事件130余起。

近年来美日竞相插手马六甲海峡防务，印度也不断增强马六甲海峡北部入口处的安达曼群岛军事基地的实力，也给该海域增加新的不确定因素。“二战”期间，美国为加速打败日本，对其包括下关海峡的所有重点海域封锁，数月的“饥饿计划”使下关海峡运输量骤降90%，导致日本国内石油、煤炭、粮食等战略物资严重短缺，工厂纷纷停产，经济陷入瘫痪，大大削弱了日本国力和军力。从一定意义上讲，美国对日本的封锁行动加速和改变了太平洋战争的进程。如今，一旦地区和国际局势突变，不排除国际海道被阻断，影响中国的正常贸易和原料进口。2011年12月，在美国等西方国家同伊朗关系持续恶化的背景下，伊朗宣布在其南部霍尔木兹海峡以东海域举行为期10天大规模军事演习，一时间，众多船只急于提早通过该海域，使本就十分繁忙的霍尔木兹海峡更加拥挤。为此，西方战略家甚至认为，如果伊朗封锁霍尔木兹海峡30天，国际油价有可能涨至每桶500美元。

（二）对原材料的刚性需求及其浪费状况短期难以改变

随着经济快速发展，中国除稀土和少量矿产资源尚能自给自足外，其余的诸如石油、天然气、富铁矿、铜矿、铬铁矿、铁矿石、铝、富锰、钾盐等矿产资源已无法满足日益增长的工业发展需求。综合有关数据显示，按目前的探明储量和开采速度，中国的金矿只够开采 15 年，银矿、钨矿和稀土等矿藏也只剩下 20—30 年的开采量。全球最大的稀土矿产地包头白云鄂博稀土矿藏再过 30 年也将枯竭，而铜矿和镍矿也只够 30—50 年的开采量。2002 年中国进口铁矿石突破 1 亿吨，首次超过日本成为全球最大铁矿石进口国。2007 年中国铁矿石进口激增至 3.83 亿吨，占全球的 46%，相当于当年全球增量的近 90%。国家统计局 2012 年 2 月发布的《中华人民共和国 2011 年国民经济和社会发展统计公报》显示，2011 年中国主要原材料消费继续上升，其中，钢材消费 8.4 亿吨，增长 9%；精炼铜消费 786 万吨，增长 5.2%；电解铝消费 1724 万吨，增长 12.1%；乙烯消费 1528 万吨，增长 7.5%；水泥消费 20.7 亿吨，增长 11.2%。截至 2011 年底，中国对铁矿石、铜、铝的进口依赖已分别达到 57%、70% 和 80%，且还有进一步上升趋势。同时，中国粗放型的生产技术造成能源和原材料的巨大浪费，导致工业成本难以下降。中国在为世界 GDP 做出 4% 的贡献同时，却消耗了世界原油的 7.4%、铁的 30%、钢的 27%、氧化铝的 25%、水泥的 40%。如果不尽快扭转对一些原材料的刚性需求和严重依赖海外市场的状况以及大力节约能源和原料资源，中国将难以实现 2020 年国民生产总值翻两番目标。

（三）缺乏有效影响国际市场原料价格的杠杆

综合有关数据，铁矿石价格每上涨 1 美元，中国钢企整体产品就要增加近 5 亿美元的成本。虽然这些年中国进口铁矿石已占全球进口的 50%，成为全球第一大铁矿石进口国和世界铁矿石最大战略买家，但在历年的国际铁矿石价格年度谈判中，中国钢企除了 2007 年争得首发价格外，其余年份均受到歧视，不具备影响国际铁矿石议价能力，只能被动承受其他国家达成涨幅不等的“首发价格”。仅在 2002—2008 年，中国为进口的 18.96 亿吨铁矿石即多支付了 1068.19 亿美元。由于中国在国际铁矿石市场缺乏定价影响力，国内钢企的生产成本难以降低，导致2008年全国钢企甚至出现全面亏损局面。尽管后来中国钢企试图乘当年国际大宗初级原料商品市场价格受金融危机影响暴跌之机，随行就市下调40%—45%的钢材和铁矿石长期协议进口价格，但在长达近一年时间，一方面由于中国钢企间协调不够，甚至相互拆台，另一方面也遭到国际矿业巨头的联合抵制，导致中国企业的合理诉求未能实现。目前，澳大利亚必和必拓公司、澳大利亚力拓集团、巴西淡水河谷公司三大世界矿商巨头依然控制着全球70%的铁矿石资源和世界铁矿石70%以上的海上贸易，中国并没有能力打破业已形成的铁矿石“三分天下”供货格局，铁矿石只能从三大矿商进口，别无他途。

客观上讲，铁矿石进口国处于矿石冶炼产业链下游，其本身的议价能力就远不及铁矿石出口国。然而，就中国钢企来说，行业发展过快和过散、各自为政、恶性竞争、缺乏统一协调也是议价能力受限的重要原因。就中国钢企而言，长期协议下的铁矿石进口只是总进口量的40%左右，而50%以上的进口铁矿石则是中小钢企以“各自议价”的现货方式获取的。一些中小企业只顾眼前“蝇头小利”，暗中“抬价”，给中国钢企整体产业提升对外议价能力带来极大负面影响。此外，由于2009年以来日本控制的海外铁矿石资源已占其进口总量的60%以上，在对外铁矿石议价上已开始有了讨价还价资本，中国直接控制的海外铁矿石资源只有5200万吨规模，仅占中国进口铁矿石总量的13.8%，也使中企在国际市场议价谈判中的回旋余地受限。由于中国不具备影响铁矿石价格的能力，导致企业成本居高不下。尽管2011年中国钢产量已占全球产量的约50%，但中国钢铁生产行业的年销售利润率却连续2年不足3%，大大低于全国工业行业6%的平均水平。由于成本高企和需求下滑的双重挤压，2011年下半年以来，中国钢铁行业利润急速下跌至0.97%，武钢全年2000余亿元的销售额却只有30亿元的利润，其中钢铁主业利润只有10亿元左右。2012年1—2月，中国钢铁行业整体亏损已达28亿元，一季度中国钢铁工业陷入全行业亏损。

中国水资源安全及跨界水系合作[①]

有关研究显示，随着生态的进一步恶化，全球气候变暖，2050—2070年，喜马拉雅山的冰雪消融将达到峰值，冰川和积雪融化速度将逐渐加快，喜马拉雅山的水资源随之减少。2010年联合国发出警告，全球已有11亿人口无法获得安全的水资源。到2050年世界将有一半人口（约40亿人）面临水资源危机。由于中国是水资源短缺国家，确保水资源安全、维护和公平合理利用跨界水资源，加强毗邻水系互利合作尤显重要。

一、中国地大物博，人均水资源短缺

改革开放以来，中国经济取得了世人瞩目的骄绩，但生态环境特别是水资源短缺问题日趋严峻。中国有约四分之一的国土为荒漠化土地。多年来，人为的滥砍滥伐和过度放牧导致沙漠化面积还在不断扩大。中国境内40%的河流遭到重金属和农药污染，人均水资源占有量仅为全球人均的25%，是所有大型经济体中最低的，且北方人均水资源占有量更低，仅为全球人均的9%，北京和天津等城市甚至仅为3.5%。尤其是北京，截至2011年人均水资源占有量已降至100立方米左右，相当于国际缺水警戒线的十分之一。由于过度汲水，华北地区地下水位已急剧下降，一些大中城市的地表层出现下沉现象，地下水污染日趋严重。北京的用水缺口很快将达到2亿—3亿立方米。北京周边平原地区的地下水位已经从10年前的海平面以下11米降至24米。国际河流组织中国水资源调研员卡西·徐认为，“从资源的角度来说，中国华北地区已经形成了全世界最大的因过度抽水导致的地下漏斗，而且这个漏斗还在不断扩大。这可以说是一个不知道多长时间能够解决，或者说能不能解决的中国地质水资源面临的非常大的潜在问题”。

---

① 《2011国际生态安全年度报告》，世界知识出版社2012年版，第53—60页。

近年来，特大干旱和洪涝等自然灾害轮番袭击中国南北省份。2010年云南省和内蒙古等省区遭遇长达半年之久特大旱灾，北方个别地区地面甚至旱裂出数米深大裂缝。赤峰市51座水库中有30多座干枯，超过25万人饮水困难。2011年上半年，湖北、湖南、江西、安徽等省持续数月干旱无雨，出现近半个世纪以来最严重的旱情，长江流域降水比过去50年的平均水准相比较降低60%，2000余艘船舶在京杭运河扬州段等处被迫滞留待航。全国耕地受旱面积超过9200万亩，东北三省缺水的耕地面积也超过6000万亩，3500万人和344万头大牲畜因干旱饮水困难，经济损失可能达到150亿元。为保障民生，中央财政紧急下拨抗旱补助资金19.6亿元。

持续旱情导致长江等主要河流水位降低或干枯，水利发电比正常年份减少20%，进而增大了煤炭发电的压力。由于电价较低，煤价居高不下，上半年头4个月煤炭发电企业累计亏损100亿元，国内1400多家燃煤发电厂中的87家已面临倒闭。为此，燃煤发电厂不得不人为减少发电量，这反过来又使本来就供应不足的电力更加短缺。中国国家电网公司数据显示，今夏全国电力缺口将超过2004年缺口3000万千瓦的历史水平达到4000万千瓦，至少会影响到20多个省市，一些地区不得不隔两三天就停电一次。为此，15个省市从6月开始已上调了非居民用电价格。

水电不足推升煤炭发电需求不断上升，而煤炭开采又反过来要求大量的水资源来保障。由于我国大量煤炭都蕴藏在干旱少雨的西北部地区，使扩大水源和煤炭开采成了中国两个不解的难题。目前，中国年均用水量大约在6000亿立方米，到2020年可能会增加到6700亿立方米，而增加的700亿立方米中竟有500亿立方米要用到煤炭的挖掘中去。世界银行警告说，持续减少的水资源供给将激化中国的贫富和城乡矛盾。如果不大力改变用水方式，在未来十年里将有数千万中国人成为生态环境难民。干旱缺水已经成为21世纪中国持续发展面临的重大挑战之一。

二、挖掘国内水系潜力，开展跨境水系合作

跨界水系占我国全部河流水量的近30%，但开发利用不足5%。近年来，我国在挖掘自身水系潜力，以及在开展与毗邻国家跨界水资源合作两方面都做出了

积极努力，并取得了显著成果。

我国水资源短缺且分布不均，工业和农业产区布局不合理，北方一些主要粮食产区严重缺水，钢铁和化工等高耗水产业也多处于宁夏、内蒙古和山西等水资源短缺的省区。为此，在中央统一部署下，各级政府一直十分重视水利设施建设，不断挖掘自身潜力，努力改善和合理规划水利布局，实施南水北调工程。建筑三峡大坝，一定程度地缓解了制约经济发展的压力。今后，有关部门还准备继续开发长江、怒江（出境后称萨尔温江）、澜沧江（出境后称湄公河）和雅鲁藏布江，使其为我国经济发展发挥更大的效用。

在合理规划和挖掘自身水资源潜力同对，中国还积极开展与周边国家的跨界河流互利合作，兴修水电站，回购电力弥补本国电力不足的缺口。目前，中企已着手与中国毗邻的东南亚地区开展水资源和电力开发合作，在缅甸北部投入 300 亿美元，建设约达 2000 万千瓦的水电站，在萨尔温江（中国境内称怒江）建成装机容量达 710 万千瓦的发电站。在老挝投资 2 亿美元建设总装机容量为 10 万千瓦的水电站，在柬埔寨计划建成总装机容量达 270 万千瓦的水电站，还计划到 2014 年投入约 6 亿美元在缅甸建成总装机容量 33 万千瓦的水电站。与此同时，中企还与泰国企业联手在缅甸和老挝建设水电站。

三、周边国家水资源纷争和政局动荡对我国周边跨界水资源合作的影响

中国周边国家政局不稳和社会动荡及毗邻国家间水资源纷争给我国开展互利合作造成一定影响。

一是缅甸政局持续动荡给我国在缅水电工程建设带来极大影响。中缅计划在克钦邦建造多处水电站，其中，靠近中缅边界地区克钦邦桑岗村的太平江水电站是中方投资，于 2010 年 6 月全部完工的建设项目。该水电站生产的 90% 电力回送中国南方电网。根据合资协议，项目特许经营期限为“35+5”年，特许经营期满后中方将全部移交给缅甸联邦政府。然而，近年来，在西方一些反华势力的鼓动下，大约有 8000 人的缅甸克钦独立武装组织一直在干扰中国的这个援建项目，不断煽动中缅对立情绪，妄称中国在缅甸修建的大坝一旦溃堤，将会使当地 1.5 万名居民遭殃，下游成千上万百姓生命财产安全受到威胁。同时，该组织还不断向我国企业索要巨额款项。2011 年 6 月，缅甸政府军与克钦独立武装的冲突再

次升级，该水电站输电塔及该地多处桥梁被炸，导致中国200余名工程技术人员紧急撤回国内避难，水电站停止运行。此前，位于密松的大坝工地遭数十枚炸弹袭击，4名工人丧生，3名护送中国工程师的缅甸军人也在途中遇害。

二是中亚水资源纷争一定程度地影响着中国在该地区的水电合作。中亚的水资源大约90%都集中在塔吉克斯坦和吉尔吉斯斯坦。苏联时期，中亚水资源调配一直由莫斯科负责。随着苏联解体这一协调机制的瓦解，位于锡尔河和阿姆河上游的塔吉两国与下游的哈萨克斯坦、乌兹别克斯坦、土库曼斯坦三国的水资源争端不断加剧，甚至还出现了小规模的武力冲突，水资源利用问题一度处于一触即发状态。例如，位于塔境内的罗贡水电站从20世纪80年代苏联时期就开始建设，期间因故停工10年之久。塔独立后几度重新启动该项目，但一波三折，至今仍未能建成。其中一个重要原因就是影响下游的生态环境。为生态平衡免遭破坏，哈乌土三国只允许塔方建造小型水电站。但塔方称已有的241座小型水电站发的170亿度总电量仍缺口80亿度电，只有建成罗贡水电站才能完全满足需求。而且，塔方独立后已先后投入近10亿美元，不愿轻易放弃。

由于气候和上游筑坝拦水导致乌兹别克斯坦水资源短缺，2007年乌国15个州中有8个州不得不禁止栽种水稻，稻米产量从上年的22.42万吨减少到19.77万吨，导致2008年该国非公开地禁止大米出口，并采取措施建立国家小麦的应急储备。当年4月，哈萨克斯坦为确保粮食安全，也一度数月禁止小麦出口。为此乌兹别克斯坦坚决反对塔方建造大型水电站，尤其是在瓦赫什河上修建罗贡水电站，并以提高对塔天然气售价和减少天然气供应量向其施压，并极力说服俄罗斯对该项目撤资，迫塔放弃罗贡水电站项目。

中亚水资源问题的激化是几十年来积累的深刻社会矛盾和生态危机的反映。鉴于塔与下游国家在跨界水资源利用方面的纷争，中俄（俄方从2005年就开始参与）两国相继撤出了对罗贡水电站和其他相关项目的合作。但塔方对建设总价超过32亿美元的罗贡水电站计划没有改变。拉赫蒙总统多次表示，塔方动力资源有限，除了利用水资源别无他路，不管他国是否参与，本国都坚持完成该工程，并在民间积极筹措资金，推进该水电站的建设。2008年2月，俄联邦杜马主席格雷兹洛夫惊呼，继石油和天然气之后，“围绕水资源的战争已经开始，淡水将成为战略目标”。由此不难看出，水资源可能会成为一些水源富集国未来拓展对外关系的一件“政治武器”。

四、中国在跨界水资源合作方面的成功与问题

中国是跨界河流较多的国家，如何维护水资源以及生态安全、合理、公平分配和开发利用水资源对我国构建和谐周边地区关系起着重要的作用和影响。

中国与周边地区和国家拥有黑龙江、鸭绿江、图们江、乌苏里江、绥芬河、额尔齐斯河、伊犁河、乌伦古河、澜沧江、雅鲁藏布江、元江、怒江、伊洛瓦底江、印度河、北仑河等数十条大小跨界河流。其中，雅鲁藏布江从海拔 5300 米以上的喜马拉雅山脉中段北坡冰雪山岭发源，自西向东流向世界屋脊青藏高原南部，再经墨脱县的巴昔卡流出国境，改称布拉马普特拉河流经印度、孟加拉国流入孟加拉湾，生活在南亚和东南亚的 20 多亿人都依赖于发源于此的这条河流生计。而怒江和澜沧江分别途径缅甸和越南南部。随着水资源的日益短缺，跨境水资源的开发和利用问题在对外关系中也日显突出，甚至时常引发外交争端。如何公平合理利用跨界水资源，不仅涉及经济可持续发展和生态环境，同时也赋予了更多的政治和外交含意，大力开展毗邻国家的水资源合作已成为我国对周边国家关系中的重要内容之一。

不可否认的是，中国在跨界水系管理与利用方面与邻国存在一定的纷争。我国与周边毗邻国家俄罗斯、哈萨克斯坦、印度和泰国等都有不同程度的跨界河流分歧。俄罗斯抱怨中方加固黑龙江部分护堤使主航道向俄方推移，侵占了其利益；哈萨克斯坦对中方在额尔齐斯河上游修建水塔也表示不满，认为中方增加用水给哈下游 250 万居民、社会经济和生态等带来诸多不利影响。印度则对中国在雅鲁藏布江（印度段称布拉马普特拉河）修建大型水库表示强烈不满。称“中国讨厌共享水资源条款”并“拒绝与任何邻国签署正式的水资源共享协议”，认为“中国是对 1997 年联合国《国际水道非航行使用法公约》投反对票的仅有几个国家之一”。印方还不断指责中国“修建诸多大坝抽走湄公河等河流的水”，影响了下游印度居民和工业用水及生态环境。柬埔寨、老挝和泰国也不时批评“中国在湄公河上游建设了 15 处大型水库，导致水位急剧下降，水流量减半”。西方媒体更是推波助澜，声称泰国、老挝、柬埔寨和越南一直在抱怨中国在开展上游水系工程时，既不同他们磋商，也不通知他们，指责“中国实际上是地区一霸，踩住

了湄公河的咽喉”，并称当地农民普遍认为是“中国的水坝毁灭了鱼类资源，切断了灌溉水源、破坏了（百姓）生计”。

然而，我们也应该看到，中国与周边国家跨界水系合作也正逐渐进入良性轨道。中国已同俄罗斯、哈萨克斯坦等国就划界和跨界河流保护等问题签定一系列协定。

中俄跨界水资源合作良好。2005 年 11 月，中国妥善及时处理松花江污染事件，并紧急向俄方援助一批水质检测仪和 150 吨活性炭等设备和物资，将污染危害降低至最低程度，充分取得了俄方的谅解。中方对造成河流污染的负责态度受到了俄方的好评。中俄双方在跨界水域和渔业方面的合作良好，两国毗连水域渔业生产秩序稳定，渔业交流与合作取得明显成效。2009 年 12 月，中俄渔业合作混委会第 19 次会议对双方 2010 年鲟鱼可捕量、边境水域增殖放流等问题进行了深入磋商和探讨，并就 2009—2010 年两国对鲟鱼和秋鲑鱼的捕捞联合检查达成一致意见，确定双方互派专家观摩黑龙江、乌苏里江、图们江的增殖放流活动，以利进一步加强水生生物资源保护方面的合作。2010 年 3 月，两国召开边境水域渔政管理工作会议，就双方在黑龙江边境水域进行鲟鳇鱼资源状况联合调查等事宜达成共识，合作取得实质性进展，并形成了《2010 年中俄黑、乌两江边境水域渔政管理工作委员会会议纪要》。

中哈跨界水系合作取得积极成果。中哈两国共有大小 23 条跨界河流，双方虽然在跨界河流问题上出现过分歧，但总体合作进展顺利。中方始终重视中哈跨界河流水资源的利用和保护工作，双方在跨界河流领域一直保持着良好的沟通与合作。2001 年 5 月，中哈在阿拉木图就跨界河流问题达成有关合作协议，成立副部长牵头的跨界河流联合委员会。2005 年 5 月，两国在北京成立中哈跨界河流专家联合工作小组，双边跨界河流水系合作进入良性合作轨道。目前，中哈两国已签署利用和保护跨界河流合作协定，相关合作机制已纳入副总理级中哈合作委员会工作内容。2011 年 2 月，在纳扎尔巴耶夫总统访华期间，两国发表联合公报，双方高度评价两国跨界河流联合委员会的工作成果，强调将继续共同推进落实《中华人民共和国政府和哈萨克斯坦共和国政府跨界河流水量分配技术工作重点实施计划》，并商定 2011 年 4 月正式开工建设“中哈霍尔果斯河友谊联合引水枢纽”工程。同时，两国还将采取切实有效措施，妥善解决乌勒昆乌拉斯图河的水资源利用问题。

中国与其他周边国家在跨界河流问题上的纷争在逐步解决。中国在跨界水系开发利用问题上一直充分兼顾相关邻国利益，始终遵循可持续发展原则，充分兼顾相关邻国的利益和关切，努力按照建设环境友好型、资源节约型社会要求，科学考虑上下游资源和水环境的承载能力，确保各方获利、共同发展。中国政府已在努力采取必要措施，尽量减少在雅鲁藏布江上的工程项目对下游可能产生的影响，公开向印方表示愿意通过友好协商，解决彼此的关切。中方有关跨界河流的任何项都将考虑下游国家的利益；鉴于泰国与中国在利用和开发湄公河问题上存有纷争，中国云南省在上游实施的水电站项目也积极邀请泰方企业参加，以此弥合两国的分歧。为进一步显示中方合作的诚意和透明度，2010 年 4 月，中方在湄公河委员会框架内组织泰国、老挝、柬埔寨和越南的官员前往小湾和景洪大坝实地考察。2011 年 5 月，在缅甸总理吴登盛访华期间，双方又达成一个水力发电项目。同时，中国还积极参与湄公河下游国家十余个水坝的工程建设。

特别需要指出的是，一个时期以来，国际社会已逐渐认可中国在保护水资源生态方面取得的进展。亚洲开发银行的水利专家坦言，其实，就一些下游国家的生态问题“也不应把所有过错都归咎于中国。越南的稻米之乡湄公河三角洲令人担忧的盐碱化似乎并非像越南所说中国（拦水修坝）所致”，而“至少部分原因是由于越南自己在附近搞的水电工程”所造成的影响。老挝未来也计划在湄公河上修建一座水坝，这将给回游鱼类带来潜在的毁灭性后果。而世界银行中国局局长杜大伟认为，“过去 10 年，中国在环境保护方面取得了巨大的进步”，有一点鲜为人知，“中国是世界上迅速扩大森林覆盖面积的为数不多的国家之一，并在努力减少空气和水源污染”。

五、对策建议

（一）合理布局、严格监管，大力发展燃气发电厂、生物质能发电等清洁能源

“十二五”计划已经做出总体规划，准备再增加装机容量 1300 万千瓦发电量，这意味着要再建 100 多个发电厂，我国电力短缺状况将得到极大缓解。截至 2010 年底，我国火力发电依然占全国总发电量的近 80%，核电和风电分别只占

约2%。煤电厂每年产生的粉尘至少有3.75亿吨，成为我国一大污染源。尽管中国在未来相当长的一个时期里，依然难以摆脱以传统的煤炭发电解决国内的电力需求，但我国必须大力推进核电以及清洁能源的发展，同时，开发和充分利用好跨界水资源发电。我国在太阳能利用等方面已位居全球前列，我国宜利用这一优势，挖掘清洁能源发展的巨大潜力。2011年上半年，中国保利协鑫、比亚迪公司、华锐风电等4家太阳能和风电企业已荣登美国《福布斯》杂志全球十大“绿色”富豪榜。中国的清洁能源产业方兴未艾、发展前景广阔。

（二）对外合作应遵循可持续发展战略

我国应指导外向型企业在对外合作中始终坚守维护自然生态，崇尚人类最高道德标准，努力与当地民众共建和谐、生态平衡的原则。坚持可持续性开发、文明生产，严禁毁灭性和掠夺性开采和挖掘，避免给当地百姓留下唾骂罪名。2011年6月，中国在俄2名农场主被俄罗斯农业监督局地区管理局告上法庭，指控其在租用当地农田期间使用了违禁农药，破坏了土壤，污染了兴凯湖水质，导致水中悬浮颗粒的数量已超标100多倍。7月，加拿大《环球邮报》网站刊载一篇题为《无情的砍伐使缅甸的山丘光秃》的署名文章。作者称20多年来，缅甸中央政府、地方军队指挥官和反政府武装组织受利益驱使在同中国的木材贸易中毫无节制地砍伐，已使缅甸极具盛名的柚木林和红木林所剩无几，不出10年缅甸就见不到柚木了。目前，缅甸一侧树木已然稀少，群山光秃，中国一侧则山峦郁郁葱葱，形成巨大反差。文章还称，中国人在缅甸树木被砍伐光后又开始到老挝去进口木材。

（三）研发并逐步扩大中性水使用范围

目前，一些现代化企业和大型宾馆早已开始开发处理并循环使用中性水，在继续开发、合理分配使用水资源和节约用水基础上，我国有关部门应逐步推广扩大中性水在城市的使用范围，探讨中性水引入居民区一些生活辅助设施中的可能性。

Ⅱ

新生的俄罗斯

俄罗斯的综合国力和国际地位①

俄罗斯综合国力变化经历了一个从苏联解体陡然衰弱，再到普京时代逐渐恢复、不断增强的发展过程。19 世纪，俄国作为反对资产阶级革命的一支重要力量走上欧洲政治舞台。“二战”期间，苏联以世界性大国身份参战，并在冷战期间成为与美国并驾齐驱的超级大国。苏联解体意味着俄罗斯不再是世界级强国，原有的意识形态和社会体制不仅黯然失色，其在诸多关键领域也丧失了与西方的竞争力。经过 20 余年的励精图治，迄今，俄罗斯在许多方面仍无法与美国等一流发达国家比肩。但不可否认的是，在 21 世纪第一个 10 年连续多年保持 7% 左右的经济增速支撑下，俄罗斯综合国力显著提升，其参与全球治理的能力大大增强，重新成为维系国际战略平衡与稳定的关键因素和国际舞台上不可或缺的重要政治力量。

综合国力系指一个国家拥有的所有资源相互作用形成的对内和对外整体实力的总和，也是国家制定和确立内外中远期战略目标的重要参数和基础，它既包括政治、军事、科技、人力、资源禀赋和治国能力等硬实力，也包括民族凝聚力、对外运筹、世界影响和国际话语权等软实力。综合国力各要素相辅相成、互为补充。强大的外交和军力不仅需要雄厚的经济实力基础做支撑，也需要不断更新的现代化创新技术来维系，而技术力和创新力的提高则离不开受到良好教育的高素质人力资源，包括政府的高效管理、法律和制度保障等先决条件。经济力的提升更是需要强大外交力来为其营造良好的外部环境，需要足够军力保障以及科技创新力的不断推动。

俄罗斯是近 500 年来，出现的公认的 9 个世界大国之一。充满荣耀的历史造

① 本文系“马克思主义理论研究”和“国家社科基金”双重大课题项目——“新世纪国际格局与中国外交战略”（批准号为 2015MZD065）的阶段性成果，刊载在《俄罗斯研究》2019 年第 3 期，第 164—190 页。

就了俄罗斯人强烈的民族自豪感、优越感和尊重强者、敬佩英雄的彪悍性格。[①]还是在20世纪90年代，俄罗斯领导人就声称，即使在苏联解体后，俄罗斯依然是大国，但这一说法直到现在才成为公认的事实。相对美国前总统奥巴马称俄罗斯只是地区大国，而今，这一“谨慎的”观点“甚至在美国国内都遭到嘲笑”。[②]

一、综合国力的快速恢复

苏联解体后头10年，俄罗斯综合国力急剧衰退，国际地位和影响力日趋下滑。普京出任总统后，一直将捍卫俄罗斯领土完整和恢复世界强国应有的地位作为其历史使命。2000年以来，俄罗斯经济连续数年快速增长，综合国力迅速恢复。2006年，俄罗斯综合国力跃居美国和英国之后排名世界第三位。[③]2014年，俄罗斯综合国力甚至上升至世界第二位，[④]重新成为一支维系国际战略稳定的重要政治力量。

（一）经济提前好转

21世纪以来，得益于能源等大宗商品价格持续高企，俄罗斯经济连续保持近9年的7%左右年均增长，走出了财力长期受制于西方、没有世界银行和国际货币基金组织贷款其预算就青黄不接的窘境。2006年，俄罗斯的GDP达到9119.55亿美元，经济总量首超1990年苏联解体前水平，从根本上克服了20世纪90年代经济灾难性下滑所造成的后果。2007年，俄罗斯的GDP首破万亿美元，达到创纪录的1.30万亿美元，位居世界第十一位。俄罗斯不仅还清了苏联所欠的1600多亿美元外债，还使黄金外汇储备增加至4112亿美元，位居世界第三位。2008年，俄罗斯的GDP增加至1.76万亿美元，首次跻身世界前八强，人

---

① 胡晓光：《在俄罗斯感受中国的影响力：“发展与中国关系是俄全国共识”》，载《参考消息》2018年1月8日，第11版。

② Дмитрий Тренин. Каким был 2017 год для внешней политики России//Московский Центр Карнеги.27.12.2017.

③ 《社科院黄皮书：中国综合国力排名第6日本第7》，新华网，2006年1月5日，http://news.xinhuanet.com/ fortune/2006-01/05/content_4012616.htm。

④ 《2014世界各国综合国力排名前10》，百度文库网，2014年6月8日，http://wenku.baidu. com/link?url=z8kk-TMIyUhbjo-BV9vgX0XqRjpz13FP5VfClT-vG9uVDl58V360emm8Z6230nNljDTpt2Zqpyz3Ykk81l9fhdckBlqbwUyGwB8o_SnYMO。

均 GDP 首破万亿美元，达到 1.16 万美元，外汇储备实现创纪录的 5000 亿美元，所持美国国债 1160 亿美元，成为持有美国国债最多的五大国之一。受金融危机影响，2009 年，俄罗斯的 GDP 回落至 1.23 万亿美元，退居世界第十二位，人均 GDP 降至 8693.80 美元，排名世界第五十八位。然而，2010 年，俄罗斯经济率先复苏，其 GDP 迅速增加至 1.52 万亿美元，人均 GDP 达到 1.06 万美元。2011 年和 2012 年，俄罗斯的 GDP 分别达到 1.86 万亿美元和 2.01 万亿美元，重回世界第八大经济体，人均 GDP 上升至创纪录的 1.3197 万美元和 1.389 万美元，首次进入高收入国家行列，提前实现 1999 年末普京出任代总统时提出的用 15 年时间，使俄罗斯达到像西班牙和葡萄牙等欧洲中等发达国家人均国内生产总值水平的目标，甚至已接近大多数发达国家。2013 年，虽然俄罗斯的 GDP 同比仅有 1.3% 的增幅，但仍达到 2.10 万亿美元，人均 GDP 达到 1.46 万美元。根据世界银行以购买力平价计算，就其经济总量来说，俄罗斯已成为世界第五大经济体。① 即便是在欧美制裁导致俄罗斯经济陷入困境的情况下，其 2016 年的平均家庭收入依然达到 10344 美元，比 2000 年的 2935 美元多出 3 倍还多。当年俄罗斯的粮食产量仅次于中国、美国和印度，位居世界第四位。2018 年，尽管面临欧美旷日持久的持续打压，俄罗斯多项经济指标还是创下新的历史纪录：全年预算盈余为国内生产总值（GDP）的 2.5%，为近 7 年来首次；央行黄金增持量达到 92.2 吨，黄金储备突破 2000 吨，在全球储备总量中占比达到 18%，跻身全球黄金采量首位；外债总额仅为 5250 亿美元，远远低于美国（超过 21 万亿美元）、英国（7.5 万亿美元）、法国（5 万亿美元）和德国（4.8 万亿美元）等欧洲主要大国的外债水平。俄罗斯还前所未有地生产了 5.56 亿吨石油和 7250 亿立方米天然气，对欧洲出口的天然气达到创纪录的 2017 亿立方米，超过欧洲需求的一半以上；小麦出口仅次于美国（3680 万吨）位居世界第二位，达到创纪录的 3660 万吨，同比增长 30%。俄罗斯在彭博社的发展中经济体排行榜排位从第七名跃升至第二名。据世界银行计算，俄罗斯的 GDP 规模已超韩国，为世界第十一大经济体。俄罗斯力争到 2024 年真正跻身世界五大经济体行列。②

---

① Россия вошла в пятерку в мировых лидеров по ВВП//Республика Армения. Пятница, 19 июля 2013г.

② Наталья Дембинская. Десять рекордов российской экономики в 2018 году//РИА Новости. Москва, 27 декабря 2018 года.

（二）科技重现优势

进入21世纪以来，俄罗斯连续出台《2002—2005年俄罗斯联邦国际科技合作国家政策构想》《俄罗斯联邦至2010年及更长期科技发展政策原则》《俄罗斯联邦2020年前后科学技术发展政策原则》《俄罗斯联邦关于创新活动和国家创新政策法》等一系列鼓励科技创新的政策法规。在此背景下，2003年，俄罗斯各类科研机构恢复到3797个，各类科研人员85.85万人，科研队伍规模和实力仅次于美国，位居世界第二位。2008年以来，在全球102项前沿尖端科技领域，俄罗斯有77.45%的研究成果位于世界前列，其中52项处于全球主导地位，27项具有世界一流水平。在标志当今世界发达国家实力的100项突破性技术中，俄罗斯有17—20项具有世界领先水平。在50项对世界发展前途或对全球经济社会发展有重大影响的科技方面，俄罗斯有近20项处于全球领先地位。① 俄罗斯考古学家在阿尔泰地区丹尼索瓦洞穴对古人类指骨化石的发现，被美国《科学》杂志称为可与希格斯玻色子的发现相提并论。② 俄罗斯的物理学家在兆赫波段高温超导、超敏航天传感器和安全系统等领域堪称世界翘楚。在返回式人造卫星和宇宙飞船方面，俄罗斯与美国保持同步甚至超出美国的水平，能够制造出顶级的火箭发动机和高质量的科技产品。③2010年俄罗斯启动的核动力推进装置研发项目，全球没有先例，大幅领先于其他国家。在载人太空飞行方面，自美国航天飞机退役后，只有俄罗斯和中国具备把人送入太空并从轨道上接回地球的技术，而且，美国宇航员一直是乘坐俄罗斯的“联盟”号飞船前往国际空间站的。迄今，美国仍试图获取俄罗斯国际空间站的统一气密舱制造技术，并只从俄罗斯进口RD–180和RD–181火箭发动机，哪怕对俄罗斯制裁一再升级，美国也没有中断与俄罗斯的这一贸易。在2028年前，五角大楼都将不得不继续使用俄罗斯的火箭发动机来发射本国火箭。④ 而且，俄罗斯还向法国供应运载火箭，用于在法属圭亚那库

① 郭力：《黑龙江省与俄罗斯技术要素流动客观性研究》，载《俄罗斯中亚东欧市场》2009年第11期。

② 10 громких международных научных проектов// Журнал "Огонёк", №.3, 28.01.2019, стр.29.

③ 1997年美国与俄罗斯签订采购价值约10亿美元的101台RD–180火箭发动机采购合同。随着新一轮的俄美关系恶化，美国国会先是禁止在2019年后继续使用俄罗斯产发动机，随后又取消禁令。因为，美国在未来几年都无法造出类似的发动机。

④ WSJ: США будут нуждаться в космических ракетных двигателях РФ до середины 2020-х годов-Некоторые источники указывают, что такая ситуация продлится до 2028 года// ТАСС. 5 Сен. 2017 г.

鲁航天中心发射卫星。2017 年 5 月，俄罗斯自主研发的新型 MC–21 中程客机首飞成功。俄罗斯希望借此振兴本国处境艰难的民航业，挑战主宰国际民航市场的空客和波音等大企业，同时，其还试图追赶美国，拟于 2019 年再次发射火星探测器，在月球计划中探测月球的两极，准备用自己的力量改造国际航空站，使其变为俄罗斯的轨道空间站。俄罗斯还打算在 2021 年发射“月球 25”号登陆器，2023 年发射“月球 26”号轨道飞行器，2024 年发射“月球 27”号登陆器，2032 年后，将陆续把四部总重达近 5 吨的自动化操作太空设备送往月球，2034 年动工兴建月球基地。

（三）营商环境持续改善

随着经济的快速复苏，俄罗斯越来越受到国际投资市场的青睐。2006 年，俄罗斯在世界投资吸引力排行榜的名次从 2002 年的第 17 位跃升至第 6 位，首次进入世界最受欢迎的十大投资地之列。虽然受国际金融危机和其他因素影响，2010 年，俄罗斯在世界银行和国际金融公司对 183 个国家经商便利度评估报告中的排名从上年的第 116 位下滑到第 123 位，但其商业环境总体仍呈改善趋势。2012 年 5 月，普京签署的《关于国家长期经济发展政策》提出，俄罗斯力争在 2015 年和 2018 年将其在世行营商环境排行榜的名次从 2011 年的第 120 位分别提高到第 50 位和第 20 位。尽管这一目标没有如期实现，但是，2013 年，俄罗斯却在美国康奈尔大学、欧洲工商管理学院和世界知识产权组织联合发布的对全球 143 个经济体的创新指数（GII）排名中上升了 13 位，位居第 49 位。2017 年，俄罗斯在世界银行和国际金融公司联合发布的《全球营商环境报告》中的排名由上一年的第 40 位升至第 35 位。2018 年，俄罗斯在该《全球营商环境报告》的年度排行榜中升至第 31 位。在世界银行发布的《2019 年全球营商环境报告》中，俄罗斯的“营商便利度”又上升 4 位，全球排名第 31 位。

（四）军事大国地位得以巩固

新千年伊始，俄罗斯军力尚未恢复，很难从拥有 130 万人的武装力量中挑选出 5 万有战斗力的军人。[①] 为尽快提高军队应对未来战争的作战能力，2003 年 10 月，普京总统正式批准《俄罗斯军队现代化方针》。2009 年，“梅普政府”提出要尽快提升俄军适应现代化战争作战任务的能力，决定从 2011 年起，大幅提升陆海军现代化军备水平，到 2015 年，这两个兵种的新武器配备率要达到 30%，2020 年要达到 70%—80% 的标准。[②]2017 年 7 月，普京总统签署的《2030 年前国家海洋军事活动政策基本原则》强调，俄罗斯海军活动的优先方向是“努力确保俄罗斯海军战力的世界第二位置，不允许他国海军对俄罗斯海军拥有巨大优势”，而“现代化武器和军事装备的配备率”是鉴定落实这一原则的最重要指标。因为，“这关乎俄罗斯海军战力是否能始终保持世界第二位的关键”。[③]2017 年以来，俄罗斯武装力量“抖去”昔日陈旧装备上的“灰尘”，在编人数增加至 189.7694 万（其中 101.3 万名军人），现代化武器装备率达到前所未有的高水平：各集群和部队中的现代化武器配备比例达到 61.5%，2019—2020 年，这一保有率还将提高到 67%—70% 的水平。可以说，“当今世界（除俄军外）的任何一支军队都不具备如此之高的（武器）现代化水平”。世界上没有任何国家的军队能在现代化武器和作战技术装备配备率方面与俄罗斯相提并论。[④] 为此，美国参议院军事委员会的一个小组委员会认为，俄军已在现代化武器的能力方面超过美国。[⑤] 美国海军情报部门自冷战结束以来首次惊呼，俄罗斯海军已是全球最具威胁性的舰队之一。俄罗斯精英更是信心满满，称“全世界似乎都认可俄罗斯（具有）解决全球性问题的实力和能力”。[⑥] 此外，俄罗斯还一直保持全球武器出口第二大国的地位，其武器销售占国际军火市场份额的 27% 左右。2017 年，俄罗斯向 52 个国家出口了总价 450 亿美元的军事装备。2018 年，俄罗斯在美国商业内幕网站

---

① Путин: 15 лет под грузом ответственности-7 мая 2000 года в Тронном зале Большого Кремлевского дворца принес присягу новый президент России// ТАСС. 7 мая 2015 года.

② 赵鸣文：《普京大外交：面向 21 世纪的俄罗斯对外战略（1999—2017）》，人民出版社、研究出版社 2018 年版，第 508 页。

③ УКАЗ ПРЕЗИДЕНТА РОССИЙСКОЙ ФЕДЕРАЦИИ Об утверждении Основ государ ственной политики Российской Федерации в области военно-морской деятельности на период до 2030 года// «Кодекс». 20.07.2017.

④ Иван Петров. Войска на зависть-Шойгу назвал армию России самой современной в мире// Российская газета-Столичный выпуск, №.290(7753), 24.12.2018.

⑤ Mark Perry,"The U.S. Army's War Over Russia,"*POLITICO MAGAZINE*, May 12, 2016.

⑥ Daily Beast: Флот России вышел из спячки и бросил вызов ВМФ США// ИноТВ. 28 декабря 2015 года.

公布的全球最强武装力量排行榜上继续保持第二位。在西班牙皇家埃尔卡诺研究所的《2018 年全球存在指数》报告中，俄罗斯的强大军力将其“全球存在”排名提升到了第七位。可见，俄军已重新成为世界上“一支不容小觑的军事力量”，并以此为依托，不断“巩固俄罗斯作为一个大国的重要地位”。①

二、发展水平尚不均衡

无论从广袤的国土面积和丰富的自然资源禀赋方面，还是从军事实力和航空航天以及核工业基础来看，俄罗斯都足够强大。然而，不可否认的是，俄罗斯的综合国力各项指标既不均衡，也不稳定。俄罗斯精英也不否认，这些年，“站起来的”俄罗斯实力实际上在迅速下降，既包括军力，也包括政治外交力。②

（一）政治外交力有限

虽然俄罗斯具有世界性大国的某些特征，但是，苏联的解体不仅使其在单极世界的建立进程中失去两极格局下的地缘政治分量，也失去了将来成为独立的地缘政治主体的可能性。③ 冷战时期美苏关系是世界政治的“主轴”，但这一关系在 21 世纪虽然重要，却已不是全球体系中的决定性因素。在俄罗斯试图改变冷战结束给其带来不公平结果之际，世界已发生深刻变化，俄罗斯与美国的关系已不再是最重要的国际议题。俄罗斯极力用联合国安理会常任理事国的地位和军事手段对全球和地区事务施加更多影响，可这一优势也十分有限，俄罗斯在安理会的作用只局限于对美国等西方议题的否决。由于无法在西方提出有说服力的倡议，俄罗斯不得不常常支持欧洲、中国和美国的议案，而自己的建议却常常被搁置在议题之外。④ 对美国政客来说，俄罗斯精英亲美还是反美这对华盛顿来说已不重要，他们的立场仅影响美国使用什么方式达到目的而已。美国不与俄罗斯分享世界，不是因为美国憎恨俄罗斯，而是俄罗斯没有那种能力。由于对现有的国际秩序等

---

① Dmitri Trenin,"The Revival of the Russian Military-How Moscow Reloaded,"*FOREIGN AFFAIRS*, May/June 2016.

② “这些年站起来的俄罗斯实力实际上在迅速下降，这既包括军事实力，也包括外交影响。现在莫斯科只是在苏联地区有这种影响，而且在这里的影响也决不会加强。”参见 Александр Храмчихин. Россия может получить "Большую двойку"//Независимая газета.30.01.2009.

③ Александр Дугин,советник председателя Госдумы по проблемам геополитики и национальной безопасности, Конец мечты о многополюсном мире// Газета Известия. 11 октября 2002 года.

④ Татьяна Становая, Россия развивает восточный вектор// "Политком.RU". 22.06.2009.

方面的看法与西方格格不入，加入“八国集团”后，作为“板凳队员”的俄罗斯一直被排除在七国财长 / 央行行长会议和有关议题机制之外。从俄罗斯始终未能改变在 G8 富国集团俱乐部中的不平等身份，却欣然以发展中国家和新兴经济体身份加入金砖国家等合作机制，由此来看，其也谈不上是一个十足的“世界级强国”。

事实也是如此。这些年来，俄罗斯的对外战略“倒来倒去，一会儿和美国交好，一会儿又开始批评它。一会儿宣布北约及其支持者是俄罗斯的敌人，一会儿又想要实施难以实现的地缘政治计划”。[①] 就连俄罗斯精英也不否认，俄罗斯是一个逐渐走下坡路的大国，与美国、欧盟和其他国际玩家对中亚事务的影响力相比要逊色得多。[②] 俄罗斯只在前苏联地区还有些传统影响，而且在那里的影响也很难加强。经济实力不济使俄罗斯无法在这些国家拥有最大的影响力，包括那些欢迎俄罗斯施加影响的国家。“由于粗暴施压（天然气和剩余的军事力量——原注）成为当今俄罗斯与邻国对话的唯一风格，独联体国家都想离俄罗斯远一些。”[③] 尤其是“为了谋求重塑世界大国形象和在国际舞台上确立世界大国的地位，俄罗斯正有意无意地模仿恰恰是使美国世界形象受损的那些外交战略模式：尝试以强硬手段巩固势力范围，运用经济杠杆和制裁手段对‘不结盟者’施压，惩罚‘叛徒’，忽视国际组织，更喜欢采取单边行动来达成双边协议。结果不得不承认，俄罗斯越是起劲儿尝试宣扬自己的大国主义，它在世界上的形象就越糟糕，其遇到的阻力就越强大”。正是俄罗斯的“老大哥综合征”令苏联国家对莫斯科敬而远之，可靠的伙伴一直在减少，势力范围日益缩小。[④] 在“融入欧洲大西洋体系失败”、美欧制裁持续升级、欧亚经济联盟等独联体机制未能“充分补偿俄罗斯与欧美关系变糟的消极影响”的情况下，“俄罗斯事实上只剩下一种国际定位，即被称为‘非西方’的发展中国家、第三世界和‘南方’一员”。[⑤] 基于客观实际，

---

① Алексей Кива. Больше чем преступление. О стратегических ошибках постсоветской России// Независимая газета. 20.02.2019.

② Александр Воробьев, научный сотрудник Института востоковедения РАН.Не один путь: интересы КНР и РФ в Центральной Азии// «Expert Online». 03 jul. 2017.

③ Александр Храмчихин. Россия может получить "Большую двойку"-Бжезинский выс тупил за союз, состоящей из США и Китая// Независимая газета. 30.01.2009.

④ Доктрина "мирного подъема"-Китай отверг американскую концепцию великодержав ности, а Россия копирует ее// Газета "Коммерсантъ", №.229, 07.12.2006, стр.8.

⑤ Дмитрий Тренин. Сможет ли Россия стать равной странам Востока//ВЕДОМОСТИ. 05.07.2015.

无论现在还是在可预见的未来，俄罗斯都只能更多地关注本国事务，对外只是应对有损于本国重大利益的一些问题，不想也没有能力提出或解决更多的国际事务的议程。因此，俄罗斯学者早就提出应给俄罗斯一个现实而非浮夸的定位，即将其定位为一个独立的力量中心和伟大的国家，能够独善其身并拥有实力的国家，而不要定位为超级大国。时任俄罗斯总统梅德韦杰夫也认为，由于军事实力下降、经济薄弱、科学发展停滞、工业基础遭到破坏和人口危机，俄罗斯不再追求超级大国名分是“理性务实”和对当前形势“清醒认识”的结果。①2016 年 10 月，俄罗斯在联合国 193 个成员国就其连任联合国人权理事会成员的秘密投票中仅获 112 票，败给了匈牙利（144 票）和克罗地亚（114 票），未能如愿连任。

（二）治国力不足

俄罗斯是当今工业生产增长落后于 GDP 增速的唯一新兴市场国家。这些年，俄罗斯的发展战略变来变去，“劳民伤财”，缺乏长期发展战略，“没有把国内发展放在首位”。前些年利用高油价积累的庞大外汇储备被用来偿还（甚至提前偿还）外债、解决长期拖欠的养老金、建立社保体系等民生方面和增加国防开支，却没有用于促进产业结构调整和经济发展模式的转型。在能源价格和国内生产总值每年增长约 7% 的时候，石油天然气领域的领导坚信这将是一个常态，而且认为油价还会进一步上涨。政府高层的想法则是：既然能源像高科技一样对世界经济如此重要，那么，俄罗斯就可以用一种商品来换另一种商品。这使得工业经济向原料经济转变的趋势不但没有被遏制，反而被强化了。② 俄罗斯管理层将希望“寄托在国际（油价）行情的顺风顺水上”的心理，无疑“是治国软弱无力的表现”。③

由于对经济的政治干预过多，市场化管理不足，政府缺乏经济发展长远战略和行之有效的管理，导致俄罗斯的人力潜能利用率不到 10%，工业生产利用率不足 40%，落后先进国家 5—10 倍，尤其是在航天领域（的劳动生产率）仅为美国的九分之一。俄罗斯发展的最大瓶颈还在于“制度不完善”和司法不独立，而

① Fyodor Lukyanov,“Kremlin's Imperial Ambitions Ended in 2010,”*The Moscow Times*, Dec.23, 2010.

② Алексей Кива. Больше чем преступление. О стратегических ошибках постсоветской России// Независимая газета. 20.02.2019.

③ Владислав Иноземцев, Державное бессилие: каковы итоги 16-летнего правления Владимира Путина// Газета РБК, 12 января 2016 года.

且又存在“监管过度”问题。鉴于遵守类似税务、消防等部门制定的大量规定成本太高，企业不得不违反某些规定。而这些缺陷极大地制约了所有行业特别是科技部门的发展。迄今，俄罗斯没有铺设哪怕1条现代化高速铁路。虽然俄罗斯是能源生产和能源出口大国，但天然气普及率仅为65.4%，每年新扩大的规模只有0.1%。照此速度，22世纪初俄罗斯才能实现完全天然气化。尽管俄罗斯石油公司不断兼并一切可能的石油资产，其市值却从2006年的747亿美元跌至2015年的340亿美元，俄罗斯天然气工业股份公司的市值也从2008年的3690亿美元缩水至565亿美元。由于被寄予厚望的俄罗斯对外经济银行濒临破产，国家不得不拿出逾万亿卢布来拯救。《2020年前俄罗斯国家安全战略》承认，俄罗斯存在着腐败温床、抵御风险能力差、国家经济调控效率不高等问题。①2009年8月，在韩半岛先进化财团与《朝鲜日报》联合制作的对“G20”国家的综合国力排名榜中，俄罗斯的国情国政能力和对宏观变化的应对能力分别位列倒数第2和第3位。2015年，在世界经济论坛公布的全球竞争力排行榜（140个经济体）中，俄罗斯的制度建设排名跌至第130位。这也导致一个时期以来有关梅德韦杰夫“政府下课以谢天下”的议论甚嚣尘上。为此，正值中国纪念改革开放40周年之际，约有40%的俄罗斯在华工作记者和企业家向联邦政府谏言，俄罗斯应该向中国学习，制定长期连续的国家发展战略。

（三）科技复兴尚需时日

俄罗斯的高科技产品出口占比仅为美国或中国的二分之一。②俄罗斯难以大幅提高科技创新能力的主要瓶颈在于金融资源不足、法律基础薄弱、企业创新积极性不高。2009年，在韩半岛先进化财团与《朝鲜日报》联合制作的对“G20”国家的综合国力排名榜中，俄罗斯的科技实力位居倒数第6位。在美国康奈尔大学、欧洲工商管理学院和世界知识产权组织共同编写的《2013年全球创新指数报告》中，俄罗斯的创新力由上一年度的第51位下滑至第62位。由于俄罗斯的

---

① О Стратегии национальной безопасности Российской Федерации до 2020 года//Совет Безопасности Российской Федерации. 13.05.2009.

② Анастасия Башкатова. Китай вступает в технологическую схватку с США-КНР даст России мастер-класс по импортозамещению в сфере ноу-хау//Независимая газета. 23.04.2018.

微电子技术水平较低，其没有西方技术的支持几乎研发不出性能可靠的火箭。[①]一个时期以来，像“质子”系列火箭这样历来很可靠的俄罗斯产的运载火箭不断发生事故，甚至一天里接连两次点火升空后爆炸。然而，即使这样，俄罗斯用于科技研发的经费不增反降，仅占国内生产总值的 1.18%。无论从比例还是绝对值来说，俄罗斯与西方发达国家都有相当大的差距。随着欧美制裁和油价持续低迷导致经济衰退，俄罗斯政府已将 2015—2025 年的国家航天预算削减至 2150 亿美元，而美国国家航空航天局 2016 年一年的开支便高达 1930 亿美元。俄罗斯的问题还不仅仅在对航空航天领域投入的资金不足上，而是出在整个行业的生产现状和决策者的专业水准及奉公守法程度上……[②] 而且，俄罗斯的航天生产精致化水平也远未达到西方航天企业装配工人穿着密闭服工作的严格程度，从事研究和制造航天设备的人员只是在上级官员来视察时“才象征性地披上白大褂，就算是‘保持清洁’了”。另外，美国航空航天集团可以为火箭选择最好的企业订货，但俄罗斯则没有选择，其宇航员搭乘的火箭还是科罗廖夫能源火箭航天集团制造的，军方并不需要技术设备一丝不苟、无懈可击的工作：对他们而言，数量可以代替质量。[③] 为此，俄罗斯副总理罗戈津曾坦言，基于经费短缺和在航天领域的劳动生产率与美国存在巨大差距，俄罗斯即使在现有基础上再提高 50% 的生产率，也无论如何赶不上美国。俄罗斯专家也承认，俄罗斯的产业结构畸形，尖端武器在世界上名列前茅，机械制造业特别是轻工业却严重落后，加上对科技研发投入不足，缺乏创新产业，导致高科技成果转化为生产力的周期十分漫长。当世界进入 21 世纪的高科技时代时，俄罗斯在科技创新领域已处于劣势，甚至落后于先进的发达经济体 40—50 年。俄罗斯在电子学、机器人技术、生物技术、光学等领域也滞后许多，机械制造业衰落，机床制造和应用科学几乎完全被丢弃。[④] “更要命的是，俄罗斯的原料经济让科学变得不被需要，在用原料资本购买

---

① Андрей Борисов. Не догоняем-Насколько Россия отстала от США// lenta.ru. 30 мая 2016 года.

② Звездная болезнь-Почему Илон Маск побеждает «Роскосмос» с явным преимущест вом// «Газета.Ru». 31.03.2017.

③ Мария Пази, Саша Васильева, Почему Россия проигрывает космическую гонку// «Ex pert Online». 20.10.2018.

④ Марат Селезнев, Спасение утопающей-Упавшую экономику попробуют приподнять антикризисным планом на 830 миллиардов// lenta.ru. 10 февраля 2016 года.

西方技术和装备的同时，俄罗斯的科学家再次流向发达国家。”[①] 自 20 世纪 90 年代初以来，约有 15 万名科学研究人员和大学教授离开俄罗斯，其中高级数学家和高级物理学家分别占 70%—80% 和 50%。[②] 仅 2016 年，就有 4.4 万名科学家离开俄罗斯，是 3 年前的两倍多。[③]

虽然在过去的 10 年里，俄罗斯创建了一些经济特区和“创业孵化器”等基础设施，然而，俄罗斯依然处于科技创新的最早期阶段。西方专家普遍认为，从科技实力来看，相对于科技强国的美国和科技大国日本、德国、法国和英国等发达国家，俄罗斯只是中等科技大国。2016 年，俄罗斯未能进入全球最具科技实力国家排行榜的前十名，仍位居科技实力 5 个级别中芬兰之后的第三级中等发达国家行列。2017 年 11 月，俄罗斯在东方航天发射场实施自该发射场启用以来的第二次“联盟 –2.1b”火箭发射，结果遭遇失败，未能将所搭载的 19 颗卫星送入预定轨道而坠入大西洋。在美国不久前成功发射首枚可回收火箭的背景下，这次火箭发射失败无疑给俄罗斯的航天工业造成巨大打击。俄罗斯曾是太空开发的先行者，但如今却难以企及苏联时代的水平。由于管理不善和生产者的疏忽，导致当年为“质子 –M”火箭生产的 70 台发动机全部报废。俄罗斯沃罗涅日机械制造厂生产的本批次所有发动机皆被召回。造成这一现状的原因之一便是：一切由国家和国有企业大包大揽，国家给钱，巨额资金却被某些人中饱私囊。剩下的有限资金利用效率也不高。[④] 迄今为止，俄罗斯在轨运行的 150 枚卫星中，只有一枚在轨射电天文科研卫星。事实是，俄罗斯联邦“政府越来越不重视航天科研项目，为满足军方需求不断推迟和拖延推迟具有全局性质的国家科研项目，甚至包括载人航天项目”。自 2011 年起，俄罗斯接连发生 7 起联盟号运载火箭发射事故。2018 年 10 月，“联盟 –FG”型运载火箭发射失败，未能将搭载国际空间站考察组的“联盟 MS–10”飞船送入轨道，火箭在天空仅停留两分半钟。所幸，飞船紧急逃生系统及时启动，所搭载的两名宇航员得以成功逃生，安全返回

① Алексей Кива. Больше чем преступление. О стратегических ошибках постсоветской России// Независимая газета. 20.02.2019.

② Безмозглая Россия-Почему наши учёные уезжают на Запад// Версия. 16.05.2016 .

③ Почему из России стало уезжать в два раза больше ученых-"Ощущение, что эмигри руют вообще все, кто умеет что-то делать"// URA.RU. 31 марта 2018.

④ Звездная болезнь-Почему Илон Маск побеждает «Роскосмос» с явным преимущест вом//«Газета. Ru».31.03.2017.

地面。但人们开始对俄罗斯的太空事业忧心忡忡，担心俄罗斯领先的航天业是否会随着联盟号的坠毁而走向崩溃。① 2019 年 1 月，俄罗斯唯一的太空望远镜“光谱 –R”（“射电天文”项目的组成部分）再次出现故障，无法接受地面指令。② 一年多来，卫星一直靠第二备份接收发射装置工作，而它也可能出问题。如果与卫星的通信不能恢复，“射电天文”项目将被迫终止。③

（四）经济缺乏后劲

俄罗斯幅员辽阔、土地肥沃，是世界上屈指可数的资源禀赋大国。然而，在产业现代化方面，俄罗斯却大大落后于欧美发达国家，是大国中为数不多的资源出口导向型的经济体，经济总体处于国际产业链下游，科技密集型产品仅占国际市场的 0.3%，国内生产总值仅相当于世界的 0.2%。《2020 年前俄罗斯国家安全战略》承认，俄罗斯的经济发展仍以原料出口为主要模式，主要经济领域严重依赖国际市场行情，竞争力下降。④ 而且，俄罗斯也没有从 2008 年的金融危机中吸取教训，在经济结构调整方面动作迟缓，甚至坐等世界经济复苏。2011 年，普京提出要在未来几年重新实现 GDP6%—7% 的增长，力争 5 年内真正进入世界经济五强。但此后俄罗斯的经济增长却连续下滑：2012 年增长 3.7%，2013 年增长 1.8%，2014 年增长 0.7%。在 2015 年经济萎缩 4% 的情况下，2016 年俄罗斯的经济增速跌至 0.3%，黄金外汇储备跌破 4000 亿美元，为 7 年来首次，名义国内生产总值（GDP）跌出世界前十强，仅为 1.28 万亿美元，位居世界第 12 位。俄罗斯在全球人均国内生产总值（GDP）排行榜中的名次，从 2012 年的第 51 位陡然跌至第 71 位。排在其

---

① Мария Пази. Саша Васильева. Почему Россия проигрывает космическую гонку// «Expert Online».20.10.2018.

② “光谱 –R”是一枚载有直径 10 米的射电望远镜的人造地球卫星，是“射电天文”项目的关键环节。该项目将部署在地面和太空的射电望远镜融合在一个巨型的虚拟圆形无线电天线上。得益于此，“射电天文”项目可实现高达 7 微角秒的角分辨率，从而能看清银河系的中心，甚至看到黑洞的“影子”。“光谱 –R”太空望远镜由拉沃齐金科研生产联合体制造，2011 年 7 月 18 日从拜科努尔航天发射场发射升空。2012 年 1 月“光谱 –R”与地面射电天文望远镜组成天线直径 22 万公里的虚拟射电望远镜，创造了吉尼斯世界纪录。

③ Ученые потеряли связь с российским космическим телескопом "Спектр-Р"//РИА Новости. Москва, 12 января 2019 года.

④ О Стратегии национальной безопасности Российской Федерации до 2020 года// Совет Безопасности Российской Федерации. 13.05.2009.

前的不仅有经济高速发展的国家，还有像爱沙尼亚、立陶宛、拉脱维亚、罗马尼亚和波兰这样的前苏东国家，甚至包括经历了粮食危机的委内瑞拉。据此，俄罗斯联邦政府预测，俄罗斯经济将会持续萎靡20年，在最好的情况下，其GDP的年增幅也不会超过2%。[①]尽管2017年和2018年俄罗斯的国内生产总值（GDP）分别增长了1.6%和2.3%，创6年来的最好纪录。但有国际金融机构预测，2019年俄罗斯的GDP增幅将再次放缓，或降至1.5%，甚至1.3%。在美国波士顿咨询公司发布的2018年可持续经济发展评估指数排行榜中，俄罗斯在152个国家中位居第59位，落后于哈萨克斯坦（第57位）和白俄罗斯（第52位）。俄罗斯舆论研究中心的最新民调显示，21%的人认为俄罗斯已属于最落后国家之列，越来越多的国民认为，俄罗斯在居民收入和经济发展指标方面已沦为三流国家。[②]世界银行也认为，即使欧美制裁提前结束，俄罗斯的经济前景依旧黯淡。何况，欧美对俄罗斯的制裁丝毫没有停止迹象。由于难以摆脱持续的不利外部环境，俄罗斯的经济复苏将是一个漫长且又艰难的过程。在学术界颇有声望的俄罗斯科学院经济研究所所长阿巴尔金更加悲观，认为即使在有利情况下，俄罗斯也不可能在几代人的时间内接近发达国家的发展水平。[③]而短期内不能改变资源型经济的发展模式特点，则决定了俄罗斯参与世界经济一体化的程度和深度十分有限。

（五）竞争力不强

长期以来，俄罗斯既没有多少全球品牌，也缺少像美国硅谷那样的让人相信可以做任何事情的“扶持环境”。虽然俄罗斯在航天航空领域占有相对优势，可是在支持卫星广播、出售卫星获取信息以及卫星平台和航天设备生产市场等方面却几乎没有立足之地，即使将出口的火箭发动机和向美国国家航空航天局宇航员出售“联盟”号飞船席位的收入算在内，俄罗斯在全球航天市场的份额也不超

---

① Анастасия Башкатова. Россия потеряла 20 позиций в глобальном рейтинге МВФ-За четыре года ВВП на душу населения сократился почти вдвое// Независимая газета. 29.11.2016.

② Анатолий Комраков.Россияне негативно оценивают экономическое положение страны-Хрущевский лозунг "Догоним и перегоним Америку" может трансформировать ся в "Не отстанем от Белоруссии"// Независимая газета. 13.01.2019.

③ Марат Селезнев, Спасение утопающей-Упавшую экономику попробуют приподнять антикризисным планом на 830 миллиардов// ЛЕИТА.RU. 10 февраля 2016 года.

过 1%。俄罗斯在火箭、飞船和发动机等方面“不再具有无可争议的优势。除了某些甘愿冒着卫星不可靠风险、贪图便宜的第三世界国家外，实际上俄罗斯并没有航天设备的销售市场”。① 因此，俄罗斯在全球顶级商学院瑞士洛桑国际管理与发展学院（IMD）对有关国家的国际竞争力排名榜上，一直在第 43—54 位之间徘徊。② 2002 年，在 IMD 对 49 个经济体的评比中，俄罗斯的国家竞争力排名位居第 43 位。2009 年，在世界经济论坛对全球 133 个国家营商情况评估后公布的《2009—2010 年全球竞争力报告》中，俄罗斯排名较前直跌 12 个名次，降至第 63 位。2013 年，俄罗斯在全球经济竞争力的排行榜中下滑至第 64 位，在金砖国家成员国中垫底。2014 年，俄罗斯在全球经济竞争力排行榜中首次升至第 38 位，可 2015 年，俄罗斯却在瑞士洛桑国际管理与发展学院的全球竞争力排名中再次退回到第 45 位。2017 年 1 月，俄罗斯在彭博最具创新国家排名榜中直落 14 名，降至第 26 位。在世界经济论坛（WEF）编制的 2018 年版年度《全球竞争力报告》中，尽管俄罗斯在 140 个经济体中的排名由此前的第 45 名上升至第 43 名，但仍没有进入前 40 名。由于一些工厂只有三分之一的生产设施在运转，而且，其中的一半还是老旧设备，迄今，俄罗斯工业产能的平均利用率只有 66%。③ 2019 年，俄罗斯在彭博最具创新力国家排名中，又从 2018 年的第 25 位退到第 27 位。尽管俄罗斯在世界银行发布的《2019 年全球营商环境报告》中排名上升到了第 31 位，但仍未能实现俄罗斯在《关于国家长期经济发展政策》中提出的 2018 年要使其在世行营商环境排行榜的名次提高至第 20 位的目标。俄罗斯的“营商便利度”不及格鲁吉亚（第 6 位）、阿塞拜疆（第 25 位）和哈萨克斯坦（第 28 位）。为此，俄罗斯精英也认为，迄今，俄罗斯“还没有克服经济、社会崩溃和教育、卫生、科学水平降低造成的影响”，其使用的“几乎所有复杂机械、设备和技术等都是从西方国家购买的”。④

---

① Андрей Борисов. Не догоняем-Насколько Россия отстала от США// lenta.ru. 30 мая 2016 года.

② 1998 年第 43 位，1999 年第 46 位，2000 年第 47 位，2001 年第 45 位，2002 年第 43 位，2003 年第 54 位，2004 年第 50 位，2005 年第 54 位，2006 年第 46 位，2007 年第 43 位。

③ Ольга Соловьева.Промышленный рост уходит в минус-Оживление экономики, похоже, заканчивается// Независимая газета. 20.11.2017.

④ Алексей Кива, Больше чем преступление. О стратегических ошибках постсоветской России// Независимая газета. 20.02.2019.

（六）军力发展不平衡

虽然俄罗斯拥有强大的核威慑力，可核武器只能确保其免受生死存亡的威胁，在现代战争的许多冲突中用不上。从理论上讲，俄罗斯拥有庞大的武器库，在某些武器装备上甚至领先于美国等西方国家，可真正能够投入实战使用的却不到 50%。即便是 2008 年 8 月的“俄格五日战争”，对俄罗斯来说，也算不上一场完胜的战争。面对一个武器装备落后、没有战斗力的对手，俄军没能轻而易举地取得预想的胜利。由于军事预算长期短缺，武器装备得不到及时保养，俄军有约三分之一的武器装备达不到战备要求，运输航空兵的 120 多架飞机中只有约 56% 可以使用，海军舰队仍是一支正在恢复的海上力量，其潜艇编队规模太小，只有前苏联潜艇编队的约五分之一。[①] 俄罗斯在一些海域方向上的力量只有瑞典和芬兰以及土耳其的二分之一、德国的三分之一至四分之一，在远东的水上舰只数量仅是日本的三分之一。[②] 基于经济发展存在极大不确定性，俄罗斯整体军事实力的可持续性发展受到极大制约。俄军不但没能完成在 2012 年恢复其弹道导弹战略核潜艇的长期“战斗巡逻”计划。而且，此前的“战斗巡逻”大多使用的也是攻击型核潜艇，很少是弹道导弹战略核潜艇，巡逻的范围也“大多情况下没有远离俄罗斯沿海水域”。[③]

2014 年的乌克兰危机进一步影响了军队现代化改革进程，这既有政治原因，也有经济方面的因素。2016 年，俄罗斯国防开支削减了 5%，有关在喀山恢复图 -160 轰炸机的生产计划被搁置，研发携带洲际弹道导弹的机动列车作战系统受到影响，海军及空军的若干“烧钱”现代化项目也大多停工。在此情况下，俄罗斯海军作战潜艇和水面舰只从苏联时期的 657 艘减少到 172 艘，空军航空团由 281 个减到 102 个，飞机保有量仅有 3600 架左右（1998 年，俄罗斯仅在欧洲部分就部署了 6611 架各类飞机和 1338 架攻击直升机），装甲运兵车、步兵战车、伞兵战车和侦察巡逻装甲车等也由此前的 6.39 万辆坦克和 9.75 万辆装甲战车减至 1.8 万辆（实际能使用的只有 2867 辆）。牵引火炮、自行火炮和齐射火箭炮由苏联时期的

① Dave Majumdar,"The Rise of Russia's Military," *The National Interest,* June 19, 2018.

② 赵鸣文：《普京大外交：面向 21 世纪的俄罗斯对外战略（1999—2017）》，人民出版社、研究出版社 2018 年版，第 505 页。

③ Surface Forces: "Russia Faces A Fleetless Future," *Strategy World.com*, February 3, 2015.

3.3 万门、9000 门、8000 门分别减少到 2155 门、2646 门和 3500 门。[①]

俄军现有的加油机数量也不足，只有一个配有 15 架伊尔 –78 和伊尔 –78M 加油机的空中加油机团，极大地制约了空军的战略机动性，不能满足未来战争的需要。[②] 前所未有的“东方 –2018”大规模战略军演更是暴露出俄军机动性方面的不足。大部分参演部队是通过西伯利亚大铁路调运到后外贝加尔边疆区的，甚至 6000 名空降兵也是搭乘各种不同的交通工具前往演习地区的。“如果真的发生战争，西伯利亚大铁路会遭到敌方先发制人的精确打击，所有部队将无法再使用这条铁路。”除了军事运输航空兵的力量薄弱外，军用直升机同样存在问题。俄军装备的世界最大的米 –26 直升机只有 41 架，到 2020 年，米 –8AMTSh 直升机才有可能达到 200 架。[③] 此外，俄罗斯战机频发事故的问题始终未能得到有效遏制。2006—2007 年，苏 –24 轰炸机接连发生 18 起恶性事故，致使 12 名飞行员丧生。由于米格 –29 战机连续发生机毁人亡事件，其中 200 架已无法升空。[④]2016 年以来，米格 –31 战机、米格 –29K 舰载机、图 –154 飞机、卡 –52“短吻鳄”武装直升机、图 –22M3 轰炸机、苏 –34 战斗轰炸机等接连不断发生坠毁事件，战机恶性事故已成俄罗斯空军的突出问题。2016 年 10 月，俄罗斯唯一的一艘航母——“库兹涅佐夫海军元帅”号航母冒着滚滚浓烟穿越英吉利海峡前往叙利亚的窘况令俄军颜面扫地。2018 年 10 月，俄罗斯西北部的世上最大浮式干船坞 PD–50 突发事故沉没，更是给俄罗斯军备现代化战略造成沉重打击。俄罗斯不仅无法如期维修和保养“库兹涅佐夫海军元帅”号航母，而且，直到 2030 年前也“难有再建造现代化航母的经济实力”。未来的俄罗斯海军舰队将不得不“主要在近海活动”。[⑤] 也就是说，由于俄罗斯海军已停止使用冷战时期遗留下来的一些舰

① Александр Шарковский. Вторая холодная война уже началась-Наша страна увеличивает армию и все же втягивается в гонку вооружений// Независимая газета. 17.06.2016.

② Илья Крамник. Недозаправка: дефицит танкеров подрывает готовность ВВС России-Оснащение Воздушно-космических сил самолетами-заправщиками отстает от потребностей// Известия. 26 декабря 2018 года.

③ Владимир Мухин, Обозреватель «Независимой газеты».Маневрам "Восток-2018" не хватило мобильности-Переброска войск с запада на восток прошла по устаревшим лекалам Великой Отечественной// Независимая газета.13.09.2018.

④ 赵鸣文：《普京大外交：面向 21 世纪的俄罗斯对外战略（1999—2017）》，人民出版社、研究出版社 2018 年版，第 504 页。

⑤ Никита Коваленко. Что Даст России Модернизация «Калибра»// Деловая газета, «Информационный еженедельник "Взгляд"». 8 января 2019 года.

艇，其造船业又没有能力建造足够的新舰艇，未来 10 年内，俄罗斯海军的远洋水面舰只所占比例也将显著下降。[①]

尽管"普京说'先锋'高超音速弹道导弹进入战斗值班后，俄罗斯就能在大规模的军事对抗中与美国比肩甚至超越它，可这话只说对了一半。美国《华盛顿观察家报》的分析家汤姆·罗根认为，"没错，这个系统超过了美军的任何高超音速系统。但就目标导引设施、物质技术和组织保障以及攻击能力来说，俄罗斯都大大逊色于美国。俄罗斯弹道导弹潜艇噪音太大，战略轰炸机太过老旧，俄军的职业性也很令人生疑"。[②] 在西方军事专家看来，即使俄罗斯拥有了"高超音速武器也不会使美国丧失在全球军事力量啄食顺序中的最高地位"。[③] 因为，即便在美国等西方国家大力扩充军备、特朗普政府的 2018—2019 年度国防预算大幅增加至 7160 亿美元的情况下，俄罗斯 2018 年的国防开支还是削减至 460 亿美元。[④] 不用说，俄罗斯先前计划为增加现代化武器投入 7000 亿美元的雄心无疑是天方夜谭。在美欧制裁的打击下，俄罗斯的国防生产将因国内缺乏高技术产业而受到束缚，有时甚至会出现令人难以想象的情况。例如，现代战斗机和"阿玛塔"坦克要大量使用液晶显示屏来向其机组成员或坦克组成员传递信息，可俄罗斯国内没有液晶显示技术产业。[⑤]

（七）人力资源萎缩

苏联解体不仅使俄罗斯丧失了 23.21% 的国土，还使其锐减了超过一半的人口资源，加上出生率下降和男性死亡率居高不下，人口在逐年递减，已出现没有外来移民其经济就难以为继的严重状况。2008 年 6 月，时任俄罗斯财政部长库德林坦言，俄罗斯经济面临的最大挑战之一即是人口问题：未来 3 年，俄罗斯的劳动力人口将比 2007 年减少 100 万人。《2020 年前俄罗斯国家安全战略》也提出要解

---

① Илья Крамник. Поближе к берегу: как изменится состав ВМФ России-Доля крупных кораблей в составе ВМФ России рискует сильно сократиться// Известия.12 сентября 2018 года.

② Владимир Добрынин. Западные СМИ реагируют на «Авангард» со страхом и завистью// Деловая Газета «ВЗГЛЯД». 27 декабря 2018 года.

③ Jyri Raitasalo, "Hypersonic Weapons are No Game-Changer," *The National Interest*, January 5, 2019 .

④ Сергей Фадеичев. Большая пресс-конференция Вдадимира Путина-2018-"Пусть потом не пищат": главные высказывания Владимира Путина о внешней политике// ТАСС. 20 декабря. 2018 г.

⑤ Kyle Mizokami, "Russia's military: Don't believe the hype," *The Week*, January 4, 2016.

决劳动力不足的问题。因为，2010 年的俄罗斯人口已由 2002 年普查时的 1.452 亿人减少到 1.429 亿人，8 年间减少了 230 万人。据联合国预测，2025 年，俄罗斯人口甚至会减少至 1.21 亿—1.36 亿人，到 2030 年时或只有 1.15 亿人。虽然 2013 年以来俄罗斯的人口连续两年出现自然增长，2014 年较预测多出 800 万人，接近 1.44 亿人，2015 年的人口增幅达到 0.17%，但是，其人口下降的总体趋势并没有得到根本性遏制。2017 年，俄罗斯的新生儿从上年的 189 万人降至 169 万人，出生率下滑幅度超过 10%，跌至 2008 年以来最低值。与此同时，20 岁至 29 岁的女性人数下降了 34%，预计到 2035 年，俄罗斯全国的育龄女性人数会再降 28%。为此，美国人口学专家甚至提出这样的观点：俄罗斯是当今和平时期正在衰亡的唯一大国，其所面临的不仅是广泛的人口危机，也是影响深远的人力资源危机。2018 年 3 月，普京总统在联邦会议（议会）发表国情咨文时继续强调，人口因素仍是俄罗斯经济增长可能遇到的问题，呼吁要做好应对人口因素的挑战。

三、维系和影响国际战略平衡的关键变量

尽管俄罗斯的综合国力指标既不均衡，也不稳定，但就其在国际和地区事务中可独立采取重大外交和军事行动来讲，俄罗斯仍属于仅次于美国的可影响国际战略平衡与稳定的世界性大国。退一步说，“俄罗斯或许是一个长期衰退的大国，可它仍具有为西方制造大麻烦的能力”。①

（一）具备独立应对内外挑战的客观条件

首先，俄罗斯政局空前稳定。一方面，总统制的联邦国家体制确保了普京总统能够实施垂直和高效领导。另一方面，虽然反对派对普京执政路线存有非议，可在野党既没有可与普京比肩的领军人物，也拿不出破解外交困局的更好方略，这使得普京的执政地位始终坚如磐石。即使是 2014 年以来欧美对俄制裁不断升级，俄罗斯陷入旷日持久的内外困境，普京的支持率也依然不降反升，对其内外路线认可的不仅来自执政党“统一俄罗斯党”和广大民众，还有相当数量的在野党和超党派人士。国家杜马中的议员甚至无视党派属性而代表“普京派多数”，

① Steven Pifer, Pay Attention, America:"Russia Is Upgrading Its Military-The Kremlin's forces are in the midst of a historic overhaul," *The National Interest*, February 3, 2016.

即如果杜马选举结果中“统一俄罗斯党”的支持者人数不足，需要在其他政党中寻找普京方针的支持者，那么，未来的杜马将会全是无视党派属性的亲总统议员。普京的功劳与力量在于他没有沦为精英操纵的傀儡、充当精英的领袖，而是选择了一条最难走，但却是唯一正确的道路，即直接诉诸普罗大众。俄罗斯公民社会发展基金民调显示，尽管普京向叙利亚派兵作战受到质疑，来自西方制裁的压力加大，国内社会和经济形势恶化以及发生了其他与总统有关联的一系列国际和国内不利政治事件，但普京的支持者人数仍旧稳定，82% 的受访者认可普京的工作，84% 的人可能在未来大选中投他的票。① 正如俄罗斯前副总理、现总统助理弗拉季斯拉夫·苏尔科夫所言，俄罗斯国家现有的模式始于信任，亦靠信任加以维系。这也是其与传播不信任和批评的西方模式的根本区别所在。俄罗斯远比欧洲媒体所想的更加长治久安。“新世纪，我们的新国家将在新世纪谱写持久和光荣的历史。俄罗斯不会垮，它将按自己的意愿行事，并在地缘政治博弈的超级联赛中赢得并保持前三地位。所有要求俄罗斯‘改变行为’者迟早都会接受这样的现实。” ② 俄罗斯专家也普遍认为，即使在普京离任后，俄罗斯同样能够高效运作。因为，普京的思想和经验“已嵌入国家最高权力的运作机制当中，现代化的俄罗斯国家管理模式已然出现”。这正是俄罗斯国家实力及稳定的保障，而这样的国家也是人民翘首期盼的。他的继任者会轻松无比，他们无须努力夺回已被精英私有化的最高权力中的某些职能，也不必花费数年来恢复国家最起码的可治理性。倘若未来的最高统治者延续普京的路线，那么，我们的政治体制不只会稳定，而且还能不断地自我发展与完善。③

其次，俄罗斯具备应对来自外部施压的“自给自足”条件。俄罗斯人口占世界的 3%，自然资源却占全球的 40%，位居全球第一；森林面积多达 8.09 亿公顷，是西方发达国家的 3 倍，占全球的 20%。俄罗斯还是全球水系最为丰沛的国家之一，仅贝加尔湖的淡水储量即占世界的五分之一，煤炭储量仅次于美国，位居世界第二。俄罗斯也是能源生产和出口大国，石油和天然气储量分别占世界的 40% 和 45%。俄罗斯还是全球第一大粮食出口国。2015 年，俄罗斯出口粮食 3500 万吨，超过美国

---

① Ирина Нагорных. Сторонники Путина ждут 2018 года-Чтобы вновь проголосовать за него// Газета "Коммерсантъ", №.77 от 05.05.2016, стр.3.

② Политолог предположил, как статью Суркова воспримут на Западе// РИА Новости. 11 февраля 2018 года.

③ Петр Акопов. Путин создает новую модель русского государства// Взгляд. 11 февраля 2019 года.

和加拿大，成为全球粮食市场上主要的出口大国之一。所以，从理论上讲，虽然俄罗斯并不完全符合世界性大国的基本特征，但由于俄罗斯是世界上少有的能“自给自足”的大国，具备抵御自然界和人为的外来压力的客观条件，就连西方政客也不否认，俄罗斯可能正在衰落，可它依然是世界舞台上的主要大国。[①]

（二）拥有参与全球治理的实际能力

冷战结束后，除继承苏联享有的一些国际和地区组织资格外，俄罗斯还先后加入了国际货币基金组织和世界银行、东盟区域论坛、七国集团和亚太经合组织（APEC）等国际和地区组织机构。新千年以来，俄罗斯更是成为参与多边舞台事务十分活跃的大国之一，常常成为美欧等西方国家在联合国安理会推行强权政治难以逾越的障碍，并在国际反恐、伊拉克危机、伊核问题、朝核六方会谈、中东和平进程以及叙利亚危机等问题上发挥重要作用。2001 年 6 月，俄罗斯与中国和中亚四国共同成立上合组织。2002 年 5 月，俄罗斯与北约建立其拥有部分权力的“北约—俄罗斯理事会”（NRC）。2008 年的新版《俄罗斯联邦对外政策构想》提出，未来俄罗斯将力争成为能够影响国际秩序新构架的中心之一。[②]2009 年 6 月，俄罗斯与中国、印度和巴西创建金砖四国机制。2011 年 12 月，俄罗斯成功加入世贸组织。通过上述多边合作平台，俄罗斯参与全球治理的程度不断加深。2013 年以来，俄罗斯先是不怕得罪美国，在国际上鲜有国家对前美国中央情报局雇员爱德华·斯诺登避难给予回应的情况下毅然为其提供政治避难场所，而后又“以化武换和平”方式成功阻止美国等西方国家试图对叙利亚进行军事干预的图谋，与包括中国在内的其他有关各方共同斡旋，成功促成伊朗与“伊核问题六国”就“伊核问题”达成全面解决协议。倘若说 20 世纪 90 年代无人倾听俄罗斯在解决世界诸多危机问题上的声音，如今情况已然不同。正如俄罗斯前副总理苏尔科夫所言，俄罗斯作为世界性的大国地位已经得到显著恢复，“终于停止了分崩离析，开始恢复元气并日益强大起来”。俄罗斯在国际舞台“被赋予的角色不再人微言轻”，因为，历史“不允许我们从舞台退场或在跑龙套中沉默”，俄

---

① Thomas Graham, Matthew Rojansky, "America’s Russia Policy Has Failed-Here are seven things the next U.S. president should do to put Washington back in the driver's seat," *Foreign Affairs,* October 13, 2016.

② Татьяна Становая-руководитель аналитического департамента Центра политических технологий. Россия развивает восточный вектор// "Политком.RU". 22.06.2009.

罗斯已是先前未曾经历过的新型国家，其独特性与生命力已得以彰显。[①] 其实，在决定出兵叙利亚、与美国“共同”调解一系列与叙利亚冲突有关问题的行动中，“俄罗斯就已重新赢得了具备第二大全球力量和世界第二大国的地位”。[②] 可以说，“俄罗斯在叙利亚的军事行动目的之一便是迫使美国承认俄罗斯是一个世界大国”。因为，“除了美国或其盟国外，还没有哪个国家敢如此大动干戈”。[③] 就连西方主流社会也对俄罗斯的变化刮目相看。英国波特兰公关公司承认，自21世纪前10年中期起，俄罗斯为改变自己的国际形象付出了“巨大”努力。俄罗斯“恢复了外交影响中心的地位”，与美国共同领导了叙利亚问题的国际和谈。法国《费加罗报》刊文称，俄罗斯通过干预叙利亚的行动摧毁了冷战后的欧洲秩序，使其重新跻身外交舞台一流行列。俄罗斯还成功推动欧亚经济联盟实现首次扩员，并与东盟和东南亚国家达成与该联盟合作的相关协议。在2016年英国波特兰公关公司编制的“软实力”排行榜中，俄罗斯在“全球事务参与度”的排名已位居第八位，俄罗斯被认为具有“超强的外交”力和能够在“解决全球安全问题而开展的对话”中发挥主导作用。[④]

（三）维系战略稳定的关键因素

进入21世纪以来，俄罗斯始终奉行独立自主的对外政策，经常对美国等西方霸权主义和干预行径说“不”，成为世界多极化中举足轻重的“一极”和牵制美国和北约推行全球干预政策的重要制衡力量，也是维系国际战略平衡与稳定的关键“变量”。用俄罗斯精英的话讲，如果说20世纪90年代人们还戏言“俄罗斯是由美国驻俄罗斯大使统治的国家”，那么，今天任何一个俄罗斯人（或者外国人）都清楚，“莫斯科可以在任何一个国际或内政问题上不同意华盛顿或者任何一个国家首都的意见而坚持己见，且不会招致任何不良后果。如今，世界上能有这种过分

---

① Владислав Сурков. Долгое государство Путина-О том, что здесь вообще происходит//Независимая газета. 11.02.2019.

② Петр Акопов. Операцией в Сирии Россия закрепила свое геополитическое положение//Взгляд. 15 марта 2016 года.

③ Артем А. Кобзев. «Для США Россия-забияка, терроризирующий свой околоток»-Дмитрий Тренин о том, как нашей стране преуспеть в XXI веке// lenta.ru.7 июля 2016 года.

④ Антон Крылов. «Мягкую силу» России придает главным образом дипломатия// Взгляд. 14 июня 2016 года.

之举的大国为数不多”。[①] 而普京执政的这些年，也正是俄罗斯作为有自身独立立场的强国崛起的时期。2008 年，俄罗斯对萨卡什维利政府武力收复南奥塞梯举动的果断军事干预，大大动摇了美国一超独霸世界的全球战略格局。2014 年，在乌克兰危机中，俄罗斯出其不意地兼并克里米亚更是极大地冲击了西方主导的冷战后国际秩序。事实证明，虽然俄罗斯的这些干预行动与苏联时期经常采取的大规模行动有着天壤之别，但客观事实是，俄罗斯已能够重新阻止任何其他大国的一些行动。为了自身利益，俄罗斯必要时可以向周边乃至更远的地区有效投射兵力。2015 年，俄罗斯史上首次直接武装干预中东地区事务，派出数十架飞机进入叙利亚打击“伊斯兰国”（IS）和其他反巴沙尔政权的武装组织，彻底打破了其只在前苏疆域内投射兵力的原则，进一步动摇了冷战结束后只有美国才拥有的在全球使用武力的地位。俄罗斯干预叙利亚事务的目的在于“力图学会有效利用自己在全球的军事力量，以实现其成为一个与中国和美国并驾齐驱的世界强国的诉求”，即“普京寻求巩固俄罗斯作为一个大国的重要地位，作为一个旨在结束这场战争、推进外交进程的主要倡议者及作为随后政治解决的保证人角色……”。在经历 25 年的军力孱弱不堪后，俄罗斯军队重新成为欧亚大陆一支不容小觑的军事力量，而且，也具备了阻止任何其他大国或集团独揽国际和地区事务大权的能力。[②] 用俄罗斯外交官的话说，如今，俄罗斯已完成恢复昔日“国际地位和影响力的进程”，成为与美国和中国并驾齐驱的三个力量中心，并“在全球玩家中鹤立鸡群”。[③]

理论上讲，一个国家的综合国力与其享有的对应国际地位和影响相匹配。强大的综合国力是赢得重要国际地位和影响力的首要条件，即一个国家拥有什么样的国际地位取决于自身综合国力的强大与否，与其在国际关系中所处位置及在与各国际行为主体相互联系和作用中形成的整体国际影响力相关，也体现着一个国家融入世界进程和参与全球治理的程度。

然而，就脱胎于苏联的俄罗斯独特的历史和现实情况来说，却不能简单地用

---

① 《专家：俄罗斯作为世界主导国家地位得到恢复》，长江网，2008 年 3 月 3 日，http://news.cjn.cn/gj/200803/ t581674.htm。

② Dmitri Trenin, "The Revival of the Russian Military-How Moscow Reloaded," *FOREIGN AFFAIRS*, May// June 2016.

③ Андрей Глебович Бакланов-заместитель председателя совета Ассоциации российских дипломатов, посол, КАРТ-БЛАНШ. Возвращение супердержавы-Рост российского авторитета бесит Вашингтон// Независимая газета. 30.04.2014 .

综合国力的各项指标来确定其国际地位和影响力。尽管俄罗斯仍处在“乍兴还弱”的复兴阶段，综合国力各项指标并未全部达到世界性强国的标准，经济金融基础薄弱，科技创新不足，参与全球治理的深度和国际传播力及国际话语权等方面均未达到应有的水平，政治力和军力也算不上绝对强大，可是从衡量发达国家的重要指标——重工业、航空航天以及核技术领域等来看，俄罗斯却始终位居世界前列。何况，就政治力和军力而言，俄罗斯一直是与美国势均力敌的战略对手，尤其是近年来俄罗斯在国际舞台屡有建树，重新成为可影响国际战略格局的世界性大国。2018 年 3 月，俄罗斯国家杜马（议会下院）副议长彼得・托尔斯泰郑重宣布：普京总统向联邦会议（议会）成员发表的国情咨文，“标志着全球政治新时代的开始，俄罗斯正重返世界强国之列”。①

① Послание Путина обозначило начало новой эпохи, считает Толстой//РИА Новости.Москва,1 марта 2018 года.

北约续扩对俄罗斯的内外影响①

北约首轮东扩后，大大缩小了俄罗斯的战略空间。为了尽快实现以美国为主导、美欧协同在欧洲和全球推行强权战略，北约不顾俄罗斯的一再反对，继续按照自己的既定方针和时间表加紧续扩准备。面对这一咄咄逼人的态势，俄罗斯一边仍坚持反对，一边开始采取务实策略，在妥协中不断调整应对措施。“9・11”事件后，俄美关系虽发生戏剧性变化，但在北约续扩上，双方没有交易可谈，俄必须面对现实。

冷战后，世界格局发生深刻变化。原来的两个超级大国只剩下美国一家。美国在无对手与之抗衡的情况下仍不愿放弃冷战思维和战略。为扩大冷战时期“不战而胜”的战果，打压俄罗斯的战略空间，长期确立美国在欧洲乃至欧洲以外地区的主导地位，美国不顾国际舆论和俄罗斯的强烈反对，不但坚持北约的存在，而且又把这个只限于保卫成员国领土安全的防御性军事组织变成了一个具有扩张性和进攻性的军事政治集团，成为以美国为主导、美欧协同在欧洲和全球推行强权政治的工具。“9・11”事件后，俄罗斯积极配合美国反恐行动，使俄美关系大大改善，但美国并没有因此而放弃针对俄罗斯的北约既定续扩方针。

北约续扩的背景

进入 20 世纪 90 年代，随着苏联的解体和华约组织的解散，欧洲乃至全球的政治与安全形势都发生了质的变化——冷战结束了。北约作为冷战时期抵御苏联和华约入侵的军事组织是否还有必要继续存在，一直成为人们争论的焦点。1998 年 2 月 25 日，五角大楼正式宣布，“南斯拉夫”和原苏联高加索国家 Г У А М（格鲁吉亚、乌克兰、阿塞拜疆、摩尔多瓦），其中还有白俄罗斯和亚美尼亚属于

① 该文载在《世界经济与政治》2002 年第 6 期，被中国社会科学院文献信息中心的《新世纪党政干部理论学习文献》（第二卷）收录，作为全国党政机关、企事业单位及广大干部学习政策和理论的教材。

美国武装力量欧洲指挥部责任区。中亚5国归入中心指挥部责任区。至此，美国武装力量欧洲指挥部的责任区已覆盖世界89个国家。由此可见，虽然冷战在形式上早已结束，但美国对俄罗斯的防范、遏制政策并没有根本改变。美国的战略就是要把东欧国家乃至欧洲以外地区长期划入西方的地缘政治范围。

以美国为首的西方国家坚持北约的存在并积极推进东扩，目的在于彻底摧毁原苏联根基，从根本上铲除俄重新崛起的传统势力，其决心是不可动摇的。2001年上半年，美国总统布什在访欧途中再次强调，北约“将向欧洲所有民主国家扩大”，所有准备接受北约成员国义务的欧洲国家都有资格成为北约成员国，并宣称，在2002年11月布拉格北约峰会期间，“美国准备公布有关北约扩大的最重要的历史性决定”。与此同时，北约加紧了与申请加入北约国家和俄周边国家的联合军事演习。仅2001年5—7月，北约就先后在阿尔巴尼亚、波兰、格鲁吉亚和乌克兰举行了多次“和平伙伴国”联合军事演习。有分析家认为，这是北约借“和平伙伴关系”之名，在首轮东扩后有计划、有步骤地向曾被俄划为“红线”的原苏联地区推进续扩的前奏。2001年7月2日，10个申请加入北约的国家（阿尔巴尼亚、保加利亚、爱沙尼亚、克罗地亚、立陶宛、斯洛文尼亚、斯洛伐克、拉脱维亚、罗马尼亚、马其顿）外长在爱沙尼亚首都塔林会晤后声明，要求北约坚持所谓“扩大稳定地区和欧洲一体化安全原则”，“不必考虑地理因素和历史因素”吸收准备加入北约的国家。这已在暗示，北约不必考虑俄罗斯反对，可以将北约扩大到波罗的海三国。

需要指出的是，北约与俄罗斯的关系，实质就是美国与俄罗斯的关系。“9·11”事件后，俄罗斯在助美反恐行动中的友好姿态极大地改善了俄美关系，进而带动了北约与俄罗斯关系的进一步调整。北约同意成立新的北约—俄罗斯理事会，并原则上确定了俄在北约中的部分“决策权”。但是，由于“9·11”恐怖袭击事件后布什仍不断宣称要继续坚持北约续扩，所以，俄与西方关系的改善不会影响北约续扩进程。相反，由于俄反对北约续扩的立场趋于软化，北约续扩的范围有可能增大。

普京执政后，加大了富民强国、重振大国风范的步伐。由于采取了一系列切实可行的内外政策，在极大地改善俄外部环境同时，实现了国内政局的空前稳定，经济稳步增长。在继2000年经济看好基础上，2001年，俄国内生产总值增长 5.5%，工业生产增长 5.2%，农业生产增长 6%。对外贸易额高达 768 亿美元，比 2001 年增长 9.2%。国家外汇储备达到 366 亿美元，居民收入比 2000 年增长 6%。由于经济状况好转，俄罗斯多年拖欠的职工工资和养老金已全部补发到位。此时此刻，北约续扩的阵阵鼓声是否会对俄罗斯得来不易的内外大好形势产生影响以及俄罗斯将如何应对，自然成了人们普遍关注的焦点。

北约续扩的原因

1. 挤压俄罗斯的战略空间是北约续扩的主要因素。为达到在世界上长期维护“一超”的地位，美国始终视俄罗斯为竞争对手和潜在威胁，对俄的“衰落”一直不很放心。尽管根据俄目前的综合国力和内外政策看，在可预见时间里，俄罗斯根本不会与美对抗，更不会对美构成威胁，特别是在“9·11”事件后，俄罗斯已“义无反顾”地支持美国反恐行动，积极与美改善关系，但是，美国仍十分担心，俄罗斯不会就此甘心永远充当“二等公民”。现在，俄罗斯“卧薪尝胆”，把主要精力用在发展国内经济上，但无人能担保在俄恢复“元气”后，不会重新利用原苏联和华约的势力范围，与美国在欧洲争夺战略空间和各自的利益。因此，即使在俄罗斯独立之初奉行向西方“一边倒”方针时，美国也从未把俄罗斯当作“平等伙伴”。事实上，在战略上，美国对俄罗斯和原苏联加盟共和国、东欧各国是有严格区别的。在美国眼中，拥有巨大核潜力的俄罗斯，强大时是对美国的挑战，“衰落”时也不排除对美国构成潜在的威胁。不把这个“庞然大物”围困住，他们就不会安宁。冷战后，综观美国在北约东扩问题上的所作所为，不难看出，无论形势如何变化，美遏俄、弱俄的战略都是一贯的、连续的和不容改变的。美国的目的十分清楚，就是要抢占原苏联在东欧地区的势力范围和战略空间。由西向东渐进推进、合围、切断俄罗斯通向欧洲的战略要道和战略屏障，使俄罗斯永远失去与美抗衡的势力范围和地域条件。遏制俄罗斯的重新崛起，不给俄留下一丝复生的希望。

2. 东欧国家强烈要求加入北约是北约续扩的外部条件。随着东欧剧变、华约解散，东欧国家顷刻间被暴露在了毫无安全保障体系的境地。出于本能反应，这些国家顿时被笼罩在一种前所未有的“安全危机感”之中。而北约自然而然地成了它们争取安全保障的首选目标。在北约首轮东扩后，那些被“拒之门外”的国家尤感安全危机。特别是俄美在北约东扩和反东扩的激烈较量中，俄罗斯又不断在公开场合宣称，原苏联大地属于其利益范围。俄罗斯要重振大国雄风，成为多极世界中的重要一极。这不能不引起刚刚摆脱苏联控制又落进俄美争斗夹缝中的东欧国家不安。为了确保自身的独立和安全，这些国家自然加紧了申请加入北约的步伐。北约首轮东扩后，罗马尼亚吸取没挤上北约东扩"头班车"的教训，为了向西方示好，竟不惜损害与中国建立的长期特殊传统友谊，在2001年4月28日的日内瓦联合国人权委员会第57届会议上，对中国针对美国的反华议案"不采取行动"的动议投了反对票。足见罗马尼亚在追赶北约续扩"二班车"上志在必得的决心。

3．首轮东扩的顺利和成功为北约续扩奠定了基础。1999年3月，在波兰、匈牙利和捷克加入北约后，北约在欧洲的地面部队增加了近13个师，空中打击力量也大大加强。北约的战机从波兰境内已能够威胁到俄罗斯的圣彼得堡、摩尔曼斯克等城市。北约的前沿地区向俄罗斯边境推进了近800公里，给俄罗斯造成了巨大的战略压力。所以，还是在1995年9月，当北约完成《北约东扩可行性研究报告》时，就遭到俄罗斯的强烈反对。叶利钦总统曾多次警告，一旦北约完成东扩，则另一场冷战就要开始，核弹头也要重新对准华沙。然而，北约的东扩计划却并没有因此而停止，如期完成了首轮东扩。结果，什么也没发生。俄罗斯的软弱，无疑使北约坚定了续扩的决心和可能。

4．欧盟在防务上对北约的依赖和北约成员国寻求自身利益是北约存在并续扩的"内在"因素。北约成员国，特别是西欧一些国家出于对本国利益的考虑，认为北约的存在有利于欧洲的安全和稳定。北约成员国绝大部分也是欧盟成员。据德国联邦国防部政治军事问题及裁军处副主任于尔根·伯尔内曼准将在2001年底撰写的一篇题为《全面安全观面临挑战》的内部报告中承认，欧盟组建"快速反应部队"不成问题，但缺乏战略侦察手段和工具，防务资金缺口也很大。在2008年前，欧盟自身财力难以满足欧洲防务的实际需要。所以，欧盟必须与北约联手维护欧洲的安全。伯尔内曼认为，"当欧盟致力于完善和强化北约之际，北约保留对集体防务独有的责任"。这里不难看出，在可预见的未来，不断将东欧国家纳入北约的势力范围，符合欧洲的整体战略利益。

俄罗斯对北约首扩及续扩的态度

1. 从起初不反对北约首轮东扩到坚决反对。以美国为首的西方国家在刚刚提出北约东扩时，为避免引起俄罗斯的警觉，加以反对，有意使莫斯科产生了俄罗斯可能被北约接纳的假象。关于这一点，得到曾在老布什和克林顿两届政府供过职、在欧洲和大西洋问题方面颇具影响力的专家丹尼斯・罗斯（Dennis Ross）的承认。罗斯称，他参加了德国统一的谈判，并在北约一开始提出东扩时他就建议，为防止莫斯科的反对，一定要把俄罗斯拉入北约东扩的讨论，使其觉得好像它可以成为北约的候选成员国。当时，由于正值俄美关系处于"蜜月期"，俄罗斯推行向西方"一边倒"方针，一时头脑发热，轻易相信了西方。于是，在1993年8月，叶利钦相继在华沙和布拉格公开声称，俄罗斯"不反对北约东扩"。[①] 然而，当后来俄罗斯认识到这是北约的策略时，即刻改变了原来的立场。1995年5月，俄罗斯前外长科济列夫在北约外长会议上郑重提出，北约东扩"既不符合俄罗斯国家安全利益，也不符合整个欧洲的安全利益"，"北约作为唯一的军事集团与建立统一的欧洲潮流背道而驰"，要求"根本改变北约的性质"。

2. 从坚决反对北约续扩到软化立场沉着应对。1999年北约完成首轮东扩前后，俄罗斯一再表示强烈不满，且言辞激烈，表示坚决反对北约续扩。不论是当时的总统叶利钦，还是后来的总统普京，都一再重申俄罗斯反对北约续扩的严正立场，认为"无论在政治上，还是在军事上，北约的扩大都没有任何必要。北约扩大背离了当今的现实"。强调，"要实现欧洲的统一和安全，唯一的途径是在欧洲建立统一的安全和防御空间"。[②] 2001年5月23日，俄罗斯杜马以压倒多数的支持票通过了关于反对北约东扩的决议，并呼吁普京总统责成联邦政府制定反对北约东扩的计划。数日后，俄罗斯外长伊万诺夫在布达佩斯召开的俄罗斯—北约联合常委会后举行的记者招待会上再次重申，俄罗斯反对北约东扩计划，强调尽管俄罗斯对新成员加入北约无否决权，但同样，谁都无权剥夺俄罗斯捍卫自己在国际事务中的合法权益。"如果我们想建立一个相互信任和合作的统一的欧洲，

---

① 参见俄罗斯 "Мировая Экономика и Международные Отеношения"№.7 июль 2000 года.

② Наиль Гафутулин. Верить в Россию-Пресс-конференция Президента РФ Владимира Путина//Красная Звезда.20 июля 2001 года.

那么就应该是一种包罗甚广，照顾到所有国家合法权益的模式。”[①]2001 年底，在俄美关系因“9·11”事件转暖后，俄罗斯国家杜马主席谢列兹尼奥夫在回答塔斯社记者提问时仍坚称，“北约不应扩大，应当建立集体安全的新机制”。随后，俄罗斯国防部长伊万诺夫也在公开场合表示，“北约东扩解决不了现有的军事问题，所以，在目前条件下，北约没有理由东扩”。但是，相比北约首扩前后俄罗斯的强烈反应，其在对待北约续扩上的态度开始更趋于理智和务实，不再有过激言论。

俄罗斯对北约续扩的对策

1. 融入北约，从内部分化瓦解，使其性质和功能发生变化。面对北约续扩的步步紧逼态势，俄罗斯根据本国综合国力的现实情况清醒地认识到，其实力无法与北约续扩硬抗。于是，不得不采取“以屈求伸”的策略，再次提出加入北约的话题。2001 年 7 月 18 日，俄总统普京在克里姆林宫举行的俄外长新闻记者招待会上称，欧洲要建立统一的安全空间，只能有三种选择：一是解散北约；二是让俄罗斯加入北大西洋集团；三是“建立一个另外的，以吸纳俄罗斯为己任的新的组织”，强调要在欧洲建立统一的安全和防御空间，在目前欧洲尚未有相同的体系，又缺乏彼此信任的情况下，如果没有俄罗斯的参与是不可能的。[②]普京提出的三个“选项”，实际上，只是给西方留下一个唯一的选择，那就是无论如何要将俄罗斯纳入西方集团。“9·11”恐怖袭击事件后，普京在访问柏林时再次向媒体重申，俄罗斯意欲加入北约，但“一切取决于开出的条件”。

实际上，莫斯科欲参与和加入北约的想法并不是冷战后的今天才提出来的。早在华沙集团组建前，斯大林逝世的第二年，即 1954 年 3 月正值国际气候相对“解冻”时期，在签署全欧安全条约建议被否决后，莫斯科就曾正式照会申请加入北约。当时，基于莫斯科表示加入北约后要在所有问题上都有否决权，美国、法国和英国随即复函拒绝了莫斯科的申请。[③]可见，1955 年 4 月俄罗斯在与东欧

---

① 参见俄罗斯 "Дипломатический Вестник" 6/2001.

② Наиль Гафутулин. Верить в Россию-Пресс-конференция Президента РФ Владимира Путина//Красная Звезда.20 июля 2001 года.

③ 参见俄罗斯 "Мировая Экономика и Международные Отеношения"№.7 июль 2000 г .

国家缔结《友好合作互助条约》前，其就已感到在与美国长期对峙和较量中已力不从心，无意与美国抗衡“恋战”，试图与美国“和好”，化干戈为玉帛，达到“力争缓和国际关系”的目的。而后来建立的华约，看起来也是不得已而为之的举措。2001 年，普京在表示俄罗斯要加入北约时，向世人披露了苏联早在 20 世纪 50 年代就曾申请加入北约的这个秘密，其用意是明显的，就是想向世人告知，莫斯科早就不想与北约作对，只是北约一直抱着冷战思维不放，与俄罗斯过不去，从而在“舆论”上得分。

正当世人争论能否接纳俄罗斯加入北约的问题被炒得沸沸扬扬之时，2001 年 11 月 22 日，普京在克里姆林宫会见国家杜马议员时却突然道出俄罗斯的真实意图，“俄罗斯不打算排队加入北约”。普京强调，“以俄罗斯的经济、科技、人力、军事和领土潜力，俄罗斯是个自给自足的国家，有能力确保自己的防务”，并进一步表示，俄罗斯并没考虑成为北约成员，而是希望在“9·11”事件后发生变化的国际环境下，加强同北约的合作。事实也正如此。且不说俄罗斯目前根本不符合北约为新成员国规定的政治和军事标准，就是今后在政治、军事、民主制度等问题上达到北约成员国标准，美国也不会同意俄加入北约。俄罗斯提出要加入北约的目的就是要以此来遏制北约的继续扩张。

2. 加大与欧盟等西方大国的合作与交往，争取更多国家的支持。普京上台以来，面对美国不断发难和北约续扩的咄咄逼人态势，加大了在“北约内外”的外交攻势，相继出访了欧洲主要大国，做了大量增信释疑工作，与这些国家的首脑建立了密切的“私人”关系。从而使俄罗斯与欧盟特别是德、法、英等国关系不断提升，并寻求在欧洲建立“新的力量中心”，倡议与欧盟建立地缘战略关系，使俄罗斯成为欧洲特殊战略伙伴，提议俄、欧合搞反导防务，试图构建俄、欧军事同盟，以遏制美国和北约对俄的进逼态势。2001 年 3 月，俄罗斯在首次参加的斯德哥尔摩欧盟特别首脑会议上，经努力与欧盟签署了一批经济合作协议，为俄争取到了数十亿美元的投资和贷款援助，实现了多渠道获取经援的战略目的。“9·11”事件后，在德国和英国等国的极力倡导和支持下，2001 年底，北约终于同意成立新的俄罗斯拥有部分决策权的北约—俄罗斯理事会。

3.“韬光养晦”从长计议。目前，俄罗斯所面临的问题，一是美国不念及俄罗斯在助美反恐行动中的“出色”表现，不顾俄罗斯及国际社会的普遍反对，已宣布退出《反弹道导弹条约》(ABM)。由于俄罗斯不想、也不能破坏来之不易的俄美关系的良好发展势头，从而影响其融入西方的进程，所以，也只能是“饮恨吞声”，咽下这颗苦果。二是北约续扩马达隆隆，日益逼近，大势所趋，俄罗斯仍无良策加以阻止，再次退让已在所难免。三是虽然俄罗斯经济连续两年持续增长，但目前仍欠外债近1600亿美元，今明两年正值还债高峰，且经济增长还有诸多不确定因素。无论是现在还是将来，俄罗斯都离不开西方的“关照”和经济援助。处于这样一种两难境地，俄罗斯也只能面对现实，权衡利弊，暂时委曲求全，“从长计议”了。

俄罗斯在北约续扩上让步的主要原因，一是俄罗斯目前已全方位调整了对外方针，外部环境已与首轮东扩画定“红线”时大有改观。二是东欧各国申请加入北约的势头增大，俄罗斯既无理由又无合适的手段阻止其加入。三是与美国和好符合俄罗斯的长远战略利益。

北约续扩对俄罗斯的内外影响

北约视俄罗斯为潜在威胁，而俄罗斯又将北约看成俄融入欧洲、在国际舞台重振大国风范的巨大障碍。因此，北约的存在必定会对俄21世纪的内政和外交走向产生影响。而北约首轮东扩后的续扩，更会给俄罗斯内外环境带来一些变化。

北约续扩可能会给俄罗斯带来的外部影响：

1. 进一步动摇和削弱俄罗斯在国际舞台上的大国地位。近年来，包括叶利钦后期，俄罗斯开始注重在国际上发挥大国作用。但俄罗斯早已今非昔比，既无强大的国力来支撑，又无强大的集团做依托。所以，在以美国为首的北约轮番进攻面前，俄罗斯只有招架之功，并无还手之力。俄罗斯反对北约东扩，东扩照扩不误；俄罗斯强烈谴责北约发动科索沃战争，野蛮轰炸南联盟，甚至向北约一次又一次地发出警告，但轰炸却越来越升级。如果俄罗斯继“默认”美国单方面退出ABM后，此次再让北约续扩得手，势必会形成一种俄罗斯在与美国等西方国家较量中连连失利，经常起不到大国应有的战略制约和制衡作用的态势，从而影响国际社会进一步认可俄罗斯处理国际事务的大国地位和能力。

2. 独联体离心力加大，俄罗斯影响下降。2001年6月1日明斯克独联体首脑会议后，俄明显加大了与独联体各国联系的力度。但俄罗斯如无力在这些国家急需的经济上给予援助，又与西方在其他领域的较量中连连败北，那就无法在美国和西方打、压、拉俄罗斯昔日盟友的争斗中“拢住”这些“游离”于东西方之间的国家。

3．针对北约逼进的新态势，加大调整军事部署和对外政策的步伐。对美遏俄、弱俄的既定战略，俄罗斯早已心知肚明，不再抱有幻想。应当指出，针对美国对俄罗斯的防范战略，实际上，俄罗斯早已开始调整军事部署和对外战略。面对俄美综合国力对比相差悬殊的现实，目前俄罗斯对美国及北约的政策已十分明朗。这就是，在政治上，积极开展大国外交，抓住独联体，稳住中亚，在最大限度内维护俄国家利益的前提下，不与美国等西方国家发生对抗；军事上，由昔日的与美全球争夺战略转为在地区、局部范围坚守、抗衡美遏俄、压俄的战略。“收拢五指，攥紧拳头”，集中有限的军事资源，使其发挥更大的威力。缩短战线，关闭海外“非重点”地区的军事基地，用节省下来的资金更新部队的武器装备。针对美国早晚要退出ABM的态势，俄罗斯早在2001年6月就正式成立了航天部队。同时，俄罗斯加大了对“白杨-M”洲际导弹由单弹头改为分导三弹头及突破反导防御研制力度。此外，俄罗斯还在不断加强中亚、外高加索及有关重点地区的军事存在和部署。“9・11”事件期间，俄借助美反恐之机，向塔吉克斯坦增派了2000名军人，使其在塔的兵力已达2.2万人左右。经过俄罗斯的努力，早在2000年，亚美尼亚政府就正式批准俄罗斯军事基地在亚期限延长25年。1999年11月，俄罗斯在伊斯坦布尔欧安组织首脑会议上，曾承诺在2001年底前和2002年底前从摩尔多瓦的“德河”地区分别撤出武器装备和军队。根据目前北约逼近的情况和摩“德河”地区的战略地位，俄罗斯在2001年从该地区象征性地又撤出一部分武器装备后，迄今驻扎在那里的2个营（1000人）的维和部队和2个“守卫”技术装备、弹药库的摩托化加强步兵营（1600人），总计2600人的驻军肯定不会按既定时间表全部撤出。目前，俄罗斯除在上述国家驻扎有军队及设立军事基地外，在外高加索地区的格鲁吉亚也有驻军。这些无疑都是俄牵制北约扩张的对应手段。

北约续扩对俄罗斯国内的影响：

1. 普京的支持率和威信受到的影响有限。普京执掌克里姆林宫权印后，在全俄上下的威信一直攀升不减。面对如何应对北约续扩，普京的压力主要来自军方、“二战”老战士和杜马一些资深议员。据俄罗斯学者私下反映，冷战后的今天，俄罗斯民众对来自北约的威胁感早已不像以往，特别是北约首轮东扩后，“狼”真的来到了家门口，也并不像想象的那么可怕。所以，现在人们看重眼前自己的现实利益胜过空洞的政治宣传。

2. 经济建设不会受到太大冲击。尽管北约“大兵压境”，俄罗斯不得不重新调整军事力量，但绝不会将有限的财力更多地投入军事。而是充分利用现有的军力，走“精兵之路”，用提高防御能力来遏制美国等西方势力的进逼。

3. 政局不会发生大的波动。尽管俄杜马已决定让普京责成联邦政府制定反对北约续扩的具体方案，但议员们十分清楚，就目前俄的状况，谁也拿不出阻止北约续扩的有效办法。因此，杜马和军方中的强硬派都不会太追究普京的责任。在野党派可能会对总统的应对能力发些微词，但不会影响大局，产生政局动荡。

北约续扩的前景

北约创立的初衷是抵御苏联的扩张。冷战后的今天，苏联早已不复存在，其实，北约存在的理由也应随之消失。但是，出于维护西方的战略利益，北约不但存在下来了，而且还在一扩再扩，直接威胁到俄罗斯的安全。于是，在北约是否应该存在并不断扩大，还是像华约那样解散或改变其原有职能问题上，俄罗斯与美国展开了旷日持久的较量。“9・11”事件前，总的态势是美为攻势，俄为守势。俄罗斯尚有不可忽视的核力量威慑，美国在与之较量中仍有一定顾虑。但“9・11”事件后，基于俄罗斯急于与美国交好，无心也无力与美继续僵持，所以，美国对俄罗斯的顾虑大减。因此，美国在公然退出 ABM 后，才又敢不顾俄罗斯的一再反对继续推进北约东扩进程。

2001 年 5 月 29 日，俄罗斯外长伊戈尔・伊万诺夫在布达佩斯虽表示，俄罗斯在波罗的海三国加入北约的“立场没有变”，但也承认，对北约东扩“俄没有否决权，俄无法禁止任何国家加入北约”。十分明显，俄在北约续扩问题上早已有所松动。

“9·11”事件后，由于俄罗斯在全球反恐行动中的出色表现和普京颇有成效的首脑外交，在北约内部，反对续扩的呼声有所上升，起码是提出应该考虑俄罗斯利益的“有限续扩”，避免触及波罗的海三国引起莫斯科的“反弹”。而美国和北欧的一些国家则积极主张不必担心俄罗斯反对，在北约二次续扩时要将波罗的海三国吸收进去。然而，关于这一点，美前国务卿贝克却在《华盛顿季刊》2002年冬季号刊物上撰写的《北约中的俄罗斯》一文中深表担心。贝克称，西方仍把俄罗斯视为地缘政治对手，拒俄罗斯于北约之外会增加其进行扩张的危险，若继续把俄罗斯当成潜在对手，俄罗斯就会被逼成对手。目前，已有10个国家申请加入北约。根据北约要求，加入北约必须符合有关条件，对此，贝克在《北约中的俄罗斯》一文中称，申请加入北约的国家首先必须是大西洋联盟成员，即西方的一员。这里的“西方”不只是一个地理概念，还有政治、经济和文化的含义。其次，申请国必须在安全问题上与西方国家观点一致。除此之外，还有五个明确而又严格的条件，即民主政治制度、尊重人权、市场经济、军队内由文官控制及与邻国保持良好的关系。目前，尽管这10个申请国并不都符合上述条件，但要加入北约的呼声和所花的力气却很大。由于斯洛文尼亚和斯洛伐克的政治、经济等情况好于其他国家，且对俄罗斯不甚敏感，所以，这两个国家被普遍看好。此外，由于美国已多次放出要吸收波罗的海三国加入北约的试探性口气，而俄罗斯的反对调门却显得一次比一次底气不足，有明显妥协之意。加上前不久美国在反导问题上“捅”了俄罗斯一刀，虽然俄罗斯一直声称，如果美国单方面退出ABM，俄罗斯就要立即退出与之相关的30多个军控和裁军协议，但事实上，俄罗斯没敢对美国怎么样。鉴于美国已完全摸清俄罗斯的“底线”，这次北约续扩，波罗的海三国将会同“两斯”同时被接纳为北约成员。至于罗马尼亚、保加利亚等国，由于不是经济改革不畅，就是国内政局不稳，条件差距不小，很难使北约内部意见统一。所以，北约绝不会“迁就”他们加入北约，从而背上沉重的包袱。

总之，围绕北约续扩问题，俄罗斯一直在与以美国为首的北约抗争、较量，并不断调整对策、讨价还价，以争取最小的损失。1994年，俄罗斯对北约决定接纳波兰、匈牙利和捷克做出强烈反应，推迟批准同北约签署的《和平伙伴关系框架文件》，并拒绝签署与北约原已商定的《双边军事合作计划》和建立《定期公开磋商制度框架文件》。相比北约首轮东扩，俄罗斯现政府采取了相对务实政策。美国凭借“一超”的绝对优势地位，力主续扩胜券在握。俄罗斯在北约首轮东扩时未曾有何良策加以阻止，只是险守在了“红线”上。这次北约续扩，俄既然已无心坚守最后防线，看来，只能任其扩张，再次吞下这颗苦果。

作为牵制俄罗斯的工具，北约在可预见的未来，不但不会解散，而且还会不断加强。此外，由于目前欧盟和美国间关系发生微妙变化，前景不容忽视，以及国际恐怖组织活动呈猖狂趋势，美国为了在欧洲和欧洲以外地区的利益，在相当长的时期内，绝不会放弃利用北约来达到其“一箭双雕”的目的。

俄罗斯战略收缩及其影响①

回顾“二战”后50多年的世界史，虽不能说就是美（苏）俄的较量史，但美俄关系的升降的确影响了近半个多世纪国际格局的变化。俄罗斯外长伊万诺夫曾指出，“俄罗斯与美国的关系一直是决定世界政局的主要因素之一”。②2000年7月出台的俄罗斯《对外政策构想》也指出，“俄美的相互配合是国际形势好转和保障全球战略稳定的必要条件”。由此不难看出，俄美关系的每一次波动都直接牵动着其他大国的关系，进而引起整个世界格局的重新洗牌。

1947—1991年，美国推行杜鲁门主义的三个主要战略目标之首就是，不让苏联成为世界强国。③后冷战期间，美国主要战略任务也仍是遏制和挤压俄罗斯的战略空间，不让俄罗斯东山再起。美国一直都把苏俄视为其主导世界、推行全球战略的主要障碍。

随着普京出任总统，俄罗斯开始逐渐奉行面向东西方的务实外交政策。特别是“9·11”事件后，俄罗斯鉴于国力考虑，全力调整了对西方政策，实行大幅度战略退缩，不再事事处处与美国抗争，致使美国放开手脚，主导世界的“新帝国”欲望迅速膨胀，给原有的世界秩序和格局带来巨大冲击。

一、俄罗斯建国初未能摆脱西方冷战思维的困扰

自冷战结束以来，俄罗斯无论是推行亲西方路线，还是与美国等西方国家抗争，都始终未能为其经济振兴赢得一个较为宽松的外部环境。改变西方对其的偏见、摆脱冷战残余的困扰已成为俄罗斯历届政府首要而艰巨的任务。

---

① 该文载在《国际问题研究》2004年第1期，第36—42页，被中国人民大学书报资料中心《国际政治》2004年第2期收录转载。

② Игорь Иванов,"Russian Foreign Minister Igor Ivanov, Organizing the World to Fight Terror," *The New York Times*, January 27, 2002.

③ 《布什主义正在到来》，载德国《世界报》2002年2月27日。

1989年2月，苏联将入侵阿富汗达10年之久的10余万军队撤回境内。为此，老布什在那年底的马耳他美苏首脑会晤后正式宣布“冷战结束”。[①]随着苏联解体，作为国际法主体的继承者——俄罗斯立国后开始奉行全面西倾政策。俄罗斯本以为继海外撤军，开国伊始又主动退出与美国的角逐和对抗就有望融入西方社会。但事实并非如俄罗斯所愿。尽管苏（联）俄（罗斯）都不断向西方示好，1990年后又相继从匈牙利和捷克斯洛伐克等东欧国家撤军并与德国、波兰等国签署撤军协议，但西方并没有因此而放弃继续封杀、打压俄罗斯战略空间政策，反而步步为营，向俄罗斯的“软肋”逼近。美国等西方国家根本不相信俄罗斯会洗心革面，真心站在西方一边，担忧有朝一日俄罗斯仍会重温超级大国的美梦。冷酷的现实迫使俄罗斯不得不重新调整对外政策，逐渐放弃了“一味西倾”的方针，开始了后冷战时期与美国展开遏制与反遏制、挤压与反挤压的抗争，以守住苏联留下的半壁江山。叶利钦执政后期，尤其在美国入侵南斯拉夫前后，俄美的对峙发展达到顶点。

应当指出的是，冷战结束后，出于俄罗斯本意，其的确不想再与美国继续较量，而与西方的对峙完全是在美国连续不断的凌厉攻势下的一种本能反应。从这一角度审视，这一时期的俄美对峙同冷战时期美苏对抗有着本质区别。前者是与美国的争霸和扩张；后者则是抗争和求生存。在美国遏俄的后冷战时期，俄罗斯不想坐以待毙，一口口被美国吃掉，让美国轻而易举成为世界的唯一主导者。使俄罗斯彻底沦为西方社会的二等公民。这种心态在叶利钦执政后期表现尤为突出。

这一时期，“俄罗斯将美国主导的‘单极’世界视为其保持原有大国地位的主要威胁，必须加以抵制。”[②]为此，俄罗斯开始赞同世界多极化，反对单极世界，并曾试图建立欧亚地区三大国——俄罗斯、中国和印度的同盟来遏制美国对国际事务的控制。基于这一战略构想，俄罗斯对美国为削弱俄罗斯在巴尔干地区的传统影响而发动的科索沃战争，曾以不惜一战的强硬立场予以坚决反对；对挤压俄罗斯战略空间的北约东扩，俄罗斯也多次明确表示不能接受，并划定了北约东扩不能逾越的“红线”；对美国欲为导弹防御系统试验而修改《反弹道导弹条约》，俄罗斯更是极力反对，甚至表示，如果该条约发生变化，俄美签署的其他军备控

① 《美俄新时代有曙光也有隐患》，载日本《东京新闻》2001年11月15日。
② 《俄罗斯与国际新秩序》，莫斯科卡内基中心网站，2002年12月30日。

制协议也将难以为继（包括第一阶段和第二阶段削减战略武器协议和中导条约），并进一步威胁说，由此可能还会导致新一轮军备竞赛，重现冷战时期的敌对状态。俄罗斯本以为可以此吓住美国，但由于俄罗斯手中无牌可打，不但没把美国吓住，反而连“修改”条约这道防线也没守住，最终连整个条约都搭进去了，使俄罗斯大为被动。俄罗斯的抗争并未能根本改变西方连连进逼、挤压俄罗斯的战略态势。

俄罗斯立国后，对外政策忽而全面西化，忽而又与西方抗争，继续挑战美国主导世界的地位，“反映了这个国家自苏联的地缘政治确定性随柏林墙倒塌后对自己的发展方向感到困惑”。[①] 普京出任总统后曾一度沿袭了前任后期对美国的强硬政策，把外交重点立足于发展与其有传统影响国家的关系，但他很快意识到，前任的与美国抗争路线并非明智之举。要想彻底改变俄罗斯的内外困境，首先必须根本改善与美国的关系。为此，2000 年 4 月，俄罗斯外交部部委会扩大会议郑重做出发展与美国关系是俄罗斯外交优先方向之一的决策。然而，俄美关系的改善远非像俄罗斯一厢情愿想象的那么简单。布什上台后，不但根本不买普京的账，其对俄罗斯的政策反而强硬有加，声称俄罗斯是美国的“战略竞争对手”，进而表示要彻底摈弃前任克林顿总统的对俄罗斯接触政策。“西靠”不通，“相安”不能，俄罗斯的对外政策再度面临严峻考验。

如何从根本上动摇和改变西方对俄罗斯“敌手”的定位，已是摆在普京政府面前的既复杂且又迫切的任务。

二、俄罗斯做出战略退缩讲究务实选择

其实，俄罗斯衰弱的国民经济早在苏联后期就已难支撑其庞大的军事体系和美国在诸多领域的较量。尽管近几年俄罗斯的经济有所好转，但推动其经济增长的主要因素一直是占俄罗斯出口额一半的石油和天然气产量的不断增加和全球油价的攀升。有资料显示，如果国际市场每桶原油下降 6 美元，俄罗斯国内生产总值的增长率就要随之减少一半。[②] 这说明俄罗斯经济基础还相当脆弱。在连续两

① 《普京提醒布什在对伊拉克的问题上不要独断专行》，副题《普京说俄美合作是维护世界稳定的最重要因素》，载美国《华尔街日报》2002 年 2 月 11 日。

② "Business is Business: Russia, Trade and the 'Axis of Evil'," *The National Interest*, March 25, 2002 .

年增长后，俄罗斯2001年和2002年的经济增长分别从2000年的9%降到了5%和4.3%，外国直接投资减少5亿欧元，下降10%。[①] 明显暴露出经济增长后劲不足。按照俄罗斯官方制定的个人收入低于40美元的贫困标准，在俄罗斯1.455亿人中大约有35%的人生活在贫困线以下。[②]

2002年的俄罗斯军费预算仅为90亿美元，根本无力维持和更新苏联在冷战时期留下的庞大武器装备。俄罗斯原战略火箭军第一副司令、总统国家技术委员会主席尤·亚申大将早就对超期服役的SS-18和SS-24多弹头洲际导弹和已超出设计保质期的700枚仍处于战斗值勤状态的洲际弹道导弹继续使用提出警告，“不敢保证核弹不会有意外爆炸或局部地方受到放射性辐射污染的危险。因为这些导弹装置已经服役10—15年了”，[③] 其性能和威力无疑已大打折扣。

俄罗斯的海陆空三军状况更不乐观。前不久，俄罗斯国际文传—军事新闻社援引俄罗斯国防部长伊万诺夫的话说，“总统和我都对目前武装部队的备战状况感到不满意”。伊万诺夫特别提到了海军。[④] 虽然早在20世纪六七十年代，苏联海军就其规模和战斗力已与美国不相上下，80年代苏联的核潜艇拥有量甚至超出美国。但如今，时过境迁，俄罗斯现有的40%舰艇已有一半接近退役年限，且50%以上的舰艇需要修理，不少舰艇不能出远洋执行任务。俄罗斯已无力为继续保留一支强大的海军而维持庞大的舰队储备。为此，2003年初，俄罗斯不得不宣布将削减海军五分之一的作战舰艇。

然而，正是在冷战结束后的10年里，美国却一跃成了世界上唯一的超级大国，在世界总产值中美国已占到23%。[⑤] 早在20世纪90年代末，美国市场就已吃掉全球外资30%的数额，从而使美国在世界资本市场占居45%的份额。[⑥] 雄厚的经济实力使美国现政府将国防开支提高到国内生产总值的4%，国防开支由1998年的2600亿美元，一下骤增到2003年的3500亿美元，比位于美国以下

---

① 《普京的俄罗斯处在冷漠与悬而未决的改革中》，载西班牙《国家报》2002年3月25日。

② 《上台两年后，俄罗斯总统普京仍然是个谜》，载美国《今日美国报》2002年3月27日。

③ 《俄罗斯在自己导弹的瞄准下》，载俄罗斯《独立报》2003年2月12日。

④ 美联社莫斯科2003年8月20日电。

⑤ 《跨国自由主义和美国的首要地位》，载美国《国家利益》，2001/2002年冬季号。

⑥ Сергей Рогов-доктор исторических наук, член-корреспондент РАН, директор Института США и Канады РАН. Доктрина Буша и перспективы российско-американских отношений//Независимая газета.03.04.2002.

的15—20个国家的国防开支总额还要高。2004年，美国军费还要增加，到2007年将增至4510亿美元。[①] 美国已成为世界上唯一能够实现全球军事干涉的国家，其精良的海陆空三军能涵盖全球，海外部署仍体现着冷战时期的战略。虽然到2007年美国的核武器数量将减少到3800枚，2012年减少到1700—2200枚，但美国战略力量仍保持在对俄罗斯进行核战争所需的水平上。[②]

1991—2001年，俄美的GDP之比已从先前的1:9滑至1:30。俄罗斯的军费也仅为美国的四十分之一。普京总统开始逐渐看清了这个许多俄罗斯人不愿看到的残酷事实，现在与美国拼实力已不切实际。俄美关系不应再是零和游戏。

在普京看来，俄美关系不对称是事实，但并不一定就是"悲剧"。俄罗斯只有放弃与美国在某些非重大战略领域及地缘政治方面毫无意义且代价过高的争斗，学会在与美国合作中使自己"正式成为美国的朋友，捍卫国家利益和与美国达成有关协议就容易一些"。[③] "换言之，与其作茧自缚，倒不如加入西方阵营，以在其中更加有力地捍卫自己的利益"。[④] 这正是普京的韬略和战略退缩的真实用意。

"9·11"事件恰恰给普京与美国等西方国家全面改善关系提供一个千载难逢的机遇。普京果断地做出全力配合美国完成打恐第一阶段任务的决定，随后，又在一些与美国长期争执的问题上也相继采取低调：放弃了《反弹道导弹条约》，让美国顺利地退出；放弃了与美国在中亚和格鲁吉亚驻军问题上的争执；宣布关闭早在"9·11"事件就因财政拮据而要放弃的两个针对美国的海外基地；对一向被视为北约东扩不可逾越的"禁区"——波罗的海国家最终被纳入北约势力范围，俄罗斯也采取适当"冷处理"；愿为北约部队的调遣提供运输机等。[⑤] 这些"战略退却"的举动极大地震动了整个世界，使西方主流社会从此改变了后冷战时期将俄罗斯视为敌手的成见。美国也不得不承认，俄罗斯在拉近与美国等西方国家关系方面的努力是前所未有的，"冷战真的结束了"。

---

① 《冷战后的战争》，载俄罗斯《红星报》2002年5月7日。

② Сергей Рогов-доктор исторических наук, член-корреспондент РАН, директор Института США и Канады РАН. Доктрина Буша и перспективы российско-американских отношений//Независимая газета.03.04.2002.

③ 《俄罗斯与国际新秩序》，莫斯科卡内基中心网站，2002年12月30日。

④ 《美俄新时代有曙光也有隐患》，载日本《东京新闻》2001年11月16日。

⑤ 《普京提醒布什在对伊拉克的问题上不要独断专行》，副题《普京说俄美合作是维护世界稳定的最重要因素》，载美国《华尔街日报》2002年2月11日。

对普京来说，所有这些退缩的损失都要小于一个愿意与俄罗斯合作的美国所带来的好处。2002年初，普京在接受《华尔街日报》记者专访时表示，俄罗斯现在必须集中力量发展经济，而不是到国外显示已经减弱的势力。[①] 同年年底，普京继续强调，在相当长的一个时期内，“俄罗斯的任务在于俄罗斯本身，而不在于世界。俄罗斯的根本任务就是现代化，以赶上西方国家，免得沦为‘第三世界’国家”。[②] 为了国家复兴，普京力排众议，极力扭转与西方“软对峙”的不甚明智政策，突破了俄罗斯一直被西方排挤在外的封锁，为俄罗斯营造一个良好的外部环境。

三、战略退缩造成的影响

俄罗斯大举退缩，实现了与美国等西方国家关系的拉近，使国际形势发生了重大而深刻的变化。伦敦国际战略研究所2001—2002年的战略研究报告称，俄美关系的拉近是“全球战略重组最为突出的特征之一”。[③]

（一）强化了美国主导世界的地位，使美国单边主义欲望更趋强烈。美国前总统里根曾讲过，“美国保留在任何时候军事干预它认为需要干涉的人和国家的权力”。[④] 当时基于俄罗斯的余威尚在，“虽然因冷战结束而形成了美国单极结构，但是，克林顿政府却对是否行使实力犹豫不决”。[⑤] 如今，俄罗斯实行战略退缩，使美国失去了传统意义上的“主要敌人”，凸显出美国的“一超”地位，也进一步加剧了美国单边主义的势头。美国国防部长拉姆斯菲尔德一再表示，美国应该用武力来确立自己的领导地位，“不必顾及现有的条约和盟友的反对”。在没有了可以与其比肩的对手后，美国已开始忘乎所以，既不听其盟国意见，更不愿考虑国际社会的呼声。布什甚至公然表示，“联合国就像大家庭里的祖母，听她的话是出于尊敬，同时完全不必要照她所说的去做。华盛顿要让所有的人认识到，它

---

① 《普京提醒布什在对伊拉克的问题上不要独断专行》，副题《普京说俄美合作是维护世界稳定的最重要因素》，载美国《华尔街日报》2002年2月11日。

② 《俄罗斯与国际新秩序》，莫斯科卡内基中心网站，2002年12月30日。

③ 法新社伦敦2002年5月9日电。

④ Александр Григорьевич Яковлев, профессор, главный научный сотрудник ИДВ РАН. «Третья угроза»:Китай-враг № 1 для России? (Как и зачем из перспективного стратегического партнера делают стратегического противника)//Проблемы Дальнего Востока, № 1, 2002.

⑤ 《美国新世纪计划支撑美国的单独行动主义》，载日本《朝日新闻》2002年2月1日。

原则上不用任何人就可以完成最重要的任务”。[①]

“9·11”事件后，俄罗斯大举退缩，而美国却大举推进，它派往世界各地的军事力量增加了近20%，30万美军驻扎在了140多个国家里。[②]美国的单边色彩变得更为强烈。

科索沃战争时，基于俄罗斯的威慑，加之北约成员国意见不一，美国被迫以“集体”行动对南斯拉夫实施军事打击。到阿富汗战争时，由于俄罗斯的因素无须再加考虑，美国为了“准集体”行动将军事打击降格。由于阿战顺利得手，使美国平添了傲气，其高官多次表示，美国不一定再需要广泛的国际反恐联盟，如果需要，可随意组成小范围的联盟。而美国此次攻打伊拉克，则彻底另起炉灶“单干”了。美国终于以军事“单干”实现了自己的世纪梦想。至于联合国和北约，由于已经“倒退”成不能反映美国的价值观和安全观，美国已开始把它们当作出入随意的“旅馆”。布热津斯基曾在新保守主义杂志《国家利益》上多次撰文，建议美国包围由东南欧、中亚、南亚、近东和海湾地区组成的“不稳定弧”，夺取“欧亚桥头堡”，营造任何欧亚联合体都不能向美国挑战的态势。美国现政府正在努力实现这一新帝国的目标。[③]

（二）全球反美情绪增大，可能成为国际局势动荡根源。2002年初，美国盖洛普民意测验所调查了包括美盟友土耳其、沙特阿拉伯和约旦在内的中东9国，仅有22%的公民对美国持有好感，53%的人对美国没有任何好感。[④]华盛顿著名的皮尤物与报纸研究中心也对24国的政党和社会团体的领导人进行调查，结果显示，除美国外，认为“9·11”恐怖袭击事件是美国政策所造成的直接结果的竟有53%。其他地区和国家，如东欧、俄罗斯、拉丁美洲、亚洲和中东的政党和社会团体的领导人竟有60%—81%的人认为，“9·11”事件是美国人自己的过错造成的。[⑤]值得注意的是，美国对恐怖主义的打击并没有使恐怖组织的活动减少。相反，针对美国的恐怖活动在一些地区和国家反而急速增加，并有可能利用

① 《冷战后的战争》，载俄罗斯《红星报》2002年5月7日。
② 委内瑞拉《分析报》报道，全球军事网，2002年5月16日。
③ 《强制策略使世界变得更软弱》，载英国《卫报》2003年5月2日。
④ Америка страдает от неразделенной любви-навстречу годовщине 11 сентября//Газета"Коммерсантъ" №159 от 05.09.2002, стр.5.
⑤ 《双重标准使美国四面树敌》，载美国《华盛顿邮报》2002年8月28日。

善良的人们对美国推行强权政治的不满情绪加剧恐怖活动的蔓延。

（三）北约作用进一步削弱。50多年来，美国主要是通过北约、联合国以及紧随“二战”后建立的其他国际组织机构来追求其外交政策目标。[①]在俄美实力不相上下时，美国需要借助国际或地区组织增加其对俄罗斯的遏制能力。“9·11”事件后，俄罗斯已不会再像科索沃战争时那样，宣称用保留采取军事措施的权利来反对美国对南联盟动武，美国在对阿富汗塔利班实施军事打击时就已显露出置北约于一旁的迹象。“9·11”事件发生时，尽管北约已宣布启动集体自卫权，但美国在阿富汗的军事行动中却无视北约的作用，只让来自英国、法国和德国的特种部队参战，希望通过“双边性”的同盟采取军事行动，有意绕开北约。只是象征性地让北约派出预警机在美国本土执行巡逻任务，没有让其过多参与战事，这与北约盟国在科索沃战争时直接参战形成了鲜明对比。按北约盟国的话说，“如果不是将我们扔到了国际政治的第三梯队，至少也是第二梯队”。[②]阿富汗战争是美国不需要北约参与也能在世界一些国家和地区采取军事行动的一次实际演练。而伊拉克战争则是美国无须北约同意，也能单独完成较大军事行动的实战。伦敦战略研究所所长约翰·奇普曼分析说，自“9·11”事件以来，“美国决定同北约保持距离，表明美国不愿意（看到）北约内部必不可少的争执，从而打乱其军事目标”。[③]今后，美国在决定采取重大军事行动前，如果得不到北约的一致赞同，美国将会继续采取抛开北约自行其是的做法。北约将逐渐演变成一个类似于欧洲安全与合作组织的机构，其意义实际只是从政治上对俄罗斯保持一定压力而已。

（四）欧美分歧和矛盾凸显，渐行渐远。欧盟外交政策和安全事务高级代表哈维尔·索拉纳称，“冷战结束是西方的一个重大胜利，但它也带来欧洲对美国向心力逐渐减弱的一个调整与变化时期。由于既存威胁消失、欧洲战区战略重要性下降、美国越来越多地注意其他重要问题，欧美关系的黏合力有所减弱”。[④]近年来，欧洲人对美国的反感情绪在加剧。据华盛顿著名的皮尤与报纸研究中心做过的专门调查，不能接受美国过于强大和美国贫富差距太大事实的人数比例分别

① 《华盛顿处在一个新时代的边缘》，载美国《洛杉矶时报》2003年3月18日。

② 《美国政要幻想建立“新帝国”》，载俄罗斯《独立报》2003年1月15日。

③ Николай Злобин. Америка может утратить роль сверхдержавы//Газета Известия10 января 2003 года.

④ 参见美国《哈佛国际评论》，2003年夏季号。

是：西欧和北欧占 66% 和 61%、东欧和俄罗斯占 64% 和 53%。欧美矛盾和分歧为“二战”后新高。“20 世纪 90 年代初以前，由于美国和西欧有共同的地缘政治敌人——苏联，北约盟国之间尽管也有分歧，但从来没有出现过像现在这样的严重危机。”①

（五）世界多极化进程任重道远。“世界多极化”是国际社会发展的必然趋势。由于国际战略力量对比严重失衡，加之美国凭借“软硬”实力竭力阻挠多极化进程，必然给世界多极化的努力增加更多难度。

应当承认，由于美国的单边主义、强权政治不断加剧，全球的反美情绪不断高涨。尤其是美国以萨达姆政权拥有大规模杀伤性武器为借口对伊拉克实施军事打击后，使世人对美国遭受“9·11”恐怖袭击的同情心受到极大伤害，普遍对美国表现出担忧。以致出现法德俄等国联合起来反对美国对伊拉克动武，国际社会也都对美国发动对伊拉克的战争质疑，连美国的盟友土耳其也一反常态，出现不同意给美国打击伊拉克提供过境便利的始料未及局面。但也必须看到，所有这些都还属于单个和自发性地对美国做出的一些抵制的表示而已，还没有真正对美国单边主义形成一定的遏制“合力”和“气候”。旧的国际政治秩序和以强凌弱的“实力外交”局面难以在短时期内轻易打破。事实证明，目前，世界上还没有任何国家能单独阻止美国的单边主义，这种局面可能还会持续相当一个时期。

（六）谋取自身最大利益。俄罗斯与美国拉近，给本就离心力渐大的独联体国家向美国靠近提供了机会。“9·11”事件后，中亚国家可以从与美国较为直接的安全关系中获得好处。而这反过来又将使它们远离俄罗斯，并能制定出更为独特的对外和安全政策。②然而，随着萨达姆政权被推翻和西方对中亚国家改革的停滞和人权状况的指责，“中亚许多专制领导人觉得美国单边主义的泛起对他们构成了威胁。于是他们重又向俄罗斯寻求安全保障”。③他们开始同意以战略资源抵偿拖欠俄罗斯的能源债务，以此来报答俄罗斯对他们受抨击领导人所提供的外交支持。可是，当美国陷入伊拉克战争泥潭，呼吁国际社会向伊拉克增兵的要求在联合国遭到冷遇之时，阿塞拜疆、格鲁吉亚和哈萨克斯坦等独联体国家未等俄

① Цена вопроса-Нынешний саммит США-Евросоюз-первый после американо-британской операции в// Газета "Коммерсантъ" №109 от 26.06.2003, стр. 9.

② Martin Jacques,"The new barbarism,"*theguardian*,Thursday May 9, 2002.

③ 《俄罗斯的新“华沙条约”》，载英国《简氏情报文摘》2003 年 5 月 9 日。

罗斯在此问题上“松口”，却已与俄罗斯拉开一定距离，已经或正在向伊拉克派出部队，以缓解美国在伊拉克的困境。甚至“一向被认为是俄罗斯在独联体的亲密战略伙伴亚美尼亚”也不甘落后，“以美英联军名义派出了自己的军队”，① 彰显这些国家对美国的友好。第比利斯为显示与美国的特殊关系，还表示“格鲁吉亚准备不光执行人道主义和维和任务，其特种兵还可以参加联军的特种行动，他们装备了全套武器”。② 而乌克兰更是跑在了前面，受到美国的特别欣赏，同意“在伊拉克临时政府中将有乌克兰的代表”。

四、俄美关系的走向

虽然俄美关系在总体上得到改善，但美国仍不满足于俄罗斯的已有退让和对美国政策的调整，对俄罗斯的对美国政策并非十分满意。在维护国家利益上，美国从来不含糊，“败军”面前不言情。在阿富汗战争结束没多久的 2002 年初，美国国家安全顾问赖斯就又开始重申，“由于俄罗斯所处的核地位，它将继续对西方构成威胁”。③ 随后，五角大楼向美国国会提交了重组核力量计划，并通过媒体披露了内情：俄罗斯不仅仍是美国核打击的目标，而且与无赖国家同属一路货色。华盛顿开列的“邪恶轴心”国不再是三国，而是包括俄罗斯的七国。④ 对此，俄罗斯上下一片哗然。媒体甚至戏称“美国为俄罗斯准备了友好的核攻击”。令俄罗斯不满意的还有盐湖城冬奥会上围绕俄罗斯运动员出现的丑闻、美国加征钢铁进口税、北约在挪威和波兰举行的大规模演习等一连串对俄罗斯的敌视举动。俄罗斯总参谋长阿·克瓦什宁公开指责，“坚定决心—2002”演习显示北约自冷战以来一直没有改变自己对敌对国的概念，这首先是指俄罗斯和白俄罗斯。⑤ 种种迹象表明，美国对俄罗斯仍缺乏足够的信任，两国关系的深入发展仍受到来自各方面的制约。

（一）美国“鹰派”人士仍坚持俄罗斯是其“假想敌”的冷战思维，欲乘俄

① Марина Кожушко. Страны СНГ конкурируют в Ираке за благосклонность Вашингтона//Независимая газета.22.08.2003.

② Марина Кожушко. Страны СНГ конкурируют в Ираке за благосклонность Вашингтона//Независимая газета.22.08.2003.

③ "NATO's Mid–Life Crisis," *U.S.Defense Intelligence Agency*, January 28, 2002.

④ Марина Калашникова. И Россию включили в "ось зла"//Независимая газета.11.03.2002.

⑤ 《美国的新战略具有浓厚的“核回归”色彩》，载日本《朝日新闻》2002 年 5 月 21 日。

罗斯国力衰弱之机继续挤压其战略空间。从美国“鹰派”来看，俄罗斯仍是他们的“假想敌”，冷战阴魂挥之不去。布什政府的政要一再表示，“美俄间已经不存在核战争的危险”，但是军事当局从冷战时代就一直不愿减少“攻击目标的数量”，并以“俄罗斯可能反悔”为由，对解体核武器下不了决心。①

关于北约续扩问题，本来考虑到俄罗斯的因素，美国前国家安全顾问布热津斯基曾提出了一个较为温和的方案，建议吸收4—5名新成员。但是，后来愣是把保加利亚和罗马尼亚也拉了进来，破天荒地一次扩进了7个国家。② 给人一种向俄罗斯示威的感觉。特别需要指出的是，芬兰和瑞典也开始突然接近北约，波罗的海水域和港口届时将归属美英海军，俄罗斯与北约国家的交界线将从黑海延伸到巴伦支海。爱沙尼亚加入北约后，北约的边界到圣彼得堡总共就剩下大约300公里。波罗的海沿岸政治家保证说，部署包括美国在内的外国军队的可能性“还没有考虑”。但这种保证显然不能相信。③“如果俄罗斯是伙伴，北约为什么要扩大到它的边境呢？这很难让人不想到这是在包围俄罗斯，以‘应付万一’。”④

（二）美国无视俄罗斯改善与美关系的努力，使俄罗斯国内反对派对普京的外交政策掣肘加大。由于俄罗斯在改善与美关系的问题上付出的多，得到的少，俄罗斯国内一些人从一开始就对普京的对美国退缩政策表示反对，认为普京的退缩是“地缘政治自杀”，美国咄咄逼人，将俄罗斯一逼再逼、一挤再挤，使人们潜在的不满情绪开始膨胀，也使普京的心理承受能力和耐心达到极限。而俄罗斯在伊拉克危机问题上与美国抗争面的明显增强就是最有力的证明，在伊朗和朝核危机等关乎俄罗斯直接利益问题上，俄罗斯也加大了与美国的周旋力度，力图维护自己的利益。

（三）俄美在安全和战略上不可调和的利益冲突使美国继续打压俄罗斯战略空间的势头不减。美国将伊拉克、伊朗和朝鲜等国家视作“无赖国家”，认为正是它们威胁着美国的安全，并有一个个“搞定”的架势。而俄罗斯在这些国家都有重大利益，一直在加强与这些国家的关系，利用这些欧美国家无法得到的外交资源来扩大自己在国际社会的影响。这种关乎国家安危和利益存亡攸关的问题使

---

① 《美国的新战略具有浓厚的“核回归”色彩》，载日本《朝日新闻》2002年5月21日。

② Марина Калашникова. И Россию включили в "ось зла"//Независимая газета.11.03.2002.

③ Алексей Лященко. США: и вновь базовая стратегия//Красная звезда.2 Апреля 2002 года.

④ 《布什今后也不会同莫斯科讲客套》，载俄罗斯《共青团真理报》2002年2月28日。

俄美两国很难不发生利益碰撞。

有资料显示，为破坏和阻止俄罗斯与马来西亚的9亿美元贸易，美国已向有关部门下达了力求打掉的指令。此外，美国还宣布里海为其切身利益所在地，重点扶持格鲁吉亚、阿塞拜疆、用无偿提供武器等办法收买和控制中亚国家。总之，继俄罗斯宣布关闭在古巴、越南的基地，同意美国在苏联后空间的军事存在，最近又从巴尔干地区撤出，这一切导致了安全真空的出现，美国正有计划地填补这一真空。[①] 针对美国对俄罗斯政策的改变有限以及“有鉴于当前地缘政治局势依然很复杂，世界的力量平衡被破坏，新的国际安全框架尚未建立起来的实际情况”，俄罗斯也在不断调整对策予以应对。2003年2月，普京在俄罗斯全国武装力量军官大会上开始强调，“国家武装力量的现代化应考虑到世界局势变化发展，随时保持战备和动员状态仍是很现实的任务”。[②] 而俄罗斯的抗争面的增强必然会给美国鹰派提供口实，反过来进一步加大对俄罗斯的遏制。

尽管俄美关系发展前景并不十分乐观，但绝不会再回到冷战时期的尖锐对抗。其原因是：

（一）俄罗斯的对外方针已发生根本性变化，亲近西方，回归欧洲，主张建立公正、合理的国际新秩序是俄罗斯经过几代人付出沉重代价的抉择，不会轻易改变。

（二）布什新一届政府对外政策四大重点是：反恐、不扩散大规模杀伤性武器、能源安全和牵制中国。由于俄罗斯的政治、军事和地缘的重要因素，美国都离不开俄罗斯的配合。

（三）在欧洲与美国早已貌合神离，欲“另立门户”的大趋势下，俄罗斯是美国与欧洲周旋的不可或缺的重要砝码。

（四）相对于美国能源供应国的中东和非洲地区，俄罗斯丰富的能源储备要安全和稳定得多，因此，是美国实现能源安全战略和在石油方面摆脱对欧佩克国家依赖的首选之地。

俄美双方在政治、外交和经济资源上都无法离开对方的需求特点使彼此关系不会轻易破裂，否则将两败俱伤。没有美国的首肯，俄罗斯无法进入西方主流社

---

① 《拉姆斯菲尔德新理论涉及俄罗斯的国家安全利益》，载俄罗斯《独立军事评论》2003年6月6日。

② 新华社莫斯科2003年2月21日俄文电。

会，也就无从谈起俄罗斯的经济发展和国家振兴；没有俄罗斯的配合，美国的全球战略也无法顺利推进，对美国构成所谓威胁的，但却与俄罗斯关系密切的“邪恶轴心”也就不可能尽早“摆平”。

2002年底，俄罗斯外交部长伊万诺夫发表电视讲话时称，2003年及今后数年，俄罗斯的外交重点之一是，为解决国家的经济任务创造良好的外部条件。[①]可见，“普京的首要目标是经济现代化，他愿意在其他方面做出让步。而需要得到的是：俄罗斯被当作西方的一个重要伙伴，使他的经济目标赢得更多支持”。[②]尽管发展对美国关系的道路不平坦，但由于它是关乎俄罗斯国家兴衰、既定的长远战略方针，所以不可能轻易动摇或改变。眼下，普京的亲西方政策虽受到阻力，但抱怨的人还想不出什么更好的办法来取代普京的政策。俄美关系的特殊性决定了它只能是在合作和斗争中有限度地起伏、迂回发展，不会有大的倒退，也不能有大的突破。俄美在国际事务中的分歧和利益上的交汇及摩擦将会始终伴随在两国关系发展的全部进程中。

① 俄塔社莫斯科2002年12月22日俄文电。

② Andrew C. "Kuchins, Building a real US-Russian partnership,"*The Christian Science Monitor*. May 20, 2002.

普京的圣彼得堡外交牌①

2003年5月23日晚，俄罗斯圣彼得堡以万人盛大文艺晚会的恢宏气势拉开了该市建城300周年的10天庆典序幕，俄罗斯总统普京亲自担任庆典委员会主任。此间，相继有来自世界40多个颇具影响的国家元首及夫人出席庆典仪式。如此庞大的阵容和这么多重量级高官前来参加一个历史并不算久远城市的庆典活动在国际外交史上实属空前。

为了筹备这个有史以来最为隆重的世纪庆典，普京不惜花费800多亿卢布，甚至顶着国内方方面面的压力，促成了圣彼得堡建城以来最大规模的市容修葺工程。普京还精心策划，把上海合作组织、独联体国家首脑非正式会议以及俄罗斯—欧盟峰会安排在此间召开，而且，还专门单独举行俄中、俄美元首双边会谈，其用心良苦可见一斑。

普京如此大操大办这次百年庆典，绝非因该城是其故乡来以此炫耀和标榜自己，而是注重这座城市所带来的象征意义。300年前，正是彼得大帝由此打开通向欧洲的门户，从此使俄罗斯走向强盛。同时，这里还是列宁领导的十月革命发祥地。因此，无论从哪个方面讲，圣彼得堡都是俄罗斯人的骄傲，是俄罗斯脊梁和民族精神的象征和体现。从这个角度讲，普京请来世界上这么多的政治“大腕”、安排了一场场峰会“大餐”、高级会晤，绝不仅仅是借以烘托庆典盛况，其用意早已远远超出庆典本身。

以庆典为契机，缓解前一个时期与美英在伊拉克问题上出现的紧张局面，树立俄罗斯的友善和平外交形象。在美国武力攻打伊拉克问题上，尽管俄罗斯的反对谨慎有加，可还是给俄在“9·11”后苦心经营构筑的俄美战略新关系框架带来不少冲击，使俄美关系跌至近两年来最低点。近来，经俄的不懈努力，美也有

---

① 该文载在《瞭望》新闻周刊2003年第22期，第60—61页。

修复与俄关系的愿望，两国在伊拉克战后重建等一系列问题上互有妥协，最终达成一致，使联合国安理会得以顺利通过美英西有关解除对伊长达13年之久的制裁提案决议。此前，在美国务卿鲍威尔访俄期间，俄为营造两国关系缓和气氛，在俄杜马延迟讨论《俄美削减进攻性战略武器条约》后，适时批准了该条约。尽管这样，美还是没有停止对俄向有关国家出售违禁武器及相关技术和专家的指责。在俄美关系处于这种若即若离的微妙时刻，普京以名城庆典为由邀请布什，足见普京寄望于通过这次与各国最高领导人的密切接触，使俄美的紧张关系在近期内能有所缓和，俄中、俄欧及独联体关系能有所突破性进展。

以庆典为窗口，展示俄罗斯的历史和文化底蕴，拉近与欧洲的距离。俄斥资数百亿卢布整修该市及一些著名古建筑，重现诸如闻名遐迩的琥珀厅等因战争几乎毁坏殆尽的一些古建筑原貌，无外乎试图向世人展示俄罗斯历史的悠久和深厚文化底蕴与欧洲文化和历史息息相关，俄自古以来就是欧洲的一部分。俄以伊拉克危机为契机，与欧洲关系空前拉近后，还想借此进一步向世界证实，俄欧本来就是“一家人”，俄在伊拉克战后仍保持与欧洲的密切接触，与法德一直在协调立场解决伊战后的重建问题。俄希望继续巩固和发展已有的与欧洲合作成果。

以庆典为舞台，展现俄经济的蓬勃生机，改善投资环境，拓展经济合作领域。俄以圣彼得堡市为缩影，向世人展现俄经济繁荣、充满活力，借以促进与世界各国经济合作。近年来，俄的经济一直保持着持续稳定发展势头，这除了因普京执政以来俄国内政局空前稳定，政府相继出台了一系列行之有效的改革措施外，主要还是得益于能源出口不断增加和国际油价一直比俄财政预算时测算的走高，从而为俄经济增长提供了强有力支撑。尽管这样，但俄经济发展仍不容乐观，其经济发展不平衡，消费和投资两个关键环节仍存在很大问题。特别是俄经济对油价依赖性很大，使经济增长存在许多不确定因素，因而必须增大其他行业在国民经济收入的比重。鉴于俄自身投资有限，加大外资投入尤显十分迫切和重要。俄申办2008年奥运会和2010年世博会均未如愿，很想通过圣彼得堡的世纪庆典向世人展示俄罗斯处处欣欣向荣的景象，达到招商引资、吸引更多国外投资的目的。

以庆典为桥梁，连接东西方，提升俄的国际威望。一个仅有300年历史城市的世纪庆典竟能把东西方如此之多有影响的国家元首请来助兴，给大国间在伊战后修补关系创造了难得的交流机会，这本身就说明俄在国际舞台的威望和分量。特别是俄罗斯以地处欧亚大陆独特的地主身份颇具匠心地安排了俄中、俄美双边元首会晤，弹奏着连接东西方的“协奏曲”，凸显俄在国际舞台不可或缺的重要角色。甚至，就连稍后在法国埃维昂召开的“八国集团”峰会和南北领导人非正式对话会也沾上了圣彼得堡庆典的喜庆余悦。在结束圣彼得堡活动后，这些领导人将直飞埃维昂，似有继续品尝这一庆典收官峰会“大餐”的味道。普京选在俄最具欧洲特色的圣彼得堡来大着笔墨，预示着俄将要加大融入欧洲的步伐，重振大国风范，弘扬民族精神的趋势。

本次名城庆典正值俄北方灿烂季节，在普京精心策划下，圣彼得堡的城市庆典变成了一次旷世外交盛会，无疑使庆典活动锦上添花。事实上，这次活动的意义本来就不在庆典本身，俄利用这个机会，搭建政治、经济和文化平台，用名城效应打造俄罗斯形象“品牌”。这场庆典不仅使圣彼得堡平添了新的生命力，更重要的是向世界展示了今日俄罗斯的风采。

当然，俄美之间、独联体国家间存在的问题不可能通过这次精心安排的城市庆典的感情拉近迎刃而解。口头上的友谊和友好气氛也未必马上能变成明显的外交行动，特别是俄美关系的全面、根本性恢复仍需时日。但是，不能否认的是，这次庆典所带来的影响和象征意义将是深远的。俄的寻求多边合作，欲彻底改变外部环境的诚意和愿望给人们留下的印象是深刻的。可以预见，这次庆典活动将进一步增强俄民众的凝聚力和对现政府的信心，使普京的威望进一步提升。“9·11”后，普京费尽心思采取了一系列“轰动效应”的行动，得以将俄美关系空前拉近，这次他在圣彼得堡庆典上的大手笔同样也会在世人面前产生强烈反响。这次外交活动向世人昭示，普京会向彼得大帝一样，重新扬起驶向欧洲、走向世界的风帆，使俄罗斯再次崛起。圣彼得堡的世纪庆典是一个里程碑，俄罗斯的双头鹰将要展翅腾飞，再创昔日辉煌。

“梅普组合”下的俄罗斯对外战略态势[①]

自2008年5月普京和梅德韦杰夫分别就任总统和总理后，俄罗斯进入了“梅普时代”，形成了“梅普组合”的政治格局。一年多来，“梅普组合”运转顺畅，在外交领域频频出拳，对外战略态势开始由被动防御向积极防御转变。

一、“梅普组合”是普京路线的延续

（一）梅德韦杰夫是普京钦定的忠实接班人

梅德韦杰夫与普京虽为两个行为个体，但作为俄罗斯的领导核心却形同一人。早在俄总统大选前，梅普二人就毫不掩饰地表示，“我们将一起赢得3月2日的总统大选”。[②]因此，梅德韦杰夫的当选，实际上就是普京的再次连任。早在17年前，梅德韦杰夫在圣彼得堡给普京当副手时，他就冒着政治风险为普京摆平了一桩涉及“巨额资金”的案子，与普京结下莫逆之交。而且，梅德韦杰夫还担任过能源巨头俄罗斯天然气工业股份公司董事长，一直替普京掌管着‘能源外交”这一对外撒手锏。可以说，梅德韦杰夫是普京路线的忠实拥护者和执行者。

（二）“梅普组合”是保持俄罗斯政治稳定的最佳模式

普京历经两任总统，几经摸索，找到了一条适合本国的发展道路。遗憾的是任期届满，壮志未酬。如何将普京开创的俄罗斯振兴之路继续走下去，不但是普京的意愿，也是民众的呼声。特别是俄罗斯的主流社会，不愿意看到因普京的离任导致俄罗斯崛起的进程半途而止。在宪法规定普京不能继续连任的情况下，普京顺应民众和时代要求，“卸任不离职”是睿智的选择，它从法律和体制上保证

---

① 该文载在《国际问题研究》2009年第2期，第27—32页。

② ［法］西尔瓦尼·帕基耶、［法］阿拉·谢维基纳：《俄罗斯新威胁》，载法国《快报》2008年3月6日。

了普京路线得以延续。

（三）普京仍是俄罗斯的最高决策者

“梅普组合”是保持普京路线完整和延续的一种策略，它规避了宪法和西方的指责，用合理、合法手段将俄罗斯的最高权力以“梅普组合”形式重新赋予普京。由于普京“离任不离职”，梅德韦杰夫又是其“班底”的忠实成员，普京仍然处在俄罗斯的权力中心。从近一年来俄罗斯内外政策走势也随处可见，普京的影响不但没有被削弱，反被加强。2008 年 8 月，针对美国紧逼俄罗斯的态势，普京公开宣称，俄罗斯应当同古巴恢复苏联时代的盟友关系，“我们需要恢复在古巴以及其他国家的地位”。[①] 这跟普京在总统位置上对外表态的从容劲头毫无两样。虽然普京由总统改任总理，但“普京时代”并没因此而结束，而是经过“打包”，以“梅普组合”形式得以延续。

二、“梅普时代”的俄外交政策走势

自普京 2000 年批准通过《俄罗斯联邦对外政策构想》以来，国际形势发生了深刻变化。普京在任时就指示要根据《俄罗斯联邦对外政策概论》和他的慕尼黑讲话对该“构想”进行修改。为此，梅德韦杰夫就任总统后不久就相继批准出台了新版的《俄罗斯联邦对外政策构想》和《俄罗斯外交五原则》，全面阐述了“梅普”新政府的对外政策和主张。

（一）不惜一切代价维护国家核心利益

梅德韦杰夫出任俄总统后，继承普京执政后期对美国及西方强力反制战略，不断向世界发出强烈信息，“俄罗斯在国际事务中的作用已经提升”，对西方的冷战攻势不再视而不见、坐以待毙。俄罗斯不仅有能力参与落实国际议事日程，还有能力参与制定这一日程。俄罗斯将坚持公开、可预见和务实的对外政策，全力确保国家安全，捍卫和加强主权及领土完整，不断提高俄罗斯的国际威望，为国家现代化创造有利的外部环境。特别是俄罗斯果断出兵平息南奥塞梯冲突，粉碎

---

① 《美国惹怒俄罗斯 普京主张恢复俄古盟友关系》，华商网，2008 年 8 月 6 日，http://news.hsw.cn/2008-08/06/content_10187203.htm。

了格鲁吉亚在西方纵容下挑战俄罗斯核心利益的企图，表明俄罗斯“将不惜与美国决裂来维护国家的核心利益”。而且，梅德韦杰夫总统也公开表示，“我们对（由此）发生的任何情况（包括爆发冷战）都不感到害怕”。[①]

（二）从战略退缩走向积极防御

冷战后，俄罗斯对西方一直采取全面战略退缩政策。“叶利钦和普京都把与西方建立联盟或伙伴关系作为主要的优先方向，而且还曾是独一无二的优先方向。”[②] 为此，两人都付出了沉重的代价。严酷的现实迫使俄罗斯重新审视对西方的政策，不得不结束了期冀俄罗斯成为西方一部分的努力。2008 年 9 月，梅德韦杰夫在联邦国务委员会与俄罗斯地方领导人会面时公开坚称，要抗衡“试图对俄罗斯施加政治压力”的某些力量。[③] 针对美国在东欧部署导弹防御系统，俄罗斯开始筹划在白俄罗斯部署轰炸机和导弹。继 2007 年恢复远程轰炸机巡逻并向地中海派遣航母后，2008 年，俄罗斯实现了独立以来首次恢复北极海域巡逻的突破。同时，俄罗斯的战略轰炸机还接二连三地超低空逼近美国航空母舰及其航母战斗群，展示其远程攻击和全球军事存在的能力。俄罗斯《事实与论据》网站宣称，“俄罗斯的军人和飞机可以在地球任何一个空域执行任务，地球上没有一个能让人因逃避责任而躲避起来的地方”。[④] 最引人关注的则是 2008 年 9 月俄罗斯在欧洲方向的波罗的海、太平洋和加勒比海地区举行的将美国第七舰队作为模拟基地对象的军事演习。此外，俄罗斯太平洋舰队与委内瑞拉海军在加勒比海举行联合军事演习在拉美大陆史上也属首次。这是莫斯科向华盛顿发出的强烈反击信号：美国在俄罗斯的家门口部署导弹盾牌，俄罗斯也有能力在美国的边界附近排兵布阵。对此，俄罗斯黑海舰队前指挥官爱德华·巴尔京上将颇有感触：“加勒比海的行动”意味着“俄罗斯正在重返权力和国际关系舞台，这一地位很遗憾在上个世纪末失去了”。[⑤]

---

① 法新社莫斯科 2008 年 8 月 26 日电。

② Владимир Батюк-директор Центра Североатлантической Безопасности Института США и Канады Российской Академии Наук. Внешняя политика Медведева//Фонд стратегической культуры. 28 апреля 2008 года.

③ 《俄罗斯讨好老朋友，进一步挑战西方》，美国《基督教科学箴言报》网站，2008 年 9 月 8 日。

④ 参见俄罗斯《观点报》2008 年 9 月 16 日。

⑤ 路透社莫斯科 2008 年 9 月 8 日电。

（三）重建亲俄利益区域

梅德韦杰夫在当选总统后的首次讲话就强调俄罗斯的对外方针是“独立的，以近邻为优先方向的”。①《俄罗斯外交五原则》也明确提出，俄罗斯将“重视对俄罗斯友好地区”。而其范围，正如梅德韦杰夫所称，还不仅局限于俄罗斯邻国，俄罗斯“同世界其他国家一样，也有一些特别优待的地区。这些地区有俄罗斯的友邦。俄罗斯将悉心关注这些地区”。②“五原则”还称俄罗斯要坚决保护自己的公民，“不论他们身在何处”。梅德韦杰夫则进一步表示，“我们还将保护国外的俄罗斯企业利益。所有人都应当明白，胆敢挑衅的人必将遭到反击”。③

俄罗斯不再忌讳维护自己势力范围的意图，开始与被美国称为“支持恐怖主义国家”的叙利亚加强合作，重启塔尔图斯港海军基地，并与委内瑞拉等国建立新的伙伴关系，着手在位于美国后院的古巴为具有核能力的战略轰炸机等建加油站，恢复远程轰炸机在俄罗斯至古巴间的定期飞行。冷战结束以来，俄罗斯海军舰队首次远赴拉美地区（加勒比海），“克里姆林宫称这是针对美国在俄罗斯周边进行的扩张行动而采取的举措”。④普京强调，俄罗斯把对拉美的政策作为外交政策的重中之重。俄罗斯报纸也称，“目前的形势说明，与拉丁美洲合作是抗衡美国的因素之一”。⑤在美国就伊朗核问题对其实施制裁问题上，梅德韦杰夫早就表示，俄罗斯“不允许任何形式的制裁”。⑥为应对美国及西方势力对俄罗斯的威胁，在南奥塞梯冲突后，俄罗斯还推动集体安全条约组织筹建“国际联军”，强化对中亚地区的影响，筹划“在俄罗斯周边建立睦邻带”。⑦

---

① Владимир Батюк. Внешняя политика Медведева//Фонд стратегической культуры.28 апреля 2008 года.

② Тамара Шкель. Пять принципов президента Медведева//Российская газета.01.09.2008.

③ Тамара Шкель. Пять принципов президента Медведева//Российская газета.01.09.2008.

④ 法新社俄罗斯奥伦堡 2008 年 9 月 26 日电。

⑤ 参见俄罗斯《观点报》2008 年 8 月 5 日。

⑥《俄罗斯与反美国家进行合作》，载日本《东京新闻》2008 年 9 月 13 日。

⑦ Роман Доброхотов, Яна Сергеева, Рафаэль Мустафаев, Виктор Шаньков. Концепция изменилась-В ближайшее время может появиться новый документ о приоритетах российской внешней политики//Новые Известия.4 марта 2008 года.

（四）阻格拦乌入“约”

普京在执政后期开始醒悟长期以来对西方的不切实际幻想和为此付出的沉重代价，对先前未能阻止北约东扩，特别是未能打掉波罗的海国家加入北约追悔莫及。苏联因为有了波罗的海国家和乌克兰才“巩固了俄罗斯在黑海和波罗的海的存在，使俄罗斯成为伟大的强国”。根据《反弹道导弹条约》，“不论是波罗的海国家，还是其他前苏加盟共和国都不能加入北约”，因为，这些国家都是“接替苏联履约的俄罗斯的核责任区和安全区”。[①] 但美国却失信于俄罗斯，不但将它们，还把东欧前苏联卫星国也相继拉入北约，将北约防线逐渐推至俄罗斯的“警戒红线”——格鲁吉亚和乌克兰边界，置俄罗斯于战略被动境地。

格鲁吉亚既是西方打破俄罗斯环里海能源控制权，确保其能源安全的关键，也是俄罗斯强化能源武器，反制西方的战略支点和安全屏障。控制南奥塞梯和阿布哈兹两地不仅可以打乱美挤压俄能源战略部署，还可扩大俄罗斯反制西方挤压的战略纵深。尤其是控制了阿布哈兹也就意味着控制了黑海东部。在乌克兰不断要求俄罗斯在租期期满撤走黑海舰队的情况下，苏呼米和奥恰姆奇拉港已成为俄罗斯黑海舰队易址的首选。那里还有全球顶级的两端都可起降的飞机跑道，就连安－124“鲁斯兰”超重型运输机也可起落。M–27 号军用高速公路和穿过阿布哈兹领土的铁路则是俄向其驻外高加索和亚美尼亚军队提供后勤保障的重要补给线。这里的因古里河水利发电站供应着格鲁吉亚近 113 个地区和整个阿布哈兹所需电力。可以说，控制了该水电站，也就等于掌控了接近一半的经济命脉，其战略价值难以估量。如今，俄罗斯不惜代价占据高加索门户——南奥塞梯和阿布哈兹后，格鲁吉亚的战略价值已大打折扣，即使被美国“破例”强行拉进北约，其对俄罗斯的威胁已大为减弱。尽管如此，俄罗斯还是放言，“即使格鲁吉亚加入北约，如果格对俄罗斯进行挑衅，俄罗斯在对格动武问题上也不会犹豫”。[②]

乌克兰对俄罗斯的战略价值可用布热津斯基的话来形容，“如果没有乌克兰，即使得到了所有其他前苏联共和国，俄罗斯也不是一个大国。而如果有了前者，

---

① Юрий Котенок-Интервью с президентом Фонда исторической перспективы, доктором исторических наук Натальей Нарочницкой. У России в запасе осталось два года//Газета Утро.13.03.2008.

② 《俄罗斯与反美国家进行合作》，载日本《东京新闻》2008 年 9 月 13 日。

即使失去后者，俄罗斯也是一个大国”。[①] 为此，俄罗斯一直在想方设法控制乌克兰弃俄就美倾向的蔓延。2008 年 5 月，莫斯科市长卢日科夫在出席乌港口城市塞瓦斯托波尔附近海域举行的海上阅兵时称，塞瓦斯托波尔是苏联的海军基地，俄罗斯从来未将该港口送给乌克兰。由于“塞瓦斯托波尔是俄罗斯的城市”，因此，它应归俄罗斯管辖。[②] 此言一出，险些引起外交风波。然而，没过多久，又有俄罗斯官员发表此类言论，称“一旦出现某种情况，就必须单方面撕毁与乌克兰达成的一揽子协议，让克里米亚半岛回归俄罗斯，让乌克兰永远也不敢把俄罗斯黑海舰队从现在的基地赶走”。[③] 由此不难看出，俄罗斯对克里米亚半岛归属乌克兰至今耿耿于怀，倘若乌克兰真要加入北约，俄罗斯绝不会轻易让乌克兰连同克里米亚一块带进北约。因此，梅普二人都在不断警告西方，强行拉格鲁吉亚和乌克兰入约，已经威胁到俄罗斯的安全，将破坏平等安全原则，导致欧洲出现新的分界线。而俄罗斯在南奥塞梯的果断行为，正是向美国和北约“传出这样一个强烈信号：俄罗斯不准备做美国的二流合作伙伴，更不容忍北约向俄罗斯的‘近邻’再迈一步”。[④]

（五）发展能源和强军兴国战略

普京一直把能源和军事作为新世纪支撑国家崛起的两大战略支柱，“梅普”新政府也将其视为兴国战略不可或缺的重要支撑。俄罗斯权威智库外交与国防政策委员会在梅德韦杰夫上任后不久撰写的《未来十年俄罗斯的周围世界：梅普组合的全球战略》报告强调，俄罗斯将力争融入世界经济，加速发展创新经济，并充分利用俄罗斯丰富的自然资源和相对良好的生态环境这一战略性作用来提升自己的综合国力，“用不大的开支使国家的自然优势带来比今天更多的红利”。俄罗斯不仅要把油气，而且还要把世界上最丰沛的淡水资源作为“战略资源”使用。为此，在继续保持能源“独立性”的同时，俄罗斯将利用自身能源优势，不断强

---

① Юрий Котенок-Интервью с президентом Фонда исторической перспективы, доктором исторических наук Натальей Нарочницкой.,У России в запасе осталось два года//Газета Утро.13.03.2008.

② Екатерина Кузнецова.РФ и США воссоздают атмосферу неопределенности//Независимая газета. 29.09.2008 года.

③ МИД РФ: Приближение НАТО к границам России-прямая угроза безопасности//Новые Известия.11 апреля 2008 года.

④ 稚克·于贝尔一罗迪那：《可以抵抗的超级大国俄罗斯》，载法国《回声报》2008 年 8 月 19 日。

化能源在外交中的作用，用能源杠杆撬动大国关系，拉近与美欧关系，发挥能源“润滑剂”和“黏合剂”功能，聚拢独联体和亲俄友邦。

在发展能源兴国战略同时，该报告还建议梅普新政府要重视强军兴国战略。报告认为，今后，各大国都将被迫在是否使用武力的问题上做出战略选择。目前，一些大国已开始“不断完善自己的武库，包括进攻性战略武器”。因为，“外交手段没有成为解决国际安全问题的主要趋势”，原有的安全体系产生了危机，原有的国际危机处理机构的管理水平在下降。“冲突的潜在因素在增加。”在此情况下，“在未来 20 至 25 年内，俄罗斯除了保持强大的核大国地位外，别无他择，并且必须确保有效防御美国反导系统的武器发展”。俄罗斯国防部 2008 年 8 月 1 日公布的《2030 年前俄罗斯联邦武装力量建设构想》的判断也是如此，认为，2030 年前，俄罗斯仍是各种全球或地区威胁的目标。为此，俄罗斯将 2009 年的军费增加到了创纪录的 942.3 亿美元，[①] 重点向信息、航天和纳米技术三大领域投入，发展地面、海上和空中的战略核力量。在 2015 年前建设一支与军事威胁和财政能力相适应、能够应对各种安全威胁的现代化“创新型”军队，在 2020 年建成一支现代化的核威慑力量，完成应对空中和太空领域威胁的“空天防御体系”，突出“空天遏制”战略地位，加大对未来太空战场建设的投入。俄罗斯国防部长阿纳托利·谢尔久夫称，俄罗斯武装力量将在近年内实施重大改革措施。调整后的军队人员比例将“使俄罗斯武装力量的面貌接近于一支高科技军队”。[②]

（六）推动多极化世界进程

推进公正民主的多极世界秩序是俄罗斯的战略选择。为此，梅普的“新对外政策构想”和“外交五原则”都突出强调俄罗斯将致力于促进公正和民主世界新秩序进程，重申要在国际法基础上集体解决国际问题，认为单边行动战略会破坏国际局势稳定、挑起紧张局势和军备竞赛、加深国家间矛盾、制造民族和宗教纠纷，对其他国家构成安全威胁，强调绕过联合国安理会动用武力会严重破坏国际法基础，导致冲突地区范围扩大。特别是俄罗斯与格鲁吉亚在南奥塞梯交火后出台的《俄罗斯外交五原则》，更加突出了俄罗斯欲建多极世界的迫切愿望和决心，

---

① 德新社莫斯科 2008 年 9 月 16 日电。

② Вадим Соловьев, Виктор Литовкин. Революционные шаги Сердюкова//Независимая газета.09.10.2008.

着重强调维护国际法“至高无上”权威和构建多极世界的重要，其明确表示“单极化是不能接受的”。梅德韦杰夫公开声称，“俄罗斯不能接受由一国做出所有决定的世界格局，就连美国这样的大国也不能这样做”。[①]他称：“整个国际社会都必须思考，如何构建新的国际安全体系，其核心应是国际合作原则、严格遵守国际法准则、不允许随意歪曲国际法并能防止冲突。”强调这一安全体系理应建立在多极世界秩序基础之上，不允许“任何一个自视可以承担建立统一世界秩序责任的国家处于统治地位”。[②]“俄罗斯将继续加强与中国、印度及伊斯兰世界的伙伴关系”，[③]加强包括与上海合作组织等地区和国际组织的合作，推动世界新秩序的建立。

（七）坚持防御性的“强势”外交原则

尽管一个时期以来俄罗斯对西方压力高调反弹，但无论现在还是在可见未来，俄罗斯外交上的积极进取，抑或主动防御，都还只局限在“扎篱垒墙”层面，外交强势并不具进攻性。目前，俄罗斯既没有与西方一争高低和扩张战略，也不具备与西方长期抗衡的实力。特别是俄罗斯突遇严重金融危机和国际油价暴跌，其经济“支撑”外交的实力已大为减弱。因此，尽管俄罗斯对美国不再信任，对融入西方心灰意冷，但“梅普政府”还是没放弃利用一切场合来表达俄罗斯仍希望能与西方建立平等互利关系的愿望，突出强调俄美关系必须步入“战略伙伴关系状态”，俄罗斯愿意本着相互尊重的原则解决彼此分歧，与美国达成新的裁军和军控协议。在对欧洲政策方面，俄罗斯也将致力于建立公开和民主的集体安全与合作关系，通过确保俄罗斯、欧盟和美国平等协作的途径，实现欧洲无分界线的真正统一。“外交五原则”还明确提出坚持“不与任何一国对抗”的基本思想。梅德韦杰夫总统也强调，“俄罗斯不打算与世隔绝，我们将尽可能地与欧洲、美国和世界其他国家发展友好关系”。[④]

需要指出的是，美国对俄罗斯的政策仍是影响“梅普时代”俄罗斯外交走向的关键因素。尽管俄美发展密切关系的价值观、社会体制和国际事务合作等基本

---

① Тамара Шкель. Пять принципов президента Медведева//Российская газета.01.09.2008.

② 俄新社莫斯科 2008 年 9 月 5 日俄文电。

③ Владимир Батюк.Внешняа политика Медведева//Фонд стратегической культуры.28 апреля 2008 года.

④ Тамара Шкель. Пять принципов президента Медведева//Российская газета.01.09.2008.

要素开始缺失，但俄罗斯依然希望与美国发展正常的国家关系。鉴于美国夸大俄罗斯的威胁，把本不是西方面临的主要问题当成冷战后最迫切解决的矛盾，导致东西方间的铁幕不但没有消失，反倒越来越泾渭分明，最终把俄罗斯“培育”成了事实上的战略对手。只要美国及西方采取比较温和的对俄罗斯政策，俄罗斯的对外政策仍会做一些调整。

三、“梅普”强势外交的影响

俄罗斯出兵平息格鲁吉亚当局与分离主义地区的武装冲突“是苏联解体后俄罗斯首次通过军事手段改变前苏联加盟共和国的领土和边界，必将动摇整个前苏联阵营的秩序”。①

这表明俄罗斯已走出苏联解体后任由美国及西方挤压的阴影，改变冷战结束后全面收缩战略，采取强力反弹态势，使美国及西方地缘政治优势面临现实而严峻挑战，促使现有世界格局发生深刻变化。

（一）俄罗斯达到预期目的

俄罗斯以武力教训格鲁吉亚的政治目标基本实现。莫斯科使世界特别是独联体等国家看到，俄罗斯的“对外政策首要任务是抵制北约推进，反对大多数西方国家承认科索沃独立”。② 俄罗斯还准备在必要时通过“对别国采取外交和经济制裁的专门法律”，抑制排俄倾向的蔓延。梅德韦杰夫总统强调：“我们完全不是制裁的拥护者，只会在极端情况下才会采取这种措施。”③

（二）美国一超独霸国际格局受到剧烈冲击

俄罗斯在南奥塞梯冲突中重拳敲打格鲁吉亚成为世界格局发生演变的拐点，动摇了冷战后美国一统天下的单极世界格局。由于持续多年的石油美元滚滚进项，俄罗斯的财力不再受制于西方“伙伴”，不但扭转了没有世界银行和国际货币基金组织的贷款其预算就青黄不接的局面，而且，其黄金外汇储备已位居世界

---

① 《前苏联阵营秩序发生动摇》，载日本《朝日新闻》2008 年 8 月 27 日。

② 稚克・于贝尔一罗迪那：《可以抵抗的超级大国俄罗斯》，载法国《回声报》2008 年 8 月 19 日。

③ Тамара Шкель. Пять принципов президента Медведева//Российская газета.01.09.2008.

第三。在快速增长的国际主权投资基金支撑下，俄罗斯事实上还成了西方国家尤其是美国的债权人。美俄博弈力量对比发生明显变化，在俄罗斯突然亮剑与其较真时，美国竟一时找不到有效降服莫斯科的手段。除了表示对俄罗斯的举动“不能接受”“反对”和对格鲁吉亚安抚外，美国只是取消了同俄罗斯的联合军演，声称限制俄罗斯加入一些国际组织，警告其八国集团的成员资格可能会受到威胁，与美国的民用核能合作协议也会受到影响而已。美国之所以对俄罗斯反应无力，是因为没有俄罗斯的支持，西方将在打击国际恐怖主义、防止大规模杀伤性武器扩散、维护欧亚地缘战略稳定以及保护生态和能源安全等问题上陷入极大困难。普京执政 8 年使“西方首次反倒更加依赖俄罗斯的国际行为”。[①]

所以，在象征性地指责莫斯科后，美国不得不批评萨卡什维利的冒失行为。2008 年 9 月 8 日，美国众议院国际关系委员会国际组织小组委员会副主席、共和党人达娜·罗拉巴克尔在国会听证会上称，根据美国情报部门确认，南奥塞梯战事是格鲁吉亚首先挑起的。俄罗斯所为没有错，而美国的立场是不对的。“是格鲁吉亚人，而非俄罗斯人破坏了休战协定，任何有关挑衅以及其他言论都不能改变这一事实。”美国助理国务卿丹尼尔·弗里德也表示，布什政府“大声、坚定且多次”警告过格鲁吉亚领导层，不要卷入与俄罗斯的军事行动，但不能解释格鲁吉亚为何置美国警告于不顾，动用了武力。[②]

更令美国没有想到的是，在俄罗斯出兵平息南奥塞梯冲突后，“欧盟几乎没有一名领导人公开要求对俄进行制裁”。[③]负责斡旋俄格冲突的法国总统萨科齐只是认为俄“武力过当”，而力主与俄达成的停战协议却“要求格鲁吉亚做出两项重大让步”，必须“承诺不会对南奥塞梯动用任何形式的武力，却丝毫未提格鲁吉亚领土完整问题”。[④]欧盟拖了近一个月的时间，才象征性地宣布中止与俄罗斯就缔结新的《伙伴关系与合作协定》谈判。而且，也仅仅是“绷了”数月，欧盟就不得不邀请俄罗斯在法国尼斯举行俄欧首脑峰会，商讨“共同关心”的问题。

---

① Владимир Батюк.Внешняа политика Медведева//Фонд стратегической культуры.28 апреля 2008 года.

② 俄新社莫斯科 2008 年 9 月 9 日电。

③ 罗格·朗宁根、娜丁·埃利斯贝：《不适合切尼保证通过援助来支持高加索》，彭博新闻社，2008 年 9 月 4 日。

④ 伊受纽尔·沃勒斯坦：《地缘政治国际象棋：高加索微型战争的背景》，载墨西哥《每日报》2008 年 9 月 13 日。

因为，欧洲所需天然气的40%以上需要俄罗斯提供，到2030年可能还会增加到60%，其所需石油的三分之一也要从俄罗斯进口，对俄罗斯的任何过度制裁都可能使十分依赖能源的欧盟遭到俄罗斯的报复。所以，美国只能咽下自己酿下的苦果，尽管其蚕食俄罗斯传统势力的战略不会轻易改变，北约扩大的脚步也不会从此停止。但今后在遏制强势崛起的俄罗斯时，美国将不得不多注意俄罗斯的一些核心利益，不能再像冷战结束后一个时期那样无所顾忌、随心所欲。美国遏制俄罗斯的进程将会放缓，在与俄罗斯较量中的优势开始减弱。

（三）亲俄势力受到鼓舞

俄罗斯外交走强，特别是在南奥塞梯冲突中敢于动武，极大地挑战了美国和西方的权威，使一些不受美国欢迎的国家备受鼓舞。此间，一向与美国关系不和的委内瑞拉总统查韦斯频频往来莫斯科，支持俄罗斯的军事行动。在玻利维亚驱逐了美国驻拉巴斯大使后，委内瑞拉也于2008年9月11日宣布驱逐美国驻加拉斯加大使。查韦斯还和普京共同表示，“委内瑞拉和俄罗斯将共同努力以削弱美国的全球影响力”。[①] 伊朗更加靠近俄罗斯，并与其共同扩大“天然气出口国论坛”这个独立于西方的“天然气欧佩克”的影响。

（四）前苏联地区加剧分化

俄罗斯一改冷战结束后因国力不支，既对离心离德的伙伴奈何不得，又无力保护盟友的状况，开始在关乎俄罗斯的核心利益上“动真格”，使前苏联地区国家重新审视对俄罗斯的政策。中东欧国家真正感到了来自俄罗斯方面的威胁，并以此为契机加紧与美国和北约安全合作。波兰和捷克与美国迅速弥合分歧，签署了在其境内部署导弹防御系统的协议。而且，有迹象表明，在不远的将来某些国家还可能“要求”美国在俄罗斯周围建立“数十个反导阵地”。波兰还与爱沙尼亚、拉脱维亚和立陶宛酝酿成立新的安全组织，以弥补欧盟在外交政策上的“软弱”和安全防务上的不足。对此，英国《卫报》称，“一个新华沙条约正在形成，而它的一个鲜明特色就是反俄和亲美”。这个“新条约最重要的特点就是在外交

---

① 法新社俄罗斯奥伦堡2005年9月26日电。

政策和安全事务上对华盛顿绝对忠诚”。[①]

不过，尽管俄罗斯与西方关系变冷，但俄罗斯并不愿与西方关系彻底搞僵，对美国新总统奥巴马抱有期待。梅德韦杰夫总统表示，希望俄美之间缺乏信任的局面在奥巴马2009年1月20日就任总统后能有所改变。“我们有权”使俄美关系成为“真正的合作关系”，[②]而且，人们发现，奥巴马对俄罗斯极力反对的在东欧构建导弹防御系统计划似乎有意不做明确表态，给美俄进一步接触留下空间。根据奥巴马过渡政府办公室发表的信息显示，奥巴马已打算在就职后与俄罗斯就削减核武器以及将核导弹从值勤状态撤出问题上进行合作，并在2009年举行应对核恐怖主义威胁世界首脑峰会。“奥巴马将争取对美俄两国核武器进行深度和能经受检验的削减。”[③]对此，《华盛顿邮报》认为，美国当选总统贝拉克·奥巴马和梅德韦杰夫都“表达了为全球稳定和发展，建立建设性积极互动的决心”。他们一致同意两国负有共同责任解决“全球性的严重问题”。[④]因此，尽管俄罗斯与西方关系摩擦增多，但不会回到冷战状态。

---

① Gyula Hegyi,"The new Warsaw Pact," *theguardian*,Wednesday, September 24, 2008.

② 美联社华盛顿2008年11月26日电。

③ 俄新社华盛顿2008年11月7日电。

④ 《华盛顿邮报》2008年11月9日报道。

III

命运多舛的独联体

独联体一体化好梦难圆①

俄罗斯早就把独联体视为走向国际社会、维护其大国利益的重要依托和抵御以美国为首的北约挤压的前沿阵地。但其他成员国是否都能淡化“独立意识”，却是短时期难以解决的问题。

独立国家联合体（简称独联体）已经走过10个年头。十年来，独联体历经坎坷，尽管“独”多“联”少，矛盾、分歧乃至恩怨不断，但期盼和希望却也一直伴随在独联体的不断深化过程之中。

自谋生路 磨合期痛苦

独联体现有12个成员国，人口2.83亿。独联体成立之初，也是各成员国刚从苏联“大家庭”分开，支门立户“成家立业”之时，所以各成员国对以俄罗斯为主导的独联体几乎都本能地采取了一种被动、观望甚至是排斥的态度。相反，却积极主动地向欧美等西方国家靠拢。正是出于这样一种心态，在打碎了苏联原来的经济链和计划分工体制后，各国为自谋生路，难免不在本民族利益、分摊原苏联债务和境内外资产等问题上斤斤计较，使苏联时期沉淀的一些民族分歧更趋表面化，进而加剧了独联体内部的矛盾。

由于苏联时期各加盟共和国实行严格的“分工体制”，苏联解体后几乎所有独联体国家都无法单独确立自主型的产业，都经历了程度不同的经济转变时期的磨难。俄与这些国家的关系发展同样也经历了痛苦的磨合期。这一时期，由于俄罗斯只注重“分家”后的“善后”处理、协调工作，从而忽视或无暇顾及独联体国家业已存在的“离心”倾向。此时俄罗斯的工作重点是急于把这些穷弟兄当成包袱甩出去，以便尽快得到西方国家的支持和援助，轻装“融入”西方社会。因

---

① 该文载在《瞭望》新闻周刊2002年第3期，第62—63页，被中国人民大学书报资料中心《国际政治》2002年第4期收录转载。

此，起初俄罗斯对美国等西方国家支持、鼓励原苏联国家脱离俄罗斯，分化、瓦解原苏联地区势力的战略视而不见。正是这些因素，加上俄罗斯主观上还没有充分认识到，保持俄在独联体地区的影响对俄今后走向国际社会，维护其大国地位的重要性，从而导致独联体“离心力”的不断上升。

独多联少 整合期艰难

十年来，在相当长的一段时间里，苏联各国都没有将发展独联体内部的关系放在对外政策的重要位置上，更不用说首要位置。所以，十年来，独联体成员国虽然共同签署了千余份旨在协调和发展苏联地区各国间合作和一体化文件，但据俄杜马独联体事务委员会副主席切霍耶夫认为，真正生效的却只有 4%—5%。松散的、“独立意识很强的独联体各国缺乏可信赖的领导，没有统一的意志，导致大部分文件对各成员国基本上没有约束力”。而俄罗斯千方百计忙于与西方交好，保持和发展与独联体国家的关系，也主要是基于从保护俄在这些国家的侨民方面考虑，并没有将独联体视为莫斯科巩固原有大国地位的战略依托。另外，由于一方面独联体各国对俄仍存有戒心，另一方面这些国家面对各自国内百废待兴的局面，忙于“四处投医”，形不成合力，使独联体难以统一步调，也是独联体“离心力”增大的一个原因。

为了摆脱和扭转独联体国家间这种不联又不合的局面，俄罗斯不断改变策略，甚至采取“恩威”并重的手段，加大“拉联”力度。在用传统的经济和文化联系影响这些“游离”于独联体和西方之间的国家同时，加大了与一些国家在军事上的互动甚至结盟。另外，俄罗斯还利用乌克兰、摩尔多瓦、格鲁吉亚等国依赖俄的能源供应和拖欠俄的债务等因素，“压拉”促联。

尽管如此，由于独联体各国经济普遍恶化，俄罗斯经济持续衰退，俄难以满足独联体各国在政治、经济上对俄的需求，从而导致这些国家对独联体缺乏信心，使俄难以根本扼制独联体离心力进一步加大的趋势。1999 年 4 月 20 日，格鲁吉亚、阿塞拜疆和乌兹别克斯坦不愿再受俄罗斯摆布，最终退出独联体集体安全条约，另辟他径保障国家安全。值得注意的是，格鲁吉亚、乌克兰、乌兹别克斯坦、阿塞拜疆和摩尔多瓦 5 国参加北约 50 周年庆典后的第二天，即在美国支持下成立了“古阿姆”联盟，其目的明显是反俄罗斯的。事实上，美国等西方国家与俄罗斯争夺独联体国家的较量由来已久，这早已不是什么秘密。据统计，美国每年向中亚和外高加索国家提供的援助和各种专项资金就高达22亿美元。欧美与这些国家签订的意向性能源投资协议额近千亿美元。乌克兰早在几年前就已成为仅次于以色列、埃及的第三大美援接受国。“9·11”后，美国等西方国家利用反恐，加强了对独联体国家的拉拢和争夺。乌兹别克斯坦、阿塞拜疆、塔吉克斯坦、吉尔吉斯斯坦等国已经得到，且今年还将陆续得到西方国家及国际金融机构的援助。最近，俄罗斯已有人担心，在西方强大的“黄金雨”攻势下，“俄罗斯在团结独联体国家和建立集体安全体制方面所做的10年努力”有可能“化为乌有”。

推进一体化 任重道远

对独联体这种不“分”不“合”，“松”但又不散的半瘫痪状态，只是在1998年4月第23届莫斯科独联体首脑会议上才得到了与会各国元首的普遍重视。会上就对独联体应该继续存在下去，并对其进行根本性改革两个关键性问题达成共识。这次峰会对缓解独联体的生存危机起到了一定的积极作用，标志着独联体的改革正式提上日程。

目前，政治和经济全球化在不断发展，“积极建立国家间地区性联合企业已成为世界发展的主要趋势”。“在这种情况下，与独联体国家密切协作对俄罗斯具有特殊意义。”而独联体各国也普遍感到，“独自融入具有全球化趋势的世界经济是很麻烦的，有时甚至要冒风险”的，难以抵御经济全球化的冲击。所以，“独联体是为造福于成员国而发展多边合作的最佳形式。加强伙伴关系符合世界发展趋势，也符合独联体成员国的利益”。国际上的这一大环境无疑给独联体加快经济一体化进程乃至增强向心力提供了机遇。

事实反复证明，独联体的凝聚力和向心力在很大程度上取决于俄罗斯对各成员国的政策走向。可以说，独联体的发展前景如何，俄罗斯的作用尤为关键。

普京政府上台以来，十分重视发展与独联体国家的关系，强调对独联体外交是俄外交政策的最优先方向，不断加大独联体各国间的合作力度。针对独联体一些国家对俄缺乏信任而引起的离心倾向，俄采取了避免对立与对抗、增信释疑的合作姿态，从而大大改善了与独联体各国的关系。在推进独联体一体化进程的同时，普京还以俄为“核心中枢”，在独联体框架内采取“辐射”、多边和双边合作相结合的方式，增进向心力。同时利用传统的经济、文化乃至军事依赖关系等手段将独联体各国紧紧地与克里姆林宫“绑”在一起。

特别需要指出的是，在俄努力以双边合作促多边合作，不断增强独联体内部凝聚力的过程中，俄乌关系变化最为明显。2001 年，两国贸易额增长了 2.95%，达到 104 亿美元。今年，乌克兰不顾西方的“眼色”，放弃了以往“不参加独联体军事合作”的一贯立场，开始全面介入独联体范围内的军事行动。而且还顶着西方压力，执意向俄罗斯出售战略轰炸机。舆论界认为，这是乌开始在全面重返独联体军事体系方面迈出的重要而决定性的一步。对加强独联体的凝聚力有着极为重大的意义。

“9·11”恐怖袭击事件后，俄罗斯为避免独联体国家在美强大反恐联盟的攻势下“离心力”加大，“各自为政”，不得不本能地“扎紧篱笆”，加大对独联体国家的“协调”力度。尤其是协调中亚国家的助美反恐行动，以免出现意外“偏差”。经过俄罗斯及时而又周密的协调，特别是 2001 年 9 月 24 日普京发表关于支持美国反恐五点声明后，乌克兰、土库曼斯坦和吉尔吉斯斯坦等国才相继表示向美提供“有限”空地走廊。吉尔吉斯斯坦总统还着重强调，“这是与独联体集体安全条约成员国领导人磋商后决定的。因为成员国有共同的空域，共同的防空系统。进行磋商的建议是普京总统提出来的”。可见，俄罗斯的重要影响。

从普京上台以来对独联体的重视程度不难看出，俄罗斯早已将独联体视为实现俄走向国际社会、维护俄大国利益的长远战略目标的重要依托和抵御美国为首的北约挤压俄战略空间的前沿阵地。独联体的分裂，抑或“不分不合”，以致形不成统一步调，必然会导致俄的地缘政治和经济形势进一步恶化，从而削弱俄在国际舞台发挥大国作用的分量。

独联体成立 10 年了。它从 1993 年起，由 9 个成员国签署的经济一体化宣言，旨在建立类似欧盟那样的经济合作机制的梦想，至今却还是那么遥远。目前，俄罗斯作为独联体的“火车头”已选准方向，开足马力，但所有成员国是否都能淡化一下“独立意识”，以独联体大局为重，却仍然是短时期难以解决的问题。美国著名政治学家、国家安全委员会前成员安·韦斯认为，“只要其他成员国没有意识到独联体内的合作会给自己带来好处，这个组织就只能是一个没有生气的机构”。所以，尽管独联体已经制定了 2005 年前发展纲要，确立了独联体各国在政治、经济、军事等领域的合作任务和目标，但是，由于目前独联体国家的国内生产总值平均只为 10 年前的 60%，失业率大大高于 10% 以及其他制约因素，独联体要真正成为政治和经济一体化的组织，的确还有很长的路要走。

步履维艰的摩尔多瓦[①]

2015年初以来，摩尔多瓦局势一直动荡。笔者作为曾在摩尔多瓦工作多年的外交官认为，生存在东西方夹缝中的摩尔多瓦和摩尔多瓦共产党正经受严峻的考验。

国家虽小，亦有“统一”问题。摩尔多瓦有33700平方公里，属内陆国家，总人口429.3万。尽管该国国小人少，但民族问题却十分复杂。由于民族极端主义阻挠，至今仍处在国中有“国”的状态。

20世纪80年代末90年代初，一股民族极端主义倾向随着东欧巨变浪潮席卷整个欧洲大地，摩尔多瓦也未能幸免。在摩尔多瓦还没宣布独立之前，其南部土耳其裔的加告兹人就因担心摩尔多瓦要与罗马尼亚合并（1918年曾与罗马尼亚合并过），宣布成立了“加告兹苏维埃社会主义共和国”；紧接着，东部德涅斯特河左岸（以下简称“德河左岸”）的俄罗斯族人也宣布成立“德涅斯特河沿岸摩尔达维亚共和国”。摩尔多瓦独立后，虽几经努力，摩尔多瓦议会于1995年5月通过了给予加告兹地区“特别法律地位”的决议，使加告兹问题得以和平解决，但德涅斯特河左岸闹独立的问题，却由于俄罗斯在该地区的军事存在以及“德河左岸”当局独立立场一直强硬，最终没能解决。

摩尔多瓦自身无力解决统一问题，所以，一直试图使“德河左岸”问题国际化，寻求国际社会的帮助，进而推动这一问题的彻底解决。多年来，欧安组织本身也十分关注俄罗斯在“德河左岸”的驻军问题，敦促俄罗斯尽早撤军，以利“德河左岸”问题的最终解决。在国际社会的压力下，1999年5月，俄罗斯在伊斯坦布尔欧安组织首脑会议上表示，要于2001年底从“德河左岸”撤出俄罗斯的全部军事技术装备和弹药，2002年底撤出全部军队。就目前来看，还丝毫看

---

① 该文载在《瞭望》新闻周刊2002年第19期，第60—61页。

不出俄罗斯有全部撤军的迹象。

摩共复出，面对内外压力。摩尔多瓦独立10年来，几经坎坷、磨难。独立之初就经历了由民族极端主义引起的内战。而后，又因国内各党派之间利益尖锐，矛盾难以调和，导致政府9次更迭。2001年1月15日鲁钦斯基总统任职期满，由于议会中各党派意见相去甚远，两次投票均未能选出下任总统，致使鲁钦斯基只能按规定解散议会。使本来应该今年举行的议会选举，被迫提前举行。2月25日，摩尔多瓦共产党在摩尔多瓦第15届议会选举中，以50.7%的得票率战胜了所有中、右翼及其他党派，赢得了101个议会席位中的71席，获得单独组阁权利。紧接着，在4月4日的总统选举中，该党第一书记沃罗宁当选为摩尔多瓦第三任总统。

摩尔多瓦位于东南欧北部地区，是一个以农业为主的国家。同时它也是苏联加盟共和国中经济发展水平最落后的国家之一。苏联解体后，经济情况更是日益恶化。再加上建国初期，土尔其裔和俄罗斯族主要居住地的民族分裂主义分裂国家活动逐步升级，摩尔多瓦上层党派权力之争十分激烈，致使摩尔多瓦百废待兴的局面更是雪上加霜，长期处于政治动荡之中。摩尔多瓦前两任总统推行全盘西化的方针，经济上强制私有化，导致国有资产大量流失，犯罪率直线上升，民众苦不堪言，改革均告失败。

摩共上台以来，面对政治上的复杂形势，经济上百废待兴局面，采取了积极而务实的内外政策。在组阁过程中，为缓和与在野党的矛盾，尽量淡化意识形态色彩。虽然摩共有权单独组阁，但为了保持政府的稳定，新政府中只选进了3名摩共成员进阁。总理及其他部门的领导均由无党派或其他党派人士担任。此举颇得人心，进而在国内营造了较轻松的政治环境。新政府对内提出“恢复经济，振兴国家”的大政方针。将发展经济、推动改革不断深入作为政府工作重点。同时，加强了经济立法，不断完善管理机制，从而使摩尔多瓦国内的经济形势有了明显好转。今年以来，已经结束了持续徘徊9年的困难局面，经济开始出现增长势头。拖欠的职工工资和退休金额在下降，失业人员在减少。对人们深恶痛绝的贪污腐败、偷税漏税等现象加大了打击力度；对外，吸取从前一味西靠幻想破灭的教训，实行全方位外交。继续发展与西方国家的关系，将融入欧洲一体化、加入欧盟视为摩尔多瓦的最终目标。

摩共上台后，在继续保持与罗马尼亚的传统关系同时，积极发展与独联体国家特别是俄罗斯的关系。据报道，截至2000年底，摩尔多瓦欠俄罗斯外债已达5.7亿美元。摩共上台后，最现实的无疑要发展同俄罗斯的关系。而“前几届政府总是瞄着西方”，“他们反对俄罗斯”。对摩尔多瓦态度上的转变，俄罗斯也适时地给予回报。有资料显示，目前，俄罗斯已将出口给摩尔多瓦的天然气价格从原来的每1000立方米60美元降到50美元。此举与2000年3月由于摩尔多瓦长期拖欠天然气款不还，俄罗斯天然气工业股份公司断然对摩尔多瓦停供天然气达半月之久形成鲜明对照。这无疑是对摩共的莫大支持。摩尔多瓦与独联体国家也有着长期的传统联系。无论在宗教、文化等领域等都有着许多相同或雷同之处，经贸往来更是历史久远。

摩尔多瓦，正经受严峻考验。摩尔多瓦在历史上一直“颠沛流离”，饱经磨难。特别是当今，一直都在东西方夹缝中生存。沃罗宁总统一上台就明确表示，“我国的地理位置决定了偏向任何一方都是不可取的。我们是实用派，现实主义者。摩尔多瓦是一个小国。哪里存在国家利益，我们就应该出现在哪里。首先，我们必须正视现实：摩尔多瓦所需的能源95%来自俄罗斯，销往俄罗斯的商品占出口总额的65%。对我们来说，目前最现实的无疑是发展同俄罗斯和前苏其他加盟共和国之间的关系”。虽然从过去的教训和目前的现实出发，摩尔多瓦不得不要更多地靠近东方，但这势必会惹得西方不悦。如何才能不偏不倚，既能获得西方援助，又能保持住与俄罗斯、独联体国家以及一些“东方”国家的传统联系和友谊，实际已把摩共推上两难境地。

2002年初以来，摩尔多瓦首都基希讷乌多次爆发群众抗议活动，使摩尔多瓦局势一直动荡不安。从示威者所呼的一些口号看，这是其右翼政党组织的示威活动。集会群众明确要求摩尔多瓦当局废除把俄语定为第二国语的决定。摩尔多瓦共和国曾是罗马尼亚的组成部分，独立后的摩尔多瓦议会把罗马尼亚语定为国语。摩共当局为了求得俄罗斯更多的经济帮助，在2001年8月决定将俄语作为第二正式语言，准备于2002年初实施。很多人认为，政府的这一决定伤害了大多数摩尔多瓦人民的民族感情。从示威游行的参加者看，绝大多数是青少年。他们代表了摩尔多瓦的未来，这对摩共今后的发展很不利。所以，摩尔多瓦今后的政局牵动着摩尔多瓦各族人民的心，也受到世界的关注。

俄白联盟任重道远[1]

苏联解体后，在苏联和东欧地区一度出现的“离俄近美”大潮中，白俄罗斯却反其道而行之，重新启动了俄白联盟。但由于俄罗斯和白俄罗斯在建立一个什么样性质的联盟这一根本问题上存在分歧，联盟道路一波三折，存在着困难和变数。

一

20 世纪 90 年代初，曾与俄罗斯和乌克兰积极筹划，并宣布苏联解体的白俄罗斯独立后不久就率先提出要与俄罗斯重新“联合”。原因是独立后“它完全不能发挥自己的国家职能，不能独立发展经济”。[2] 于是，自 1992 年与俄罗斯建交后，白俄罗斯即将对俄罗斯关系置于外交最优先地位，努力加强与俄罗斯的一体化。俄白在联盟上虽有共同利益和愿望，但双方所追求的目的不同，动机有别。

白欲与俄联盟的动因：

（一）独立后难以摆脱对俄罗斯经济上的依赖。白俄罗斯自然资源匮乏，在苏联时期就是有名的“组装车间”，经济结构单一，80% 的机械制造业零部件、70% 的金属及其他原材料和半成品全靠从俄进口，90% 的能源需要俄罗斯提供，“希望从俄罗斯通过优惠价格得到能源、原材料和高科技技术”。[3] 白俄罗斯与俄罗斯经济中断后，经济形势不断恶化，1993 年工业产值比上年减少 13%，国民收入减少 10%；[4]1995 年工业产值比 1990 年陡降至 40.8%。[5] 可见，“一离开独联

---

① 该文载在《国际问题研究》2003 年第 2 期，第 47—50 页。

② Союзное государство на постсоветском пространстве//СОДРУЖЕСТВО НГ.30 мая 2001 г.

③ Союзное государство на постсоветском пространстве//СОДРУЖЕСТВО НГ.30 мая 2001 г.

④《世界知识年鉴》(1994/95)，世界知识出版社 1995 年版，第 450 页。

⑤《世界知识年鉴》(1996/97)，世界知识出版社 1997 年版，第 484 页。

体，特别是离开俄罗斯它就难以为继”。[①]

（二）寻求俄罗斯的政治支持和安全保障。白俄罗斯属内陆国家，无论从经济和军事角度，都“对俄罗斯这个拥有出海口的国家感兴趣”。[②]在欧美要求白俄罗斯全面、无条件推行西方式民主，不断干涉白俄罗斯内政，使白俄罗斯与欧美关系不断紧张的情况下，寻求俄罗斯的支持和保护，对维护国家安全、提高国际地位、增大外交回旋余地尤为重要。

（三）与俄罗斯联盟是历届政府执政的政治资本。白俄罗斯在独联体中与俄罗斯关系历史最为久远，它们“肩并肩地和睦相处了几个世纪”，在地缘文化、地缘经济和地缘人口等方面“是东斯拉夫统一文化历史整体的一部分。俄罗斯和白俄罗斯就是统一的整体”。[③]与俄罗斯恢复统一的主张植根于民间，具有深厚的土壤。绝大多数的白俄罗斯民众原本都不愿苏联解体，其首任总统和后来的卢卡申科总统都将“自己的政治前途同俄白联盟相连”。[④]卢卡申科曾坦言，“大多数白俄罗斯人将与俄罗斯的联盟视为提高自身社会经济生活水平的途径”。[⑤]

俄罗斯与白俄罗斯联盟的主要考虑：

（一）扩大与欧洲交往的活动空间。俄罗斯独立后一直谋求回归欧洲，“白俄罗斯过去是，今后仍然是俄罗斯通往欧洲的西部‘大门’”。[⑥]将白俄罗斯收入俄罗斯麾下，有利于俄罗斯发展与欧洲特别是西欧关系的空间。

（二）扩大抵御北约遏俄的战略纵深。随着北约东扩的再次启动，白俄罗斯与乌克兰成了俄罗斯西部防范北约的唯一屏障。与白俄罗斯实现联盟，使俄罗斯西部有了“缓冲地区”，可以遏制北约向俄罗斯西部渗透的趋势，增加俄罗斯的地缘政治实力。

（三）用俄白一体化带动独联体一体化进程。面对北约不断扩张，“莫斯科不希望白俄罗斯出现乌克兰一年前的局面，当时乌克兰向美国一边倒，莫斯科是费

① 《为了自身的安宁，俄罗斯必须让邻国搞民主政治》，载俄罗斯《消息报》2001年9月10日。

② Союзное государство на постсоветском пространстве//СОДРУЖЕСТВО НГ.30 мая 2001 г.

③ Союзное государство на постсоветском пространстве//СОДРУЖЕСТВО НГ.30 мая 2001 г.

④ Союзное государство на постсоветском пространстве//СОДРУЖЕСТВО НГ.30 мая 2001 г.

⑤ 《俄白努力建设联盟国家》，人民网，2001年6月24日，http://www.people.com.cn/GB/guoji/22/84/20010624/495841.html。

⑥ Союзное государство на постсоветском пространстве//СОДРУЖЕСТВО НГ.30 мая 2001 г.

尽心机‘纠偏’”。[①] 因此，当酝酿已久的俄白联盟条约和后来的俄白联盟国家条约最终签订，曾被舆论视为俄罗斯赢得抵御北约挤压战略空间的重大胜利，并为独联体一体化进程起到了示范作用。正是在俄白联盟看好的驱使下，已有摩尔多瓦、亚美尼亚等独联体国家相继表示要加入该联盟。

（四）用“一体化”将白俄罗斯纳入俄罗斯总体对外战略。因为“如果没有与俄罗斯的完全结盟，在白俄罗斯就不可能出现任何的民主化进程”。“卢卡申科傲慢的政治色彩和理想色彩”也就无法左右，[②] 也就无法保障俄罗斯对独联体及西方政策的全面落实。

二

尽管白俄罗斯历届领导人都在努力尽早实现俄白联盟，但由于一方面白俄罗斯十分看重和刻意追求一体化中的“主权”和“独立性”，既想“背靠大树”，却又不肯多付出；另一方面由于俄罗斯立国初期奉行向西方“一边倒”方针，在心理上对与白俄罗斯联盟准备不足，反倒视白俄罗斯等独联体国家为包袱，在启动“俄白联盟”后，又欲使白俄罗斯完全归属俄罗斯，这些都不同程度地影响了俄白一体化进程。特别是美国等西方对白俄罗斯的“挤压”也对俄白联盟的进程产生了消极影响。

美欧经援使白俄罗斯对与俄罗斯联盟的迫切感相对减弱。白俄罗斯是苏联四个拥有核武器国家之一，位于连接俄罗斯与欧洲“东西”和“南北”的战略交汇点，在地缘政治上有重要影响。白俄罗斯独立后借重其有利的条件积极发展与西方关系。欧美为向白俄罗斯渗透，进而挤压俄罗斯的战略空间，也十分重视与白俄罗斯的关系，双方高层互访频繁。1994 年初，克林顿访白俄罗斯时就宣布向其提供 1 亿美元销核援助。10 月，在白俄罗斯总统契基尔顺访美期间，美国又决定向白俄罗斯另外提供 2 亿美元无偿援助。在美白关系呈上升趋势的大背景下，当年世界银行也允诺向白俄罗斯提供 6 亿美元经济援助贷款。此外，据有关资料显示，自 1992 年以来，欧盟及欧盟一些国家，如德国、奥地利等陆续向白俄罗斯提供了近 14 亿美元的贷款，其他国际金融机构也向白俄罗斯提供了近 10

① 《为了自身的安宁，俄罗斯必须让邻国搞民主政治》，载俄罗斯《消息报》2001 年 9 月 10 日。

② Союзное государство на постсоветском пространстве//СОДРУЖЕСТВО НГ.30 мая 2001 г.

亿美元的贷款。美国等西方国家在经济上给予的有力支持，缓解了白俄罗斯乍一“支门立户”经济上缺乏资金的窘境，使白俄罗斯暂时对俄白联盟的迫切性相对减弱。

美欧与白俄罗斯反目使其对与俄罗斯联盟欲望增强。由于白俄罗斯的“民主改革”进程没有达到美国等西方国家的预期目的，自1995年底欧美与白俄罗斯关系趋冷，随即加强了对白俄罗斯内政的干涉。在政治和资金上开始支持白俄罗斯反对派闹事，向逃亡国外的白俄罗斯“人民阵线”领导人提供政治避难权，并公开批评白俄罗斯领导人“侵犯人权”，“违背民主原则”。在1996年的欧安组织“里斯本峰会”上，美国甚至支持将白俄罗斯开除欧安组织。欧盟外长委员会也批评白俄罗斯“压制民主”，于1997年9月宣布对白俄罗斯实行经济和政治制裁。随即美国及欧盟各国相继中止了对白俄罗斯的投资、贷款和经援及高官往来。在欧美与白俄罗斯关系冷淡的大背景下，东欧国家也纷纷降低了同白俄罗斯的关系。一时间使白俄罗斯在政治和经济上处境十分艰难。对此，卢卡申科虽表示要继续与欧美对话、改善关系，但不屈服来自西方的压力，坚持只能在尊重自主权与独立，并不带任何先决条件和政治压力的情况下与西方国家对话。为进一步显示不屈服的立场，白俄罗斯还关闭了在明斯克的美国“绍罗什基金会”。1998年6月，白俄罗斯决定对“德洛兹德”总统官邸进行全面修缮，要求住在该官邸的有关使节迁往它居，引起了美国及英、法、德、意等欧盟国家的强烈不满，随即以白俄罗斯违反维也纳外交关系公约为由纷纷召回大使，并宣布对包括卢卡申科在内的130名白俄罗斯高级官员拒发入境签证，以示抗议。使原本就十分紧张的欧美与白俄罗斯关系雪上加霜。巨大的外部压力增加了白俄罗斯对与俄罗斯联盟的紧迫感。

在白俄罗斯的积极推动下，俄白一体化进程有了较明显的进展。白俄罗斯同意将境内两个军事基地无偿提供给俄罗斯使用25年，并相继签署了俄白友好睦邻合作条约和建立俄白共同体等条约，实现了诸如取消俄白边境界标、俄白两国成立海关联盟、在军事上建立统一防空领域和边防部队共同执勤等重大步骤。俄罗斯也做出积极姿态，与白俄罗斯签署了相互勾销债务等八项协议。但是，由于白俄罗斯在与俄罗斯一体化过程中对“保障独立自主问题关心得多”，致使“1997年条约中关键性条款没有一条得到履行。根据这一文件，两年内（1997—

1998 年）应形成统一的经济空间。2001 年不但没有形成这一空间，反倒使两国变得更加疏远，飘向两个对立的经济极端”。①

三

“9·11”后，俄罗斯开始全面调整对外政策。2002 年 6 月普京开始公开反对卢卡申科“企图靠牺牲俄罗斯的经济利益恢复苏联”的主张，② 令卢大为恼火。随即对俄采取了制裁措施，两国关系趋于冷淡。对此，俄罗斯并不买账。8 月中旬，普京在与卢卡申科紧急会晤时公开摊牌：不同意 1999 年签署的俄白联盟国家条约中规定的，“俄白在保留各自国家独立和主权的基础上建立邦联国家”。普京提出，白俄罗斯要么放弃主权和独立，以明斯克市和其他 6 个行政区的形式加入俄罗斯，建立统一的联邦国家；要么按欧盟模式建立联盟国家；再不就彻底放弃俄白联盟，独自应对严峻的经济和外交困境。③ 同时强调，为确保统一货币体系，只能在莫斯科设立一个货币发行中心。

俄罗斯的意图十分明显，根据形势需要，俄罗斯不再想把俄白联盟发展为近似一个“国家”的水平，不再想靠“牺牲俄罗斯的经济利益”与经济实力只有俄罗斯 3%—5%、领土面积只占俄罗斯的 1.2%、人口也只是俄罗斯 6.9% 的白俄罗斯组成原来意义上的“联盟”。其实，1996 年的俄白共同体条约就已明确规定，两国要“改革同步化”，但“白俄罗斯领导层根本不想在没有保障的条件下把自己的部分权限交给俄罗斯最高执政阶层”。而在 1997 年签署俄白联盟条约时，俄罗斯则更明确提出欲将“白俄罗斯作为一个主体加入俄罗斯联邦”的主张。④ 所有这些努力都因为白俄罗斯始终坚持不放弃主权的立场和当时美国正积极推动北约的扩张，步步逼近俄罗斯，使俄罗斯不得不权衡利弊做出妥协。当时提升俄白关系有助于增强俄的地缘政治实力，俄罗斯只能暂时牺牲经济和政治代价，保留联盟中的各自主权和独立，在经济上继续资助白俄罗斯。这次俄罗斯断然向白俄罗斯亮牌，白俄罗斯自然不会满意。随后，卢卡申科公开宣称，普京关于建立统

---

① Союзное государство на постсоветском пространстве//СОДРУЖЕСТВО НГ.30 мая 2001 г.

② 《合为一还是各留主权难定 俄白“联盟国家”难产》，新浪网，2002 年 8 月 15 日，http://news.sina.com.cn/w/2002－08－15/1836674274.html。

③ 《俄白联盟面临抉择》，载《人民日报》2002 年 8 月 17 日。

④ Союзное государство на постсоветском пространстве//СОДРУЖЕСТВО НГ.30 мая 2001 г.

一国家的建议，"白俄罗斯是不能接受的"。[①] 建立俄白联盟国家"不能使白俄罗斯丧失主权"，应在联盟国家条约基础上进行两国更进一步的一体化，"我从来也没有放弃过，也不会放弃与俄罗斯一体化"。[②] 但"任何人都不要指望把白俄罗斯分成几部分，然后使其并入俄罗斯"。[③] 同时，卢卡申科坚持，为保障白俄罗斯的利益，在统一货币后，"反对在莫斯科设立唯一的货币发行中心，在明斯克也要设立同样一个货币发行中心"。[④] 显见，时至今日，白俄罗斯与俄罗斯联盟的目的仍然是既想在政治和经济上寻求俄罗斯的支持和保障，又不想为此付出"主权和独立"的代价；既想与俄罗斯统一货币系统，又不想让俄罗斯控制金融"源头"。

俄罗斯对与白俄罗斯联盟失去热情的原因：

（一）俄罗斯的外部环境变好，白俄罗斯的地缘政治地位有所下降。俄白联盟一直备受美国和西方国家关注和反对，在俄罗斯与美国和北约等西方国家关系拉近的今天，俄罗斯采取务实方针，权衡利弊，已无须再用经济上对白俄罗斯的大量付出换取抵御西方挤压的安全保障。

（二）俄罗斯国内反对与白俄罗斯联盟的力量增大。俄罗斯国内一些党派对卢卡申科的"专制"及白国内人权状况不满，认为与白俄罗斯联盟有损俄"民主"形象，并不断以此对普京施加压力。

（三）视白俄罗斯为"经济包袱"再次成为俄罗斯的普遍共识。俄白经济规模差别甚大，"无论是在市场的质量，还是在'总量'上都十分不同"。[⑤] 至今，白俄罗斯基本上还是行政干预、计划经济体制，没有进行私有化改造，导致经济起色不大，前景不好。俄罗斯早已是市场经济，不想再用自家钱去提高别人的经济生活水平，让白俄罗斯无偿分享俄罗斯的已有成果，从而背上沉重的经济包袱。俄罗斯为保障白俄罗斯财政的稳定和向统一货币过渡，在自己财政并不富裕的情况下，已于2000年和2001年相继向白俄罗斯提供了1亿美元的贷款。此

① 《合为一还是各留主权难定 俄白"联盟国家"难产》，新浪网，2002年8月15日，http://news.sina.com.cn/w/2002－08－15/1836674274.html。

② Лукашинко играет в свою игру//Труд. 11 сентября 2002 г.стр.2.

③ 《白俄罗斯总统卢卡申科重申反对建立俄白统一国家》，胶东在线，2002年8月22日，http://www.jiaodong.net/2002/8/26136.htm。

④ Долинский Юрий.Минские гримасы//Труд из номера 173 за 27 Сентября 2002 г.стр.1-2.

⑤ Долинский Юрий.Минские гримасы//Труд из номера 173 за 27 Сентября 2002 г.стр.1-2.

外，为维护与白俄罗斯的特殊关系，俄罗斯每年按低于国际市场一倍价格向白提供 260 亿立方米天然气，仅此一项的间接损失就达数千万美元。

（四）能源出口环境改善，白俄罗斯的作用相对减弱。经白俄罗斯西输能源一直是俄罗斯能源战略的重要环节之一。虽然在白俄罗斯境内铺设新天然气管线的设想早已成熟，但由于最近俄罗斯与乌克兰和德国领导人业已达成天然气协议，使这一设想的迫切性有些减少。

俄罗斯突然向白俄罗斯亮底牌意在放缓联盟进程，营造俄罗斯经济发展的宽松环境。俄罗斯明知目前白俄罗斯绝不会同意与俄罗斯“统一”，但还是向白俄罗斯摊牌，其用意无外乎通过引起白俄罗斯的不满，进而放缓与白俄罗斯的联盟进程。当然，也不能排除俄罗斯有趁白俄罗斯“内外交困”“四面楚歌”之机，迫其与俄罗斯“统一”的动机。对此，事后卢卡申科在接受俄 HTB 电视台直播采访时曾气愤地表示，普京提出的“采取第一种方案——将白俄罗斯分成几部分加入俄罗斯联邦，这是当时斯大林也未曾想过的。而莫斯科十分清楚这一方案是行不通的”。“第二种方案——按照欧盟的原则似乎是一个好的、体面形式”。然而，俄罗斯却预设了条件，必须“废止现有的条约，这是我们永远也不能接受的”。[①]

四

随着俄白联盟纷争的凸显，两国的摩擦也开始显现。2002 年 10 月下旬，白俄罗斯以“无国籍”、违反白入境法为由，将应邀前来参加俄白统一问题会议的俄国家杜马副主席伊·哈卡玛达和右翼力量领导人鲍·涅姆佐夫在明斯克机场拘留后“驱逐”出境，根据俄罗斯媒体报道，该事件与俄罗斯国家杜马官员此行还计划会见白俄罗斯议员，并转交有关《在卢卡申科体制下的失踪者和被杀害者名单》的特别信函有关。[②] 俄罗斯外交部认为白俄罗斯的“这一行为给俄白合作与一体化造成了一定的不利影响”。与此同时，俄罗斯对白俄罗斯也还以颜色。拥有 51% 国家股份的俄天然气工业股份公司立即以完成向白俄罗斯供气计划和白俄罗斯拖欠天然气款为由，正式通知白俄罗斯从 11 月 1 日起

① Кому неймется загубить союз-Интервью с А. Лукашенко//Советская Россия.2002 № 103 стр.1.от 9 сентября 2002 г.

② Освобождение Минска от Немцова//Российская газета.24 октября 2002 г.

削减向白俄罗斯供应天然气量的50%。这意味着白俄罗斯必须减少70%—80%的工业用气，或者减少50%的热力发电厂的用气，[①]其形势的严峻是显而易见的。对此，尽管卢卡申科当即发表了措辞严厉的电视讲话指责俄罗斯，白俄罗斯外交部也称此举“是对白俄罗斯实施的经济压力”，但面对工业的大量用气、居民生活和冬季供暖等需求的巨大压力，白俄罗斯政府总理还是不得不亲赴莫斯科向俄罗斯做出保证，在近期内偿还所欠俄天然气款，方才使这场俄白联盟形式之争的“外围战”暂告平息。

目前，白俄罗斯经济仍没有根本好转。上半年，通胀率已达45%，比独联体通胀平均值13%高出两倍还多。自俄白关系出现“故障”后，一直居独联体国家首位的俄白贸易额已降至历史最低水平。俄白贸易占白进出口贸易总额的90%还多，白俄罗斯与俄罗斯关系继续恶化势必严重影响白俄罗斯经济发展；白俄罗斯外部环境更是始终吃紧、处境艰难。既不让俄白关系倒退，又不使白俄罗斯的强硬“对西政策”影响俄罗斯的整体对西方针是俄罗斯的一个难题，俄罗斯为此大伤脑筋，但苦无良策。前不久在俄白关系冷淡之时白俄罗斯曾宣称要与北约发展新关系，这只是虚张声势，无非是造势给俄罗斯看。由于卢卡申科“强烈批评北约东扩、不接受外国对本国事务的任何干涉，给西方大国带来许多麻烦。它们通过冻结对白俄罗斯关系、取消外国贷款和投资、公开的政治压力等方式，试图使他走上‘正确的道路’，但这种做法收效甚微”。[②]正因为如此，目前继北约拒绝卢卡申科出席北约布拉格首脑会议后，美欧也相继以其是所谓的“欧洲最后一名独裁者”罪名，做出不发给卢卡申科签证的决定。[③]鉴于西方联合孤立和封杀卢卡申科的事实，足以再次说明，美国等西方国家对卢早就不再抱有任何幻想，双方关系真正拉近并非易事。

继波兰加入北约使白俄罗斯西部吃紧后，2004年北约又将进逼白俄罗斯北部边界。面对西北两面压力的严峻形势，卢卡申科虽仍坚持强调“白俄罗斯永

---

① Дмитрий Бутрин."Газпром" урезал Белоруссию-в потреблении природного газа//Газета"Коммерсантъ" № 201 от 04.11.2002, стр.13.

② Валерий Ковалев."Черный пиар" в действии-Запад все активнее вмешивается в предвыборную кампанию в Белоруссии//Красная звезда.28 Августа 2001 года.

③ Татьяна Рублева, Игорь Плугатарёв.Лукашенко объявлен "последним диктатором Европы"// Независимая газета.25.11.2002.

远都不会接受导致俄白联盟破裂的建议”，但急于摆脱困境，欲与俄罗斯联盟的白俄罗斯手中并无牌可打。在联盟具体形式问题上，白俄罗斯的回旋余地十分有限。俄罗斯掌握着白俄罗斯的经济命运，制约着白俄罗斯的政治走向，实际上白俄罗斯并无本钱与俄罗斯长期对峙。目前，白俄罗斯一时无望在政治上与欧美拉近，经济上也无法尽快摆脱窘境。除走与俄罗斯友好联盟之路，看来也别无选择。特别是目前，卢卡申科已完全处在孤立的情况下，卢卡申科必然是要向俄罗斯做出妥协，寻求俄罗斯的支持。

应当强调的是，目前还看不出俄罗斯有根本抛弃俄白联盟的迹象。在俄罗斯与北约关系拉近的今天，俄罗斯并没有完全放松美国等西方国家俄罗斯挤压的警惕。白俄罗斯无偿提供给俄罗斯的军事基地对俄罗斯依然十分重要。俄罗斯与乌克兰签署了天然气合作条约和协议，进一步保障了俄罗斯天然气的对欧输出。但白俄罗斯境内的油气管线也仍然是俄罗斯多渠道对外输送能源的战略需要。现在，俄罗斯并不急于迫使白俄罗斯与其“统一”，因为，白俄罗斯在政治和经济等方面条件还未成熟，过早将其并入，俄罗斯一时也难以“消化”。所以，放缓联盟进程对俄罗斯有利。只要白俄罗斯不偏离俄罗斯太远，俄罗斯将“以静待变”，寄望于明年两国就“统一”问题的全民公决和白俄罗斯内部政局的变化，伺机给卢卡申科施加压力，这将是近期内俄罗斯对白俄罗斯的基本方针。当然，也有一些俄罗斯学者认为，不管公决结果如何，只要卢卡申科还在台上，俄白“联盟”就不大可能有重大突破。

最终卢卡申科能否顶住国内主流社会急欲与俄“联盟”的呼声及经济和能源的巨大压力，守住“既定防线”，还是顺应大势所趋“俯首为臣”，被迫与俄罗斯统一，这既关系到白俄罗斯国家前途，也涉及卢卡申科本人命运。因此，无论是白俄罗斯国家，还是卢卡申科本人都将面临一个艰难痛苦的抉择。鉴于卢卡申科不肯“屈尊”的一贯立场和俄并不急于迫使白俄罗斯“加盟”“入俄”的基本态度，俄白联盟何时能按俄罗斯的意愿实现“联盟”或“统一”，这不但取决于俄罗斯经济的发展状况和外部环境的变化，更取决于两国的“共同努力”。俄白能否实现真正意义上的一体化将面临艰难曲折的考验，俄白联盟任重道远。

俄美对乌克兰争夺态势[①]

一

冷战后，欧洲地缘政治发生了重大变化，在俄罗斯与西欧之间一度出现了“三道防线”。以美国为首的北约为进一步挤压俄罗斯的战略空间和分化瓦解俄的势力范围，扩大其战略纵深，在首轮东扩将俄的“第一道防线”——中东欧国家相继冲垮后，即将在第二轮东扩中拿下波罗的海国家，攻破苏联地区范围，即俄罗斯的“第二道防线”。紧接着将实施第三轮东扩，向俄的“第三道防线”，也即俄最后一道势力范围防线——独联体地区国家进军，而乌克兰是其中的主要目标。由于乌是俄与西欧之间最后一道“缓冲线”，且长期是其势力范围，乃至是俄本土之一部分，俄不会轻易让以美国为首的北约收入囊中。为此，俄美对乌展开激烈争夺，乌与俄美关系呈现微妙、复杂的状态。

（一）美乌关系。冷战后，美国为推行全球战略，一直在分化和瓦解苏联的势力。由于乌位于欧亚大陆地缘政治结构十分重要和敏感的地区，又在以俄为主导的独联体中占有突出的地位，对美挤压俄的战略空间起着不可忽视的作用。美利用乌立国后“一边倒”的西倾政策，迎合乌的需求，在政治上支持乌的独立和领土完整，经济上向乌提供销核补偿援助和大量贷款，使美乌关系逐步升温。为达控乌、抑俄“东山再起”的目的，美国还煞费苦心地借助北约和欧盟不断对乌施加影响。在美推动下，乌在独联体中率先被北约“和平伙伴关系计划”和欧洲委员会接纳为成员，并同北约签定了《北约—乌克兰特殊伙伴关系宪章》。美国国防部 2000 年 12 月公布的《21 世纪的美国战略》报告强调，“在安全领域，美国的战略重点是帮助乌克兰改革其部队，以使他们能够越来越多地与北约和其

---

① 该文载在《国际问题研究》(京）2002 年第 6 期，第 12—16 页，被中国人民大学书报资料中心《国际政治》2003 年第 2 期收录转载。

他伙伴国有效协作”；“这些改革包括文官对军队的控制制度化”。这表明美在按“北约候选国”标准改革乌的军队，使其符合北约的要求。为最终拉乌“入约”做铺垫。

由于乌的政治和经济改革没有达到西方的预期目的，加之乌对全面西倾政策开始反思，出现摇摆，进而于1999年下半年，俄乌关系又日渐转暖，致使西方一些国家对乌十分恼火和不满，随之以乌使用西方贷款不当、贪污腐败严重为由，对乌开始大加指责。国际货币基金组织26亿美元援乌计划也随之搁浅。美等西方社会的“重压”并没有达到使乌“归顺”西方的目的，恰恰相反，此举引起乌社会舆论及民众失望和不满，最终导致乌同美乃至整个西方的关系开始出现裂痕，美乌关系开始下滑。

随后，在乌独立以来爆发的最大的一场“政治危机”，即因库奇马总统涉嫌一名反对派记者被杀事件，而引发的全国性“倒库风波”中，美等西方社会推波助澜，煽风点火，意欲将倒向俄，已不太亲西方的库奇马赶下台，扶上有西方背景的尤先科总理，使美乌关系更是雪上加霜。国际货币基金组织也随之再度宣布搁置对乌的计划贷款。由于美国等西方国家错估了形势，对乌施压，非但于事无补，反倒使乌在美“强权”政治下出现强烈反弹。最终使这场具有西方背景的“倒库风波”阴谋彻底破产，使乌开始倒向俄。至此，美乌关系最终跌入低谷。去年3月，美中央情报局局长特尼特在美参院军事委员会作证时无不感慨地表示，“普京总统抑制了美国在前苏联各国的影响力，试图使俄罗斯成为主要力量”。[①] 在“倒库风波”接近尾声时，美驻乌大使帕斯库阿尔也不得不承认，“乌克兰正在投入俄罗斯的怀抱”。

今年3月底，在乌克兰议会选举前，乌总理基纳赫甚至开始公开抱怨，美国对乌克兰要求多，回报却很少。由于应美国要求，乌停止了向伊朗出售核反应堆的计划，遭受了“重大的经济损失”。特别是针对乌议会选举，美国会通过决议，要求乌“要进行自由公正的选举”，这一“在美国参众两院都获得通过的决议在乌克兰引起广泛反对”，[②] 使美乌原本冷淡的关系更显惨淡与扑朔迷离。

（二）俄乌关系。俄独立伊始，为加快融入西方社会进程，一方面想急于

① 《俄罗斯正在建立“势力”圈》，载《日本经济新闻》2001年6月2日。
② 德新社基辅2002年3月29日电。

“甩”掉乌等苏联加盟共和国的“穷弟兄”轻装前进；另一方面忙于应付国内“百废待兴”的局面，对美仍会弱俄、遏俄、挤压俄的战略空间的意图缺乏足够认识，将乌也作为“包袱”甩了出去。正是出于这样一种心理，俄在黑海舰队划分苏联财产和债务分摊等一系列问题上，与乌斤斤计较，一直以其固有的“强硬”立场处理与乌关系，以致龃龉不断，分歧难以弥合。此外，俄在苏联和后苏联时期推行“大俄罗斯主义”，轻视其他加盟共和国的利益，致使乌想尽早摆脱俄的控制，也是俄乌间长期存有芥蒂的一个不可忽视的因素。乌前总统列昂尼德·克拉夫丘克曾回忆说，叶利钦一直以“主人”的姿态对待独联体各国。他给人留下的印象是“不允许加入独联体的国家哪怕是形式上的平等。叶利钦自始至终追求的是主导、影响、控制。他根本不想去解决各个共和国的众多经济问题”。① 正是上述诸多因素所致，两国关系才一直处于紧张状态。当时，叶利钦对乌克兰在克里米亚归属及黑海舰队划分的问题上始终坚持不妥协的立场十分恼火，声称俄乌友好合作条约必须明确塞瓦斯托波尔是俄黑海舰队的主要基地，不然，他是决不会去乌签约的。1996年叶利钦拟对乌进行的首度国事访问也一拖再拖，竟拖了一年之久，以此来要挟乌，引起乌的强烈不满。

随着美国推动北约东扩进程的不断深入，乌在地缘上成了俄与北约的“中间地带”。美利用独联体内部离心倾向日益增大趋势，从西顺势对乌克兰和乌兹别克斯坦加大拉拢力度，从南染指格鲁吉亚，使俄西部和南部同时受压。这才使俄对乌克兰的重要性有了清醒的认识。在叶利钦执政后期开始调整对乌政策，努力发展与乌关系，两国元首和政府首脑相互往来频繁。

普京出任总统后，一改以往俄“老大”派头，凭借《乌俄两国友好合作伙伴关系条约》，积极修复和加强与乌的传统关系，使一系列长期悬而未决的老大难问题相继得到解决。同时，采取“恩威并重”等手段，加大拉乌力度，不断遏制乌西倾趋势。普京认为，俄乌关系的基础首先是“经贸关系”。俄只有通过经济影响，才能达到对乌施加政治影响的目的。为此，普京上台伊始，首访乌克兰时，最先解决的就是乌迫切需求的恢复对乌的石油供应、对乌所欠俄债务重组等问题。

① Леонид Кравчук,Похороны Империи//газета«Зеркало недели» Украина №32, 22 августа 2001 года.

此外，俄借乌美关系暗淡之机，特别是在库奇马因“政治危机”，地位岌岌可危的关键时刻，果断邀请库访俄，并超规格接待，凸显俄乌“兄弟手足”之情。随之又解乌燃眉之急，与乌签署重新统一电网的协议，继而又向乌派去了具有丰富经贸经验的前总理切尔诺梅尔金出任驻乌大使，令乌民众深刻感到了“俄罗斯将经济与政治揉到一块的分量”，从而极大地拉近了与乌的距离，使两国关系发生了前所未有的变化。

由于历史原因，乌俄在经济、文化、民族和宗教等方面既有着千丝万缕的联系，又有着根深蒂固的矛盾，从而决定了乌对俄政策的两面性：乌在制定对俄政策时，一方面要考虑抵制俄“帝国野心”的再现，对乌重新控制的因素；另一方面也不能忽视要与俄建立一种平等、睦邻友好合作关系的需求。为此，乌总统库奇马也曾多次表示，要坚定不移地发展与俄的战略伙伴关系；乌俄应在“伙伴、平等与开放经济”的原则下建立和发展关系，认为“没有俄，就不会有乌的未来”，俄现在、将来都是乌的战略伙伴，但“回到联盟是不可能的”。[①]

去年8月24日，普京再度赴乌，出席了乌独立以来规模最大的国庆阅兵式。此间，普京强调，“今天的俄乌关系是稳定的，可预见的。这种战略伙伴关系不仅对两国人民，而且对整个独联体，对统一的欧洲和世界都是一个良好的征兆”。[②] 12月10日，普京在克里姆林宫会见全俄乌克兰移民大会代表时再次重申，俄乌关系一定要有所突破。同时，宣布2002年为俄罗斯的“乌克兰年”。稍后，库奇马也表示，在乌也要开展“俄罗斯年”活动。由此，两国首脑将俄乌关系推向了新的发展阶段。

二

俄美在争夺乌克兰的较量中各有其优势和劣势。其中乌的政策取向对俄美争夺的成败起着关键性的作用。

美国的主要优势：

1．自身实力雄厚。冷战后，美国成了世界上唯一超级大国。连续10年的经

① 《世界知识年鉴》（2000/2001），世界知识出版社2001年版，第773页。
② 《普京基辅谈俄乌关系》，乌克兰国际文传电讯社2001年8月24日电。

济强势扩张，已使美达到了其独超强势鼎盛阶段，在政治、经济、军事、科技等各个领域在世界上占据着绝对优势。美在国际舞台上更是扮演着主要角色，特别是通过强化和扩张北约，加强了对欧洲的政治控制和安全主导。“西瓜偎大边”效应同样对乌克兰的国家产生影响。在中、东欧国家纷纷靠拢美国的浪潮驱动下，乌为了自身国家利益，靠拢美国的趋势将会逐渐增强。

2. 乌国内排俄西倾势力活跃。由于苏联不成功的民族政策的影响和“大俄罗斯主义”的阴影短时期内难以消除，致使乌立国后，内部排俄西倾势力甚盛并十分活跃。为了尽快摆脱曾受苏联压抑的阴影和今后俄罗斯的控制，乌从冲破苏联“桎梏”的那一刻起，就把目光投向了西方，本能地对俄采取了“敬而远之”的方针，从而为美等西方国家就势拉乌抑俄提供了可能。

3. 以经援打开美乌关系渠道。为了迎合乌的需求，达到控制乌的目的，美等西方国家和国际金融机构向乌提供了大量的经济援助。据有关资料显示，自1990年以来，乌仅从美就得到20亿美元双边援助。乌是独联体中接受美援最多的国家。欧盟的一半对外援助也都给了乌克兰。[①] 经援的诱惑不能不使乌倒向以美国为首的西方。

然而，应当指出的是，迄今美对乌政策并不成功，“收服”乌克兰的目标远未达到。其主要原因是：

1. 霸主心态和行为受到反弹。美以维护人权、自由等为借口，干涉乌内政，使乌对其日渐产生反感和防备心理。尤其是借记者被杀案，“倒库”未果，最终导致乌在美“重压”下出现反弹。

2. 政策脱离乌的客观实际。美和西方“傲慢地要求乌克兰在许多领域跟上欧洲的步伐”，[②] 致使乌长期“疲惫不堪”，产生了厌倦和逆反心理。

3. 经援附加条件过高且有时不兑现。欧美的经援大都附带较高的“政治条件”，要求乌必须按照西方的模式进行政治、经济和军事改革，加速推行西方的民主和自由，使乌对美等西方国家的援助真实用意产生反感；在西方的压力下，乌关闭切尔诺贝利核电站后，造成了相关产业人员的大量失业和电力供应的急剧下降。而西方国家承诺的补偿金却未能及时兑现，致使乌国内民众对西方的援助

---

① 《基辅为何转向莫斯科》，载法国《人道报》2001年6月23—24日。
② 《基辅为何转向莫斯科》，载法国《人道报》2001年6月23—24日。

表现出强烈不满和失望，给乌政府“西靠”形成了巨大压力，进而导致对全面西倾的政策也产生动摇。

4. 对经援使用缺乏监督指导。由于各种原因，美等西方国家对乌的援助资金和贷款使用和流向缺乏足够的监督和指导，致使资金严重流失，为腐败的滋生提供了温床，从而使援助效果大打折扣。

俄罗斯的主要优势：

1. 地缘因素。俄乌都属斯拉夫民族，地缘紧邻，两国间有近350多年历史和文化等方面的传统联系，历史上乌还曾是俄国土的一部分。长期以来，俄乌两个民族，上到高官下到百姓通婚现象十分普遍，这是俄乌建立亲密关系得天独厚的条件。

2. 乌国内亲俄势力强大。乌国内有1200万俄族人，约占乌人口的22%。近年来乌国内亲俄势力有所增强，特别是乌东部地区居民亲俄倾向大。有80%的克里米亚俄族不断提出要回归俄罗斯。今年上半年，德国研究员赖纳·蒙茨夫妇在乌做了调查，在大部分地区赞成和反对同俄结成新联盟的分别占受访者的47%和35%。尽管在乌西部地区赞成与俄结成联盟的只有17%，但在东部地区却有65%。而在克里米亚半岛，支持的人数竟高达92%。①

3. 控制着乌的经济命脉。乌克兰能源短缺，经济命脉几乎完全掌握在俄罗斯手中，乌所需天然气的84%和石油的90%左右及相当数量的电力要依赖俄的供应。俄在乌外贸中所占比重接近一半。乌经济上无法脱离俄。有人甚至认为乌已“无法抵抗普京想收回这个东西方交界处的战略国家的愿望”。②

4. 乌拖欠俄大量债务。由于乌长期拖欠俄天然气债务，去年初，俄竟一度中断对乌的供暖和发电用燃料，以迫使乌偿还欠款，③不大不小地给了乌克兰点“颜色”看。一时间造成乌社会动荡不安。“债权”已成为俄控制乌的一张“王牌”。

尽管俄发展对乌关系有很多有利条件，但俄乌关系却长期不畅。其主要原因是：

---

① 《基辅为何转向莫斯科》，载法国《人道报》2001年6月23—24日。

② 《基辅为何转向莫斯科》，载法国《人道报》2001年6月23—24日。

③ 《俄罗斯正在建立“势力”圈》，载《日本经济新闻》2001年6月2日。

1．俄罗斯的大国沙文主义和叶利钦的"唯我独尊"作风，促使乌增大对俄离心倾向。

2．俄立国初期对美遏俄、弱俄战略缺乏足够认识和防范。俄立国伊始，外交上一味地推行向西方"一边倒"方针，误以为美国等西方国家会接纳一个"民主的俄罗斯"融入西方社会。对美等西方国家分化瓦解原苏联势力，今后仍要挤压俄的战略空间缺乏警惕和应对措施。此外，在独联体中采取"甩包袱"的政策也给乌投靠西方提供了条件。

3．轻视乌的利益。在对前苏联财产、债务继承、黑海舰队划分、克里米亚归属等涉及俄乌根本利益问题上，俄一直采取强硬立场，甚至施以"高压"手段。后来，有些问题虽得以解决，但为时过晚，业已造成的隔阂和阴影难以完全消除，从而影响了两国关系的正常发展。

三

俄美对乌的争夺态势，随着国际形势的变化和各自国内制约因素的消涨，在不断发生变化。

（一）美不会放弃对乌克兰争夺，甘心让俄从乌打开美战略合围俄的缺口

"9·11"后，突发的恐怖袭击纽约事件打乱了美国的全球战略部署，瞬间反恐成了美国内外一切工作的重点。但由于乌克兰对美抑俄、遏俄具有极其重要的作用，所以，美并没有从根本上放弃对乌的争夺和控制企图。目前，美正忙于驻军中亚、蚕食高加索，又在紧锣密鼓地做军事打击伊拉克，进行打恐第二阶段的准备工作。在这"非常时期"，美一时还来不及下大功夫找到即刻能奏效，将乌马上拉回的良策，所以，暂时无暇与俄在夺乌上一决高低。但是，由于美并没有从根本上改变对俄的挤压、遏制政策，随着美打恐行动转入正轨，其全球战略再次强化，美仍会加大对乌的"投入"，绝不会甘心让乌这只"煮熟的鸭子"轻易倒向俄，让俄从乌克兰打开美战略合围俄的缺口。美还会继续利用北约、国际金融机构等组织，采取政治和经济等手段，不断对乌施压，扶植乌国内亲西方势力，伺机将乌重新拉回西方。2002年初，为了补偿乌应美要求停止向伊朗出售核反应堆计划的损失，美承诺在乌东部城市哈尔科夫市的一个高科技园区投资，

以解决乌资金不足问题。另外，美对被撤职的亲西方前总理尤先科仍寄予厚望。2002年3月，在作为下届总统选举序幕的乌议会选举前夕，美一直在为其复出大造声势，并要求乌要进行“自由公正”的选举。

最近，美俄关系有重大调整，取得前所未有的突破性进展。即使在这种情况下，美仍未放松与俄对乌的争夺。就在北约与俄签署《罗马宣言》，启动“20国”新机制不久，北约领导人随即访乌，双方就进一步加强“特殊关系”达成共识，还探讨了乌加入北约的问题。看来，乌进一步向美靠拢已成不可逆转之势，乌投入以美为首的北约和西方怀抱只是个时间问题。

（二）俄乌深化战略伙伴关系，但相互关系的发展仍有限度

普京上台后，俄吸取经验教训，调整了对乌政策，又相继解决了不少俄乌间的“老大难”问题。如前不久，俄乌双方就久拖不决的陆上划界问题终达谅解，并签署了勘界协议。同时，还确定了两国在亚速海、黑海和刻赤海峡划界的原则办法，为两国关系的深入发展奠定了一定基础，使乌对俄的立场也发生了明显的变化。去年11月，乌总理阿纳托利·基纳赫在接受俄《独立报》记者采访时称，“我国严格遵守以下原则：欧盟和北约不应靠牺牲其他国家的利益来扩大”，“欧洲机构的扩大，也不应为乌克兰、俄罗斯和白俄罗斯等东欧国家的一体化造成障碍”。① 显而易见，乌已开始在政治上维护俄的利益了。这是过去从来没有过的。但是，由于乌处在东西方争夺的夹缝中，不愿完全倒向俄，俄乌关系仍然面临不少挑战。

1. 乌的政治“西倾”并未根本改变。乌对北约始终“含情脉脉”，“加盟入约”始终是乌的最终宿愿。但基于怕得罪俄的缘故，乌对申请入约一直是“犹抱琵琶半遮面”，一直不敢大大方方地正式提出。继2002年初乌上层有人放风说，希望借“9·11”后俄与美国和北约关系的“日趋密切”之机，“乌克兰也许将在北约11月会议上宣布它愿意加入北约”，正式提出加入北约的申请，以“减轻西方对乌克兰外交政策走向的忧虑”之后，②5月23日乌国家安全和国防委员会秘书

① Виктор Тимошенко. Анатолий Кинах: "У нас нет права заниматься победными рапортами"// Независимая газета.21.11.2001.

② 《北约的新成员》，载英国《简氏情报文摘》2002年3月1日。

马尔丘克已开始对外宣布，乌将开始加入北约的进程，并且说，这是在当天库奇马总统主持召开的国家安全和国防委员会会议上做出的决定。他称乌克兰“必须制定一项长期战略，其目的是最终加入由北约构筑的集体安全体系”。[①] 这立即就遭到了俄的“谴责”。俄议会防务委员会主席安德烈·尼古拉耶夫称，“在美国总统的飞机来到俄罗斯首都之际，宣布这一声明就像是个典型的阴谋”。[②] 尽管俄罗斯自身一直在努力拉近与北约的关系，但并不允许，也不愿意看到独联体国家，特别是乌克兰与北约和美国搞得太近乎，尤其不能容忍这些国家加入北约，起码在相当一段时间里不能加入。

2．乌的经济“西依”并不小于对俄的依赖。去年，乌的经济虽然有所好转，但基纳赫总理承认，由于乌的经济“对外依赖性很大”，只要石油价格和国际市场的钢铁行情发生波动，乌“马上就会出问题”。因为乌的支柱产业冶金生产企业占国内生产总值的23%，占外汇收入的47%。[③] 所以，眼下乌在政治上“受恩”于俄，在经济上“受制”于俄的时候，表示“乌俄关系一定要好于同西方的关系”，“要首先考虑俄罗斯的利益”。但是，乌要振兴经济，仍期望得到西方更多的经济援助，而这是俄无法给予的。今后乌在向俄进一步靠拢时，不能不顾及美国等西方国家的眼色，不能不考虑乌俄关系过于拉近会最终影响乌美关系，特别是担心会影响乌从西方得到更多的政治和经济实惠。

3．乌俄在“截留”与“反截留”俄天然气问题上矛盾一直不断。俄输往西欧的天然气必须经过乌克兰，每年乌“私下”截留的天然气，使俄每年至少蒙受150亿立方米天然气的巨大损失。乌为了扭转俄因天然气在乌长期被截留，俄欲“改道”的被动局面，已向俄承诺积极采取措施予以解决，并邀请俄及西方企业家参与乌的天然气运输体系改革，使之更加安全、稳定、高效。由于“截留”问题由来已久，彻底解决难度甚大，所以，乌如何履行其杜绝截留天然气的承诺，也是俄乌能否加强合作和深化关系发展的一个不能忽视的因素。

---

① 《乌克兰宣布将开始加入北约的进程》，人民网，2002年5月24日，http://www.people.com.cn/GB/junshi/61/20020524/736149.html。

② 美联社莫斯科2002年5月24日电。

③ Виктор Тимошенко. Анатолий Кинах: "У нас нет права заниматься победными рапортами"// Независимая газета.21.11.2001.

（三）乌的“夹缝”处境决定了乌对俄美的政策只能是“注重实用性”

由于俄美乌三方都还有许多不确定因素，所以，今后乌能否更靠近俄美哪一方，既取决于俄美两国的实力和彼此对乌的政策，同时，乌本身的主观“倾向”也很关键。乌处于俄与美等西方国家争夺夹缝之间，如何摆平相互间的关系，直接关系到乌的生存和发展。乌为了自身利益，也会充分利用自己这张“牌”，游刃于俄美之间，从中获得更大的益处。库奇马总统在第一任期和第二任期初期，一直坚持把发展与美等西方国家关系作为乌对外工作的重点。1999 年 11 月 30 日，库奇马在连任就职仪式上称，乌克兰外交三优先方向是欧洲、俄罗斯和美国。但着重强调乌美战略关系是乌外交的关键问题之一。乌将加深与世界领袖国家——美国的关系。只是在经历了一段政治上疏远俄罗斯，经济上排斥与俄罗斯联系的挫折后，特别是经过了那场“政治危机”，乌才开始对美产生芥蒂和防范之意，进而使乌对俄美的政策发生了一些变化。可见俄美对乌的政策及经济因素对乌的影响因素之大。根据乌国内外的这些实际情况，库奇马总统曾多次强调，乌克兰的“坐标十分复杂，它的外交注重实用性”。

尽管俄美在争夺乌的较量中各有其优势，但处于争夺“夹缝”中的关键因素——乌克兰，今后既不会像独立之初那样轻易地完全倒向美国，也不会彻底倒向俄罗斯。过去乌不愿听凭俄的说教和摆布，今后也不可能完全听从美的指挥和干涉。当美国等西方国家对乌开始减少干涉，加大对乌援助时，乌仍会向西方做出倾斜的表示，但决不会以牺牲乌俄关系的代价来取悦于西方；而当美等西方国家对乌忽视或援助不利，俄的传统影响和经济制约因素增大时，乌则会不断深化与俄的传统关系。今年上半年，乌议会选举投票，库奇马没有达到修宪、确保再次连任总统的目的。但不管库奇马之后是由亲俄，还是亲西方的人来执掌总统大权，乌对俄美的基本政策都不可能有大的改变。

应当指出的是，俄美在夺乌过程中，无论哪一方处于优势，处于劣势的一方都不会用手中的制约“因素”去强行要挟乌完全倒向自己，以致使乌出现“反弹”，这是一个根本的前提。在可预见的未来，俄美两国都不太可能将乌克兰完全拉到自己这一边，而乌也只能是在俄美之间摇摆和保持适当平衡。

乌克兰政局突变原因及影响①

2013 年 11 月，亚努科维奇政府突然宣布暂停签署欧盟联系国协定，引发持续数月的大规模抗议示威活动。在欧美推波助澜下，这场抗议示威活动最终演变成反对派“夺权改制”的二次“颜色革命”。乌克兰这场政局突变中没有赢家，俄罗斯、欧美以及乌克兰都为此付出并将继续付出沉重代价。西方与俄罗斯对乌克兰的争夺将更加激烈，乌克兰也面临经济崩溃和国家分裂的危险。

乌克兰是欧亚大棋局地缘政治支点国家之一。俄罗斯视其为与欧美地缘政治博弈的核心地带以及重振大国地位的关键。欧美则将乌克兰作为围堵俄罗斯包围网的重要组成部分。因此，冷战后乌克兰始终是西方与俄罗斯地缘政治博弈的重点国家之一，乌克兰一直游走于东西方之间，在欧美与俄罗斯激烈争夺夹缝中生存。这种地缘政治上博弈作用于乌克兰国内政治，在经济、社会、民族等因素共同作用下，催生了乌政局的突变。

一、亚努科维奇“外交急转弯”引发政局突变

独立以来，乌克兰一直致力于融入欧洲一体化，与俄罗斯若即若离，对独联体一体化兴趣不大。通过“橙色革命”上台的尤先科总统执政期间，乌克兰更是全面推行西倾政策。2010 年 2 月，亚努科维奇出任总统后，从本国国情出发，在恢复和发展与俄罗斯的传统关系同时，并没有彻底放弃融入欧洲的方针，始终坚持东西方平衡的对外政策，并在 2012 年 3 月成功草签欧盟联系国协定。然而，2013 年 11 月 21 日，乌克兰当局突然宣布暂停与欧盟签署联系国协定的相关工作，转向与俄罗斯积极对话。此举引起国内反对派和大批支持欧洲一体化进程民众的不满，引发了持续数月的大规模抗议示威活动。

① 该文载在《国际问题研究》2014 年第 2 期，第 68—78 页。

2014 年 1 月 31 日，乌克兰当局颁布“大赦令”，释放了此前逮捕的大批示威者，并同意与反对派通过政治对话解决危机。然而，在乌克兰激进分子的煽动和欧美怂恿下，反对派中拒绝与当局对话的声音占据上风，抗议示威活动规模不断扩大。2 月 18 日，在乌克兰当局采取清场行动时，反对派组织抗议群众与防暴警察发生了暴力冲突，造成数十人死亡，数百人受伤。在欧美斡旋下，2 月 21 日，亚努科维奇再次妥协，与反对派领导人签署和解协议，同意提前举行总统大选，回归 2004 年的宪法，赋予议会和总理更大权力，以期结束长达数月的政治危机。

然而，乌克兰激进反对派并不满足于“和解协议”结果。2 月 22 日，季莫申科的盟友、乌克兰反对派祖国党领导人图尔奇诺夫在接替因“健康”原因辞职的雷巴克议长出任新议长后，乌克兰议会当天高票通过解除亚努科维奇职务、提前总统大选、恢复 2004 年宪法和释放前总理季莫申科等决定。获释的季莫申科随即赶往“独立”广场呼吁示威民众不达预期目标绝不撤离现场，导致局势更加复杂。次日，乌克兰议会通过了由新议长暂时履行总统职务的决定，乌克兰军方也开始公开表示保持“中立”，声称“不会卷入任何政治冲突”；[①] 部分警察站到示威者一边；亚努科维奇领导的执政党——地区党也开始分裂，公开声明与亚努科维奇划清界限，议会中 40 余名地区党议员宣布退出该党。24 日，乌克兰代理内务部长阿瓦科夫宣称，亚努科维奇已被警方通缉。在此背景下，尽管亚努科维奇强调他是“合法选出的总统”，“不会离开这个国家去任何地方，也不打算辞职”，[②] 但迫于形势，最终辗转前往俄罗斯“避难”。

可以说，亚努科维奇政府暂停签署欧盟联系国协定是乌克兰政局突变的导火线，而这一标志性的“外交急转弯”虽然有亚努科维奇借机抬高与欧盟签署联系国协定“要价”、促欧盟放弃要求乌克兰当局释放季莫申科以及援助贷款附加苛刻条件的考量，但经济原因无疑是最主要的。

直到 2013 年底，乌克兰依然没有摆脱金融危机的影响，当年的 GDP 增长不到 1%，大大低于此前政府制定的 4.5% 的增长目标。2014 年，乌克兰需向国际货币基金组织偿还 37 亿美元债务，并支付俄罗斯 170 亿美元的天然气费用。此

① 路透社基辅 2014 年 2 月 22 日电。
② 法新社基辅 2014 年 2 月 22 日电。

外，乌克兰还面临600亿欧元主权债务违约的“高风险”。[①]标普预测乌克兰国债可能很快增至GDP的40%，遂将其主权信用评级由B-下调至CCC+，后又降至CCC。即便根据最乐观的估计，乌克兰2014年的经济增长也不会超过1.5%，这使乌克兰当局再度面临财政入不敷出的窘境，不得不寻求外援。

但是，欧盟却难解乌克兰经济和财政困境。欧盟既无力扩大对乌投资，也难以抽出额外资金填补乌财政上的巨大缺口，因此主要依靠国际金融组织向乌克兰提供援助。2013年，国际货币基金组织却称乌克兰只有达到其要求，即按照西方标准继续私有化、加快政府改革、放松市场管制、实行自由贸易、提高国内天然气价格等一系列条件，才会向其提供贷款。即使乌克兰与欧盟签署联系国协定，也难以解决其所面临的迫在眉睫的财政困难。在此情况下，乌克兰只能转向俄罗斯。

以俄罗斯为首的关税同盟成员国一直是乌克兰的重要贸易伙伴。作为乌克兰第一大贸易伙伴，俄罗斯每年从乌克兰进口的粮食占乌克兰年粮食出口的四分之一。然而，自2010年1月关税同盟正式成立以来，受商品配额、税收、质检等政策影响，乌克兰对独联体主要贸易伙伴的经贸往来大大萎缩。2012年，乌克兰与关税同盟国家进出口货物总值同比下降4.7%；2013年初以来，乌克兰与俄罗斯的贸易额继续大幅下滑，与关税同盟成员国进出口货物总值持续下降，外汇收入锐减。为此，乌克兰总理阿扎罗夫表示，乌克兰已经无法承受这一沉重打击。乌克兰暂停签署欧盟联系国协定，可以减轻一个时期以来被关税同盟边缘化所造成的巨大压力。在乌俄国家间委员会会议期间，亚努科维奇政府与俄罗斯签署的一揽子合作协议有助于缓解乌克兰的经济和债务危机，其中仅俄方对其出口天然气价格下调一项，就可为乌克兰每年节省70亿美元，而6年里节省的款项就远远超出欧盟和国际货币基金组织在7年里向乌提供的附带条件的贷款总额。

俄罗斯软硬兼施拉乌克兰转向。正值亚努科维奇在是否正式与欧盟签署联系国协定，还是争取与关税同盟建立“3+1”合作机制，抑或只作为其观察员问题上左右为难期间，俄罗斯总统普京不断提醒亚努科维奇，倘若乌克兰与欧盟签署联系国协定，“俄罗斯的国门将不会像现在这样对其敞开”。两国的航天航空和军

---

① 《随着乌克兰局势失控，俄罗斯面临金融危机》，英国《每日电讯报》网站，2014年2月20日。

事合作等都将会中断，尤其是对乌克兰的天然气供应将改变当前的付款方式，需要“先付款，后供应”。如果乌克兰加入关税同盟，这些情况则不会发生，俄罗斯还会斥巨资购买乌克兰发行的国家债券，解其财政燃眉之急。在此情形下，暂停签署欧盟联系国协定、恢复对俄罗斯的积极对话，进而扩大与包括俄罗斯在内的关税同盟国家的经贸合作，成了乌克兰政府的唯一选项。欧亚经济委员会贸易部长斯列普涅夫随即宣布，2014 年关税同盟将取消对乌克兰货物进出口的技术壁垒，实行双方货物进出口无须检查、许可证和其他文件自由放行的政策。

2013 年 12 月 17 日，普京在第六次俄乌国家间委员会结束后举行的联合记者招待会上表示，从 2014 年至 2019 年将此前出售给乌克兰的天然气价格从每千立方米 400 美元降至 268.5 美元。为支持乌克兰财政预算，俄罗斯政府还决定从国家福利基金中拿出 150 亿美元购买乌克兰发行的欧元债券。亚努科维奇总统对此表示，乌俄国家间委员会会议是务实且富有建设性的，双方达成的有关协议旨在恢复彼此原有的经贸往来、强化两国的战略伙伴关系，说明乌俄关系发展具有坚实的基础和良好的前景。在乌克兰反对派鼓动抗议示威群众向乌克兰政府加大攻势的关键时刻，普京许诺向其紧急提供 20 亿美元经济援助，以缓解乌克兰经济，平息反对派和民众对乌克兰政府的不满。乌克兰总理阿扎罗夫对此坦言，如果没有俄罗斯的支持，乌克兰将面临国家破产和社会崩溃的危险。

二、促成乌克兰政局突变的主要因素

乌克兰这场由暂停签署欧盟联系国协定引发的反对派和部分民众抗议示威活动，最终演变成反对派“夺权改制”二次“颜色革命”。其原因除亚努科维奇本人及政府对事态发展的严峻性估计不足、掌控局势能力不够外，其执政根基脆弱、欧美支持和纵容反对派逼宫则是其重要的因素。

促使乌克兰“脱俄入欧”是冷战后欧美的既定战略，并在政治和经济方面都做了大量的“功课”，乌克兰是独联体国家中接受西方援助最多的国家。2012 年乌克兰草签欧盟联系国协定后，欧盟本以为乌克兰会顺利签署这份对乌克兰加入欧盟具有里程碑意义的文件。然而，亚努科维奇政府在关键时刻的“外交急转弯”，使欧美在与俄罗斯对乌克兰长期争夺战中付出的努力化为泡影，遂加大对亚努科维奇的政治打压和经济诱拉力度，试图使其回心转意，重回欧洲一体化轨道。

为支持乌克兰反政府势力的抗议示威行动，欧美高官不断前往乌克兰“助战”。时任德国外长吉多·韦斯特韦勒和欧盟外交政策负责人凯瑟琳·阿什顿等政要频频在基辅集会现场亮相；德国总理默克尔公开会见乌克兰反对派领袖；美国政府及非政府组织则向乌克兰反对派提供大量资金支持；美国助理国务卿纽兰甚至在美国驻乌大使陪同下，亲自前往抗议集会现场分发食品。美国还对有亲属在西方定居的乌克兰寡头采取有针对性的签证和金融手段，迫其远离亚努科维奇。

在乌克兰当局对反政府示威现场实施清场行动后，欧美加大了对亚努科维奇政府的压力。美国率先对涉嫌在清场行动中“过度使用暴力”的乌克兰官员实施禁签证制裁；奥巴马指责说，基辅的暴力活动应归咎于亚努科维奇和乌克兰政府。[①] 欧盟召开紧急会议严厉指责乌克兰当局，声称要“对过度使用武力和加剧暴力的责任人采取有针对性的措施”，包括对乌克兰领导人施以旅行禁令、冻结资产。同时，欧盟也辅以经援诱饵进行拉拢，表示只要乌克兰继续与欧盟签署联系国协定，并同意国际货币基金组织提供贷款的条件，乌克兰在未来 7 年里即可获得来自欧盟的 15 亿欧元援助和国际货币基金组织提供的 175 亿欧元贷款。基于乌克兰财政和经济状况日益恶化的实际情况，欧盟还宣称可以考虑有条件地向乌克兰先期提供 6.1 亿欧元援助。

亚努科维奇是乌克兰私有化改革最大受益者之一。在“弃商从政”生涯中，尤其是 2010 年执掌国家最高权力后，亚努科维奇打造寡头利益集团、控制乌克兰安全部队、收敛巨额财富。这在乌克兰国家经济衰退之时，愈加引起民众特别是反对派和其他利益集团的强烈不满。乌克兰当局暂停签署欧盟联系国协定给反对派和其他利益集团提供了向其发难的绝好机会。

昔日辅佐和维系亚努科维奇维系政权的利益集团和寡头在紧要关头背信弃义，则是政局发生逆转的直接原因。长年与欧洲从事商业往来的大商人维克多·平丘克一直与亚努科维奇不睦，由于签署欧盟联系国协定可减免其进出口欧盟商品的关税，因而从最开始就积极支持反对派，并在其控制的媒体抨击亚努科维奇；深受关税同盟壁垒冲击的乌克兰巧克力大王佩特罗·波洛申科，更是公开

---

① 参见英国《阿拉伯圣城报》2014 年 2 月 21 日。

支持与欧盟签署联系国协定，并积极为发展欧盟关系奔走呼号；长期辅佐和支持亚努科维奇的乌克兰首富艾哈迈托夫和传媒大亨菲尔塔什预感亚努科维奇大势已去，也开始各奔前程，其名下的传媒转而为反对派夺权鸣锣开道，菲尔塔什还在反对派逼宫最关键时刻唆使其幕僚长里奥沃奇金辞职投奔达沃斯，使亚努科维奇遭受沉重打击；亚努科维奇领导的地区党数十名议员纷纷退党，该党随后全面倒戈，宣布将亚努科维奇除名并与其划清界限后，使此前议会中维系亚努科维奇政权的有利阵容全面崩溃，导致支撑亚努科维奇政权的最后一块基石彻底塌陷。

三、乌克兰政局突变的影响

虽然乌克兰政局突变的硝烟逐渐散去，但欧美与俄罗斯以及乌克兰国内各政治力量围绕该国未来走向的角力远未结束，反而更趋激烈。

（一）欧美与俄罗斯争夺乌克兰的角力更趋激烈和表面化

乌克兰是三个主要斯拉夫国家之一，也是普京重构欧亚斯拉夫核心、推动独联体一体化的关键所在。从地缘战略角度讲，失去乌克兰，俄罗斯就失去了抵御北约战略进逼的缓冲地带。而对欧美来说，阻止乌克兰同俄罗斯恢复传统关系，也是其弱俄遏俄的既定战略。为此，尽管欧美和俄罗斯在这场争夺乌克兰角逐中“攻防”态势不断转换，但双方都不会轻易言败，对乌克兰未来局势主导权的争夺战已经开启。

俄罗斯“指责欧盟通过暴民暴乱煽动政变”，[①] 谴责美国制造了这场动乱并对“主权国家指手画脚”，试图把西方发展模式强加给乌克兰。[②] 俄外长拉夫罗夫在与美国国务卿克里的通话中表示，“俄罗斯总统呼吁美国领导人采取一切努力，制止极端分子的违法行径，使乌克兰局势回到宪法轨道”。克里表示“将敦促乌克兰各方执行 2014 年 2 月 21 日达成的协议，并承诺会紧急采取一切手段向反对派施压”。[③] 但美国对季莫申科获释表示欢迎，宣称这个冲突不断的国家人

---

① 《随着乌克兰局势失控，俄罗斯面临金融危机》，英国《每日电讯报》网站，2014 年 2 月 20 日。

② Frida Ghitis, "'New' Russia in Sochi: Same old Russia in Ukraine," *CNN*, February 20, 2014.

③ Госдеп США: Керри и Лавров согласны, что кризис на Украине должен быть урегулирован мирно// ИТАР-ТАСС.Вашингтон, 23 февраля 2014 года.

民“必须决定他们自己的未来”，[①]引起俄罗斯的强烈不满。2月25日，拉夫罗夫表示，莫斯科不想干涉乌克兰内政，但也呼吁其他国家持有这样的立场，强制让乌克兰做出“要么与我们为伍，要么反对我们”的选择是极其危险的。但话音未落，俄罗斯以担心乌克兰局势动荡可能导致其食品安全检控标准下降为由，宣称俄罗斯及关税同盟国家可能要暂时限制乌克兰的高风险食品进口，抑或“更进一步说，如果他们（乌克兰）更换了领导层，那么过去几年建立的业务合作将受到影响”。[②]直到亚努科维奇逃往俄罗斯后，莫斯科仍不承认乌克兰临时政府。3月4日，普京对外表示，“亚努科维奇依然是乌克兰的唯一合法总统”。[③]

尽管美国一再警告俄罗斯不要出兵乌克兰，俄联邦委员会还是在3月1日通过并批准了总统可在乌克兰境内动用俄罗斯武装力量的决定。根据这一决定，普京借军演向乌克兰东部地区调动了部分军事力量。俄罗斯总统秘书德米特里·别斯科夫对此解释说，普京被赋予了可以采取所有解决目前局势的必要手段，国家元首采取什么措施主要取决于形势的发展。[④]

美国及其盟国对俄罗斯的“反应”极为不满。北约秘书长在召开的紧急会议上声称，乌克兰是我们的邻居和宝贵的合作伙伴，俄罗斯对乌克兰的行动已违反了联合国宪章，实际上是在威胁乌克兰的主权，也威胁到了欧洲的和平与安全。俄罗斯应该停止其军事行动和威胁。3月4日，美国国务卿克里访问乌克兰期间表示，美国将全力支持乌克兰临时政府，并向其提供10亿美元的援助。同时，美国第六舰队的两艘战舰已开进克里米亚半岛俄罗斯塞瓦斯托波尔海军基地对面。然而，普京在应邀与奥巴马的电话中却继续强调，如果暴力在乌克兰东部和克里米亚继续蔓延，俄罗斯有权保护自己在那里的利益和讲俄语的民众。[⑤]针对西方七国威胁联合抵制将于2014年6月在索契举行的G8峰会，普京坚称，“我们将继续筹

---

① 法新社华盛顿2014年2月22日电。

② 《乌克兰的经济命脉依然在俄罗斯手中》，俄罗斯国际文传电讯社2014年2月24日电。

③ Путин: На Украине есть только один легитимный президент-Янукович//РБК.4 марта 2014 года.

④ Керри: США не хотят возвращения к холодной войне из-за ситуации вокруг Украины//ИТАР-ТАСС. Вашингтон,2 марта 2014 года.

⑤ Керри: США не хотят возвращения к холодной войне из-за ситуации вокруг Украины//ИТАР-ТАСС. Вашингтон,2 марта 2014 года.

备八国集团峰会，并迎接我们同事的到来。如果他们不想来，那就别来”。[①] 显然，乌克兰这场政治危机已使欧美与俄罗斯关系剑拔弩张，再次跌入谷底。

（二）乌克兰各政治力量及东部和西部地区矛盾进一步激化

乌克兰政治危机使其国内固有的矛盾进一步显现，并衍生了新的潜在隐患。

其一，反对派在权力再分配中矛盾将逐步显现。前执政党——地区党虽被反对派组阁排除在外，但不会善罢甘休。2月27日，被该党除名的亚努科维奇在俄罗斯表示，他“依然是乌克兰公民在自由表达意愿基础上选出的合法总统，议会做出的有关决定不合法”，他将继续为乌克兰的未来“做斗争”。为“避免来自极端分子的威胁”，他“不得不请求俄罗斯联邦政府保障其安全”，而俄罗斯联邦已经承诺接受并保障亚努科维奇在俄罗斯的安全。第三大政党改革民族联盟领袖克利奇科及其团队亦“无缘”新政府，激进的极右翼“自由党”领导人佳格尼博科不愿与其他反对派在新政府共事，反对派之间的嫌隙难以弥合。5月乌克兰总统大选在即，但迄今尚未浮现可使各政治力量、东部和西部地区民众都能接受的领军人物。

其二，东部和西部地区间固有矛盾进一步激化。此次乌克兰“街头革命”的直接导火索虽是其暂停签署欧盟联系国协定，但深层次原因是乌克兰国内各政治力量以及民众在外交取向上是向“东”还是朝“西”的严重对立。由于人口、地理、历史和文化等因素，乌克兰约三分之一毗邻俄罗斯的东部地区居民希望发展与俄罗斯的传统关系，而西部地区则更多地受欧洲思想影响，倾向于融入欧洲大家庭。欧盟强拉乌克兰“脱俄入欧”，加剧了乌克兰国内东西部地区的原有矛盾。即便未来一位“民主的”、亲欧洲的候选人或许能够赢得乌克兰总统选举，但无论哪个反对派上台掌权，也不可能短期内解决乌克兰固有的民族尖锐矛盾，难以弥合各党派在政治诉求上的严重分歧和对立。

2月23日，在乌克兰议会做出一系列有利于反对派的决议后，南部塞瓦斯托波尔市爆发了2万余人的抗议集会，当场选出一位俄罗斯籍人士为该市市长，并提出今后拒绝向基辅纳税、警察划归市政府管辖等诉求。示威群众还打出了清

---

① Аршак Карапетян.Путин о "Большой восьмерке": Россия будет готова принять лидеров G8 в Сочи, если не хотят приезжать-не надо//Вечерняя Москва.4 марта 2014 года.

一色的俄罗斯国旗，高举着“普京——我们的总统”以及“俄罗斯请把我们收回去”等大幅标语。敖德萨和刻赤也爆发了类似示威活动，将悬挂在市政府大楼上的乌克兰国旗换上了俄罗斯和克里米亚旗帜，并高呼反对欧盟一体化口号。一份呼吁俄罗斯总统普京出兵乌克兰东部的请愿书在互联网上不到 24 小时内竟收集了近 10 万乌克兰民众签名。

2 月 25 日，克里米亚居民也开始在议会大楼附近举行大规模无限期抗议活动，不承认基辅冲突与骚乱后掌权的新领导，要求恢复 1992 年版的克里米亚宪法，给予克里米亚拥有独立对外政策的权利。2 月 27 日，克里米亚议会通过了举行脱离乌克兰的全民公决决议。3 月 1 日，克里米亚自治共和国总理谢尔盖·阿克谢诺夫请求普京协助确保克里米亚的和平与安宁。3 月 6 日，乌克兰克里米亚自治共和国议会通过决议，该自治共和国将以联邦主体身份加入俄罗斯联邦，并将关于该共和国地位的全民公决从 3 月 30 日提前到 16 日。[①] 乌克兰亲俄罗斯地区的分裂主义迹象越来越明显。

尽管新任乌克兰议长图尔奇诺夫在致乌克兰人民书中表示，乌克兰新领导人将在真正的平等与和睦、承认和考虑其选择欧洲的前提下发展与俄罗斯的关系。而乌克兰的主要任务是回到欧洲一体化路线，回到欧洲大家庭中去。这一对外政策将难以成为乌克兰各界人士和政治力量的共同意愿和诉求，也“很难想象在目前这种情况下提前大选的胜利者能够得到全国的承认”。[②] 从这一角度看，此次乌克兰反对派的“街头革命”不会止息，历任乌克兰政府未能解决的国家向“东”还是向“西”问题，仍将是新掌权的反对派在乌克兰国家发展道路上难以逾越的羁绊。

（三）乌克兰政局突变没有赢家

持续数月的社会动荡使乌克兰的金融系统濒临崩溃，财政危机雪上加霜。持续 3 个月的动乱后，乌克兰本币累计贬值 19%。国库、养老金以及银行系统都面临极大的风险。由于资金大量外流，财政系统濒临崩溃，新政府已面临不得不削减经济投资和社会建设项目的尴尬境地，由此带来的失业率急剧上升又将引发新

① Ситуация в Крыму. Хроника событий. 6 марта//ТАСС.7 марта 2014 года.

② 俄罗斯之声电台网站，2014 年 2 月 21 日。

一轮社会动荡。

乌克兰政局突变所带来的影响已远远超出其自身。尽管欧美力挺反对派最终夺权，从而在与俄罗斯争夺乌克兰的角力中扳回一局，但未来接受乌克兰加入“深度自由贸易区”也将使欧盟付出沉重代价，背上沉重的经济和政治包袱。

就债务危机而言，乌克兰危机极易点燃东欧的经济大火，如果情况继续恶化，甚至可能引发大量的难民潮。[①] 目前，乌克兰“债券违约溢出效应非常严重”，已经殃及周边国家的金融稳定，东欧国家金融市场产生动摇，俄罗斯银行业的信贷业务也可能遭到冲击。俄罗斯储蓄银行和外贸银行都是乌克兰债券的主要持有者，在全球新兴市场债券基金的投资组合中，乌克兰债券占到3%。凯投国际宏观经济咨询公司分析师表示，在乌克兰这场危机中，“俄罗斯是受影响最大的国家，其国际收支经常项目数差已经大幅下滑”。[②] 2014 年 3 月 3 日，俄罗斯股市暴跌，市值蒸发近 600 亿美元。为稳定卢布币值，俄罗斯央行已在外汇市场抛售了 100 亿美元。由于形势发展难以预测，俄罗斯可能面临“要么承受乌克兰债务违约带来的巨大损失，要么为支撑乌克兰经济付出日益高昂的代价”的问题。

苏联解体以来，乌克兰历届政府始终没能摆脱西方和俄罗斯对其展开的争夺。从历史和文化背景来看，乌克兰与俄罗斯有着千丝万缕的联系，其在经济和能源上又严重依赖俄罗斯，因而并不具备完全倒向欧美的条件。未来一段时间，虽然乌克兰的外交指针可能会向欧美更多地摆动，但从长远来说，乌克兰社会的“风格”不允许它单纯倒向任何一方，[③] 而只能在东西方之间游走。正如拉夫罗夫所言，纵观乌克兰独立后的发展史就会一目了然，试图一举决定该国外交倾向——向东还是向西的尝试，无一不以失败告终。

---

① 德国《世界报》网站，2014 年 2 月 20 日。

② 《随着乌克兰局势失控，俄罗斯面临金融危机》，英国《每日电讯报》网站，2014 年 2 月 20 日。

③ «В понимании ЕС и США"свободный" выбор за украинцев уже сделан»-Глава МИД РФ Сергей Лавров о ситуации на Украине и отношениях между Москвой и ЕС//Газета"Коммерсантъ"от 13.02.2014.

吉尔吉斯斯坦政局阴晴①

巴基耶夫执政以来虽励精图治，但施政方略不断出现失误和偏差，导致反对派频繁“逼宫”，国内政局持续动荡。

2010 年 4 月 16 日，吉尔吉斯斯坦“临时政府”宣布，已收到巴基耶夫的辞职声明。“临时政府”允许巴基耶夫离境；15 日夜，巴基耶夫抵达哈萨克斯坦。

此前的 4 月 7 日，吉国反对派攻占政府大楼、总统府、国家电视台和部分新闻机构，随即宣布成立“代理政府”，强力部门也随之倒戈，加入反对派行列。巴基耶夫总统受形势所迫，偕家眷等少量身边人员紧急乘专机撤离首都比什凯克，前往吉南部贾拉拉巴德老家隔“山”固守残局，再度上演了 5 年前阿卡耶夫总统迫于“颜色革命”冲击仓皇出走的一幕。

这次吉国大规模示威活动的表面诱因是，去冬今春当局大幅提高民用水电、燃气、供暖等日常消费品价格，引发民众不满，以及抓捕组织示威活动的“联合人民运动”“祖国党”等多名反对派领导人所致。集会示威者反应如此激烈、行动如此迅猛且能快速取得主动权，看似偶然，但仔细分析却有其诸多必然。

执政五年的失误与偏差

2005 年 3 月 24 日，吉反对派联合发起“郁金香革命”，顷刻推翻前总统阿卡耶夫政权，由巴基耶夫与北方反对派领导人代表库洛夫组成“巴库联盟”政府。在外界看来，巴基耶夫执政以来虽励精图治，试图尽快稳定国内局势，恢复经济发展，但施政方略不断出现失误和偏差，导致反对派频繁“逼宫”，国内政局持续动荡。

第一，不能团结各方力量。2005 年“三月事件”后，巴基耶夫片面吸取阿

---

① 该文载在《瞭望》新闻周刊 2010 年第 16 期。

卡耶夫“一介书生”执政软弱、痛失江山的教训，极力树立强势总统形象，对反对派打压过于强硬和简单，不断引起反对派的强烈反弹。虽然基于反对派的强大攻势，巴基耶夫曾在政改和宪改等方面做过一些较大妥协，但当形势稍微转为对己有利，便又将一些权力收为己有，激起反对派的义愤。

而且，随着巴基耶夫总统控局能力的日渐增强，当初他与反对派以“君子协议”组建的“巴库联盟”也被解体，政府中的北方势力被严重削弱，埋下了重新点燃“南北争斗”的火种。巴基耶夫组建了自己的“光明道路党”，在议会90席中占据71席，获得绝对控制权，使他轻而易举地重新获得了上任时的所有权力，极大地打压了反对派的活动空间。

此外，在这5年里，吉一些持不同政见且有较大影响的社会人士和议员先后死于非命，凶手查无下落，逍遥法外。前议长杰克巴耶夫（反对派领导人）也涉嫌被执掌安全部门的巴基耶夫弟弟算计，暗中派人将毒品裹挟在其出访的行李中，蒙受被他国警方拘留的冤屈，所有这些都使吉反对派备感生存危机，不得不背水一战。

第二，没有尽快摆脱贫困。“郁金香革命”后，巴基耶夫政府疲于应对反对派接连不断的一次次攻势，忙于稳定危机四伏的政局，无暇更多关注、解决经济和民生问题，导致金融危机爆发后反危机措施有限，使民众对“革命”后新政府的期望值与巴基耶夫政府实际政绩产生巨大落差，丧失了信心和忍耐。

这些年来，吉国库连年亏空，不得不靠举债度日，外债已攀升至24.28亿美元，占GDP的50%以上。物价上涨、通胀加剧，索姆对美元贬值11.43%，失业率急剧上升。目前，在吉530万人口中仍有三分之一的人生活在贫困线以下，100多万人背井离乡出外打工，民众生活十分艰难。

第三，未能有效消除腐败。巴基耶夫执政以来，虽然也多次提出要惩治腐败，但收效甚微。由于他把主要精力放在应对反对派上，忽视甚至放任身边一些既得利益者的贪污腐败，导致周围迅速形成了一个新的家族式裙带关系的腐败网络。尤其是巴基耶夫未能摆脱前任家族统治的窠臼，涉嫌将权力移交给自己儿子的行为，加速了民众对其不满情绪的急剧蔓延。

第四，“民主革命”成果变味。昔日吉民众奋起推翻阿卡耶夫政权出自对其家族统治的不满，希望阿卡耶夫的离去能换上一个全新、清正、廉洁的政府，不再有家族统治的色彩。然而，5 年的现实却未能给民众一个满意的答案，民众的期望与巴基耶夫的所作所为形成巨大反差。人们感到经自己“浴血奋战”推上来的政府重蹈覆辙，又重新编织了一个更大的家族网络。为此，社会民主党领袖奥通巴耶夫惊呼，“我们的革命成果丧失殆尽”。那场“革命”的领袖之一别克纳扎罗夫也称，“宪法改革导致了吉权力被篡夺，使家族统治合法化。5 年前我们为民主而斗争，反对家族统治，可现任总统仍在走其前任的老路”。抚今追昔，民众也是“悔不当初”。

第五，社会管控趋紧。吉立国以来一直被誉为中亚“民主之岛”。但近年来巴基耶夫政府为了加强对反政府势力的管控，对新闻媒体也进行严格整顿。一些独立媒体程度不同地受到限制，还屏蔽了俄罗斯的网站，阻断和限制国内网民登录、获取来自俄罗斯的信息，这也引起了反对派的强烈不满。

另外，乌克兰“民主革命”暗然失色，尤先科总统施政乏力选举败北，反对派领袖之一亚努科维奇重新登上政坛顶峰，也使吉反对派和民众格外兴奋和受到鼓舞。

大国博弈的蛛丝马迹

吉反对派“逼宫”事件正值大国博弈升温之际，其中不免折射出一系列相关痕迹。

由于一直未能摆脱经济困境，俄罗斯不久前已准备放弃 2009 年 8 月同吉方达成的在吉巴特肯州增设新军事基地的设想。根据“俄优化驻外军事基地的支出”的方针，俄准备大量削减驻吉人员编制。俄坎特基地幼儿园、学校、商店等设施也被压缩，一些飞行和技术保障人员将携家眷返俄。今后，部分留守人员主要履行值班站岗职能。俄在吉军事规模明显收缩。

与此同时，西方却在加紧对吉渗透。美国继成功保住马纳斯空军基地后，今年又欲出资 550 万美元在吉南部巴特肯州组建反恐训练中心，并拟将其发展成美对格鲁吉亚军人培训模式。奥巴马的阿富汗和巴基斯坦问题特使霍尔布鲁克和美军中央司令部司令彼得雷乌斯等高官也接连造访比什凯克，不断加强对吉军事关系，旨在剥离吉同俄的传统联系，将其打造成美在中亚实现长期目标的桥头堡。

欧盟 2007 年出台《欧盟与中亚：新伙伴关系战略》后，也在不断提升对中亚的战略关注。去年 12 月，筹建多年的法国驻吉使馆正式落成并举行声势浩大的开馆仪式。紧随其后，欧盟驻吉大使馆也于今年 2 月正式开馆，凸显欧盟不断加大对吉政治关系和交往力度。

应该说，尽管巴基耶夫执政以来一直奉行大国平衡的对外政策，但俄罗斯在吉国的对外关系排序中依然位居美国之前，巴基耶夫政权一度被外界戏称为“色”变“心”没变。因此，美国对这场颜色革命的最终结果并不满意，特别是新政府经常拿美军基地向美方敲竹杠，让华盛顿对巴基耶夫爱之不能，弃之不行，十分不悦。

但随着巴基耶夫政权根基的加固，以及美国的不断诱拉，吉外交罗盘指针更多地摆向了西方。最明显的是，金融危机爆发以来，在美军基地撤留问题上，巴基耶夫铤而走险，在俄美间“走钢丝”，大玩政治游戏。在与俄罗斯签署提供 20 亿美元长期贷款、1.5 亿美元反危机无偿援助和免除吉 1.8 亿美元债务的战略协议后，巴基耶夫表面做出要求美军撤出马纳斯军事基地的决定，又背着俄与美讨价还价，继续保留美军基地，还私下与美拓展军事关系，扩大美国在吉的存在和影响，引起俄方极为担忧和不满。俄媒体指责巴基耶夫政府背信弃义。俄在提供首批 4.5 亿美元贷款后，中止了后续援款，对吉的其他经济和军事合作也放慢速度，并开始收紧对吉签证制度，使俄吉关系空前倒退。

吉民众至今仍对 2006 年 12 月美军士兵开枪打死马纳斯机场一名员工事件十分愤慨。这导致吉不少民众和反对派强烈要求政府重新考虑美军基地的存留问题，一些宗教领袖也发表声明，敦促政府将美国中转运输中心尽快撤出。

迄今没有证据证明是哪个大国策动了这场“革命”。不过，吉临时政府刚一宣布成立，俄总理普京便主动与吉反对派通话，表示愿向吉提供必要的经济援助，并前所未有地以维护俄坎特基地为名迅速向吉空投 150 名空降兵，随即很快决定向吉提供 2000 万美元的无偿援助和 3000 万美元的优惠贷款，以及 25000 吨燃油和春播种子等民生急需品。

巴基耶夫辞职之后

应当说，吉反对派这次之所以能够迅速成功夺权，除了上述诸多因素外，还在于反对派利用“天时地利”做了大量前期的充分准备和安排。

目前，吉反对派组成的临时政府正不断扩大战果，强力部门和政府其他机构也逐渐恢复日常工作，社会治安趋于稳定。反对派在国内已取得了战略上的绝对优势。同时，临时政府还在积极开展对外工作，免除了吉驻美、俄、德等数位大使职务，并与美俄两国进行沟通，寻求道义和经济上的支持与援助。实际上美俄已部分“接受”了吉反对派推翻巴基耶夫政权的现实，正小心翼翼地与吉临时政府打交道。

由于“4・7”冲突事件中有近百名示威者被开枪打死，千余人受伤，作为总统的巴基耶夫难脱干系，在道义上他已失去民心，回天乏术。巴基耶夫总统在确保他和家人安全前提下辞职后，临时政府当务之急是取得国际社会的承认和经济上的援助。

逆境中的中国同中亚国家关系①

2009 年，受国际金融危机影响，中国与中亚国家贸易受到严重冲击，双边贸易额大幅下滑。但是，在各国共同努力下，中国与中亚国家的关系仍在快速发展，各领域合作与交流不断扩大，能源合作取得重大突破，中国与中亚国家关系进入历史最好时期。

一、全力应对金融危机

2009 年，中国和中亚国家全力落实各自反危机计划，努力克服金融危机给实体经济造成的负面影响，经济危机形势得到一定程度的缓解和遏制。

中国政府认真落实 4 万亿元人民币刺激经济计划，在 2009 年初 GDP 增速同比降幅较大、亏损企业同比继续增加、进出口总额同比仍在减少的不利情况下，坚持积极的财政政策和适度宽松货币政策，使出口主导型经济萎缩和产业结构失衡矛盾有所缓解。

2009 年前三季度，中国经济增速达到 8.9%，确立了全年实现 8% 的经济增长目标定局。截至 2009 年 11 月，中国累计财政支出和财政收入同比都在增长，财政处于盈余状态。12 月，中国出口额同比增加 17.7%，终止了一连 13 个月的下行态势，但全年外贸进出口总额同比仍下降 13.9%，经济整体回升基础依然不稳，经济增长动力仍依赖 94% 的投资拉动，消费性增长在经济增长中仅占 4 个百分点，房地产泡沫和证券市场投机等问题再度回潮，经济回升内在动力不足，结构性矛盾依然突出，制造业总体经营环境没有得到更多改善，产业转型升级和经济结构调整仍面临巨大挑战。

哈萨克斯坦举全国之力应对金融风暴给实体经济造成巨大冲击。2009 年 4

① 该文载在《俄罗斯中亚东欧市场》2010 年第 8 期，第 23—34 页。

月，哈萨克斯坦官方失业率为7.2%，失业人口达61.1万。金融业形势持续恶化，前6个月通胀率达3.9%，银行业净亏损达193亿美元。其中，仅哈萨克斯坦最大银行“BTA”就亏损100亿美元，约占哈萨克斯坦GDP的10%。2009年1—9月，GDP下降3.2%，对外贸易额同比下降40.7%，银行债务总额为890.3亿美元，国家债务为89.5亿美元，经常项目赤字连续攀升至36.75亿美元(2008年同期盈余38.05亿美元)。截至2009年10月，哈萨克斯坦的银行不良资产（第五级可疑类和损失类贷款）占贷款总量的比重从2009年初的8.1%陡升至35.9%，逾期贷款总额所占比重为29.2%；银行业拨备（坏账准备金）所占比重上升至37.2%。与此同时，国家外汇和中央银行外汇储备余额均略有增长。截至11月，工业产值也小有增长，为0.7%，农业产值增长10.6%，粮食产量增长15%，出现一些微弱的“经济形势继续向好、向正增长方向发展”的势头，2009年全年有望实现经济的零增长。

乌兹别克斯坦坚持符合本国国情的经济发展战略，金融危机前就采取“适度从紧”的审慎宏观金融政策，加之金融危机爆发后的反危机举措及时得力，在一定程度上屏蔽了金融危机对其的一些负面影响。2009年上半年，固定资产投资同比增长32.7%；吸引外资12亿美元，同比增长50%。1—9月，居民储蓄余额同比增长70%，商业银行总资产同比增长30%，总资本增长40%，对经济领域投资增长34.3%，29家商业银行中有13家得到国际著名评级机构的“稳定”评级。此外，工业产值增长9.1%，机械制造和冶金业产值增长17.5%，化工和石油化工业产值增长13.4%，建筑业产值增长33.5%，信息通信业产值增长32.6%，服务业产值增长17.8%，商品零售额增长17.5%，粮食产量增长10.2%，外国直接投资额增长100%，外贸出口盈余达23亿美元。尽管官方失业率为0.21%，但就业压力仍在，劳务收入下降趋势也没有得到根本遏制。出口形势依然不容乐观，2009年全年顺差50亿美元目标难以实现，经济完全复苏尚待时日。为此，乌兹别克斯坦先后从国际社会获得5500万美元和6700万美元接近70%赠予成分的贷款，旨在改善民生。

吉尔吉斯斯坦2009年前三季度经济指标有升有降，经济恢复阻力依然不小。2009年初，境外劳务收入同比下降40%，二手房均价降幅达8%，在建商品房价格下跌1%，建筑行业基本建设投资同比下滑3%。2009年前6个月对外贸易大幅削减，GDP 下降 0.9%，为吉尔吉斯斯坦近年来首次下滑。在吉尔吉斯斯坦政府积极的反危机措施推动下，下半年的一些经济指标有所上扬：外商直接投资达到 1.53 亿美元，同比增长 30%，投资额同比增长 27%，建筑业产值增长 30%，通信业产值增长 15.7%，客运业产值增长 7%，货运业产值增长 4.1%，零售业产值增长 4.1%，采矿业产值增长 3.2%，农业产值增长 5%，GDP 增长 2.9%。但吉尔吉斯斯坦经济发展和贸易部部长扎帕罗夫坦言，2009 年前 8 个月吉尔吉斯斯坦经济同比增长 3.5%，并将通胀率控制在 10% 以内，主要得益于政府的一系列积极反危机措施。但“全球性金融危机对吉尔吉斯斯坦经济的负面影响正在显现，吉尔吉斯斯坦主要工业部门的增速正在下降”。[①] 工业产出下滑 6.6%，出口额下降 20.1%，进口额下降 25.8%，外债总额达 24.28 亿美元，占 GDP 的 50% 以上。截至 2009 年 11 月，本币索姆对美元贬值 11.43%。为应对经济形势的严峻情况，吉尔吉斯斯坦政府不得不先后向国际社会求助了 700 万美元和 400 万美元赠款和贷款，用于改善财政和民生。

国际金融危机给本就十分脆弱的塔吉克斯坦经济造成沉重打击，加之春季雨灾给农业造成近 1 亿美元的损失，使塔大约 39 万人面临粮食短缺的困难，16% 的工业企业停产，800 多家企业中有 130 家全面停产，其余大部减产，产量仅为产能的 40%—50%。工业产值同比下降 13.3%，GDP 同 2008 年涨幅 5.8% 相比下降 50% 以上，海关税收仅完成预定计划的 88.9%。2009 年 1—9 月，在国际原油从年初每桶 30 多美元上涨超过 80 美元的背景下，塔吉克斯坦国内消费物价指数上涨 4.5%，汽油上涨 61.6%，天然气上涨 89.5%，电力上涨 56.3%。1—10 月外贸额继续下降，同比减少 27.2%。通胀率从 2009 年第一季度的 1.2% 上升到 8 月的 4%。本币索莫尼对美元贬值 26.1%。海外劳务人员收入锐减，给塔吉克斯坦经济恢复造成困难的同时，也严重影响了数以万计家庭的生活。2009 年 1—9 月，塔吉克斯坦境外劳务收入为 13.03 亿美元，同比下降 35%，占 GDP 的比重却升至 46%，被联合国粮农组织认定为全球境外劳务收入在 GDP 中所占比重最高的国家。亚洲开发银行《2009 年亚洲发展预测报告》认为，国际金融危机正在影响塔的经济，主要体现在海外务工人员汇款大幅减少。截至 2009 年 10 月 1

① 《2009 年 1 至 8 月吉尔吉斯斯坦经济增长 3.5%》，新浪网，2009 年 9 月 15 日，http://finance.sina.com.cn/roll/20090915/11256750168.shtml。

日，塔吉克斯坦外债总额已达15.24亿美元，占GDP的32.6%。为此，国际货币基金组织和亚洲开发银行分别向塔提供了3000万美元和4000万美元的援助款，旨在增加塔央行外汇储备，帮助其抵御金融危机，向贫困居民发放补助和购买食品、药品等。尽管塔吉克斯坦经济形势十分严峻，但其政府积极落实反危机计划，最大限度地减轻金融危机对其造成的负面影响。在经济总体低迷的情况下，2009年上半年，塔吉克斯坦农业产值依然增长14.7%，吸引外资额达3.42亿美元，在投项目56个，价值为16.6亿美元。2009年1—9月，塔吉克斯坦GDP小幅增长2.7%，全年有望增长3%。

由于土库曼斯坦推行相对独立的金融政策和稳健的经济发展战略，加之政府反应及时、措施有效，所受金融危机冲击较轻。2009年初，土库曼斯坦政府确定了将通胀率控制在7%—8%以内和保证10.7%的GDP增长目标，相继出台增加投资、加快基础设施建设等刺激经济增长的一系列积极政策，确保了石油、天然气及电力的正常出口。在扩大本国投资规模基础上，土库曼斯坦积极吸引外资，努力实施总投资额约107亿美元、近500个生产型和300个社会公益型项目。在别尔德穆哈梅多夫总统亲自领导下，顺利完成汇率改革，保证了本币马纳特汇率的基本稳定。土库曼斯坦政府还及时颁布《支持中小企业法》，对中小企业在政策、资金和技术上给予必要的支持和扶持。2009年第一季度，土库曼斯坦各项经济指标运行良好，财政收入超过预期指标的34.7%，同比增长1.8倍，天然气开采量同比增加5%，出口增加8%，商品零售总额增加19.6%，各类投资同比增加1.1倍，外贸增长76%，职工工资增加12.4%。液化气、化肥、建材、碘、聚丙烯、纺织品和药材等其他工业产品产量也有不同程度的增加。2009年4月，虽然因“中亚—中央”天然气管道发生事故使土库曼斯坦中断天然气出口而蒙受巨大经济损失，但土库曼斯坦通过其他补救措施，保证了经济运行仍呈上升势头，在建项目1437个，包括阿瓦扎国家旅游区、南北铁路和土中天然气管道等大型项目，总投资额达到150亿美元，超过中亚其他国家。2009年上半年，土库曼斯坦发电量同比增长4.3%，完成了全年电力出口计划的60%，同比增长16%。截至10月，总贷款额同比增长幅度超过80%，建筑业投资额同比增加2倍，GDP增长10.8%，全年有望达到11%，通胀率达到8.9%。

二、各领域合作取得重大进展

虽然中国与中亚国家的经济和双边贸易遭受金融危机沉重打击，但中国同中亚国家的政治关系和其他领域的合作仍取得前所未有的发展。“政治互信、经济互助、资源互补”成为相互关系的突出特点。中国坚持互利友善、共同发展的周边外交方针。中亚国家坚定奉行一个中国政策，在双边和上海合作组织多边框架内密切与华关系往来，共同打击“东突”等“三股势力”，不断深化经济和其他领域合作，推动多边和双边关系又上新台阶。

（一）政治关系空前拉近。中国与中亚国家高层往来不断，双边关系取得重大发展。中国与中亚国家领导人频繁在国际多边及上海合作组织元首峰会和总理例会场合会晤，就双边和地区乃至国际重大问题进行密切磋商，政府部门和地区的合作与交流也在不断深入，极大地增进了相互的了解与政治互信。

中哈关系前所未有发展并处于历史最好时期，两国互为战略伙伴，政治互信空前提升，在涉及对方重大核心利益问题上，彼此都给予对方及时而坚定的支持。双方均将发展与对方关系视为对外关系的优先方向之一。纳扎尔巴耶夫总统多次要求并最终实现访华；两国总理不失时机举行双边会晤；中国国家主席胡锦涛应邀对哈进行工作访问，将两国关系不断推向新的高度。

中乌关系持续稳定全面发展，高层交往密切，政治互信不断增强。中方高度重视发展对乌兹别克斯坦的关系，视其为中亚地区的重要合作伙伴，乌方也将中国作为“最可靠和最可信赖的朋友”。双方都认为巩固和发展双边关系不仅对两国有利，而且对维护中亚地区的和平与稳定也具有重要意义。两国在涉及对方核心利益问题上相互支持，在国际和地区事务中保持密切沟通与协作。卡里莫夫总统专门就山西屯兰矿难致信胡锦涛主席表示慰问，又在其他场合多次与胡锦涛主席会晤，并亲自安排会见到访的中国国务院副总理李克强，凸显对华友好姿态。两国政府间的部门合作顺畅，双方签署了《中乌外交部2009—2011年合作计划》，加强了包括在经贸、能源、安全和农业等领域的交流与合作。

中土关系飞速发展，中方视土库曼斯坦为可靠和重要伙伴，土方将发展对华关系视为对外交往的优先方向之一。两国保持高层密切往来、政治互信不断提升，在国际和地区事务中密切配合，在涉及对方核心利益的重大问题上相互支持。别尔德穆哈梅多夫总统高度重视对华关系，认为两国关系是建立在高度信任、相互尊重、彼此友爱基础之上，是长期的战略性伙伴关系。两国在国际事务中立场相近，共同利益广泛，在联合国等多边组织中合作卓有成效。无论国际风云如何变幻，土库曼斯坦政府和人民都将坚定不移地推进同中国合作的方针。继中土元首在上海合作组织叶卡捷琳堡峰会会晤后，胡锦涛主席和李克强副总理又相继访土，推进两国务实合作取得新的更大进展，使两国关系进入新的历史发展时期。

中国与吉尔吉斯斯坦和塔吉克斯坦两国关系保持良好的发展势头，彼此高层交往紧密，政治互信不断加深，不存在任何影响双边关系深入发展的争议和矛盾。中国高度重视对吉尔吉斯斯坦关系，不断深化睦邻互信、互利合作。吉方也高度重视对华关系，视中国为最重要的政治和经济伙伴，将“巩固与中国的政治关系作为对外政策的优先方向”。坚定奉行一个中国政策，支持中方在涉台、涉藏问题上的原则立场。前总理丘季诺夫成功实现访华，前外交部部长萨尔巴耶夫上任后也主动来华访问，积极发展对华关系。全国人大代表团访问吉尔吉斯斯坦，并与其对口立法机构建立交流与合作机制。

中塔关系更加巩固，中方视塔吉克斯坦为真诚、可信赖的朋友和伙伴，塔方也将中国视为自己的好朋友和好邻居。拉赫蒙总统在国情咨文中继续强调与中国发展关系是塔吉克斯坦对外关系的优先方向。双方在涉及主权、领土完整和安全等重大问题上保持高度互信、相互支持。中塔元首在上海合作组织叶卡捷琳堡峰会举行了双边会晤，将两国关系进一步拉近。

（二）安全合作深入开展。“三股势力”活动猖獗给中国及中亚国家的安全和经济建设构成严重威胁，打击“三股势力”和跨国犯罪等活动成为彼此的共同需要和迫切任务。中国支持中亚国家为维护国家主权所采取的打击恐怖主义行动，中亚国家也坚定支持中国政府打击“东突”等恐怖主义势力的举措。新疆乌鲁木齐“7·5”事件后，中亚国家以上海合作组织为平台联合发表声明，对中国为维护国家主权和领土完整所采取的平暴行动给予坚决而有力的支持。中亚五国还在不同场合，态度鲜明地重申各自国家坚持一个中国政策、支持中方反对和打击“台独”“藏独”“疆独”以及“东突”等“三股势力”的严正立场。与中国执法机构和安全部门建立了双边和多边合作机制和全天候联系渠道，积极主动配合中方维护新疆的稳定。在双边和上海合作组织多边框架内，签署了 10 余个旨在打击“三股势力”的法律文件，进一步丰富和充实了中国与中亚国家在安全领域合作的法律基础。正式启动上海世博会安保联合执法机制，在情报搜集、信息共享、联合侦破等环节上密切协作。加大对口岸、民航等重点地区和部位的排查力度，最大限度地打击恐怖分子的各种破坏图谋。

（三）经贸联系更趋紧密。2009 年，尽管受金融危机影响，中国同哈萨克斯坦、吉尔吉斯斯坦和塔吉克斯坦的双边贸易额分别仅为 140 亿美元、52.8 亿美元和 14 亿美元，同 2008 年相比分别下降 20.2%、43.3% 和 6.5%，但同乌兹别克斯坦和土库曼斯坦两国的双边贸易额却分别达到 19.1 亿美元和 9.5 亿美元，与 2008 年相比分别增长 18.9% 和 14.9%。在世界经济总体低迷不振的大背景下，虽然 2009 年中国与中亚五国的贸易总额下降 23.6%，但仍然达到了 235.4 亿美元的可喜成果。中国依然是乌兹别克斯坦、哈萨克斯坦、吉尔吉斯斯坦、塔吉克斯坦第一、第二、第三和第四大贸易伙伴，是土库曼斯坦最大贸易伙伴之一。

中哈经贸合作更加紧密。2009 年 1—8 月，中国仅次于意大利（15.1%）为哈萨克斯坦第二大出口目的国（13.6%），仅次于俄罗斯（30.6%）为哈萨克斯坦第二大进口国（14.4%）。中国还是哈萨克斯坦最大投资国，哈萨克斯坦在夏秋季大型建设项目上获得的 230 亿美元外国投资中，中国的 130 亿美元投入大大超过韩国、俄罗斯和法国的 50 亿美元、30 亿美元和 20 亿美元投资。中国在哈有 1500 余家中资企业，哈萨克斯坦在华投资项目也多达 70 多个；中国是乌兹别克斯坦第一大（占比 22.1%）贸易伙伴。2009 年 1—9 月，中乌双边贸易额达 14.54 亿美元，同比增长 18.8%。乌兹别克斯坦皮棉出口约占全球出口总量的 11%，位居世界第二位，而中国则是乌兹别克斯坦第二大皮棉进口国，占其皮棉出口总量的 30%。中国在乌兹别克斯坦有 107 个中乌合资企业，在其投资总额大约 3.623 亿美元[①]。尽管中吉经贸额有所下降，但 2009 年第一季度中国仍是吉尔吉斯斯坦第二大投资国和进口国，对其直接投资同比增长 4.2%，在吉尔吉斯斯坦对外经贸合作中占有主导地位，吉尔吉斯斯坦也是中国在上海合作组织的第三大贸易伙伴。两国在交通、通信、矿产开发、农业和建筑等领域的合作项目都有较大进展。

---

① Виктория Панфилова.Туркмения соединилась с Китаем//Независимая газета.10.12.2009.

中国是塔吉克斯坦第一大进口贸易伙伴。2009年1—6月中塔贸易额为4.74亿美元，同比增长67.7%。下半年，中国自塔进口额增长加快，1—9月达到2.65亿美元，双边贸易逆差开始缩小。中国为土库曼斯坦最大贸易伙伴之一，两国经贸关系取得长足进展，双边贸易额稳步增长，天然气、矿业和棉花等领域合作稳步开展。

（四）能源合作取得重大进展。中国与中亚国家能源合作取得新的历史性突破。继中哈石油管道开通后，中国石油天然气集团公司又出资33亿美元，与哈方合作成功购进其石油生产商曼吉斯套石油天然气公司（MMG）股份。两国的核能合作也有重大进展，在哈方向中方提供开发东南部若干铀产地许可证同时，哈萨克斯坦也获得了参与中国境内核电站建设的资格，双方的电力合作也将正式启动。中国与土、乌、哈的四国多边能源合作取得成果，中国—中亚天然气管道竣工并正式运营，标志着中国与中亚国家的能源合作实现了跨越式发展，政治关系的拉近，也会带动其他领域合作的不断深入。对中国能源进口多元化战略和中亚国家能源出口多元化战略具有划时代意义，不仅符合各自国家和民众的长远利益，而且有利于世界能源市场的稳定与平衡。

（五）金融合作大为加强。尽管中国也面临应对金融危机打击的严峻考验，但还是努力开展与中亚国家的金融互助，共商应对危机举措。中国国家开发银行等金融机构先后与哈方签署了一系列金融合作协议，向其提供“石油换贷款”的100亿美元和30亿美元信贷支持；向塔吉克斯坦提供10亿美元投资，帮助塔建造水电和热电站、改造两条输电线路及杜尚别—丹加拉公路；向吉尔吉斯斯坦提供支持比什凯克—纳伦—吐尔尕特公路修复项下的2亿美元优惠贷款，以及用于购买城市公交车、修复比什凯克和奥什市政道路的8000万元人民币无偿援助；向土库曼斯坦提供40亿美元项目贷款。特别是中方在上海合作组织框架内提供的100亿美元信贷支持，极大地缓解了中亚国家的金融危局。

（六）非资源合作有所发展。中国与中亚国家发挥各自优势，已从最初的纯资源贸易和产品初级加工逐步扩展到劳务输出、原料加工、专利转让、大型基础设施承包、农业生产和土壤改良等诸领域、多层次的立体交叉合作模式。特别是在农业领域，中国依托现代化农科经验和粮食增产技术优势，在开展为中亚农业人才培训、建立双边农业技术合作信息交流等方面成果显著。

中哈农业合作取得重大进展，双方达成哈方向中方提供100公顷耕地使用权协议，中方每年可以在哈萨克斯坦生产300万吨粮食。中哈电铝厂等合资企业相继建成并投产，两国在科技、交通、通信、医药、汽车制造、建材和基础设施等非资源领域的合作有序推进。中吉非资源领域合作不断深入，中方出资先后修缮了奥什—萨雷塔什—伊尔克什坦及首都比什凯克和“南都”奥什的多条道路，还资助建设吉泽尔—吉耶水泥厂，铺设中—吉—乌通信光缆等设施。中、吉、乌铁路和公路项目取得新的进展。中国在塔援建的“沙尔—沙尔”隧道工程竣工通车，塔中公路—期杜尚别—丹加拉路段正式启动并正加紧施工。中土有关交通和运输合作进展顺利，并不断向科技和化工等领域拓展。目前，“中国在土库曼斯坦的经济存在不仅限于已投资40亿美元的油气领域。中国正以相当快的速度向其他行业发展，包括轻工业、化工、建筑、运输、制药和远程通信。中国在土已有50多个投资项目，总金额达5亿美元”。[①]

（七）人文合作有序开展。中国与中亚国家在文化、体育、教育、新闻、卫生和旅游等领域的交流与合作进一步加强，人文交流成为彼此深化各领域合作的重要组成部分，中亚国家对加强同中国的双边和多边人文合作愿望更加强烈。应中亚各国要求而建立的孔子学院越来越受青睐，吉国立民族大学的孔子学院专门设立了学历制教育，彰显其对中国文化的重视。“中国热”推升“汉语潮”此起彼伏，中国话题和争学汉语蔚然成风。“汉语桥”世界大学生中文比赛真正成了联系中亚青年与中国交往的平台和桥梁，前往中国游览成为越来越多热爱中国文化青少年的美好愿望。为满足中亚国家学生日渐旺盛的学汉语需求，中国政府决定，在先前已给中亚其他国家增加中国政府奖学金名额基础上，从2009—2010年起，把向土哈两国提供的奖学金名额由此前的每年45人和100人，分别增加到90人和200人，并继续向其提供有关汉语教学方面的资助。此外，中国俄语频道率先在吉成功落地，使其民众零距离接触和了解中国历史和文化，极大地拉近了两国人民的情感。

① Виктория Панфилова.Туркмения соединилась с Китаем//Независимая газета.10.12.2009.

三、深化合作机遇大于挑战

中国与中亚国家毗邻而居，历史交往源远流长，无论国际形势发生任何变化，国际金融危机多么严重，都难以割断彼此间的传统友谊和纽带。然而，随着近年来大国逐鹿中亚、各国战略博弈日趋激烈，中亚的政治、安全和经济形势变得愈加严峻和复杂，中亚国家的对外选择更加多元化，这使中国与中亚睦邻关系发展和各领域合作既有机遇，也面临挑战。

一是来自美国的压力开始增大。随着中国外交在中亚的不断进取和能源合作的重大进展，美国对中国与中亚国家关系的快速发展和各领域合作不断深化“越来越感到不安”，离间和分化中亚国家同中国关系的力度也在不断加大。美国高官不断以欲借中亚之力恢复阿富汗局势稳定为由，频频造访中亚国家。对中亚个别国家在美军驻留问题上的“不敬”，也给予充分理解和宽容，旨在最大限度地恢复其在该地区日渐衰落的影响。中国—中亚天然气管道的贯通，使美国一些政要惊慌失措，美国外交关系委员随即就“中国强行向中亚推行地缘政治”议题专门召开一场罕见的听证会。美国能源事务特使理查德·莫宁斯塔在会上惊呼，过去“美国专家通常把注意力聚焦在俄罗斯身上，甚至认为，中国是美国孤立俄罗斯的一个潜在盟友”。而今，“中国在中亚的影响力不断增大且分量重”，“我们在这些国家很难与其竞争”，“美国需要制定同中国竞争能源的战略”。美国副助理国务卿乔治·克洛尔也表示，“由于中亚地区处在美国关键的安全、经济和政治利益支点上，本届政府不会再把中亚看成是一潭被遗忘的死水”。“近来年美国将会在中亚加大施力，以抗衡中国的影响。”美国已“开始真正把中国视为美国在中亚的能源对手”，而且“不会在没有受到挑战的情况下轻易放行”。[①]

二是俄罗斯的担心和忧虑加剧。俄罗斯对中国与中亚的经贸特别是能源合作一直心存疑虑。随着中国与中亚国家在上述领域合作的不断深入，俄罗斯的担忧也在日益加剧。“中国控制了哈萨克斯坦 21% 的开采石油，已是其战略伙伴俄罗斯的 2.5 倍。”而“哈中天然气管道（输送土库曼斯坦的天然气）的启用将严重

---

① M. K. 巴德哈库马：《中国调整对中亚的接触》，载《亚洲时报》2009 年 12 月 24 日。

削弱（俄罗斯）天然气工业股份公司的地位，并实际上剥夺了它的垄断地位”。[①] 哈萨克斯坦将曼吉斯套石油天然气公司（MMG）49% 的股份转让给中国，而这正是俄罗斯孜孜以求的。在俄罗斯精英层眼里，“显然，中国希望先扩大经济影响力，然后是政治影响力”。“中国与中亚国家经济合作的发展未来，可能导致地方经营者改变政治和安全取向，从俄罗斯转向中国。”而且，一些情况已在发生，“塔吉克斯坦政府将中国视为比俄罗斯更有吸引力的经济伙伴，当局对此毫不掩饰”。俄罗斯专家认为，“从经济层面看，与塔吉克斯坦的合作项目对中国没有益处，但政治上有好处。实质上，中国是在购买政治影响力”。[②] 所以，在他们看来，“俄罗斯在中亚已经遭到战略上的失败。首先土库曼斯坦的能源出口渠道已并非莫斯科莫属。俄罗斯从此失去了对其天然气的垄断地位”。“中国成了我们的主要竞争对手。中国把中亚国家置于自己的经济影响力之下。”[③]

尽管中国与中亚国家密切关系、加强各领域的合作面临来自美国的遏制和干扰，俄罗斯的忧虑也不断增加，特别是中亚国家社会和民众心理深处对中国的某些偏见短期内难以彻底清除，但中国与中亚国家睦邻友好、互利合作是彼此生存和发展的共同需求，是大势所趋，符合中国和中亚各国的根本利益，也顺应当今世界发展潮流，中国与中亚各国彼此互利合作前景依然广阔。

（一）稳定的中亚局势为开展互利合作提供重要保障。经过多年动荡，中亚疾风暴雨式的“颜色革命”风潮已去，反对派人气缺失，无力再向当局发起强力攻势，社会局势趋于稳定。多数国家总统垂直领导力度不断增强：哈萨克斯坦总统威望如日中天，反对派望尘莫及；乌兹别克斯坦强势总统地位无人可比，议会选举毫无悬念；塔吉克斯坦总统地位坚如磐石，民众声望不断上升；土库曼斯坦总统励精图治，地位早已确立。领导人坚持对华友好方针，控局能力提高，社会政局趋于稳定，为持续发展对华关系提供重要保障。

（二）中亚国家大国平衡政策为中国与其深入合作提供先决条件。尽管美国等西方国家觊觎中亚地缘战略利益已久，试图控制中亚；俄罗斯也以独联体和欧

---

① Дарья Асламова. Китай начнет поглощать бывший СССР с Казахстана.//Комсомольская правда.17 ноября 2009 года.

② Китай укрепляет политическое влияние в Таджикистане при помощи инвестиций//RusCable,Ru.8 июня 2009.

③ Виктория Панфилова.Туркмения соединилась с Китаем//Независимая газета.10.12.2009.

亚经济共同体及俄、白、哈关税同盟为依托，加紧维系和巩固有利于自己的昔日经济联系和“能源产业链”。但中亚国家奉行大国平衡外交方针，推行多元化的对外经济合作战略，给中国保持和发展与中亚各国传统联系和经贸往来提供了先决条件。哈萨克斯坦和土库曼斯坦两国在保持与俄罗斯传统经贸和能源合作、拓展对欧美能源合作的同时，仍然积极发展对华经济和能源合作。近期以来，乌兹别克斯坦、吉尔吉斯斯坦、塔吉克斯坦三国在对外经贸合作中，也都将对华合作放在首选之一。

（三）金融危机使中亚国家对华防范心态大为减弱。中亚国家对深化与中国的经贸合作存有矛盾心态，既有扩大同中国合作的需求，也有担心成为中国经济附庸的忧虑。金融危机使中亚国家对外经济合作受到巨大冲击，拓展海外市场、扩大传统产品出口创汇成为中亚各国当务之急，进而各方对外资进入其战略资源领域投资的政策也相对放宽，对华戒心大大减弱。哈萨克斯坦在金融危机爆发后即宣布，其国内所有大型项目都对华开放，并愿在能源等资源领域继续扩大对华合作。在此背景下，中国同土库曼斯坦的能源合作突飞猛进，中国与乌兹别克斯坦的能源合作也捷报频传。乌兹别克斯坦总统卡里莫夫表示，在国际金融危机不断加深的情况下，中国政府采取一系列应对国际金融危机冲击的积极有效措施，为化解中国经济增长面临的困难、推动世界经济增长发挥了重要作用。在当今世界发生复杂深刻变化的背景下，乌方愿加强同中国各领域的合作。① “而吉尔吉斯斯坦和塔吉克斯坦对本国成为原材料供应国都没有异议。”② 哈萨克斯坦议会上院议长托卡耶夫也表示：“我们不能无视中国，我们拥有 1700 公里的共同边界。中国是全世界发展最快的经济体，并很快将成为世界第二大经济体。正如我国总统所说，不必感到无畏的恐惧，并传播‘中国威胁论’。”③

（四）中国睦邻周边政策加速中国与中亚国家不断走近。中亚国家对中国的看法发生重大改变，“中国模式”受到青睐，各国欲借中国经济快车拉动本国经济加速发展愿望更趋强烈。中国“与邻为善、与邻为伴”，致力于“睦邻、安邻、

---

① 《杨洁篪谈胡锦涛主席访问哈萨克斯坦和土库曼斯坦》，中国经济网，2009 年 12 月 15 日，http://www.ce.cn/xwzx/gnsz/szyw/200912/15/t20091215_20614117.shtml。

② Аждар Куртов. Победа без столкновения//Россия в глобальной политике.№ 4,2008 г.

③ Дарья Асламова. Китай начнет поглощать бывший СССР с Казахстана.//Комсомольская правда.17 ноября 2009 года.

富邻”的周边外交政策，以及构建和谐世界的理念赢得中亚国家的广泛认同和赞誉，开始接受中国是促进世界和地区和平、稳定及发展不可或缺的重要力量的事实。中国坚持互利共赢、不寻求特权和霸权的和平外交方针，在促进中亚地区长久和平与稳定的同时，也给区域合作注入新的活力，深得中亚国家的好评和信赖，在当今大国在中亚博弈愈演愈烈背景下，中亚国家发展同中国的紧密关系愿望不但没有被削弱，反倒大为增强。也正如俄罗斯专家所言，“中国与中亚国家各领域合作能够不断深入，主要成功在于中国的睦邻政策与和谐理念”。

（五）中国与中亚国家各领域合作互补优势依然强劲。中国反对集团式思维，主张构建和谐、民主和公正的国际社会秩序，这与中亚国家奉行大国平衡、多元外交政策相呼应；中国经济提前企稳回升，为中亚国家抢占中国市场、扩大出口提供机遇；中国系全球最大、最稳定的能源战略买家，地理位置优越，是中亚国家能源出口多元化战略的最佳路线；中亚国家工业基础先天不足，短期内难以完全摆脱以原材料出口为可持续性经济发展“奠定基础”的渐进过程，而稳定的中国市场和先进的制造业工艺可以帮助其获得现代化工业技术。中国为可持续发展同中亚国家开展能源合作，也为中亚国家实现能源出口多元化战略创造了条件。

而且，“借助北京的帮助，阿斯塔纳能够保障本国南部地区的天然气供应，而目前这些地区只能从乌兹别克斯坦购气。同时，它还能改造和兴建炼油厂”。[①] 中国—中亚天然气管道的建成和运营，改善了中国能源供给状况，也带动了土库曼斯坦、乌兹别克斯坦、哈萨克斯坦三国和周边国家的相关产业链发展，一定程度地缓解了当地就业压力。中—吉—乌铁路和公路网络的建立，更会使中国和中亚国家共同受益。在密切中国与中亚、中东和欧洲经贸联系同时，也为中亚国家与东亚地区的经贸联系打开更加便捷的通道。也正因为如此，“中亚国家不但以热情的姿态面对中国，且很享受中国对它们的所有关注”。尤其是在西方经济尚未走出低谷，“俄罗斯对塔吉克斯坦投资令人失望的情况下，中国实际上是唯一一个能够投资塔吉克斯坦经济并在那里做大型项目的国家”。[②]

中国与中亚国家关系在金融危机中逆势发展的事实表明，业已形成的中国与

---

① Виктория Панфилова.Нефтяной взнос//Независимая газета.15.04.2009.

② Китай укрепляет политическое влияние в Таджикистане при помощи инвестиций//RusCable, Ru.8 июня 2009 года.

中亚国家政治、经济和人文等联系十分紧密，具有强大的生命力。随着中国与中亚地区的铁路和公路网络的建立和中国—中亚天然气管道贯通，愈加使“中国成为中亚安全的‘利益攸关方’”。中国与中亚的命运更加紧密相连。在可预见的未来，中国与中亚国家的关系会有更大发展，各领域合作蓄势待发、前景广阔。

IV

跌宕起伏的俄美关系

“9·11”事件后俄美关系的发展趋势①

2001年的“9·11”事件使世界格局受到强烈冲击和震撼，给本来就错综复杂的当今国际关系又带来许多不确定因素。俄罗斯根据突发形势和对西方外交的总体战略，并从自身利益需要出发，积极支持和配合美国打恐行动，使俄美关系骤然升温。但是，由于美国政府决策层对俄罗斯根深蒂固的不信任和俄美在地区性问题上各自利益的不可调和性，俄美关系在可预见的未来不会有根本性变化。

2001年9月11日美国发生恐怖袭击事件后，布什政府为了在阿富汗实施报复性军事打击，决定以实用主义态度及时调整对外政策，组建国际反恐“联盟”，突出打恐压倒一切的迫切性。俄罗斯以此为契机，积极向美国靠近，加大了与美国在反恐合作上的力度，使一度冷淡甚至有些紧张的俄美关系大大改善。美国和俄罗斯都表示不再互为敌人，两国关系大有顷刻间成为盟友之势，从而引起国际社会的广泛关注。

一、俄美关系骤然升温的原因

（一）俄美关系的背景

普京执政以来，大力推行对内振兴经济、富民强国；对外不搞对抗，寻求对话，力求尽快融入欧洲、跻身强国之列，进而发挥其大国作用的政策。为实现这一战略目标，俄罗斯一直急欲改善与西方大国关系，赢得有利的国际环境。但以美国为首的西方社会始终不信任俄罗斯。布什入主白宫以来，对俄罗斯的政策更是强硬有加，先是在美国联邦调查局内抓出与俄罗斯有联系的间谍，后又驱逐俄罗斯驻美国使馆大批外交官，使俄美关系一度十分紧张，几乎降至冰点。紧接

① 该文载在《东欧中亚研究》2002年第2期，第66—70页，被中国人民大学书报资料中心《国际政治》2002年第7期收录转载。

着，美国又在北约续扩、导弹防御系统和《反弹道导弹条约》等问题上与俄罗斯争执不休，导致俄美关系阴云密布、“雪上加霜”。尽管如此，俄罗斯外交部部委会在2001年4月的扩大会议上继续强调与美国关系依然是俄罗斯外交优先方向之一。后来，虽经俄罗斯再三努力修补与美国的关系，实现了卢布尔雅那和热纳亚两国首脑会晤，但由于美国在一些重大问题上始终坚持强硬立场，致使两国关系并无大的改善。

（二）美急于打恐，不得不及时调整对俄政策

“9·11”事件后，美国急于改善与俄罗斯的关系，其主要动因是：

1. 需要进入中亚俄罗斯的势力范围打恐。为了拼凑“国际反恐联盟”，特别是在锁定打击对象为阿富汗塔利班和本·拉登势力后，美国迫切需要在与阿富汗毗邻的国家中寻找实施军事行动的“落脚点”。在首选巴基斯坦不尽如人意情况下，美国自然而然地把目光投向拥有原苏联军事基地和机场的中亚独联体国家。

2. 需要得到进驻中亚俄罗斯势力范围的“准入证”。中亚历来被称作俄罗斯的“后院”，俄罗斯对其拥有无可争议的传统影响。美国要把军队开进这一敏感地区，可以说，没有俄罗斯的同意，是不会那么容易的。美国不能忽视俄罗斯在独联体中亚国家中的特殊地位和影响，需要通过改善与俄罗斯的关系，得到俄罗斯的支持与合作。为此，事发后第二天，布什在与普京的通话中就明确表示，“在美国发生大规模恐怖袭击事件后，两国有必要共同打击恐怖主义”。[①]2001年9月30日，美国国防部在一份评估报告中也称，俄罗斯已不再构成对北约常规军力的威胁，与美有一些“重要的共同安全关切”，“出现合作机会”。在美国准备对阿富汗实施军事打击的一至一个半小时前，布什又破天荒地向普京通报了打击的具体时间，以示美国对与俄罗斯合作打恐的诚意。

（三）俄罗斯真心实意与美国改善关系，营造于己有利的环境

“9·11”事件后，俄罗斯以迎合美国反恐合作需求为契机，加大向西方靠拢的步伐，在改善与美国关系上做了具有突破性的努力，其主要目的是：

---

① 俄塔社莫斯科2001年9月12日电。

1. 加速推进向西方靠拢的进程，赢得有利的国际环境。俄罗斯只有实现经济复兴，成为经济大国才能进一步提高大国地位。而要实现这一目标，其唯一的途径就是，首先要扩大与美国的合作与协调，进而突破目前俄美关系的僵持局面，从而带动俄罗斯外部环境的全面改善。俄罗斯把与美国“建立新的——全新的长远伙伴关系”作为首要的对外政策和战略目标。“9·11”事件改变了以往俄罗斯在与美国改善关系互动中“一厢情愿”的被动局面。美国在反恐行动中有求于俄罗斯，使俄美关系有了转机。“9·11”事件发生后，美军随即进入了高度戒备状态。如在以往，俄罗斯也会相应进入同等级戒备。然而，此次普京却立即打电话告诉布什，“我们没有命令军队进入戒备状态。不仅如此，还撤销了战备状态”。[①] 以此让美国排除对俄罗斯的“担忧”专心打恐。布什及美国高官也立即做出回应，表示同意普京关于美国与俄罗斯已不再互为敌人的说法。在美国危难之时，俄罗斯抓住契机主动向美国伸出援助之手，从而促进了俄美关系的大幅度改善，减缓了长期以来的外部压力，赢得了有利的国际环境。

2. 解决车臣问题。近年来，俄罗斯虽加大了对车臣非法武装的打击力度，但迫于西方大国压力，军事行动受到很大限制，并没有彻底制止车臣非法武装继续破坏和分裂俄罗斯的活动。车臣问题的久拖不决消耗了俄罗斯国家的大量物资财富。所以，这次俄罗斯在对美国做出积极改善关系、共同打击国际恐怖主义姿态的同时，始终把美国遭受恐怖分子袭击同车臣叛军在俄罗斯国内制造爆炸等恐怖事件联系在一起。2001 年 9 月 21 日，普京在访问德国前接受媒体采访时称，“不应得出这样的结论，即在莫斯科炸毁大楼的是争取自由的战士，只有在其他国家搞这种活动的人才是恐怖分子。他们全都是犯罪分子”。[②] 迫使美国等西方国家在对俄罗斯解决车臣问题上的态度有所改变，“搭车”解决车臣问题。

3. 获得经济利益。目前，虽然俄罗斯经济连续两年有所好转，外汇储备有所增加，但经济增长还远没有完全摆脱对石油价格的依赖。尤其是俄罗斯欠外债 1600 亿美元，面临巨大的还债压力。俄罗斯急需通过与美国改善关系来延缓偿还或减免所欠西方的沉重债务，取消对俄罗斯的歧视、挤压政策，进而得到美国和西方国家的经济援助和给予俄罗斯最惠国待遇，支持其早日加入世贸组织。

---

① 美联社华盛顿 2001 年 9 月 29 日电。
② 俄通社—塔斯社莫斯科 2001 年 9 月 21 日俄文电。

4. 消除塔利班和本·拉登势力对俄罗斯及独联体的威胁，在阿富汗培植亲俄势力。近年来，阿富汗塔利班和本·拉登势力已威胁到俄罗斯国家安全和战略利益。独联体南部边界和俄车臣等南部地区也频频告急、危机不断。早在2001年3月普京就颁布命令，规定坚决执行联合国安理会2000年12月19日第1333号决议，加强对塔利班的制裁。此次美国出面对俄罗斯“外患”的打击无疑正合俄罗斯的心愿。俄罗斯可利用与美国改善关系之机，借美之手除掉塔利班及本·拉登这一心腹大患，并乘机促使亲俄罗斯的阿富汗“北方联盟”坐大，以确保自己在中亚、南亚的战略利益，获“渔人之利”。

二、俄美改善关系的影响

俄美关系在很大程度上是决定世界政局的主要因素之一。目前，冷战时期的两个“死对头”、冷战后又互为“潜在威胁对手”的俄罗斯和美国，为了反恐走到了一起，从而使两国关系也随之由冷变热，这无疑会给当今国际形势、地区格局带来重大影响。

（一）对俄罗斯的影响。俄罗斯以积极支持美国反恐为切入点的合作带动了俄美关系的迅速改善，进而改变了以往俄罗斯在国际重大问题上受排挤或边缘化的被动局面。减轻了俄罗斯的外部压力，拓展了外交空间，营造了与西方大国改善关系、加强合作的良好外部环境，达到了维护其大国地位的目的。同时，也为俄罗斯解决国内车臣问题和巩固国家安全创造有利条件。经济上，美国等西方国家对俄罗斯的回报也应该不菲。然而，俄罗斯也会面临一些挑战。

1. 普京居高不下的威信和支持率面临考验。对普京与美国发展关系的一系列“突破性”举动，俄罗斯国内舆论界、军方和杜马中已经出现一些批评和指责，有人甚至担心普京会像戈尔巴乔夫当年断送苏联那样断送俄罗斯。有的媒体还谴责普京在“出卖国家利益”，是比叶利钦还坏一千倍的敌人。尤其是2001年12月布什正式宣布退出《反弹道导弹条约》及美国有迹象在中亚长期驻军后，普京所面临的压力增大。

2. 俄罗斯在中亚的主导地位和能源战略利益受到挑战。俄罗斯迫不得已允许美军进入自己的“后院”打恐，以增加与美国改善关系的诚意和力度，难免不有“引狼入室”之忧。但形势所迫，俄罗斯又不得不走这一步棋，赌上一把。美国以打击塔利班势力和本·拉登恐怖分子为由，既然把军队开进早就对其垂涎三尺的中亚，那么，其完全可能借以保持中亚的安全和稳定及中亚有些国家“要求保护”为由，就势长驻中亚。由于美国的介入，势必会削弱俄罗斯在这一地区的主导地位，打破中亚地区原有的力量平衡。俄美在该地区战略和能源利益上的碰撞和摩擦将难以避免。

3. 与美国的对抗和僵持将更多地让位于妥协与合作。目前，美国为打恐需要，对俄罗斯做出有限的善意姿态，但从长远看，美国决不会对已无力与之抗衡的俄罗斯做出更多让步。对此，普京十分清楚。因为，根据俄罗斯目前国力，如果与美国继续硬抗，只会加剧俄罗斯国力的进一步衰退，国外安全环境也会恶化。因此，在不损害国家根本利益前提下，俄罗斯已经在《反弹道导弹条约》、北约续扩等与美国争执的问题上不得不采取务实策略，做出一些妥协，以利与美国关系的改善。在可预见时期内，俄罗斯与美国的妥协与合作会多于僵持和对抗。

（二）对美国的影响。与俄罗斯改善关系，既满足了美国要俄罗斯提供打恐支持与合作的迫切需要，又可乘机打入“渴望已久”的中亚“敏感”地区，加大了美国对该地区的影响，从而给美国在中亚的战略和能源利益带来益处。前不久，俄罗斯又宣布将关闭在古巴的电子情报站和越南金兰湾的海军基地，以示俄罗斯支持美国打恐的“诚意”。由于昔日的主要对手俄罗斯在反恐合作上向美国积极靠拢，使俄美关系在短时间里得到大幅改善。美国没了俄罗斯从旁掣肘之忧，进而使美国的“一超”和“霸主”地位进一步增强。“9·11”事件后，美国防部战略评估报告强调，美国全球兵力不减，在加强本土防卫时要扩大在亚太地区的军事存在，重点放在东北亚和西南亚。可见，美国主导亚太安全，维护“一超”地位之心并没有因俄罗斯的退让而有所收敛。眼下，美国自身还不愿深究恐怖分子这样大规模袭击美国的深层背景和原因。所以，在美国打恐压倒一切的威慑下，各国反霸的呼声会被“反恐”的声势暂时所压制和削弱。但是，美国寻求俄罗斯在反恐上的合作，与俄罗斯改善关系，同样也要付出代价。

1. 在车臣和“人权”问题上不得不软化立场，压低批评调门。美国在与俄罗斯改善关系的同时，已要求车臣当局断绝同国际恐怖组织的联系，接受和平谈判。[1] 在软化以“人权”理由干涉俄罗斯内政立场的同时，对其他与美合作国家的所谓人权问题的批评也在减少。尤其是对乌兹别克斯坦等中亚国家的“民主和人权”状况，一改以往的批评态度，开始“视而不见”。

2. 弱俄、遏俄、防范俄罗斯的总体战略进程不得不放慢。由于美国将打恐第一阶段战场锁定在阿富汗，迫使美国不得不马上调整对俄罗斯的政策，改善双边关系，这必然会影响美国对俄罗斯遏制政策的进程。如果美国不及时与俄罗斯改善关系，而是继续向俄罗斯施压、发难、制造事端，势必会把俄罗斯推向对立面，不利于美国集中力量全力打恐。为此，“9·11”事件后，美国先后三次推迟了俄罗斯反对的 NMD 试验，[2] 向俄罗斯做出了一个姿态。在美俄首脑华盛顿会晤时布什又响应普京的关于削减进攻性战略武器的建议，在今后 10 年内美国将把核弹头数量减少到 1700 枚到 2200 枚的范围。接着，在俄罗斯一再努力下，于今年年初，美国又承诺同意俄罗斯的要求，对有关削减战略武器的承诺，在双方协商后，于今年春季在俄罗斯圣彼得堡举行的俄美首脑会晤时将其变成协议。[3] 所以，虽然美国弱俄、遏俄的总体战略不会根本改变，但在手法和形式上则不得不更加隐蔽、放缓，其以往的强硬立场会有所变化，正面碰撞也会减少，与俄罗斯的合作与妥协将多于对立和僵持。

（三）对中亚地区的影响。俄美两大国同时加大在这一地区的合作，必然会使中亚各国的合作与互动空间进一步扩大，给这些国家发展与美国等西方国家关系带来机遇。但是，中亚地区是俄罗斯的地缘政治支柱，如果美军在该地区长期存在下去，俄罗斯在这一地区的主导地位就会受到挑战。俄美为维护各自在中亚的战略和能源利益，冲突和矛盾则在所难免。这不但会制约俄美合作打恐，而且还必将导致中亚利益的重新划分，使原有的地区秩序和格局发生变化，各种力量重新组合，使本来就不安定的中亚地区的形势变得更加复杂，进而加剧这一地区的动荡和不安。目前，独联体集体安全条约束缚着中亚国家发展与美关系，不能排除其中个别国家效仿乌兹别克斯坦退出该条约的可能性。

---

① 《美国展开对恐怖主义外交的成果与代价》，载日本《产经新闻》2001 年 9 月 30 日。

② 美联社华盛顿 2001 年 10 月 25 日电。

③ 美联社华盛顿 2001 年 1 月 16 日电。

三、俄美关系发展前景

反恐怖主义是俄美关系改善的契合点，这决定了这一改善会因打恐形势的变化、双方利益的不断交织和碰撞而变化。由于双方在打恐问题上各有利益考虑、互有所求，致使许多矛盾和分歧不得不暂时被淡化、搁置。

1．俄美根本利益难以调和，建立长期稳定互信关系困难重重。冷战后，随着两极世界的消失，原有的安全制约机制不复存在。美国开始以霸主身份主导全球，寻求建立美国利益至上的“单极”世界。政治上推行西方式的价值观，强化“一超”地位、经济上推行以美国为主导的经济全球化、军事上追求单方面战略绝对优势。这必然会对在政治上倡导多极化、经济上寻求独立自主参与世界经济活动、军事上不搞对抗、实行战略收缩的俄罗斯基本对外方针和战略构成威胁和挑战。

2．在对恐怖主义的界定上标准各异。以美国为首的西方国家在反恐问题上一直坚持双重标准，称车臣非法武装为“争取独立的自由战士”。出于打恐的实用主义需要，暂时降低了对俄车臣政策的批评调门，但实际上对车臣的人权问题一直耿耿于怀。2001 年 10 月 4 日，美国白宫国家安全顾问赖斯在美俄商会上称，虽然俄罗斯在“9·11”事件后与美国进行了密切的合作，但美俄双方的一些严重分歧依旧存在。特别是在武器扩散和人权问题上的分歧。赖斯还警告说，“简单地掩盖我们仍存在一些分歧的事实，对我们任何一方都是不好的”。“我们将继续关注车臣的人权问题，继续就此问题进行会谈。”而俄罗斯趁美国立场稍微软化时，乘机加大对车臣非法武装的打击力度，使之遭到重创。美国“如鲠在喉”，内心不爽。今年年初，美国高官竟再次会见所谓的“车臣外长”，此举遭到俄罗斯的抗议。[①] 可见，美国不根本改变其双重标准，俄美反恐合作变数则在所难免，直接影响两国关系的进一步发展。

3．在对打击对象上立场不同。美国欲将打击对象范围扩大到阿富汗以外。俄罗斯坚决反对。今年 1 月 29 日，布什不顾国际社会强烈反对，在国情咨文中向阿富汗以外的“邪恶轴心”伊拉克、伊朗和朝鲜宣战。此前，俄罗斯外长曾表

---

① 俄塔社莫斯科 2002 年 1 月 24 日电。

示过，俄罗斯不能同意将反恐行动扩大到包括伊拉克在内的其他国家。稍后，他又在记者招待会上强调，俄罗斯会在伊美对峙时向伊拉克提供“重要支持”。俄罗斯与上述美国提到的国家关系非同一般，美国要对这些国家实施打击，不能说不是对俄美关系的严峻考验。

4. 在打恐方式和程序上意见不一。俄罗斯强调不参与美国的军事行动。呼吁打恐要防止伤害无辜，要通过联合国以政治方式解决，应遵守联合国宪章和其他国际法条款。① 而美国则从一开始就我行我素，自行“招兵买马”，对联合国采取实用主义态度，想用时则用，不想用时则抛在一边。美国国防部副部长沃尔福威茨强调，美国就其遭受恐怖袭击做出反应时，“无须联合国授权”，如需要，美国将自行打击国际恐怖主义。②

5. 在阿富汗政府组成和重建问题上各有打算。美国不愿看到战后阿富汗出现有利于俄罗斯的政治格局。而俄罗斯也难以接受战后阿富汗政权向美国“一边倒”的现实。双方都还会竭力对阿富汗政权施加影响，给进一步合作和深化关系投入阴影。

6. 在中亚的利益上不可调和。美国为确保在中亚的战略、能源需求，正筹谋在此长期存在的准备。据称，五角大楼高官已表示，美军在比什凯克附近的存在将是长期的。③ 这必然触及俄罗斯在中亚的利益。俄美间战略利益上的碰撞和摩擦将难以避免。俄罗斯借美国打恐之便，早在去年就向中亚增调了兵力。与此同时，俄罗斯还不顾美国反对，与伊朗成功签署了 3 亿美元的军售协议。

7. 俄美国内都有制约因素，决策层面临巨大压力。对普京在与美国改善关系上“倾其所能”的举动，俄罗斯国内意见并非一致。军方从一开始就出现一些不满，一些杜马议员对此也有微词。特别是在对允许美军进入中亚、为其提供机场和基地、撤销设在古巴和越南的基地等问题上，俄罗斯上层也一直存有分歧。俄罗斯境内 2000 万穆斯林对俄罗斯与美国开展反恐合作也会有牵制。而美国国内对与俄罗斯改善关系合作打恐的得失也意见不一。美国国内对布什政府在车臣和导弹防御问题上采取一时取悦于俄罗斯的立场也有非议。对俄罗斯助美打恐的

---

① 新华社莫斯科 2001 年 10 月 10 日电。

② 美联社慕尼黑 2002 年 2 月 3 日电。

③ Роман Стрешнев.Центральная Азия принимает "гостей"-В регионе растет военное присутствие США и их союзников//Красная звезда.9 января 2002 г.

真实意图更是表示怀疑。俄美关系在反恐合作基础上的改善不能不受到各自国内因素制约。

8. 在北约东扩等重大问题上分歧不减。2001 年 10 月 5 日，俄罗斯国家杜马主席谢列兹尼奥夫在表示反恐立场与北约相近同时再次表示，俄罗斯继续"强烈呼吁北约不要东扩"。然而，即使是在俄罗斯积极支持美国打恐行动、两国关系极大改善的时候，布什也仍向世人保证全力支持北约继续扩大。布什曾再次强调，2002 年 11 月布拉格北约首脑会议上，对北约扩大问题，"美国准备与我们的盟友做出确实的、历史性的决定"。[①] 在《全面禁止核试验条约》问题上，俄罗斯已向美国提出，如美国政府改变对该条约的拒绝态度，俄罗斯愿意接受"远远超出"其国际义务的新核查措施。然而，美国对此却不屑一顾，甚至拒绝参加去年联合国召开的讨论执行该条约的会议。2001 年 12 月，布什不顾俄罗斯和国际社会的强烈反对，正式宣布单方面退出《反弹道导弹条约》，以便推行其建立国家导弹防御系统计划。普京当即表示，美国的做法是错误的。俄美在削减战略核武器问题上虽有"进展"，但美国仍不顾俄罗斯的强烈反对，拒绝销毁其减下来的核弹头，而是将其转入储备状态，以便在今后需要时重新部署。俄罗斯则坚持对战略核武器的任何削减都应该是永久性的。再有，俄美在不扩散核武器等问题上要真正达成共识，还有很长的路要走。

此外，由于"9·11"事件带有明显"反美"色彩，俄美关系的改善又是建立在俄罗斯积极支持美国"反恐"基础之上，因此，俄美关系必然会受到广大穆斯林世界及国际反美力量的牵制。

"9·11"事件后，俄罗斯大造声势，积极改善与美国关系，意在从政治上根本消除与美国的"传统对立意识"；在经济上促使美国取消对俄罗斯的歧视，获得经济利益；在安全上减少美国对俄罗斯的威胁和压力。为此，2001 年 11 月 11 日，普京在对美国首次正式访问前接受美国记者采访时做了进一步阐述，俄罗斯与美国的合作"不是权宜之计"，而是为了自己国家利益。他希望能够把美国看作是"可靠和稳定的伙伴"。然而，由于美国决策层的冷战思维和"霸主"心态短期内难以消除，其主流社会从思想深处仍把俄罗斯看成原苏联的全方位继承

① 法新社索非亚 2001 年 10 月 5 日电。

体，对俄罗斯始终戒备有加。虽然冷战在形式上已结束10多年，但在美国民众心中，“冷战”却一刻也没停止。从美国国家安全顾问赖斯评价俄罗斯对美国在反恐上的支持是“终结冷战的具体时刻”的心态也不难看出，冷战结束10年来，美国上层人物心理上的冷战也没有停止过，对俄罗斯传统政治的敌对猜疑更是从未消失。美国绝不会对世界上这个唯一有能力摧毁美国的核大国完全放心。事实反复证明，俄美关系改善的钥匙掌握在美国手中，而美国决策层中对俄罗斯的深层次不信任难以从思想上彻底抹去，以及俄美各自在一些地区中的利益不可调和性而言，俄美之间的矛盾将会长期存在，俄美关系在相当长的一个时期内不会有根本性的变化。

美国对中亚的渗透和美俄角逐[①]

中亚历来是大国争夺和博弈的重点地区，在美国全球战略中的重要性不言而喻。随着苏联的解体特别是“9·11”事件后美军进驻中亚，美国和俄罗斯在这一地区的渗透和反渗透角逐日益激烈。

一、美国对中亚全面渗透

美国觊觎中亚已久，1992年苏联刚一解体，美国即通过“民主过渡”的《支持自由法案》，敦促和帮助包括中亚五国在内的前苏国家加速民主进程。“9·11”事件则为美国全面进军中亚提供了千载难逢的时机。随着中亚大门的彻底开启，美国对该地区的政治、军事、经济和文化开始全面渗透，中亚国家“独闯世界”的心理骚动空前显现，昔日苏俄一统中亚战略格局被完全打破，俄罗斯面临着能否继续维系对中亚传统影响的严峻挑战。

（一）积极推进民主改造进程

美国发动反恐战争并没有放松通过官方和非官方渠道对中亚国家的民主改造。“9·11”后，索罗斯基金会所属的“开放社会”研究所专门设立中亚项目组，负责支持中亚国家流亡海外的反对派向本国当政者发难。2002年初，美国欧洲和欧亚事务助理琼斯在出访中亚时表示，“美国应进一步长期支持中亚五国的民主制度以及当地非政府组织和独立的新闻媒体。我们在与该地区国家共同打击恐怖主义同时，还应该加强遵守人权的工作”。[②]在美国的不断游说和压力下，2002年以来，乌兹别克斯坦相继释放了800余名政治犯，并批准反对派“团结

① 《中国周边安全环境评估及政策选择（2010—2020）》，世界知识出版社2015年版，第449—460页。

② Василина Васильева, Сергей Козлов,Виктория Панфилова.Базы в обмен на стабильность и процветание//Независимая газета.28.01.2002.

党”重新登记、参与国家政治生活，同时允许美国为乌兹别克斯坦维权组织建立资源中心和培训工作人员拨款。卡里莫夫总统甚至公开表示，美国为乌兹别克斯坦做了独联体其他国家做不了的事情。在消除乌兹别克斯坦南部边境地区紧张状态和危险性方面起关键作用的是美国、美国的决心及其训练有素的武装力量，而不是独联体集体安全条约成员国。这是近5年乌兹别克斯坦南部边境受到塔利班武装侵袭时得到的有力帮助。[①] 在美国策划下，2005年3月，被誉为“中亚民主之岛”的吉尔吉斯斯坦爆发震惊一时的“郁金香革命”，过分亲俄的政府被反对派推翻，阿卡耶夫总统辗转逃往莫斯科。2012年7月，美国负责中南亚事务助理国务卿罗伯特·布莱克在参议院阐述“美国在中亚存在的总则”时承认，美国又对2011年10月吉尔吉斯斯坦“二次革命”后的总统选举给予了资助。

（二）加强军事渗透

“9·11”后，美国以开辟通往阿富汗反恐战场运输线、物资转运、技术经停、迫降机场等名义，先后获取了包括哈萨克斯坦阿拉木图空军基地、乌兹别克斯坦汉纳巴德空军基地和杰尔姆兹基地、吉尔吉斯斯坦玛纳斯空军基地、塔吉克斯坦库利亚布基地和土库曼斯坦马雷–2号空军基地，顺理成章地实现了在中亚的军事存在。为扩大对中亚的军事存在，2004年，美国抛出“里海保护”计划，帮助中亚里海国家建立里海水域监控系统，组建特种部队保护里海能源外运通道安全。华盛顿始终强调美国是哈萨克斯坦的重要利益攸关方，在吉尔吉斯斯坦、塔吉克斯坦和乌兹别克斯坦都有其重要战略利益，不断加大军事渗透力度，试图使“它们成为美国在上合组织成员国内部的特殊伙伴”。[②]

为达到长期在中亚军事驻扎的战略目的，虽然塔什干在“安集延”事件后断然关闭了美军基地，但华盛顿对卡里莫夫总统不但不急不恼，反而大打“美元攻势”。美国国务卿赖斯在随后的中亚之行期间明确表示，不管塔什干采取什么样的对美立场，华盛顿都将与塔什干加强合作，以期卡里莫夫总统“浪子回头”，允许美军重返军事基地。吉尔吉斯斯坦“郁金香革命”后，新上台的巴基

① Роман Стрешнев. Узбекистан: новые приоритеты//«Красная звезда».23 июля 2002 года.

② Александр Габуев,Михаил Зыгарь.Шанхайская стена-Иран готов присоединиться к ШОС//Газета "Коммерсантъ" №85 от 16.05.2006, стр.9.

耶夫政府没有完全倒向西方，在美军驻吉基地租金上向美国漫天要价，甚至下“逐客令”，但布什政府始终对其保持极大克制，不但不过多怪罪，还对其百般呵哄，亲和友善异常。2005 年 10 月，美国国务卿赖斯访问比什凯克，不但保住了美军事基地，还获准将乌兹别克斯坦汗阿巴德撤出的美军转往马纳斯基地。2006 年 9 月，吉尔吉斯斯坦国防部第一副部长、武装力量总参谋长扎米尔・莫尔多舍夫少将表示，“近年来，美国为提高吉尔吉斯共和国的国防能力方面做出了巨大贡献”。而“与美国的军事合作是吉尔吉斯斯坦的优先方向之一”。[①]“9・11”后，美国不断通过军事援助等手段强化其在中亚的军事存在，构建了经哈萨克斯坦、吉尔吉斯斯坦、塔吉克斯坦陆路及乌兹别克斯坦空中的集铁路、公路和空中三位一体的立体物资运输网络，极大地增强了其在中亚的作战机动能力，削弱了俄罗斯在本地区的影响，使中亚地缘政治发展趋势朝着有利于己的方向发展。

（三）以“新丝绸之路”主导中亚地区经济命脉

近年来，美国在推进中亚“民主改造”和“大中亚”计划同时，不断变化手法，迎合中亚国家某些需求又推出“新丝绸之路”计划，以建立排斥俄罗斯的欧亚大陆腹地区域经济合作机制。2011 年美国国务卿希拉里・克林顿在第二次美印战略对话期间正式提出，构建以阿富汗为枢纽，将南亚、中亚和西亚相连接的“新丝绸之路”计划，以打造以阿富汗为轴心、绕开俄罗斯和中国的能源南下、商品北上过境运输和经贸通道链条，将中亚和南亚连成新的地区经济利益共同体，进而形成以美国为主导的新地缘政治经济板块，为美国进一步介入中亚地区管理机制和主导地区发展进程，进而削弱俄罗斯在中亚影响提供更加便捷的途径。

为此，美国拟于 2020 年前与西方国家共同向有关项目投入 200 亿美元，并推动世界银行和亚洲开发银行等国际金融机构参与土库曼斯坦—阿富汗—巴基斯坦—印度天然气管道和南亚基础设施建设，打通中亚能源南下外运通道，构建以阿富汗为核心、贯穿中亚—南亚，涵盖陆空交通、天然气、电力输送综合联通体系，同时，支持塔吉克斯坦修建面向哈萨克斯坦、吉尔吉斯斯坦和阿富汗的输送电网。希拉里・克林顿声称，“美国是唯一具备在亚洲建造一个新秩序资格的国

① США подарили нам 4 российских военных самолета//КОМСОМОЛЬСКАЯ ПРАВДА Кыргызстан. Четверг,21 сентября 2006 года.

家”。[①] 2012 年 7 月，美国负责中南亚事务的助理国务卿罗伯特·布莱克在参议院听证会上强调，“为致力于构建以阿富汗为核心的经济与运输枢纽，美国必须“推动中亚国家对该计划的支持”。[②] 在此背景下，乌兹别克斯坦已修建了从其边境小镇海拉坦到阿富汗的马扎里沙里夫铁路。土库曼斯坦也表示积极参与通往阿富汗，经巴基斯坦至印度的天然气管道项目。美国通过“新丝绸之路”计划将中亚国家从俄罗斯主导的一体化进程中剥离出来的图谋已经取得成效。

二、俄罗斯与美国在中亚的角逐

中亚一直是俄罗斯的战略后院和重要利益区，对其维护国家安全和可持续发展至关重要。为此，“9·11”后，俄美这两个冷战对手在中亚地区又开始了旷日持久的地缘政治角逐。

（一）俄罗斯传统优势依在

冷战结束后，虽然美国一直没有改变围堵打压俄罗斯的战略，但基于四处插手、战线拉得过长以及反恐战争、金融危机和债务问题等拖累，其弱俄遏俄的战略力有不逮，在与俄罗斯的中亚地缘角逐中有得有失，攻防不断易位。

为顺利进入中亚打恐，小布什政府不得不在“9·11”后的一段时期里暂时“承认俄罗斯对中亚地区影响的优胜权，承认俄罗斯几十年形成的传统关系具有极大意义，并胜过美国提供用于重新装备中亚国家军队的优惠贷款”。[③] 在此背景下，俄罗斯也在吉尔吉斯斯坦建立了空军基地，彰显“中亚仍是独联体国家利益地区，首先是俄罗斯利益区”。[④] 美国策动的民主革命并未收到预期效果，亲美情绪不仅没有增长，反而对美国军事越来越不满。“吉尔吉斯斯坦的革命者们依然

---

① Hillary Clinton,"America's Pacific Century," *Foreign Policy's* , November 10, 2011.

② 《罗伯特布莱克关于美国中亚政策的报告》，新浪博客，2012 年 8 月 2 日，http://blog.sina.com.cn/s/blog_678a7a2f01018pyv.html。

③ Валерий Волков, Николай Хорунжий.На паях с Америкой-Россия сохраняет свое присутствие в Центральной Азии//Известия.4 декабря 2003 года.

④ Валерий Волков, Николай Хорунжий.На паях с Америкой-Россия сохраняет свое присутствие в Центральной Азии//Известия.4 декабря 2003 года.

乐于向莫斯科证明自己的忠诚。”[①] 新上台的总理库洛夫公开宣称，新政府“赞成和支持俄罗斯为加强独联体国家一体化的措施”，明确表示其“首次出国访问选在俄罗斯并非偶然，因为吉尔吉斯斯坦把俄罗斯看作战略伙伴”。今后，“我们与俄罗斯的关系要向各领域发展，包括政治领域”。[②]

在美欧因“安集延”事件对乌兹别克斯坦制裁的情况下，卡里莫夫总统又把国家安全托付于莫斯科，申请重新加入欧亚经济共同体和重返独联体集体安全条约组织，毅然“退出美国支持下成立的与俄罗斯及独联体分庭抗礼的‘古阿姆’集团”，[③] 还主动提出与俄罗斯缔结联盟。2005 年 11 月，卡里莫夫总统率先响应莫斯科倡议，下令关闭其境内的美军基地，并随即访问莫斯科，与普京签署《关于俄罗斯联邦与乌兹别克斯坦共和国建立联盟关系的条约》。这是自苏联解体后，俄罗斯继与白俄罗斯签署联盟条约以来经过漫长时间，与前苏加盟共和国签署的第二份具有联盟性质的条约，对俄罗斯的战略价值不可估量。与此同时，俄罗斯还不断推动强化集体安全条约组织功能。2009 年成立了集安组织快速反应部队，并在此基础上组建了“中亚国际联军”，以应对包括北约的任何威胁。

“二次革命”后上台的吉尔吉斯斯坦新政府继续保持对俄罗斯的传统关系，2012 年 9 月，吉尔吉斯斯坦总统阿坦巴耶夫对媒体表示，“我们与俄罗斯有着共同的历史和命运。没有俄罗斯，我们不可能有未来”。[④] 俄罗斯在比什凯克建立俄语文化中心基础上，继续将俄语不断推向该国更宽领域的应用。虽然莫斯科与杜尚别一度出现某些摩擦和矛盾，拉赫蒙总统甚至还因此拒绝过出席集体安全条约组织和欧亚经济共同体元首会议，在俄罗斯驻军问题上也与俄罗斯讨过价，但最终两国还是重归于好。2011 年 9 月，塔吉克斯坦同意恢复被停多年的俄语作为塔国通用语言的地位和俄语国民教育。同时，俄罗斯也成功地与塔吉克斯坦签署了继续免费使用该国基地 30 年的协议，并有权在 2042 年协议期满后要求将租期再延期 5 年，且次数不限。该协议还授权第 201 军事基地的俄罗斯军队可以在

---

① Алексей Всеволодович Малашенко-ведущий эксперт Московского центра Карнеги.Кто бросает вызов России в Центральной Азии?//Независимая газета. 05.03.2012.

② Пресс-конфенция Курманбека Бакиева в ИТАР-ТАСС//"МСН"Кыргызстан.07.09.2005.

③ Виктория Панфилова,Владимир Киселев,Игорь Плугатарёв.Каримов обошел всех президентов СНГ//Независимая газета.15.11.2005.

④《俄罗斯打“经济牌”着眼中亚》，人民网，2012 年 9 月 21 日，http://www.people.com.cn/h/2012/0921/c25408－36778249.html。

塔吉克斯坦与阿富汗接壤的边境地区巡逻和警戒，承担阻止来自阿富汗的恐怖主义分子及毒品走私北上进入独联体国家的重任，成为维护塔吉克斯坦及周边地区稳定的重要力量。尽管乌兹别克斯坦在俄罗斯推动的独联体一体化进程中出现反复，2012 年甚至再次中止了集体安全条约组织成员国资格，但其仍与俄罗斯保持着不错的关系，依然希望莫斯科向其提供先进武器和培训军事人员，并没有完全倒向美国和北约，仍将发展对俄罗斯的关系视为对外优先方向之一。

（二）在中亚地区驻军上的较量

为确保在塔吉克斯坦的第 201 军事基地如愿延期并能够租用“埃尼”机场，俄罗斯早在 2006 年就向塔吉克斯坦提供了价值 7600 万美元的无偿军援，并免除了其 2.42 亿美元的债务，同时还承诺向其投入 20 多亿美元建水电站和铝厂，以此换取杜尚别在俄罗斯基地问题上的“回报”。在吉尔吉斯斯坦总统巴基耶夫 2009 年 2 月访问莫斯科期间，俄罗斯也宣布向吉方提供 20 亿美元贷款和 1.5 亿美元无偿援助。巴基耶夫则承诺以延长俄罗斯在其境内军事基地租期和关闭美国玛纳斯空军基地作为回应，并推动吉议会通过了政府提交的要求美国关闭在吉军事基地议案。

为防止吉尔吉斯斯坦新上台的阿坦巴耶夫政府在关闭美军基地和延长俄罗斯“坎特”空军基地的立场上再次出现倒退，也为打消杜尚别对俄罗斯驻塔基地不切实际的漫天要价念头，莫斯科在提醒阿坦巴耶夫总统毁约后果、警告拉赫蒙总统勿踩引美军入塔“红线”的同时，也不断以经援和政治安抚靠拢，承诺出资帮助吉尔吉斯斯坦加强边防建设，加强对阿富汗通往塔吉克斯坦边界的协管，提高两国抵御突发事件的能力，并通过国际粮农组织向其各提供 200 万美元粮食专款援助。

2011 年以来，莫斯科与杜尚别就俄军返塔和续租军事基地问题几经磋商，最终取得一致，双方签署了关于加强塔吉克斯坦与阿富汗边境地区防务合作协议，同时，俄罗斯免除了每年对塔吉克斯坦出口的 100 万吨燃油税，为塔吉克斯坦每年节省 3.5 亿美元。同时，杜尚别同意俄罗斯驻塔吉克斯坦的基地延至 2042 年。为换取吉尔吉斯斯坦同意其军事基地延租，俄罗斯于 2011 年也取消了对吉尔吉斯斯坦的石油出境税，并与吉方达成投资建设大型水电枢纽工程项目等协议。基于莫斯科的压力，2012 年 8 月，乌兹别克斯坦以法律形式通过《外交政策构想》，明确表明不允许在本国境内部署外国军事基地和设施的立场，及时回应了俄罗斯对美军重返乌兹别克斯坦的关切。9 月，在俄罗斯偿还了拖欠吉尔吉斯斯坦 1500 万美元军事基地租金、免除其总额近 5 亿美元债务和额外再向其提供 1600 万美元军援的情况下，阿坦巴耶夫政府同意俄罗斯“坎特”空军基地租期延长 15 年，可按需再延长 5 年，2017 年起开始生效至 2032 年。普京对此表示，俄罗斯军事基地将在北约驻阿富汗联军撤出后保障中亚地区的稳定。“鉴于 2014 年驻阿联军撤出，俄罗斯在塔吉克斯坦和吉尔吉斯斯坦的驻军将是重要的地区稳定因素。”①

（三）在中亚地区反恐和缉毒主导权上的争夺

美国出于剥离中亚国家与俄罗斯的传统关系需要，除在政治、军事、文化和经济方面渗透外，还迎合中亚国家普遍关切的反恐和缉毒心理需求，图谋插手中亚的反恐和缉毒事务。2009 年，美国及部分北约国家出资 1500 多万美元在哈萨克斯坦建立中亚反毒信息交流与协调中心，并借此平台抢抓中亚禁毒安全事务主导权。2010 年 9 月，美国特种部队帮助塔吉克斯坦击溃了伊斯兰武装分子的进攻，并击毙 20 余名武装分子。2011 年 4 月，美国特种部队发言人宣称，美国“绿色贝雷帽”的一个分队已做好前往巴基斯坦、塔吉克斯坦、土库曼斯坦、乌兹别克斯坦、哈萨克斯坦和吉尔吉斯斯坦的准备。②2012 年初，美国在阿富汗禁毒问题“巴黎进程”第三次部长级会议上推出“中亚禁毒倡议”，并提出组建“中亚缉毒部队”和修改中亚国家禁毒立法等设想。2012 年美国在财政吃紧、大幅削减财政支出和对外援助的情况下，将其对中亚禁毒援助的 6300 万美元激增至 1.1 亿美元，且还要视情追加，彰显其与俄罗斯争夺中亚禁毒主导权的决心。在乌兹别克斯坦退出集体安全条约后，美国明确表示能够向其提供对付恐怖组织和贩毒集团所需的设备和维修人员。为紧紧拉住中亚国家，2012 年 6 月，美国还与吉尔吉斯斯坦、阿富汗、哈萨克斯坦、塔吉克斯坦在吉尔吉斯斯坦军事人员培训中心基地举行大

① 《吉尔吉斯斯坦欲 2014 年收回美空军基地 普京力挺》，中新网，2012 年 9 月 21 日，http://www.chinanews.com/mil/2012/09－21/4203096.shtml。

② 《俄报：美国特种部队加强在中亚活动》，腾讯新闻网，2011 年 4 月 5 日，https://news.qq.com/a/20110405/000480.htm。

规模“区域合作—2012”联合军演，以提高上述国家在自然灾害和在“破坏性力量施加影响”情况下联合行动的能力。美国以“中亚禁毒倡议”对冲俄罗斯与中亚国家的传统反恐和禁毒合作，已成为其绕开俄罗斯向中亚国家强力部门渗透的新渠道，对俄罗斯与中亚的原有缉毒合作机制构成极大挑战。

俄罗斯对域外势力谋求中亚反恐和缉毒主导权一直保持高度警惕，坚决反对美国建立中亚反毒信息交流与协调中心并借此平台建立“中亚缉毒部队”，强调本地区已有应对“三股势力”和缉毒的有效合作机制，包括独联体集体安全条约组织快速反应部队等早已与中亚国家开展着卓有成效的反恐和缉毒合作。仅在1993—2005年，俄罗斯在协防塔阿边境安全期间即缴获超过30吨毒品。2005年俄罗斯联邦缉毒局还专门与乌兹别克斯坦内务部签署缉毒协议。① “在集体安全条约组织框架内，中亚国家定期举行联合军事演习和经常演练打击恐怖分子的实战协作项目。”应当说，“集体安全条约组织的快速反应部队才是打击恐怖分子的切实保障，这一部队的多次具体行动证明了这一点”。②2012年9月，俄罗斯外长拉夫罗夫访问哈萨克斯坦和吉尔吉斯斯坦期间继续表示，俄罗斯坚决反对美国在中亚组建禁毒部队，认为集体安全条约组织对中亚禁毒具有“优先作用”。在保持对中亚国家政治压力，迫其不积极回应美国倡议的同时，俄罗斯还斥巨资或通过集体安全条约组织帮助中亚相关国家加强与阿富汗边境的管理，加大对中亚国家禁毒部门的装备和技术援助，并承诺再向塔吉克斯坦提供500万美元缉毒援助。

（四）在中亚水资源开发上竞相介入

2004年，俄罗斯铝业公司与塔吉克斯坦铝业公司签署投资20亿美元建设罗贡水电站项目协议。后来，由于双方在大坝高度上出现分歧，加之下游乌兹别克斯坦的坚决反对，导致该协议被搁置。2007年8月，塔吉克斯坦决定不再与俄方合作，准备独立完成该水电站工程，并于2010年同世界银行签署协议，拟于2013年上半年完成对罗贡水电站可研报告和环境评估。然而，尚未等世界银行拿出可

---

① Виктория Панфилова,Владимир Киселев,Игорь Плугатарёв.Каримов обошел всех президентов СНГ//Независимая газета.15.11.2005.

② Роман Стрешнев. Узбекистан: новые приоритеты//Красная звезда.23 июля 2002 года.

行性报告，美俄两国却都急不可耐竞相介入包括罗贡水电站的中亚水电开发项目。

虽然2009年初时任俄罗斯总统梅德韦杰夫访问塔什干时表示，如周边国家不同意，俄罗斯将不会参加中亚地区水电站建设，但是，梅德韦杰夫还是高调出席了当年7月俄塔合资建设的“桑格图德-1”水电站竣工运营典礼，称该项目在两国关系史上具有里程碑意义，双方还签署了有关援建塔方其他水电站的相关原则协议。同时，俄罗斯还在2009年吉尔吉斯斯坦总统巴基耶夫访问莫斯科期间，就联合建设卡姆巴拉金斯卡娅1号水电站和纳伦河上游水电站与吉方达成一致，允诺以获得一半控股条件向该项目提供17亿美元的贷款支持。2011年11月，俄罗斯时任总理普京在圣彼得堡上合成员国第十次总理会议上宣布，俄罗斯将为来自罗贡水电站和卡姆巴拉金水电站的中亚—南亚100万千瓦输电项目提供5亿美元贷款支持。[①] 普京三度出任总统后，继续推动同塔吉克斯坦和吉尔吉斯斯坦的水资源合作项目，2012年10月，在其访问杜尚别期间，双方签署了能源合作备忘录，俄罗斯将继续参与塔方的中型水电站建设。普京同时强调，“赞成吸引哈萨克斯坦和乌兹别克斯坦参与这些项目”。[②]

这期间，美国也在积极介入中亚跨界水资源项目建设，极力抢占开发中亚河流主导权，公开支持中亚—南亚100万千瓦输电项目，呼吁中亚国家应借鉴有关国家在跨界河流开发和利用上的成功经验，积极参与建立“全球水资源伙伴关系”。2011年2月，美国参议院一份报告指出，由于苏联解体和中亚地区利用水资源机制失效，有可能导致地区不稳定，这是美国不愿看到的。美国参议院支持制定清晰的中亚水资源利用机制，支持有效利用中亚地区的水资源，认为塔吉克斯坦建造的罗贡水电站方案是“适时的”，其建造和投入使用不仅可以解决塔方的许多经济问题，还可向阿富汗和巴基斯坦出售电能。[③]4月，美国在杜尚别与塔吉克斯坦的政治磋商中主动提出帮助其建设基础设施、交通和能源等意愿，包括旨在将塔吉克斯坦罗贡水电站的电力输

---

① Путин предложил активизировать проект передачи электроэнергии из Центральной в Южную Азию// Trend News Agency.7 ноября 2011года.

② Путин и Атамбаев обсудили строительство ГЭС в Киргизии-О времени начала работ пока неизвестно// Комсомольская правда.20.09.2012.

③ 《美国参议院支持塔建造罗贡水电站》，商务部网站，2011年3月1日，http://finance.sina.com.cn/roll/20110301/00269447602.shtml。

送到阿巴的100万千瓦输电项目。同时，美国还唆使吉尔吉斯斯坦出面改革中亚水资源协调机制，鼓励欧盟投资432万欧元启动中亚水资源等环保项目。显见，美国已将插手和调解水资源纷争作为对中亚国家施加影响的新途径。

伊拉克战后的俄美关系①

俄罗斯在小布什政府发动伊拉克战争问题上与美国意见分歧，严重影响俄美关系。然而，出于长远战略利益需要，美国不得不考虑修补美俄关系裂痕。双方都留有余地，两国关系不会因此破裂。

一、俄反对美对伊动武，但留有回旋余地

这次伊拉克战争，俄罗斯不但没有像阿富汗战争那样给予美国强有力的支持，而且还与德法站在一起，不断给美国军事打击伊拉克制造“麻烦”使美国大为不满。尽管俄罗斯反对美国对伊拉克动武，使俄美新战略关系框架受到一定冲击和影响，“9·11”后一度大幅升温的俄美关系也随之降至近年来最低点，但还不会发生根本性动摇。

（一）俄坚持反战不反美原则，使俄美关系受到的冲击相对减弱

美国提出要将反恐军事行动扩大到伊拉克后，俄罗斯的反对一直十分谨慎，唯恐影响来之不易的俄美新关系。即使在德法意见公开与美国相左时，俄罗斯也没有冲在最前面，与德法保持一定距离。普京在与德法签署反对立即对伊拉克开战的联合声明后，同时向美方解释，俄方的见解不是对抗性的，俄罗斯不想用“集团逻辑”思考问题，更无意建立“新的轴心”，仍把布什视为朋友。②为显示对美国的友善，普京还不断暗示，俄罗斯的反战立场不是毫不动摇的，在“情况需要”时，俄罗斯“将与联合国安理会的所有同行一道行动”。③

由此不难看出，俄罗斯虽然反对美国对伊拉克动武，但却无意挑战美国的主

---

① 该文载在《和平与发展》2003年第4期，第15—19页。

② 《赢家普京》，载德国《法兰克福汇报》2003年2月13日。

③ 《和平动因》，载俄罗斯《消息报》2003年2月9日。

导地位，更不想反美。俄罗斯为继续保持在国际社会的影响力和维护在伊拉克的重大利益，既要发出自己的声音，又不能影响俄美关系的大局，将外交风险降到最低点，这就是俄罗斯处理伊拉克危机的基本心态和总的方针。基于这个原则，即便在搭乘德法“反战战车”时，俄罗斯也一再强调珍视俄美关系。伊拉克战争打响后，在德法反战态度明显变软的情况下，虽然普京表面上仍在指责美国对伊拉克开战缺乏合理性，但在另一场合又表示，俄罗斯并不希望美英领导的伊拉克战争失败，美国的失败不符合俄罗斯的利益。[①] 美国也认为，其抨击的对象主要是德法两国，是法国的阻挠使美、英、西没能获得联合国允许对伊采取军事行动的授权。[②] 美国对俄罗斯的不满由于美国与德法间的分歧而有所弱化。

（二）俄顺应国际主流社会呼声，使美没有理由过多指责俄

此次伊拉克战争不同于海湾战争和阿富汗战争，是自越南战争以来美国唯一未获得其所有盟国支持的军事行动。在国际社会大多数国家不满，世界各地反美、反战浪潮高涨的大背景下，虽然俄罗斯站到了大多数国家一边，与美国产生了分歧和利益矛盾，但并没有对美国施加过多的压力。俄罗斯反复强调，俄罗斯“在伊拉克问题上的立场不是我们独有的，很多国家都与我们持同样立场”。[③] 所以，美国虽对俄罗斯不满，但也找不出过多理由指责。“9·11”后，俄罗斯在对美国关系上坚持“求同存异”，加强合作，不能使“异”影响“同”的主导地位，这是俄罗斯的基本底线。

（三）俄坚持反战立场很大程度源于国内外的压力

伊拉克战争打响之前，俄罗斯的反战立场并不十分坚定。去年，俄罗斯外长伊万诺夫在接受英国《泰晤士报》采访时就表示，即使美国单方面向伊发动袭击，俄罗斯也不会退出美国领导的反恐怖主义联盟。[④] 在联合国对伊拉克武器核查问题上，俄罗斯对伊拉克威胁说，如果核查人员无法行使他们的使命，联合国

---

① 《普京的美国之路》，载法国《快报》2003 年 4 月 30 日。
② 《法国进退维谷》，载法国《费加罗报》2003 年 3 月 27 日。
③ 《普京说俄美合作是维护世界稳定的最重要因素》，载美国《华尔街日报》2002 年 2 月 11 日。
④ 《即使伊拉克遭到袭击俄罗斯也将支持联盟》，载英国《泰晤士报》2002 年 3 月 15 日。

安理会可以考虑通过授权对伊拉克动武的决议。[①] 结果，伊拉克接受了武器核查。这在一定程度上是做给美国看的。

但随着俄罗斯国内和国际上的反战浪潮日趋高涨，俄罗斯的反战立场也发生了变化。据俄罗斯舆论研究中心的民意调查显示，伊拉克战争前俄罗斯民众反对美国对伊拉克动武的人数为80%，战争打响后上升至88%。德法已公开对美国说“不”，俄罗斯在反战问题上已没有退缩余地。俄罗斯为了融入欧洲，与德法关系至关重要。如果同意美国的所作所为，势必得罪德法，在政治上输分，而且，也未必能从美国那里得到什么实质性的东西，甚至还会对普京明年的连任直接产生消极影响。所以，“普京在伊拉克问题上表面必须摆出抵制布什的姿态”，[②] 对美国单边主义做出一些牵制的姿态。

（四）俄反战突出经济利益色彩，尽量淡化美俄在政治上的“敌意”

俄罗斯是伊拉克最大贸易伙伴，在伊拉克经济利益巨大，即使在联合国制裁下的2001年，两国贸易额也达1.869亿美元，2002年仅1—9月贸易额已升至2.523亿美元。俄罗斯一直极力争取联合国解除对伊拉克制裁，以便伊拉克偿还苏联时期所欠的85亿巨额债务。苏联时期莫斯科就开始参与伊拉克的石油开发，直到伊拉克战争前，俄罗斯在伊拉克有60余个出口汽车、机械设备公司，15个以低廉价格享受原油配额的石油公司，与伊拉克公司签署的各类经济合同高达数百亿美元，年回报率均接近20%。[③]1997年，俄罗斯最大的石油公司——卢克石油公司就赢得了开采伊拉克西古奈尔油田的合同，如果没有联合国对伊拉克的制裁，俄罗斯可从伊拉克开采总计达6.67亿吨原油，价值200亿美元，比与伊朗的核合作计划更具商业诱惑力。俄罗斯还是联合国为伊拉克制订“石油换食品计划”的最大受益者，从中得到了40%的利益。[④] 出于经济利益驱使，俄罗斯甚至不顾美国指责，于2002年夏邀请伊拉克外长萨布里访问俄罗斯，并欲与伊拉克签署400亿美元的经济协议。美国国防部长拉姆斯菲尔德对此表示不满并威胁

---

① 美联社莫斯科2002年10月18日电。

② 《务实的普京》，载英国《金融时报》2003年2月19日。

③ 《促使各国审慎对待战争的原因》，载美国《基督教科学箴言报》2003年3月3日。

④ 《俄罗斯对伊拉克战略出现变化征兆》，载日本《产经新闻》2002年9月1日。

说，“俄罗斯领导层加深与伊拉克的经济联系对俄罗斯有害无益”，[①] 认为大大超出可忍耐的程度。俄罗斯却解释说，俄罗斯在伊拉克问题上感兴趣的只是“经济和财政利益”，“不应引起任何不安”。[②] 美国对伊拉克动武将危及俄伊一系列经济协议的法律地位。而且，美国拿下伊拉克后，会在全球石油市场赢得更多的控制权，直接影响俄罗斯的经济走势。可见，俄罗斯反对美国对伊拉克动武，主要出于经济上的考虑。

二、俄美战略上的相互需要使彼此关系不会轻易破裂

对美国而言，无论在安全、武器扩散、削减进攻性战略武器，还是在解决伊朗和朝核等问题上都离不开与俄罗斯的合作。在对伊拉克战争结束的今天，美国仍想使其对伊拉克的军事行动合法化，尤其是在战后解除对伊拉克制裁问题上需与俄罗斯协调立场，寻求俄罗斯的支持。眼下，美国已在伊拉克陷入困境，伤亡人数不断上升，伊拉克“临管会”成立以来至今竟无一国家正式承认为合法代表，美国又急需联合国授权派维和部队，更是需要俄罗斯的“通融”。事实上，早在伊拉克战争快要结束时，布什就已向俄罗斯伸出了“橄榄枝”，派总统国家安全事务助理赖斯前往莫斯科，就美俄在伊问题上存在的严重分歧及合作事宜与俄罗斯进行过紧急磋商。稍后，美国国务卿鲍威尔也对莫斯科进行了访问。6月初，布什又亲自赶赴圣彼得堡与普京会晤。这表明俄罗斯在美国全球战略中仍占据十分重要的位置，美国并不想因俄罗斯在伊拉克问题上冒犯美国而死死揪住不放。布什访问俄罗斯前，美国官方公开表示，俄美关系正处于“恢复阶段”，美国不会允许彼此在伊拉克问题上的尖锐分歧影响到两国在近两年建立起来的合作关系。在圣彼得堡俄美首脑会晤期间，美俄两国领导人还一致认为，“尽管在伊拉克危机时期存在着严重分歧，但加强俄美伙伴关系在战略上仍是很重要的”，因为两国“在21世纪存在着太多的共同利益”。[③] 与此同时，布什邀请普京于今年9月底在其戴维营私人官邸再次举行大范围最高级会晤，这显然是美国对俄罗

① Россию накажут за дружбу с Ираком//Газета Известия.22 августа 2002 года.

② 美联社莫斯科2002年8月19日电。

③ Александр Вершбоу-Чрезвычайный и Полномочный Посол США в РФ. От Санкт-Петербурга до Кэмп-Дэвида//Независимая газета.23.06.2003.

斯的善意回应。最近，俄罗斯放言，为响应美国求助联合国向伊拉克派维和部队，俄罗斯可能同意有条件向伊拉克派遣维和人员，美国立即表示，“更加理解莫斯科在伊拉克的经济利益，并愿意帮助它实现这些利益”。①

对俄罗斯来说，保持长期稳定和可预见的俄美关系是其外交的重中之重，俄罗斯不会因暂时和局部的利益使俄美间的矛盾和冲突失控。虽然，目前俄罗斯国内仍有不少人对美国“居高临下”的行为方式十分反感和不满，但俄罗斯国内主张应有“一段平静和喘息”的经济重建时期的呼声仍占主流。在布什访问俄罗斯时，曾被俄罗斯议会一度推迟讨论的《俄美削减进攻性战略武器条约》终被议会批准。

俄罗斯一直坚持，只要联合国核查人员没有百分之百确认伊拉克不拥有大规模杀伤性武器，其就坚决反对取消对伊拉克的国际制裁。但在联合国安理会通过的对伊拉克解除制裁决议时，俄罗斯还是投了赞成票。因此，可以预言，在今后相当一段时期内，只要美国不挑战俄罗斯的内政，不危及俄罗斯的直接安全和利益，普京都将会力排众议，以俄美关系大局为重，将俄美的分歧和矛盾化解到最低限度，不会轻易地去正面挑战美国的全球战略，以求得一个良好的外部环境，专心致志进行经济建设，加速俄罗斯的经济振兴。俄罗斯外长伊万诺夫早就明确表示：“俄罗斯和美国之间确实存在一些问题，但是，与冷战时期相反，我们绝不会让这些分歧发展成为对抗。”② 在圣彼得堡俄美首脑会晤时，普京继续重申，无论是从维护各自国家利益上，还是从维护和平的角度，“俄美双方继续保持高质量新型伙伴关系都非常重要，这有利于加强国际战略稳定和国际安全”。“我同布什总统重申，我们除了继续保持战略伙伴关系以外别无选择。”③ 这是“9・11”后俄罗斯对美国的基本战略，绝不会轻易改变。

“9・11”后，俄美战略关系新框架是两国根据各自长远利益所构建的，并非权宜之计。虽然两国在建立一个什么样的世界和在如何处理国际事务等问题上存在根本分歧和矛盾，但双方均不否认俄美关系是保障全球安全与稳定因素的重要

---

① Россия готова направить солдат в Ирак-послевоенное урегулирование//Газета "Коммерсантъ"№126 от 19.07.2003, стр.4.

② Интервью Игоря.С.Иванова Французской газете «ФИГАРО» (15 февраля 2002 года)//Министерство иностранных дел Российской Федерации.18.02.2003.

③ 法新社圣彼得堡 2003 年 6 月 1 日电。

双边关系之一，都有保持和维系双边正常关系的愿望。俄罗斯无意也无力与美国对抗，因为俄罗斯的兴国富民战略无论在政治和经济上都离不开美国的支持。伊拉克战争也再次证明，美国是当今世界唯一超级大国，在可预见的未来，俄罗斯无法与之分庭抗礼。俄罗斯只有承认和接受这一现实，同美国和平相处，努力维护自身利益，才会对己有利。鉴于俄罗斯的安理会常任理事国和当今唯一能对美构成现实而强大军事威胁的大国地位，美国也无法完全抛开俄罗斯来独自解决世界上的所有问题。两国关系中的这种既有矛盾又相互依存的特征决定着俄美关系既不会一帆风顺，又不可能轻易破裂。

三、俄美关系的修复和改善仍面临诸多考验

伊拉克战后，俄美关系开始步入弥合、修补阶段，但双方关系的全面恢复仍需时日。

（一）伊拉克危机使俄美彼此开始重新审视和认清对方，戒心进一步加深

从美国方面讲，一方面会迎合俄罗斯欲修复与美国关系的心理需求，向俄罗斯做出一些和好姿态，拉住俄罗斯，以便为美国推行全球战略所用；另一方面美国也进一步认清了俄美接近的局限性。今后，美国不但不会用牺牲本国利益来换取与俄罗斯的合作，而且还会继续挤压俄罗斯的战略空间，蚕食俄罗斯的地缘政治、经济利益。尽管伊拉克战争后美国总统国家安全顾问赖斯一再宣称，要惩罚法国、忘掉德国、原谅俄罗斯，但美国对俄罗斯的原谅不可能是廉价和无偿的，需要俄罗斯为此付出代价。法国《快报》指出："在美国看来，必须不断让俄罗斯做出一次次的让步，这样才能降低它的破坏力。"①

对俄罗斯而言，俄美在伊拉克危机中的利益碰撞使其开始变得更加冷静，丢掉了先前对美国的一些不切实际的幻想，重新审视和认识了对方。伊拉克战争后，俄罗斯外交和国防政策委员会主席谢尔盖·卡拉加诺夫撰文呼吁，鉴于目前俄罗斯的处境非常容易受到伤害、同大国的关系还相当不稳固，采用同美国"合作加对抗"的模式不如采取最大可能合作的政策有利。当然，这样的合作不是指

① 《普京的美国之路》，载法国《快报》2003年4月30日。

放弃重大的国家利益。最大限度的密切合作要求俄罗斯仍然依靠核武器。[①] 这种"不对抗，但要强化军事实力"的思想日渐成为俄罗斯决策层的普遍共识。种种迹象显示，伊拉克战争后，俄罗斯对美国的防范意识增强，加强国防建设，提高防御能力的紧迫感明显加重。俄罗斯已做出规划，力争在财力允许的情况下，在2007年后努力完成使武装力量逐步向完全职业化的转变，走精兵强国之路。以军事强国为依托，加大维系俄美关系中的军事实力砝码，保障俄美关系的稳定和持续发展。目前，俄罗斯军方已开始就伊拉克战争后出现的"新情况"着手研究对策。例如，俄罗斯准备在阿布哈兹地区部署C-300地空导弹系统以应对美国的侦查和监视。[②] 又如，俄罗斯从乌克兰一次性购买了大约30枚SS-19型洲际弹道导弹，以扩充其战略核武库，以应付未来战争的需要。同时，俄罗斯继续加速研发和部署"白杨-M"多弹头导弹，以突破美国未来的国家反导防御系统。针对美国不断加大对中亚国家的渗透和蚕食，俄罗斯开始着手借维护独联体集体安全条约组织成员国安全为由，在吉尔吉斯斯坦建立军事基地，以牵制美国对俄罗斯的挤压。

在国际舞台和国际事务中，俄美的价值取向、战略利益截然不同，两国不可能发展成为真正意义上的战略伙伴。尽管在彼此的交往中双方深层次上的利益矛盾和冲突将伴随始终，难以消除，甚至发生可控的危机，但出于各自的长远战略需要，俄美关系绝不会退回到冷战时期，再度演变为对抗，双边关系仍将在矛盾和磨合中曲折发展。

（二）俄美关系的修复与改善仍受伊朗和朝核危机等关乎俄美两国战略和经济利益问题的制约

俄美关系虽然渡过了伊拉克危机的难关，但要恢复到"9·11"后的顶峰时期也非易事。俄罗斯国家杜马防务委员会副主席阿列克谢·阿尔巴托夫坦言，伊拉克战后"莫斯科和华盛顿之间也许会很快恢复贸易往来，但在防务和情报领域，尤其是反恐斗争以及防止核扩散问题上，我们没有做好重新合作的准备"。[③]

---

① 《普京的美国之路》，载法国《快报》2003年4月30日。
② 《冷战时期的某些习惯依然存在》，载美国《波士顿环球报》2003年6月1日。
③ 《冷战时期的某些习惯依然存在》，载美国《波士顿环球报》2003年6月1日。

伊拉克战后，俄美间的芥蒂和防备会继续加大。美国在与俄罗斯的合作中更加虚多实少，俄罗斯在与美国周旋中的抗争面也会明显增强，从而导致俄美矛盾进一步加深。虽然美国表面上一再向俄罗斯表示，伊拉克战争“并未对双边关系造成任何影响”，“还可以继续商谈”，但美国的弦外之音是迫使“莫斯科将来在类似的情况下，最好马上就靠拢过来，完全追随美英方针”。[①]

目前，伊朗和朝核危机又把俄罗斯推到了两难境地。鉴于俄罗斯与伊朗和朝鲜间的传统友好关系以及俄罗斯在这两个国家的经济合作项目，如果俄罗斯赞同美国的对伊朗和朝鲜政策，终止与这两个国家的经济合作项目，则经济上将遭到巨大损失。俄罗斯与伊朗核能经济合作项目价值8亿美元，以后还有可能扩大达到60亿美元—100亿美元；对朝鲜至西伯利亚的跨境铁路项目、朝鲜罗津先锋地区自由经济区合作开发等均对俄罗斯有着很大的经济利益。俄罗斯想通过在远东和欧洲间运输货物赚取外汇，同时促进远东地区的开发。此前，俄罗斯也曾表示过派遣技术人员的意向，但被主导建设北朝鲜轻反应堆工作的美国所拒绝。[②]今后，俄罗斯在伊朗和朝核危机上持何立场，将成为伊拉克战后俄美关系面临的又一次严峻考验。

圣彼得堡建城300周年庆典俄美首脑会晤时，布什已向普京施压，迫使俄罗斯在伊朗和朝核问题上采取务实态度，与美国加强合作。普京随即表示，俄美间在此问题上的立场要比外界的感觉近得多，“我们现在在关键问题上准备共同工作”。[③]这无疑在暗示，在解决伊朗和朝核危机时，俄罗斯将会在最大限度维护其国家利益的基础上，量力而行，采取务实、求稳的立场和方针。无论是伊朗，还是朝鲜半岛拥有核武器都不符合俄罗斯的国家利益，因为伊朗和朝鲜局势动荡加剧不会给俄罗斯带来任何好处。

在今后相当长的时期内，由于美国和西方国家不可能在经济上完全满足对俄罗斯的投资和援助需求，俄罗斯只能依靠保持和扩大与有关国家和地区在能源和军工产业的合作来支撑和补充经济的持续发展，而俄罗斯这样做必然触及美国的全球战略利益，俄美摩擦在所难免。但双方出于长远战略利益考虑，都会给对方

---

① 《普京的美国之路》，载法国《快报》2003年4月30日。
② 《战争引起的裂痕影响了布什同普京的关系》，美国《华盛顿邮报》网站，2003年3月30日。
③ 《普京还不是自己人中的自己人》，载俄罗斯《独立报》2003年7月1日。

留下一定的外交空间，不会把对方逼入绝境，导致俄美关系恶化。

今后，俄罗斯在力争保持与美国正常关系，避免与美国发生正面冲突的情况下，会充分利用这次与欧洲拉近的机会加大发展与德、法等欧洲主要国家的关系，用不断深化与欧洲的关系来促使俄美关系的加强。

2010年俄美关系改善的动因及前景[①]

2010年，俄美根据各自需要调整了对对方的政策，两国关系在高调“重启”背景下取得较大进展，双方合作与协调层面明显增多。然而，由于俄美深层次和结构性矛盾没有消除，两国关系的进一步发展依然面临诸多严峻考验，除了政治互信严重缺失、地缘政治冲突依旧、价值观难解、安全观对立无法消除外，两国关系还面临后续裁军前景暗淡、非核装备竞赛激烈、缺乏经济合作支撑，以及各自国内鹰派势力掣肘等方面的制约。

2010年，俄美保持“重启”关系发展势头，奥巴马继续调整对俄罗斯的政策，美国对俄罗斯的合作与协调层面有所加强。“梅普”政府也不断修正对外政策，全力回应美方的善意。在两国高层共同努力下，俄美关系达到继“9·11”以来最好时期。然而，由于俄美深层次和结构性矛盾没有消除，两国关系发展依然面临诸多考验，难以完全走近。

一、两国关系明显改善

在两国高调“重启”关系背景下，2010年上半年，俄美都相继调整了对对方的政策。2月，梅德韦杰夫总统指示俄罗斯外交部起草的，仅供内部指导工作的《在系统基础上有效利用外交因素推动俄罗斯联邦长期发展的计划》提出，“鉴于美国在解决全球和地区关键问题时所起的作用，以及奥巴马政府宣布的外交方略，俄罗斯要有充分准备地考虑继续与华盛顿理顺互利、平等合作的全方位关系”。努力打破长期以来美国对俄罗斯转让高技术的限制。“利用美国的技术实力”、投资和“经贸合作渠道实现俄罗斯国内的发展目标”。强调要“摆脱消耗性的对抗和新一轮军备竞赛，把腾出来的资源用于俄联邦的现代化”。拉夫罗夫

① 该文载在《和平与发展》2011年第3期，第9—14页。

外长在前言中进一步指出，“在经济与文化相互渗透基础上加强与主要世界大国的相互依存关系”有利于俄罗斯，“欧盟，尤其是美国，是俄最受欢迎的合作伙伴”。[①] 俄罗斯外交新政凸显“缓和取代冷战，经济压倒一切”的特点，在对外交往中不再有敌友之分，有的只是利益，强调国家经济需要现代化，“外交政策理应服务于这一任务”的理念，其具有明显的从能源和强军兴国战略向“以科技创新兴国为主导”、能源和强军为辅的兴国战略转变特征。美国方面，奥巴马在递交国会的《国家安全战略》报告中也前所未有地提出，要与俄罗斯在寻求共同利益基础上“建立稳定、务实、多维的关系”，称“一个强大、和平、繁荣且尊重国际规则的俄罗斯符合美国的利益”，强调美国“将寻求与俄罗斯建立更密切的伙伴关系，以应对暴力极端主义，特别是在阿富汗”。[②]

随之而来的是俄美关系大幅改善，争斗情况大大减少。为促使俄罗斯尽快签署新的“削减和限制进攻性战略武器条约”，奥巴马亲派国务卿希拉里·克林顿前往莫斯科磋商，弥合双方在新核裁军条约上的分歧并做出较大妥协，同意俄方提出的新核裁军条约不应再有“驻地核查”条款的要求。在保留运载工具及核弹头数量上，美国也不再坚持保留 1100 个运载工具和 1000—1500 枚弹头的立场，采取折中方式，保留 1550 枚弹头和总数 800 件，但可部署 700 件运载工具的最终方案。与此同时，美国在吉尔吉斯斯坦反对派推翻疏俄亲美的巴基耶夫政权问题上，对俄罗斯也表现出异乎寻常的协调与合作态度，没有计较俄罗斯对吉尔吉斯斯坦反对派的过度支持。“同意以俄罗斯为主协调解决这个事件。”此外，奥巴马还顶着国内鹰派压力，下令取消了对俄罗斯 4 家公司的制裁。

俄罗斯随之呼应，不但不再紧逼吉尔吉斯斯坦临时政府做出立即关闭美军基地的决定，还在新核裁军谈判中对美国做出重大让步，不再坚持对美国发展反导系统做出“刚性”限制，只在附加声明中表示，一旦美国反导系统的发展对俄罗斯构成威胁，俄罗斯将保留退出条约的权利，以此配合美方在临近“国际核安全峰会”及“核不扩散条约会议”召开前签署了《进一步削减和限制进攻性战略武器条约》，为奥巴马重整国际核秩序，实现“无核世界”构想扫清一大障碍。为

---

① 康斯坦丁·哈泽、米哈依尔·济加里：《俄罗斯出台外交新政，其实质在于同西方建立伙伴关系》，载美国《新闻周刊》俄文版 2010 年 5 月 11 日。

② "National Security Strategy 2010," *Nssarchive.us*,May 27,2010.

保持对美国关系改善势头，3月30日，梅德韦杰夫“不失时机”签发命令，开始全面执行2009年6月12日联合国安理会通过的对朝鲜制裁的1874号决议，中断俄朝所有武器和朝鲜可能用于核计划的贸易。还声称俄罗斯有权对朝鲜“不经警告进行检查”并扣押其可疑船只。[①]尤其是在对美国推动安理会对伊朗新制裁问题上，俄罗斯不顾会惹恼伊朗和支付大额违约金的代价，投了赞成票，并主动冻结了本不受安理会制裁决议限制的向伊朗出售S–300导弹系统合同，俄罗斯卢克石油公司为配合美国会对伊朗的额外制裁措施，还停止了在伊朗的业务。特别是在美国宣布暂停在东欧部署导弹防御系统后，俄罗斯也冻结了一揽子“军事回应措施”，除停止在加里宁格勒州部署“伊斯坎德尔”导弹外，还取消了在该地部署可携带核武器的图–22轰炸机计划。

2010年6月，梅德韦杰夫总统成功实现对美国的国事访问，双方在一些共同关心的问题上达成新的共识，两国将扩大在反恐等领域的合作。双方签署了一批较大数额的经贸合作协议，全球最大的美国连网设备厂商思科承诺在10年内向俄罗斯投资大约10亿美元。双方同意扩大在反恐等领域的合作。奥巴马承诺无条件、全力支持俄加入世贸组织，认为“俄罗斯应成为世贸组织一员”，称“这对俄罗斯是好事、对美国和全球经济也是好事”。[②]虽然，美国保守势力对“重启”对俄罗斯关系不断干扰，甚至在梅德韦杰夫访美刚一结束就曝光“俄间谍案”，但俄罗斯从对美国长远利益考虑，表现出超常的克制力，快速、低调处理了这起“突发”事件，最大限度地保持了对美国“重启”关系的发展势头。梅德韦杰夫在随后的驻外使节会议上强调，“俄美两国都无权在取得互谅、确立共同目标的道路上停滞不前”。[③]

在彼此关系极大改善氛围烘托下，两国合作进一步加强。根据俄美总统签署的军事合作协议，8月8日，两国首次举行代号“警觉鹰–2010”的联合反劫机演习，实现“跨越两国领空分界线”实施反劫机合作的历史性突破。北美防空司令部称，两国的首次联合防空演习必将推动美俄两军进一步密切旨在预防空中恐怖威胁的合作。随后，俄美特种部队又首次在阿富汗实施联合缉毒行动，一举捣

---

① 伊戈尔·克留奇科夫:《俄罗斯舰队制裁朝鲜为难中国》，载俄罗斯《报纸报》2010年3月30日。

② 俄新社华盛顿2010年6月24日电。

③ Д.Медведев.Выступление на совещании с российскими послами и постоянными представителями в международных организациях//Сайт Президента России.12 июля 2010 года.

毁 4 个制毒窝点，起获涉及金额多达 10 亿美元的毒品，涉及金额 10 亿美元。在两国合作不断增强情势下，美国还前所未有地同意北约与俄联手构建反导系统。奥巴马多次对一年多来两国关系的改善表示“满意”，称他同梅德韦杰夫总统“都有意尽量避免把俄美关系定义为零和游戏”，推动彼此关系进一步发展。奥巴马的顾问本·罗兹也声称，美俄在涉及共同利益问题上开展合作，已再“不纠缠于彼此间分歧”，两国正努力建立一种“特别牢固和亲近的”关系。[①]

二、双方快速改善关系的动因

俄美积极改善关系互有需求。奥巴马总统上台后急于扭转前任外交上的被动局面，将“重启”对俄罗斯关系作为首开外交政绩的突破口之一，并寄望于以此带动与俄罗斯在其他方面的合作。“梅普”政府也欲借两国新总统就任之机改善对美国关系，尽快走出“俄格冲突”后的外交困局，进而营造实现国家现代化的外部环境。

从美国方面看：

（一）美国没有俄罗斯的支持仍无法解决国际和地区重大问题。美国虽然还处于全球主导地位，但即使与盟国一块也依然无力解决所有国际和地区重大事务，特别是在解决类似核裁军、核不扩散和伊朗等问题上，更是不能没有俄罗斯的支持与配合。

（二）奥巴马需要与俄罗斯尽快签署新核裁军条约。一是能否在“国际核安全峰会”和“核不扩散条约会议”前与俄罗斯签署新核裁军条约，是奥巴马能否启动“无核世界”构想的首要步骤，也是“加强华盛顿在处理全球核不扩散问题中作用”的关键。二是如果在未来 10 年里，能以法律形式约束与美国核潜力相当的俄罗斯继续削减战略核武器，那么，美国国家的安全系数会更高，且“通过条约的执行，美方还可了解俄方核力量的更多情况，提高美俄关系的可预测性，增进美国的安全系数”。[②]

① 洛尔·芒德维尔：《奥巴马和梅德韦杰夫显示友好谅解》，载法国《费加罗报》2010 年 6 月 25 日。
② 美国布鲁金斯基学会会长、美国前副国务卿斯特罗布·塔尔博特和该学会军备控制计划项目主任、美国前驻乌克兰大使史蒂文·皮弗：《新的 START 评估》，载《美国布鲁金斯基学会》2010 年 3 月 29 日。

（三）美国决策层对爆发俄美核战可能性的看法发生重大转变。奥巴马政府认为俄美爆发核战的可能性几乎不存在，已将21世纪的国家安全重点从核威慑转变为打击和震慑国际恐怖主义。美国精英阶层大多也认为核武器对打击恐怖分子和自杀式袭击派不上用场，“大大降低了使用确保国家安全的核武器的必要性”，相反，却“增加了对高精度常规武器的重视”。美俄战略核武器的较量已不再是两国的最主要方面。

从俄罗斯方面看：

（一）与美国保持良好关系是俄罗斯的长期战略。尽管一个时期以来，俄美关系一直处于紧张状态，但基于美国拥有世界上最强大的政治和经济实力，俄罗斯必须尽早破解与美国关系的僵持局面，为国家现代化发展营造良好的外部环境。

（二）俄罗斯需要美国等西方技术实现国家现代化。由于“工业、技术和科学实力方面的落后，俄罗斯正痛苦地失去21世纪一个全球经济和政治强国所必备的条件”。客观现实表明，俄罗斯不能凭借自身力量实现现代化，要改变以资源为支柱的经济模式，跳过“初级工业阶段”，直接进入创新经济时代，必须吸收西方现代化技术，“需要西方投资并同西方结成强大的商业伙伴关系”。[①] 为达此目的，必须首先拉近与西方特别是与美国的政治关系。这次，“双头鹰是在用一个声音说话”。[②]

（三）借签署新核裁军条约提高俄国际影响力和缓解俄罗斯对核军备竞赛的压力。一方面，俄美签署新核裁军条约不仅全球关注，更凸显美俄核大国的地位和影响力。这是俄罗斯所乐见的；另一方面，俄罗斯早已无力承受庞大核武器开销的巨大压力。未来10年保持1550枚核弹头对美国不是问题，但对俄罗斯却是所能承受的极限。因为，即使对运载工具不做任何削减，俄罗斯的导弹的实际数量已不足700枚。在无力与美国继续核军备竞赛的背景下，俄罗斯如不借与美国签署新核裁条约，则难以保持对美核战略的“均势”，也将会“对俄的战略安全构成严重威胁”。尽管“布拉格条约”不甚理想，但至少在2020年前，俄美关系

---

① Dmitry Trenin,"A New and Modern Foreign Policy," *The Moscow Times,* May 14, 2010.

② 玛丽·热戈：《外交缓和剖析》，载法国《世界报》2010年5月18日。

将在“相互核遏制”基础上保持战略稳定。[1]

三、彼此深层矛盾依在

2010年俄美关系虽有大幅改善，但由于两国结构性矛盾难以消除，双方在地缘政治和价值观等方面的深层次分歧没有明显改观。

（一）政治互信缺失严重。美国口头中止在波兰和捷克部署东欧反导系统计划，背地里却改在罗马尼亚和保加利亚部署，使俄罗斯对美国更加不信任。两国虽签署了新核裁军条约，但俄罗斯为确保“维持突破美国导弹防御网络的能力”，并没有满足美国将双方核弹头削减至1000枚上限的要求，美国也最终拒绝了俄罗斯将彼此运载工具削减至500—550件的立场。正是由于战略互信的严重缺失，两国在旧条约到期后又拖数月，直到“国际核安全”和《不扩散核武器条约》审议大会临近，才互有妥协得以签署。尽管俄罗斯为营造梅德韦杰夫总统访问美国的气氛，对美国在波兰部署“爱国者”导弹和派兵驻守保持克制，但美国保守派仍对“具有极强民族自尊心”的俄罗斯领导人是否真心奉行“温和的”对外方针持怀疑态度，不相信俄罗斯对美国继续挤压其战略空间视而不见，同时还怀疑俄罗斯主动冻结向伊朗出售非禁武器合同的动机。而且，双方在美国在中亚驻军问题上的芥蒂依在。美国国防部长盖茨指责俄罗斯对美国驻马纳斯空军基地问题上口是心非，实行“双轨政策”，称俄罗斯“一方面发出愿意与美国在阿富汗问题上进行合作的积极信号，另一方面，却在对美国来说显然是十分重要的机场问题上与其对着干”。特别是“维基揭秘网”披露的美国外交密电显示，美国2010年初与北约秘密制订的“反俄罗斯机密军事计划”仍视俄罗斯为潜在的军事威胁。

（二）地缘政治冲突依旧。两国战略取向不兼容。美国暂时搁置乌克兰和格鲁吉亚加入北约议程，但却推动北约于2010年初启动了乌克兰加入北约快速反应部队程序，并无视乌克兰新领导人明确表示不再寻求加入北约的声明，继续在美国外交政策网站刊发署名文章，称亚努科维奇总统“仍争取乌克兰在可见未来加入北约”。美国虽对萨卡什维利总统的“莽撞”不满，但仍坚定地站在这一亲美反俄政权一边，继续按“北约标准”训练格军并向其提供军事装备，派驱逐舰

① Сергей Рогов.Шестая попытка стратегического мира//Независимая газета. 08.04.2010.

访格鲁吉亚，举行联合军演，保持与其密切战略伙伴关系。俄格冲突至今，美国已向格鲁吉亚提供大约10亿美元军事援助。在西方特别是美国资助下，格鲁吉亚在武器和军事技术装备方面的实力不仅已恢复，且还超出俄格“五日战争”前的水平。2010年7月，美国国务卿希拉里·克林顿借访问格鲁吉亚“安抚之旅”继续为其壮威打气，宣称美国坚决支持格鲁吉亚主权和领土完整，并敦促俄罗斯从南奥塞梯和阿布哈兹撤军，还借出访阿塞拜疆和亚美尼亚之机，插手纳戈尔诺－卡拉巴赫地区冲突，旨在动摇俄罗斯解决此问题的传统影响。美国还不断强化在东欧的军事存在，花巨资扩建在罗马尼亚、保加利亚和匈牙利的军事基地。2012年后，美国在欧洲的高度机动性快速反应部队三分之二兵力将集中于该地区。美国防御前沿将从德国东部边境推至与中东、高加索和俄罗斯相邻的黑海。2018—2020年，在罗、保两国部署的“标准-3”型反弹道导弹和“战区高空区域防御”（THAAD）导弹系统也将相继完成。与此同时，美国也没有停止对中亚的投入，试图寻找新的军事立足点，增强其在具有重大战略意义的欧亚接合部和腹地的影响力。

俄罗斯则将美国在其原有势力范围发展亲西方势力和不断扩大军事存在视为对本国的现实和潜在威胁，其外交新政在强调大力发展与美国和西方大国关系时，也没有放弃重建俄罗斯势力范围的战略，提出要“依靠独联体一体化进程的客观优势”，“积极抵制地区以外势力干涉俄罗斯联邦与独联体”，以及“非一体化、分裂和使俄罗斯联邦脱离地缘战略圈的做法”，提出要充分利用欧美海外投资不足的有利时机，“扩大俄罗斯在波罗的海国家的经济存在”。为此，即使在积极“重启”对美国关系过程中，俄罗斯也没有停止反制美国对其挤压的行动。在“外交高压”致使亲西方的乌克兰总统尤先科败选，继而成功助亲俄势力重掌乌克兰最高权力后，俄罗斯又力挺吉尔吉斯斯坦反对派再次夺权，使本地区对美国博弈态势朝着有利于己的方向转变。俄罗斯并不讳言，称其所有努力都是“为了回应华盛顿在俄罗斯的地缘政治范围策划的‘颜色革命’”。[①] 除此之外，俄罗斯还加紧在美国后院“排兵布阵”，加强与委内瑞拉、厄瓜多尔、玻利维亚和古巴等反美色彩较浓国家的军事合作，积极筹划在该地区建立俄罗斯海军基地和导弹

---

① Нил Никандров.Россия-Латинская Америка: сплав солидарности и прагматики//Фонд стратегической культуры. 22 июня 2010 г.

基地，回击美国在俄罗斯周边渗透和部署反导系统的行动。俄美地缘政治冲突仍是两国建立实质性合作伙伴关系的最大障碍。

（三）价值观分歧未减。奥巴马不再沿袭前任在“后苏”地区进行“民主改造”的激进做法，但在“后苏”空间推行美式价值观的既定方针没有改变。美国《国家安全战略》报告仍然反复强调，“美国支持对外拓展民主与人权”，并一语双关地称“支持俄罗斯国内有关强化执法、建立负责任政府及尊重普世价值的努力”；表示“在积极寻求俄罗斯在欧亚大陆发挥负责任伙伴作用的同时”，美国“还将支持俄罗斯的邻国能够保持主权与领土完整”；声称唯有“尊重人权和民主价值观的国家”才能成为美国的“强大伙伴”。美国的保守派和一些媒体还敦促奥巴马应抓住梅德韦杰夫访美之机，促使俄罗斯向西方的人权和民主标准看齐。7月，美国国务院公布的《推进自由和民主》年度报告继续批评俄罗斯在民主和法制方面存在问题，强调“美国继续支持（俄罗斯）民主改革家和维权人士，帮助俄罗斯建立负责任和有代表性的政治机构、公民社会、独立媒体和强大的独立司法”。俄罗斯则坚持“主权民主”原则，对美国无端指责严加驳斥，称美国“还在用民主‘腐蚀’的传统字眼描述俄罗斯的民主状况”。跟“干涉（俄罗斯）内政无疑”；认为“该报告的内容只能证明‘谁不与美国合作，谁就不民主’原则的荒谬”。俄罗斯外交部随即重申，“民主的发展方向不是由美国国务院选定的，而是由相关国家人民自己选择的”，批评“美国当局某些领导人建立在双重标准之上的言论未必适当”。俄罗斯外交新政也强调要“在国际论坛和双边关系中大力宣介俄在民主和人权方面的态度和立场”，反对西方在民主和人权中推行“双重标准”，并在小布什策动“民主风暴”若干年后，重整旗鼓，以“文武两手”夺回南奥塞梯和阿布哈兹，继而在乌克兰、吉尔吉斯斯坦两国连连得手，使俄美地缘战略攻防态势发生有利于俄罗斯的转变。

（四）安全观依然对立。奥巴马在《国家安全战略》中继续强调，“美国持久的利益就是美国、美国公民以及美国盟友和伙伴的安全”。他口头上虽然表示要撤销在波兰部署东欧导弹防御系统计划，但却仍然坚持在距俄罗斯边界仅60公里处的波兰境内部署“爱国者”导弹和军队，并酝酿构建将俄罗斯排除在外的欧洲更大范围、机动性更强的导弹防御网络。这与俄罗斯着力打造“从温哥华到符拉迪沃斯托克的欧洲大西洋地区和欧亚地区的统一安全空间”安全战略严重对立，不时引起俄罗斯要在加里宁格勒部署“伊斯坎德尔”导弹和以战略核潜艇在北极冰层下连续试射洲际导弹的强烈反应。俄罗斯外交新政强调要“在国际事务中，围绕对各国符合时代需要的一致要求发展模式制定统一日程，协调集体力量，有效抵制对安全的威胁和挑战”；要“努力使美国放弃在欧洲部署可能破坏俄罗斯联邦遏制力的全球反导系统的单方行动”；主张建立欧洲的统一安全空间，反对将俄罗斯排除在外的欧洲“独立”安全体系。俄美安全利益相悖使两国难以根本改变将对方视为潜在威胁和战略对手的定位。

四、俄美关系仍面临诸多考验

俄美关系长期不畅的症结在于两国结构性矛盾难以解决。美国国务卿希拉里·克林顿在回答俄罗斯为何一直未能“入世”原因时曾直言，“如果美俄能开展紧密合作，这些问题都可以解决”，其弦外之音不言自明，美国希望俄罗斯能成为一个听话的“合作”伙伴，但遗憾的是后者却没有屈尊“小兄弟”的传统。从这一客观因素分析，俄美关系虽然得到较大改善，但未来发展依然面临诸多考验。

（一）两国后续核裁军前景暗淡。历经周折，2011 年 12 月 22 日，美国参议院最终以 71 票赞成，26 票反对的投票结果批准了新核裁军条约。此间，俄罗斯也在不断对美国施加压力，普京 11 月底在接受美国有线电视新闻网专访时表示，如果美国参议院不批准“新削减战略武器条约”，俄罗斯将被迫增加核武器。对俄罗斯来说，虽然获得议会批准不会有大的问题，但由于条约签署前一些议员曾发出警告，称如文件不将防御性武器与进攻性武器挂钩，届时将不同意批准，特别是俄共一直批评俄罗斯领导人出卖国家利益，向美“屈膝投降”，这也会给俄罗斯批准该条约增加一些麻烦和担心。

虽然美俄两国立法机构批准了新“核裁军条约”，但双方各有盘算。奥巴马打算在新“核裁军条约”生效后，能就进一步核裁军特别是削减俄美在欧洲的短程战术核武器问题继续与俄罗斯谈判。由于冷战后美国在整体军事实力上对俄罗斯已构成绝对优势，能否说服俄罗斯同意与美国继续同步核裁军，已成为奥巴马推进“无核世界”进程的又一难题。鉴于“俄罗斯西部边境面对北约常规武器绝对优势如同不设防的严峻局面”，梅德韦杰夫总统早就明确表示，俄罗斯在今后几年不会研究进一步削减核武器的问题。俄罗斯在签署新条约时也声称，美国“只有不在质量和数量上增加战略反导系统的情况下，俄罗斯才能考虑进一步削减进攻性战略武器问题”。俄罗斯鹰派精英更是坚称，“除非美国从欧洲五国撤走战术核武器，否则进一步核裁军是不可能的”。[①]俄罗斯视战术核武器为强大的“均衡器”，不会轻易放弃手中的这一仅有的王牌接受美国在战术核武器方面提出的要求。美国拿不出什么交换条件来说服俄罗斯削弱其在战术核武器上对美国的10∶1优势，也难以同意俄罗斯的新欧洲安全构想倡议。这使两国的“核角力”依然不停。俄罗斯继续强调未来的“战略核力量是国防拨款的重点”，战略火箭兵将接收“白杨-M”和新式重型陆基导弹，空军也将继续升级图-95和图-160轰炸机，并研制远程航空兵的未来武器装备，海基战略核力量也将获得8艘配备“布拉瓦”导弹的955型核潜艇。美国则加紧对现有核武器进行升级换代，奥巴马向国会申请在未来10年拨款800亿美元，用于加强核武库和核试验室等核基础设施的建设及“重建和更新美国老化的核武器”。与此同时，两国还在“不扩散问题上”相互指责。7月28日，美国国务院发表《2010年军控、不扩散及裁军领域遵守协议和义务情况报告》，继续把俄罗斯列入不扩散条约“破坏者”的名单。俄罗斯则针锋相对，8月7日，俄罗斯外交部公开指责美国违背若干项武器不扩散和军控协议中规定的义务，对美国在履行不扩散大规模杀伤性武器的义务情况表示不满，称“俄罗斯不止一次就美国将范登堡空军基地的5个洲际弹道导弹发射井改装为拦截导弹发射装置表示关切”；认为“这违反了该条约的规定”。俄罗斯还批评美国没有遵守两国原有的双边削减武器协议、违反了禁止使用化学武器国际公约和禁止使用生物武器协议，以及禁止扩散弹道导弹的海牙行为准则。

（二）彼此非核武军备竞赛更趋激烈。新《核裁军条约》对俄美现有或计划中的远程非核进攻性武器没有任何限制，也没有禁止在战略运载工具上安装常规弹头和对非核装备的重型轰炸机的约束，这给双方继续研发非核武器装备留下巨大空间。2月，奥巴马对外公布的美国2011财年国防预算总额为7330亿美元（其中包括用于伊拉克和阿富汗的1590亿美元）。美国在继续保持全球最高军费

---

① 美联社布拉格2010年4月8日电。

开支及核优势基础上，继续大力发展新一代常规武器，研制既能在水面低飞时速900公里，也可潜水300米对船和海岸设施攻击的“飞行潜艇”。海军从2010年开始实施“遥控作战空中系统计划”，2025年后将用其取代F/A—18E/F“超级大黄蜂”战机。海军研究局（ONR）也在研发可从陆地、海上和空中发射的自由电子激光（FEL）武器，适用于弹道导弹防御并使“宙斯盾战斗系统”革命化。美国还加紧研发1小时可从美本土向地球任何地点发起攻击的“快速全球打击”（PGS）计划。

虽然受金融危机影响，俄罗斯2010年的军费仅为400亿美元。但基于美军事战略思想的转变，“俄罗斯也把重点放在了对用于非核武器冲突装备的现代化改造上”。[①] 5月，梅德韦杰夫发布总统令，指示俄罗斯三军到2015年和2020年其现代化装备水平分别要达到30%和70%，强调“为确保换装速度，财政拨款的优先方向将从供养军队转向提供装备”。[②] 为此，俄罗斯还制订了总额达13万亿卢布（约为4200亿美元）的2011—2020年军备计划。陆军将陆续更新一批武器，包括对T–90坦克、通信、侦查和指挥系统的改进。海军在保障仅有一艘现役核动力导弹巡洋舰“彼得大帝”号正常使用的情况下，将加快对“纳希莫夫海军上将”号和“拉扎列夫海军上将”号两艘巡洋舰的改造。北海舰队和黑海舰队将更新50艘新一代舰艇。空军在未来10年至少要更新1500架战机，包括苏–34、苏–35战斗机和卡–52、米–28H直升机等隐蔽性好、发动机动力强和武器杀伤力大的第五代战机。可与美F–22“猛禽”（现今世界仅有的第五代战斗机）和F–35“闪电Ⅱ”战斗机相匹敌的PAK FA战斗机则于2015年服役。2025—2030年，俄将装备新研制的隐性战略轰炸机，取代现有的图–160、图–95MZ和图–22MZ轰炸机。届时，T–50第五代歼击机将成为俄空军新的主力机型，现代化战机配备率可达70%。同时，一些新型防空和反导防御系统也将陆续完成，包括打击超低空目标的“梦神”防空系统、“勇士”中程防空系统和早已名声在外的S–500防空系统。防空导弹部队将接收S–400和升级后的S–300及“铠甲”导弹系统。除增加国内武器订单外，俄还将投入100亿欧元从西方国

① 弗拉基米尔·叶夫谢耶夫：《一个没有输家的条约》，载《莫斯科时报》（网络版）2010年4月7日。

② Дмитрий Медведев: Необходимо вкладывать деньги в модернизацию Вооруженных сил//Российская газета.24.05.2010.

家购买武器装备，计划用5亿欧元购买法国产的4艘“西北风”两栖攻击舰。美俄在大力削减战略核武器同时，双方在非核武器领域的角逐已拉开架势。

（三）美国反导计划给两国再生龃龉埋下隐患。俄罗斯始终认为导弹防御会赋予美国对任何目标发动袭击而使其免遭报复的能力，强调“导弹防御系统不应只保护一个国家或一个集团，而应维护国际社会所有负责任成员的利益”。因为“反导防御越强，对手相应的核力量就越弱”，也就“破坏了主要核大国之间现有的平衡体系，首先是俄罗斯与美国之间”的平衡。为此，俄罗斯在与美国签署新核裁军条约时就声明，如果美国在反导问题上走得太远，威胁到俄罗斯的安全，俄罗斯将退出该条约。然而，由于新《核裁军条约》序言中的“进攻性武器与导弹防御系统的关联性”的表述“不具有法律约束力”，美国国防部长盖茨也明确表示，在导弹防御问题上与俄罗斯“没商量”，坚持“任何会限制美在导弹防御或其在欧洲部署这种系统的灵活性的条款都将是不可接受的”，并决定不惜花费数10亿美元，在2018年前打造出覆盖全欧洲的导弹防御系统，这无疑给两国再发摩擦埋下火种。

（四）双方关系的进一步发展受到两国鹰派势力的制约。尽管俄罗斯对美国一再做出友好姿态，但美国的保守势力依然质疑俄罗斯的诚意，认为俄罗斯从对格鲁吉亚采取“断然行动”开始，变得越来越自信，已完全制止了“颜色革命”的蔓延趋势，并正恢复其对前苏地区的影响力。美国国防部长盖茨甚至还对俄罗斯不同意美欧后来单独对伊朗更严厉的制裁措施进行猛烈抨击，称俄罗斯患有“精神分裂症”。共和党则批评奥巴马对俄罗斯过于温和、让步太多，“削弱了美国在俄罗斯周边国家中的影响力”，甚至指责他在出卖美国国家利益，背叛美国在东欧和前苏地区的盟友，全面纵容俄罗斯。美国强力部门也试图用曝光俄罗斯在美国“大搞间谍活动”和绑架俄罗斯“涉嫌贩毒”飞行员事件干扰两国关系的进一步发展。这使奥巴马继续推进与俄罗斯的“合作”政策越发困难。俄罗斯的强硬派也不断指责“梅普”政府对美国示弱、“屈膝投降”，迫使“梅普二人”不得不一再向公众保证其不是亲美的懦夫。这使俄罗斯继续奉行以与美国“协调立场”换取对美国关系改善的政策压力增大、回旋余地变小。而俄罗斯对美国政策的每一次“回摆”，不仅给美国国内的保守派继续打压俄制造口实，也加剧了美国公众对俄罗斯的偏见。

（五）微弱的经济联系难以给两国关系发展提供足够支撑动力。尽管俄罗斯为世界第八大经济体，但其在美国的贸易伙伴中仅位居第25位，2008年，两国贸易总额刚达到360亿美元，就因国际金融危机冲击下滑到了2009年的180亿美元，在美国对外贸易总量中几乎可以忽略不计。俄罗斯欲借梅德韦杰夫总统访美打开对美国的经济通道，但基于双方所求不同，两国签署的大多是战略稳定、军控和反恐等方面的协议，涉及科技和经贸项目不多。而波音公司在未来10年以10亿美元对俄罗斯投资落户俄"硅谷"，也是俄罗斯用40亿美元采购其50架波音737飞机和另外15架其他机种的订单置换的结果。尤其是悬在俄罗斯头上数十年的"杰克逊—瓦尼克修正案"始终未能解除，这制约着两国经济合作和经贸水平短期内难以实现较大增长，也使两国关系发展缺乏"经济共生"的支撑。

俄美关系长期陷入僵局、进入怪圈多半基于美国过度挤压俄罗斯生存空间、封杀俄罗斯复兴势头过急、不给俄罗斯留有退路所至。为保持对全球的绝对领导地位，美国不会允许任何对其霸主地位构成现实和潜在威胁的对手存在。而基于俄罗斯不仅有强大的军事实力、最大的疆土和世界第一的丰富自然资源条件，还有重新成为超级大国的潜能，尤其是还有与美国争夺地缘战略利益的政治意愿，这客观上不能不被美国视为对其现实和未来构成威胁的目标。也正因为如此，美国也不会轻易改变遏俄弱俄、迟滞俄罗斯复兴和崛起的既定国策。尽管俄罗斯本身不愿与美国对弈，但基于无法回避和绕开美国为其重新走向强国设置的羁绊，只要美国不改变对俄罗斯的冷战思维，俄罗斯又不情愿做美国的附庸，两国的结构性矛盾就难以消除，争斗就难以避免。美国不会乐见俄罗斯快速实现现代化，俄罗斯也不会总是不计代价一味迎合美国的需求。只要美国不放弃坚持主导世界的战略，俄罗斯不改变重振大国地位的既定方针，两国的遏制与反遏制角逐就不会停息，俄美也只能在争斗中寻求有限的合作，既不会走向全面对抗，也不会完全走近。

美俄关系新发展及其局限性①

在双边关系持续较长时期低迷后，美俄根据各自需要调整了对对方的政策，相互关系迅速转暖回升，合作、协调显著增强。但两国结构性和深层次矛盾和分歧没有完全消除，难以建立实质性的合作伙伴关系。

2009 年 3 月，美俄两国外长在日内瓦同时按下象征两国“重启”关系的特制“按钮”。一年来，双方都采取了改善与发展关系的重要举措。美国暂缓北约东扩进程，暂停在东欧部署导弹防御系统；俄罗斯在伊朗问题上同美国进行了罕见的密切协调与合作。两国还最大限度地做出妥协，签署了新的削减进攻性战略武器条约，这使美俄关系又出现积极发展势头。

一、彼此关系大幅提升

奥巴马总统上台后急于扭转前任外交上的不利局面，将改善对俄罗斯关系作为首开外交政绩突破口之一。他寄望于以此带动与俄罗斯在其他方面的合作，进而推动“无核世界”进程。俄罗斯也欲借两国新总统就任之机改善俄美关系，营造恢复经济发展的良好环境。美俄相互需求增多，促使双方关系迅速走出小布什时期的历史低谷，大幅向上提升。

尽管此番“重启”关系双方都有所愿，但美国主动开局调整对俄罗斯策略，精心施展“巧实力外交”，频频发动“魅力”攻势尤为抢眼。奥巴马总统入主白宫不久，即主动致信梅德韦杰夫总统，向俄罗斯释放善意，表示美国可能最终不会在东欧部署导弹防御系统。不久，美国副总统拜登在第 45 届慕尼黑安全会议上表示，奥巴马政府将同布什政府的单边主义政策决裂，“重启”美俄关系，认为现在是按下“重启键”，寻找合作领域的时候了。紧接着，希拉里国务卿即以

① 该文载在《国际问题研究》2010 年第 5 期，第 23—29 页，被中国人民大学书报资料中心《国际政治》2010 年第 12 期收录转载。

赠礼方式送给拉夫罗夫外长一个象征两国“重启”关系的特制“按钮”，刻意表达美国对改善对俄关系的“诚意”。奥巴马在北约首脑会议上不再提乌克兰和格鲁吉亚“入约”问题，并破天荒地强调“容忍不同观点”的必要性，其访俄期间也有意回避“高加索和俄罗斯的民主化”问题。他还顶着国内保守派和舆论压力，正面呼应俄罗斯在签订新的削减进攻性战略核武器条约方面的一些关切，在诸如驻地核查、较大幅度削减运载工具等问题上对俄罗斯做出妥协。

俄罗斯也真心欢迎美国在“重启”两国关系方面的努力，积极回应美方善意。2009年4月梅德韦杰夫总统在伦敦《俄美总统联合声明》和《俄美总统关于就进一步削减和限制进攻性战略武器条约进行谈判的联合声明》中与奥巴马总统共同表示，“彼此敌视、把对方视为敌人的时代早已过去。两国目前存在着诸多共同利益”，彼此的“一致远远大于分歧”，俄罗斯准备与美国一块走出冷战思维。随即，俄罗斯便做出允许美国及其他北约盟国通过其领土向阿富汗运输供给的决定，并在美国宣布撤销在波兰部署导弹防御系统计划后，也放弃了在加里宁格勒飞地部署“伊斯坎德尔”导弹的决定，极大地缓解了该地区的紧张局势。俄罗斯还积极响应奥巴马建立“无核世界”的构想，在与美国的新核裁军谈判中，就“进攻性和防御性武器挂钩”以及“限制高精度武器发展”等问题做出重大让步，配合美国在“国际核安全”和《不扩散核武器条约》审议大会召开前最终签署新核裁军条约，为奥巴马实施重整国际核秩序扫清一大障碍。特别是在美国推动联合国安理会通过对伊朗进行新制裁问题上，俄罗斯不但投了赞成票，而且还不顾惹恼伊朗和支付大额违约金的代价，主动冻结了本不受安理会制裁决议限制的向伊朗出售S-300导弹系统的合同，大有“9·11”事件后普京力排众议、义无反顾地支持美国打恐的劲头。

最为外界关注的是，2010年上半年，两国都相继出台了对外新政和国家安全战略。梅德韦杰夫总统授意起草的《在系统基础上有效利用外交因素推动俄罗斯联邦长期发展的计划》核心内容是，俄罗斯迫切需要现代化，为此，必须拉近与西方的关系。这份仅供内部指导对外工作的外交“白皮书”明确指出，“鉴于美国在解决全球和地区关键问题时所起的作用，以及奥巴马政府宣布的外交方略，俄罗斯要有充分准备考虑到继续与华盛顿理顺互利、平等合作的全方位关系”；努力打破长期以来美国对俄罗斯转让高技术的限制，“利用美国的技术实力”、投资和

“经贸合作渠道实现俄罗斯国内的发展目标”；“摆脱消耗性的对抗和新一轮军备竞赛，把腾出来的资源用于俄联邦现代化”。[①] 拉夫罗夫外长在前言中进一步指出，“在经济与文化相互渗透基础上加强与主要世界大国的相互依存关系”有利于俄罗斯，“欧盟，尤其是美国，是俄罗斯最受欢迎的合作伙伴”。[②] 俄罗斯外交新政突出反映“缓和取代冷战，经济压倒一切”的特点，开始由先前的军事和能源兴国战略向“科技创新强国战略”转变，具有明显的外交大转向特征。这表明俄罗斯对美国政策发生了一定程度的转折性变化，在对外关系坚持“全方位”发展同时，也带有面向美欧为主的特性。俄罗斯首次邀请美英法等北约国家士兵参加卫国战争胜利 65 周年阅兵庆典，则是其对外方针发生重大变化的具体体现。对此，奥巴马还专门发表声明致谢，并在稍后递交国会的《国家安全战略》报告中提出，要与俄罗斯在寻求共同利益的基础上“建立稳定、务实、多维的关系”，称“一个强大、和平、繁荣且尊重国际规则的俄罗斯符合美国的利益”，强调美国“将寻求与俄罗斯建立更密切的伙伴关系，以应对暴力极端主义，特别是在阿富汗”。[③] 随之而来的是两国在吉尔吉斯斯坦政权更迭引发社会骚乱问题上的相互协调，俄罗斯不再紧逼吉尔吉斯斯坦临时政府做出关闭美军基地的决定；美国则不计较俄罗斯对吉尔吉斯斯坦反对派的过度支持。正是在这样的良好氛围下，2010 年 6 月梅德韦杰夫总统成功实现对美国的国事访问。两国在一些共同关心的问题上达成新的共识，并签署了数额较大的经贸合作协议与合同，双方还同意扩大在反恐战线上的合作。奥巴马总统承诺无条件、全力支持莫斯科加入世贸组织，认为俄罗斯正加入世贸组织。这对俄罗斯是好事、对美国和世界经济也是好事。[④] 美国白宫发言人罗伯特·吉布斯认为，在过去 18 个月中，美俄以增进共同利益为目的“重启”两国关系进程取得重大进展。奥巴马总统也表示，他与梅德韦杰夫总统“成功地重启了”两国关系。美国副国务卿罗伯特·霍马茨甚至认为，两国在政治和安全领域“重启”合作关系已取得进展情况下，目前该是“重启经济进程”的时候了。

---

① Программа эффективного использования на системной основе внешнеполитических факторов в целях долгосрочного развития Российсой Федерации//The Newsweek,11 мая 2009 года.

② 康斯坦丁·哈泽米哈依尔·济加里：《俄罗斯出台外交新政，其实质在于同西方建立伙伴关系》，载美国《新闻周刊》俄文版 2010 年 5 月 11 日。

③ "National Security Strategy 2010," *Nssarchive.us*,May 27,2010.

④ Вашингтонский компромисс по ВТО//THOTV.25 июня 2010 года.

二、深层次矛盾和分歧依然存在

美俄两国根据各自利益需要调整了对对方的政策，两国很快走出小布什执政时期的僵冷状态，相互关系迅速转暖回升，协调与合作明显增强。然而，两国的结构性和深层次矛盾与分歧并没解决，双方关系深入发展依然乏力，难以重现冷战结束初期那样的美俄“蜜月期”。

（一）互信缺失未有明显改观

美国在北约东扩及“9·11”事件后对俄罗斯全力支持其反恐行动回报等问题上一再失信于俄罗斯，尤其是在东欧部署反导系统上出尔反尔，中止了在波捷两国的部署计划，却在背地里做出在罗马尼亚和保加利亚部署反导基地的决定，使俄罗斯对美国信任危机加剧。俄罗斯驻北约代表罗戈津公开指责说，俄罗斯是从媒体上了解到美国欲将东欧反导系统改在罗马尼亚和保加利亚部署的消息，称“如果俄罗斯总是在报纸上看到令自己不愉快的新闻，那么还谈什么与华盛顿真正的伙伴关系和‘重启’呢？”① 而且，奥巴马总统一边高调“重启”对俄罗斯关系，一边却在2009年的《国家情报战略报告》中继续将俄罗斯视为潜在威胁，认为俄罗斯“继续寻求重振大国的实力和影响力，会使美国利益复杂化”。② 即便奥巴马在2010年的《国家安全战略》报告中提出了与俄罗斯接触政策，但也只是在扩大“全球范围内的国家合作关系”名单里，在需要扩大一些“对于双方在某些具有共同利益领域合作”的双边关系中提到美俄关系，且还排在后三位，位居美印关系之后，美国对俄罗斯的信任与重视十分有限。尤其是在美国在中亚驻军问题上，美国对俄罗斯“口是心非”一直不满。美国国防部长盖茨公开指责俄罗斯对美国驻马纳斯空军基地采取“双轨政策”，称俄罗斯“一边发出愿意与美国在阿富汗问题上进行合作的积极信号，一边却在对美国来说显然是十分重要的机场问题上与我们对着干”。③ 正是由于战略互信的缺失，俄罗斯尽管无力支撑庞

---

① Алла Язькова.Перезагрузка или новый виток напряженности в Причерноморье?//Независимая газета. 15.03.2010.

② "Reference: National Intelligence Strategy 2009," *National Intelligence et al* (IC),2009/09/15.

③ 贝赫鲁兹·阿卜杜勒万德：《大国利益的震中》，载德国《欧亚杂志》2010年5月号。

大核武库的沉重负担，却在与美国签订新的削减核武器条约的谈判中始终拒绝美方起初提出的将现役战略核弹头削减至1000枚左右的上限数额。在俄罗斯看来，唯有保持1500枚以上的现役战略核弹头才能“维持突破美国导弹防御网络的能力”。[①] 美俄削减进攻性战略武器新条约的谈判，也因彼此战略互信的严重缺失，未能在旧条约到期前达成一致，直到临近“国际核安全”峰会和《不扩散核武器条约》审议大会召开前方才互作妥协得以签署。俄罗斯为营造梅德韦杰夫总统访美的良好氛围，对美国在波兰部署“爱国者”导弹并派兵驻守保持极大克制，但美国保守派却依然对“具有极强民族自尊心”的俄罗斯领导人是否真心奉行“温和的”对外方针持怀疑态度，甚至不相信俄罗斯对美国继续挤压其战略空间会视而不见，且不相信俄罗斯主动冻结向伊朗出售非禁武器合同是出于真心。

（二）地缘利益冲突依旧

美国始终认为只有不断扩大北约才能确保其自身和盟国的安全。冷战结束后，美国历届政府无一不将遏制“昔日帝国”——俄罗斯崛起，打压其战略空间作为维系美国唯一超级大国霸主地位的既定战略。即便是“重启”对俄罗斯关系，奥巴马政府也没有完全停止挤压俄罗斯传统战略空间的努力，在俄罗斯周边继续投棋布子。基于俄罗斯的强烈反对，美国暂时搁置了乌克兰和格鲁吉亚加入北约的议程，但依然推动北约在2010年初启动乌克兰加入北约快速反应部队程序。美国虽无力挽回亲美反俄的乌克兰前总统尤先科的败局，但仍没有放弃在乌克兰建立能供欧洲新导弹防御系统使用的雷达监测站的努力，也没有完全放弃对乌克兰反俄势力的支持。美国虽对格鲁吉亚总统萨卡什维利在一些问题上的“莽撞”不满，但仍坚定地站在这一极端亲美反俄政权一边，继续按“北约标准”训练格军并向其提供军事装备，派驱逐舰访问格鲁吉亚，举行联合军演。尤其是美国国务卿希拉里借7月对格鲁吉亚的“安抚之旅”，再次宣称支持其主权和领土完整，并离间南奥塞梯和阿布哈兹两地与俄罗斯的关系。与此同时，美国还不断加大对中亚的投入，寻找新的军事立足点，强化其在具有重大战略意义的欧亚接合部和腹地的影响力。奥巴马在新的《国家安全战略》报告中反复强调，要“着

---

① 酒井和人、岩田仲弘：《美俄新核裁军条约并非真裁军》，载日本《东京新闻》2010年4月9日。

眼于重振美国的领导地位”，使其“能在21世纪更有效地推进美国的利益”。俄罗斯则将美国在其原有势力范围发展亲西方势力和不断扩大北约视为对本国的现实和潜在威胁，认为只有冲破美国等西方遏制，才能彻底从衰落走向复兴。为此，即使在“重启”对美国关系过程中，俄罗斯也同样没有停止反遏制、扩影响、展军力的行动。自2008年俄罗斯远程轰炸机多次超低空逼近美国航空母舰及航母战斗群后，2009年，俄罗斯两艘顶级“鲨鱼”级核潜艇又“史无前例”地出现在美国东海岸附近海域，彰显俄罗斯恢复军力捍卫国家利益的决心。同时，俄罗斯还加紧在美国后院“排兵布阵”，强化与委内瑞拉、厄瓜多尔和玻利维亚等反美色彩较浓国家的军事合作，并探讨在该地区建立海军基地和导弹基地的可能性，以此回击美国在俄罗斯周边加强军政渗透、部署反导系统的行动。在对亲西方的乌克兰总统尤先科实施“高压外交”手段，成功取得“助选”亲俄势力代表问鼎乌克兰总统宝座胜利后，俄罗斯又挥师中亚，力挺吉尔吉斯斯坦反对派重新夺权，使本地区对美国博弈态势开始朝着有利于俄罗斯的方向转变。俄罗斯并不讳言，称其所有努力都“是为了回应华盛顿在俄罗斯的地缘政治范围（前苏地区）策划的‘颜色革命’”。[①] 美国不断指责俄罗斯依旧抱有“19世纪争夺势力范围的观念”，称“最能危害‘重启政策’的是俄罗斯在前苏国家极其恶劣的所作所为”。[②] 美国副总统拜登还借媒体“影射”俄罗斯经济失败，领导层“固守过去的某种东西”。俄罗斯则反唇相讥，指责是美方破坏了两国恢复关系氛围，在按“复原按钮”。俄罗斯外交新政虽强调要大力发展与美国和西方大国关系，但也明确提出要重建俄罗斯的势力范围，要求“依靠独联体一体化进程的客观优势”，“积极抵制地区以外势力干涉俄罗斯联邦与独联体”，以及“非一体化、分裂和使俄罗斯联邦脱离地缘战略圈的做法”；还提出要利用当前欧美海外投资不足的有利时机，“扩大俄罗斯在波罗的海国家的经济存在”，大力收购“当地生产实体”，“尤其是能源、信息、物流及运输等领域的企业”。[③] 美俄地缘战略利益的

---

① Нил Никандров.Россия-Латинская Америка: сплав солидарности и прагматики//Фонд стратегической культуры. 22 Июня 2010 г.

② 詹姆斯·马森:《俄罗斯的举动让人怀疑奥巴马“重启”计划》，载美国《时代》周刊网站，2009年8月23日。

③ Программа эффективного использования на системной основе внешнеполитических факторов в целях долгосрочного развития Российсой Федерации//*The Newsweek*.11 мая 2009 года.

相左是双方建立实质性合作伙伴关系的最大障碍。

（三）价值观仍旧难以融合

美国一直试图将俄罗斯改造成政治上“民主”、经济上“自由”、政体去“帝国化”的所谓西式“真正”民主国家，并以在前苏地区推行美式民主方式剥离这些国家与俄罗斯的传统联系。奥巴马虽不再沿袭前任对“后苏”地区“民主改造”和“输出民主”的激进路线，对俄罗斯在“民主与法制”方面的批评也有所减少，但在“后苏”空间推行美式民主价值观的既定方针没有改变。奥巴马的《国家安全战略》报告连篇累牍地强调，“我们的长期安全和繁荣有赖于对普世价值的坚定支持”。“一段时期以来，这些价值观曾在世界范围内取得了巨大成功。但近年来民主的发展却变得有些迟缓。”“美国支持对外拓展民主与人权”，并“欢迎所有和平的民主运动”，并一语双关地表示，美国“支持俄罗斯国内有关强化执法、建立负责任政府及尊重普世价值的努力。在积极寻求俄罗斯在欧亚大陆发挥负责任伙伴作用的同时，我们还将支持俄罗斯的邻国能够保持主权与领土完整”。因为，只有“尊重人权和民主价值观的国家”才能成为美国“强大的伙伴”。[1]美国媒体也一直在敦促奥巴马政府应抓住梅德韦杰夫总统访美之机，“促使俄罗斯向西方的人权与民主标准看齐”。然而，俄罗斯这些年来一直在坚持“主权民主”原则，其外交新政也依然强调，要“在国际论坛和双边关系中大力宣介俄罗斯在民主和人权方面的态度和立场”，反对在民主和人权中推行“双重标准”。为此，在小布什策动“民主风暴”若干年后，俄罗斯开始重整旗鼓，以“文武两手”并进手法，既顶住了美国的“民主”攻势，又以武力“夺回”南奥塞梯和阿布哈兹，在乌克兰和吉尔吉斯斯坦连连得手，使美俄地缘战略攻防态势发生重大变化。

（四）安全观依然严重对立

美国只顾本国和盟国安危，一直寻求“单方面”的绝对安全，并视北约为“欧洲安全的基石”。奥巴马总统的《国家安全战略》继续强调，“美国的持久利

① "National Security Strategy 2010," *Nssarchive.us*,May 27, 2010.

益就是美国、美国公民以及美国的盟友和伙伴的安全”。奥巴马总统虽口头上表示撤销在东欧部署导弹防御系统计划，但仍坚持在2009年底与波兰签署《美国驻军地位协定》，并于今年5月正式在波兰距俄边界仅60公里的基地部署“爱国者”导弹和100余名美军士兵，这势必触痛俄罗斯的敏感神经。美国还继续酝酿欧洲更大范围、机动性更强的导弹防御网络，构建排斥俄的欧洲独立防御体系。这与俄罗斯着力打造“从温哥华到符拉迪沃斯托克的欧洲大西洋地区和欧亚地区的统一安全空间”安全战略严重对立，不时引起俄罗斯要在加里宁格勒部署“伊斯坎德尔”导弹，并以战略核潜艇在北极冰层下连续试射洲际导弹的强烈反应。俄罗斯的外交新政也继续强调，要“在国际事务中围绕对各国符合时代需要的一致要求的发展模式积极制定统一日程，协调集体力量有效抵制对安全的威胁和挑战”，要“努力使美国放弃在欧洲部署可能破坏俄联邦遏制力的全球反导系统的单方行动”，主张建立欧洲的统一安全空间，反对将俄排除在外的欧洲“独立”安全体系。美俄安全观上的严重对立，决定了两国仍将对方视为主要的潜在威胁和战略对手。

三、美俄关系发展路漫漫

美俄政治互信缺失和地缘战略利益相抵触，决定了两国发展实质性关系的进程不会一帆风顺。美国国务卿希拉里在回答俄罗斯为何一直未能“入世”时曾坦言，“如果美俄之间能开展紧密合作，这些问题都可解决”。[①]其弦外之音不言自明，美国希望俄罗斯能成为听话的“紧密合作”伙伴，但后者却没有屈尊做小兄弟的“传统”。由于“奥巴马或是不愿意，或是不能在国外放弃美国的行为方式，到处建立和维持美式政治架构”，[②]俄罗斯又从来没有对外百依百顺的习惯，两国在涉及彼此核心利益问题上的碰撞和摩擦将在所难免。

---

① 《俄美表示将进一步加强双方经济合作》，中国网，2010年3月20日，http://www.china.com.cn/international/txt/2010－03/20/content_19646318.htm。

② Дмитрий Косырев.Обама не даст президенту Афганистана сиять, как солнце//РИА Новости.13 мая 2010 года.

（一）新核裁军条约面临各自立法机构按时批准的考验

美俄新核裁军条约的签署被认为是两国关系发展中的“里程碑”，但条约能否按时生效尚存诸多掣肘因素。对美国来说，2010 年 11 月中期选举前批准新核裁军条约对奥巴马政府至关重要。因为，以乔恩·凯尔为首的共和党参议员一直坚持对俄不妥协的强硬政策，反对美俄新核裁军条约。该条约如年内不能获得批准，2011 年的难度会更大。因为，“届时条约的主要反对者共和党人多半将巩固自己在上院中的地位”。[①] 根据美国法律，该条约需经参议院三分之二多数通过才能生效，即要获得参议院 67 票支持。但民主党只有 58 票，加上支持该条约的 1 名无党派参议员也仅有 59 票。“条约”要获得通过还需要争取来自共和党参议员的 8 票支持。鉴于去年已有 41 名参议员联名上书表达对新条约内容的担忧，该条约能否过得美参议院这一关还是一个未知数。对俄罗斯来说，虽然获得议会批准问题不大，但由于条约签署前，一些议员已发出警告，称如文件不将防御性武器与进攻性武器挂钩，届时将不同意批准。由此看来，这份最终未能将其要求写入正文的条约能顺利在俄罗斯议会通过也并非易事。而且，即使“条约”获得了两国议会批准，在其到期前双方也还存在“退约”的可能。因为，美俄签订的第二阶段削减和限制进攻性战略武器条约，就曾因小布什政府宣布退出美俄反导条约而作废。

（二）后续核裁谈判前景暗淡

奥巴马政府希望在新条约生效后，能就短程战术核武器和保管核武器等问题继续与俄谈判。由于冷战结束后美国不断扩张军力，俄罗斯与美国在整体军事实力上已处劣势，能否说服俄罗斯同意与美国继续同步核裁，成为奥巴马推进“无核世界”进程的一道难题。俄罗斯在签署新条约时就声明，美国“只有不在质量和数量上增加战略反导系统的情况下，俄罗斯才能考虑进一步削减进攻性战略武器问题”。[②] 2009 年底，普京仍在强调继续发展进攻性武器的必要性，称为了维

---

① Андрей Резчиков. «Перезагрузка» с иранской нагрузкой-Сближения позиций Дмитрия Медведева и Барака Обамы по поводу Ирана и ПРО на саммите в Вашингтоне не произошло//Взгляд.25 июня 2010.

② Сергей Рогов-директор Института США и Канады РАН, член-корреспондент РАН. Шестая попытка стратегического мира//Независимая газета. 08.04.2010.

持世界力量的平衡，俄罗斯“必须开发进攻性武器系统”，否则“当对方建立了阻止我们进攻性武器系统的保护伞，我们将是危险的”，重申必须在核威慑方面保持与美国实力上的平衡。[①] 俄罗斯鹰派势力更是坚称，“除非美国从欧洲五国撤走战术核武器，否则进一步核裁军是不可能的”。[②] 而美国2010年的《核态势评估报告》只提到“不发展新一代核武器”，并没有明确放弃对已有核武器的升级换代。事实上，美俄签署新核裁条约后，奥巴马已经向国会申请在未来10年拨款800亿美元，用于加强核武库和核试验室等核基础设施的建设以及“重建和更新美国老化的核武器”。[③] 毋庸置疑，如果俄罗斯感到与美国的军事实力差距继续拉大，双方下一步的裁军将受到阻碍。

（三）非核武军备竞赛更趋激烈

新核裁条约对美俄现有或计划中的远程非核进攻性武器没有任何限制，也没有禁止在战略运载工具上安装常规弹头和对非核装备的重型轰炸机的约束，这给双方继续研发非核武器装备留下巨大空间。美国参院2009年底通过6363亿美元的下一年度国防预算，在保持全球最高军费开支和核优势基础上，继续推进常规武器的升级换代，加紧改装4艘俄亥俄级核潜艇，并开始研发1小时可从美国本土向地球任何地点发起攻击的“快速全球打击”（PGS）计划。基于美国军事战略思想的转变，“俄罗斯也把重点放在了对用于非核武器冲突装备的现代化改造上”。[④] 梅德韦杰夫总统已发布命令，要求俄罗斯三军现代化装备水平到2015年和2020年要分别达到30%和70%，强调“为了确保换装速度，财政拨款的优先方向将从供养军队转向提供装备”。[⑤] 俄罗斯除增加国内武器订单外，在今后5—6年还要从西方国家购买100亿欧元的武器装备。[⑥] 陆军将更新一批武器，包括对T-90坦克、通信、侦查和指挥系统的改进。海军将补充一批新型多功能战

---

① 《普京称俄需研发进攻性武器应对美导弹防御计划》，新华网，2009年12月29日，http://news.xinhuanet.com/world/2009-12/29/content_12723319.htm。

② 美联社布拉格2010年4月8日电。

③ Hans Blix,"A Season for Disarmament,"*The New York Times*, April 5, 2010.

④ 弗拉基米尔·叶夫谢耶夫：《一个没有输家的条约》，载俄罗斯《莫斯科时报》（网络版）2010年4月7日。

⑤ Дмитрий Медведев: Необходимо вкладывать деньги в модернизацию Вооруженных сил//Российская газета.24.05.2010.

⑥ "Russia To Buy 10 Billion Euros In Foreign Arms By 2016," *DefenceTalk,com,* June 24, 2010.

舰，包括20380型护卫舰。在未来10—12年为北海舰队和黑海舰队更新50艘新一代舰艇，并从法国订购4艘“西北风”级两栖攻击舰。空军在未来10年也将更新1500架战机，包括苏-34、苏-35战斗机和卡-52、米-28H直升机，届时，俄罗斯直升机的现代化比例将接近40%。此外，可与美国F-22“猛禽”（现今世界上仅有的第五代战斗机）和F-35“闪电Ⅱ”战斗机相匹敌的PAK FA战斗机也将于2015年服役。另外，2025—2030年还将装备新研制的隐性战略轰炸机，取代现有的图-160、图-95MZ和图-22MZ轰炸机。不难看出，美俄在大力削减战略核武器同时，两国在非核武器领域的角逐业已拉开架势。

（四）美国反导计划给两国再生龃龉埋下隐患

俄罗斯始终认为导弹防御会赋予美对其任何目标发动袭击而不遭报复的能力，强调“导弹防御系统不应只保护一个国家或一个集团，而应维护国际社会所有负责任的成员利益”。因为“反导防御越强，对手相应的核力量就越弱”，这“破坏了主要核大国之间现有的平衡体系，首先是俄罗斯与美国之间”的平衡。[①]为此，俄罗斯在与美国签署新核裁军条约时就已声明，如美国在反导问题上走得太远，威胁到俄罗斯的安全，俄罗斯将退出该条约。然而，由于序言中的“进攻性武器与导弹防御系统的关联性”的表述“不具法律约束力”，美国国防部长盖茨已公开表示，在导弹防御问题上与俄罗斯“没商量”，并已决定将不惜花费数10亿美元，在2018年前打造出覆盖全欧洲的导弹防御系统。新核裁军条约的缺陷无疑给两国再次发生摩擦埋下火种。

（五）其他因素也制约着两国关系的深入发展

首先，冷战后美国对俄罗斯政策一再失误，不仅使俄罗斯改制后一度衍生的亲西方“土壤”日渐贫瘠，也使俄罗斯一些对西方抱有极大幻想的精英人士对美国逐渐失望。这使“梅普”二人继续以与美国“协调立场”换取对美国关系改善政策与行动受到制约，回旋余地变窄。而俄罗斯对美国的每一次强烈反弹，不仅成为美国保守派继续打压俄罗斯的口实，也加剧了美国民众对俄罗斯的偏见。他

① 俄塔社莫斯科2010年4月26日电。

们批评奥巴马新政对俄罗斯过于温和，“削弱了美国在俄周边国家中的影响力”。[①] 这使奥巴马调整对俄罗斯遏制政策换取其在一些问题上的配合越发困难。其次，两国“重启”关系所求各异，关注和侧重点不同。俄罗斯看重的是与美国在高科技和经贸领域的交流与合作，要与美国“建立高质量的创新联系”。[②] 美国则更多希望加强与俄罗斯在政治、军事和安全方面的合作，对经济合作意愿不高。这使两国的外交与战略安全调整难以实现“无缝对接”。美俄都是“自给自足”国家，经济模式、总量和结构差异大，经济依存度不高，彼此互补性不强，深化经贸合作十分有限。尤其是在美国不愿放弃对俄罗斯转让高科技的歧视政策情况下，双方的“合作仅限于国际安全的个别领域，而经济联系很少，不像中美那样是重要的经济伙伴”。[③] 美俄的双边贸易量很小。两国 2008 年的贸易总额刚上 360 亿美元，就因国际金融危机冲击下滑到 2009 年的 180 亿美元，同比下降 50%。俄罗斯欲借梅德韦杰夫总统访美之机打通对美国的经济通道，但基于彼此所求不同，双方签署的大多是战略稳定、军控和反恐等领域的协议，涉及科技和经贸项目的不多。而波音公司在未来 10 年以 10 亿美元对俄罗斯投资落户俄罗斯“硅谷”，也是俄罗斯用 40 亿美元采购其 50 架波音 737 飞机和另外 15 架其他机种的订单换来的结果。[④] 而悬在俄罗斯头上数十年的“杰克逊—瓦尼克修正案”，即美国不给予俄罗斯最惠国待遇的法案也至今未能解除。美俄两国经济联系不紧，导致支撑“重启”关系动力不足。再次，美国保守派对俄罗斯的固有成见依然是两国“重启”关系的巨大障碍。俄罗斯在美国推动安理会对伊朗制裁方面已经给予美方最大配合，然而，美国国防部长盖茨却对俄罗斯不同意美欧后来单独对伊朗的更严厉制裁措施表示不满，称俄罗斯患有“精神分裂症”。这无疑引起俄罗斯的极大反感，称“这简直是下流作风，哪里像国防部长。要是真想用医学术语来表达，就是出现了临床症状”。俄还指责盖茨“仍把自己当成小布什而不是奥巴

---

① 美联社华盛顿 2010 年 6 月 24 日电。

② Программа эффективного использования на системной основе внешнеполитических факторов в целях долгосрочного развития Российсой Федерации//The Newsweek.11 мая 2009 года.

③ ВикторКременюк-профессор, заместитель директора Института США и Канады РАН. "СНВ-3 и дальше. Куда именно?"//Независимая газета. 12.04.2010.

④ 塔里娅·茹拉夫廖娃：《重在经济——盘点梅德韦杰夫访美成果》，载俄罗斯《观点报》2010 年 6 月 25 日。

马政府的成员”，称“那个时代不可救药。有这帮人美国就会再次冒险”。[①] 双方在伊朗问题上的口水仗尚未平息，两国的间谍战硝烟又起。美俄总统峰会余温未尽，美国司法部即对外爆料，称美国警方在其东部 4 个城市一举破获了一个长期潜伏为俄罗斯政府搜集情报并试图渗透到美国政府决策圈的间谍组织。俄罗斯外交部随即反驳，指责美方的说法毫无根据，是倒退回冷战时代的做法。尽管后来俄罗斯低调平息此事，但美国反俄势力的不断滋事，“则有可能加剧美国国内保守派势力的反俄情绪。届时，对俄罗斯奉行协调路线的奥巴马政府也会陷入进退两难地步”。[②]

冷战结束后美俄关系不畅多半因前者过度挤压后者战略空间、封杀其复兴势头过急所至。美国为维护全球的绝对领导地位，不允许任何对其霸主地位构成现实和潜在威胁的挑战者存在。在美国看来，目前和未来可与美国比肩并构成潜在挑战的主要是俄罗斯。俄罗斯不仅拥有强大的军事实力、世界最大的国土面积和世界第一的丰富自然资源，也具有重新成为未来超级大国的潜能，而最重要的是有与美国争夺地缘战略利益的政治意愿。因此，遏俄弱俄、迟滞俄罗斯复兴和崛起，始终是美国的既定国策。俄罗斯改制后的外交向西“大转身”也非首次，但却屡屡受阻。此次俄罗斯再度调整对美国等西方国家的政策，但励精图治，决意恢复昔日世界大国地位的既定战略没有变。这决定了两国发展实质性关系的进程仍然荆棘满途。目前，两国关系虽暖犹寒。从长远看，美俄只能在遏制与反遏制的争斗中寻求有限合作，两国既不会走向对抗，也难以完全走近。

---

① Лидия Градова. Москва обвинила главу Пентагона в хамстве//Газета Утро.22.06.2010.

② 黑濑悦成：《美俄无法摆脱相互不信任》，载日本《读卖新闻》2010 年 4 月 8 日。

V

生机勃勃的上合组织与金砖国家

上海合作组织与中国的西部安全①

上海合作组织是中国与俄罗斯、哈萨克斯坦、吉尔吉斯斯坦和塔吉克斯坦为裁减与四国接壤的边境军事力量及维护毗邻地区的安宁，于1996年4月26日建立的“上海五国”谈判机制演变而成的一个地区性国际组织。

一、上合组织的地位与战略作用

地缘政治理论鼻祖麦金德曾把欧洲大陆中心和占据这个中心位置的国家称为世界政治“枢纽地区”及其“枢纽国家”。由哈萨克斯坦、吉尔吉斯斯坦、中国、俄罗斯、塔吉克斯坦和乌兹别克斯坦六国领导人创建的上合组织正位于这一区域。经过成员国10多年不懈努力，如今，当初这个并不起眼的“论坛俱乐部”已出乎人们预料发展成为一个内部矛盾最少、效率最高、影响力不断上升的国际组织。

（一）应时代潮流而生

随着中苏关系正常化，1989年11月，两国就7000余公里的边界地区相互减裁军事力量和加强军事领域信任问题开始谈判。1991年12月苏联解体后，先前的中苏边界双边谈判变成中国同俄罗斯、哈萨克斯坦、吉尔吉斯斯坦和塔吉克斯坦四国组成的联合代表团“两方五国”谈判形式。经过长达7年22轮谈判，“两方五国”就增强军事领域互信和裁减“后苏中”边境地区军事力量问题达成一致。1996年4月26日，“上海五国”元首在上海签署《关于在边境地区加强军事领域信任的协定》，随即，这一谈判形式被正式称作“上海五国”。1997年4月24日，五国元首在莫斯科签署有效期至2020年12月31日的《关于在边境地区相互裁减军事力量的协定》。

① 《中国周边安全环境评估及政策选择（2010—2020）》，世界知识出版社2015年版，第361—380页。

“上海五国”机制有力地推动了中国与俄罗斯、哈萨克斯坦、吉尔吉斯斯坦和塔吉克斯坦就有关历史遗留边界问题的解决，促进了中国与四国边境地区的和平与安宁。1998年7月3日，“上海五国”元首在哈萨克斯坦阿拉木图举行第三次会议，与会各国代表首次各自作为“上海五国”谈判机制独立一方参与活动，结束了此前中国与俄罗斯和中亚国家的“两方双边”形式，成为“上海五国”机制质上的根本转变，也为后来将其发展成上合组织创造了重要条件。2000年7月5日，乌兹别克斯坦总统卡里莫夫以主席国客人身份首次出席在塔吉克斯坦首都杜尚别举行的“上海五国”元首第五次会晤。2001年6月14日，乌兹别克斯坦以完全平等身份加入“上海五国”。15日，六国元首举行首次会议，在充分酝酿和协商基础上共同签署《上海合作组织成立宣言》，宣告上合组织正式成立。

上合组织成立正值世纪之交，也是国际恐怖主义、分裂主义、宗教极端主义、贩毒、非法移民和跨境有组织犯罪等非传统威胁日益严重之时。而“上合组织一问世，即迅速赢得声望”，并很快成为“广袤欧亚地区稳定的重要因素”。① 哈萨克斯坦总统纳扎尔巴耶夫不无感叹地表示，作为地区和国际最重要的一支稳定力量，上合的“诞生是多么及时、多么高瞻远瞩和深思熟虑的一个决定”，对打击“三股势力”、遏制非传统威胁的蔓延“具有不可估量的意义”。② 乌兹别克斯坦总统卡里莫夫也认为，“在欧亚地区建立上合组织符合时代要求”。③ 塔吉克斯坦总统拉赫蒙则表示，“在新千年到来之际，各成员国在建立上合组织的时候做出了重要的战略抉择”。而“实践证明，上合组织具有强大的生命力，它的出现是大势所趋”。④ 上合组织成立及其所取得的成就是对世界上正在发生的进程做出的客观回应。

---

① Владимир Путин.ШОС-Новая модель ушпешного международного сотрудничестава//сайт Президента России.14 июня 2006 года.

② 《哈萨克斯坦总统撰文谈上合组织成立十周年》，中新网，2011年6月8日，http://www.chinanews.com/gn/2011/06-08/3098153.shtml。

③ 《卡里莫夫：上合组织已成维护地区稳定的可靠保障》，中国新闻网，2006年6月15日，http://news.sina.com.cn/c/2006-06-15/13019212016s.shtml。

④ 《拉赫莫诺夫：非法生产毒品是恐怖主义资金支柱》，新浪网，2006年6月15日，http://news.sina.com.cn/c/2006-06-15/152510164129.shtml。

（二）上合组织的地位及影响与日俱增

经过10多年发展，上合组织已成为一个有着极高威望的多边合作组织，其影响已远远超出地区范围。正如俄罗斯总统上合事务特别代表列昂尼德·莫伊谢耶夫所称，10年来，上合组织已变成超出地区范围的具有影响力的组织，成为多极化保证者之一。没有它的参与甚至不可能有效解决很多国际问题。

1. 幅员辽阔、资源丰富

上合组织地处欧亚大陆腹地，北抵北冰洋，南至印度洋，东邻太平洋，西连整个中东和欧洲，其地理位置十分重要。6个成员国的领土面积超过3018万平方公里，人口15.25亿，接近世界的25%。如果加上观察员国和对话伙伴，上合组织覆盖范围已达14国，幅员3716万平方公里，约占欧亚大陆面积的60%，人口超过世界人口的40%。从地理上讲，上合组织已“是一个从太平洋沿岸到波罗的海的典型欧亚组织”。[1] 就领土、人口、军事和经济实力而言，上合组织是一个名副其实的世界最大的地区组织之一。

2. 影响及国际交往不断扩大

2002年11月，上合组织成员国通过《上海合作组织与其他国际组织及国家机构临时关系方案》。2004年12月，上合组织获得联合国大会观察员地位。2005年以来，上合组织秘书处先后同东盟秘书处、独联体执委会、欧亚经济共同体、独联体集体安全条约组织、中西亚经济合作组织、联合国亚太经社理事会和联合国秘书处等多个国际和地区组织建立了合作关系，上合组织所建立的合作模式引起了全世界的兴趣，对外交往不断扩大。联合国大会连续三次通过有关与上合组织合作的决议，2011年6月14日，上合组织与联合国毒品与犯罪问题办公室签署谅解备忘录，双方商定在打击跨国有组织犯罪领域加强合作。

与此同时，上合组织秉承的“上海精神”也越来越被更多国家所接受和向往，不少区外国家也希望加入或表示欲与上合组织建立合作关系。自2004年6月给予蒙古国观察员国地位后，上合组织又相继给予印度、巴基斯坦、伊朗和阿富汗观察员国地位。2009年6月上合组织给予白俄罗斯和斯里兰卡对话伙伴

---

① Андрей Крушинский. Евразийский шестиугольник-Шанхайская организация сотрудничества-одна из крупнейших региональных организаций современного мира.// Парламентская газета.16.06.2001.

地位后，又于2012年6月给予土耳其对话伙伴地位。2012年以来，包括亚美尼亚、阿塞拜疆和乌克兰等国也相继向上合提出给予其观察员国地位的申请。[①]越来越多的国家希望加入上合组织或与上合组织建立联系的事实“也令人信服地表明，上合组织作为国际组织的存在是极其必要的”。[②]如今，“上合组织已成为一支重大力量，人们看重它，看重它的意见，希望与它合作。上合组织是业已存在的一种地区现实，对世界进程的影响越来越显著”。[③]

毋庸置疑，上合组织已成为“二战”以来整个欧亚大陆从未有过的东亚、西亚、南亚、中亚高加索地区，甚至欧洲一些国家都趋之若鹜地希望加入的一个多边区域组织，已成为国际舞台上一支不可忽视的变量。

（三）上合组织的战略作用持续显现

应该说，历史和现今欧亚大陆或有过或目前依然存在着这样或那样较有影响的地区性国际组织，但很少能有像上合组织这样被更多不同意识形态和制度各异国家的青睐，以致“即便过去了10年紧张岁月，国际社会仍没有完全认识到上合以其自身的存在为强化国际安全做出了多么重要的贡献，以及因这一独有的国际组织的存在使我们避免了多少灾难”，从而“极大地促进和巩固了地区和全球安全，有效应对了当今时代的挑战和威胁”。[④]时任中国国家主席胡锦涛在上合组织元首理事会第六次会议上明确指出，上合组织为成员国睦邻互信和互利合作向更广领域、更深层次、更高水平迈进搭建了广阔舞台。

1. 填补了两极世界格局解体后欧亚大陆地缘政治板块的真空

2011年6月，哈萨克斯坦总统纳扎尔巴耶夫撰文指出，两极世界颠覆的结果之一是战略不确定性在全球和地区层面上的蔓延以及“地缘政治真空”的出现。世纪之交，过去习惯上由两个力量中心来协调解决的许多至关重要的国际安全问题呈现出“悬”而未决之态。现实迫切需要新的机制和观点来解决安全与

---

① "Киев хочет ШОС"//Голос Армении.Вторник, 28 августа 2012 года.

② 《哈萨克斯坦总统撰文谈上合组织成立十周年》，中新网，2011年6月8日，http://www.chinanews.com/gn/2011/06－08/3098153.shtml。

③ 俄罗斯总统梅德韦杰夫：《上海合作组织——新的地缘政治现实》，载《人民日报》2010年6月12日，第5版。

④ 《哈萨克斯坦总统撰文谈上合组织成立十周年》，中新网，2011年6月8日，http://www.chinanews.com/gn/2011/06–08/3098153.shtml。

合作问题，而这种非同寻常的机制很快就以新的国际结构形式出现在了欧亚地区——“上海五国”中。上合组织的出现正是“欧亚地区对时代挑战的回应”，[①]是苏联解体后地区和世界发展进程使然。在两极格局崩溃的大背景下，上合组织在构建欧亚地区安全体系上具有独特优势，填补了两极世界格局解体后欧亚大陆地缘政治板块出现的“真空”，在应对非传统安全挑战和维护地区社会稳定方面发挥了重要作用。因为，“上合组织国家正好处在抵御宗教极端主义这类地区和全球威胁的前沿。事实上，是我们把一大部分风险吸引到自己这方面来，就像一面盾牌为世界许多地区遮挡可能出现的危险，这其中也包括欧洲和整个跨大西洋联合体”。所以，“总的看来，应该说上合组织能够有效应对 21 世纪各种纷繁复杂的局面”。[②]

毫无疑问，上合组织适应了新形势下解决地区安全和各种形式合作问题的迫切需求。正如乌兹别克斯坦总统卡里莫夫所言，上合组织不仅是一个有影响的国际组织，而且在“解决国际和地区热点问题上也发挥着独特作用”，已成为当代地缘政治决定性因素之一。[③]塔吉克斯坦总统拉赫蒙认为，作为最有效、最有前景、最有生命力的多边组织之一，上合组织为巩固互信、发展睦邻关系、寻求建设性解决地区安全所面临的问题方面发挥了重要作用。“上合组织的成立有效应对了 21 世纪的威胁和挑战”，它“已经成为国际舞台上的一支重要力量”。而“今天，我们已经很难想象在广阔的欧亚空间和国际政治舞台上，如果没有上合组织将会是什么样子”。上合组织“对维护地区和世界和平、稳定、发展、合作、加强互信和相互了解做出了实质性的贡献”。[④]

尽管“9·11”后“美国加强了其在中亚的影响，但中亚国家、中国和俄罗斯在安全保障方面仍将发挥主导作用”。而“上海合作组织仍是地区稳定的积极

---

① 《哈萨克斯坦总统撰文谈上合组织成立十周年》，中新网，2011 年 6 月 8 日，http://www.chinanews.com/gn/2011/06-08/3098153.shtml。

② 《哈萨克斯坦总统撰文谈上合组织成立十周年》，中新网，2011 年 6 月 8 日，http://www.chinanews.com/gn/2011/06-08/3098153.shtml。

③ 《卡里莫夫：上合组织已成维护地区稳定的可靠保障》，中国新闻网，2006 年 6 月 15 日，http://news.sina.com.cn/c/2006-06-15/13019212016s.shtml。

④ 《拉赫莫诺夫：非法生产毒品是恐怖主义资金支柱》，新浪网，2006 年 6 月 15 日，http://news.sina.com.cn/c/2006-06-15/152510164129.shtml。

因素”。[①] 正如“俄罗斯之声”所称，上合组织发展的新前景显示，该组织成了抵制现代威胁的实际机制和逐步演变为一个全面的世界政治和经济中心。[②] 上合组织改善了欧亚大陆的安全状况和中国同周边国家特别是与俄罗斯和中亚国家的睦邻友好的地缘政治环境，使地区和国际格局发生深刻演变，也使整个欧亚地区的力量对比出现变化。从这一意义上讲，“上合组织有可能成为后危机世界具有影响力和吸引力的一极”。如今，“不仅其成员国这样说，且那些希望加入或只是在审视，甚至一些既嫉妒又害怕的人也这样认为”。因为“上合组织以其前景和潜能在吸引着人们”。[③] 上合组织已成为当今地缘政治中不可或缺的一支重要力量。2011 年 6 月上合组织元首签署的《上海合作组织十周年阿斯塔纳宣言》继续强调，10 年前关于成立上合组织的决定是经得起检验的历史性战略抉择，它极大地促进了本地区的和平与发展，有效应对了当代各种威胁与挑战。

2. 实践“结伴不结盟”的新型国家关系和国际安全模式

冷战结束后，世界各国大多通过增强本国军力或加强与军事集团关系来确保本国安全。上合组织从成立之日就宣布其建立“不是针对第三国的军事政治集团”，而是“一个主要以和平和非武力手段争取实现既定目标和任务的组织”，反对任何“冷战”抑或“集团”思维及其行为，将维护和促进欧亚大陆和平、稳定与发展的区域性合作作为战略定位。同时，上合组织还提出新的安全理念，即通过成员国增强军事互信、相互裁减边境地区军事力量来实现彼此的安全。10 多年来，“上海精神”和上合组织倡导的新安全观已被越来越多的国家所认可和崇尚，也使上合组织从起初被西方担心会变成“东方北约”和独立于西方和国际能源市场的“反美 + 东方能源俱乐部”组织，逐渐成为被国际社会看好的一个探讨新安全观和构建和谐地区及国际新秩序的重要平台，为不同文明和宗教信仰的国家和组织寻求共识、实现共同利益找到了一条新的路径。“上合组织是唯一真正非联盟性质的地区组织，它在自己的责任区内做着保障安全的工作。从这个意义上讲，

---

① 哈萨克斯坦总统战略研究所政治学家奥利格·西多罗夫：《上海合作组织成员国的地缘政治利益与前景》，载《国际问题研究》2006 年第 3 期。

② 《上合组织：新的地缘政治中心》，“俄罗斯之声”广播电台，2011 年 6 月 15 日，www.russia-online.cn/News/000_1_5753.shtml。

③ “俄罗斯之声”广播电台网站 2012 年 6 月 7 日报道。

上合组织是无可替代的。”[①]《上海合作组织十周年阿斯塔纳宣言》指出，上合组织将在国际法准则与原则、非集团化和照顾各国合法利益基础上建立公开、透明和平等的安全与合作架构。2012 年 6 月《上海合作组织成员国元首关于构建持久和平、共同繁荣地区的宣言》继续强调，“成员国不参加针对其他成员国的联盟或集团”，呼吁国际社会依照国际法、通过政治外交手段解决彼此间或与其他国家间出现的问题，在国际关系中推广互信、互利、平等、协作的新安全观。

3. 成为促进和平和构建和谐世界的稳定器

上合组织从成立之日就把维护成员国和本地区的和平与稳定作为首要任务。中俄都是联合国安理会常任理事国，在联合国决策解决包括类似西亚北非地区局势、伊朗和朝核等国际和地区热点等重大问题方面发挥着无可争议的重要作用。上合组织成员国的国防力量和安全执法能力也足够应对本地区的非传统威胁，“对维护本地区经济的稳定发展和人民安居乐业都具有非常重要的意义”。而“上合组织为维护本地区和平与稳定所做的努力，也是对全世界的和平与稳定做出的重要贡献”。[②]《俄罗斯之声》中文网站发文称，上合组织不仅对地区，也对世界力量平衡起到保障作用。上合组织已成为多极化保障人之一，成为构建多极化世界的一支重要政治力量。从这一角度看，上合组织无疑是维护地区和世界和平以及国际战略平衡的稳定器。它通过构建本地区和谐友好伙伴关系，促进世界和平、公正、民主与多元化进程，推动了各国和全人类的进步与繁荣。2006 年 6 月，哈萨克斯坦总统纳扎尔巴耶夫在接受中国媒体联合采访时表示，作为一个地区合作的新型体系，上合组织有望成为全球安全体系不可分割的一部分。

从另一角度讲，由于冷战结束后美国及其盟友继续在全球“推行谋求霸权的政策，颠覆它们不喜欢的政府”，上合组织作为横跨欧亚地缘政治板块的区域性国际组织，对阻遏美国单边主义也有重要意义。因为“上合组织的力量在于它是一股默默抗衡美国及其盟友的力量”，在“与这种恣意专横行为抗衡”。[③]同

① 俄罗斯总统梅德韦杰夫:《上海合作组织——新的地缘政治现实》，载《人民日报》2010 年 6 月 12 日，第 5 版。

② 《努尔加利耶夫谈上合组织的机遇与挑战》，人民网，2009 年 10 月 23 日，http://www.people.com.cn/GB/32306/143124/147550/10249874.html。

③ 俄罗斯时事评论网 2012 年 6 月 7 日报道。

时，“上合也可以弱化美国在中亚主导反恐战争的影响力”。[①] 所以，上合组织“在更多时候有助于中俄两国寻求合作与共同利益、遏制西方的影响力。[②]2011 年和 2012 年，上合组织元首接连以峰会宣言形式表达对西亚北非动荡局势的关切，呼吁有关各方严格遵守国际法准则，尊重有关国家的独立、主权和领土完整、恪守不干涉内政、反对武力干预或强行推动“政权更迭”，强调联合国在维护世界和平与安全方面发挥的核心作用。纵观上合组织作为一个重要国际组织的发展历程及其所解决问题的层次和规模，“可以说它已经超过一般区域联合体的范畴”。如今，“没有上合组织直接参与，这一广大地区面临的任何重大问题都不可能得到有效和相应的解决”。[③] 目前，不仅上合组织成员国，而且很多国际组织代表、一些国家的外交官以及研究机构专家、学者也认为“上合组织是一个不断成长的积极因素”。而“这个因素对世界和地区局势产生着越来越深远而广泛影响”。[④]

4. 成为世界经济复苏和发展的助推器

上合组织拥有金融、经济、科技、军工和人口方面的巨大潜力。截至 2010 年底，上合组织国家的黄金外汇储备超过 3.6 万亿美元。“正是多数成员国拥有的雄厚黄金外汇储备这一‘安全枕’使得本组织能够化解全球金融危机的不利影响”。而“像上合这样的权威国际组织恰恰成为世界金融架构根本性变革进程的积极参与者”，在助推全球经济复苏方面将“直面时代挑战并发挥特殊作用，使全球经济朝着更公正、更理想化的方向革新发展”。也正因为如此，上合组织“不仅可以成为后危机世界强大的金融经济一极，同时，也能够成为一个制定决策的重要政治中心”。[⑤] 近年来，在欧美经济复苏乏力的大背景下，上合组织成员国大多率先走出金融危机。截至 2011 年底，6 个成员国的进出口贸易额已达 46509 亿美元，同比增长 25.1%，其整体经济占世界经济的比重超过 13%，其地

---

① 哈萨克斯坦总统战略研究所政治学家奥利格·西多罗夫：《上海合作组织成员国的地缘政治利益与前景》，载《国际问题研究》2006 年第 3 期。

② Richard Weitz,Balancer-in-Chief: China Assumes SCO Chair, *The Jamestown Foundation*,July 1, 2011.

③ 《哈萨克斯坦总统撰文谈上合组织成立十周年》，中新网，2011 年 6 月 8 日，http://www.chinanews.com/gn/2011/06-08/3098153.shtml。

④ 《努尔加利耶夫谈上合组织的机遇与挑战》，人民网，2009 年 10 月 23 日，http://www.people.com.cn/GB/32306/143124/147550/10249874.html。

⑤ 《哈萨克斯坦总统撰文谈上合组织成立十周年》，中新网，2011 年 6 月 8 日，http://www.chinanews.com/gn/2011/06-08/3098153.shtml。

缘政治和经济优势再次显现，上合“经济圈”成为后危机全球最为活跃、发展最快的地区。

二、恐怖主义对上合成员国和中国新疆稳定构成的威胁

20世纪中后期，恐怖主义出现蔓延势头。随着苏联解体，中国西部、俄罗斯及中亚的民族分裂主义、宗教极端主义和恐怖主义相互勾结，从高加索到中亚、中东、南亚、中国新疆已成为恐怖活动高发地带。“东突厥斯坦解放组织”参加了车臣非法武装反中央政府行动，车臣非法武装分子也向“东突解放组织”提供武器弹药和军事教官，并参与了塔什干的爆炸事件。车臣战争中被打死和打伤的武装分子中有“乌兹别克斯坦伊斯兰运动”成员，阿富汗昆都士被俘的塔利班战俘中也有“东突厥斯坦伊斯兰运动”分子，“上合组织成员国已处于打击滋生恐怖主义的宗教极端主义最前沿”。[①]

（一）恐怖主义对俄罗斯构成的威胁

苏联解体以来，俄罗斯鞑靼斯坦、印古什、车臣和卡拉恰伊—切尔克斯等地的激进伊斯兰组织开始日趋活跃，实施旷日持久的恐怖活动，企图在北高加索建立伊斯兰国家，使俄罗斯一直饱受着恐怖主义带来的威胁。1995年6月，车臣匪首阿尔比·巴拉耶夫带领200余名非法武装分子潜入俄罗斯南部布琼诺夫斯克市，以要挟俄罗斯中央政府停止进攻格罗兹尼为目的，劫持了1000余名政府工作人员、医院医生、护士和病人。1996年，车臣非法武装头目拉杜耶夫及其600余名非法武装分子冲入基兹利亚尔市，将3000名医护人员及居民劫为人质，要求俄罗斯中央政府从车臣退兵。“9·11”后，中亚的所谓“伊斯兰国际”和“伊斯兰解放党”（伊扎布特）等伊斯兰原教旨主义团伙从费尔干纳盆地经哈萨克斯坦向穆斯林居民占多数的俄罗斯一些地区潜入，并与俄罗斯境内非法宗教极端团伙勾结，频频制造事端，给俄罗斯带来极大的安全威胁。

2002年，俄罗斯接连发生达吉斯坦首都马哈奇市副市长阿利耶夫被害、达吉斯坦卡斯皮市庆祝卫国战争胜利纪念日会场爆炸、莫斯科轴承厂文化宫大规

① ШОС:точки роста-Аналитичекий доклад//Информационно-аналитический центр.14.07.2011.

模劫持人质等恶性恐怖事件，累计造成死伤近千人。2003—2011年，俄罗斯又接连发生达吉克斯坦铁轨被炸、军营被袭、车臣纳德捷列奇诺耶区政府大院、车臣古杰尔美斯区、北奥塞梯共和国别斯兰市第一中学大规模劫持人质、莫斯科地铁爆炸、莫斯科多莫杰多沃机场爆炸等极端恐怖事件，造成近千名人员死伤。显然，“滋生恐怖主义威胁的地区距俄罗斯国界很近，比欧美国家要近得多”。[①] 近年来，“车臣问题已超出俄罗斯内部事务范畴，与维吾尔及其他恐怖主义分子相似，车臣恐怖分子已经分散至全世界，从事恐怖及收集资金等活动”。[②]

（二）恐怖主义对中亚成员国的困扰

随着苏联解体，中亚的泛突厥主义、泛伊斯兰主义、伊斯兰原教旨主义以及极端民族主义重新抬头，并成为滋生恐怖主义、分裂主义和极端主义的温床，对中亚国家世俗政权构成严重威胁。

一是中亚边境大多“有边无防”。中亚国家地形复杂，大多处在山区或丘陵地带，沟壑纵横、洞穴林立、地形险峻，易于匪徒、不法分子和恐怖组织藏身。乌兹别克斯坦、吉尔吉斯斯坦和塔吉克斯坦三国交界的费尔干纳盆地历史上就是匪徒经常出没的地方，加之该地区民族间旧怨新仇难解、冲突不断，这一“三不管”地带已成为“三股势力”栖身藏匿的理想之地。苏联解体后，“独联体国家间边防管理松散，不仅中亚国家间有边无防，俄罗斯同中亚国家特别是与哈萨克斯坦（边界）也是如此”。[③] 中亚地区复杂的地貌给恐怖组织及其成员活动提供了天然屏障和毒品走私通道，阿富汗向外6条主要毒品走私通道中亚即占4条，其65%以上毒品走私也是经由中亚走向欧洲等地。乌兹别克斯坦、塔吉克斯坦和土库曼斯坦分别与阿富汗有数百甚至上千公里边界，三国兵力有限，边界防守十分脆弱。

二是中亚伊斯兰恐怖主义猖獗。历史上，中亚就是伊斯兰原教旨主义最易滋生和主要的活动地区。随着苏联解体，“阿克拉米亚”组织、伊斯兰宣教会、塔

---

① Владимир Путин. Россия именяющийся мир//Московские новости.27.02.2012.

② 哈萨克斯坦总统战略研究所政治学家奥利格·西多罗夫：《上海合作组织成员国的地缘政治利益与前景》，载《国际问题研究》2006年第3期。

③ 哈萨克斯坦总统战略研究所政治学家奥利格·西多罗夫：《上海合作组织成员国的地缘政治利益与前景》，载《国际问题研究》2006年第3期。

吉克斯坦伊斯兰复兴党和乌兹别克斯坦伊斯兰运动等中亚伊斯兰组织更趋活跃。乌兹别克斯坦伊斯兰运动的头目很早就参与了塔吉克斯坦内战并和地区圣战组织联合。20世纪90年代，当乌兹别克斯坦政府对该伊斯兰地下组织严打后，其头目流亡到塔吉克斯坦和阿富汗。[①]1990年11月和2000年8月，“东突厥斯坦伊斯兰运动”与“乌兹别克斯坦伊斯兰运动（简称‘乌伊运’）”两次策划了乌兹别克斯坦和吉尔吉斯斯坦南部地区的武装叛乱。1996年，以塔希尔·尤尔达舍夫为首的乌兹别克斯坦宗教极端分子联合一些被乌兹别克斯坦政府取缔的党派和伊斯兰组织成立了“乌兹别克斯坦伊斯兰复兴运动”。1999年初，本·拉登会见“乌兹别克斯坦伊斯兰运动”代表，并允诺向其提供200万美元的活动经费，支持其开展颠覆乌兹别克斯坦和塔吉克斯坦等中亚国家现存世俗政权活动。2001年5月，“乌伊运”在阿富汗马扎里沙里召开有车臣和维吾尔族分裂分子参加的会议上，将该组织改称“突厥斯坦伊斯兰党”。尽管中亚各国对伊斯兰复兴及其政治化一直保持高度警惕，特别是哈萨克斯坦、乌兹别克斯坦和塔吉克斯坦对其实施严控和打压政策，但伊斯兰激进势力活动在中亚依然十分猖獗。[②]

2002年9月，中亚“东突”组织、“维吾尔国际联盟”和“维吾尔斯坦解放组织”在哈萨克斯坦合并为“维吾尔斯坦人民党”。2003年2月，被上合组织成员国反恐行动重创的“乌伊运”残余分子与中亚其他恐怖和极端组织合流，成立了“中亚伊斯兰运动”(又称“突厥斯坦伊斯兰运动”)，继续将推翻中亚世俗政权、建立“哈里发国家”作为最终行动目标。此间，土耳其的一些民族极端分子为实现其突厥民族世界领袖的梦想，也不遗余力地在中亚国家煽动“泛突厥主义”思潮。2005年10月，伊斯兰圣战组织还曾密谋以自杀式爆炸袭击中国驻吉尔吉斯斯坦使馆及人员。2006年9月，“乌兹别克斯坦伊斯兰运动”头目塔希尔·尤尔达舍夫公开向乌兹别克斯坦总统卡里莫夫、塔吉克斯坦总统拉赫蒙和吉尔吉斯斯坦总统阿卡耶夫宣战，扬言要与三国当权者斗争到底，直到其完全接受伊斯兰沙里亚法，[③]并将“被卡里莫夫囚禁的穆斯林同胞”解救出来，建立政教

① 《中亚好战的伊斯兰教——组织、意识形态及战略》，载德国《欧亚杂志》2009年6月。

② Алексей Всеволодович Малашенко-ведущий эксперт Московского центра Карнеги.Кто бросает вызов России в Центральной Азии?//Независимая газета. 05.03.2012.

③ 即“伊斯兰教法”，系伊斯兰教宗教法的总称，通常指《古兰经》中所启示的、圣训中所解释的安拉所有的命令和训诫，是每个穆斯林所必需遵守的宗教义务。

合一的“哈里发”政权为止。2009年以来，随着全球政治、安全和经济形势动荡起伏，以及美国宣布要从伊拉克和阿富汗撤军引起的连带效应，中亚“三股势力”蛰伏后再次进入活跃期，连续制造了一系列恐怖袭击事件，中亚反恐形势再趋严峻。

三是中亚成员国长期饱受恐怖主义危害。早在2002年以来，哈萨克斯坦的激进分子即与“中亚圣战联盟”和“乌兹别克斯坦伊斯兰运动”内外勾结，连续在哈萨克斯坦南部制造多起暗杀事件。2004年，阿拉木图市中心连续发生手提箱爆炸、东哈州塞米巴拉金斯克市“额尔齐斯宾馆”爆炸、祖国党阿拉木图总部大楼附近炸弹爆炸等恐怖事件，导致多人伤亡。2011年以来，哈萨克斯坦的安全形势再度恶化，接连发生阿克托别市阿克纠宾斯克州国家安全局大楼内自杀式爆炸、阿斯塔纳市国家安全委员会办公楼前汽车式炸弹爆炸、卡拉干达州巴尔喀什市监狱囚徒集体持枪越狱未遂、南部江布尔州首府塔拉兹市系列枪击和爆炸等10余起针对国家执法机构和执法人员的恐怖袭击和极端事件，造成数十人死伤。尤其是西南部扎纳奥津发生的数月罢工演变成的大规模骚乱，造成十余人死亡，近百人受伤，不少建筑物被烧，直接损失近1400万美元。2012年上半年，哈萨克斯坦阿拉木图再度发生系列爆炸、防哨所被烧等恶性事件。

乌兹别克斯坦一直是中亚受恐怖主义威胁较为严重的国家，1992—2004年，“乌伊运”和“伊斯兰解放党（“伊扎布特”）等极端恐怖暴力组织连续制造了针对卡里莫夫总统的连环式爆炸、纳曼干市袭击执勤警察、塔什干市中心国会大厦、国家银行、警局等重要机构连环式爆炸、塔什干州扬吉阿巴德区武装袭击当地居民和警察、袭击边防哨所、塔什干及布哈拉等地连环式自杀式爆炸和武装袭警，“乌兹别克斯坦伊斯兰运动”20余名女性狂热分子拒捕同时引爆炸弹集体自杀、塔什干使馆区3起连环式爆炸等恶性恐怖爆炸袭击事件，造成百余人伤亡。2005年5月，“伊扎布特”分支“阿克罗米亚”一手策划了安集延骚乱事件。近年来，又有数百名“乌兹别克斯坦伊斯兰运动”组织成员从阿富汗北部城镇默扎尔埃谢里夫和昆都士的营地潜入塔吉克斯坦费尔干纳地区蓄积力量，伺机进入乌兹别克斯坦进行颠覆活动。

吉尔吉斯斯坦长期遭受恐怖主义威胁，“9·11”事件前，“伊斯兰圣战组织”和“乌伊运”等恐怖组织在其境内就十分活跃，1998年初连续制造多起暗杀国家安全机关官员的恶性案件和南部奥什爆炸事件。1999 年 7 月，乌兹别克斯坦的伊斯兰极端武装分子在塔吉克斯坦反对派联盟和阿富汗塔利班支持下，从塔吉克斯坦卡尔姆地区进入吉尔吉斯斯坦南部地区，袭击了吉尔吉斯斯坦边境哨所，随后绑架了从巴特肯派出的以阿克木为首的官方谈判小组成员，制造了震惊中亚的“巴特肯事件”。1999 年 8 月，“乌伊运”武装分子在南部奥什地区先后劫持吉尔吉斯斯坦内务部部长萨姆科耶夫和 4 名日本地质专家为人质，并围困 5 个居民点，以此要挟吉当局放行其武装分子进入乌兹别克斯坦境内，并要求乌兹别克斯坦政府“无条件释放在押的 5 万名伊斯兰兄弟”。2000 年以来，“东突”恐怖组织又连续制造绑架新疆商人、纵火烧毁比什凯克“中国商城”、暴力袭击中国赴吉尔吉斯斯坦处理绑架和纵火案工作组成员、枪杀新疆克孜勒苏柯尔克孜自治州外办主任和中国驻吉尔吉斯斯坦外交官、袭击吉尔吉斯斯坦政府军、19 名新疆乘客遭枪杀并被焚烧、南部奥什外汇兑换点爆炸、吉尔吉斯斯坦内务部打击职业犯罪局长和司法部惩治执行总局局长被袭击身亡等一系列重大恐怖袭击和极端事件。

塔吉克斯坦是屡遭恐怖袭击的国家，“塔吉克斯坦伊斯兰复兴运动”“乌伊运”“伊斯兰解放党”（伊扎布特）等对塔吉克斯坦已构成严重威胁，而戈尔诺—巴达赫尚自治州是伊斯兰势力最为活跃的地区。1990 年 6 月成立的“塔吉克斯坦伊斯兰复兴党”（“塔吉克伊斯兰运动”）是“中亚伊斯兰运动”在塔吉克斯坦的分支，其骨干力量均系伊斯兰原教旨主义分子，其组织宗旨是捍卫伊斯兰教义，并使其成为塔吉克斯坦的国教，最终建立伊斯兰神权国家。1993 年 3 月，“塔吉克斯坦伊斯兰复兴党”在阿富汗北部的塔卢坎成立流亡政府，公开组织非法武装与塔吉克斯坦政府武装对抗，在阿塔边境制造冲突，潜入塔吉克斯坦内地实施暗杀、抢劫和绑架等恐怖活动。1997 年 4 月 30 日，塔吉克斯坦总统拉赫蒙在苦盏市视察时遭恐怖分子刺杀受伤。虽然 1997 年塔吉克斯坦政府与反对派签订和平协议，并于 1999 年 11 月以修改宪法形势承认“塔吉克斯坦伊斯兰复兴党”为塔吉克斯坦的合法组织，但该党的一些极端主义分子仍与国际上的恐怖组织保持着密切联系，并在塔吉克斯坦境内继续制造刺杀拉赫蒙总统和政府官员、绑架劫持人质等恐怖活动。1998 年 7 月，联合国驻塔吉克斯坦 4 名观察员遭恐怖分子袭击身亡。1998 年 9 月，塔吉克斯坦政府第一副总理拉蒂菲在杜尚别遭恐怖分子刺杀身亡。2000 年“伊斯兰解放党”在杜尚别一座朝鲜族新教教堂制造爆炸案，导致 9 人死亡，30 多人负伤。2001—2012 年，塔吉克斯坦又连续发生总统顾问被恐怖分子杀害、4 名地方安全机构官员和 15 名德国农业技术人员遭劫持、内务部第一副部长和文化部长被杀、巴特肯区边境哨所连续两年遭袭、前国家安全委员会副主席遇袭身亡等恶性恐怖事件。

（三）恐怖主义对中国新疆稳定构成的威胁

中国长期遭受恐怖主义威胁，尤其是新疆民族分裂分子和宗教极端分子与境外“东突厥斯坦伊斯兰运动”等“东突”势力内外勾结，在新疆和内地制造一系列恐怖活动，严重威胁着中国国家安全及西部地区的和平与稳定。

19 世纪中后期，西方列强一度把中国新疆称作“东突厥斯坦”。20 世纪初，中国新疆少数民族分裂分子和宗教极端势力在国际反华宗教极端组织的支持和鼓噪下，开始将“东突厥斯坦”这一不规范的地理名词政治化，并狂称“东突厥斯坦”自古以来就是一个独立的国家，进而提出荒谬、蛊惑人心的重建政教合一的“东突厥斯坦国”口号，企图把新疆从中国分裂出去。1933 年，沙比提大毛拉等民族分裂分子在喀什建立所谓“突厥斯坦伊斯兰共和国”，但数月即宣告垮台。1944 年，狂热的泛伊斯兰分裂分子艾力罕・吐烈窃取反盛世才和国民党反动统治“三区革命”领导权后，在伊宁再度宣布成立所谓的“东突厥斯坦共和国”临时政府，自任主席，并于 1945 年 1 月公然宣称脱离中国。在“三区革命”领导人阿合买提江・阿巴索夫以及时任国民党西北行营主任兼新疆省主席的爱国将领张治忠等爱国人士共同努力下，1946 年 1 月，各方签订《和平条款》，取消了所谓的“东突厥斯坦共和国”，恢复了伊犁、塔城和阿山三个专区建制。1949 年 9 月，在新疆和平解放和随即人民解放军进行的平叛行动后，新疆极少数民族分裂分子和部分逃到境外的叛乱武装头目仍在不断制造事端，试图将新疆从中国分裂出去。

随着苏联解体，国际和地区恐怖势力及其跨国犯罪组织不断从俄罗斯和中亚国家向中国新疆渗透，与中国境内“东突”恐怖分子共同策划一系列贩毒、走私武器、洗钱、绑架勒索等犯罪活动。中国境内外的新疆分裂势力也趁机与国际和地区恐怖组织沆瀣一气、相互勾结，不断制造分裂新疆的活动。1992 年 2 月 5

日，新疆乌鲁木齐市发生系列汽车爆炸事件，造成3人死亡、9人重伤、14人轻伤，成为20世纪90年代以来中国境内第一起暴力恐怖袭击事件。1996年新疆连续发生库车县阿拉哈格镇4户维吾尔族基层干部家人被杀、全国伊斯兰教协会常委阿荣汗·阿吉和儿子被恐怖分子砍成重伤、一居民家庭成员除4岁儿童被藏匿幸免遇难，其余3人全部被害等严重恐怖事件。1997—1999年，“东伊运”派遣乌斯曼伊米提、买买提·热曼等12名暴力恐怖分子潜入中国境内发展组织成员1000余人，秘密建立10多处训练点，购置化学原料、制造炸药和爆炸装置5000余枚，培训恐怖分子150多名，先后制造了伊宁打砸抢骚乱、乌鲁木齐公共汽车爆炸、乌鲁木齐“5·23”系列纵火、和田地区墨玉县“12·14”暴力恐怖杀人、乌鲁木齐市“2·4”抢劫杀人以及和县开枪杀害民警等一系列暴力恐怖案件，造成民众生命和财产重大损失。1990—2001年，中国境内外“东突”势力在中国境内共实施了200余起爆炸、暗杀、纵火、投毒、袭击、骚乱和暴乱恐怖事件，造成新疆各族群众、基层干部、宗教人士等160余人死亡，440余人受伤。①

“9·11”事件后，境外“东突”组织分裂新疆的活动再趋活跃，“东突厥斯坦伊斯兰运动”（简称“东伊运”）已成为“基地”组织和塔利班武装组织的重要组成部分，本·拉登明确向“东伊运”领导下达指令，要求其在乌兹别克斯坦、吉尔吉斯斯坦和塔吉克斯坦以及中国新疆发动恐怖袭击、制造混乱。塔利班武装组织专门在其突厥斯坦军中设立由新疆“东突厥斯坦伊斯兰运动”分子组成的中国营。在此背景下，“东伊运”与“基地”组织和“乌伊运”等恐怖组织相互勾结，频频发布视频，鼓吹暴力极端思想，又连续在新疆制造了一系列针对中国政府官员和公民的暴力恐怖事件。2002年9月11日，“东伊运”被联合国认定为恐怖组织。2006年11月“世维会”在慕尼黑召开“二大”，制订了50年最终实现“东突厥斯坦独立”的战略计划。2008年以来，“基地”组织公开声称要成立“基地在中国”组织，并指示“东伊运”在中亚先期招募成员，然后潜入中国新疆制造事端。北京奥运会期间，“东突”势力接连制造飞机爆炸未遂、武装分子驾车袭击喀什公安边防军人以及库车县爆炸等恶性恐怖案件。

① 国务院新闻办:《“东突”恐怖势力难逃罪责》，载《新华每日电讯》2002年1月22日，http://www.people.com.cn/GB/shizheng/3586/20020121/652705.html。

2009年7月5日，“世维会”借韶关“6·26”事件煽动不明真相的维族同胞在乌鲁木齐市制造一起大规模打砸抢烧严重暴力事件，造成197人死亡，1700多人受伤，331个店铺和1325辆汽车被砸，众多市政公共设施被损，使新疆投资环境遭到严重破坏、旅游业受到极大冲击。乌鲁木齐“7·5”事件成为新疆自新中国成立以来造成人员伤亡最多、财产损失最严重、社会影响最大的一次暴力犯罪事件，其幕后策划者的目的是在新疆制造民族对立和社会动荡、破坏改革开放，破坏新疆的政治稳定、经济发展和社会安宁的大好局面。

事发后，新加坡南洋理工大学政治暴力与恐怖主义国际研究中心教授罗恩·古纳拉特纳表示，“东伊运”在“7·5”事件前后一直在暗中挑拨汉族和维吾尔族人之间的仇恨，并通过各种宣传手段对暴力行为煽风点火。[①]“东伊运”还涉嫌在北京奥运会前在中国新疆和其他地区策划恐怖事件。“7·5”事件表明，“东伊运”组织已经对中国新疆和中亚地区构成巨大的现实威胁。而民族分裂组织“世界维吾尔代表大会”暗中与国际恐怖组织“东突厥斯坦伊斯兰运动”有着千丝万缕的联系。“‘世维会’中有相当多的人同情甚至支持‘东伊运’”。鉴于“‘7·5’事件已经具有明显的恐怖主义性质”，古纳拉特纳建议上合组织须加强地区反恐合作，建立统一的恐怖分子信息数据库，共同增强维护地区安全的能力。[②]《欧洲时报》官网也称，世界知名反恐专家和国际组织承认，国际恐怖主义势力已经对中国新疆乃至中亚地区构成重大安全威胁。[③]上合组织秘书长博拉特·努尔加利耶夫在接受记者采访时表示，中国新疆地区的局势稳定与否，对周边地区特别是中亚地区的总体稳定将产生重要影响。“7·5”事件的不良影响不仅体现在新疆局势上，也会波及周边国家。[④]

① 古纳拉特纳是著名的反恐专家，曾多次独自调查被捕的“基地”组织成员，对“基地”组织等恐怖组织的内部机构、意识形态、战略战术及其全球恐怖网络有较多的了解。2003年被邀请出席美国“9·11”事件独立调查委员会召开的听证会。

② 《专家称新疆地区局势将影响周边地区》，新华网，2009年7月19日，http://news.163.com/09/0719/23/5EKEKATN0001124J.html。

③ 法国欧洲时报网站2009年7月20日报道。

④ 《专家称新疆地区局势将影响周边地区》，新华网，2009年7月19日，http://news.163.com/09/0719/23/5EKEKATN0001124J.html。

上海合作组织的政治安全合作发展历程[①]

上海合作组织是以确保成员国和地区安全与稳定为己任的区域性国际组织。从成立之日起，上海合作组织就把安全合作置于重要位置，奉行安全优先原则，正如《上海合作组织成立宣言》第八款所说："上海合作组织尤其重视并尽一切必要努力保障地区安全。各成员国将为遵守《打击恐怖主义、分裂主义和极端主义上海公约》而紧密协作。"[②] 迄今为止，政治安全合作已成为上海合作组织不断发展壮大的重要驱动，是上海合作组织最富有活力和最富有成效的领域之一。成员国秉持"上海精神"，共同维护了地区和平、安全与稳定，为地区经济和社会的安定提供了强有力的保障。

一、上海合作组织政治安全合作的特性

一般来讲，政治安全系指政治主体在政治意识、政治需要和政治活动等方面免遭来自内外各种因素侵害或威胁所处于没有，或少有危险的客观状态，即指政治主体在政治方面不会受到各种内外因素侵害和威胁的安全状态。政治安全包括传统安全和非传统安全。通常，人们把军事威胁视为传统安全威胁，将军事以外的安全威胁统称非传统安全威胁。

传统安全威胁系指传统意义上的国家所面临的来自国际和国内军事上的威胁和威胁国际安全的军事因素，包括外部敌对势力和国内颠覆势力与国家政权间的尖锐矛盾和冲突。政治安全在传统安全观中占据首要地位。

非传统安全系指人类社会过去没有遇到，或很少经历过的不很突出的安全威胁，即除军事、政治和外交冲突以外的其他对主权国家及人类整体生存与发展构成侵害的因素，诸如恐怖主义、跨国有组织犯罪、武器扩散、走私贩毒、非法移

---

① 《上海合作组织回眸与前瞻（2001—2018）》，世界知识出版社 2018 年版，第 29—45 页。

② 《上海合作组织成立宣言》，央视网，2018 年 4 月 6 日，http://www.cctv.com/special/1037/-1/88231.html。

民、海盗、洗钱、生态破坏等。非传统安全威胁的日益突出是冷战结束和两极对抗格局终结，以及人类生存环境日趋恶化等背景下形成的，并导致出现犯罪活动国际化、恐怖主义蔓延以及温室气体过量排放、环境恶化等全球性问题。

上海合作组织是以解决非传统安全问题为重点的区域性国际合作组织，其政治安全合作也主要侧重在非传统安全领域展开，这也是吸引成员国的最重要因素和保持上合组织生命力的根本所在。上海合作组织是最早提出反恐的国际组织之一，在组织和协调成员国防范和打击恐怖主义、切断恐怖主义资金来源、维护地区安全与稳定等方面发挥着重要作用。非传统安全威胁的特点是具有跨国性，其危害不仅是对某个国家构成安全危害，而且还对别国国家安全构成不同程度的威胁。非传统安全威胁的特点决定了成员国不能以单一军事手段来应对，而是需要与其他国家或组织合作，通过政治、外交、法律、经济、金融等综合手段来共同应对。

在国际关系体系全面转型、现有多数国际组织（首先是联合国和欧洲安全与合作组织）发生危机和无所作为、整个国际法体系濒临危机的背景下，上海合作组织在寻求自身的定位过程中践行“上海精神”，创建了全新的国家关系模式，它不以政治或意识形态统一为前提。与结盟关系不同，上海合作组织成员国建立了不使用或不威胁使用武力相威胁的关系机制，排除了采取破坏地区稳定的军事行动的可能性。

上海合作组织秉持的新安全观是一种非排他性的政治安全合作，强调共同安全意识，通过加强成员国、观察员国、对话伙伴国以及上海合作组织以外国家和组织的对话与合作，树立以互信、互利、平等、协作为核心的理念，构建防范和解决非传统安全威胁的国际安全体系。

上海合作组织在安全合作方面的宗旨和原则主要是：严格遵循《联合国宪章》宗旨与原则，相互尊重独立、主权和领土完整，互不干涉内政，互不使用或威胁使用武力，平等互利，通过相互协商解决所有问题，不谋求在相毗邻地区的单方面军事优势；奉行不结盟、不针对其他国家和地区及对外开放的原则；加强各成员国之间的相互信任与睦邻友好；重视并尽一切努力维护和保障地区和平、安全与稳定；加强在地区和国际事务中的磋商与协调行动，在重大国际和地区问题上相互支持和密切合作，共同促进和巩固本地区及世界的和平与稳定。

二、“上海五国”边界谈判和边境军事互信机制的演进

随着苏联解体，中苏两国的边界谈判出现了中国与俄罗斯、哈萨克斯坦、吉尔吉斯斯坦和塔吉克斯坦四国组成的“五国两方”谈判格局。经过长达 5 年，多达 22 轮的磋商和谈判，“两方”终于就增强军事领域互信和裁减“后中苏”边境地区的军事力量问题达成一致。

1996 年 4 月，中国、俄罗斯、哈萨克斯坦、吉尔吉斯斯坦和塔吉克斯坦五国元首在上海签署《关于边境地区加强军事领域信任的协定》，规定各方部署在边境地区的军事力量互不进攻；不进行针对对方的军事演习；限制军事演习规模、范围和次数；相互通报边境 100 公里纵深地区的重大军事活动情况；相互邀请观察本国实兵演习；预防危险军事活动；加强边境地区军事力量和边防部队的相互友好交往。这一协定的签署标志着“上海五国”开始从解决边界问题的谈判向相互建立军事互信合作机制的转变。

1997 年 4 月，“上海五国”元首在莫斯科签署《关于在边境地区相互裁减军事力量的协定》，规定中国与俄罗斯、哈萨克斯坦、吉尔吉斯斯坦和塔吉克斯坦四国的边境地区军事力量要裁减到与睦邻友好相适应的最低水平，使其只具有防御性；各方互不使用武力或以武力相威胁，不谋求单方面军事优势；双方部署在边境地区的军事力量互不进攻；裁减和限制部署在边界两侧各 100 公里纵深的陆军、空军、防空军航空兵、边防部队的人员和主要种类的武器数量；交换边境地区军事力量的有关资料，使各自在边境地区的武装力量裁减到最低水平，只具有防御性，不谋求单方面的军事优势。这一协定的签署进一步确保了中国与四国边境地区的长期和平与安宁。

这两份协定的签署极大地推动了苏联解体遗留的中国与俄罗斯、哈萨克斯坦、吉尔吉斯斯坦和塔吉克斯坦四国边界问题的解决进程，在中国与上述四国的 7000 多公里边界地带首次建立了信任和透明、军事活动可预测和可监控的区域，为五国边境地区和平、安宁和稳定提供了可靠保障，并逐渐成为毗邻国家人民友好交往的纽带和桥梁，从而使五国能够专注于国内发展。正是在这两个协定精神原则指导下，中国与俄罗斯率先解决了两国边界西段的遗留问题，进而使中国与哈萨克斯坦的 1700 多公里边界和与吉尔吉斯斯坦的 1000 多公里边界问题，以及

与塔吉克斯坦的边界地段问题得到全面解决。

随着国际和地区安全形势的发展，根据成员国的普遍诉求，“上海五国”不再仅局限于保持边境地区的军事力量减少和相互军事上的互信，开始将这一谈判机制赋予更多的安全合作内涵。

1998年7月，五国领导人首次以各自独立一方出席在阿拉木图举行的“上海五国”元首第三次会议，结束了此前中国与俄罗斯和中亚三国的“双边”谈判形式，成为“上海五国”机制质的转变，并为“上海五国”发展为区域国际组织创造了重要条件。这次会议发表的《阿拉木图声明》首次提出，成员国要坚持相互尊重主权和领土完整、平等互利、互不干涉等公认的国际关系准则；坚持通过友好协商解决国家间分歧和争端；共同打击各种形式的民族分裂和宗教极端势力、恐怖活动、偷运武器及走私和贩毒等本地区公害；与国际社会共同努力制止南亚核军备竞赛，维护国际核不扩散机制等。①

1999年8月，在比什凯克举行的“上海五国”成员国元首第四次会晤决定，由“上海五国”执法和安全部门领导人组成的“比什凯克小组”负责协调各成员国在非传统方面的有关行动，以共同打击本地区的恐怖主义和分裂势力。各成员国将互通情报、统一部署军力，共同打击国际恐怖主义、民族分裂主义和宗教极端主义、走私贩毒及其他跨国犯罪行为，决不允许利用本国领土从事损害五国中任何一国主权、安全及社会秩序的行为。②

2000年7月，在杜尚别举行的“上海五国”成员国元首第五次会晤将五国的这一边界谈判和边境军事互信机制进一步向具有开展各领域多边合作功能的地区机制转变。五国元首首次明确的“上海五国”现阶段四项任务中有两项涉及政治安全领域：一是在国际问题上协调立场、相互支持、密切合作；二是联合打击对地区安全稳定和发展构成严重威胁的民族分裂主义，宗教极端主义和国际恐怖主义三股势力。五国元首认为，今后“上海五国”讨论国际和地区形势并协调共同立场是适宜的。有必要深化五国在政治、安全、外交和经济等领域合作，并将“上海五国”机制建设成为成员国多领域和多层次的合作机制；首次宣称要坚决

① 《阿拉木图声明》，中国经济网，2018年4月2日，http://www.ce.cn/xwzx/gnsz/gdxw/200606/08/t20060608_7269214.shtml。

② 《比什凯克声明》，中国经济网，2018年4月2日，http://www.ce.cn/xwzx/gnsz/gdxw/200606/08/t20060608_7269222.shtml。

捍卫《联合国宪章》的宗旨与原则，强调各国有根据本国国情选择本国政治、经济和社会发展道路的正当权利，反对以“人道主义”和“保护人权”为借口干涉别国内政，支持彼此为维护国家独立、主权、领土完整和社会稳定所做的努力；将恪守尊重人权的原则，在运用该原则时必须考虑各国历史形成的特点，不能违反其他公认的国际法基本原则；反对任何可能导致本地区形势复杂化的冲突、威胁和外来干涉；反对未经联合国安理会批准在国际关系中使用或威胁使用武力，反对任何国家或国家集团出于私利垄断全球和地区事务的企图；根据当前的地区及周边地缘政治形势，各方决心深化在政治、外交、经济、军事、军技和其他领域的合作，以巩固地区的安全与稳定；“五国将尽早制定相应的多边纲要，签署必要的多边合作条约与协定，定期召开五国执法、边防、海关和安全部门负责人会晤，视情在五国框架内举行反恐怖和暴力活动演习”，旨在将中亚建成和平、睦邻、稳定和开展平等国际合作的区域。①

“上海五国”机制的建立顺应了冷战结束后人类要求和平与发展的历史潮流，展示了不同文明背景、传统文化各异的国家通过互尊互信实现和睦共处、团结合作的巨大潜力。它在促进并深化各成员国间的睦邻互信与友好关系、巩固地区安全与稳定、促进共同发展方面发挥了积极作用。“上海五国”机制所探索的通过对话与协商、最大限度减少边境地区的军事力量和军事活动，及其新安全观对构建和谐世界具有重大意义。这一机制不仅增进了五国的睦邻友好关系，还为两极世界解体后摒弃冷战思维、探索新型国家关系、新型安全观和新型区域合作模式提供有益尝试，对地区乃至世界的和平与发展产生积极而深远影响。

三、上海合作组织政治安全合作的发展

自上海合作组织成立以来，该组织即把维护成员国和本地区的和平与稳定作为首要任务，政治安全合作也成为推动上海合作组织持续发展的强大动力。各成员国在地区和国际事务中密切磋商和协调，在重大国际和地区问题上相互支持和密切合作，共同促进和巩固本地区及世界的和平与稳定，实现了从解决传统安全威胁为主到着力应对非传统安全威胁的转变。

---

① 《中、塔、俄、哈、吉五国〈杜尚别声明〉》，人民网，2018 年 4 月 6 日，http://www.people.com.cn/GB/channel1/10/20000705/131545.html。

（一）维护联合国权威

2001年6月发表的《上海合作组织成立宣言》开宗明义地指出，上海合作组织成员国将严格遵守《联合国宪章》宗旨与原则。自此，上海合作组织成员国元首历次峰会都强调要在联合国和安理会的核心协调作用下建立应对新威胁和挑战的全球体系，包括建立早期预报、防止可能的威胁并对其做出坚决一致反应的有关多边协作机制。要维护和遵循《联合国宪章》的宗旨和原则以及公认的国际法准则。支持联合国进行合理、必要的改革，但是，应以国际社会最广泛的协商一致为基础，不应为改革设立时限及强行推动表决尚有重大分歧的方案。坚决支持联合国为维护世界和平与安全所做的努力；重申联合国在推动落实全球可持续发展议程中的核心作用。在各成员国签署的被称为纲领性的基础性法律文件《上海合作组织宪章》和《上海合作组织长期睦邻友好合作条约》中，都明确规定要恪守遵循《联合国宪章》宗旨原则，提高联合国作用，表明了成员国维护联合国权威的坚定决心和意志。

（二）反对强权政治

2002年6月发表的《上海合作组织成员国元首宣言》提出，成员国本着遵循《联合国宪章》宗旨和原则之义务，确认所有人权的普遍性、不可分割性、相互依存性和相互关联性。反对在人权问题上采取双重标准和以人权为由干涉他国内政。此后，上海合作组织在有关文件中重申，各成员国始终认为反恐斗争应以国际法准则和原则为基础，不应将反恐与反对某个特定的宗教、国家和民族相提并论。针对西方在欧亚地区连续策动的“颜色革命”和西亚北非的“阿拉伯之春”浪潮蔓延，上海合作组织不失时机地发表声明，呼吁有关各方严格遵守国际法准则，尊重有关国家的独立、主权和领土完整，恪守不干涉内政、反对武力干预或强行推动“政权更迭”。2006年6月发表的《上海合作组织五周年宣言》再次阐明了上海合作组织对外部势力干涉的基本立场，强调应尊重各国维护国家统一和保障民族利益的权利，尊重各国独立自主选择发展道路和制定内外政策权利。历史形成的文化传统、政治社会体制、价值观和发展道路的差异不应用于干涉他国内政的借口。社会发展的具体模式不能成为“输出品”。

（三）捍卫成员国利益

2001年6月，上海合作组织成员国国防部长首次会晤即强调，哈萨克斯坦推动召开的“亚洲协作和信任措施会议”有助于加强地区安全，促进亚洲国家互信，发展多边合作；重申反导条约是全球战略稳定基石和裁军进程发展的重要条件；反对少数国家在亚太地区部署战区导弹防御系统；支持中亚国家在本地区建立“无核区”的倡议；重申中华人民共和国政府是中国的唯一合法政府，台湾是中国领土不可分割的一部分，不允许外部势力对解决台湾问题加以干涉。支持中方关于反对任何国家企图以任何形式将台湾纳入战区导弹防御计划的立场。2005年7月发表的《上海合作组织成员国元首宣言》指出，鉴于阿富汗反恐的大规模军事行动已告一段落，反恐联盟有关各方有必要确定临时使用上海合作组织成员国上述基础设施及在这些国家驻军的最后期限。2006年6月，《上海合作组织五周年宣言》强调，中亚国家拥有独特的历史文化传统，应得到国际社会的尊重和理解，支持中亚国家政府维护安全与稳定、保持社会经济发展及不断改善人民所做出的努力。2008年8月，《上海合作组织元首杜尚别宣言》强调，成员国对围绕南奥塞梯问题引发的紧张局势深表担忧，呼吁有关各方通过对话和平解决现有问题，致力于劝和促谈。欢迎在莫斯科就解决南奥塞梯冲突通过的六点原则，支持俄罗斯在促进该地区和平与合作中发挥积极作用。同时，上海合作组织第一时间发表声明，对恐怖组织及恐怖分子制造的中国新疆“7·5”事件和昆明火车站恐袭、俄罗斯莫斯科多莫杰多沃机场和伏尔加格勒接连发生的恐袭，以及巴基斯坦白沙瓦的恐袭事件等暴行予以严厉谴责，支持和声援受害成员国政府为维护国内治安稳定依法采取的平暴措施。扩员后，上海合作组织继续支持中亚国家为加强政治、经济、人文等领域合做所做的努力，认为《中亚无核武器区条约》议定书尽快对所有签署国生效将为维护地区安全、巩固国际核不扩散体系做出重要贡献；欢迎乌兹别克斯坦在联合国大会第72次会议上提出关于通过《教育与宗教包容》联大特别决议的倡议；欢迎在阿斯塔纳举行的首次中亚国家元首峰会成果；注意到吉尔吉斯斯坦和塔吉克斯坦竞选联合国安理会非常任理事国席位的愿望；高度评价塔吉克斯坦倡议联合国大会通过的2018—2028年“水促进可持续发展”国际行动十年的第71/222号决议，支持其为推动第73届联合国大会通过关于旨在实现水资源可持续发展目标与任务中期综述的决议草案所做的努力；重申应在尽早全面执行2015年2月12日明斯克协议基础上政治解决乌克兰危机。哈萨克斯坦、吉尔吉斯斯坦、巴基斯坦、俄罗斯、塔吉克斯坦和乌兹别克斯坦在《上海合作组织成员国元首理事会青岛宣言》中重申支持中国提出的“一带一路”倡议。①

（四）深化政治安全合作

上海合作组织成立当天发表的《上海合作组织成立宣言》指出，各成员国将加强在地区和国际事务中的磋商与协调行动，在重大国际和地区问题上相互支持和密切合作，共同促进和巩固本地区及世界的和平与稳定。强调在当前国际形势下，上海合作组织在维护全球战略平衡与稳定具有特别重要意义。翌年签署的《上海合作组织宪章》进一步明确了上海合作组织的基本宗旨和任务之一即是维护和加强地区和平、安全与稳定，推动建立民主、公正、合理的国际政治经济新秩序，彰显了成员国将加强内涵更为丰富的政治安全合作色彩。

2003年5月，六国元首在上海合作组织峰会期间提出，上海合作组织要全面发展成员国之间的伙伴关系，在外交、国防、执法、紧急救灾、对外经济、交通和文化等领域开展全面和高效务实合作。2004年6月，上海合作组织峰会签署《上海合作组织成员国关于合作打击非法贩运麻醉药品、精神药物及其前体的协议》，将政治安全合作拓展至遏制地区毒品犯罪、切断恐怖活动资金来源渠道方面。2007年8月，上海合作组织峰会通过《上海合作组织保障国际信息安全行动计划》。10月，时任俄罗斯总理普京在上海合作组织成员国首脑扩大会议上提出建立上海合作组织紧急救灾中心倡议，并建议定期举行成员国紧急救灾部门的联合演习。普京还呼吁立即就移民问题展开合作，称既要着眼于建立有效的反非法移民机制，又要为合法移民创造良好的条件。2009年6月，上海合作组织成员国元首签署并批准酝酿和筹备已久的上海合作组织《反恐怖主义公约》《关于应对威胁本地区和平、安全与稳定事态的政治外交措施及机制条例》及《保障国际信息安全政府间合作协定》等文件，进一步完善了政治安全合作体系，向国

① 《上海合作组织成员国元首理事会青岛宣言》，央广网，2018年6月11日，http://news.cnr.cn/native/gd/20180611/t20180611_524265463.shtml。

际社会展示了成员国共同打击“三股势力”和跨国犯罪活动的决心和信心。[①]哈萨克斯坦总统纳扎尔巴耶夫提出，应该考虑在上海合作组织框架内设立专门控制网络犯罪的特别机构，建立上海合作组织“网络安全”体系，把“电子边界”和“电子主权”等新概念纳入国际法。[②]2016年4月召开的上海合作组织成员国安全会议秘书会议强调，应防止互联网和其他信息通信技术被用于宣传恐怖主义、分裂主义和极端主义意识形态，使社会激进，招募人员、筹措资金、教唆煽动恐怖活动及其他非建设性行为。

（五）联合反恐、缉毒和安保取得显著成效

自地区反恐机构正式启动以来，上海合作组织通过联合执法、情报交换等手段成功挫败600多起恐怖袭击事件，捣毁6个极端组织和2个恐怖活动团伙，共计歼灭400余名恐怖分子，抓获包括国际通缉的恐怖组织成员在内的2000多名非法武装分子或恐怖嫌犯。单是2017年，上海合作组织所含地区被禁止的恐怖主义、分裂主义、极端主义组织名单即新增34个，总数达到105个，有逾900个制造恐怖主义、分裂主义和极端主义罪行的嫌犯被通缉。哈萨克斯坦、吉尔吉斯斯坦、塔吉克斯坦等成员国及时向中方提供和通报了有关“东突”等恐怖组织威胁中国安全的信息，并移交和引渡了玉江山－吉力力、艾尔西丁·伊斯玛依等东突恐怖分子以及涉嫌策划新疆乌鲁木齐“7·5”事件的恐怖嫌犯。正是得益于地区反恐机构的有效工作，上合组织“成功防止了500余起恐怖活动的发生，保护了几千条宝贵的生命”。[③]

联合缉毒成效显著。在2008年11月至2010年8月实施的4次跨国“控制下交付”行动中，中哈两国安全部门共抓获在中国境内实施毒品犯罪活动的外籍嫌犯17人，缴获海洛因6.7千克，可卡因0.67千克。仅2011年，乌兹别克斯坦警方在乌兹别克斯坦与塔吉克斯坦边境地区即破获50余起走私毒品案件，截获毒品超过222千克。2012年3月，乌兹别克斯坦国家安全局边防人员在从塔吉

---

① 赵鸣文：《上海合作组织继续向好发展》，《国际形势和中国外交蓝皮书（2009/2010）》，世界知识出版社2010年版，第70—71页。

② ШОС:точки роста-Аналитичекий доклад//Информационно-аналитический центр.14.07.2011.

③ 《哈萨克斯坦总统撰文谈上合组织成立十周年》，人民网，2018年4月10日，http://world.people.com.cn/GB/1029/42408/14851557.html。

克斯坦首都杜尚别经乌兹别克斯坦境内驶往莫斯科的国际列车上一次查获 8 公斤海洛因。近年来，中方缉毒部门累计破获走私贩毒案件千余起，仅 2017 年即破获制毒案件近 600 起，缴获易制毒化学品多达 2384 吨。

17 年来，成员国在联合打击恐怖主义、引渡罪犯、情报搜集和交换、信息共享、边境管控、口岸协查、民航安保等联合执法上的合作不断加强，建立了快捷的联合行动机制，多边执法安全合作机制更加顺畅、高效，确保了上海合作组织历次的元首和政府首脑会议、阿拉木图亚洲相互协作与信任措施会议（亚信会议）、北京奥运会、莫斯科卫国战争胜利 65 周年庆典、上海世博会、广州亚运会、阿斯塔纳—阿拉木图亚洲冬运会、符拉迪沃斯托克 APEC 会议、索契冬奥会和阿拉木图世界大学生冬季运动会等大型国际会议和赛事的成功举行，实现了上海合作组织成员国元首提出的维护和保障成员国国家和地区安全与稳定的既定目标。

（六）加强国际安全合作

2001 年 9 月，上海合作组织第一时间对美国发生的“9・11”恐怖袭击事件做出反应，上合组织成员国政府首脑（总理）会晤专门发表声明，强烈谴责这一令人发指的恐怖袭击行为，称这一史无前例的恐怖袭击事件使成千上万无辜的人蒙难。这一悲惨事件表明，恐怖主义无国界、无道义标准。只有各国联合努力才能消灭这股邪恶势力。上海合作组织成员国准备同所有国家和国际组织密切配合，采取有效措施，为根除恐怖主义带来的全球性危险而进行毫不妥协的斗争。2002 年 6 月，时任中国国家主席江泽民在上海合作组织成员国元首第二次峰会发表的题为《弘扬“上海精神”促进世界和平》讲话中强调，“9・11”事件以来国际局势的变化表明，促进本地区和平与发展的任务依然十分艰巨。各国的安全是相互依存的，再强大的国家，离开国际合作也难以有真正的安全。2003 年 5 月，上海合作组织六国元首一致认为，在政治、经济和社会全球化进程日益深化的背景下，面对现代恐怖主义、毒品威胁及其他跨国犯罪的挑战，世界上没有一个国家可以独善其身。世界各国应在本地区和全世界范围内就解决上述全球问题开展广泛合作，并做出自己的实际贡献。上海合作组织能够并且应该对成员国范围内及整个世界的安全和稳定发展做出显著贡献。上海合作组织愿积极参与建设能均衡照顾到各方利益及立场的地区安全体系，并将与所有国家及组织在这一重要领域开展建设性合作。自 2004 年 12 月联合国大会第 59/48 号决议给予上海合作组织联大观察员地位以来，上海合作组织先后与联合国秘书处、联合国毒品和犯罪问题办公室、联合国中亚预防性外交地区中心、联合国亚洲及太平洋经济社会委员会、联合国教科文组织等机构建立了联系。上海合作组织秘书处还先后与经合组织、独联体执委会、集体安全条约组织、欧亚经济共同体、东盟秘书处等国际和区域组织及机构签署谅解备忘录或建立工作联系，与中亚信息协调中心签署打击非法贩卖毒品、精神药品的谅解备忘录。由于独联体和集体安全条约组织的自身特点，上海合作组织与这两个组织的合作首先建立在定期举行政治磋商基础上，这有利于就迫切地区问题“对表”。[①]2014 年 5 月，上海合作组织秘书处与亚洲相互协作与信任措施会议秘书处签署《亚信会议与上合组织秘书处之间的谅解备忘录》，双方将在反恐领域加强合作。2018 年 6 月，出席在青岛举行的上海合作组织峰会八国领导人一致认为，上合组织扩大国际交往和合作十分重要。各方愿扩大同联合国及其他国际和地区组织的对话和交流，共同致力于促进世界持久和平和共同繁荣。

（七）积极推动阿富汗和平进程

上海合作组织重视阿富汗问题的早日解决。2001 年 6 月，出席在上海举行的上海合作组织成员国国防部长首次会晤的各国国防部长对阿富汗问题久拖不决表示关切，认为通过军事手段无助于冲突的解决，坚决支持联合国及中亚有关国家为解决阿富汗问题所做的努力，呼吁阿富汗各派通过和平谈判实现阿富汗问题的政治解决。2002 年 6 月发表的《上海合作组织成员国元首宣言》指出，中亚安全与阿富汗和平进程的前景紧密相连，成员国将加强相互合作，促进阿富汗战后的政治经济重建。2005 年 11 月“上海合作组织—阿富汗联络组”成立后，成员国积极参与稳定阿富汗安全形势和在其周边构筑“反毒带”行动，努力推动阿富汗经济重建，“真诚地希望帮助阿富汗政府和人民恢复和平与稳定，复兴经济，使阿富汗真正成为独立和中立的国家”。虽然“上海合作组织没有直接参与阿富汗的军事行动，但它却给予在阿富汗的国际联军实实在在的帮助，有时甚至是无

① Рашид Алимов: ШОС не преследует цель ежегодного механического расширения своего состава// ТАСС.18 декабря 2017 года.

法替代的物资运输和军事技术支持”。[①]

应驻阿富汗多国部队请求，上海合作组织成员国向其提供了本国地面设施和物资转运空域，吉尔吉斯斯坦的马纳斯机场供美军及联军所用，塔吉克斯坦和乌兹别克斯坦为法国空军和德国联邦国防军提供基地。[②]横跨上合组织成员国俄罗斯、哈萨克斯坦、乌兹别克斯坦、吉尔吉斯斯坦和塔吉克斯坦的运输线保障了驻阿联军52%的后勤物资补给。俄罗斯和中亚的北方运输线成为美国和北约多国部队向阿富汗运送非作战物资的主要通道。自2009年美国同俄罗斯签订空中运输协议以来，共有22.5万美国军人及1500多架军机通过俄罗斯领空进入阿富汗。为推动阿富汗的重建，上海合作组织还实施了一系列社会基础设施和人文项目。[③]中国成为阿富汗最大投资国，2007年中冶集团赢得投资总额高达30亿美元的开发艾纳克铜矿合同。2011年，由亚洲开发银行出资，乌兹别克斯坦承建的全长75公里，耗资1.29亿美元的海拉顿至马扎里沙里夫铁路大型项目竣工运营。乌兹别克斯坦还在与阿富汗商谈耗资112亿美元修建马扎里沙里夫至赫拉特铁路的可行性。项目完成后，3日内，即可从阿富汗经乌兹别克斯坦的安集延市抵达中国。2018年6月，上海合作组织成员国领导人在《上海合作组织成员国元首理事会青岛宣言》中重申，支持阿富汗政府和人民为维护安全，促进经济发展，打击恐怖主义、极端主义、毒品犯罪所做的努力；强调政治对话和“阿人主导、阿人所有”的包容性和解进程是解决阿富汗问题的唯一出路；呼吁在联合国发挥中心协调作用下加强合作，实现该国稳定与发展。

四、相关法律基础和协调行动机制的建立

17年来，上海合作组织制定了包括政治安全领域在内的一系列法律文件，并建立了包括成员国元首和政府首脑会议等多层级的会议和协调机制，确立了上海合作组织的中远期发展目标和基本任务，为成员国深化政治安全合作提供了法律和制度及机制上的保障。

---

① 《哈萨克斯坦总统撰文谈上合组织成立十周年》，中新网，2018年4月15日，http://www.chinanews.com/gn/2011/06-08/3098153.shtml。

② Татьяна Синицына, главный редактор Инфо ШОС. Афганский тест для ШОС//Информационно-аналитическийцентр.13.03.2012.

③ ШОС:точки роста-Аналитичекий доклад//Информационно-аналитический центр.14.07.2011.

（一）完善政治安全合作的法律基础

2001年6月，成员国在《上海合作组织成立宣言》中明确指出，为落实《打击恐怖主义、分裂主义和极端主义上海公约》，遏制非法贩卖武器、毒品、非法移民和其他犯罪活动，上合组织将制定相应的多边合作文件。而且，上海合作组织成立当天，成员国即签署了《打击恐怖主义、分裂主义和极端主义上海公约》，对恐怖主义做出明确界定，确立了反恐原则及其战略，为成员国深化政治安全合作奠定了坚实的法律基础。此后，成员国又根据形势变化和自身需要相继签署和批准了一系列安全合作文件，为扩大和深化成员国之间的安全合作、维护地区和平与稳定提供了及时而有力的法律保障。17年来，上海合作组织通过的安全合作法律文件包括以下类别：

1. 综合性安全合作法律文件。如《上海合作组织宪章》（2002年6月）、《上海合作组织成员国长期睦邻友好合作条约》（2007年8月）、《上海合作组织成员国元首关于构建持久和平、共同繁荣地区的宣言》（2012年6月）、《上海合作组织中期发展战略规划》（2012年6月）、《上海合作组织关于应对威胁本地区和平、安全与稳定事态的政治外交措施及机制条例》（2012年6月）、《上海合作组织至2025年发展战略》（2013年9月）、《〈上海合作组织成员国长期睦邻友好合作条约〉实施纲要（2013—2017）》（2013年9月）、《〈上海合作组织至2025年发展战略〉2016—2020年落实行动计划》（2016年6月）、《〈上海合作组织成员国长期睦邻友好合作条约〉实施纲要（2018—2022年）》（2018年6月）。

2. 合作打击“三股势力”方面的法律文件。如《上海合作组织成员国关于地区反恐怖机构的协定》（2002年6月）、《上海合作组织成员国合作打击恐怖主义、分裂主义和极端主义构想》（2005年7月）、《上海合作组织成员国打击恐怖主义、分裂主义和极端主义2007年至2009年合作纲要》（2006年6月）、《关于查明和切断在上海合作组织成员国境内参与恐怖主义、分裂主义和极端主义活动人员渗透渠道的协定》（2006年6月）、《关于在上海合作组织成员国境内组织和举行联合反恐行动的程序协定》（2008年8月）、《上海合作组织反恐怖主义公约》（2009年6月）、《上海合作组织成员国反恐专业人员培训协定》（2009年6月）、《上海合作组织成员国打击恐怖主义、分裂主义和极端主义2010年至2012年合作纲要》(2009年6月)、《上海合作组织成员国打击恐怖主义、分裂主义和极端主义2013年至2015年合作纲要》(2012年6月)、《上海合作组织成员国打击恐怖主义、分裂主义和极端主义2016年至2018年合作纲要》(2016年6月)、《上海合作组织成员国元首关于共同打击国际恐怖主义的声明》(2017年6月)、《上海合作组织反极端主义公约》(2017年6月)、《上海合作组织成员国打击恐怖主义、分裂主义和极端主义2019年至2021年合作纲要》(2018年6月)。

3．打击贩毒、非法贩运武器等跨国犯罪方面的法律文件。如《上海合作组织成员国关于合作打击非法贩运麻醉药品、精神药物及其前体的协议》(2004年6月)、《上海合作组织成员国政府间合作打击非法贩运武器、弹药和爆炸物品的协定》(2008年8月)、《上海合作组织成员国政府间合作打击犯罪协定》(2010年6月)、《2011—2016年上海合作组织成员国禁毒战略》及其落实行动计划(2011年6月)、《上海合作组织成员国禁毒部门高官会议工作规则》(2012年4月)、《上海合作组织成员国边防合作协定》(2015年7月)、《2018—2023年上海合作组织成员国禁毒战略》及其落实行动计划(2018年6月)、《上海合作组织预防麻醉药品和精神药品滥用构想》(2018年6月)。

4．关于信息安全合作方面的法律文件。如《上海合作组织成员国元首关于国际信息安全的声明》(2006年6月)、《上海合作组织保障国际信息安全行动计划》(2007年8月)、《上海合作组织成员国保障国际信息安全政府间合作协定》(2009年6月)、《上海合作组织成员国海关关于利用莫斯科地区情报联络中心案件数据库执法平台渠道全天候联络站开展信息互助的规程》(2018年6月)。

5．关于应对流行病等方面开展合作的法律文件。如《上海合作组织成员国元首关于在上海合作组织地区共同应对流行病威胁的声明》(2018年6月)。

上述法律文件形成了上海合作组织在安全合作方面比较完备的法律体系，有效地协调了上合组织反恐合作的法律依据与成员国国内相关法律的关系，为上海合作组织长期开展联合执法安全合作奠定了坚实的法律基础，有力地促进了成员国的安全合作有效开展，使上海合作组织框架内的安全合作法律基础更加坚实和完善，极大地提高了成员国安全合作的协调能力和效率。

（二）建立政治安全合作的协调机制

自上海合作组织成立以来，成员国一直在建立和完善上海合作组织各层级的领导和协调机制，有力地确保了政治安全合作的有序进行。上合组织不仅解决了中国与俄罗斯和哈萨克斯坦、吉尔吉斯斯坦和塔吉克斯坦之间的边界领土以及边境地区的传统安全问题，还建立起应对威胁地区安全稳定的重大突发事件反应和高效反恐安全合作机制，尤其加强了在情报交流、联合缉捕以及移交恐怖分子等跨国犯罪人员方面的协作。

1. 元首理事会会议。系上海合作组织安全合作的最高决策机构，旨在研究和制定组织安全合作的战略，批准成员国安全合作重要文件和协议。

2. 安全会议秘书会议。系上海合作组织安全合作的协调和磋商机制，主要研究和分析成员国所在地区的安全形势；确定安全合作方向；协调成员国在打击“三股势力”、贩毒、非法武器交易、跨国有组织犯罪等方面的合作；向元首理事会提出开展安全合作方面的建议，协助落实成员国元首峰会通过的安全合作决议等。2004 年 6 月，上海合作组织成员国在乌兹别克斯坦首都塔什干举行首次安全会议秘书会议。截至 2018 年 7 月，成员国安全会议秘书举行了 13 次会议。

3. 地区反恐怖机构（理事会）。系上海合作组织常设执行机构，主要职能是与成员国和国际组织负责打击“三股势力”的有关机构保持工作联系；筹备成员国之间的双边和多边反恐演习，组织协调成员国打击“三股势力”的缉捕和其他侦缉和调查行动；参与准备涉及打击恐怖主义、分裂主义、极端主义问题的国际法律文件草案；收集并分析反恐机构从成员国获取的信息，建立及补充反恐机构资料库；参与建立应对全球挑战与威胁的有效机制；准备及举行学术会议、研讨会、协助就打击恐怖主义、分裂主义、极端主义问题交换信息。自 2004 年 1 月地区反恐怖机构在乌兹别克斯坦首都塔什干正式启动以来，该机构已挫败数百起恐怖主义图谋。

4. 最高法院院长会议。2006 年 9 月，首届上海合作组织成员国最高法院院长会议在上海举行。会议深入探讨了成员国共同有效防范和惩治跨国犯罪的制度和措施，以及开展打击“三股势力”等领域的司法合作问题。截至 2018 年 7 月，成员国最高法院院长共举行了 13 次会议。

5．总检察长会议。上海合作组织成员国总检察长会议是上合组织开展司法合作的一个重要平台。2002年10月，上海合作组织成员国首次总检察长会议在上海举行。会议以“加强合作、维护稳定”为主题，围绕打击恐怖主义、分裂主义和极端主义的合作机制、司法改革信息交流途径、检察官的交流与培训等问题进行广泛探讨。截至2018年7月，成员国总检察长共举行了15次会议。

6．国防部长会议。国防部长会议的职能是加强成员国在军事领域的合作，应对各种挑战和威胁，确保各国军队之间以及与其他强力部门之间在打击恐怖主义、极端主义和分裂主义中的实质性协作。2001年6月，上海合作组织成员国各国防部长在上海举行首次会议。截至2018年7月，成员国国防部长共举行了15次会议。

7．总参谋长会议。2011年4月，上海合作组织成员国武装力量总参谋长（联合参谋部参谋长）在上海召开首次会议。截至2018年7月，成员国武装力量总参谋长共举行了4次会议。

8．公安部（内务）部长会议。2009年5月，上海合作组织成员国首次公安和内务部长会议在俄罗斯叶卡捷琳堡举行，会议发表了《上海合作组织成员国首次公安内务部长会议关于打击跨国犯罪的联合声明》，并将2010年“上海世博会”安保合作列入上海合作组织下一阶段多边安全合作重要内容。①

9．紧急救灾部门领导人会议。2002年4月，上海合作组织成员国紧急救灾部门领导人首次会议在俄罗斯圣彼得堡举行。截至2018年7月，成员国紧急救灾部门领导人共举行了9次会议。

10．禁毒部门领导人会议。2009年5月，上海合作组织成员国禁毒部门领导人首次会议在莫斯科举行。会议对上海合作组织禁毒合作做出周密部署和安排，建立了禁毒部门领导人、高官、专家工作组三级禁毒合作机制，并成立了法律基础、缉毒执法、易制毒化学品管制、减少毒品需求4个专业工作组。截至2018年7月，成员国禁毒部门领导人共举行了8次会议。

11．边防部门领导人会议。是成员国主管机关边防部门领导人会议，是上合组织边防执法合作的重要平台，也是成员国在执法安全领域的一个重要合作机

① 赵鸣文：《上海合作组织继续向好发展》，《国际形势和中国外交蓝皮书（2009/2010）》，世界知识出版社2010年版，第71页。

制。2011 年 12 月，上海合作组织成员国主管机关边防部门领导人第一次会议在中国杭州举行。截至 2018 年 7 月，成员国主管机关边防部门领导人共举行了 5 次会议。

12. “上海合作组织—阿富汗联络组” 会议。“上海合作组织—阿富汗联络组” 成立于 2005 年，是上海合作组织与阿富汗建立的重要磋商机制，旨在就推动双方合作提出建议。该机制建立以来先后多次举行参赞级和副外长级会议。

（三）将联合反恐演习作为机制化的安全合作内容

自上海合作组织成立以来，成员国武装力量之间的联合反恐演习和执法部门的联合演练及演训已成为上合组织机制化反恐行动的重要组织部分，“联合”“协作”“和平使命” 等双边和多边系列联合反恐军演和 “东方反恐”“诺拉克—反恐”“团结”“天山” 等执法部门的联合反恐演习和训练成为上合组织安全领域合作的机制化内容。截至 2018 年 7 月，上海合作组织成员国共举行了 13 次双边和多边反恐军事演习，15 次双边和多边执法部门的反恐演习、训练和联合边防行动。上合组织已成为保障安全、稳定和可持续发展的切实因素和现代国际关系结构的支撑。[①]

① Рашид Алимов: ШОС не преследует цель ежегодного механического расширения своего состава// ТАСС.18 декабря 2017 года.

凝聚上合组织的地缘政治与经济条件①

从地理位置看，上合组织成员国同处亚太中心地带，东北部连接日本、韩国等经济发达国家，西南部通往欧洲，有着共同的地缘政治利益和经济依附关系，加之成员国政治取向大多趋同或相近，这使上合组织能够成为成员国多领域合作的理想平台。

一、凝聚上合组织的地缘政治条件

上合组织成员国地缘相近、文化相通、价值观趋同，历史上就有着非常紧密的联系，而且，上合组织始终致力于营造地区的和平与稳定，努力促进成员国的全面发展，更加密切了彼此间各领域的合作。

（一）“非反西方”战略定位是成员国聚首的前提

上合组织从成立之日即宣布，它不是针对第三国的军事政治集团，而是一个主要以和平和非武力手段争取实现既定目标和任务的组织。中国反对以“冷战同盟”和“冷战思维”方式处理国家和国际关系，强调上合不是封闭排他的军事政治集团、不搞地缘政治对抗、不针对任何国家的组织。俄罗斯认为，不应用“集团思维”处理国与国关系。② 哈萨克斯坦总统纳扎尔巴耶夫指出，上合组织不是一个军事集团和针对第三方的封闭联盟，而是一个面向广泛国际合作的开放性组织。吉尔吉斯斯坦和塔吉克斯坦更是将发展同美国等西方国家关系作为本国对外方针的重要方向之一，上合组织客观上没有与美国等西方国家抑或北约交恶的理由，使饱受冷战结盟伤害的成员国走上了一条结伴不结盟、联手“不集团”的崭新道路。

---

① 《中国周边安全环境评估及政策选择（2010—2020）》，世界知识出版社 2015 年版，第 380—387 页。
② 《“上海合作组织”将促进中亚的和平与稳定》，载《普京文集——文章和讲话选集》，中国社会科学出版社 2003 年版。

（二）包容和不干涉内政原则是成员国联手的首要条件

欧亚地区自古以来就是各民族会聚之地，是不同文化和文明相互融合、相互借鉴的广袤区域。上合组织成员国的“思维行为模式虽然多种多样，但勤劳、爱好和平、热情好客、信仰宽容、尊重传统、展现对话意愿、恪守决策协议机制等相同的价值观把大家结合在一起”。[①] 中国受儒家文明影响较深，俄罗斯更多信仰东正教，中亚成员国大多为伊斯兰教，观察员国和对话伙伴各有各的信仰，上合组织成员国的宗教信仰主要包括儒教、道教、佛教、东正教、基督教、伊斯兰教、印度教等，这为成员国不同民族、宗教、文明与文化和平相处、相互合作、相互借鉴搭建了广阔的交流与合作平台。

（三）趋同的政治取向是成员国走到一起的基本动因

中国始终致力于促进各国共同发展与繁荣、推进国际关系民主化的努力。俄罗斯不断呼吁“禁止滥用武力，严格遵守国际法基本准则”，认为当今世界“接连发生的打着人道主义幌子的武装冲突破坏了已经存在多个世纪的国家主权原则”，强调“任何国家都无权将联合国的特权占为己有，尤其当涉及对主权国家动武时”。[②] 中亚成员国更是赞成通过对话和平解决地区和国家间争端，反对以武力或威胁使用武力干涉主权国家内政，进而推翻一个国家的合法政权，在促进国际关系民主化和构建多极世界等问题上的政治取向客观地与中俄一致或相近。正如哈萨克斯坦总统纳扎尔巴耶夫所称，凝聚上合的地缘政治因素“还在于它善于利用政治外交手段解决国际问题。以柔克刚、‘智慧’取胜，以审慎和循序渐进的方式实现既定目标，这就是本组织的魅力所在”。[③]

① 《哈萨克斯坦总统撰文谈上合组织成立十周年》，中新网，2011 年 6 月 8 日，http://www.chinanews.com/gn/2011/06-08/3098153.shtml。

② Владимир Путин .Россия и меняющийся мир//Московские новости.27.02.2012.

③ 《哈萨克斯坦总统撰文谈上合组织成立十周年》，中新网，2011 年 6 月 8 日，http://www.chinanews.com/gn/2011/06-08/3098153.shtml。

（四）“平等的地位”是吸引中小成员国的关键

根据“上海精神”，上合组织没有主要成员和非主要成员之分，任何决定都不取决于某个成员国的政治或经济实力。虽然中国、俄罗斯和哈萨克斯坦与乌兹别克斯坦、吉尔吉斯斯坦和塔吉克斯坦在所承担的会费上相差悬殊，但三个成员国的发言权和否决权却都一样，上合不以成员国所交会费多少决定其在组织里的投票权重。上合组织坚持大小国家一律平等的原则成为吸引成员国特别是中小国家的重要因素，其“组织信条中所反映的平等、协商、信任、集体领导、尊重各自利益等价值观，也是上合的吸引力所在”。①

（五）反恐需求是成员国聚合的原动力

上合组织成员国都面临境内外恐怖组织及其势力的现实和潜在威胁。“激进的伊斯兰势力威胁主要来自阿富汗，袭击的目标是中亚各国、车臣和新疆”。② 加强合作、有效打击伊斯兰原教旨主义、“东突”和“三股势力”是成员国的共同需求。中国长期面临境内外“东突”势力、恐怖主义、邪教以及跨国犯罪团伙的威胁，“泛伊斯兰主义”和“泛突厥主义”等伊斯兰极端思想和民族分裂思潮不断向中国渗透和传播。自上合组织成立以来，中国始终高度重视反恐合作，强调成员国要加强执法安全部门的合作，努力提高联合反恐行动能力。俄罗斯长期遭受恐怖爆炸、人质绑架以及跨国有组织犯罪和毒品走私威胁，始终高度重视上合的反恐合作。为此，俄罗斯“自愿地响应了中国的（成立上合组织）倡议”。认为基于阿富汗塔利班、新疆“东突”恐怖组织、车臣以及其他“三股势力”猖獗的严峻形势，“需要一个打击伊斯兰极端主义和原教旨主义、维护地区稳定的组织”。③ 2000 年，中亚五国签署了关于共同行动反对恐怖主义活动和其他威胁地区稳定活动的塔什干条约。但在中亚国家看来，“上合组织框架内的加强合作却是更加有效的步骤。有利于打击旨在颠覆各国宪法的各类犯罪团伙，包括打击恐

---

① Татьяна Синицына.ШОС, великая и ужасная?//РИА Новости.28.05.2010.

② 哈萨克斯坦总统战略研究所政治学家奥利格·西多罗夫：《上海合作组织成员国的地缘政治利益与前景》，载《国际问题研究》2006 年第 3 期。

③ Сергей Лузянин."Шанхайская шестерка не устраивает"-В Пекине не возражали, если бы Россия подняла флаг антиамериканизма//Независимая газета. 06.06.2002.

怖主义和宗教极端势力”。[①]

二、凝聚上合组织的经济条件

上合组织成员国具有客观的经贸互利合作条件，“古丝绸之路”早就将中国、俄罗斯和中亚国家紧密地联系在一起。随着上合政治和经济影响力的不断上升，成员国更是将其视为发展本国经济的一个重要合作平台。

（一）较早制定了中长期经济合作发展规划

上合组织成立不久即制定和签署了《关于区域经济合作的基本目标和方向及启动贸易和投资便利化进程备忘录》，以及《〈上海合作组织成员国政府间关于区域合作的基本目标和方向及启动贸易和投资便利化进程的备忘录〉的议定书》。2003年成员国还签署了《上海合作组织成员国多边经贸合作纲要》等文件，其中包括对区域内现有能源设施和管网的利用和现代化改造以及合作勘探开发新油气田、联合研发核原料、共建水电设施等协议，强调加强成员国在上合框架内包括能源合作的经贸合作重要性。2006年成员国元首批准《银联体成员关于支持区域经济合作的行动纲要》。2009年成员国通过《上海合作组织成员国关于加强多边经济合作、应对全球金融危机、保障经济持续发展的共同倡议》。10多年来，上合组织签署和出台的一系列经济合作文件有力地促进了成员国间的经济合作发展。

（二）成员国都有加强经贸合作的强烈愿望

中国有发展同俄罗斯及中亚国家经贸合作的现实和长远需要。上合组织不仅能为中国可持续发展提供新的前景远大市场，也是中国向西开放市场、通向欧洲的重要通道和对外拓展经贸合作的重要平台。俄罗斯也有搭乘“中国快车”拉动本国经济的强烈意愿。2009年，时任俄罗斯总统梅德韦杰夫在哈巴罗夫斯克边境合作会议上明确指出，俄罗斯需要吸引中国资金进入俄罗斯石化、煤炭开采、码头联运、外贝加尔和远东地区电站建设等项目，强调中国是俄罗斯的重要合作伙伴，俄罗斯在落实开发外贝加尔和远东地区规划上应该与中国振兴东北计划协

① 哈萨克斯坦总统战略研究所政治学家奥利格·西多罗夫:《上海合作组织成员国的地缘政治利益与前景》，载《国际问题研究》2006年第3期。

调一致。2010 年 6 月，梅德韦杰夫总统继续强调，“经济合作正在变得越来越重要，也越来越受上合组织成员国的欢迎”。①

中亚成员国借上合平台“近水楼台先得月”，扩大对华贸易的愿望更加迫切。哈萨克斯坦总统纳扎尔巴耶夫早就表示，上合组织除了反恐合作，“还应重点关注经贸合作。上合组织巨大的市场潜力不可限量”。哈方“愿意积极参与上合组织的经济项目，包括在互利基础上对这些项目进行投资”。② 乌兹别克斯坦总统卡里莫夫认为，上合组织“成员国的可持续发展和人民生活水平的提高在很大程度上取决于能否进一步深化多边经贸合作”。③ 时任吉尔吉斯斯坦总统的巴基耶夫则强调，深化成员国间的经贸合作应成为提高上合组织国际威望的重要物质基础。④ 新上台的阿坦巴耶夫总统 2012 年在北京上合组织元首峰会前表示，“吉尔吉斯斯坦支持（上合组织）推行经济一体化，因为我们无力独立应对（金融经济危机）这一全球性问题”。⑤ 塔吉克斯坦总统拉赫蒙还是在 2006 年上合元首峰会时就表示，塔吉克斯坦加入上合组织为本国的发展和多边合作开辟了崭新和广阔道路，这首先是指在安全和经济领域的合作。“维护地区安全也离不开大力发展经济合作”。为加快经贸领域合作、“消除本组织部分成员国中的贫困现象，我们应该制定和实施帮助这些国家逐步实现共同发展的特别规划，并尽快取得具体成果”。⑥

（三）得天独厚的经贸合作互补优势

首先，上合组织成员国是一个天然的能源“供消集合体”。俄罗斯及中亚里海是全球能源资源最为丰富的地区之一，中国与其毗邻，客观上有相互合作的便捷地理优势。无论从地理位置，还是出于地缘政治考量，俄罗斯及中亚都是中国

---

① 俄罗斯总统梅德韦杰夫：《上海合作组织——新的地缘政治现实》，载《人民日报》2010 年 6 月 12 日，第 5 版。

② 《哈萨克斯坦总统接受采访：上合组织取得重要成果》，中新网，2006 年 6 月 8 日，http://news.sohu.com/20060608/n243631906.shtml。

③ 《卡里莫夫：上合组织已成维护地区稳定的可靠保障》，中新网，2006 年 6 月 15 日，http://news.sina.com.cn/c/2006-06-15/13019212016s.shtml。

④ 《巴基耶夫：维护地区安全稳定是上合组织优先任务》，新华网，2006 年 6 月 15 日，http://news.sina.com.cn/c/2006-06-15/151910163964.shtml。

⑤ 《访吉尔吉斯斯坦总统阿坦巴耶夫》，新华网，2012 年 6 月 4 日，http://world.huanqiu.com/hot/2012-06/2785048.html?agt=15417。

⑥ 《拉赫莫诺夫：非法生产毒品是恐怖主义资金支柱》，新浪网，2006 年 6 月 15 日，http://news.sina.com.cn/c/2006-06-15/152510164129.shtml。

可持续发展的最重要和最安全的能源和原料来源地之一。俄罗斯和中亚成员国出于优化能源出口战略考虑，中国也是其推进能源出口多元化战略和吸引外资的最佳对象国之一，特别是俄罗斯发展对华能源合作也是其难以割舍的战略选择。中国是个庞大而稳定的能源消费市场，到 2020 年，中国石油需求将达到 4.5 亿吨，自产只有 2.2 亿吨，还有一半以上的石油需要进口，其稳定能源消费需求，无疑是俄罗斯摆脱对欧能源单一供应依赖和中亚成员国实现能源出口多元化的最佳选择。通过对华能源供应，有利于俄罗斯推进其远东及东西伯利亚开发战略的实施，降低油气出口过境国家过多和供应渠道过于单一的风险，以及迫切解决的资金短缺问题。而且，哈中石油管道建成后，还可以输送俄罗斯对华出售的石油，俄罗斯石油公司和卢克石油公司还是在中哈原油管道尚处论证期间就已对其表现出极大兴趣。中哈石油管道已将上合组织成员国的能源管网合作更加紧密地连接起来。对中亚国家来说，发展对华能源合作不仅可使其抢占中国市场更多份额，也有利于其推进能源出口多元化战略，提高自身影响力。

其次，成员国具有客观的资源互补优势。2004 年中国向俄罗斯贷款 60 亿美元，促成了俄罗斯石油公司收购尤甘斯克石油公司资产，确立了其在国内石油领域的主导地位。同时，中国也在 2010 年底前从俄罗斯得到了 4904 万吨原油。2008 年，在金融危机爆发、美欧大公司纷纷撤资，俄罗斯能源企业又面临困境之时，中国再次向俄方提供 250 亿美元贷款，解决了其企业偿还外债的燃眉之急，俄方也将在 2011—2030 年每年向中国供应 1500 万吨原油，以满足中国对能源的需求。此外，中方自 2006 年起先后在上合组织框架内向成员国提供了包括 9 亿美元优惠出口买方信贷的总计 121 亿美元贷款，投资总额累计超过 200 亿美元，支持成员国的包括杜尚别—恰奈克（塔乌）公路项目、220 千伏输电项目和 550 千伏南北高压输电线等大型经济建设项目。中国还应哈萨克斯坦请求，向其提供了 100 亿美元贷款应对危机，哈方也进一步扩大了对华能源出口。2012 年 6 月，中国在上合元首峰会上再次打出 100 亿美元巨额贷款承诺，帮助成员国发展经济。经过 30 多年的改革开放，中国经济总量跃居世界第二位，外汇储备充裕，对外投资能力增强，成为后金融危机全球十大对外直接投资国之一，到 2020 年，中国对外直接投资可能新增 1 万亿美元—2 万亿美元。为此，包括上合组织成员国在内的不少国家对发展对华经贸合作的热情越来越高。

上合组织反恐合作的主要成就及前景①

上合组织是国际上最早打出反恐旗帜的国际组织之一。10多年来，成员国的反恐合作法律基础日臻完善，安全执法部门协作更加顺畅，联合反恐演习极大地打击了“三股势力”的嚣张气焰。鉴于本地区目前和未来的安全形势仍不乐观，成员国都有进一步加强反恐合作的迫切愿望。

一、反恐合作的主要成就

上合组织成立伊始即将维护地区和平、安全和稳定作为组织的宗旨和使命，将打击恐怖主义、分裂主义、极端主义确定为成员国合作的优先方向。10多年来，成员国对加强安全合作的共识不断增强，在打击“三股势力”、维护地区稳定的反恐合作中取得了令人瞩目的成就。

（一）完善了反恐合作的法律基础

10多年来，上合组织制定了一系列反恐法律文件，成员国间的反恐合作法律基础日臻完备、执法合作进一步专业化、规范化和法律化。2001年上合组织成立当天成员国签署的《上海合作组织成立宣言》和《打击恐怖主义、分裂主义和极端主义上海公约》，确立了反恐原则及其战略，对恐怖主义做出明确界定，指出反恐合作的重要性，强调维护地区安全是上合组织两大职能的主要方面，反恐合作是成员国的重点合作领域，表达了成员国就共同防范和打击恐怖主义的强烈愿望，为成员国深化安全合作奠定了坚实的法律基础。此后，上合组织相继签署《上海合作组织成员国关于地区反恐怖机构的协定》《上海合作组织关于合作打击非法贩运麻醉药品、精神药物的协定》《上海合作组织成员国合作打击恐怖

① 《中国周边安全环境评估及政策选择（2010—2020）》，世界知识出版社2015年版，第395—399页。

主义、分裂主义和极端主义构想》《上海合作组织成员国打击恐怖主义、分裂主义和极端主义2007年至2009年合作纲要》《关于在上海合作组织成员国境内组织和举行联合反恐行动的程序协定》《关于查明和切断在上海合作组织成员国境内参与恐怖主义、分裂主义和极端主义活动人员渗透渠道的协定》《上海合作组织成员国政府间合作打击非法贩运武器、弹药和爆炸物品的协定》《上海合作组织成员国组织和举行联合反恐演习的程序协定》《上海合作组织反恐公约》《上海合作组织成员国保障国际信息安全政府间合作协定》《上海合作组织关于应对威胁本地区和平、安全与稳定事态的政治外交措施及机制条例》《上海合作组织成员国反恐专业人员培训协定》《上海合作组织成员国打击恐怖主义、分裂主义和极端主义2010年至2012年合作纲要》《上海合作组织成员国政府间合作打击犯罪协定》《2011—2016年上海合作组织成员国禁毒战略》《2011—2016年上海合作组织成员国禁毒战略落实行动计划》《上海合作组织成员国打击恐怖主义、分裂主义和极端主义2013年至2015年合作纲要》等一系列旨在打击“三股势力”的法律文件，形成了涵盖信息安全、联合执法、打击贩毒和跨国犯罪的完备专业法律体系和有效地协调了上合反恐合作的法律依据与成员国国内相关法律关系，从法律和机制上为成员国搭建了应对非传统威胁和打击跨国犯罪等挑战的合作平台，有力地促进了反恐合作的有效开展，使上合框架内反恐合作的法律基础更加坚实和完善，极大地提高了成员国反恐合作的协调能力和效率。

（二）协同反恐取得成效

上合组织成员国在信息安全交流、移交和引渡恐怖嫌犯方面的合作卓有成效，哈萨克斯坦、吉尔吉斯斯坦、塔吉克斯坦等成员国分别向中方及时提供和通报有关“东突”等恐怖组织威胁中国的安全信息，并移交和引渡玉江山－吉力力和艾尔西丁·伊斯玛依等东突恐怖分子以及涉嫌策划新疆乌鲁木齐“7·5”事件的恐怖嫌犯。自上合组织成立以来，成员国通过联合执法、情报交换等手段共歼灭400余名恐怖分子，抓获包括国际通缉的恐怖组织成员在内的800余名非法武装分子，捣毁6个极端组织和2个计划对成员国实施恐怖活动的团伙，及时预防或阻止了10余起恐怖事件图谋和90多起具有恐怖性质的犯罪行为及10余起暴力极端主义活动。正是得益于地区反恐机构的有效工作，上合组织“仅在2004

年至2011年期间就成功防止了500余起恐怖活动的发生，保护了几千条宝贵的生命”。[①]

10年来，在成员国共同努力下，上合组织在情报搜集、核查、监控、管控、口岸协查、联合执法和信息共享等合作方面已建立了快捷的联合行动机制，确保了北京奥运会、上海世博会、广州亚运会、中国—亚欧博览会、深圳世界大学生运动会、俄罗斯反法西斯战争胜利65周年庆祝活动、阿拉木图冬运会、阿斯塔纳上合峰会、符拉迪沃斯托克APEC峰会等成员国承办的一系列重大国际活动的顺利举行。

（三）联合反恐演习常态化

自2002年10月10日中国同吉尔吉斯斯坦在上合框架内举行首次联合反恐军事演习以来，成员国的双边和多边反恐演习已成为机制化和常态化。随着上合组织反恐法律文件和反恐合作机制不断完善，上合组织参照其他国际和地区组织的做法，使联合反恐演习更加规范。截至2012年，中吉、中哈、中塔、中俄及其他成员国相互间共举行了9次双边和多边联合军事演习和7次执法部门联合反恐演习，极大地打击了“三股势力”的嚣张气焰，提高了成员国间协同应对各类恐怖威胁及其他安全威胁的能力，巩固和提高了上合反恐合作水平，增进了成员国间军事和安全领域的战略互信。通过联合反恐演习，更加密切了成员国间的边防和安全部门紧密联系，促进了边境地区的安宁。

（四）与其他地区和国际组织的反恐合作不断扩大

上合组织相继与联合国亚太经济和社会委员会、联合国毒品和犯罪管理机构、联合国中亚预防性外交地区中心、东盟、独联体、集体安全条约组织等国际和地区组织或机构建立了反恐合作关系。在哈萨克斯坦担任主席国期间，上合地区反恐机构还与中亚打击非法贩运麻醉药品、精神药物及其前提信息协调中心签署相互谅解议定书。

① 《哈萨克斯坦总统撰文谈上合组织成立十周年》，中新网，2011年6月8日，http://www.chinanews.com/gn/2011/06-08/3098153.shtml。

二、反恐合作前景

10 多年来，尽管上合组织在反恐合作方面取得了显著成果，但基于反恐行动的长期性和复杂性，地区的整体安全形势仍不容乐观，成员国对加强反恐合作的需求和愿望依然强烈。上合组织虽已拥有较为完备的反恐合作法律基础和各种有效的安全执法合作机制，但由于美国和北约从阿富汗撤军造成地区安全形势的不确定性以及区内外力量竞相主导地区安全事务，给恐怖组织及其势力有了可乘之机，导致上合反恐合作虽有更大发展空间，但也面临前所未有的巨大挑战。

近年来，上合组织成员国除了希望继续加大联合打击“三股势力”的力度外，还期冀不断拓展安全合作的范围。2008 年 10 月，时任俄罗斯总理普京在上合组织政府首脑扩大会议上提出“建立上合组织紧急救灾中心”倡议，并建议定期举行成员国紧急救灾部门的联合演习，以便“理顺边境地区搜救人员间的紧密联系”。普京同时呼吁，成员国应立即就移民问题开展合作，“既要着眼于建立有效的反非法移民机制，又要为合法移民创造良好的条件”。[①]

此外，俄罗斯和中亚成员国很早就提出加强上合组织网络安全合作建议。鉴于 2014 年美国及北约部队从阿富汗撤军以及上合所面临的地区严峻安全形势，成员国对进一步加强上合反恐合作重要机制的要求更加强烈。2012 年 4 月，成员国专家还在阿拉木图第七届上合组织论坛期间提出建立上合“互联网警察机构”的设想。

---

① Председатель Правительства России В.В.Путин принял участие в заседании Совета глав правительств государств-членов ШОС, Астана, 29-30 октября 2008 года//rusmission.ru.30 октября 2008 года .

上海合作组织持续稳定发展①

上海合作组织是横跨欧亚大陆、合作领域广泛、具有勃勃生机的一个区域性合作机构。成立8年来，它的组织机制和法制建设日臻完善、合作领域不断扩大、影响力不断上升，逐渐走向成熟发展阶段。“上合效应”已从俄罗斯及中亚辐射到整个南亚、中东以至其他地区，成为越来越受到国际社会关注的重要地区性合作组织。

一、上合成员国为共同利益而聚合

上合组织自成立之日起，就宣布不针对任何国家和组织，其宗旨和目的是抵御对成员国安全构成的威胁，维护和促进成员国的民众福祉，确保地区的和平与稳定。无论是其前身“上海五国”，还是后来在此基础上成立的上合组织，都为中俄及中亚国家稳疆固边、打击地区“三股势力”发挥并将继续发挥积极作用。成员国的共同利益使上合组织在成立后不长的时间里，在安全和经济“两个轮子”的牵引下，各领域合作不断深入发展，使其成为成员国稳定政局、拉动本国经济，拓展外交空间的重要依托战略。

（一）上合组织是中俄应对美国和西方战略挤压的缓冲器。冷战后，世界大战危险虽然降低，但局部冲突和局部战争有增无减，特别是恐怖主义猖獗，对世界和平与地区稳定构成新的威胁。尽管中俄对美都采取“亲和”政策，但美仍将中俄视为潜在战略对手。“9·11”后，美借反恐之名，研发并扩大部署导弹防御系统范围，推动北约无限扩张，谋求本国“绝对安全”，使国际战略力量严重失衡。虽然当时“上海五国”只是为中国解决与其他四国边界互信成立的临时会晤机制，但它后来客观上也确实为中俄抵御美和西方挤压发挥了事实上的战略缓冲功

① 该文载在《国际问题研究》2009年第4期，第42—47页，被中国人民大学书报资料中心《国际政治》2009年第10期收录转载。

效，为中俄改善周边安全环境发挥了重要战略支撑作用。在国家的核心利益问题上，中俄都得到了“上合”强有力的支持，增大了外交活动空间。正如俄罗斯专家所言，“上海合作组织可以构成普京所提出的自中国经俄罗斯到大西洋的‘稳定弧’的基础”。[①] 中俄在这个机制里彻底结束了彼此间的长期戒备状态，相互削减了边界驻军，彻底消除了来自对方的军事威胁和战略上的担忧，得以集中有限财力、军力和国力发展本国经济和应对其他方面的挑战，并以此为战略支撑，调动各方资源，运筹大国关系，提高了各自在国际舞台上的话语权和地位，彻底改变了彼此独自与美国和西方周旋的被动局面。“上合精神”及其全新的合作模式，使中俄进一步拉近了与中亚国家的距离，传统友谊不断加深，进而营造了良好的周边环境。

（二）上合组织是中亚国家安全和经济合作的重要保障和平台。中亚国家长期面临恐怖主义、宗教极端主义和民族分立主义的威胁和困扰。通过多边安全合作，上合组织成员国联合反恐，有力地打击了“东突”等恐怖分子、跨国及有组织犯罪活动，最大限度地压缩了“三股势力”在本地区的活动范围，前所未有地减少了来自外部恐怖主义威胁，为各国维护国家安全，发展经济提供了重要保障。通过多边经贸合作，“上合”成员国优势互补，解决了一些单个国家难以解决的经济难题。特别是中国政府向中亚成员国提供的 9 亿美元优惠买方贷款，缓解了中亚多数成员国经济建设资金短缺的迫切问题。在安全和经济“双轮”牵引下，上合组织双边和多边的政治和人文等领域合作也得到长足发展。构建和谐地区、建立公正和民主的国际新秩序、树立和平的外交理念已成为成员国的共同追求目标。上合组织为中亚各国改善周边安全环境，应对经济全球化和急剧变化的国际局势发挥并将继续发挥着不可替代的重要作用。“今天，上合组织已成为世界上具有影响的组织之一。其机构切实保障了中亚和欧亚地区的安全地带”。[②] 对中亚各成员国来说，同俄罗斯和中国——这两个核大国，又是联合国安理会常任理事国“联姻”，显然会增强自身的影响。吉尔吉斯斯坦《言论报》载文称，上合组织是一个不结盟的非军事组织。它是“加强成员国间经济合作，建立统一安

① Роман Стрешнев. Основа для «дуги стабильности»//Красная звезда.6 июня 2002 года.

② Ольга Безбородова.Эволюция в звеном пространстве и времени//СЛОВА КЫРГЫЗСТАНА.пятнпца,15 сентября 2006 г.

全空间、具有吸引力的一个组织”。而“上海合作组织与集体安全条约组织相互协作，互为补充，但并不是简单地做着同一件事情”。

二、上合组织发展仍面临诸多挑战

上合组织占据欧亚大陆五分之三的面积，其“成员国共有15亿人口，控制着成千上万的战略和战术核武器，常规军队360万人。伊朗、蒙古国和土库曼斯坦希望不久后也能加入这一组织。它们的加入将使人口再增加7800万人，联合军事力量将接近420万人”。如果印度和巴基斯坦再加入，上合组织“将拥有世界40%的人口”。[①] 加上俄罗斯、伊朗和土库曼斯坦等能源资源国的油气，上合组织将拥有极其强大的政治、经济和军事实力，其未来发展方向不能不引起美国和西方国家的高度关注。虽然上合组织发展较快，合作成就斐然，但其继续深入发展仍面临诸多障碍与挑战。

（一）美国等西方国家分化瓦解上合组织步伐加快。上合组织虽然一再声称其成立并不针对“第三方”，但时至今日，谁都不能否认，它一直发挥着牵制美国和西方对中俄战略挤压的作用。正因为如此，它们对上合组织的戒备和排斥始终没有减弱。尤其是美国和北约，始终都在担心其会演变成中俄主导的反西方联盟，不遗余力地分化和瓦解上合组织。北约借“伙伴国计划”吸引着中亚国家的眼球，美国用“大中亚计划”吊着中亚各国的胃口，“日本+中亚5国”外长会晤机制也不无分化上合组织之意。在此情势下，乌兹别克斯坦经常借故缺席上合“集体活动”，其他中亚国家也各有盘算。不排除“有些北约‘和平伙伴计划’成员国最终可能变成北约的全权成员国”。[②] 美国和西方加大对中亚国家的诱拉力度，使上合组织保持和提高成员国对组织的热情和凝聚力的任务更加艰巨。

（二）上合组织的“个体”与“整体”利益矛盾开始显现。由于国情不同，成员国对上合组织的战略定位和倚重程度也不一样，这导致成员国对多边合作热情出现差异。俄罗斯和中亚国家普遍注重安全上的多边合作，对多边经贸特别是

① 曾任里根总统国家安全事务特别助理、现为赫德森研究所高级研究员康斯坦丁.C.门杰斯：《俄罗斯、中国和谈判桌上的真实故事》，载《华盛顿邮报》2001年7月29日。

② 曾任里根总统国家安全事务特别助理、现为赫德森研究所高级研究员康斯坦丁.C.门杰斯：《俄罗斯、中国和谈判桌上的真实故事》，载《华盛顿邮报》2001年7月29日。

对能源和其他资源性的合作存在疑虑，致使上合组织的一些多边经贸合作项目一度难以推进。俄不愿对上合组织多边经贸合作投入过多财力，却积极发展与中亚国家的双边农业和经济合作，与哈萨克斯坦联手出资 15 亿美元建立欧亚经济共同体投资银行，还准备向吉尔吉斯斯坦提供 20 亿美元能源项目优惠贷款，用于吉在锡尔河上游建设大型水电站。“比什凯克上海合作组织峰会，普京谈的大体是安全，胡锦涛谈的是经济，纳扎尔巴耶夫和卡里莫夫则讲的是能源”。在这里，“每个国家都在向外‘馈赠’着自己的规划。哈萨克斯坦看着俄罗斯方向，因为害怕中国的经济扩张。而乌兹别克斯坦则与上海合作组织其他成员显得有些格格不入（不协调），为的是在中国和俄罗斯的对立中赚取自己的东西。塔吉克斯坦认真观察局势，特别是认真研究利用水力资源和矿藏开采问题，觉得避而不答要比做出任何高调声明好。俄罗斯强调军事实力，而中国则看重经济”。“为了中亚的能源，中国同意参加为吓唬西方而举行的军演。但是，与西方不和对中国无益。所以，中国选择的完全是另一种战略，即不声不响的经济扩张。”[①] 由此吉尔吉斯斯坦一位著名政治家得出这样的结论：“目前，上海合作组织还只是一个利益磨合体的俱乐部，因为它还没有战略发展方向，每个国家都在关切自己的事情。”上合组织“不一定会成为一个非常紧密的联盟。各国间的相互磨合还将会持续很久”。[②] 俄罗斯和中亚国家既想搭乘中国经济快车，带动本国经济发展，解决迫切的民生问题，又担心大量的中国公司和物美价廉的商品涌入会给当地民族工业和市场造成巨大冲击，最终变成中国的“经济附庸”。俄和中亚国家的矛盾心态制约着“上合”双边经贸和人文等领域的深入合作。

（三）上合组织出现事实上的中俄利益竞争。中俄在上合组织既有共同利益，也有一定程度上的利益竞争。中国经济发展需要大量进口中亚油气。俄在产能不足的情况下，也需要购买中亚的油气再出口，以保持其对中亚能源的垄断。在中亚资源和经济总量不变的情况下，中国与中亚国家开展多边和双边经贸合作，客观上分流了俄在本地区的部分利益，使俄心存疑虑和不悦。2008 年 8 月，正当俄罗斯在格鲁吉亚采取军事行动时，乌兹别克斯坦总统卡里莫夫在北京与中方签

---

① 曾任里根总统国家安全事务特别助理、现为赫德森研究所高级研究员康斯坦丁 .C. 门杰斯：《俄罗斯、中国和谈判桌上的真实故事》，载《华盛顿邮报》2001 年 7 月 29 日。

② Политолог Марс Сариев."ШОС пока без стратегии…"//Общественныйрейтинг, бществено-политическая ежегндельная газета № 32(352) 30 августа 2007 г.

署了数个总额近10亿美元的合同。“或许，正是在与中国进行会谈后，塔什干对俄罗斯的许多建议失去了兴趣。”[①]北京奥运会前，“杜尚别已基本同意了俄罗斯提出的修建洛贡水电站的建议”，但此后不久，拉赫蒙总统也与中方达成原则协议，准备由中国一家公司负责承建设计发电能力为200兆瓦的努拉巴德2号水电站，塔还准备与中方在水电领域实施其他有潜力的项目。“中国在与乌兹别克斯坦和塔吉克斯坦洽谈经贸合作时的优惠条件无疑对俄罗斯构成极大的竞争。”[②]为此，普京早在2005年就强调，同恐怖主义斗争和安全合作“应仍然是上海合作组织的主要问题”。[③]希望上合组织能在多边安全合作方面有所作为。梅德韦杰夫总统在2008年的“上合”杜尚别峰会上也委婉地表示，希望上合组织与欧亚经济共同体不要形成竞争局面。俄罗斯对上合组织多边经贸合作采取的“谨慎”态度，不愿看到自己主导的独联体和欧亚经济共同体的资源流向“上合经济圈”，给上合组织深化多边经贸合作增加了难度。

（四）中亚地区尚存诸多不稳定因素。中亚各国普遍到了“改朝换代”的历史阶段，政权自然更迭是现实和客观存在的问题。西方式的民主浪潮推动一些国家的反对派不断向本国执政当局发难，使那些“固守常规”的国家管理体制面临严峻挑战；苏联解体18年，原有的思维方式、官僚体制和陈旧管理模式仍在中亚一些国家惯性运转；中亚各国历史交往悠久，相互有割舍不断的联系，但也有难以厘清的积怨。乌兹别克斯坦与俄罗斯在一些历史问题上芥蒂难消，心结不散。塔吉克斯坦在吉尔吉斯斯坦和乌兹别克斯坦“上方上水”拦水筑坝、兴修水利殃及下游生态和民生，致使三国龃龉不断。乌吉两国长期不和，前者不时在天然气供应上制造一些“麻烦”，后者则以“出售过境水资源”还以颜色。俄罗斯出于自身考虑，既不愿得罪上游兄弟，也不愿惹恼下游盟友，更不想轻易“超脱”，放弃在这些国家的利益，在向吉尔吉斯斯坦提供贷款修建大型水电站的同时，也“私下”与塔吉克斯坦积极洽谈水电项目。可在乌兹别克斯坦表示不满时，俄罗斯却又表示“不会在周边国家不同意的情况下参加中亚水电站项目”，遂又引起塔方强烈不满。哈萨克斯坦拥“油”自重，欲当地区“老大”。乌兹别

① 参见中亚新闻网站（www.xjjjb.com）2008年8月28日。
② 参见中亚新闻网站（www.xjjjb.com）2008年8月28日。
③ "ЩОС-АНТИНАТО"//Независимая газета.четверк, 27 октября 2005 года.

克斯坦也不甘示弱，频显自己“分量”。中亚各国历史复杂，原有矛盾未解，新的问题又现，各国难成合力，影响“上合”整体合作氛围。

（五）多国中亚博弈给中亚国家对外合作更多诱惑。俄美争夺、多国博弈的中亚多元政治格局已经形成。北约、欧盟、欧安组织和日本等西方组织和国家争相介入中亚事务、施加影响，不断干预中亚政治进程。伊朗、印度、土耳其、巴基斯坦等周边国家亦纷至沓来，通过宗教、民族、政治、经济和军事等手段插足中亚，使中亚国家在政治、安全和经济等方面的选择空间增大。在继续采取“全方位务实平衡外交”策略的同时，中亚国家开始学会利用手中的自然资源调动大国关系，谋取利益最大化。“因为乌兹别克人、塔吉克人、哈萨克人和吉尔吉斯人任何时候都不允许俄罗斯人、中国人抑或美国人在中亚一枝独秀。”[①] 哈萨克斯坦在与俄中两国发展密切关系时，也与美国及其他西方大国保持紧密的联系，对美国在哈驻军问题一直闪烁其词，没有表示彻底的拒绝。吉尔吉斯斯坦利用租借美军事基地“牌”，在俄美间玩着“平衡木”游戏。乌兹别克斯坦的立场更是令人捉摸不定，在美与西方对其打压时，塔什干可以摒弃前嫌闪电般地与俄结成军事同盟，进而积极靠拢上合组织。而当美对其示好、欧盟又取消对其制裁时，它又毫不顾及俄的感受，执意退出欧亚经济共同体，甚至重新“同意美国人有限使用靠近阿富汗边境的铁尔梅兹空军基地”。[②] 随之，乌兹别克斯坦对上合组织的热情也开始下滑并“因故”缺席上合的一些重要活动。2008 年卡里莫夫总统险些“告假”未能出席杜尚别上合组织峰会，却欣然应邀出席北约峰会。多国中亚博弈使中亚国家对外战略选择余地增加，对上合组织倚重相对减少。

（六）上合组织始终面临“和平”定位的挑战。上合组织自成立之日就始终坚持“不结盟、不对抗和不针对第三国”及“结伴不结盟，不视其他国家和组织为对手和敌人”的和平对外方针。但“西方还是经常提出这样的问题，即 2001 年成立的有俄罗斯和中国参加的地区组织会不会变成‘东方的北约’”，[③] 认为上合组织是一个“撇开美国的多边磋商组织”，带有牵制美国的含义。[④] 究其原因，一

① 政治观察家德米特里·科色列夫：《亲爱的中亚朋友》，俄新社 2009 年 1 月 23 日。

② 路透社莫斯科 2008 年 3 月 5 日电。

③ Сергей Лузянин-профессор МГИМО(У) МИД РФ, президент Фонда поддержки востоковедческих исследований. "Шанхайская шестерка" уже никого не устраивает//Независимая газета.06.06.2002.

④ 喜田尚：《俄罗斯谋求保持中俄关系稳定》，载日本《朝日新闻》2002 年 6 月 8 日。

是上合组织始终倡导并践行新的安全观，坚持以和平方式解决国家间的分歧和争端，反对集团政治、建立军事同盟、诉诸武力和武力相威胁，反对以牺牲他国安全来换取本国安全或将本国安全建立在别国安全之上。主张通过双边和多边对话和协商增进了解和互信，寻求共同的和平与安全。这与冷战后美国一贯坚持的以绝对优势的军事力量和强化北约来实现本国安全的冷战思维形成鲜明反差。而这种“自然反差”和上合组织的“潜在制衡”美霸权主义的作用又被西方人为地放大和歪曲；二是俄欲将上合组织变成抗击美与西方对其战略挤压的“强大盾牌”的意图日见突出，引起西方高度警觉。“近几年，俄罗斯试图将上海合作组织转变为一个对抗北约的组织并极力坚持要在峰会总结性宣言中提出共同对抗美国导弹防御系统的问题和对华盛顿严词攻击。”[①] 特别是在美与西方不断挤压俄现存有限战略空间情况下，俄学者和军队高层想把上合组织“转变成包括中、印在内的‘新华约’来抵制北约和西方”的呼声不断。[②]2005 年 10 月，俄罗斯代表团团长，维塔利・沃罗彼耶夫大使在上合组织政府首脑会议前夕就表示，根据上合组织宪章有关“发展防御领域合作”的条款，“上海合作组织本来就该成为一个军事联盟，尤其是要变成一个类似某种军事集团的东西”。[③]

特别是在美国不断加强对俄罗斯的攻势，俄罗斯主导的一些地区组织又不能很好地帮其“抵御”这一压力的情况下，俄罗斯欲将上合组织打造成反击美与西方挤压平台的愿望更趋强烈。美国与“西方不考虑俄罗斯的利益，在其领地搞自己的把戏：组织‘颜色’革命，部署反导系统，委婉地诋毁俄罗斯现领导的威望，迫使被挤压的俄罗斯不得不采取应对措施”。[④] 而上合组织几近成为俄罗斯应对西方遏制战略的“唯一”希望。2005 年，俄罗斯推动“上合”阿斯塔纳峰会要求美国确定在中亚驻军的最后期限，成为其借助上合组织平台反击美国和北约挤压的一次重要尝试。“此举不但质疑了上合组织不针对任何第三国的官方声明，

---

① 参见中亚新闻网站（www.xjjjb.com）2008 年 8 月 28 日。

② Сергей Лузянин-профессор МГИМО(У) МИД РФ, президент Фонда поддержки востоковедческих исследований. "Шанхайская шестерка" уже никого не устраивает//Независимая газета.06.06.2002.

③ "ЩОС-АНТИНАТО"//Независимая газета.четверк, 27 октября 2005 года.

④ Политолог Марс Сариев."ШОС пока без стратегии…"//Общественныйрейтинг, бществено-политическая ежегндельная газета № 32(352) 30 августа 2007 г .

还说明中亚的组织大多是大国加强影响力的工具。”[①] 这导致西方对“上合”更加不信任，直到2007年上合比什凯克峰会，有舆论还在报道，称“现在仍有许多人在说上海合作组织需要变成反北约的组织”。[②]2008年8月，俄因出兵平息南奥塞梯冲突受到美国和北约的指责，其求助眼光又投向上合组织，希望得到该组织对其政治和军事行动的“全面支持”。上合组织始终“避免被卷进假想中的反美或反西方轴心”。[③] 如何抹去“上合”的反西方色彩，为其营造一个良好的生存和发展空间，已成为上合组织需要迫切解决的课题。

（七）“扩员”是上合组织的两难抉择。继蒙古国、印度、巴基斯坦和伊朗成为上合组织观察员国后，阿富汗和土库曼斯坦也积极要求以“客人”身份在上合组织元首峰会亮相，就连土耳其也曾表示要列席2008年杜尚别上合组织元首峰会。斯里兰卡提出要加入上合组织，先前一些要求加入上合组织的国家热情不减。白俄罗斯抱怨中俄不热心才使其对上合组织的申请被叫停。伊朗在美强大政治和军事压力下要求提前“转正”，使心理和组织都尚未做好充分准备的“上合”面临两难抉择。长期将申请国拒之门外既不符合上合组织的“开放原则”，也会削弱其影响。不设“门槛”，盲目“扩员”，则会把矛盾和“国际焦点”引入上合组织，不利于组织发展。如何从战略层面统筹兼顾与美等西方大国关系，避免与西方形成人为对立，正确对待伊朗和白俄罗斯这样“敏感国家”的“申请”，已成为上合组织难以回避的问题。

（八）“上合”仍未做好与美国等西方大国和组织交流与合作的充分准备。虽然上合组织奉行“和平”的对外方针，“不视其他国家和组织为对手和敌人”，但目前仍未做好与美国和西方国家及其主导的一些组织开展广泛交流与合作的充分准备。北约早就试探与上合组织接触的可能性，而上合组织却没有积极回应。但毫无准备，盲目与其交往，也有被其“弱化”的危险，使上合组织失去原有的“独立性”和“独特影响力”。此前，“北约拒绝俄罗斯通过集体安全条约组织提

---

① 英国伦敦大学皇家霍洛韦学院研究员格拉西亚·阿瓦德·金塔纳尔：《国际组织与中亚安全》，西班牙皇家埃尔卡诺研究所网站，2008年9月17日。

② Политолог Марс Сариев."ШОС пока без стратегии…"//Общественныйрейтинг, бществено-политическая ежегндельная газета № 32(352) 30 августа 2007 г.

③ 英国伦敦大学皇家霍洛韦学院研究员格拉西亚·阿瓦德·金塔纳尔：《国际组织与中亚安全》，西班牙皇家埃尔卡诺研究所网站，2008年9月17日。

出的合作建议”，结果“导致两个组织的联系微乎其微。但尽管如此，也好于北约同上合组织之间根本不存在联系的情况”。[①] 上合组织长期回避同美国和西方国家及北约等组织的接触，不利于化解西方对其的猜忌和敌意。

三、“上合”进入新的战略发展机遇期

经过8年的发展，上合组织已成为一个备受瞩目、颇具影响力的区域性组织。它现有6个正式成员国和4个观察员国，完成了机制、法律和法规等基础建设，在维护本地安全与稳定，推进经济和人文等领域务实合作方面取得了长足进展，凝聚力不断增强，地区和国际影响力持续上升，在促进成员国共同发展、建设和谐地区方面发挥着越来越大的作用。

（一）上合组织潜力巨大，各领域合作呈上升趋势。2008年上合组织保持良好发展势头，政治、经济和人文等领域务实合作不断取得可喜成果。上合组织成为中国对外最为集中投资的地区，中国政府提供的9亿美元优惠出口卖方信贷实效开始显现，“中国经济效应”带动“上合”多边合作进入新的层次和新的发展阶段。中亚国家与中国进出口贸易不断增长，2007年总额为196.57亿美元，同比增长61%，到2008年已上升到308.2亿美元，同比增长56.79%。其中，中哈贸易总额175.5亿美元，同比增长26.5%；中吉贸易总额93.33亿美元，同比增长147%；中塔贸易总额15亿美元，同比增长186.2%；中乌贸易总额16.07亿美元，同比增长42.4%。中俄贸易额2007年为481.65亿美元，同比增长44.3%，2008年已上升到568.3亿美元，同比增长18%。“上合经济圈”已成为全球经济发展最为活跃的地区之一。随着经贸合作的不断深入，一度不畅的多边贸易投资便利化进程有了新的进展，多边《国际道路运输便利化协定》主体文件已完成既定程序，有望尽快签署。中俄原油管道、中哈第二条铁路、中吉乌公路、塔乌公路等上合框架内的双边和多边合作项目在稳步推进，科技、农业、环保以及救灾等领域的合作规模不断扩大。

（二）美国等西方国家深陷政经困境，上合组织面临重要战略发展机遇。美国及其西方盟国深陷伊拉克和阿富汗两场无休止的战争，又遭百年不遇的金融危

① 英国伦敦大学皇家霍洛韦学院研究员格拉西亚·阿瓦德·金塔纳尔：《国际组织与中亚安全》，西班牙皇家埃尔卡诺研究所网站，2008年9月17日。

机，不但无力集中所有资源打压上合组织发展空间，反倒希望借上合组织之力解决地区稳定和阿富汗等热点问题，在反恐、缉毒等方面与上合组织开展合作。上合组织叶卡捷琳堡峰会签署的《上海合作组织反恐怖主义公约》为本组织框架内和对外反恐合作进一步奠定了法律基础。西方忙于应对政治和经济危机，给上合组织发展区域合作提供前所未有的战略发展机遇。

（三）俄罗斯战略环境恶化，对上合组织倚重加大。伊拉克战后，俄美关系持续走低。俄对美政策屡调无果，对西方心灰意冷，渐失信心。南奥塞梯事件又将俄与西方关系拖入新的困境，使其内外环境雪上加霜。继格鲁吉亚弃独联体而去，乌兹别克斯坦又退出欧亚经济共同体，塔吉克斯坦总统也因俄在其水电站建设项目上过多考虑乌兹别克斯坦的利益而不满，断然拒绝出席 2009 年 2 月初在莫斯科举行的集体安全条约组织和欧亚经济共同体首脑峰会，使俄主导的地区组织面临空前挑战。严峻的现实使俄罗斯对上合组织需求增多，对中国倚重加大。2008 年以来，俄已开始逐渐转变对上合组织一些多边合作的态度，主动提出一些有关经济、人文、教育和卫生等领域合作的建议，对上合组织多边投资便利化进程也由消极转为积极，对区域合作从被动走向主动进取，对中亚的投入也开始增多。

（四）中俄战略协作加强，为上合组织发展提供根本保障。巩固和密切中俄战略协作是保障“上合”持续发展的关键。中俄在上合组织的战略协作不仅仅涉及中俄两国的双边关系，还关乎上合组织能否保持“整体”凝聚力的问题。中国在上合组织的战略利益不在于要通过该组织对中亚事务谋求主导权，而在于与中亚国家睦邻友好、共同发展以及确保地区稳定的需要。因此，中俄在上合组织不存在根本利益冲突。俄也逐渐意识到，在经济全球化和世界政治多元化的新历史时期，其不可能再继续维系原有的“中亚特权”。中亚各国独立自主，走适合本国国情的道路已成为历史的必然和既定的选择。在欧美等西方大国纷纷角逐中亚，俄独自无力阻挡西方进军中亚强劲势头的情况下，中国是俄罗斯在各方势力中唯一可借重力量。中亚国家是中国邻邦，俄开始理解中亚有中国的关切。虽然中俄在上合组织还存在一定程度的利益竞争，但这只是“战略协作伙伴”合作中的问题，并非“对手”间的利害纷争，可以在友好协商的层面上得到妥善和双赢解决。中国在上合组织和中亚不寻求主导地位的既定方针将激发和保持俄罗斯对开展上合组织多领域合作的热情。

（五）西方民主模式受到冲击，中亚各国对上合组织需求加大。尽管中亚国家对借助上合组织维稳和发展本国经济存有某种矛盾心态，但对靠西方“输血”稳定政局、走出经济困境也存有疑虑。美国策动“颜色革命”使俄和中亚国家当权者如梦初醒，胆战心惊。在与西方大国拉近关系的同时，他们开始时时提防“美式民主”渗透，对倚重上合组织集体力量维护本国利益的愿望有所增强。尽管美国和西方出于拉拢和分化上合组织成员考虑，对中亚一些国家的民主政治问题批评减少，但它们用西方式民主改造中亚的政策不会改变，这将使中亚国家西靠程度受到限制。中亚国家既想摆脱俄罗斯的传统控制，又不想让西方民主价值观动摇本国政权根基的心态，这给上合组织发展创造了良好的条件。

（六）上合组织出台“对话国条例”，“扩员”问题进入“解决程序”。2008年8月，杜尚别上合组织峰会通过并批准了《上海合作组织对话伙伴条例》，为上合组织的发展和扩大成员国与观察员国之间合作奠定了坚实的法律基础。该条例首次提出了“对话伙伴”概念，规定只要赞成和支持上合组织原则，愿意与其建立合作关系的一些国家和组织都可成为上合组织“对话伙伴”。对伙伴国是大国还是小国，是地区组织还是国际组织都没有做任何限制，充分体现了上合组织的和平及开放特性。2009年6月，“上合”叶卡捷琳堡峰会成功接纳白俄罗斯和斯里兰卡为对话伙伴国，这标志着长期困扰上合组织的“扩员”问题正在得到妥善解决。

（七）上合组织走向成熟，理智应对南奥塞梯冲突。南奥塞梯冲突后，“俄罗斯希望从它的上海合作组织伙伴那里得到对其在格鲁吉亚的军事行动和承认阿布哈兹和南奥塞梯独立的支持”。① 上合组织发挥集体智慧，实事求是，不“人为划线”，冷静、客观、公正、稳妥地对事件本身做出了积极的反应和判断，呼吁有关各方通过对话和平解决冲突，劝和促谈。欢迎就“解决南奥塞梯冲突通过的六点原则”，“并支持俄罗斯在促进该地区和平与合作中发挥积极作用”，既坚持了国际法，又赢得了国际主流社会的赞许和认可，也尽上合组织之所能支持俄罗斯在本地区发挥“积极作用”，最大限度地保全和维护了俄的尊严及核心利益。上

① 参见中亚新闻网站（www.xjjjb.com）2008年8月28日。

合组织理性应对南奥塞梯冲突，标志着它已开始走向成熟发展阶段。

（八）上合组织积极采取措施，缓解金融危机对成员国的冲击。上合组织中亚成员国大都国小力微，经济落后且贫穷。面对当前的国际金融危机，上合组织第七次总理会议认真研究应对策略，探讨和加强“上合”共同应对措施，极大地稳定了各成员国的金融形势。会议批准了《上海合作组织成员国多边经贸合作纲要落实措施计划》，并签署了《上海合作组织成员国海关能源监管信息交换议定书》等文件。为帮助成员国应对金融危机，中方在上合组织叶卡捷琳堡峰会上表示，将向其提供 100 亿美元的信贷支持。中俄率先采取积极举措，加大对一些弱小成员国的“扶持”力度，成为上合组织集体应对金融风暴的强有力支撑。哈萨克斯坦总统纳扎尔巴耶夫明确表示，将最大限度地向中国开放市场，欢迎中国企业到哈投资，还“将加强与俄罗斯的合作，以使本国摆脱信贷危机”。他认为“今后与俄罗斯的能源贸易对其经济稳定至关重要”。[①] 为此，哈俄两国还制订了 2009—2010 年的共同行动计划，涉及各领域的 40 个大型合作项目。

综上所述，上合组织的发展有利与不利因素并存，机遇与挑战同在。总体看来，有利因素多于不利因素，机遇大于挑战。只要各成员国本着上合组织既定的原则和宗旨，从促进地区的安全、稳定和发展的大局出发。不断增进互信，加强团结，通力合作，就能推动上合组织在整合的深度和广度上得到新的提升。

---

① 西蒙·埃文斯、马克·莱夫特利、杰西·隆克雷恩：《谁是下一个滑落下去的国家？》，载英国《独立报》2008 年 10 月 19 日。

上海合作组织在金融危机中前行①

2009年，受国际金融危机影响，上海合作组织成员国大多在经济低谷中徘徊，双边和多边经贸规模大幅削减。同时，成员国不断加大反危机力度，一定程度地减少了危机所造成的负面影响，各领域合作项仍然取得了不少可喜成果。中俄“双引擎机制”运转顺畅，其他成员国对“上合”的战略倚重和依托显增，“上合”总体发展势头良好。

一、金融危机的冲击

（一）成员国金融困难加剧，经济严重滑坡

中国受金融危机冲击虽然较轻，但自危机爆发以来，海外订单骤减，外向型企业亏损严重，南部制造业中心的成百上千家工厂倒闭，数百万人失业。②外国直接投资连续8个月下滑，年率下降17.8%。1—10月，中国对外贸易累计进出口总额17554.9亿美元，比去年同期下降19.9%。其中出口下降20.5%，进口下降19%，为20世纪80年代有统计数据以来最大降幅。接近年底，中国的某些经济指标降幅有所收窄，但其经济整体回暖基础依然不稳，一些深层次矛盾和潜在问题依然存在。

俄罗斯受金融危机和油价暴跌双重打击，陷入近10年来最严重经济衰退。“虚幻复兴”推升的经济过热，导致危机寒流重创实体经济。上半年，原油出口总额比上年同期减少52.25%，天然气出口额同比减少50.8%。固定资本投资同比减少18.2%，建筑业投资下降19.3%，工业产值下降14.8%，加工业产出减少

① 该文载在《国际问题研究》2010年第2期，第295—306页，被社科院俄罗斯东欧中亚研究所《俄罗斯东欧中亚国家发展报告（2010）——俄罗斯东欧中亚黄皮书》收录。

② 美联社上海2009年12月11日电。

23.1%，失业人数近700万人。前10个月，俄罗斯的国内生产总值（GDP）降幅高达9.6%，为近10年来所仅见。在此背景下，国际货币基金组织（IMF）10月将俄全年经济增长预期下调为-7.5%。[①] 俄副总理兼财长库德林坦言，俄罗斯的金融危机到2009年底、2010年初才会登顶，彻底摆脱危机可能需要3—4年时间。[②]

哈萨克斯坦陷入深度经济危机。6月底，哈萨克斯坦的外债总额为1067.73亿美元，比上年同期增加10%。前9个月，哈萨克斯坦的GDP下降3.2%，对外贸易额同比下降40.7%，银行业净亏损193亿美元，外汇收入同比下降49%。截至10月，银行业不良资产总计约为239亿美元，占其贷款总量的35.9%，美元对本币坚戈比价上涨23.14%。

乌兹别克斯坦受国际市场需求下降和原材料价格下跌影响，其棉花、有色和黑色金属等传统出口商品出口下降，收入锐减。上半年，乌兹别克斯坦对外贸易总额同比增幅由2007年同期的31%降至5%，通胀率上升至3.6%。截至11月，本币苏姆对美元贬值8.22%。

吉尔吉斯斯坦上半年各项经济指标普遍下行。前5个月，吉尔吉斯斯坦的GDP总值同比下降0.9%，为其近年来首次下滑。工业总产出同比下降20.2%，出口额同比下降15.3%，进口额同比下降18.4%，外债总额23.49亿美元。受俄罗斯和哈萨克斯坦两国经济萎缩、劳务需求锐减影响，吉尔吉斯斯坦有15000名（占吉在俄哈两国劳务总数的10%）在俄哈两国务工的人员返乡，使其在外务工侨汇同比下降40%。吉尔吉斯斯坦经济发展与贸易部长扎帕罗夫坦言，“全球性金融危机对吉经济的负面影响正在显现，吉主要工业部门的增速正在下降”。[③] 为应对金融危机，吉尔吉斯斯坦不得不在关闭美国在马纳斯军事基地问题上颇费心思，与俄美周旋，以获取经济上的最大收益。

塔吉克斯坦是中亚最贫穷的国家，受金融危机和自然灾害双重打击困难重重。由于长期拖欠乌兹别克斯坦天然气债务，乌兹别克斯坦从2月起将对塔吉克斯坦供应的天然气减少一半，使其陷入困境中的经济雪上加霜。上半年，塔吉克

---

① 大野正美:《俄罗斯经济复苏前景渺茫》，载日本《朝日新闻》2009年11月30日。

② РФ вернется к докризисному уровню только через несколько лет-эксперт//РИА Новости. Москва,11 марта 2009 года.

③ 《2009年1至8月吉尔吉斯斯坦经济增长3.5%》，中国驻吉尔吉斯斯坦大使馆经济商务参赞处网站，2009年9月16日，http://kg.mofcom.gov.cn/aarticle/jmxw/200909/20090906517277.html。

斯坦的轻工业产量同比下降 11.6%，食品加工业下降 14.8%，化工及石油化工业下降 69.9%，合成材料生产减少 21.4%，机械制造和冶金业产量下降 9.8%，800 多家企业中的 130 家全面停产，其他也大部减产，仅为生产能力的 40%—50%，失业人数不断上升。与此同时，受国际原材料市场需求不振、价格走低影响，塔吉克斯坦外贸支柱产品铝锭和棉花（占塔 GDP 收入的 70%）的出口双双下滑，出口额减少 43%，收入减少 4.6 亿美元，工业产值同比下降 13.3%，GDP 仅增长 2.8%，同比下降 3%。

受俄哈两国对外劳务配额缩减影响，前 9 个月，占塔吉克斯坦国内生产总值 40% 左右的境外劳务收入同比下降 35%，外贸额同比下降 28.1%。然而，其国内汽油、天然气和电力却分别上涨 61.6%、89.5% 和 56.3%。亚洲开发银行预测塔吉克斯坦全年通胀率为 12.5%。截至 10 月 1 日，塔吉克斯坦的外债总额增至 15.24 亿美元，占其 GDP 的 32.6%。截至 11 月底，塔吉克斯坦的币索莫尼对美元贬值 26.1%，降幅居苏联国家第二位。

（二）成员国双边贸易额普遍下滑

上合组织成员国因地位政治和地缘经济关系密切的优势，相互经济关系发展一直很快，其中双边贸易增长尤为强劲。受金融危机影响，各国经济普遍不景气，外需锐减，上合成员国之间的经济关系也随之受到冲击，双边贸易更是显著下降。中俄双边贸易额前 10 个月仅为 314.92 亿美元，比去年同期下降 34.4%。其中俄罗斯对华出口 177.22 亿美元，下降 16.3%，从中国进口 137.698 亿美元，下降 48.7%；中哈贸易额前 9 个月仅为 68.14 亿美元，同比下降 22%。其中哈方对华出口 39.68 亿美元，同比下降 29.4%，从中国进口 28.46 亿美元。同比下降 9%。一季度，俄吉双边贸易额仅为 2.41 亿美元，同比下降 26.4%。其中，吉对俄出口 2690 万美元，同比下降 48.5%，进口 2.14 亿美元，同比下降 22.2%；前三季度，俄塔双边贸易额仅 6 亿多美元，同比下降 25%—28%；吉尔吉斯斯坦上半年与成员国的贸易减少 25%，其中同中国的贸易额下降 10%，同俄哈两国的贸易额各下降 30%，同乌兹别克斯坦的贸易额下降 5%，同塔吉克斯坦的贸易额下降 40%。

二、上合组织合作的新发展

金融危机对上合成员国经济造成严重冲击，也增强了它们集体救助、共克时艰的紧迫感和行动力度。自金融危机爆发以来，成员国在金融危机和经济领域及其他领域的合作取得新的重要进展。

（一）积极应对金融危机

2009年，“上合”为应对金融危机专门召开“建立‘上合发展基金’问题专家组会议”，深入研讨基金的成立和运作原则事宜。中方积极支持基金建立动议，并愿提供首批启动资金。6月，“上合”叶卡捷琳堡元首理事会继续将积极应对经济危机列为峰会主要议题，共同签署和发表了《叶卡捷琳堡宣言》及联合公报等重要文件，共商应对危机举措，一致赞同遵循“上海精神”，以《长期睦邻友好合作条约》为基础，继续全面深化各领域合作，维护成员国的共同利益和本地区的安全与稳定，不断增强携手应对金融危机的信心和凝聚力。10月，“上合”北京第八次总理会议以应对国际金融危机和全球及地区性挑战为主题，强调深化上合框架内的经济和人文等领域的合作，在应对危机中进一步推动“上合”健康、平稳、向前发展。

（二）金融合作长足进展

中国经济率先企稳回升，外汇储备充裕，给上合成员国携手共克时艰创造有利条件。继以“贷款换石油”方式分别向俄罗斯和哈萨克斯坦两国贷款250亿美元和100亿美元后，中国又决定向哈萨克斯坦铜业公司项目提供15亿美元贷款；以“贷款换合作”形式向塔吉克斯坦贷款10亿美元，向吉尔吉斯斯坦提供2亿美元优惠贷款和8000万元人民币无偿援助。特别是中国政府决定向上合框架内多边和双边经济技术合作项目提供100亿美元的信贷支持，成为成员国尽快摆脱危机影响的重要保障。俄罗斯分别向哈萨克斯坦和塔吉克斯坦两国投资30亿美元和8000万美元。在向吉尔吉斯斯坦提供20亿美元优惠贷款框架内，俄罗斯先期向其提供为期40年的3亿美元优惠贷款，并以获得吉尔吉斯斯坦军工企业——Дастан股份公司48%的股权以及俄罗斯贸易代表处在比什凯克市的办公楼房产为条件，免除吉尔吉斯斯坦1.93亿美元债务。同时，上合成员国经济合作也呈良性发展势头。虽然国际金融危机给“上合”经贸合作造成较大负面影响，但“上合”凭借中国雄厚的资金和巨大的市场需求，以及俄罗斯和中亚成员国的能源、农产品（粮食、油料作物、棉花）和矿物资源（黄金、铀、铜、钨）的得天独厚资源优势，双边和多边经贸合作仍在积极发展，并具有巨大的发展潜力，使“上合经济圈”继续成为全球经济最活跃的地区之一。继确定中吉乌铁路、公路项目后，2009年底，连接中国与土库曼斯坦、乌兹别克斯坦和哈萨克斯坦四国的“中国—中亚天然气管道”全线贯通，使上合多边合作水平又跃上新的历史性台阶。

（三）政治互信大幅提升

上合历经国际风云变幻，特别是经受住了国际金融危机的考验，成员国政治互信大幅提升，组织凝聚力不断增强。2009年，“上合”面临的新问题和新威胁相对增多，成员国同舟共济、联合自强意识明显提高，互利合作意愿更趋强烈，在涉及主权、安全和发展等核心利益问题上相互支持与配合。“上合”叶卡捷琳堡峰会成功举行，巩固了成员国对推动解决全球和地区性问题的共同立场，确定了进一步加强政治互信、深化务实合作、推动“上合”健康平稳发展的总体思路。在错综复杂的国际政治经济形势背景下，峰会起到了凝聚共识、提振信心，指明方向的关键性作用。对贯彻落实《上海合作组织成员国长期睦邻友好合作条约》，促进“上合”不断发展，推动建设持久和平、共同繁荣的和谐地区具有十分重要和深远意义。“7·5”事件后，“上合”及时发表声明，支持和声援中国政府为维护新疆稳定依法采取的平暴措施，彰显成员国在彼此核心利益问题上相互支持的高水平和高度互信。

（四）安全合作稳步推进

2009年，“三股势力”又有重新抬头趋势，毒品走私、跨国有组织犯罪活动增多，重大公共卫生安全事件频发，特别是信息安全对本地区安全与稳定构成新的威胁。成员国协调一致，加强安全合作，联合反恐和禁毒能力进一步提高。继成功举行成员国“诺拉克反恐—2009”首长司令部演习后，中俄“和平使命——

2009”大规模联合战术战略演习也达到预期目的，“两国相互借鉴在北高加索地区镇压恐怖分子和在新疆维吾尔自治区打击分裂势力的经验”。[①] 同时，上合成员国国防部长会议取得丰硕成果，批准《上海合作组织成员国国防部 2010 年至 2011 年合作计划》；发表《上海合作组织成员国国防部长会议联合公报》；明确了明后两年成员国国防部在加强防务安全磋商、筹备联合反恐军演、举办反恐、维和、军队建设与发展等问题经验交流会的一些主要合作项目。本届峰会顺利通过并签署了酝酿和筹备已久的“上合”《反恐怖主义公约》，批准了《关于应对威胁本地区和平、安全与稳定事态的政治外交措施及机制条例》和《保障国际信息安全政府间合作协定》等文件，进一步完善了“上合”总体安全合作体系，向国际社会展示了成员国共同打击“三股势力”和跨国犯罪活动的决心和信心。继“上合”成员国在北京奥运安保合作取得成功后，“上合”又于 10 月召开了首届公安内务部长会议和禁毒部门领导人会议，将 2010 年“上海世博会”安保合作列入下阶段多边安全合作的重要内容。

（五）推动阿巴问题解决

阿富汗和巴基斯坦局势持续动荡，已成为国际社会和“上合”关注焦点。2009 年 3 月，“上合”召开首届阿富汗特别会议，并首次邀请联合国（潘基文秘书长）、北约、欧盟、欧安组织、独联体以及美国等国际组织和西方国家的高级代表与会，深入研究打击恐怖主义、毒品走私和有组织犯罪以及如何实现阿富汗的和平稳定与经济重建等重大问题，凸显“上合”在与国际社会联手解决阿富汗问题上的诚意和决心。会议发表了《上海合作组织成员国和阿富汗伊斯兰共和国关于打击恐怖主义、毒品走私和有组织犯罪的声明》和《上海合作组织成员国和阿富汗伊斯兰共和国关于打击恐怖主义、毒品走私和有组织犯罪行动计划》以及会议宣言。6 月，“上合”叶卡捷琳堡元首理事会再次将阿富汗问题列入峰会重要议程之一，努力推动阿富汗局势朝着有利于地区稳定的方向发展。“上合”各成员国也以不同方式支持国际社会为恢复阿富汗的稳定和重建做出各自的努力。中国企业不顾阿巴社会治安环境恶化，积极帮助当地政府恢复经济建设；俄罗斯

---

① Владимир Мухин.По уйгуро-чеченскому сценарию//Независимая газета. 21.07.2009.

及中亚成员国积极为北约部队向阿富汗运送人道主义物资提供便利。仅2009年上半年，美国就借助“上合”成员国的“空中走廊”向阿富汗运送了超过4000个集装箱的非军用物资，美军中央司令部司令彼得雷乌斯也承认，“美军面临着把军事行动移至阿富汗西北省份和巴基斯坦俾路支省，没有‘北方桥梁’就无法完成这个任务”。“上合”成员国为恢复阿巴稳定和重建工作做出了积极贡献。

（六）其他合作有序开展

2009年，“上合”成员国还成功签署海关部门合作协定，能源、交通、通信、农业、科技和人文等领域的合作也在稳步推进。8月，“上合”召开首届电视合作论坛，成员国在文化、信息领域的合作成为新的关注点。与会各方将在“上合”框架内加强国家电视、广播、互联网以及信息片、纪录片和故事片等文化产业的交流与合作。9月，中国俄语频道节目率先在吉尔吉斯斯坦成功落地，与其他成员国的“落地”合作也在积极商谈之中。此外，“上合”正式启动“对话伙伴”机制，给予斯里兰卡和白俄罗斯两国“上合组织对话伙伴地位”，并安排专家组继续制定有关上合吸收新成员程序的文件草案，彰显上合的和平、开放、透明与合作的国际形象，进一步拓展了“上合”与国际社会的合作空间。

三、继续保持强劲发展势头

尽管国际金融危机给上合实体经济和经贸合作带来巨大冲击，但成员国间的优势互补和相互依存、互利共赢的客观现实没有改变，成员国深化彼此各领域合作的愿望更加强烈。“上合”在应对危机挑战同时，仍然面临新的更大的发展机遇。

第一，“上合”对中俄的战略价值与日俱增。金融危机暂时冲淡了“东西方”对峙的紧张气氛，但美国和西方打压中俄发展空间的既定方针不会改变。“上合”是中国唯一可发挥较大影响和受益较大的区域性组织，它对抵御美国和西方遏制中国的和平发展具有重要战略意义，对扩大中国对外经贸合作、确保能源和资源安全战略具有不可替代的作用；“上合”也是俄罗斯在诸多地区组织中最具活力的一个组织，对抵御美国和西方的挤压发挥着重要的战略支撑作用。尤其在俄罗斯主导的独联体和集体安全条约组织等影响力日渐衰弱的情况下，唯有“上合”

还能较有分量地宣示俄罗斯的一些诉求和关切，“有助于俄罗斯在与美国对话时提高自己的地位”，[①]也使俄罗斯“得以在其原有领地与美国激烈竞争的中亚地区恢复影响力”。[②]俄罗斯希望在“上合”框架内借助中国影响力来打击破坏政治稳定的分离主义和宗教极端主义，阻止美国和西方在这一地区的渗透活动，为本地区的经济合作增加活力。俄罗斯无力阻止美国和西方对中亚国家的巨大诱惑，但可通过“上合”和中国的吸引力来“防止某些小国走向极端”。[③]在可见的未来，“上合”依然是中俄两国和平发展的重要战略依托。

第二，“上合”“双引擎”机制充满活力。中国推动“上合”多领域合作的目的在于促进同成员国的睦邻友好、共同发展和确保地区的安全与稳定，不谋求对“上合”及中亚事务的主导。尽管中俄在同中亚成员国的个别经贸合作项目上有时“重叠”或“撞车”，但对俄罗斯来说，中国仍然是“打破单极世界秩序的伙伴”，是“发展各种欧亚大陆组织中的主要地区伙伴”。[④]何况，中国还是在公平、合理“竞标”，且在诸如塔吉克斯坦水电站等一些建设项目上，基于俄方先期介入，中方还主动撤出，让位于俄方。因此，虽然中俄两国在同中亚成员国发展经贸合作上有一定程度上的“竞争”现象，但这种竞争是公正和良性的竞争，且只是战略协作伙伴合作中的“插曲”，而非两国互利合作中的“主旋律”，更不是两个“对手”间的利害纷争，完全能够在友好协商层面予以妥善处理。也正是在这样的共识下，中俄两国相互配合、团结协作，有效地保证了“上合”“双引擎”机制的全速运转。“也可以说，上合组织是在中俄这两个地区大国的参与下，确保地区安全和使中亚地区得到发展的组织。”[⑤]

第三，严峻的外部环境不断“加热”俄罗斯对“上合”的热情。南奥塞梯事件将俄罗斯拖入外交困境，西方对俄罗斯产生信任危机，传统盟友对俄罗斯“离心倾向”进一步加剧。继格鲁吉亚弃独联体而去不久，乌兹别克斯坦也中止了在欧亚经济共同体的活动，并拒绝签署建立快速反应部队协议。因俄罗斯在塔吉克

---

① Татьяна Становая. Россия развивает восточный вектор//"Политком.RU".22.06.2009.

② 法兰西学院院士、历史学家、俄罗斯问题专家埃莱娜·卡雷尔·当克斯：《北京—莫斯科：结盟对谁有利？》，载《费加罗报》2009 年 11 月 2 日。

③ Дмитрий Косырев.Заседание ШОС в Пекине: все зависят от всех//РИА Новости.14.10.2009.

④ Татьяна Становая. Россия развивает восточный вектор//"Политком.RU".22.06.2009.

⑤ Аждар Куртов. Победа без столкновения//Россия в глобальной политике.№ 4,2008 г.

斯坦水电站的建设项目上过多考虑乌兹别克斯坦的利益，塔吉克斯坦总统拉赫蒙拒绝出席2月在俄罗斯举行的集体安全条约组织和欧亚经济共同体首脑峰会，使俄罗斯主导的地区组织面临空前危机。严峻的现实使俄罗斯对借助"上合""辅助作用"实现其战略利益需求增多。因为，"中国不会公开与俄罗斯竞争，反倒最有可能与俄罗斯合作开发"中亚的资源。[①] 为此，俄罗斯积极履行年度"上合"峰会主席国职责，全力筹办"上合"叶卡捷琳堡峰会和阿富汗特别会议，并取得积极成果。

第四，中亚成员国对"上合"战略倚重不断加大。中亚政治精英认为，中俄是两个核军事大国和联合国安理会常任理事国，与其联姻能最大限度地保障它们的安全，且借助"上合"影响"哈萨克斯坦、乌兹别克斯坦、吉尔吉斯斯坦、塔吉克斯坦还有可能成为当今世界大国平等的伙伴"，还可"满足当地统治者的自尊"。其次，急风暴雨式的"颜色革命"后，西方式的民主渗透并没有完全停止，"美国还继续利用它在中亚地区的存在对当地政府施压"。[②] 这更使得中亚国家愿意聚拢在不给他们提出任何干涉其内政要求的"上合"周围。从这个角度讲，"对于中亚国家来说，上合组织还是一种现实和可靠的防止'颜色革命'在自己国家上演的手段，这几乎也是唯一的一种手段"。[③] 最重要的是，中亚成员国可以利用"上合"平衡同俄美两国的关系。在俄美争夺态势日益加剧，中亚成员国在俄罗斯主导的独联体等组织有时不便"随心"表达"真实立场"的情况下，它们更看重借"上合"平台表达对一些敏感问题的"中性"或"平和"的立场，避免得罪俄罗斯或西方。南奥塞梯冲突后，"上合"根据实际情况发表对事件的声明，既支持了俄罗斯在该地区继续发挥积极作用，也没有与国际社会形成对立，极大地减轻了中亚成员国来自俄罗斯方面的压力，避免了像白俄罗斯等其他独联体国家一直面临的如何对事件"独自表态"的窘境。而且，它们今后还会经常遇到是"要选择俄罗斯还是美国"的问题。[④] 其实，还是在"2001年初，人们就已看出中亚国家大多数领导人对俄罗斯的厌烦情绪有所加剧，本能地希望能找到将莫

---

① 印度前驻乌兹别克斯坦和土耳其大使 M.K. 巴德拉库马尔：《一个能源超级大国在里海崛起》，载《亚洲时报在线》2008年10月17日。

② Аждар Куртов. Победа без столкновения//Россия в глобальной политике.№ 4,2008 г.

③ Александр Бакустин. Новые измерения ШОС//РИА Новости.24.07.2008.

④ Россия готова напоить союзников//КОМСОМОЛЬСКАЯ ПРАВДА Кыргызстан.Среда,16 августа 2006 г.

斯科的作用减少到最低程度的办法”。[①]“上合”的成立，恰恰给中亚成员国提供了一个避免与俄美直接发生冲突的“避风港”，借助上合的“集体效应”可以平抑俄罗斯对其单个国家的影响，减轻来自莫斯科的一些传统压力。尤其是俄格冲突后，“苏联加盟共和国的领导人对在与西方交往的同时和克里姆林宫保持良好关系更加谨慎小心”。[②]因为“不知莫斯科会在什么时候，以什么借口（对它们）也采取贸易限制措施”。[③]也正因为如此，近年来，“对‘上合’充满激情话语的并非出自俄罗斯或中国”，而是中亚国家，特别是“吉尔吉斯斯坦和塔吉克斯坦人说得最多”。[④]它们对独联体等组织的一些会议有时漫不经心，对“上合”的活动却积极踊跃参与。乌兹别克斯坦担任2010年“上合”元首理事会主席国以来，积极规划“上合”发展，并提出一系列上合组织与中亚问题的重要倡议。吉尔吉斯斯坦担任2010年上合政府总理委员会例会主席国也十分兴奋，并成立了专门机构积极筹备会议的前期准备工作。总之，“上合”处在不断建设和发展过程中。虽然该组织还存在着这样和那样不尽如人意的问题，但“上合”的“和平与合作”理念日渐深入人心，并成为成员国彼此发挥各自优势、开展互利共赢合作的准则。这确保了组织的活力不断增强，凝聚力不断提高，前景越发向好。

① 《地缘政治估价》，副题为《中亚做出了自己的选择》，载俄罗斯《消息报》2002年1月17日。
② 《美国无意与俄国竞争中亚影响力》，英国广播公司网站，2008年10月5日。
③ Дмитрий Перцев. Россия идет по краю//Информационно-аналитический центр.2009.8.30.
④ Аждар Куртов. Победа без столкновения//Россия в глобальной политике.№ 4,2008 г.

上合组织后续发展面临的主要瓶颈[①]

10 多年来，上合组织虽以出人意料的速度发展成为一个颇具影响力的地区国际组织，而且还有更大的发展空间，但不可否认的是，上合组织后续发展依然面临诸多挑战。上合组织仍是一个年轻的区域性组织，除了一些大家公认的亟待解决问题外，还有一些潜在的其他瓶颈制约着其发展进程。

一、内部存在的问题

“上海合作组织除了外部威胁外，成员国还存在着不少需要解决的内部问题”。[②] 对上合组织来说，“后危机世界带来的不仅仅是新的机遇和成员国对全面合作的渴望，还有新的风险、挑战与威胁”。[③]

（一）中俄对上合组织“定位”上的差异影响“双引擎”同速前行

中国视上合组织为扩大对外交往、发展对外合作的唯一可施影响的地区性国际组织，欲将其做强、做大。俄罗斯则将上合组织作为其主导的独联体等地区组织的补充手段，对其重视和投入远不及对其主导的独联体集体安全条约组织和欧亚经济共同体等组织。中国国内鲜有将上合组织打造成类似北约组织的声音。但俄罗斯“某些政界和学术界人士试图建立一个以‘上合’为代表的新‘东方华沙条约’，以抵制北约和‘帝国主义西方’”。[④]

---

① 《中国周边安全环境评估及政策选择（2010—2020）》，世界知识出版社 2015 年版，第 387—395 页。

② 俄罗斯总统梅德韦杰夫：《上海合作组织——新的地缘政治现实》，载《人民日报》2010 年 6 月 12 日，第 5 版。

③ 《哈萨克斯坦总统撰文谈上合组织成立十周年》，中新网，2011 年 6 月 8 日，http://www.chinanews.com/gn/2011/06-08/3098153.shtml。

④ Сергей Лузянин."Шанхайская шестерка не устраивает"-В Пекине не возражали, если бы Россия подняла флаг антиамериканизма//Независимая газета. 06.06.2002.

（二）中俄商业竞争掣肘上合组织多边合作

在俄罗斯部分精英看来，目前，“俄罗斯在中亚已经遭到战略上的失败”，中国已将中亚国家置于其经济影响力之下，成了俄罗斯的主要竞争对手。土库曼斯坦的能源出口渠道已不再非俄罗斯莫属，俄罗斯失去了对其天然气的垄断地位。哈萨克斯坦在能源市场开始“排挤西方伙伴，也不迎合俄罗斯，却把好处让给中国”，从而“削弱了俄罗斯和西方的地位”。[①]2001—2010 年，中国与中亚五国的贸易增长近 20 倍，而同期的俄罗斯与中亚五国贸易额仅增加 3 倍。中国对中亚的出口额增加近 30 倍，俄罗斯仅增加 4.3 倍。

（三）成员国诉求不全吻合影响上合组织深入合作

虽然成员国对上合组织的总体发展目标认知一致，但各方在具体合作中仍有不同的利益诉求。中俄对外政策取向鲜明，中亚成员国大多奉行大国平衡的外交政策。此外，“警惕俄罗斯‘帝国野心’和‘中国扩张’而整合在一起的中亚国家面临着心理压力”。[②] 它们不愿就某些问题在中俄美间选边站队。

中国和俄罗斯对上合组织的主要任务考量不同，俄方主张政治和安全成分应高于经济，中方则认为经济也应成为上合的重点合作领域。基于不同考量，中方努力增加对上合组织联合经济项目的投入，俄方则热情不高。2007 年以来，俄罗斯联邦经济发展和贸易部官员甚至建议“应限制上合组织框架内的经济活动”，因为，“目前上合组织占主导地位的是中国”。在莫斯科看来，俄中经贸合作可以通过双边形式进行，“俄罗斯与中亚的经济合作必须通过欧亚经济共同体等其他组织来进行，上合组织主要解决的是安全问题”。[③]

成员国间的能源利益也非完全一致，中俄、中国与中亚成员国以及俄罗斯与中亚的能源合作互补优势不能自然形成，资源国与消费国在能源价格上存在着

---

① Аждар Куртов./Саммит ШОС в Екатеринбурге и энергетическое наступление Китая к Каспию//Фонд стратегической культуры.17.06.2009.

② Татьяна Синицына-главный редактор ИнфоШОС."Афганский тест для ШОС"//Информационно-аналитический центр.18.03.2012.

③ Александр.В.Лукин.Шанхайская организация сотрудничества что дальше?//"Росстя в глобальной политике"№ 3,Май-Июнь 2007 года.

客观的不同利益。截至2012年6月普京访华，俄中仍未能就对华出口天然气价格达成一致，双方企业间的马拉松式价格谈判影响了两国能源合作进程。中亚是俄罗斯的重要能源转口来源地，也是中国推进能源进口多元化战略的重要方向之一，两国对中亚油气及其他矿物资源都有较大需求，有限的资源使俄中在中亚客观上形成某种"零和"竞争态势。受内部分歧困扰，上合组织迄今未能建立一个实质性的地区能源组织。虽然普京早就提出建立上合组织能源俱乐部构想，但中方2011年在"上合"能源部长会议上提出的建立一个包括能源生产和消费国组成的开放式"能源俱乐部"方案，没有得到俄方的积极响应，也未能列入当年"上合"组织总理会议议题。

成员国在建立"上合"金融机构问题上的态度也不尽一致，中方从2007年就在推动建立上合开发银行，俄方却出于其他考量坚持先搞低水准的专门账户（上合组织发展基金），即便同意建立上合开发银行，也坚持要由欧亚经济共同体框架内现有的欧亚开发银行来承担这一职能。由于俄哈两国在该行占有绝对份额，实际上不过是拉"中国和乌兹别克斯坦加入欧亚开发银行而已"。[①] 此设想遭到乌方的坚决反对，最后上合组织不得不同时设立开发银行和专门账户。

上合组织的隐忧还有短期内难以突破区域经济一体化合作瓶颈，上合组织的"区域经济一体化"和贸易及投资便利化蓝图与俄罗斯重整后苏一体化经济空间战略目标相抵。中国积极筹措资金促进上合组织多边和双边经济合作深化发展，俄罗斯则把精力和财力集中在推动关税同盟及独联体经济一体化进程上。虽然上合组织制定了近40份有关经济合作文件，但"大量计划未能得到充分落实，没有取得应有的效果"，而"上合组织的经济潜力与其落实之间还存在着显著的差距"。[②] 由于成员国在中亚地区的能源和交通等经济领域的诉求不同，导致有关《上海合作组织成员国政府间国际道路运输便利化协定》（草案）及其附件的谈判历经近8年仍在商讨中。以致10年来真正意义上的上合多边经济合作项目不多，相当部分是成员国的双边和小多边经济项目算在了"上合组织篮子"里。

俄罗斯及中亚成员国对中国商品对其民族工业冲击的担忧并没完全消除，它们既担心中国商品和劳动力冲击本国市场，又舍不得放弃搭乘中国经济快车拉动

---

① ШОС:точки роста-Аналитичекий доклад//Информационно-аналитический центр.14.07.2011.

② ШОС:точки роста-Аналитичекий доклад//Информационно-аналитический центр.14.07.2011.

本国经济发展的机遇，影响着其放开手脚全方位地深化对华经贸合作。为此，哈萨克斯坦总统纳扎尔巴耶夫坦言，“无论如何必须承认，经济合作仍然是上合组织工作的薄弱环节。数量众多的计划、项目未能全面落实”。而“上合组织的经济潜力与其实际开发之间依然存在着巨大落差，双边合作相对于多边合作仍占据主导地位。然而，只有大型联合项目才能真正实现上合组织经济空间一体化的目标”。[①]“由于俄罗斯政府的坚持，中国提议建立的上合组织框架内的自由贸易区不得不推迟到2020年，因为拆除贸易壁垒可能会导致较便宜的中国商品取代俄罗斯出口产品”。[②]

（四）成员国对扩员问题的不同考量或影响上合组织可持续发展

长久以来，扩员问题始终是上合组织所面临的最难突破的瓶颈。10多年来，上合组织一直以组织机构和法律文件未健全为由，没有吸收正式成员。然而，2010年上合组织扩员法律程序具备后，基于成员国还是各有考量，扩员仍是一个十分棘手的问题。俄罗斯积极主张扩员，其专家甚至建议，应大量扩员并吸收广泛的观察员国，将上合组织同西方机构融为一体。[③]中国官方及学者则持谨慎态度，认为仓促扩员会把一些矛盾引入上合组织，以致影响所有成员国的利益。尤其是在印度和巴基斯坦“转正”问题上，成员国立场各异，中方认为目前还不是吸收其加入上合组织的最佳时机，中亚成员国虽有借扩大新成员来平抑中国影响的考量，但又担心印巴成为正式成员可能削弱其在中亚的原有地位。

二、面临的外部挑战

美国等西方保守势力一直用有色眼镜看待上合组织。尤其是随着上合组织不断发展壮大，一些抱有冷战思维的西方政客更是将其视为“非西方的政治力量”，对上合组织的某些意志和行为无端猜忌、百般提防。

---

① 《哈萨克斯坦总统撰文谈上合组织成立十周年》，中新网，2011年6月8日，http://www.chinanews.com/gn/2011/06-08/3098153.shtml。

② Richard Weitz,"Balancer-in-Chief: China Assumes SCO Chair," *The Jamestown Foundation*,July 1, 2011.

③ Сергей Геннадьевич Лузянин-профессорМГИМО（У）МИД РФ.Шанхайская шестерка не устраивает-В Пекине не возражали, если бы Россия подняла флаг антиамериканизма//Независимая газета. 06.06.2002.

（一）西方保守势力难以改变对上合组织的偏见

首先，上合组织崇尚的核心价值观客观上对美国等西方国家的“集团思维”和强权政治构成巨大挑战。上合组织在国际关系中秉持的“互信、互利、平等、协作”新安全观以及建立尊重所有国家利益、不可分割的世界安全空间理念与美国等西方保守势力的冷战思维格格不入。上合组织所追求的构建多极和公平合理的新世界秩序与美国试图保持由其长期主导的原有世界秩序相悖。上合组织所坚持的应发挥联合国主导和协调作用的主张，更是与美国和北约在一些问题上绕开联合国单独行事背道而驰。2005 年上合组织以声明形式要求美国确认其从中亚撤军时间表，更使西方人士更加确信上合组织并不是西方所需要的组织。上合组织呼吁国际社会应尊重各国的“国家主权和独立、政治和社会制度多样性”的主张很容易使人联想到美国和北约的军事干涉，客观上对西方价值观构成挑战。

其次，西方保守势力对上合组织的偏见短期内难以消除。过去的 10 多年，有关上合组织是“反北约”组织的报道经常出现在西方媒体平面和报端，一些对中俄有偏见的政客更是认为上合组织是两国携手打造的一个令人“看不透、捉摸不定”的“危险联盟”。巴黎东方语言和文化大学一位教授甚至把上合组织形容成“一个庞大而可怕的组织”。[①] 尤其是随着一些“国际名声不好”的国家加入或表示要加入，更加剧了西方人士对上合组织的偏见。英国皇家国际问题研究所亚洲项目高级研究员凯利·布朗认为，上合组织对西方来说是个不易确定甚至引发疑虑的组织。因为它属于少有的几个没有美国参与并发挥作用的国际组织之一。[②]

2012 年北京上合组织元首峰会后，西方一些媒体继续大肆渲染“上合”已与西方“分庭抗礼”，称上合组织不再是一个仅局限于解决边境争端的论坛，中俄“两驾马车”正推动该组织不断升级，推进世界多极化和对抗美欧的意图愈加明显。西方一些政治家们也认为，北京上合组织峰会宣言明确反对干涉叙利亚内政，反对在任何国家强行推动政权更迭，在伊朗核问题上力挺德黑兰，反对对伊朗动武，将阿富汗吸收为观察员国，支持其重建等一系列举措表明，中俄正加大力度对本地区国家施加影响，热衷于在本地区打造一个排斥美国的多边机制，甚

① Татьяна Синицына.ШОС, великая и ужасная?//РИА Новости.28.05.2010.

② 英国广播公司网站，2012 年 6 月 7 日，http://news.163.com/12/0609/07/83HQMEQR00014JB5.html。

至企图填补美国撤军后的阿富汗“真空”。西方特别是美国将不得不做好应对上合组织在政治经济和安全方面全方位挑战的准备。可见，美国及其西方保守势力难以根本改变对“上合”的偏见甚至敌意，给“上合”拓展更广阔的国际发展空间带来极大挑战。

（二）美国不断分化和离间上合组织

近年来，美国通过军事政治和经济等手段不断分化和离间上合组织。2005年5月，在乌兹别克斯坦因安集延流血事件被欧美实施制裁后，“吉尔吉斯斯坦和哈萨克斯坦成了美国在上合组织成员国内部的特殊伙伴，华盛顿对它们倾注了很大的注意力”。[①] 2006年6月，美国贸易和发展署避开中俄在伊斯坦布尔召开“电力跨边界”国际研讨会，推动中亚和南亚国家代表提出在阿富汗、巴基斯坦、哈萨克斯坦、吉尔吉斯斯坦、塔吉克斯坦和土库曼斯坦实施新的大型能源合作项目，以加速落实“新丝绸之路”计划设想。为达到分化和瓦解上合组织目的，美国还采取各个击破的手段，“运用政治手术刀将其成员国分割开来对话”。[②] 为拉住乌兹别克斯坦，奥巴马不断游说国会解除自2005年起对其的制裁，还拟将冻结对巴基斯坦8亿美元援助中的一部分转拨给塔什干，旨在既能实现在中国——中亚能源战略通道上打入楔子，也可拆解俄罗斯在中亚构筑战略“篱笆”的“一石二鸟”目的。2012年美国还推动北约首次邀请哈萨克斯坦、吉尔吉斯斯坦、塔吉克斯坦和乌兹别克斯坦总统参加芝加哥北约峰会，旨在进一步促进中亚国家与北约的关系。可见，“俄中以及上合组织其他成员国面临着谨防西方挑拨导致上合组织解散的艰巨任务”。[③]

（三）独自应对美国撤军后的阿富汗“战后残局”

随着美国从阿富汗撤军、中亚反恐位置的前移，如何应对阿富汗不断恶化的安全形势已成为上合组织难以回避的又一严峻挑战。美国和北约摧毁不了塔利班势力，想尽快脱身、甩掉战争包袱，将打开的“潘多拉盒子”留给中国和俄罗斯

① Александр Габуев,Михаил Зыгарь.Шанхайская стена-Иран готов присоединиться к ШОС//Газета "Коммерсантъ" №85 от 16.05.2006, стр.9.

② Татьяна Синицына."Афганский тест для ШОС"//Информационно-аналитический центр.18.03.2012.

③ Татьяна Синицына."Афганский тест для ШОС"//Информационно-аналитический центр.18.03.2012.

及中亚国家，也无疑是投给上合组织的一块烫手“山芋”。美国及其北约部队历时10余年反恐未能改变阿富汗安全状况，阿富汗军警在其撤走后能否担此重任，不仅是对卡尔扎伊政府的考验，也是对上合组织能否收拾好美国和北约留下的“烂摊子”的现实挑战。

（四）其他地区和国际组织竞相争夺中亚成员国

冷战后，美、苏两大阵营格局虽被打破，但各种地缘政治力量在中亚的博弈却更加激烈。北约、欧盟、欧安组织以及独联体集体安全条约组织、欧亚经济共同体、亚洲安全信任会议、中亚四国、中亚和西亚国家经济合作组织、“突厥语国家”一体化、日本的“中亚5+1外长对话机制”和韩国的“韩—中亚合作论坛”等组织和机制相互交织，扮演着不同的地缘政治角色，导致中亚国家左顾右盼、应接不暇。哈萨克斯坦、乌兹别克斯坦、吉尔吉斯斯坦独立后不久即加入北约“和平伙伴关系计划”，2002年塔吉克斯坦也成为“和平伙伴关系计划”国。2007年以来，欧盟相继出台“欧盟对中亚新伙伴关系战略”和“2014—2020年欧盟对中亚新战略”，并通过“欧盟+中亚外长”会晤等机制不断向中亚渗透，全面介入中亚事务。2009年，美国和北约部分国家出资在哈萨克斯坦成立中亚反毒信息交流与协调中心，并于2012年初抛出“中亚禁毒倡议”，徐图建立“中亚缉毒部队”，使中亚反毒信息交流与协调中心成为美国绕开上合地区安全合作机制向中亚国家强力部门渗透的新渠道，使上合面临原有反恐、缉毒合作机制被分化和对冲的极大挑战。为达到分化和瓦解上合组织的目的，某些外部势力还积极推动“突厥语国家联盟”在中亚的影响，使中亚成员国的选择更加宽泛、外交取向更加灵活。

近年来，日本借“日本—中亚外长对话机制”，不拓展对哈萨克斯坦、乌兹别克斯坦、吉尔吉斯斯坦和塔吉克斯坦的各领域合作渠道，特别是试图借此平台推动与中亚的能源合作。鉴于中亚国家对“日本—中亚外长对话机制”热情渐高的实际情况，普京在2006年6月上合组织元首峰会后即提醒中亚国家，俄罗斯反对在上合组织区域内创建其他有类似职能的组织，反对在该地区复制和创建任何“封闭型的俱乐部”，制造屏障和分界线。[①]2012年5月，哈萨克斯坦、乌兹别克斯坦、吉尔吉斯斯坦和塔吉克斯坦四国总统虽然碍于普京面子，没有应邀出席芝加哥北约峰会，但四国还是分别派外长悉数与会，借机密切与美国和北约的关系。

俄罗斯也有将上合组织逐步纳入其地区战略轨道的考量。2012年，普京明确提出要制定统一经济法规，在后苏空间建立一个可容纳1.6亿—1.7亿人口的统一消费市场，确保区内资本、服务和劳动力自由流动。这无疑给上合组织计划在本地区实现成员国经济一体化的长远目标带来新的挑战。目前，普京推动的俄白哈关税同盟客观上已经使上合区域出现两种一体化贸易规则。由于除中国外上合组织其他成员国都是普京新一轮独联体一体化的主要成员国或对象国，其关税同盟无疑会使中国与中亚国家多边和双边经贸往来面临更高的关税壁垒，冲抵中国在制造业方面的优势，给中国与其他成员国经济合作“人为”设置障碍，也给上合组织深化多边经济合作带来更大挑战。自关税同盟正式运作以来，其对中国同中亚国家贸易往来造成的影响已经显现。2011年，乌兹别克斯坦从中国进口的货物一度因运输和通关等问题在中哈边境大量滞留，极大地影响了中国对给乌兹别克斯坦的正常贸易往来，而乌兹别克斯坦先前经哈萨克斯坦的进出口贸易环境也开始变得复杂起来。

① Путин: Россия выступает против конкуренции и "закрытых клубов" в регионе//Газета Известия.15 июня 2006 года.

上海合作组织：新阶段、新挑战、新征程①

经过 17 年发展，上海合作组织已成为一个颇具规模的综合性区域合作组织，其影响远远超出地区范围。随着印度和巴基斯坦成为正式成员国，“上合”进入一个全新的发展阶段。尽管成员国的数量增加导致上合内部利益诉求更加多样化，议题更加广泛，“协商一致”需要更多的协调，但上合仍是成员国相互依托，促进自身发展的重要平台，不啻为国际上发展合作共赢的新型国家关系典范。

一、安全、经济和人文合作成为“上合”发展的重要支柱

自 2001 年成立以来，“上合”历经了国际风云变幻特别是国际金融危机的严峻考验，成员国间的政治互信持续加深、同舟共济、联合自强意识不断增强，在涉及各自安全与发展等核心利益问题上愈加紧密配合，安全、经贸和人文合作成为“上合”持续发展的三大基石。

（一）安全合作不断扩大

“上合”在世界上最早提出打击恐怖主义、分裂主义、极端主义的目标，并逐渐形成一套完整的安全合作法律体系和长效运行机制。“上合”成立当天，六国元首即签署《打击恐怖主义、分裂主义和极端主义上海公约》。而后，成员国又陆续签署和出台《关于地区反恐怖机构的协定》《地区反恐怖机构资料库协议》《成员国合作打击恐怖主义、分裂主义和极端主义构想》《成员国关于合作打击非法贩运麻醉药品、精神药物及其前体的协议》《反恐怖主义公约》《成员国政府间保障国际信息安全合作协定》《成员国政府间合作打击犯罪协定》《关于在成员国境内组织和举行联合反恐行动的程序协定》《成员国关于举行联合军事演习的协

① 该文载在《外交季刊》2018 年第 2 期，第 128—135 页。

定》《关于查明和切断在成员国境内参与恐怖主义、分裂主义和极端主义活动人员渗透渠道的协定》《关于应对威胁本地区和平、安全与稳定事态的政治外交措施及机制条例》《成员国边防合作协定》《反极端主义公约》等文件，为在“上合”框架内联合打击“三股势力”奠定了坚实的法律基础。同时，“上合”还相继建立起成员国间的安全会议秘书、总检察长、最高法院院长、国防和公安内务部长定期会晤机制及公安和司法等强力部门反恐应急磋商平台，开辟了保障油气管道运输安全合作新领域。

自2002年中国与吉尔吉斯斯坦举行首次联合反恐军事演习以来，“联合”“协作”“和平使命”等双边和多边系列反恐联合军演和“东方反恐”“诺拉克—反恐”“团结”“天山”等执法部门机制化反恐联合演习和训练已成为成员国安全领域合作的重要内容。截至2018年，在“上合”框架下共举行了13次双边和多边反恐军演和15次双边和多边执法部门演训和围剿行动，有力地提高了成员国在应对非传统安全方面的机动作战、协同配合、联合指挥、共同打击暴力恐怖活动能力，极大地震慑了地区“三股势力”的嚣张气焰，有效地遏制了毒品走私、跨国有组织犯罪，确保了地区和成员国的社会安全与稳定。“上合”在联合打击恐怖主义、引渡罪犯、交换情报等方面的合作不断取得新成果，成员国在边境管控、信息共享和民航安保等方面的执法合作更加顺畅，相互协助遣返犯罪嫌疑人等工作更加快捷，各类大型活动安保措施不断完善，多边执法安全合作机制更加高效，从而确保了“上合”历次元首和政府首脑峰会、阿拉木图亚洲相互协作与信任措施会议（亚信会议）、北京奥运会、莫斯科卫国战争胜利65周年庆典、上海世博会、广州亚运会、阿斯塔纳—阿拉木图亚洲冬运会、符拉迪沃斯托克APEC会议、索契冬奥会和阿拉木图世界大学生冬季运动会等大型国际会议和赛事的成功举行，实现了上合提出的维护和保障地区和成员国国家安全与稳定的目标。

（二）经济合作稳步推进

“上合”成立不久，各成员国即签署《上海合作组织成员国政府间关于区域经济合作的基本目标和方向及启动贸易和投资便利化进程的备忘录》和《上海合作组织成员国多边经贸合作纲要》，明确了“上合”近期、中期和远期经济合作基本目标和基本方向。2004年，“上合”成员国经贸部长会议制订了涉及11个领域、多达127个项目的《〈成员国多边经贸合作纲要〉落实措施计划》，为推进上合区域经济合作奠定了良好基础。此后，各成员国又签署和通过《上海合作组织银行间合作（联合体）协议》《上海合作组织实业家委员会理事会首次会议纪要》《上海合作组织实业家委员会成立大会决议》《成员国政府间海关合作与互助协定》《成员国政府间农业合作协定》。2010年以来，在欧美经济复苏乏力和世界经济低迷大背景下，“上合”成员国大多率先走出金融危机。截至2011年底，六国黄金外汇储备超过3.6万亿美元，进出口贸易总额达4.7万亿美元，同比增长25.1%，六国经济占世界比重超过13%，“上合经济圈”成为后危机全球最活跃、发展最快的地区。2016年，上合成员国政府首脑理事会批准《2017—2021年上海合作组织进一步推动项目合作的措施清单》，进一步确定了贸易和投资、金融、海关、农业、科技和信息、环保、交通基础设施等7个领域共计38项合作措施和项目，旨在指导“上合”未来五年的区域经济合作方向，标志着成员国的多边经济合作取得重大阶段性成果。

（三）人文合作有序展开

“上合”集儒教、道教、佛教、东正教、基督教、伊斯兰教和印度教等于一身，为成员国不同民族、宗教、文明与文化和平相处、相互借鉴搭建了平等交流与合作的平台，人文合作也成为“上合”可持续发展的重要支柱之一。自2005年以来，各成员国先后签署《成员国政府间救灾互助协定》《成员国政府间教育合作协定》《成员国政府间文化合作协定》《成员国政府间卫生合作协定》《上海合作组织科技伙伴计划》《成员国旅游合作发展纲要》等文件，相继建立文化部长、卫生部长、教育部长、交通部长、紧急救灾（民政）部长和科技部长等会议机制。自2010年上海合作组织网络大学正式启动以来，成员国已有60多所顶尖高校加入其中。2011年，哈萨克斯坦、中国、吉尔吉斯斯坦、俄罗斯、塔吉克斯坦五国代表签署《上海合作组织大学章程》，并相继在五国建立了70所院校，旨在为这些国家培养经济、科学、文化和教育等优先合作领域（区域学、生态学、能源学、纳米技术、IT技术）的高水平人才。各成员国还深入探讨在包括全球气候变暖、生态环境保护、救灾减灾、科技、创新、信息、电信产业以及合理利用自然资源等方面的合作。2012年，“上合”成员国元首理事会会议继续强调，应重视加强“上合”文化、科技、创新、旅游、卫生合作，特别是确保“上合”地区的卫生防疫状况良好。17年来，各成员国在“上合”框架下举行了百余场次的双边和多边艺术节、音乐节、青年节、教育周、电影周、电视合作论坛、展览会、运动会、马拉松赛、“睦邻友好年”、冬（夏）令营和培训班等形式多样的人文交流活动，“文化节”、“教育无国界”教育周和昆明马拉松赛等已成为定期举办的系列项目，极大地增进了“上合”区域内民众的相互了解和传统友谊。成员国还希望在非物质文化遗产和民族传统文化保护方面开展合作，不断夯实“上合”发展的民意和社会基础。

二、“上合”未来发展面临的挑战

17年来，虽然“上合”以出人意料的速度发展成为一个颇具影响力的综合性区域国际组织，而且还有更大发展空间，但不可否认的是，该组织仍是一个较年轻的区域性组织。除了原有的某些尚待突破的发展瓶颈外，随着成员的增加，“上合”又面临着一些新的问题和挑战。

其一，西方保守势力难以改变对“上合”的固有偏见。从成立伊始“上合”就宣布，其不是军事集团，它的建立并不针对任何国家和集团，是一个开放的地区性合作组织，但不可否认，“上合”所寻求的构建多极、公平合理的世界秩序，与美国希望保持其长期主导的原有世界秩序战略相悖；“上合”所秉持的在国际关系中坚持“互信、互利、平等、协作”安全观，及尊重所有国家利益和不可分割的世界安全空间理念，与西方保守势力的冷战思维格格不入；“上合”所提出的在处理国际和热点问题应发挥联合国的主导和协调作用主张，与美国和北约绕开联合国单独行事背道而驰；“上合”所崇尚的和平友好、互利合作精神，与美国等西方国家的“集团思维”和强权政治也严重对立。而且，“上合”呼吁国际社会应尊重各国国家主权和独立、政治和社会制度多样性，客观上也对西方价值观构成挑战。2005年，“上合”以声明形式要求美国确认多国部队从中亚撤军时间表，更使西方人士确信，其并不是西方社会所愿意看到的组织。2012年“上合”成员国元首峰会后，一些西方媒体再次大肆渲染“上合”在与西方“分庭抗礼”，妄称“上合”不再是一个仅局限于解决边境争端的论坛。某些西方政治家认为，“上合”成员国元首宣言明确反对干涉叙利亚内政，反对在任何国家强行推动政权更迭，反对在伊朗核问题上动武，力挺德黑兰。这充分表明“上合”正热衷于在本地区打造一个排斥美国的多边机制。西方特别是美国将不得不做好应对“上合”在政治经济和安全方面全方位挑战的准备。

其二，美欧极力分化和离间“上合”。为拉住乌兹别克斯坦，奥巴马总统上台后不断游说国会解除自2005年起对乌兹别克斯坦的制裁，还拟将对巴基斯坦冻结的8亿美元援助中的一部分转拨给塔什干，期冀卡里莫夫总统回心转意，重新接纳美国驻军。2012年，美国推动北约首次邀请哈萨克斯坦、吉尔吉斯斯坦、塔吉克斯坦和乌兹别克斯坦总统参加在芝加哥召开的北约峰会，以促进中亚国家与北约的关系。美欧还试图将印度打造成印太地区的重要“防务伙伴”和制衡中国的棋子。近10年来，美国向印度出售了150亿美元的武器装备。2016年，美印两国国防部签署《后勤保障协议》，允许两国军队使用对方军事基地进行后勤作业。美国还向印度提供P–8I海上巡逻机，使其成为美国外销P–8系列首个国家。2017年，美国两党一致同意向印度出售价值20亿美元的22架“保卫者”无人机，用于印度加强在印度洋上的侦察。时任美国国务卿蒂勒森在华盛顿战略与国际问题研究中心发表题为《重新定义下一个百年美印关系》的讲话中将印度称为美国在未来地区战略的“支点国家”，希望其在印太地区发挥更大的安全作用。2018年，法国与印度签署两国武装部队相互提供后勤支持的防务协议，两国将允许对方军舰使用自己的海军基地。

其三，其他地区和国际组织对中亚成员国的影响。冷战后，虽然美苏两大阵营格局被打破，但各种地缘政治力量在中亚的博弈却愈加激烈。北约、欧盟、欧安组织、“中亚5+1（日）外长对话机制”、“韩—中亚合作论坛”、独联体、集体安全条约组织、欧亚经济共同体、欧亚经济联盟、大欧亚伙伴关系、亚洲相互协作与信任措施会议、中亚四国、中亚和西亚国家经济合作组织、“突厥语国家”一体化等组织和机制相互交织，扮演着不同的地缘政治角色。苏联解体后不久，哈萨克斯坦、乌兹别克斯坦和吉尔吉斯斯坦即加入北约“和平伙伴关系计划”，2002年，塔吉克斯坦也成为“和平伙伴关系计划”国。2007年以来，欧盟先后出台《欧盟对中亚新伙伴关系战略》和《2014—2020年欧盟对中亚新战略》，并通过“欧盟+中亚外长”会晤等机制不断向中亚渗透，全面介入中亚事务。日本则借与中亚“外长对话机制”大力拓展对中亚国家的合作渠道，尤其企图利用此平台推动与中亚的能源合作。有鉴于此，2006年，普京在“上合”成员国元首峰会后即提出，俄罗斯反对在“上合”区域内创建其他有类似职能的组织，反对在该地区复制和创建任何“封闭型的俱乐部”、制造屏障和分界线。2009年，美国和北约部分国家出资在哈萨克斯坦建立中亚反毒信息交流与协调中心并于2012年抛出“中亚禁毒倡议”，试图组建“中亚缉毒部队”，使中亚反毒信息交流与协调中心成为美国绕开“上合”地区安全合作机制向中亚国家强力部门渗透的新渠道，使原有的“上合”反恐、缉毒合作机制面临被分化和对冲的巨大挑战。为达到分化和瓦解“上合”的目的，近年来，某些外部势力还不断强化“突厥语国家联盟”在中亚的影响，使中亚成员国的选择更加宽泛、外交取向更加灵活。

除上述外部挑战外，毋庸讳言，“上合”内部也存在一些需努力化解的复杂因素。如部分俄罗斯精英担心“上合”使中亚国家加深对中国的依附，认为俄从“上合”“获益”不及中国，进而产生一定的失落感，这一心理一定程度上影响了俄罗斯某些政府部门对“上合”多边经贸合作的热情。另外，印巴加入“上合”后印与中巴的历史纠葛和现实矛盾也可能给“上合”原有和谐氛围带来新的复杂影响。未来，如何不断光大以“互信、互利、平等、协商、尊重多样文明、谋求联合发展”为基本内容的“上海精神”，不断夯实上合成员国间战略互信，积极化解或降低有关内外消极因素的干扰，将是“上合”增强凝聚力、提升合作层次、在国际和地区事务中进一步发挥好作用的关键。

三、“上合”发展前景

17年来，“上合”在互信、互利、平等、协商、尊重多样文明、谋求共同发展的“上海精神”指引下取得长足发展。印度和巴基斯坦的加入又给“上合”发展带来新的机遇，成员国的政治体制、经济模式和人文元素更加多样化，“上合”的国际地位进一步上升，在地区和国际事务中发挥的作用将更大。

（一）“上合”的战略地位和影响力将大幅提升

扩员后，“上合”所涵盖的幅员面积已从中国、俄罗斯和中亚延伸至南亚，直至印度洋海域欧亚大陆四通八达的核心地带，人口从占世界 25% 增加至 44%，国内生产总值超过 14.5 万亿美元，占全球的近三分之一，成为国际上人口最多、幅员最大的区域性组织。最重要的是，上合“朋友圈”进一步扩大，所秉持的“上海精神”被广泛认可。由于“上合”不但有两个联合国安理会常任理事国，还有三个“金砖国家”和四个“有核国家”，其在完善全球治理体系、推进国际经济秩序改革等重大问题上的话语权和影响力将大为增强。印巴的加入还使“上合”将打击中亚“三股势力”和南亚及中东恐怖组织结合起来，使其安全合作区域纵深进一步扩大。如今，“上合”已发展成为“二战”以来整个欧亚大陆从未有过的，甚至欧洲一些国家都趋之若鹜想加入的一个多边区域组织，成为国际舞台上一支不可忽视的变量。

（二）“上合”多边经贸合作呈现稳步发展前景

经过 10 多年共同努力，2014 年，各成员国正式签署《成员国政府间国际道路运输便利化协定》及其附件，打破了长期以来制约“上合”深化区域经济一体化合作的瓶颈。2016 年，各成员国又批准《2017 年至 2021 年上海合作组织进一步推动项目合作的措施清单》和《关于成立上海合作组织开发银行和发展基金（专门账户）下一步工作》等涵盖贸易、投资、金融等合作文件，强调继续就建立“上合”开发银行和发展基金开展工作对促进地区经贸和投资合作十分重要。2017 年，“上合”成员国政府首脑（总理）理事会会议重申，“上合”首要任务之一是提高民众福祉和生活水平，各方要继续落实 2030 年可持续发展目标，加强贸易、产能、能源、交通、铁路、投资、金融、农业、海关、电信等共同感兴趣领域的合作；深化多边交通运输领域合作，包括新建和升级现有国际公路和铁路运输走廊，规划高速干线、落实多功能物流中心以及其他基础设施合作项目；支持进一步巩固开放、包容、透明、非歧视和以规则为基础的多边贸易体系，防止国际贸易关系碎片化，反对任何形式的贸易保护主义；将在专家层面就建立“上合”开发银行和发展基金继续磋商、制定共同方案，不断推进投资等优先领域经济合作，进一步拉紧成员国间的利益纽带。在此背景下，继中吉乌公路建成并正式运营以来，拖延已久的中吉乌铁路建设项目又取得积极进展。

（三）“上合经济圈”效应会进一步显现

2012 年，上合成员国外贸总额和经济总量已从 2001 年占世界的 8% 和 4.8% 双双增加至 13%。2016 年，中国同其他成员国的贸易额从 2001 年的 120 亿美元增加到 937 亿美元。印巴成为正式成员国后，“上合”经济实力和区域合作潜力进一步增强，原有的中国、俄罗斯和中亚“上合经济圈”扩大至南亚地区，为成员国开展多边经济合作开辟更广阔空间。2017 年，中国与其他成员国的贸易总额达到创纪录的 2176 亿美元，同比增长 19%。中印双边贸易额也创历史新高，为 844 亿美元，比上年增长 20.3%，中国企业对印度实际投资累计超过 80 亿美元，中国继续保持印度最大贸易伙伴地位。作为新兴经济体的主要国家，中国、俄罗斯和印度给区域经济合作增添了新动能，必将促进“上合经济圈”经贸合作快速发展，为地区和世界经济发展发挥更大作用。

（四）中印关系和印巴矛盾将有进一步沟通的条件

印度加入“上合”除了寄望于借助“上合”影响来提高自身地位外，另一个目的就是不想失去参与“上合经济圈”诸多项目的商机以及与“上合”成员国尤其是中亚国家加强反恐和经贸合作的机会。虽然印度与中国在一些问题上存有分歧和矛盾，可印度与中国在多边舞台仍有过诸多成功合作先例。无论是巴厘岛气候大会，还是哥本哈根气候大会，印度都与中国及“基础四国”其他伙伴一直在密切配合、相互协作，充分展示了发展中国家“集体发声”和“抱团”维护共同利益的坚定意志和决心。印度在亚洲相互协作与信任措施会议（亚信）和金砖国家，以及亚洲基础设施投资银行等多边合作机制中与中俄和中亚成员国的合作也十分顺畅。何况，印方已有改善对华关系的强烈愿望。印度前驻俄罗斯大使阿贾伊·马尔霍特拉曾明确表示，印度不抱成见地秉持开放和积极态度加入“上合”，将“建设性”地参与“上合”框架内的所有合作领域。2018 年 3 月，莫迪总理在习近平再次当选国家主席后第一时间打来电话祝贺，称印方愿同中方密切高层交往，深化双边关系，加强在国际事务中协调合作，推动印中关系取得更大进展。印度外长斯瓦拉吉在访华期间表示，印方将全力支持中方办好“上合”青岛峰会，并将与其他成员国一道，推动“上合”为促进地区安全稳定和发展繁荣发挥更大的建设性作用。同年4月27日至28日，习近平主席和莫迪总理在武汉举行非正式会晤。两位领导人通过此次会晤，进一步加深了对各自发展战略和改革措施的理解。莫迪总理重申，印中保持频繁的高层交往和战略沟通有利于增进相互了解、深化合作，符合两国和本地区发展繁荣的共同利益。印方愿同中方携手共同努力应对全球性问题和挑战。同样，印巴成为正式成员国总比两国以观察员国的松散身份有限参与“上合”有关合作要好得多。而且，加入“上合”也使印巴又多了一个解决或管控两国分歧和矛盾的重要平台，“上合”的相互协作将有助于两国找到新的利益共同点。

综上，经过17年的发展，“上合”已成为一面和平发展的旗帜，其影响大大超出地区范围，成为一个有着极高威望的多边综合性合作组织。“上合”组织“和平与合作”的理念已成为成员国发挥各自优势、开展长期互利合作的准则，并被越来越多国家广泛认可。历史和现今的欧亚大陆或许有过，或目前依然存在着，这样或那样较有影响的地区性国际组织，但都很少有像“上合”这样，被更多不同意识形态和制度各异国家青睐。展望未来，“上合”活力不减，发展前景越来越好。

上海合作组织政治安全合作面临的挑战和前瞻[①]

17 年来，上海合作组织以出人意料的速度发展成一个颇具影响力的综合性地区国际组织，然而，该组织依然是一个年轻的区域性组织，仍有不少需要解决和完善的问题和方面，尤其是随着扩员，其又面临一些需要应对的新情况。尽管如此，上海合作组织的发展前景还是看好，成员国的政治安全合作有着广泛的发展空间。

作为维护地区安全与稳定、打击“三股势力”的安全合作平台，上海合作组织在推动成员国之间的政治安全事务沟通、军事技术交流、反恐信息交换、安全官员培训等方面发挥着重要作用。虽然相比其他领域成员国在政治安全方面合作的矛盾和分歧较少，但是，无论过去、现在乃至未来，上海合作组织都始终面临来自组织内部和外部的诸多挑战。尽管如此，成员国的政治安全合作前景仍大于挑战。

一、存在的问题

纵观上海合作组织发展史，尽管政治安全合作一直是最为顺畅的领域，但即使这样，这一领域也仍然或多或少地存在一些需要解决的问题。正如哈萨克斯坦总统纳扎尔巴耶夫所言，对上海合作组织来说，后危机世界带来的不仅仅是新的机遇和成员国对全面合作的渴望，还有新的风险、挑战和威胁。[②]

（一）内部的制约因素

1. 中俄在上海合作组织“定位”上的偏差掣肘“双引擎”同速运行。俄罗

---

① 《上海合作组织回眸与前瞻（2001—2018）》，世界知识出版社 2018 年版，第 187—230 页。

② 《哈萨克斯坦总统撰文谈上合组织成立十周年》，中新网，2018 年 4 月 10 日，http://www.chinanews.com/gn/2011/06-08/3098153.shtml。

斯精英并不否认，俄罗斯与中国在上海合作组织争夺的不仅仅是各成员国经济主导权，两国对上海合作组织的主要任务看法也不尽相同。[①] 中方普遍认为，安全和经济合作相辅相成、二者缺一不可地成为上海合作组织持续发展的两个重要支柱。俄方普遍坚持，上海合作组织的"政治成分和安全问题应高于经济成分"；[②] 俄罗斯有精英甚至提出，"应将上海合作组织打造成包括中印在内的'新华约'来抵制北约和西方"。"俄罗斯左翼力量试图建立从白俄罗斯到中国包括印度在内的反西方军事政治联盟"（这与普京提出的建立'稳定弧'构想相悖——原作者注）。[③] 俄罗斯常驻上海合作组织大使维塔利·沃洛彼耶夫强调，上海合作组织宪章规定有发展防御领域合作条款。"上海合作组织本来就该成为一个军事联盟，尤其是要变成一个类似某种军事集团的东西。"[④] 乌克兰危机以来，俄罗斯有专家还提出建立有上海合作组织参与的"临时集群"设想，以应对"伊斯兰国"与塔利班武装团伙媾和对中亚边界以南的恐怖主义的挑战。[⑤] 然而，中方却鲜有将上海合作组织变成类似北约的军事政治组织的声音。

2．成员国不尽相同的对外政策制约政治安全合作的发展。虽然成员国对上海合作组织的总体发展目标认知趋同，但各方在政治安全领域的具体合作项目上的利益诉求并非总是一致。由于成员国在政体、文化、历史、综合国力、经济发展阶段、抵御不利战略环境，以及应对突发外交风险能力等方面存在差异，加之彼此间的错综复杂关系、政治和经济上的矛盾，导致各方对上海合作组织的共同利益、超国家价值观及发展方向有着不同的解释，不利于上合组织作为一个一体化机构的形成，无法在后危机世界条件下获得大力和有效发展。[⑥] 中俄拥有强大的综合国力支撑，两国的对外政策旗帜鲜明。中亚成员国资源有限，普遍奉行大国平衡的外交政策。在对美国发动的伊拉克战争问题上，"俄中绝对反对。哈萨

---

① Наталья Меликова.Иран, США, бешбармак...//Независимая газета.17.08.2007.

② ШОС:точки роста-Аналитичекий доклад//Информационно-аналитический центр.14.07.2011.

③ Сергей Геннадьевич.Шанхайская шестерка не устраивает-В Пекине не возражали, если бы Россия подняла флаг антиамериканизма//Независимая газета.06.06.2002.

④ Артур Блинов.ШОС-АНТИНАТО//Независимая газета.27.10.2005.

⑤ Михаил Конаровский.ШОС как отражение новой геополитики-Сближение России и Китая способно придать новый импульс ШОС//«Россия в глобальной политике».08.06.2015.

⑥ Роберт Нигматулин. Станут ли БРИКС и ШОС мировыми лидерами?-Геополитическая концепция Самюэля Хантингтона обретает все более зримые очертания//Независимая газета.03.07.2015.

克斯坦、吉尔吉斯斯坦、塔吉克斯坦却在维护国际法框架内持中立立场。乌兹别克斯坦则无条件地彻底支持美国的军事行动”。[①] 在敦促美国及北约国家从中亚撤军问题上，虽然2005年6月成员国在阿斯塔纳举行的上合组织峰会上达成共识，随后，乌兹别克斯坦议会上议院（参议院）做出要求美军在年底前撤出汗阿巴德空军基地的决定，然而，在美国的威逼利诱下，吉尔吉斯斯坦新政府却没能兑现其上台伊始以及后来的相关承诺，最终与美国签署了将马纳斯空军基地更名为“国际过境转运中心”的变相保留美军基地续约协议。为此，俄罗斯有专家分析称，由于成员国间的相互信任不足，限制了上海合作组织预定目标的成功实现。上海合作组织成员国不愿激怒美国和整个西方的立场是使该组织成为一个真正有行动能力的地区机构的主要绊脚石。[②]

3. 上海合作组织对极端事件的集体反应能力较弱。地区安全组织的地位令上合组织需要为存在于其地理区域的冲突承担责任。[③] 然而，2005年3月爆发的吉尔吉斯斯坦“颜色革命”令上海合作组织措手不及。2010年4月发生的吉尔吉斯斯坦戏剧性事件也对上海合作组织构成“严峻挑战”。[④] 哈萨克斯坦总统纳扎尔巴耶夫坦言，上海合作组织应就本地区潜在的热点问题采取预防措施。当时，虽然“我们注意到吉尔吉斯斯坦的冲突，可是，上海合作组织却无能为力”。[⑤] 基于吉尔吉斯斯坦的民族矛盾较深、反对派街头夺权成为惯性的实际情况，吉尔吉斯斯坦能否经得起长期的“维稳”考验，不能不说是对上海合作组织能否妥善应对该国或发生第三次社会“动乱”的严峻挑战。此外，中亚成员国普遍面临“老人政权”临近交接考验。目前“除吉尔吉斯斯坦，中亚尚未形成普遍的反对派来改变集权体制”。[⑥] 虽然卡里莫夫总统逝世后乌兹别克斯坦的最高权力实现平稳交

---

① Сергей Лузянин.На пути к азиатскому НАТО-Руководитель стран шанхайской шестерки соберутся в Москве//Независимая газета.26.05.2003.

② Александр Князев.ШОС во время чумы. Крупный межгосударственный альянс мельчает на глазах// Независимая газета. 02.09.2013.

③ Александр Князев.Сопряжение несопрягаемого в отсутствие региональной безопасности-Нежелание Пекина и Москвы создать альтернативу международным структурам лишило ШОС реальной миссии// Независимая газета.21.06.2016.

④ 俄罗斯总统梅德韦杰夫：《上海合作组织——新的地缘政治现实》，载《人民日报》2010年6月12日，第5版。

⑤ ШОС:точки роста-Аналитичекий доклад//Информационно-аналитический центр.14.07.2011.

⑥ Алексей Малашенко.Кто бросает вызов России в Центральной Азии?//Независимая газета. 05.03.2012.

接，然而，哈萨克斯坦和塔吉克斯坦仍处于“政治上层交接班时候”，对两国来说，如何“维护稳定、维护现权力机构及其政治制度问题已变得越来越现实”。[①]不管中亚成员国当政者多么期待上海合作组织能在其政权岌岌可危的关键时刻出手相助，阿坦巴耶夫总统甚至还准备在上海合作组织峰会发言时请求成员国元首发表专门声明，支持吉尔吉斯斯坦现政权及其他本人，以便在与反对派的斗争中巩固自己的地位。[②]然而，无论过去、现在乃至将来，上海合作组织对类似于2005年和2010年吉尔吉斯斯坦反对派推翻该国现政权引发的社会动乱或都将“束手无策”。上海合作组织并不是一个具有“超级”职能的组织，它不可能对主权国家反对派发动民众挑战当局权威的行为武装入境干预。2017年12月，俄罗斯国际事务理事会在年终报告中强调，后苏联地区仍有安全风险，无法排除某个中亚国家发生政治危机的可能性。[③]

4．印度与中巴的历史纠葛和现实矛盾影响上海合作组织的和谐氛围。印度刚一完成“转正”最后程序即向中方发难。2017年6月，印度边防军携带武器和工程设备突然在中印边界锡金段越过边界线进入中方境内，阻挠中国边防部队在洞郎地区的正常活动，导致双方军队对峙70余天，两国几近濒临战争边缘。而且，印度在联合美日澳战略挤压中国方面也动作不断。就在印中边界冲突持续紧张之际，印度高调同美日两国在印度孟加拉湾附近海域举行史上规模最大的“马拉巴尔”军事演习。9月，莫迪总理在日本首相安倍晋三访问新德里期间表示，印度要将“东进政策（Act East Policy）”与安倍的“自由与开放的印太战略（Free and Open Indo-Pacific Strategy）”对接，并建立“印日向东行动（Act East Forum）论坛。印度还与新加坡和伊朗先后签署海军协议和租用恰巴哈尔港的协议。印新双方可以临时使用对方的海军设施以及相互给予后勤支持。2018年2月，莫迪总理不顾中方反对窜访两国有争议地区，引起中方严正交涉。印方还一边要求各级官员不要参与达赖逃亡60周年的所谓纪念活动，一边却公开宣称对达赖的政策保持不变，他拥有在印度开展宗教活动的自由。4月，印度举行

① Адрей Грозии.Влияние у России в Центральной Азии явно весомее, чем Китая//ЦентрАзия.05.07.2005.

② Александр Князев.ШОС во время чумы. Крупный межгосударственный альянс мельчает на глазах//Независимая газета. 02.09.2013.

③ Андрей Кортунов. Иван Тимофеев. Внешняя политика России: взгляд в 2018 год. Резюме//РСМД.18 декабря 2017 года.

了史上最大规模的旨在验证自身军事实力的代号“空中力量”（Gagan Shakti）全天候军事演习，3天里出动了1万架次的作战飞机升空，以检验其在飞机数量有限情况下进行高强度的作战能力。

印度与巴基斯坦的冲突和矛盾不断。印巴的边界冲突由来已久并成频发态势。据巴方统计，仅2017年上半年，因印巴边防军交火造成的克什米尔地区平民死亡人数即达832人，超过3000人受伤。2018年1月，印巴边防军在边境地区爆发的武装冲突导致双方各有4名和3名士兵死亡，导致两国的边境冲突进一步升级。巴基斯坦总理阿巴西要求印度严格遵守两国2003年签署的停火协议。联合国秘书长古特雷斯也紧急呼吁，印巴应通过对话方式解决领土争端，避免交火造成更多伤亡。

（二）来自外部的干扰

美国等西方保守势力一直用有色眼镜看待上海合作组织，尤其是随着上海合作组织的不断发展壮大，一些抱有冷战思维的西方政客更是将其视为“非西方的政治力量”，对上海合作组织的某些意志和行为无端猜忌、百般提防。[①]

首先，西方保守势力难以改变对上海合作组织的固有偏见。尽管上海合作组织从成立伊始即宣布其不是军事集团，它的建立不针对任何国家和集团，而是一个开放的地区性合作组织。但西方一直对此持有偏见，认为上海合作组织具有地缘政治色彩。随着某些所谓“国际名声不好”的国家不断要求加入上海合作组织，更加剧了西方某些人士对该组织的偏见。何况，上海合作组织所寻求的构建多极、公平合理的世界秩序与美国徐图保持其长期主导的原有世界秩序战略相悖；所秉持的在国际关系中坚持“互信、互利、平等、协作”安全观，以及尊重所有国家利益和不可分割的世界安全空间理念与西方保守势力的冷战思维格格不入；所坚持的在国际和地区热点问题上应发挥联合国主导和协调作用的主张，更是与美国和北约在一些问题上绕开联合国单独行事背道而驰；所崇尚的和平友好、互利合作精神与美国等西方国家的“集团思维”和强权政治严重对立。上海合作组织一贯呼吁国际社会应尊重各国国家主权和独立、政治和社会制度多样性，这客观上

① 赵鸣文：《上海合作组织与中国的西部安全》，《中国周边安全环境评估及政策选择》，世界知识出版社2015年版，第391页。

也对西方的价值观构成挑战。[①] 而且，遏制美国对中亚的扩张也是上海合作组织不言的任务。“上海合作组织事实上是一支制衡美国在中亚影响的力量”，其“地区反恐机构的建立使美国和上合组织在中亚地区军事领域中形成了竞争局面”。[②] 有赖于可以在中亚地区推动自主立场的政治分量和巨大的军事分量，有人常说上海合作组织是反美机构，还说它是一种与北约对抗的机构。[③] 西方新闻评论界也不时贬低上海合作组织，认为它缺乏凝聚力以及拥有令人可怕的地区势力，在它们看来，上海合作组织不值得打交道。[④]2005 年，上海合作组织以声明形式要求美国和北约确认多国部队从中亚撤军时间表，更使西方人士确信，其并不是西方社会所愿意看到的组织。英国皇家国际问题研究所亚洲项目高级研究员凯利・布朗说得直白，由于上海合作组织是属于少有的几个没有美国参与并发挥作用的国际组织之一，其对西方来说是个不易确定、甚至引发疑虑的组织。[⑤]

其次，地区安全形势隐忧依在。中国长期面临境内外“东突”势力、恐怖主义、邪教以及跨国犯罪团伙的威胁，“泛伊斯兰主义”和“泛突厥主义”等伊斯兰极端思想和民族分裂思潮不断向中国渗透和传播。2013 年 10 月，北京发生自杀式驾车暴力撞击天安门金水桥护栏的恐怖袭击事件，造成 5 人死亡，38 人受伤。2014 年 3 月，昆明火车站发生严重暴恐事件，造成 29 人死亡，143 人受伤。2014 年 4 月以来，新疆乌鲁木齐火车南站、沙依巴克区公园北街早市、喀什市莎车县接连发生恐怖袭击事件，造成死伤 200 余人。2015 年 9 月，阿克苏地区拜城县一座煤矿发生暴力袭击民警事件，造成 11 名群众死亡、18 人受伤，3 名民警和 2 名协警牺牲。此间，中国警方破获组织、运送和偷越国境案件 262 起，抓获涉嫌偷越国境犯罪嫌疑人 800 余人，其中部分嫌疑人供认其是企图出境参加“圣战”的宗教极端分子。

俄罗斯长期遭受恐怖爆炸、人质绑架以及跨国有组织犯罪和毒品走私威胁，

---

① Zhao Mingwen,"Shanghai Cooperation Organization:A New Stage, New Challenges,and A New Journey," *Foreign Affairs Journal*, Summer 2018.p.56.

② 哈萨克斯坦总统战略研究所政治学家奥利格・西多罗夫：《上海合作组织成员国的地缘政治利益与前景》，载《国际问题研究》2006 年第 3 期。

③ ШОС:точки роста-Аналитичекий доклад//Информационно-аналитический центр.14.07.2011.

④ 彼得・李：《俄印关系在中亚恶化》，载《香港亚洲时报在线》2010 年 1 月 5 日。

⑤ 赵鸣文：《上海合作组织与中国的西部安全》，《中国周边安全环境评估及政策选择》，世界知识出版社 2015 年版，第 361—362 页。

恐怖暴力事件持续不断。2013 年 1 月至 2 月，达吉斯坦哈萨维尤尔特市连续发生汽车爆炸事件，造成包括 3 名警察死亡，10 余人受伤。2017 年 4 月，俄罗斯圣彼得堡地铁发生恐怖爆炸事件，造成 14 人死亡、50 多人受伤。此后，警方成功阻止多起严重恐袭事件的发生，包括恐怖分子原定在莫斯科和圣彼得堡制造的恐袭。[①]

中亚极端宗教组织不断利用民众对当地社会贫富差距拉大的不满扩充实力、频频制造恐怖极端事件。2012 年 3 月，哈萨克斯坦安全部队在阿拉木图挫败一起系列炸弹爆炸袭击事件。7 月，塔吉克斯坦戈尔诺—巴达赫尚自治州参谋长阿卜杜拉・纳扎罗夫少将遇刺身亡，在塔吉克斯坦政府军随后的清剿军事行动中，有 12 名军人死亡，30 名武装分子被击毙。2016 年 8 月，吉尔吉斯斯坦的安全形势再度恶化，中国驻比什凯克的大使馆遭到受命于“努斯拉阵线”组织（已更名为“征服阵线”，JFS）的“东突”恐怖分子实施的汽车炸弹袭击，造成 1 死 3 伤。种种迹象表明，中亚的伊斯兰革命党、乌兹别克斯坦伊斯兰运动等宗教极端组织与阿富汗塔利班基地组织相互勾结，严重影响着中亚地区的安全与稳定。

印度的安全形势更是令人堪忧，不断受到恐怖分子的袭击，恐怖袭击事件频发。2016 年以来，印度伯坦果德空军基地、阿萨姆邦科克拉贾尔县、乌里镇、印控克什米尔讷格罗达附近的陆军基地接连发生恐怖袭击事件，造成近 30 人丧生和数十人受伤。巴基斯坦也接连发生帕夏汗大学、西南部奎达一所医院（遭 ZS 式炸弹袭击）和南部俾路支省胡兹达尔地区爆炸恐袭事件，造成百余人死亡和百余人受伤。2017 年，两国又连续发生印度中央邦首府博帕尔开往乌贾因的火车发生炸弹爆炸导致 10 人受伤，3 人受重伤事件。巴基斯坦也接连发生东部旁遮普省首府拉合尔市、南部信德省城镇塞万赫沙利夫清真寺、西北部帕拉奇纳尔等地区暴力恐袭事件，造成超过 100 人死亡，数百人受伤。

最后，长期面临阿富汗动荡局势的考验。如何应对阿富汗持续恶化的安全局势始终是上海合作组织难以回避的现实挑战。为解决“阿富汗问题”，2005 年上海合作组织专门成立了“上海合作组织—阿富汗联络组”。然而，迄今为止，上海合作组织仍无法将其称为解决阿富汗问题的有效机制。在阿富汗，上海合作组

① Дмитрий Тренин.Заглядывая на пять лет вперед. Идеологические, геополитические и экономические факторы российской внешней политики//Московский Центр Карнеги России.03.04.2018.

织只限于人道主义援助和双边经济重建项目，在如何减少恐怖袭击和毒品走私方面并没有更多“立竿见影”的办法。为此，国际社会甚至抱怨上海合作组织是游离于阿富汗紧张局势之外的旁观者，在“消极地等待美国及其盟友将这个国家的‘秩序整顿好’”。对上合组织来说，美国及其北约多国部队从阿富汗“不胜而退”是把“双刃剑”：美国和北约长期在阿富汗驻扎对上海合作组织“实施地区一体化合作不利”。因为，“正是美国的介入常常使上海合作组织调解阿富汗问题的方案复杂化”。[①]但是，如果美国和北约徐图在摧毁不了塔利班势力的情况下尽快脱身、甩掉战争包袱，则会把打开的阿富汗“潘多拉盒子”留给中俄两国及其他成员国，这无疑是投给上海合作组织的一块烫手“山芋”。未来，“随着国际安全部队撤离阿富汗，来自阿富汗的这一威胁将会加剧”。[②]美国及其北约部队投入大量人力物力、历时近20年反恐未能改变阿富汗的安全状况，阿富汗军警在多国部队撤走后能否担此重任，不仅是对阿富汗政府的考验，也是对上海合作组织能否收拾好美国和北约留下的“烂摊子”的现实考验。[③]尽管上合组织拥有较为完备的反恐合作法律基础和各种有效的安全执法合作机制，但是，由于美国和北约从阿富汗撤军造成地区安全形势的不确定性，以及区内外力量竞相主导地区安全事务都会给恐怖组织及其势力有可乘之机，阿富汗问题始终是上海合作组织面临的一道严峻的课题。

二、发展前瞻

虽然上海合作组织尚存一些制约组织发展的内部和外部挑战，但是，成员国在深化政治安全领域的合作前景依然看好。“上海精神”的强大凝聚力始终是上海合作组织持续发展的有力保证。

（一）上海合作组织的战略地位和影响将持续提升

印度和巴基斯坦成为正式成员国，这为上海合作组织在亚洲构建统一的安全

① Татьяна Синицына. Афганский тест для ШОС//Информационно-аналитическийцентр. 13.03.2012.

② А.В. Лукин.Шанхайская организация сотрудничества: в поисках новой роли//Россия в глобальной политике.9 июля 2015.

③ 赵鸣文：《上海合作组织与中国的西部安全》，《中国周边安全环境评估及政策选择》，世界知识出版社2015年版，第393—394页。

和经济合作空间开辟道路。[①] 两国的加入使上海合作组织的经济和人口规模扩大到占全球约 20% 和 40%，幅员面积从中国、俄罗斯和中亚延伸至南亚地区，直至印度洋海域的欧亚大陆四通八达的核心地带，使上海合作组织成为世界上幅员最广、人口最多的综合性区域合作组织，这有助于提升上海合作组织的国际地位和影响力。更重要的是，上海合作组织的“朋友圈”进一步扩大，所秉持的“上海精神”更被广泛认可。由于上海合作组织不但有两个联合国安理会常任理事国，还有三个“金砖国家”和四个“有核国家”，这将使上海合作组织在完善全球治理体系、推进国际经济秩序改革等重大问题上的话语权和影响力大增。印巴的加入还使上海合作组织将打击中亚“三股势力”和南亚及中东恐怖组织结合起来，使其安全合作区域纵深明显扩大，可以进一步加强跨国安全和反恐合作。如今，当初国际认可度不高的上海合作组织已发展成为二战结束以来整个欧亚大陆从未有过，甚至欧洲一些国家都趋之若鹜希望加入的一个多边区域组织，成为国际舞台上一支不可忽视的变量。[②]

（二）政治安全合作始终是成员国相互倚重的重要领域

近年来，美国战略东移，重返亚太动作频频，使中俄战略发展空间受到极大挤压。西方连续策动的“颜色革命”和“阿拉伯之春”令包括中亚的苏联时期的国家不寒而栗。息息相关的国际安全环境使成员国客观上都有借上海合作组织“抱团取暖”的实际需求。在国际安全形势急剧变化大背景下，“中国在一定程度上需要俄罗斯支持。俄罗斯在联合国和其他国际平台也期待中国支持”。[③] 何况，“无论俄罗斯抑或中国，都不允许中东恐怖分子团伙在两国边境地区胡作非为，因为这一地区正处在两国共同实施一体化项目的核心地带”。[④] 通过与成员国和观察员国乃至对话伙伴国的互利互信合作，中国可以消除对来自东、西、南、北的

---

① Виктор Пироженко. Шанхайский дух на встрече в Циндао-Китайско-российско-индийская стратегическая коммуникация станет основой стабильности в Азии//"Фонд стратегической культуры".2018.2.6.

② Zhao Mingwen,"Shanghai Cooperation Organization:A New Stage, New Challenges,and A New Journey," *Foreign Affairs Journal*, Summer 2018.p.60.

③ Андрей Петров.Россия, Индия и Китай обсудят попытки США столкнуть между собой страны БРИКС//Экономика сегодня.22 Ноября 2017 года.

④ Ростислав Ищенко.ШОС на пути к евразийскому единству//РИА Новости.10.06.2017.

传统军事安全威胁的担忧，将有限财力和军力投入更需要的地方。中国寄希望于上海合作组织能够确保中国西北部的战略安全。上海合作组织也是俄罗斯唯一可借用的非其完全主导的地区国际组织，客观上为其南部打造了一个稳定的安全地带，解决了来自东、西和南部地区的安全问题，成为助其走向复兴、重振大国地位不可或缺的重要借重力量。2017 年 12 月，俄罗斯国际事务理事会的年终报告强调，恐怖主义威胁依旧存在。"伊斯兰国"武装分子返回俄罗斯及其他苏联国家，北高加索及中亚的地下恐怖活动日益猖獗。俄罗斯的主要任务即是防止这一地区重新成为国际恐怖主义基地，遏制恐怖主义、极端伊斯兰主义向北高加索及中亚的蔓延。[①]"上海精神"也为中亚成员国和印巴两国多元化对外战略提供重要支撑，它们更有依托上海合作组织来扩大对外交往的战略需求。而且，参与拥有中俄两个毗邻大国参加的上海合作组织的政治安全合作，也是中亚成员国和印巴相互平衡关系的客观需要。2003 年以来，美国等西方势力在格鲁吉亚、乌克兰和吉尔吉斯斯坦等苏联国家接连策动"颜色革命"，2010 年底西亚北非又连续爆发"阿拉伯之春"，使中亚国家领导人的政治危机感普遍加剧，在与西方打交道和接受其援助时更加小心谨慎。他们普遍期冀上海合作组织能平抑美国等西方势力在中亚的地缘政治影响。因为，上海合作组织从不干预任何国家的内政。加入上海合作组织"有利于哈萨克斯坦巩固其地缘政治地位"。而"乌兹别克斯坦在上合组织的利益与哈萨克斯坦有很多方面相似。在阿富汗军事冲突转移至乌兹别克斯坦境内的情况下"，借助上海合作组织的集体力量"打击恐怖主义和宗教极端势力"也是塔什干所追求的目标。[②]正是在乌兹别克斯坦的推动下，上海合作组织青岛峰会通过了《上海合作组织成员国元首致青年共同寄语》，呼吁国际社会合力打击旨在吸收青年参与恐怖主义、分裂主义、极端主义团伙活动的企图，防止上合组织区域的年轻人被引诱参与破坏性活动，帮助正在成长的一代对有人企图向其灌输的恐怖主义和其他激进思想形成免疫力。[③]由于吉尔吉斯斯坦和塔吉克斯坦国小式微，无力独自抵御"三股势力"威胁，借助上海合作组织的集体

① Андрей Кортунов, Иван Тимофеев. Внешняя политика России: взгляд в 2018 год. Резюме//РСМД.18 декабря 2017 года.

② 哈萨克斯坦总统战略研究所政治学家奥利格·西多罗夫：《上海合作组织成员国的地缘政治利益与前景》，载《国际问题研究》2006 年第 3 期。

③ Екатерина Постникова.«ШОС только выиграла от своего расширения» //Известия.21 мая 2018 года.

威力，共同打击恐怖主义和跨国有组织犯罪团伙也是其实际需求，两国均视上海合作组织为它们“自己的组织”，对其钟爱并不亚于中俄两国。2018 年 6 月，吉尔吉斯斯坦总统热恩别科夫在接受中国媒体采访时表示，无论对吉尔吉斯斯坦，还是上合组织其他成员国而言，自上海合作组织成立以来，安全合作都是优先方向之一。尽管印巴从未联合举行过反恐演习，也未同时参加过任何多边反恐行动，但是，双方却很早就决定派兵参加上海合作组织成员国举行的“和平使命—2018”联合军事演习，以加强同其他成员国的反恐合作。两国还表示将进一步参加上海合作组织框架下的其他防务和安全合作。

（三）趋同的价值观仍是深化政治安全合作的保障

从地缘政治角度讲，上海合作组织成员国在构建公正、合理的多极化世界方面具有共同的利益，各方在维护世界和地区安全稳定、促进各国共同发展、推进国际关系民主化方面的立场一致。中俄、中亚成员国和印巴都是世界多极化格局的倡导者和拥护者。中国始终致力于促进各国共同发展与繁荣、推进国际关系民主化的努力。俄罗斯一直呼吁禁止滥用武力，严格遵守国际法基本准则，认为当今世界接连发生的打着人道主义幌子的武装冲突破坏了已存在多个世纪的国家主权原则，强调任何国家都无权将联合国的特权占为己有，尤其当涉及对主权国家动武时。[①] 中亚成员国更是赞成通过对话和平解决地区和国家间争端，反对以武力或威胁使用武力干涉主权国家内政，进而推翻一个国家的合法政权，在促进国际关系民主化和构建多极世界等问题上的政治取向客观地与中俄一致或相近。[②] 正如哈萨克斯坦总统纳扎尔巴耶夫所称，凝聚上海合作组织的地缘政治因素“就在于它善于利用政治外交手段解决国际问题。以柔克刚、‘智慧’取胜，以审慎和循序渐进的方式实现既定目标，这就是上海合作组织的魅力所在。正是这一点使得上海合作组织成为一个强大的磁场，吸引着所有致力于开展平等和互利对话的国家和人民”。[③] 印度和巴基斯坦均坚定奉行独立自主的对外政策，支持全球

---

① Президент РФ Владимир Путин.Россия и меняющийся мир//Московские новости.27.02.2012.

② 赵鸣文：《上海合作组织与中国的西部安全》，《中国周边安全环境评估及政策选择》，世界知识出版社 2015 年版，第 382 页。

③ 《哈萨克斯坦总统撰文谈上合组织成立十周年》，中新网，2018 年 4 月 10 日，http://www.chinanews.com/gn/2011/06-08/3098153.shtml。

化，主张多边体系和国际关系民主化。尽管印方在“一带一路”倡议问题上仍存异议，但无论是在2017年12月的上海合作组织成员国政府首脑理事会会议，还是在2018年6月的上海合作组织成员国元首青岛峰会，新老成员国均找到各方都能接受的折中方案。经各方协商一致，最终将“确立人类命运共同体的共同理念”写入“青岛宣言”，成为八国最重要的政治共识和努力目标。

（四）“上海精神”继续是“凝识聚力”的纽带

在加拿大魁北克七国峰会不欢而散的背景下，“上海精神”的活力优势更加显现。上海合作组织青岛峰会不仅赢得广泛赞誉，作为东道主的中国还提出了应对各种挑战的相应举措。中国国家主席习近平指出，上海合作组织始终保持旺盛生命力和强劲合作动力的根本原因就在于它创造性地提出并始终践行“上海精神”，主张互信、互利、平等、协商、尊重多样文明、谋求共同发展。习近平主席提出的践行新型的“发展观、安全观、合作观、文明观、全球治理观”，以及构建新型国际关系和人类命运共同体倡议赋予了“上海精神”新的时代内涵，指明了上海合作组织的发展方向和奋斗目标。八国领导人批准的《〈上海合作组织成员国长期睦邻友好合作条约〉实施纲要（2018—2022年）》具有承前启后的重要意义，纲要将为丰富和提升“上海精神”内涵发挥相辅相成的作用。正如哈萨克斯坦总统纳扎尔巴耶夫所言，“成员国倡导的‘上海精神’是上海合作组织的根基”。“这一精神不仅是处理国与国关系的经验总结，而且对推动全球治理具有重要的现实意义”。[①] 白俄罗斯总统卢卡申科强调，“‘上海精神’是我们共同的财富，上海合作组织是我们共同的家园”。中方围绕构建人类命运共同体提出的建议有利于各方携手应对新挑战，上海合作组织应为此做出更大贡献。[②]

（五）印中和印巴矛盾或将有效管控

尽管中印关系在印度加入上海合作组织前后出现较大波折，但是，也应该看到中印两国都有缓和关系的迫切愿望，“都希望印度洋地区局势稳定”。何况，即

① 《构建命运共同体 书写上合新篇章——写在上海合作组织青岛峰会闭幕之际》，新华社，2018年6月12日，http://www.gov.cn/xinwen/2018-06/11/content_5297727.htm。

② 《习近平主席上合组织青岛峰会重要讲话解读》，光明时政，2018年6月12日，http://politics.gmw.cn/2018-06/11/content_29224025.htm。

便媒体大肆炒作，可中国人并未在巴基斯坦的瓜达尔港兴建军事基地。[①] 而且，就连一些西方学者也不认为中国在印度洋沿岸地区推进经济合作的主要目的在于构筑对印度的包围网。日本《读卖新闻》刊文称，中国推进基础设施建设的最大理由在于加强海上航路防卫和能源安全保障，只是客观结果达到了对印度形成包围网效果。澳大利亚前驻印度大使约翰·麦卡锡认为，尽管“中印之间存在深刻的地缘政治矛盾，可是，两国的经济往来规模非常庞大。因此，不排除印度未来会参与到丝绸之路项目当中”。[②] 纵观印中关系发展史，虽然双方在一些问题上存在分歧甚至是很深的矛盾，但是，两国在多边国际舞台仍有过不少成功合作先例。就地区问题而言，印度和中国都反对外部势力介入，认为“亚洲的事务应由亚洲人自己来办”。[③] 就全球性问题来说，无论是 2007 年的联合国巴厘岛气候变化大会，还是 2009 年的联合国哥本哈根气候变化大会，印度都与中国和“基础四国”其他伙伴有过密切的配合、充分展示了印度希望与包括中国在内的广大发展中国家“集体发声”“抱团”维护共同利益的决心和意愿。而且，印度在亚洲相互协作与信任措施会议（亚信）、金砖国家，金砖银行及亚洲基础设施投资银行等多边合作机制中与中俄以及中亚成员国的合作也十分顺畅。[④] 从实际情况来看，印度和巴基斯坦的“转正”不但没有给上海合作组织带来负面影响，反而促进了印度与中巴两国尤其是对华关系的加速回暖。莫迪总理不顾国内对“重置”对华政策的质疑声音，在上海合作组织峰会前专程赴华与中国国家主席习近平举行非正式会晤，彰显印度政府及莫迪总理本人对改善对华关系的极大诚意和坚定决心。在上海合作组织青岛峰会期间，莫迪总理重申，印方愿在两国领导人武汉非正式会晤基础上推动印中关系不断向前发展。印度作为新成员，愿在上合组织中发挥积极作用，支持中方成功举办青岛峰会。虽然印方对“一带一路”倡议仍存疑惑，然而，印方还是不反对在成员国领导人的宣言中保留成员国应加强相

---

① Владимир Скосырев.Пекин и Дели топят лед в Гималаях-Под угрозой американских санкций Китай нормализует отношения с соседями//Независимая газета.26.04.2018.

② Владимир Скосырев.Пакистан может стать колонией Китая-Пекин и Исламабад обеспечат безопасность на Шелковом пути//Независимая газета.19.06.2017.

③ Петр Акопов. Война между Китаем и Индией была запрограммирована англичанами//Взгляд.2 августа 2017 г.

④ Zhao Mingwen"Shanghai Cooperation Organization:A New Stage, New Challenges,and A New Journey," *Foreign Affairs Journal*, Summer 2018,p.63.

互间的"新建和升级国际交通线路中的路段，发展包括高铁在内的公路和铁路交通"等"互联互通"合作项目，并与其他成员国共同指出，有必要切实落实《上海合作组织成员国政府间国际道路运输便利化协定》，继续就制定《上海合作组织成员国公路发展规划》开展工作。

至于印巴关系，正如上海合作组织秘书长拉希德·阿利莫夫所言，从理论上讲，印巴借鉴苏联国家和中国的边界谈判经验的这种可能性是存在的。① 印度前驻俄罗斯大使阿贾伊·马尔霍特拉也表示，印巴早就是一系列多边组织的老成员，两国的双边问题不会对上海合作组织产生负面影响。② 而且，印巴的上海合作组织观察员国地位已有 12 年，两国或多或少参与了上海合作组织的一些事务。巴基斯坦真纳大学政治与国际关系学者扎法尔·贾斯帕尔认为，和印度相比，巴基斯坦军事和经济体量都处于弱势，因此，巴基斯坦更希望通过沟通解决与印度的关系紧张问题。如果双边渠道不畅通，那么上海合作组织提供的多边渠道将是双方沟通的另一个途径。③ 何况，印巴都有缓解双边关系的愿望，2017 年 9 月，印度对俄罗斯与巴基斯坦在俄罗斯卡拉恰伊—切尔克斯共和国举行的军事演习没有做出激烈反应，因为，印度认识到，如今，俄罗斯、巴基斯坦和印度都是上合组织成员，其活动方向之一即是反恐合作。《印度战略》月刊编辑维奈·舒克拉表示，印方完全可以参加有印巴士兵参与的成员国联合反恐演习。④12 月，舆论普遍担心的印巴作为正式成员国首次参加上海合作组织成员国政府首脑（总理）索契会议的"口水战"并没有发生。⑤ 为此，印度前驻吉尔吉斯斯坦大使，欧亚事务著名专家蓬乔克·斯托丹教授认为，"上海合作组织可促使印巴紧张关系逐步解冻，因为，北京热衷于稳定的南亚关系"。另外，在上海合作组织框架下共同参加多边会议、反恐活动以及军事演习等形式多样的合作将改变地区政治气

① Рашид Алимов: ШОС не преследует цель ежегодного механического расширения своего состава//ТАСС.18 декабря 2017 года.

② Эксперты прокомментировали вступление Индии в ШОС//РИА Новости.Нью-Дели, 9 июн 2017 года.

③ 胡晓明、张兴军、刘天：《上合平台为印巴提供合作机遇——专家解读印巴加入上合组织一周年》，载《参考消息》2018 年 6 月 7 日。

④ Владимир Скосырев.В России высадился пакистанский десант-Вашингтон вынуждает Исламабад искать нового союзника//Независимая газета.27.09.2017.

⑤ Владимир Скосырев.Спор Индии и Пакистана грозит ослабить ШОС-Доминирующая роль Китая в организации оказалась под угрозой//Независимая газета.01.12.2017.

候，会“对印巴关系产生积极影响”。[①]

（六）俄罗斯不愿看到印中不睦削弱上海合作组织影响力

虽然俄罗斯积极推动印度加入上海合作组织的进程，但是，莫斯科也不希望新德里与北京的矛盾将其拖入尴尬境地。还是在印中洞朗边境冲突爆发前，俄罗斯就试图把印中两国国防部长召集在莫斯科会晤，以从中斡旋两国的紧张关系。因为北京和新德里都是俄罗斯的战略伙伴，莫斯科对印中关系的改善乐见其成。[②]俄罗斯对迎合中印任何一方都不感兴趣，同两国的关系对俄罗斯都意义重大。从俄罗斯角度看，中印争端没有一个是根本性和无法消除的原则问题。相反，如果同心协力，两国完全可以构建对自己有利的新世界秩序。而在俄中印“三角”中发挥欧亚大国独特作用的俄罗斯也会受益。[③]而且，俄罗斯总统经济和外交顾问谢尔盖·卡拉加诺夫明确表示，中国是俄罗斯最亲近的邻国，发展俄印关系不取决于俄中关系。俄罗斯在印中关系问题上不会选边站队，不会为支持印度或中国而将自己的利益置于风险之下。印中关系对立是错误的，越早解决这个问题越好。[④]俄罗斯国际事务理事会在年终报告中也强调，俄罗斯要防止中印在亚洲和印度洋爆发对抗。2018 年 4 月，“今日俄罗斯”国际通讯社政治观察家德米特里·科瑟列夫欣喜地表示，几个月前，某些人还在坐等印中在喜马拉雅地区陷入边境冲突、永远反目成仇，以彻底打乱莫斯科在亚洲方向上的整个外交部署。如今，和平正缓缓降临冲突区域，以对俄罗斯最有利的形式化解了上述困扰。[⑤]

（七）国际社会会逐渐改变对上海合作组织的偏颇认知

自上海合作组织成立以来，其倡导的“上海精神”和新安全观越来越被更多国家和国际组织机构认可和崇尚，也使上海合作组织从起初被西方一度担心的会变成“东方北约”和独立于西方的反美组织，逐渐发展成为被国际社会普遍看

---

① 西玛·森古普塔：《上合组织扩大可能改变世界格局》，载《香港亚洲时报在线》2017 年 6 月 5 日。

② Владимир Скосырев.Пекин и Дели топят лед в Гималаях-Под угрозой американских санкций Китай нормализует отношения с соседями//Независимая газета.26.04.2018.

③ Петр Акопов.Россия выиграет, помирив Индию и Китай//Взгляд.1 июня 2017.

④ Сергеем Карагановым, советником президента РФ Владимира Путина по экономическим вопросам и внешней политике, обсудил с Индрани Багчи (Indrani Bagchi) //Россия в глобальной политике.7 марта 2018.

⑤ Дмитрий Косырев.Москва, Пекин и Дели: перезагрузка альянса//РИА Новости.2018.4.24.

好的一个探讨新安全观和构建和谐地区及国际新秩序的重要平台，为不同文明和宗教信仰的国家和组织寻求共识、实现共同利益找到一条新路径，在维护地区稳定和打击“三股势力”方面发挥的作用日益被国际社会认可。2002年8月，美国将上合组织打击的“东突厥斯坦伊斯兰运动”（东伊运）列入恐怖组织名单。9月，在联合国安理会通过冻结“东突厥斯坦伊斯兰运动”资产、旅行限制和武器禁运等制裁决议，将“东伊运”正式列入恐怖组织名单后，美国随即冻结了“东伊运”在美国的资金，切断其与其他恐怖组织的资金来源。时任俄罗斯总统上海合作组织事务特别代表列昂尼德·莫伊谢耶夫认为，上海合作组织最重要的成就即是国际社会普遍对上海合作组织在中亚地区发挥作用的认可，这反映在联合国通过的有关承认上海合作组织是保障中亚局势稳定的重要组织的专门决议。2011年9月和2015年1月，上海合作组织成员国先后联名向第66届和第69届联大提交了作为联合国官方文件的《国际信息安全行为准则》和准则的更新草案，引起国际社会广泛关注，进一步推动了信息和网络空间国际规则制定进程。[①] 2016年4月，上海合作组织领导人在联合国召开的关于世界毒品问题特别会议的发言再次被作为大会正式文件分发各国代表。由此可见，上海合作组织已成为一面和平发展的旗帜，有着极高威望的多边综合性合作组织，其影响大大超出地区范围。历史和现今的欧亚大陆或许有过，或目前依然存在着这样或那样较有影响的地区性国际组织，但都很少有像上海合作组织这样被更多不同意识形态和制度各异国家青睐。

（八）上海合作组织从青岛再出发

2018年6月，扩员后的上海合作组织成员国元首理事会首次会议在中国青岛举行。青岛峰会达成的共识不但没有减少，反倒更加丰富了成员国包括政治安全等领域的合作内涵。八国领导人批准《上海合作组织成员国打击恐怖主义、分裂主义和极端主义2019年至2021年合作纲要》和《2018—2023年上海合作组织成员国禁毒战略》及其落实行动计划，并责成各自相关部门就建立地区禁毒常设机构事宜继续进行积极磋商。与会各方积极评价接收印度和巴基斯坦加入上海

① 《中国、俄罗斯等上合组织成员国向联合国提交“信息安全国际行为准则”更新草案》，新华网，2018年4月20日，http://www.xinhuanet.com/2015-01/10/c_1113944827.htm。

合作组织的重要意义。中国国家主席习近平在主旨发言时指出，中方愿同各成员国一道，本着积极务实、友好合作的精神，全面落实本次会议的共识，携手创造上海合作组织更加光明的美好未来。印度驻华大使班浩然表示，上海合作组织峰会及其议题正给世界秩序带来“多边主义”和“多极化”的全新思考和启发。上海合作组织峰会和它所代表的多极化向世界传达了一个信息：即使是政体和意识形态存在差异的大国之间也可通过共同努力实现和平相处。上海合作组织秘书长阿利莫夫确信,《上海合作组织成员国元首理事会青岛宣言》将有助于成员国在加强相互信任、推进互利合作方面打开崭新局面。联合国常务副秘书长阿明娜认为，上海合作组织青岛峰会是多边主义的再出发。承前启后、继往开来，青岛峰会已成为上海合作组织发展进程中的重要里程碑。展望未来，我们有理由相信，上海合作组织将在维护和加强地区安全与稳定，促进地区共同发展，建立公平、合理的新世界秩序中发挥更大作用，发展前景越来越好。

浅析金砖国家合作前景[①]

2009 年 6 月，中、俄、印、巴四国正式组成“金砖四国”对话机制，继 2011 年 4 月南非加入，“金砖国家”合作机制成立。几年来，“金砖国家”各级别合作机制初步形成，在国际事务中相互配合、重大利益相互支持、务实合作深入开展等方面凸显了这一组织的空前活力，同时也存在着政治互信不足、各方利益不能完全吻合、投资环境多被西方质疑、面临新兴经济体的挑战等问题。由于“金砖国家”自身发展潜力巨大，并被国际投资商看好，联合自强已成为金砖国家共同的战略选择，成员国都有化解分歧的诚意，机制的包容性更增添新的活力，因此，未来金砖国家的合作前景机遇大于挑战。

10 年来，“金砖四国”（BRIC 或 BRICS）的发展前景一直被世人瞩目、热议不疲。2009 年 6 月，中国、俄罗斯、印度三国领导人在结束叶卡捷琳堡上合组织成员国元首理事会第九次会议后，旋即与巴西总统举行首次“金砖四国”领导人会晤，并决定继续保持四国领导人的这种对话机制，深入开展相互间的合作与交流。在短短的不足两年时间，这一对话机制已发展为合作机制并开始扩容，凸显其空前的活力，愈加引起国际社会的普遍关注。

一、四国合作机制快速发展

“金砖四国”的国土面积占世界陆地面积 26%，人口占世界总人口 42%，耕地面积占全球约 35.6%，GDP 约占世界 18%，贸易额占世界 15% 左右，小麦约占世界产量 40%。近年来，四国对世界经济增长的贡献超过 50%，已成为全球经济复兴的火车头，改变了世界经济增长长期主要依靠欧美，特别是美国经济拉动的格局。

---

① 该文载在《和平与发展》2011 年第 5 期，第 9—15 页。

（一）各级别合作机制初步形成

“金砖四国”各级别对话与合作机制不断完善，继2009年6月叶卡捷琳堡“金砖四国”领导人首次会晤后，四国领导人会晤机制已成制度化。2010年4月“金砖四国”领导人第二次正式会晤在巴西利亚成功举行，2011年4月扩大后的“金砖国家”领导人第三次会晤也将在中国海南省召开。与此同时，四国的外交、安全、金融和农业等部长磋商和会议机制也相继形成。四国外长在多边场合频繁会晤，安全事务高级代表连续两年齐聚讨论地区和国际安全问题，财长和央行行长迄今磋商多达5次，农业部长就共同应对全球粮食安全、减缓气候变化对农业的影响等问题举行首次会晤、深入交换意见。

（二）国际事务相互配合

原金砖四国在构建世界多极化和国际关系民主化进程方面立场一致，在国际组织和多边机构中密切合作与配合。它们一致认为现行的国际构架需要接纳新兴国家特别是“金砖国家”，支持世界文明多样化，国际争端应在互信、互利与合作原则基础上通过对话和平解决，反对无视联合国的单边主义和“武力强权”行为，主张根据相互利益和同等安全原则建立全球和地区安全体系。四国领导人在巴西利亚峰会联合声明中强调，希望看到国际金融机构和联合国的改革能带来的“多极、平等和民主的世界秩序”，能更好地反映新兴经济体的要求。

（三）重大利益相互支持

金砖四国中的中国、印度、巴西在哥本哈根气候峰会上积极协调立场，联手反对富国减轻自身减排责任，成功打掉东道主丹麦提出的2050年减少全球一半温室气体排放，并把2020年作为碳排放顶峰年的提案，有力地维护了包括中国、印度和巴西在内的广大发展中国家的利益。

四国在推动构建稳定、可预测、多元化的国际货币体系进程中彼此呼应、通力合作，一致认为“应尽快摆脱对美元的过分依赖”，人民币、卢布和卢比也应该像美元和欧元一样成为今后国际金融体系的核心，不认为人民币币值是当今国际金融体系中的主要问题。时任巴西总统卢拉指责，是美国和其他富国制造了全球金融危机却没有做出足够的努力来制止这场危机。巴西官员也称，“在‘金砖四国’内，晃动过于庞大的船只对谁都没有好处”。[①] 俄罗斯总统梅德韦杰夫则强调，鉴于中国经济的发展规模，已“无法回避”人民币作为“新的储备货币”问题，认为“多货币体系业已存在”，且“建立多货币体系，世界会稳固得多”。[②] 四国领导人在巴西利亚第二次正式会晤时共同提出，国际货币基金组织和世界银行应尽快解决其在“合理性方面的不足”，呼吁在投票权方面“做出有利于新兴市场经济体和发展中国家的大幅调整”，使四国“参与决策的程度与其在世界经济中的相对比重相符”。

正是在四国的共同努力下，2010 年世界银行将发达国家投票权的 3.13 个百分点转移给了发展中国家，使后者获得了 47.19% 的投票权。国际货币基金组织在份额和投票权上也做出重大调整，使“金砖四国”全部进入前 10 名，获得了更大的话语权。“金砖国家”合作机制已成为成员国维护自身发展和发展中国家利益协调立场、采取共同行动、实现共赢的重要平台和战略依托。

（四）务实合作深入开展

2009 年巴西与“金砖四国”其他三国的贸易额已占其外贸总额的 18%，达到 701.8 亿美元，俄罗斯、印度、中国同其他三国的贸易额也分别占到各自外贸总额的 11%、11% 和 6%。2010 年中俄经贸合作升势，双边贸易额同比增长 43.1%，达到 554.5 亿美元，双方签署各项合作协议累计近 200 亿美元，正式将人民币和卢布在对方金融机构挂牌交易，并在双边贸易中采用本币结算。两国双向投资大幅增长，中国对俄罗斯直接投资 5.94 亿美元，同比增长 43.8%。俄罗斯对华投资 3497 万美元，同比增长 9.3%。中印利益不断融合，两国贸易呈快速增长态势，2009 年双向投资增长 10 倍，中企在印度投资建成的基础设施项目超过 100 亿美元，中国成为印度第二大贸易伙伴；2010 年双方签署 160 亿美元商务合同与协议，两国贸易额达到 620 亿美元，超过前 10 年贸易额的 20 倍。中巴经贸合作规模不断扩大，中企公司对巴累计投资将近 300 亿美元。中国国家开发银行与巴西石油公司签署 100 亿美元贷款协议，巴西从 2010 年起至 2019 年，每年向

① 阿诺·罗迪耶：《金砖四国难以确立一个共同阵线》，载法国《费加罗报》2010 年 4 月 16 日。

② Медведев: Мультивалютная резервная система уже есть//Росбалт .Санкт-Петербург,17 июня 2010 года.

中国出口 1000 万吨原油。2010 年两国贸易额同比增长 52%，达到 562 亿美元，中国已超越美国成为巴西最大的投资国和贸易伙伴。俄印传统合作优势依在，2010 年两国经贸止跌回升，双方不但签署近 300 亿美元的各项合作协议，双边贸易额也达到近 98 亿美元。俄巴贸易 2002 年至 2008 年增长 5 倍，2010 年双边贸易额涨幅超过 50%，达到近 100 亿美元。

与此同时，四国多边合作也取得长足进展，2010 年 4 月，四国签署俄罗斯对外经济银行、中国国家开发银行、巴西国家社会经济开发银行和印度进出口银行“四方”合作备忘录，指定上述银行在四国共同感兴趣的合作项目上投资，包括在高新技术、创新产业和节能等领域开展金融互助，组建四国“银联体”，为“金砖四国”多边合作助力。2010 年四国在俄罗斯成功召开首届国际竞争大会，并积极酝酿举办首届“金砖国家”企业家论坛。四国在农业、制造业、油气、核能、航天和科技等领域以及应对恐怖主义和核安全在内的全球威胁方面的合作也在稳步推进。

二、面临的挑战

尽管“金砖四国”合作机制快速发展，成员国也有不断深化合作的愿望，但这个新生组织的发展仍然面临诸多挑战。

（一）政治互信不足

成员国在国体、政体、宗教文明和社会发展水平上的差异，导致相互的对外政策不完全吻合。“俄罗斯的外交政策与其他成员的外交政策上的差异可能使四国无法达成共识”。[①] 中俄关系虽然达到前所未有的发展水平，但两国依然互有忌惮之心。俄罗斯希望利用中国的投资发展其远东和东西伯利亚的经济，可又担心过分依赖中国，最终可能为中国所控制。中印关系虽有进展，但两国的边界纠纷短期内难以解决，互信基础依然薄弱。印度现任国防部长 A.K. 安东尼和前任陆军司令公开宣称中国是印度的潜在威胁，提出印度应同时做好针对中国和巴基斯坦的两场战争准备。为此，近年来印度不惜斥资数百亿美元采购武器装备，军

① 《奠定金砖四国的基础》，美国外交学会网站，2010 年 4 月 15 日。

费连年攀升，2010 年上升 4%，2011 年则激增 11.6%，其中超过 40% 用于扩大军队的军事装备，印度已是名副其实的全球头号军火进口国。印度还以“中国建设印度洋港口——孟加拉国的吉达港、缅甸的皎漂港和巴基斯坦的瓜达尔港”为由，不断强化对越南、印度尼西亚和韩国的关系，与日本签署全面经济伙伴关系协定，并不顾中方反对多次邀请日本自卫队参加印美联合军演，以此牵制“中国—朝鲜—缅甸—巴基斯坦轴心”和中国不断上升的影响力。中国对印度和巴西获取联合国安理会常任理事国席位的努力也一直是态度谨慎。

（二）各方利益不完全吻合

中俄在国际军火市场上有所竞争，两国能源企业的石油价格纠纷时有发生，双方的对华天然气出口价格谈判 10 年来少有进展。印度在中国与土库曼斯坦、乌兹别克斯坦和哈萨克斯坦建成中土天然气管道后，也极力说服有关各方积极筹建土库曼斯坦通向印度的天然气管道。巴西自 2003 年以来相继向非洲大陆投入 100 亿美元，中国则从 2009 年开始，准备在 10 年内向非洲提供 100 亿美元的低息贷款。俄印两国因长期对华巨额贸易逆差而不满，而印度也不接受巴西提出的大幅削减农产品关税的要求。在多哈回合谈判中，巴西想的是出口原材料，俄罗斯关注的是石油和天然气，印度考虑的是信息服务和技术，中国则着眼于重工业和金融，“每个国家谈论全球化的模式完全不同”，难以形成紧密的“联盟或卡特尔”。[①]

最明显的是，在印巴本币兑美元和人民币大幅升值情况下，两国先前支持人民币汇率相对稳定的立场随即动摇，转而支持美国让人民币升值的要求，批评中国的汇率政策。印度央行行长杜武里·苏巴拉奥称，“如果某些国家影响其汇率，并人为压低汇率，那么调整的负担就会落在其他国家身上”。印度对华贸易失衡“显然”是两国不同汇率管理制度造成的。“如果人民币升值将对印度出口经济产生正面影响”。[②] 而巴西财长吉多·曼特加跟着美国起哄，要求调整人民币币值”，说来自中国的“廉价进口商品像扼杀美国制造商一样，正在扼杀巴西的制造商”。[③] 巴西央行行长恩里克·梅雷莱斯更是强调，人民币升值“对世界经济

---

① 阿诺·罗迪耶：《金砖四国难以确立一个共同阵线》，载法国《费加罗报》2010 年 4 月 16 日。

② 《新兴工业国家抱怨中国人民币汇率过低》，载德国《商报》2010 年 4 月 23 日。

③ 墨西哥国际问题专家佩佩·埃斯科巴尔：《游移的目光》，副题为《金砖四国的华盛顿共识》，载香港《亚州时报在线》2010 年 4 月 17 日。

达到均衡是绝对关键的”。[①] 巴西新总统迪尔马·罗塞芙已将被低估的人民币定义为巴西经济繁荣的最大威胁，认为正是来自中国的低价进口产品影响了巴西的贸易平衡，造成了巴西制造业损失大量工作岗位。也正因为如此，巴西的众多企业也在纷纷要求政府对中国产品实施保护性贸易壁垒措施。

（三）投资环境多受到西方刻意打压

由欧美智囊机构撰写的2009年《世界经济自由度》评估报告显示，在对全球103个国家的“经济政策自由度”评估中，中国只从先前的第87位上升到第82位，俄罗斯位居第83位，印度从第56位下降到第86位，巴西名列倒数第三，列居第111位。在141个国家的“商业监管和信贷市场监管程度”评估中，印度被排在第123位和第124位。四国在美国传统基金会和《华尔街日报》对世界197个国家的（商业自由、贸易自由、财政自由、政府开支规模、货币自由、投资自由、金融自由、财产保障、廉洁程度以及劳工自由）十项“投资环境”指标评估基础上撰写的《2010年经济自由度指数》报告中也被打入“不合格”的行列。按100分标准排名，巴西第113位（55.6分）、印度第124位（53.8）、中国第140位（51.0分）、俄罗斯第143位（50.3分）。

而实际情况是，近年来中国投资环境大为改善，已连续17年成为吸引外资最多的发展中国家。2010年，中国累计吸收外资1057.4亿美元，同比增长17.4%，同期，巴西吸引外国直接投资484.62亿美元，比2009年增长86.7%。印度实际利用外国直接投资（FDI）总额为237亿美元，比上年下降31%。俄罗斯吸引外商直接投资（FDI）金额为138亿美元，较上年减少13.2%。由于印度未能继续实行自由化改革，商业和信贷市场监管不善，公共服务水平低下，劳工法执行不力，加之高通胀等因素，其经济吸引力已开始下降，近年来外国投资数额已减少近三分之一，仅2011年1月境外投资者就从印度股市撤走9亿美元；[②] 俄罗斯的投资环境因“霍多尔科夫斯基案件”一直备受欧美指责，称俄罗斯的“政策飘忽不定”，并“到处存在腐败现象”，且“似乎总免不了与不利于投资者的新闻扯上瓜葛”，因而

① 《新兴工业国家抱怨中国人民币汇率过低》，载德国《商报》2010年4月23日。
② Doug Bandow,"Is India An Economic Superpower In the Making?"*Forbes*, Mar 7, 2011.

被认为“不是一个投钱的好地方”。[①]巴西的社会贫富差距问题较为突出，城市基础设施严重不足，税收环境“令人窒息”，其“经济仍存在非法经营和不够开放等棘手问题”。世界银行也曾表示，尽管前总统卡多佐和卢拉使巴西经济开放取得了显著成果，但“巴西仍是世界上最封闭的经济体之一”。[②]

（四）来自其他新兴经济体的挑战

高盛公司首席经济师奥尼尔首推“金砖四国”概念成功后，又打出“金钻十一国”新兴经济体（墨西哥、印度尼西亚、尼日利亚、韩国、越南、土耳其、菲律宾、埃及、巴基斯坦、伊朗和孟加拉国）。紧随其后，汇丰银行也抛出“灵猫六国”（哥伦比亚、印度尼西亚、越南、埃及、土耳其和南非）（CIVETS）概念吸引世人眼球。舆论大多认为上述新兴经济体在人口结构、投资环境、经济多样化和政局相对稳定等方面都有“金砖国家”同样的优势，尤其是“金钻十一国”的 GDP 到 2050 年也将与美国并驾齐驱，成为全球又一投资热点区域。

随着这些新兴经济体的快速发展和对全球经济增长贡献的赶超，“金砖国家”的地位开始受到极大挑战。当然，这里面有西方舆论炒作的成分，但其他新兴经济体对“金砖国家”的挑战也不容忽视。2010 年“金砖四国”的股市大多出现较大波动，巴西 BOVESPA 指数和中国上证指数分别累计下跌 1.93% 和 12.94%，俄罗斯的 Micex（莫斯科银行间货币交易所）的上证指数比 2007 年同期下跌 22%。鉴于俄罗斯市场财富急剧缩水，一些投资者已开始重新考虑对俄罗斯的投资。高盛推出“金砖四国”营销概念旨在用四国经济增速快、投资回报率高吸引投资商的目光，如果“金砖国家”整体经济不能长期保持持续稳定发展，其影响力也将随之下降。

三、机遇大于挑战

尽管“金砖国家”合作机制的发展存在诸多制约因素，西方一些政客也怀疑，连“八国集团”这样共同点和利益比“金砖国家”多得多的组织都难以取得什么成果，这个在政治制度大相径庭，商业利益上充满竞争的新生组织能“在多

① 《金砖之辩：除去俄罗斯，增加印尼？》，载美国《商业周刊》2010 年 11 月 22 日。
② 《南美巨人成为可以匹敌中国的新兴经济体》，载西班牙《公众日报》2009 年 11 月 24 日。

少事情上达成一致"？然而，由于"金砖国家"成员国自身发展潜力巨大，联合自强、互利合作意识普遍提高，相互的共同利益仍然远远大于彼此的差异和纷争，"金砖国家"合作机制的发展机遇依然大于挑战。

（一）"金砖国家"互利合作潜力巨大

巴西是拉美第一大经济体，拥有丰富的铁、铜、镍、锰、铝等重要矿藏资源，自然资源优势明显。10 年来，巴西的 GDP 始终以年均 3.6% 的速度增长，其整体发展水平和国民生产总值均居拉美之首。近年来，巴西凭借一流的深水钻探技术连续发现深海大油田，石油储量已达 500 亿—700 亿桶，成为名副其实的世界重要石油和天然气出口国。为大力吸引境外特别是"金砖国家"对其投资，巴西制定了未来 10 年拟吸引 2100 亿美元外资的石油开采规划。俄罗斯领土占世界陆地面积七分之一，自然资源丰富，是钯、铂、钛等稀有矿藏第一生产大国，也是传统能源生产大国。金融危机前，俄罗斯 GDP 连续 8 年以年均 7% 左右的速度增长，是全球经济增速最快的国家之一。印度人口数量位居世界第二，是仅次于美国、中国和日本的世界第四大经济体，经济一直以年均 7%—9% 的速度稳步发展，也是全球经济增长最快的经济体之一。印度还是世界第二软件生产大国，在美国最大的 1000 家公司中，有四分之一企业使用印度开发的软件；中国是世界人口第一大国，经济长期保持两位数增长，2010 年经济总量跃居世界第二，制造业产出超过美国（19.4%）占到世界制造业产出的 19.8%，成为世界头号生产大国，打破了美国连续 110 年占据世界头号商品生产国的历史。①

2010 年，在全球国内生产总值（GDP）增幅 4.9% 的背景下，四国国内生产总值（GDP）平均增幅达到 7.6%，其中，中国增幅 10.3%，印度 8.6%，俄罗斯 4%，巴西 7.5%。四国的就业形势得到极大缓解，中国新增就业人口 7950 万人，印度和巴西就业率分别增长 13% 和 48%，新增就业人口 9200 万人和 1400 万人，俄罗斯失业率降至 6.6%，实际失业率人口下降至 500 万人，为近两年来最低水平。而同期美日两国就业率却下降 22% 和 14%。

---

① 彼得·马什：《中国以微弱优势成为世界头号商品生产大国》，载英国《金融时报》2011 年 3 月 13 日。

（二）四国成为拉动世界经济复苏和持续发展的引擎

经济合作与发展组织（OECD）2010年6月发布的世界发展前景报告显示，其24个成员国的国内生产总值之和在全球生产总值中的比例已由2000年的60%下降到2010年的51%，2030年这一比例将降至43%左右。"世界经济力量正从发达国家向发展中国家和新兴国家转移"。而随后国际货币基金组织发布的《世界经济展望》评估报告则指出，"金砖四国"的经济增长已占全球的46.3%，2014年对世界经济增长的贡献可能达到61.3%，2015年四国的GDP总量有望超过美国占到世界的22%。2009年与1999年相比，巴西所占全球制造业产值份额已从1.4%上升到2.4%，印度从1.1%上升到2%，中国从7.5%上升到18.6%。美国和日本却分别从25.8%下降到19.9%和从16.7%下降到8.4%。

仅10年时间，以"金砖四国"为代表的新兴经济体已"重新夺回了19世纪初先退让给欧洲、后又退让给美国的制造业全球第一的地位"。[①] 与此同时，四国对外投资能力也大大提高，自2009年以来，仅中国向发展中国家提供的贷款就已超过1100亿美元，超过世界银行3年间发放贷款的总额。[②]2010年"金砖四国"的海外并购金额达到4020亿美元，比2009年增加74%。四国共有61家企业进入世界500强，"金砖国家"已成为世界经济发展的主要动力。2010年6月，联合国粮农组织（UNFAO）与经济合作与发展组织（OECD）联合发表的《2010—2019年农业展望》报告指出，随着西欧地区农业生产陷于停滞，以巴西、俄罗斯、印度和中国为代表的"金砖四国"的农业在未来10年将有大幅增长，还有望取代法国和美国成为新的"世界粮仓"。联合国粮农组织总干事雅克·迪乌夫也称，"新兴发展中国家在世界粮食市场上的地位和影响力迅速提高，这些国家的政策已经可以左右世界粮食市场的走向"。[③]

---

① 摩根士丹利公司全球新兴国家战略负责人乔纳森·加纳：《世界产业新等级的挑战》，载法国《论坛报》2010年12月26日。

② Kevin Gallagher,"The end of the 'Washington consensus'," *Theguardian*, Mar 7, 2011.

③ 摩根士丹利公司全球新兴国家战略负责人乔纳森·加纳：《世界产业新等级的挑战》，载法国《论坛报》2010年12月26日。

（三）国际投资商依然看好“金砖国家”发展潜力

2010年6月，美国《华尔街日报》刊登署名文章称，国际投资银行家们已看好又一个可开展新业务的经济体——“金砖四国”，许多战略投资家正积极采取行动，确保在这一“新大陆”占有一席之地。此前，瑞银财富管理研究部的报告预测，由于大量资金的涌入和对路的政策，“金砖四国”市场股票有望在当年获得两位数的回报。有“新兴市场教父”之称的邓普顿资产管理有限公司基金经理墨比乌斯甚至宣称，“金砖四国”的股市在未来3到4年有可能上涨30%—40%的高额回报率，因而是他最为青睐的投资对象。2010年底，执掌价值480亿美元的安硕MSCI新兴市场指数基金（EEM）的投资者已把手中近半数的资金投入“金砖四国”的股市。如今，就连“奥巴马领导下的美国也在试图尽可能地拉拢‘金砖四国’”。因为，福布斯2011年3月公布的全球新增214名亿万富翁中已有108人来自中国、印度、俄罗斯和巴西，“金砖国家”的整体发展效应不能不继续吸引国际投资商的目光。

（四）“联合自强”已是“金砖国家”共同的战略选择

四国同处重要历史发展阶段，都面临优化外部环境、发展国内经济、改善民生的艰巨任务，都希望借助“金砖国家”整体“合力”和影响推动国际社会改变现有不公正的世界政治经济体系，为本国发展营造良好的外部环境。因而，四国从“聚首”之日起，就始终坚持将维护本组织和广大发展中国家利益作为宗旨，提出各国应共同努力，降低国际金融危机对全球尤其是对发展中国家的冲击，呼吁发达国家切实履行用其GDP的0.7%帮助发展中国家的义务，努力实现联合国千年发展目标。随着“金砖国家”合作机制的快速发展，彼此共识和互信的不断增进，成员国联合自强的理念渐入人心。

不同文明的属性和国情不但没有成为相互合作不可逾越的隔阂和障碍，成员国对本组织的热情和倚重反而与日俱增。除经济和金融领域外，各方扩大和深化包括农业、能源、科技和航天等多领域合作的愿望更加强烈。成员国坚信，只要相互密切合作，“就有能力建立新的世界经济和政治体系，进而实现真正的多极化世界”。[①]

俄罗斯从一开始就积极推动四国对话机制的建立，至今热情不减，并率先邀请南非加盟。梅德韦杰夫总统一直强调，尽管四国存在一定的竞争现象，但仍可以“在许多领域实现共赢”。2009 年叶卡捷琳堡峰会后，各方合作已“在许多方面取得了可观的成绩。而四国在 20 国集团中的积极协调行动就是最好的例证”。[②]他还积极推动四国在包括农业、核能、航空、太空探测和纳米技术等领域的合作。

巴西在金融危机中愈加感到四国合作的重要，在中国国家开发银行向巴西提供 100 亿美元贷款后，巴方代表感触颇深，称危难中“美国政府没有任何人能像中国政府那样与我们坐下来讨论问题”。[③]巴西总统卢拉对四国合作更是充满期待，认为四国在建设更公平的国际秩序中发挥着十分重要的作用。印度总理辛格也强调“金砖四国”对“促进世界经济增长和繁荣”起着关键作用。中国则积极承办“金砖国家”领导人第三次会晤，推动四国合作机制不断向前发展。

南非从 2009 年就开始寻求加盟“金砖四国”的努力，其外交部发言人坦言，“‘金砖四国’组织代表着最大的市场。如果不能成为该俱乐部的一部分，我们就无法在贸易谈判中拥有类似的地位”。[④]南非驻华大使兰加也称，加入“金砖四国”合作机制将为南非带来巨大的经济、贸易和投资机会，并能更有效地代表发展中国家在国际事务上发声。为此，早在 2009 年 12 月南非已率先与“金砖四国”签署对来自四国 70% 的进口货物降低 20% 进口税协定。这一协定使南非与“金砖四国”的贸易额在 2010 年增加到了 80 亿美元。“金砖四国”合作机制不仅是“多极世界中主要的非西方中心利益协调核心”，[⑤]而且也成为成员国促进各自经济发展的助推器，相互都在合作中受益。

（五）各方已有化解分歧的诚意和积极姿态

虽然俄方一直抱怨中俄经贸结构不合理，担心一味出口资源性产品会成为中

---

① Вячеслав Никонов. Рождение многополярного мира//Газета Известия.17 июня 2009 года.

② Дмитрий Медведев написал для "Ведомостей" статью к саммиту BRIC//Ведомости.13 апреля 2010 года.

③ 比希尼娅·德拉谢加:《中国在拉美的兴趣何在?》，载西班牙《起义报》2010 年 6 月 17 日。

④ 康斯坦丁·科比亚科夫:《南非加入金砖国家将带来双赢》，载俄罗斯《观点报》2010 年 11 月 23 日。

⑤ 俄罗斯东亚和上海合作组织研究中心主任亚历山大·卢金:《概念已成现实》，载俄罗斯《环球回声》2010 年 4 月 13 日。

国的经济附庸，但俄方对其一些产品缺乏国际竞争力，在两国贸易中不占优势的情况也开始有了较客观的认识。梅德韦杰夫总统曾表示，俄罗斯确实“还会在很长一段时间内，可能是数十年，继续作为石油天然气主要供应国而存在”。[①] 普京针对“中国威胁论”和中俄竞争问题也明确表示，中俄在科经贸领域各有所长，不存在竞争问题。中国可以继续发展自己的廉价日用品生产。俄方不打算也“没必要在日用品生产方面超过中国”。因为“俄罗斯的竞争优势在高科技领域”，可以“向中国销售几百万、甚至几十亿特殊技术设备和武器”。同时“购买更多的（中国）日用品”。[②] 普京还强调，“中国方面没有（对俄）构成威胁，我们已经相邻数百年，我们知道如何尊重对方。中国没有必要通过占领远东来获取需要的天然资源，中国边境也有庞大的煤炭储备，中国没有必要恶化局势”。[③]

中印分歧虽较突出，但彼此友好依然是两国关系的主流，2010 年 10 月，辛格总理在出访马来西亚回答当地商界提出的“中印竞争问题”时表示，印中两国合作潜力很大，因为“这个世界足够大，可以容纳印中两国的增长和雄心。我们应该基于这个层面发展两国关系”。[④] 针对两国因发展模式和经济结构上的差异所造成的贸易逆差，中方已承诺将为印方具有优势的信息技术、药品和农产品进入中国市场提供便利，不断扩大在基础设施、环保、电信、投资和财经等印方感兴趣领域的合作。中巴也在积极解决双边贸易结构问题，中方继续扩大来自巴西的汽车零部件和飞机配件等高附加值产品，巴西 67% 的企业也着手改进产品设计、加大对产品质量方面的投入，使两国产品进入良性互动机制。

（六）南非加盟给四国合作机制增添活力

2010 年 11 月，巴西、俄罗斯、印度和中国一致同意南非加入四国合作机制，“金砖四国”（BRICs）由此改为“金砖国家”（BRICS）合作机制。南非的加入是双赢的选择。对南非而言，加盟“金砖四国”更加巩固了其重要新兴经济体的地位，

---

① Игорь томбег.Сырьевой акцент юбилейного визита//Фонд стратегической культуры.12 октября 2009 года.
② 俄新社莫斯科 2010 年 8 月 30 日电。
③ 《普京：中国不会占领俄远东》，载《联合早报》2010 年 9 月 7 日。
④ 《辛格对中印关系表示乐观 称两国合作有很大可能性》，环球网，2010 年 10 月 27 日，http://world.huanqiu.com/roll/2010-10/1206420.html?agt=15417。

并获得了一个能在多边对话框架内发表意见，包括政治见解的机会。[①] 同时，作为“整个非洲大陆利益的代言人”，借助“跻身新兴市场领袖之列”，南非还进一步提升了在联合国等其他国际机构中的作用。[②] 对“金砖四国”来讲，由于南非是20国集团中唯一的非洲国家，又是“八国集团”扩大会议成员，其加盟无疑会大大“提升‘金砖四国’在世界政治中的代表性”，增添更大的地缘政治分量。[③] 尽管南非经济规模不大，但近年来南非已成为撒哈拉以南非洲最大的经济体和最具影响力的国家，国内生产总值约占这一地区经济总量的三分之一，其相关企业在非洲金融、电力、电信、建筑、农业等行业都具有举足轻重的地位。吸收南非加入既能进一步增强四国同南部非洲各国的经贸关系，又能把“金砖四国”合作机制从欧洲、亚洲、拉丁美洲扩大到非洲，促进新兴市场国家间的团结合作，使其更具全球性，凸显“金砖四国”合作机制的强大生命力和广阔的发展前景。

“金砖四国”将以一个更具广泛代表性的“金砖国家”合作机制姿态登上国际舞台，成为发展中国家与发达国家沟通与交流的桥梁。它的形成和发展合乎“金砖国家”自身发展的客观需求，顺应了时代的潮流，符合未来多极化世界的发展趋势，也体现了合作共赢的时代理念。

事实证明，不同社会制度和意识形态仍然可以相互包容，不同发展模式和经济水平完全可以互利合作，不同的历史和文明照样可以相互借鉴，不同的文化和传统依旧可以彼此交流。正如梅德韦杰夫总统早前所说，“金砖国家”合作机制具有美好的前景。虽然我们刚刚上路，但合作机制已经具备可靠的基础。彼此“互利的伙伴关系已是这个具有发展前景论坛取得成功”的保障。[④] “金砖国家”的崛起将加速世界经济格局的重塑进程，开启国际经济秩序的新篇章。

---

① 康斯坦丁·科比亚科夫：《南非加入金砖国家将带来双赢》，载俄罗斯《观点报》2010年11月23日。

② Алия Самигуллина, Ольга Танас, Екатерина Савина.БРИК ожидает пополнение//Газета.Ру.12.11.2010.

③ 康斯坦丁·科比亚科夫：《南非加入金砖国家将带来双赢》，载俄罗斯《观点报》2010年11月23日。

④ Дмитрий Медведев написал для "Ведомостей" статью к саммиту BRIC//Ведомости.13 апреля 2010 года.

VI

全新的中俄关系

快车道上的中俄关系[①]

——写在《中俄睦邻友好合作条约》签署两周年前夕

两年前的2001年7月16日，中国和俄罗斯签署的《中俄睦邻友好合作条约》，集中体现了10年来双边关系发展所取得的一系列成果，也为中俄建立面向21世纪新型关系铺就了基石。条约将发展中俄友好关系用法律形式固定下来，成为造福中俄两国人民的长远方略大计。《条约》签署两年来，中俄战略协作伙伴关系无论在质量还是在内容上都得到了不断提高和充实。两国的政治关系和经济合作都得到长足发展。双方已经或正在建立起互信、互利友好协作新机制。两国元首都认为，“无论国际风云如何变幻，深化中俄睦邻友好、互利合作和战略协作伙伴关系，都将是两国外交政策的战略优先方向”。

2003年5月底，在条约签署即将两周年前夕，刚上任不久的中国国家主席胡锦涛应普京总统邀请对俄罗斯进行了国事访问。这是党和国家最高领导层新老交替后，中国最高领导人在国际关系最为复杂、世界形势发生深刻变化的非常时期的首次出访。而将这次出访的第一个国家定为俄罗斯，则充分显示中国对发展与俄罗斯关系的高度重视。

俄罗斯对胡锦涛主席的此次访问也极为重视，无论在时间和礼宾安排上都给予了超规格的礼遇。俄罗斯公开表示，胡锦涛主席的访问“对深化俄中关系的长远发展具有重大意义”，表明中国新一代领导人将继续执行与俄罗斯发展友好关系的政策。普京也称，目前“俄中两国关系正处在以前从来没有达到过的高水平”。

访俄期间，胡锦涛主席与普京共商中俄友好合作大计，增信释疑，加深了彼此的了解和友谊，保障了中俄战略协作伙伴关系“承前启后，继往开来”的连续

① 该文载在《瞭望》新闻周刊2003年第28期，第53—54页。

性和稳定性。此间，两国元首签署的《中俄联合声明》使《中俄睦邻友好合作条约》更加充实和细化，从而进一步确保中俄战略协作伙伴关系步入全面、稳定和成熟发展的新阶段。

“9·11”后，中俄两国根据变化了的国际形势和从本国实际利益出发，在不断深化《中俄睦邻友好合作条约》同时，各自都将对外政策做了相应调整，把改善和发展对美关系作为今后一个时期的战略重点，重视发展与西方关系。也正是基于中俄战略协作伙伴关系是建立在平等、互利、互信和互谅基础上，具有鲜明的不结盟、不搞对抗、不针对第三国特点，才使得两国关系不但没有因各自与美国关系的拉近而受到影响，反而得到进一步加强，经受住了国际风云变幻的考验。实践证明，中俄建立的这种双边关系，既符合两国人民的根本利益，也符合当今世界发展趋势，为冷战后国际上国与国建立新型国家关系树立了典范，赢得了国际社会的广泛认同，具有强大的生命力和发展前景。这次《中俄联合声明》再次体现了中俄两国在错综复杂的国际形势面前立场趋于或接近一致。在伊拉克危机等问题上，两国既坚持了原则，呼吁有关国家应在联合国框架内政治解决有关问题，又不放弃必要的灵活性，在有些问题上淡化分歧，避免激化矛盾，影响业已形成的大国良性互动与合作关系的大局。

中俄两国都是联合国安理会常任理事国，又是核大国，在国际舞台上具有举足轻重的影响。在当今并不太平的国际大环境和人类社会面临新的严峻挑战及威胁面前，两国加强合作，并保持关系的长期稳定和可预见性，对维护世界和平与安全和战略稳定都有着极其深远的意义。目前，中俄两国关系的发展已远远超出双边关系范围，中俄两国的战略协作已成为维护和促进世界和平与稳定的重要因素。令人欣慰的是，中俄两国都已深深意识到建立面向21世纪的战略协作伙伴关系对两国都十分重要。面对复杂多变的国际形势，深化中俄两国间战略协作伙伴关系不但符合两国和两国人民的长远利益，也是应对世界形势和国际关系发展所带来挑战的需要。中俄两国关系的不断巩固和发展必将对建立公正、合理的国际政治经济秩序产生巨大影响。

中俄两国国家利益的共同点和在一些国际重大问题上的看法接近或一致，是两国发展战略协作伙伴关系的坚实基础；两国高层密切交往的会晤机制又为及时处理和解决两国间及国际上重大和突发事件提供了可靠保障；两国人民长期交往的历史又为中俄友谊之树提供了肥沃的土壤。这些都为中俄关系的进一步发展开辟了更加广阔的空间。

中俄两国都是文明古国，具有悠久的文化和历史，彼此连接着4000多公里的边界线，两国人民长期交往，世代不断。特别是20世纪50年代，中苏友好在两国深深扎根于民间，90年代，在中俄两国最高领导人的推动下，中俄关系又得到突飞猛进的发展。中俄战略协作伙伴关系正是植根于两国间的这种深厚而又久远的传统友谊基础之上，这是时代的要求，也是历史发展的必然。《中俄睦邻友好合作条约》签署两年来，由两国领导人高瞻远瞩、敏锐洞察力所构筑的中俄友好合作蓝图，在两国元首的精心呵护下得到长足的发展。中俄友好正在日益深入人心，政治互信、战略协作不断加深，传统友谊得到进一步加强和发展。双边关系由最初的视为友好国家，到建立建设性伙伴关系，再到确立战略协作伙伴关系，使两国的政治关系不断得到提升。

中俄战略协作伙伴关系不但在全球问题、地区安全领域和双边合作方面取得了巨大成就，而且在经贸关系方面也得到不断加强和发展。两国贸易额由最初的几十亿美元到2000年以来的连年增加，继2001年突破百亿美元大关后，2002年达到120亿美元。根据2003年第一季度中俄贸易额比上年同期增长30%的发展势头，2003年有望再创新高，接近或达到200亿美元。两国经贸关系的进一步发展是保障政治关系健康、稳定发展的基础，而良好的政治关系又将为两国的经贸关系拓展更加广阔的发展空间。胡锦涛主席对俄罗斯的访问，使两国在经贸关系上再次加大了合作力度。双方签署的大型能源项目，必将使两国的经贸合作水平上升到一个新的台阶。此外，两国有关部门还对航空、军工、机械制造和电子等领域的合作具体项目做了进一步的安排和规划，使经贸合作更加具体化、更具操作性。这预示着今后两国的经贸合作，无论在数量和质量上都将跨越一个新的高度，将为两国企业提供更大的商机。

应当指出的是，虽然中俄战略协作伙伴关系取得了巨大成果，前景十分广阔，但也应看到，目前中俄经贸关系仍有很大发展空间，两国在投资、金融等重要领域的协调与合作仍有许多工作要做。发展中俄战略协作伙伴关系虽已成为两国主流社会共识，但要形成全社会的“合力”，仍需两国高层和民众的不懈努力，要不断加强民间，尤其是人文领域、新闻媒体和青年间的交流。对那些阻碍发展中俄友好睦邻关系的因素及不和谐声音，中俄双方都既不能回避，也不能掉以轻心，任其发展，更不能无端夸大，而是要因势利导，扬长“抑”短，让积极面充分发展，将消极面控制到最低程度。双方应多从各自方面查找原因，将有损于两国关系的苗头消灭在萌芽之中，不使其影响中俄战略协作伙伴关系大局。有理由相信，中俄两国人民的友谊之树，在中俄两国领导人和人民的共同培育下，以睦邻友好条约为依托，定会根深叶茂，世纪常青。

中俄建交60周年：全新的国家合作模式①

新中国成立后，苏联（俄罗斯）率先同中国建立外交关系，并迅速发展对华各领域合作，为新中国尽早确立国际法地位、奠定经济、科技和工业基础发挥了极其重要的作用。苏联解体前，两国经历了一段令人难忘的“蜜月暖春”，也遭遇过一度令人痛心的“苦涩严冬”。苏联解体后，中俄关系实现平稳过渡并很快提升到“战略协作伙伴关系”，成为国际关系中最为重要的双边关系之一。2009年，值此两国建交 60 周年，展望未来，中俄关系将迎来全面深入发展的春天。

一、令人难忘的中苏关系

1949 年 10 月 3 日，中苏正式建立外交关系。翌年 2 月 14 日，两国签订《中苏友好同盟互助条约》。自此，双方在政治、外交、经济和军事等方面结成全面同盟关系，并迅速进入蜜月期。新中国成立初期，在美国等西方反华势力联合打压的严峻环境下，中国坚定奉行向苏联“一边倒”的对外方针。苏联出于内外战略需要，也给予中国兄弟般的支持和援助，为帮助新中国应对来自西方的战略遏制和经济封锁做出了重要贡献。

20 世纪 50 代中后期，中苏在建立“长波电台”和“联合舰队”等问题上发生争执，进而发展成中苏两党意识形态上的严重分歧，展开了一场旷日持久的公开论战，彼此相互攻讦，龃龉不断，两国交往几乎全部中断，双边关系仅限于一点微乎其微的贸易和每周对开的一次航班和列车。1969 年春夏之交，两国在政治敌对中的积怨在珍宝岛“引爆”，最终演变成一场大规模武装冲突。

中苏关系的严重对立和对抗，极大地损害了双方的核心利益。随着两国高层认识的不断提高，从根本上扭转这种非正常现象，使两国关系重回睦邻友好轨

① 《新中国外交辉煌 60 周年文集》，世界知识出版社 2010 年版，第 153—169 页。

道上来，已逐渐成为中苏举国上下的共同愿望。1976年2月，勃列日涅夫在苏共二十五大报告“例行”攻击中国领导人后首次发出善意信号，“愿意在和平共处基础上同中国关系正常化”。当年9月毛泽东主席逝世，苏联进一步做出姿态，停止了此前的激烈反华宣传，并以苏联共产党名义给中国共产党发来简短唁电。但苏联此间发出的所有善意信号还都只停留在口头上，并没有涉及恢复两国关系的实质性内容。

1978年邓小平同志复出后，重新调整了国家战略方针，对内着力富民强国、对外大力改善国际环境，发展与各国友好合作，积极调整对苏关系，为中苏关系恢复正常化奠定了客观基础。1982年3月，勃列日涅夫在塔什干发表著名讲话，前所未有地明确表示，苏联从未否认过中国的社会主义制度；完全承认中国对台湾的主权，反对“两个中国”的提法。他还表示准备就改善中苏关系问题与中方举行谈判。中方对此给予了积极回应，通过新闻发布会表示中方注意到勃列日涅夫的讲话，同时提出恢复中苏关系正常化的三个先决条件，即先消除影响两国关系正常化的“三大障碍”：苏联敦促越南完成从柬埔寨撤军，苏方从中苏边境地区和蒙古撤军，从阿富汗撤军。

勃列日涅夫去世后，邓小平同志高屋建瓴，准确把握时机，果断派国务委员兼外交部长黄华作为“特使”参加葬礼，公开给予勃列日涅夫积极和客观评价，为后来两国关系正常化问题的解决奠定重要基础。此后，苏联政坛发生不测，在不到两年半的时间里，克里姆林宫几易其主，苏联最高领导人安德罗波夫和契尔年科先后去世，致使两国关系走向正常化的这扇刚刚开启的大门最终没能继续敞开，许多关键性问题陷入停顿状态。

1985年3月，戈尔巴乔夫接任苏共中央总书记。邓小平同志借罗马尼亚领导人齐奥塞斯库当年10月访华之机，请其捎信给戈尔巴乔夫，称如苏方愿意同中方达成谅解，促使越南从柬埔寨撤军，他本人或胡耀邦同志愿意同戈尔巴乔夫会见。中国在中苏长期对峙中首次公开提出举行双边高峰会晤，率先打破中苏恢复关系过程中的僵局。对此，苏方也给予了积极回应。1986年7月，戈尔巴乔夫在海参崴讲话时宣布，苏联将分阶段从阿富汗撤军，并正同蒙古讨论撤出大部分苏军问题，同时还表示愿意同中国讨论削减中苏边境地区的驻军问题，同意按主航道划分两国阿穆尔河（黑龙江）边界线的走向。这是中苏关系恶化以来苏联在消除“三大障碍”问题上最有实质性内容的一次公开表态，成为两国关系恢复正常化进程中的重要转折点。

随着影响中苏关系正常化的“三大障碍”消除，1989 年 5 月 15 日，苏共中央总书记、苏联最高苏维埃主席团主席戈尔巴乔夫成功实现对华正式访问。这是继赫鲁晓夫 1959 年 9 月 30 日出席中国国庆十周年庆典后，苏联最高领导人时隔 30 年对中国的首次访问。邓小平同志在与戈尔巴乔夫的会谈中指出，在中苏论战期间，“双方都讲了许多空话”，“现在我们也不认为自己当时说的都是对的”。我们要“结束过去，开辟未来”。此前，戈尔巴乔夫总统在会见到访的钱其琛外长时也曾主动表示，在苏中过去发生的一些事情上，“苏方也有过错”。戈尔巴乔夫同邓小平的历史性会见成为 20 世纪最具影响力的事件之一，它完成了中苏两国几代领导人的夙愿，结束了彼此长达 20 多年的纠葛，开启了中苏两国的新型国家关系。

二、不断发展的中俄关系

1991 年 12 月 25 日苏联解体，“俄罗斯苏维埃联邦社会主义共和国”更名为“俄罗斯联邦”。[1] 随即，中俄建立大使级外交关系，宣布互为友好国家，顺利实现从中苏关系到中俄关系的平稳过渡。此后，俄罗斯在改制全面推行“西倾”政策未果，美国等西方反俄势力继续变本加厉地排挤和挤压其生存空间背景下，开始全力发展对华关系。与此同时，苏联共产主义大厦倒塌后，中国面临西方战略挤压和经济封锁的压力也骤然增大。美国等西方反华势力不断在新疆和西藏等问题上挑起事端，推动北约肢解并悍然入侵南联盟，“误炸”中国使馆，为疆独、藏独和台独加油打气，向反华分裂势力发出错误信号。中俄两国面对的严峻国际环境和各自的国内发展需求使彼此关系不断走近。

（一）政治互信不断增强

1992 年 12 月，叶利钦总统上任不久即对中国进行访问，双方签署了《关于中华人民共和国和俄罗斯联邦相互关系基础的联合声明》，明确规定了指导两国

① 1990 年 6 月，俄罗斯联邦第一次人民代表大会通过俄罗斯联邦国家主权宣言，宣布收复主权。1994 年，俄罗斯联邦通过主权宣言将这一天确定为俄罗斯独立日，又称“俄罗斯日”。

关系的基本原则：中俄互视友好国家，决心发展睦邻友好和互利合作关系；社会制度和意识形态的差异不应妨碍国家关系正常发展；不参加针对对方的军事政治同盟，不同第三方联合损害另一方国家的主权和安全利益；俄罗斯保证不同台湾发展官方关系等。双方将彼此关系确定为“睦邻友好关系和进行互利合作”。1994 年，两国关系上升为“建设性的伙伴关系”，1996 年，提升为“平等互信的、面向 21 世纪的战略协作伙伴关系”。自此，中俄关系进入新的历史发展阶段。两国迅速建立起各级别会晤机制，包括国家元首和政府首脑定期会晤、外长、国防部长以及其他 12 个关键部门负责人间的合作协调机构，还有十多个常设工作小组和委员会工作机制。从而确保了中俄间各层次、各级别的紧密联系，各领域合作的高效。

普京 2000 年 3 月出任总统后，两国关系进一步发展。他曾不无感慨地评价说，“无论在政治方面还是在经济方面，我们两国之间的关系，从未达到如此高的水平”。而“就其俄中合作性质而言，要高于俄罗斯同美国的关系”。[①]2001 年 7 月，两国签署《中俄睦邻友好合作条约》，成为中俄关系史上又一重要里程碑。条约将中俄关系定位为“平等信任的战略协作伙伴关系”，将“永做好邻居、好伙伴、好朋友”和“世代友好、永不为敌”的和平思想用法律形式固定下来，这是两国人民的根本利益所在。这一条约的签署使两国关系又上新台阶，各领域合作进入快车道。对此，江泽民主席曾指出：“中俄巩固和加强长期睦邻友好、平等信任、互利合作、共同发展的新型国家关系，不仅符合两国和两国人民的根本利益，也有利于地区及世界的和平与发展。”[②]

两国战略互信不断提高，迅速实现了边界互信和去军事化，俄罗斯在毗邻中国边境的远东地区只安排了 7.5 万兵力，而在其西部却陈兵 26.9 万。[③]数千公里的边界线真正成了两国人民的友谊纽带和桥梁。2005 年 6 月，两国互换《中华人民共和国和俄罗斯联邦关于中俄国界东段的补充协定》批准书。三年后，双方又签署了中俄国界线东段补充叙述议定书。自此，两国 4300 公里边界正式划定，长期影响双边深度合作和密切关系的敏感边界问题得到全面妥善解决。2008 年，梅德

---

① Двуглавый орел смотрит и на восток//Газета Труд из номера 097 за 07 июня 2002 года.

② 《江泽民访问欧洲五国》，央视网，2001 年 9 月 20 日，http://www.cctv.com/special/777/2/52073.html。

③ 亚历杭德罗·麦金利：《俄罗斯军事重新崛起》，西班牙埃尔卡诺皇家研究所网站，2009 年 4 月 16 日。

韦杰夫出任俄罗斯新一届总统，两国关系更加巩固和密切，政治互信进一步增强。

（二）战略协作不断深入

近年来，中俄两国战略协作不断加强，在维护国家主权和领土完整以及国际事务中相互支持，彼此呼应，极大地维护了双方的核心利益。中国坚决支持俄罗斯对车臣非法武装分子的围剿行动，俄罗斯“高度评价中国领导人始终支持俄罗斯在战略稳定领域的原则方针意义”。[①] 在反对“台独”和“藏独”等关乎中国核心利益问题上，俄罗斯也给予中国及时而有力的支持，率先发表声明支持中国通过《反分裂国家法》。2005 年 7 月，两国签署《中俄关于 21 世纪国际秩序的联合声明》，为深化两国战略协作，携手构建和谐世界迈出重要一步。两国在反恐、防扩散、伊拉克、伊朗、朝鲜、中东以及推进世界多极化等诸多重大国际问题上立场一致，协调合作密切。在“八国集团”“朝核六方会谈”、上合组织、中俄印和后来的“金砖四国”等国际组织和机制中，两国进行着广泛的合作与配合，推动其朝着积极方向发展。在西方反华势力借西藏“3・14”骚乱抵制北京奥运会和中国境内外“三股势力”策划实施新疆“7・5”严重暴力犯罪事件中，俄罗斯始终站在中国一边，给予坚定的支持和声援。在西方借南奥塞梯冲突鼓噪抵制索契冬奥会时，中国也给予俄罗斯强有力的支持。正如普京所说，中俄两国在“对外政治舞台上的信任与协作已达到非常高的水平”。“中国在各个国际组织中的代表同俄罗斯代表紧密合作，我们感受到来自中国人民和领导人的支持。我希望，中国伙伴也感受到来自俄罗斯同行的支持。”[②]

（三）科经贸合作不断扩大

2000 年以来，中俄两国的投资环境不断优化，中国大力引进俄罗斯高新技术，俄罗斯也制定了经济特区法，“为中国朋友提供新的商机”。两国双向投资从无到有，从小到大，经贸和科技合作规模不断扩大。仅在 2005 年 6 月的圣彼得堡“俄中第二届投资促进会”上，中方就与俄方签署了 15 亿美元的投资协议。

---

① 俄塔社莫斯科 2002 年 6 月 5 日电。

② Владимир Путин считает, что уровень российско-китайских отношений в настоящее время "высок как никогда"//РИА Новости. Москва, 24 июня 2002 года.

当年，中方还在圣彼得堡启动了总投资超过13亿美元的“波罗的海明珠”房地产项目。2007年3月，在胡锦涛主席对俄罗斯进行国事访问期间，中国又与俄罗斯签署了27个总额为43亿美元的合作协议。[①] 此前，俄罗斯统一电力系统公司还与中国国家电网公司就俄罗斯对华电力出口问题签署了合作协议，旨在加强两国在大型电力方面的合作。继两国首个大型经济合作项目——田湾核电站一期工程结束后，梅德韦杰夫总统2008年在对华首度访问期间又与中方签署了一系列合作文件，其中包括《中国原子能工业公司与俄罗斯技术供应出口公司关于技术协助建造离心四期工厂和向中国提供铀浓缩服务或铀浓缩产品合同基础条款的协议》。两国在资源开发、高新技术产业、工程承包等领域的一批大型合作项目已经或正在陆续启动；在金融、通信、电信、旅游等领域的合作也进展迅速，俄罗斯外贸银行和中国进出口银行早已签署开展信贷业务合作协议，双方大型通信公司还签署了有关合作备忘录和关于国际长途通信合作协议。目前，俄方对华开展经贸合作的地区（市）已有70余个，中国在俄罗斯也有数百个投资项目。两国经贸往来不断扩大，双边贸易额从建立战略协作伙伴关系初期的68亿美元，已跃升到2008年的568.3亿美元。中俄元首提出的到2010年将两国贸易额提高到600亿美元至800亿美元的目标完全可以实现。2008年，中国成为俄罗斯第三大贸易伙伴，俄罗斯也成为中国第八大贸易伙伴。

（四）军事技术合作成果显著

中俄两国军事技术合作不断加强，1992—2002年，俄罗斯55%的军火出口销往中国，总价值达到48亿美元。即使是在两国武器贸易高峰后的近些年，俄罗斯对华武器和装备的供应量也占到其军火出口的40%，每年为其赚取18亿美元到25亿美元，累计超过250亿美元，而中国94%的重要常规武器来自俄罗斯。2008年12月，中俄两国在第130次军事技术合作政府间联合委员会会议上讨论了俄方履行向中方提供飞机、防空装备及海军技术等现有合同和向中国出口新的武器合同、扩大军事技术合作、联合军演以及如何携手应对本地区日趋复杂的安全等问题。与此同时，中俄联合登月、火星探测等航空航天合作项目都在稳

---

① Владимир Волошин.Китайский гость по высшему разряду//КОМСОМОЛЬСКАЯ ПРАВДА Кыргызстан.Вторник,27 марта 2007 года.

步推进，有的已取得显著成果。“随着明年中国开始落实建造航母的项目，中俄双方在这方面的合作还将会增加”，[①] 两国的军事技术合作再趋活跃。自2005年中俄联合举行军事演习以来，最近，两国又成功举行第三次“和平使命—2009”联合反恐军事演习，极大地提高了两国联合应对地区突发安全事件的防控能力。

（五）能源合作取得突破性进展

中俄两国的能源合作始于20世纪90年代，近年来，两国在这一领域的合作不断扩大。2004年，中方向俄罗斯石油公司一次性提供60亿美元贷款，作为交换，俄方承诺在2004—2010年每年通过铁路向中国出口1000万—1500万吨石油，总计为4840万吨。2009年2月，两国再次签署“贷款换石油”合作协议，由中国国家开发银行向俄罗斯石油公司和俄罗斯石油管道运输公司分别贷款150亿美元和100亿美元，俄方承诺在今后20年里，每年向中方提供1500万吨石油，总计3亿吨。“这一总额近1000亿美元的交易成了我们两国历史上金额最大的合同”。[②] 中俄石油管道合作优化了中国石油进口多元化格局，进一步改善了中国能源安全状况，也为俄罗斯“将东西伯利亚石油销往东方开辟了稳定而可靠的市场”。[③] 这项合作所形成的“产业链效应”还将带动其他产业的振兴和发展，为两国改善贸易结构、深化经济技术合作创造更加有利的条件。目前，俄罗斯石油管道运输公司已经开始修建东西伯利亚—太平洋石油管道67公里长的通往中国的支线，预计2010年底完工。梅德韦杰夫总统表示，未来的俄中能源合作还不仅仅局限于输油管道建设，还要扩展到包括建设炼厂及加油站等下游项目的合作。“从俄罗斯东部和西部油气产地向中国供气的两个项目都很有前景”。[④]

（六）人文合作方兴未艾

2005年7月，胡锦涛主席在访问俄罗斯期间与时任总统普京共同宣布，为全面推动中俄战略协作伙伴关系向前发展，落实《中俄睦邻友好合作条约》纲要，两国分别于2006年在中国举办“俄罗斯年”，2007年在俄罗斯举办“中国

---

① 亚历山大·洛马诺夫：《俄中注意力转到另一个方向》，载俄罗斯《新闻时报》2008年8月25日。

② Максим Легуенко.Россия устремилась в объятия дракона//Газета Утро.22.06.2009 .

③ 俄塔社莫斯科2009年4月13日电。

④ Наталья Серова. Большие геополитические маневры//Газета Утро.27.05.2008.

年”。这是中国首次与他国举办的“国家级”综合性活动，也是中俄两国几十年来举行的规模最大、涉及领域最广的一次综合性合作。活动从中央到地方，从官方到民间，涉及面之广，交流度之深，是中俄两国建交以来前所未有的。活动期间举办了大型研讨会、经济论坛、大型企业领导人见面会、大型文化节、文艺演出和展览等500多场活动，涵盖了政治、军事、经贸、科技、文化和教育等各个领域。中俄科技合作“7000米载人潜水器下水实验”和“田湾核电站一号机组投产庆典”等大型活动也被安排在了此间举行。这次活动双方组委会主席分别由当时的中国国务院副总理吴仪和俄罗斯第一副总理梅德韦杰夫担任，两国领导人也都相继出席了对方“国家年”的开幕式，这是中俄关系提升到了一个新高度的重要标志。继成功互办“国家年”后，两国还在2009年和2010年互办“语言年”。通过开展“国家年”和“语言年”活动，为两国人民特别是年轻人增进相互了解提供了最佳机会和广阔平台，进一步增进了两国人民的友谊，并使两国世代友好理念融入社会，植根于民间。两国在文化、教育、艺术、体育等领域的交流愈益频繁和扩大。2008年中国汶川特大地震发生后，俄罗斯政府全力支援中国人民抗震救灾，梅德韦杰夫总统还亲自邀请1500多名中国少年儿童到俄罗斯疗养，深深感动了中国民众。所有这些都为中俄战略协作伙伴与睦邻友好关系培植了深厚根基。

三、中俄关系持续发展是历史的必然

中俄睦邻友好、互利合作有着坚实的客观基础和历史必然。“两国的命运紧密相连”，“中国这个现实对俄罗斯来说将永远存在，不取决于愿意还是不愿意”。①

（一）相似的战略处境

冷战结束后，中俄两国都面临美国等西方国家的战略防患和遏制的外部环境。俄罗斯在改制初期积极投靠西方，全面推行西化政策，旨在成为西方一员，然而，其不但没能得到西方应有回报，反倒遭遇西方的冷遇和无情打压。美国及其一些欧洲盟国坚持冷战思维，继续视俄罗斯为潜在战略对手，公然违背承诺，

① Юрий Савенков. Антикитайский синдром. Россияне оказались лицом к лицу с динамичной наступательной Азией//ЦентрАзия. 3 августа 2003 года .

不断强化冷战产物北约，推动“东扩战略”，使其兵力直抵俄罗斯边境，蚕食俄罗斯的战略空间，进而肢解俄罗斯的传统盟友，发动对前南斯拉夫联盟的战争，鼓动车臣分裂分子从俄罗斯中央政府分离出去。“事态的转变促使莫斯科加速稳定与中国的关系，谋求在与北约不断加剧的对抗中寻找到中国这样一个国家——如果不是盟友的话，至少也是一种依靠”。也正是在这样的严峻战略环境下，借助中俄战略协作的影响力，“叶利钦向克林顿发出了挑战，其措辞严厉，而且没有使用外交语言”。[①] 此外，美国及其盟国还不断向俄罗斯的势力范围——独联体进行军政渗透，在其中一些国家大搞“颜色革命”、建立亲美政权，徐图将其从俄罗斯的盟友变为反俄前哨。美国等西方反俄势力目的是将俄罗斯的战略空间压缩到俄罗斯本土，使其沦为二流国家，永远不能东山再起；美国及其西方反华势力也将中国视为潜在对手，在推行对华接触政策同时，依然坚持对华遏制战略。在台湾、西藏、新疆等问题上不断干涉中国内政，甚至支持中国的民族分离势力，一再对中国发起人权攻势，旨在分化、西化和弱化中国。中俄共同面临的美国等西方国家的战略挤压和发展本国经济的迫切需求，成为两国寻求彼此睦邻友好和加强合作的客观基础。彼此相互借重，加强战略协作，成为两国的共同战略需要和必然选择。

（二）趋同的国际政治理念

中俄友好关系是在历经国际形势复杂深刻变化的动荡时期逐渐发展起来的。两国在攸关国际全局及其走向的重大问题上的共识和共同立场使彼此在战略上靠近。两国都坚持和维护联合国在国际事务中的主导作用，主张以联合国为中心，以《联合国宪章》为原则构建国际秩序和国际治理体系；反对一切形式的恐怖主义，反对反恐扩大化和搞“双重标准”；主张世界多极化和国际关系民主化，反对由一个超级大国或国家集团支配和垄断国际事务；主张用和平共处五项原则处理国际关系，反对任何国家以任何借口干涉别国内政，损害别国主权；都不搞军备竞赛，反对太空军事化和美国发展反导系统等。2008 年 5 月，中俄签署《中华人民共和国和俄罗斯联邦关于重大国际问题的联合声明》，为两国在国际舞台

---

① Александр Ларин.Американский фактор в российско-китайском стратегическом партнерстве// Проблемы Дальнего Востока № 6, 2001.

进一步加强战略协作奠定了法律基础。正如普京曾指出的，中俄“两国国家利益的共同点建立在俄罗斯和中国合作伙伴关系的基础之上。对一些重大国际问题的共同态度就是我们战略合作的基础。这就是我们把发展俄中特殊关系看作是我们共同的伟大成就的原因”。① 梅德韦杰夫总统也指出，“目前，俄中协作已成为国际安全的关键因素”。②

（三）客观的资源互补

两国资源互补优势明显，俄罗斯科技基础雄厚，石油、天然气等资源丰富，中国则着力发展经济，具有吸收高新科技和资源需求的广阔空间和市场。两国在资金、人才、技术、资源、商品、市场等方面可以取长补短、优势互补，发挥各自优势开展互利合作。俄罗斯改制初期，经济衰退、商品匮乏、民不聊生，应运而生的中俄边贸及时缓解了其民生所急。中国对俄罗斯的大宗军购也使俄罗斯军工综合体迅速盘活。时任俄罗斯国防部长谢尔盖·伊万诺夫曾直白地表示，“俄罗斯军工综合体的发展只能依靠向中国出口军事技术装备和武器”。并说这是在俄罗斯现有经济条件下，“维持我们军工综合体的唯一可能性”。③ 反过来，俄罗斯的先进科技、能源和军工产品在相当程度上也满足了中国有关领域的急需，其市场需求也加速了中国轻工产品的升级换代，特别是俄罗斯的先进军事技术使中国军备得到跨越式发展。中俄深海潜水项目合作使“中国掌握了所有的技术，提前 10 年完成了国家 863 计划规定的任务”。而经过这些年的发展，目前中国的科技和生产工艺水平已经有了长足发展，不少产品已达到国际质量认证标准，并拥有西方著名公司的生产许可证。这些产品的质量、性能不但与欧美先进国家同类产品相差无几，且价格相对低廉，已逐渐被俄罗斯业内所认可，两国的资源互补优势更加明显。

---

① 郭橄农：《在俄罗斯签署了流产的宪章》，载英国《泰晤士报》2002 年 6 月 8 日。

② Наталья Серова. Большие геополитические маневры//Газета Утро.27.05.2008.

③ Константин Лантратов,Марина Ильющенко. Сергей Иванов раскрыл Китаю военную тайну-Российский оборонно-промышленный комплекс не может без него обойтись//Газета "Коммерсантъ" №203от 06.11.2002, стр.3.

（四）深厚的传统友谊

中俄交往历史绵长，虽有过“不愉快插曲”，但昔日的“友谊主旋律”至今仍然在起作用。早在列宁及随后的斯大林时代，苏联就对中国革命和新中国的建设事业提供了宝贵的援助和支持。苏联对中国加速抗日战争的胜利也提供了重要的支持和帮助。新中国成立后，苏联率先承认中华人民共和国，并向中国提供了重要的经济技术援助，对新中国建立初步完整的工业体系做出积极贡献。中国人民也一向同情和支持苏联的革命和建设事业，在第二次世界大战中，与苏联并肩战斗，为苏联卫国战争的胜利同样做出巨大贡献。20世纪50年代，中国同苏联结盟并站在反殖民主义统治的第一线，抗击帝国主义的侵略和战争，极大地减轻了苏联的国际压力。冷战结束后，中俄两国和人民相互同情和支持，为确保两国的主权、安全和发展，维护地区和世界的和平与稳定，进行了卓有成效的合作。中俄两国和人民在长期斗争中结下的深厚友谊，是两国永作“好邻居、好伙伴、好朋友”和兑现“世代友好、永不为敌”庄严承诺的基础和保证，也是中俄“战略协作伙伴关系”不断向前、向上发展的根基和沃土。

（五）高层的重视与推动

中俄关系历经坎坷，发展到今天历史最好时期，倾注了两国领导人的大量心血。叶利钦、普京和梅德韦杰夫三位俄罗斯总统和中国以江泽民为核心的第三代领导集体及以胡锦涛为总书记的新领导集体都高度重视发展中俄关系，一再强调，“无论国际风云如何变幻，深化俄中睦邻友好、互利合作和战略协作伙伴关系，都将是两国外交政策的战略优先方向”。① 胡锦涛主席就任后出访的第一个国家即是俄罗斯，说明中国新一届政府依旧高度重视对俄罗斯关系。梅德韦杰夫总统就职后也把中国作为独联体以外的首访国，认为“同中国发展和深化战略协作关系是俄罗斯对外政策的优先方向”。② 关于这一点，“梅普政府”的对外政策新构想中也有充分体现。正是两国领导人对双边关系的高度重视及频繁往来和不断推动，才使两国能够友好地解决彼此关系中出现的一些问题，使两国关系得以不

① Евгений Верлин. Путин и Ху не будут ссориться с Бушем//Независимая газета.28.05.2003.

② 俄塔社北京2008年7月21日电。

断发展和深化，最终使长期悬而未决的边界问题得到圆满解决，使中俄战略协作伙伴关系在政治、经济、安全和国际等领域得到全面提升，双边关系进入空前友好的历史新时期。

四、中俄关系发展前景广阔

毋庸讳言，中俄关系也存在某些不尽如人意的消极因素。两国经济关系与政治关系还不平衡，经贸水平同彼此的经济规模及总体关系水平不相称；俄罗斯对中国6亿美元的投资在其对外7000亿美元总投资中的所占比例还“显得微不足道”；[①] 一些俄罗斯人对中国快速发展的疑虑也时隐时现；俄方对在俄罗斯经商和参与其远东开发的中国人还存在一定程度的歧视和限制等。但所有这些与中俄关系全面长足发展大局相比，都只是两国关系发展中的小事，是支流，且已受到双方高层重视，正在友好协商地积极解决。中俄关系发展前景依然广阔、充满希望。

其一，中俄新型国家关系符合时代发展潮流。俄罗斯前驻华大使罗高寿曾颇有感慨地指出过，中俄“两国关系经历了半个世纪以来的坎坷道路”，终于“找到一种能够以最佳方式考虑到现在和未来两国国家利益的合作方式”。[②] 两国摆脱了冷战意识和意识形态的束缚，在《联合国宪章》与和平共处五项原则基础上，建立了真正的相互尊重、完全平等、友好合作、互利双赢的新型国家关系。事实证明，“俄罗斯与中国以自己的榜样表现出大国之间、核国家之间、邻国之间、东西方之间、南北方之间、不同政治制度和文化传统国家之间建立和谐关系是完全可能的”。[③] 两国在21世纪初签订的《中俄睦邻友好合作条约》完全不同于20世纪50年代的《中苏友好同盟互助条约》，不具结盟性质，不针对第三国，不反对任何人。两国都不存在以制造外部敌人形象才能摆脱政治危机的情况，在国与国交往中提出了全新的思维和理念，为冷战后的国际关系体系创建了一种全新的国家关系模式。中俄关系成为国家间尤其是不同历史、不同文化、不同文明、不同民族和不同意识形态国家间关系的典范。这种关系形态符合中俄两国历史发展的客观

① Владимир Волошин.Китайский гость по высшему разряду//КОМСОМОЛЬСКАЯ ПРАВДА Кыргызстан. Вторник, 27 марта 2007 г.

② Интервью Чрезвычайного и Полномочного Посла в Китае Игоря Рогачева Российскомуинформационному агентству "Новости"//РИА Новости.22 мая 2003 года .

③ Евгений Верлин. Путин и Ху не будут ссориться с Бушем//Независимая газета.28.05.2003.

要求，顺应时代潮流，经得起时间和国际风云变幻的考验，具有强大的生命力。

其二，中俄战略借重是双方的长期需要。在可见的未来，美国等西方国家对中俄实行防范和遏制的政策不但不会改变，有时还会加剧。虽然中俄两国的综合国力明显提高并还在继续发展壮大，但与美国等西方大国的力量相比差距依然很大，“西强中俄弱”的局面短期内难以改变。作为联合国安理会的两个常任理事国，中俄两国为了各自的安全和发展，相互战略借重和战略协作是长期的需要。就两国内部来说，双方在资金、技术、资源、军工、产业等方面的优势互补趋势依然强劲，两国取长补短、互利共赢合作的长期化趋势更为明显。两国都在不断提升对方在本国外交全局中的地位，中俄友好互利合作是彼此国内外的客观形势使然，也是两国的长期战略选择。

其三，深化战略协作伙伴关系符合两国根本利益和民心。面对西方国家特别是美国战略进逼的严峻挑战和本国发展的迫切需要，中俄加强友好关系和战略协作，对双方都具有重大战略意义，也是两国人民的切身利益所在。它不但是两国政府的共识，也得到两国民众的拥护和支持。俄罗斯是领土和资源第一大国，也是世界上另一核大国和军事强国，科技、教育和文化水平较高，是中国捍卫国家核心利益和维护世界和平的战略借重力量。同最大邻国中国发展睦邻友好也是俄罗斯为本国发展创造良好外部环境的重要依托。近年来，俄罗斯议会两院相继与中国全国人大建立合作机制，其各党派也争相对华往来，地方热络交流合作持续高涨。中国已在伊尔库茨克州和叶卡捷琳堡先后增设了总领馆。尽管一个时期以来俄罗斯一些对华有成见的人对发展对华关系心存疑虑，但其主流社会和绝大多数民众对深化俄中关系的热情不断升高，社会各界对中国兴趣日渐浓厚，对华好感日益增强。俄罗斯的学术机构和新闻媒体对中国问题的研究和报道基调更趋客观和友善。中俄关系上热，下冷，中央热，地方冷的局面正在悄然改观。中国在俄罗斯民众中的友好形象连年提高，2006 年中国与法国还并列排名第三，2007 年夏的一次权威民调机构调查，中国已经跃居首位。俄罗斯国内不断掀起“中国风”，“汉语热”持续升温，要求积极开展对华关系的声音不断增大。俄罗斯科学院远东研究所所长米哈伊尔·季塔连科不久前呼吁，“俄中两国的经济依旧是互补的，不应再相互猜疑，我们彼此需要”。因为“俄罗斯没有外来劳动力就无法振兴西伯利亚和远东。中国则需要一个稳定的大后方——友好的俄罗斯”。① 俄罗斯联邦人权事务全权代表弗拉基米尔·卢金也指出，“发展与中国的关系不要只考虑它是什么样的制度，主要考虑的是中国客观存在的国际政治和地缘政治现实”。所以，“我们要非常积极地改善对华关系，并将这一关系置于较高的位置。无论在何种情况下都应该与中国保持友好关系，因为这个国家对俄罗斯太重要了，不能与它争吵。何况，中国对俄罗斯而言也绝不是直接的军事政治问题或威胁”，强调“无论在苏联时期，还是在俄罗斯时期，我都深信，我国最主要的任务之一是与中国建立战略性的友好关系”。② 俄罗斯西伯利亚和远东地区对搭乘中国“经济快车”拉动自身振兴和发展的愿望更加强烈，就连一向对中国颇有成见的俄罗斯总统驻远东联邦区全权代表维克托·伊沙耶夫也开始提出要在俄中边境建设工业区，以此带动俄罗斯远东地区的振兴，并前所未有地公开表示，“俄罗斯远东地区不存在来自中国劳动移民的扩张，中国居民在远东 10.3 万劳动移民中仅占 1.2%”。③ 中俄睦邻友好的深厚民意基础依旧是推动和深化两国战略伙伴关系持续发展的强大动力和可靠保证，“中国威胁论”正逐渐被“中国机遇论”所取代。

其四，劳务合作呈现冉冉曙光。近年来，俄罗斯人口不断下降，劳动力锐减，已成为制约其经济发展的一个难以逾越的因素。俄罗斯副总理兼财政部长库德林甚至认为，“人口下降已经成为影响俄罗斯经济发展的一个最大挑战”。④2007 年，俄罗斯人口大约减少了 30 万人，2010—2018 年下降的趋势还将进一步加剧，每年要减少 100 万人。到 2026 年，俄罗斯的人口将减至 1.37 亿人，具有劳动能力人口累计自然减少将达 1800 余万人。俄罗斯改制初期，其远东常住人口大约 700 万人。由于出生率连年低下，人口外流较多，目前累计已减少 100 余万人。俄罗斯远东地区占其领土面积 36%，人口却只有其总人口的 5%。还是在叶利钦总统当政的 1996 年，俄罗斯政府就制订了“远东后贝加尔长期发展计划”。只是由于某些

---

① 对俄罗斯科学院远东研究所所长米哈伊尔·季塔连科的访谈录：《被挟持的美元》，载俄罗斯《侧面》2009 年 4 月 27 日。

② Андрей Иванов. Владимир Лукин: "Мне нравится великая китайская цивилизация"//Независимая газета.27.05.2008.

③ 俄新社哈巴罗夫斯克 2009 年 5 月 21 日电。

④ Елена Никольская.Россию ждут десять самых трудных лет//Газета Утро.25.06.2008.

原因，其中也包括劳动力不足的因素，使得这一战略规划迟迟没能落实。俄罗斯本国劳动力资源不足，独联体国家来的劳动力也只能满足不到一半的需要。从这个意义上来说，中国劳动力来得正是时候。何况，中国人吃苦耐劳。俄罗斯《独立报》曾载文指出，“没有来自国外源源不断的劳动力，俄罗斯的经济将难以存在”。认为“中国移民不仅不会威胁俄罗斯，反而能拯救俄罗斯。至少，中国的廉价劳动力可以帮助俄罗斯经济实现国内生产总值翻一番的目标。来自苏联加盟共和国的移民流很快将枯竭，希望到俄罗斯来的人正日益减少”。该报还强调，“中国人‘占领’俄罗斯远东领土的威胁远远小于因人口问题而造成的经济衰退的威胁。据远东研究所统计，常住（合法或者非法）远东地区的中国人仅 20 万人，只占远东 600 万人口的 3%—4%。而这些人为远东联邦区所创造的国内生产总值则占 5%”。[①] 在此背景下，俄罗斯高层和有识之士一直在为扩大两国劳务合作奔走呼号。普京在执政期间就俄罗斯远东地区开发问题多次提出要加强与中国的合作。梅德韦杰夫出任俄罗斯总统后也一再强调，“远东和外贝加尔的发展应该与中国振兴东北的计划相协调”。“应该继续进行这项工作。要吸引中国投资建设远东港口的石油加工、石油化工、煤炭开采等设施。双方在纳霍德卡、符拉迪沃斯托克、乌苏里斯克等地建热电站方面也有广泛的可能性”。[②]2008 年 7 月，俄罗斯外长拉夫罗夫在访华时表示，“莫斯科和北京都认为可以扩大公民免签证的范围。双方正在讨论签订补充文件的必要性，以便为合法到俄务工的中国人创造有利条件，解决劳动移民问题”。为落实中俄元首 2009 年 6 月莫斯科会谈共识，7 月，俄罗斯哈巴罗夫斯克边疆区行政长官维亚切斯拉夫·施波尔特在与到访的中方官方代表团会谈时，向中方推介了木材加工、建造纸和胶合板厂、开发新矿产、自由经济区基础设施建设等 10 个总价值达 30 亿卢布的可行性大型合作项目，强调边疆区欢迎中国伙伴前来合作，“并保证提供优厚有利的投资条件”。这表明，长期制约两国经贸合作深入发展的瓶颈之一的劳务问题将会得到尽快解决。

其五，金融危机更显中俄长期合作必要性。这次百年不遇的全球性金融危机是以美国为主导的不公正、不合理的国际金融体系和经济秩序所致，美国对金融业的监管疏漏和应对本国金融危机的不力导致了全球经济危机的蔓延。中俄与世

---

① Евгения Обухова.Китайцы спасут Россию//Независимая газета.10.10.2003.

② Медведев: на Дальний Восток надо привлекать китайские инвестиции//ВЕСТИ.RU. 21 мая 2009 года.

界其他国家一样，都成了这场金融危机的受害者。改变现有国际金融和经济体系不但是国际社会的普遍呼声，也是中俄两国新的战略协作契合点。经济危机和国际油价下跌使西方企业对俄罗斯投资信心大挫，不断从俄罗斯撤资，导致俄罗斯外资和石油美元锐减，应对危机所需资金缺口越来越大。加之近年来俄罗斯企业在海外不断扩张、大肆并购，“亏空”逐年递增，外债总额已达4650亿美元，且今明两年须还本付息的债务就达1400亿美元，使其“求资若渴”，十分艰难。西方靠不住，俄罗斯自然把求助的目光投向中国，希望能借中方援手实现其经济复苏计划。为此，2009年5月，俄罗斯总统梅德韦杰夫在哈巴罗夫斯克举行的边境合作会议上再次强调，中国是俄罗斯“最重要、在经济上最有发展前途的伙伴之一。中国不仅是我国工业的大市场，还拥有巨额资金，可以为我国经济投资。我们应该把对华合作定为重点”。[①] 中方对俄方的需求一直高度关注，继中俄签署为期20年、总额达250亿美元的“贷款换石油”协议后，2009年7月，中国光彩事业集团与俄罗斯电网集团股份公司又签订了价值近千亿美元的改造俄罗斯电网意向协议。在未来10年，中国企业将参与俄罗斯全部200万公里的电网改造项目。所有这些都将会推动中俄关系长期、稳定和强劲发展。

值此中俄建交60周年之际，两国元首高度评价双边关系。胡锦涛主席指出，这60年是两国政治关系日益走向成熟的60年。梅德韦杰夫总统也表示，“目前，俄中关系正处在快速发展阶段”。经过几十年的发展，目前，中俄关系已经发展为成熟、稳定、健康的新型国家关系，两国的政治互信和战略协作达到前所未有的高水平。新形势下，中俄关系又站在了新的历史起点上，两国关系将迎来全面深入的发展。

① Медведев: на Дальний Восток надо привлекать китайские инвестиции//ВЕСТИ.RU. 21 мая 2009 года.

中俄关系进入新的历史发展时期[①]

2009 年，中俄关系在两国建交 60 周年之际进入新的历史发展时期。胡锦涛主席成功对俄罗斯国事访问并出席中俄建交 60 周年庆祝大会。继而两国元首又在联合国气候峰会和 G20 峰会等国际会议期间频频会晤，商讨加速推进两国各领域合作大计。随后，普京总理成功访华，两国政府和企业签署数十项合作协议及合同，使两国政经关系实现重大突破，各领域合作空前发展。

2009 年，中俄政治和经济关系快速发展，各领域合作取得突破性进展。经过多年的犹豫和徘徊，俄罗斯在发展对华科经贸关系上出现新的特点。

一、俄罗斯对华深化科经贸合作观念发生重大转变

一是主张对华深化合作的呼声开始处于主导地位。长期以来，由于“中国威胁论”在俄罗斯国内作祟，加之俄罗斯院外利益集团以及一些对华有成见政客的游说和掣肘，在对是否要对华深化合作问题上一直争论不休，使中俄各领域合作特别是科技、经贸、军事和资源等领域的深入合作受到极大干扰，难以充分发挥各自潜在的优势，与两国日益上升的政治关系水平不相吻合。经过多年“论证”，先前一些自欺欺人的“中国威胁”论调已不攻自破。单仅石油出口来说，“俄罗斯石油出口量为 2.6 亿吨，每年对华出口最多也只有 1500 万吨，其余的都供给了西方。从这一角度看，如果说俄罗斯成了原料附庸，也首先是西方的原料附庸。[②] 可见，俄罗斯可能成为中国的原料附庸完全是危言耸听。也正是因为如此，特别是在经济受金融危机重创下，俄罗斯主流社会反思过后开始淡化在所谓“中

① 该文载在《俄罗斯中亚东欧研究》2010 年第 1 期，第 62—67 页，被满洲里市人民政府和中共中央党校出版社联袂推出的《中俄（苏）关系史论》收录。

② «Нам есть чему поучиться у китайцев»-О том, чем чреват для России рост могущества Поднебесной, газете ВЗГЛЯД рассказал замдиректора Института Дальнего Востока РАН//Деловая газета «Взгляд»,15 октября 2009 года.

国经济扩张”上的一些顾虑，主张加强对华合作的声音逐渐增强，其高层也在顺势加快推进两国在一些领域的合作进程。

二是开始接受“角色”上的“历史性”转换。在两国长期交往过程中，中国的综合国力和政治影响力一直不及俄罗斯，俄罗斯也从未把中国的发展和壮大看在眼里。但突如其来的国际金融危机让俄罗斯经济“乍兴又止”，令俄罗斯不得不开始正视中国的存在和发展，接受两国“角色”上的“历史性”转换和中国已成为具有“先进技术工艺”国家的现实。俄罗斯专家坦言，自苏联解体近20年来，其机械工业一直处于萎靡不振状态，缺乏高附加值产品，国际竞争力低下。梅德韦杰夫总统也称，“我相信，我们还会在很长一段时间内，可能是数十年，继续作为石油天然气主要供应国而存在”。[①]

三是确信搭乘“中国快车”可以拉动俄罗斯经济发展。俄罗斯自苏联解体改制以来一直致力于回归欧洲、融入西方体系的努力，但其一厢情愿并没如愿以偿。残酷的现实迫使俄罗斯不得不摒弃对中国的疑虑和偏见，把对外战略和经济合作重点逐渐向东转移，寄望于搭乘“中国快车”拉动其低迷的经济发展。俄罗斯专家向“梅普政府”建议，如果俄罗斯能成功利用中国经济潜力，这将会成为俄罗斯的有利因素，尤其是原料销售问题。中国“市场相当广阔，这对俄罗斯有利”。梅德韦杰夫总统更是反复强调，中国是俄罗斯“最重要、在经济上最有发展前途的伙伴之一。中国不仅是我国工业的大市场，还拥有巨额资金，可以为我国经济投资。我们应该把对华合作定为重点”。[②]事实也是如此，中国不但是俄罗斯的稳定和可靠战略后方，也是拉动其经济的巨大引擎。

四是对华科经贸合作由消极被动变为积极主动。一个时期以来，俄罗斯对全面深化对华合作“雷声大，雨点小，上热、下冷”现象较为明显，更多注重两国在政治和安全领域合作，轻视或消极对待其他领域的交流，担心没有选择地一味扩大对华合作会“壮大他人，削弱自己”。经过长期的思考和心态调整，2009年，俄罗斯的对华深化合作观念发生重大变化，由先前的消极和被动变为积极和主动，开始全面推进对华领域合作，长期对华虚掩的大门进一步敞开。中俄关系进入新的历史发展阶段。

---

① 俄罗斯战略文化基金会网站，2009年10月12日。

② 俄塔社哈巴罗夫斯克2009年5月21日电。

二、中俄各领域合作取得突破性进展

2009年，中俄相关部门积极落实两国元首2008年11月批准的第二阶段《〈中俄睦邻友好合作条约〉实施纲要（2009—2012年）》，俄罗斯在深化对华科经贸等领域合作上表现出前所未有的积极姿态，两国关系更趋实际和务实，在投资、能源、核能、科技、航天、环保、交通、人文、救灾、地方等领域的合作取得突破性进展。

高层往来更趋紧密，中俄元首互访、总理会晤、议会合作和战略安全磋商等级制运转顺畅，两国战略协作伙伴关系开始走出"磨合期"，进入常态、机制化和规范化的轨道。双方领导人继续保持密切往来，胡锦涛主席和普京总理相继成功访俄和访华，中俄元首在国际多半舞台多次磋商和会晤。两国领导人不断推动双边关系向前发展，"中方高度重视对俄关系，始终把发展中俄关系作为中国外交优先方向之一"。俄罗斯也反复强调"俄中关系是真正的战略协作伙伴关系，俄方对此十分珍惜并高度评价"。[①]

战略互信空前提升。两国在涉及彼此核心利益问题上继续相互支持和配合，就双边关系和重大国际问题及时交换意见，在国际和地区事务中保持密切沟通和协调。两国签署了有关发射弹道导弹和商用舰载火箭的通报协议和开通两国最高领导人在"正常及紧急状态下"密码通信线路的政府间协议。这种国际上往往只有少数盟国间才设立的"元首专线"，凸显中俄战略安全合作上升到了前所未有的新水平，政治互信空前提升。

军事合作不断深入。由于中国对俄罗斯大宗武器装备和一般性军事技术需求趋于饱和，2009年俄罗斯对华军售规模有所收窄，但两国的军事合作仍然保持高质量的发展态势。在金融危机大背景下，中国同俄罗斯签订了进口100台歼-10战机的发动机合同，这是俄罗斯本年度对外军售的第一个大单。两国还签署了《2010—2012年中俄航天合作大纲》和联合研制重型直升机等协议及合作意向文件。有关购买海军装备、防空武器和新型战斗机的几个合同也在洽谈之中。在中俄第14次政府间军事技术合作委员会上，双方还商讨了两国在飞机及

① 《胡锦涛主席在纽约会见俄罗斯总统梅德韦杰夫》，中国网，2009年9月24日，http://www.china.com.cn/international/txt/2009-09/24/content_18590108.htm。

其发动机、军舰、防空武器、装甲车制造等方面的合作项目。目前，两国的军事技术合作“已经不是单纯的武器和军事技术设备的买卖关系，而是上升到了武器售后维修保养、按许可证生产以及联合研制高技术军事产品的水平”。[①] 中国不仅可以继续按许可证生产苏-27和苏-30歼击机，而且，还将同俄方在包括苏-35战机在内的一系列机型方面的合作；乌鲁木齐“7・5”事件后不久，中俄两国即在中国境内成功举行“和平使命—2009”联合军事演习，极大地震慑了中国境内外“三股势力”的嚣张气焰。这是“二战”后俄军首次进入中国东北与中国军队进行的一次大规模军事演习，对两国联合完成跨境反恐行动具有重大意义。虽然这次联合军演两国参演的兵力相对不多，但双方派出的却都是陆空精锐部队和先进的武器装备。两军首次进行了“防空一体”化实兵演练，提高了双方在空战和防空协调作战方面的能力，彰显两国军事合作水平的大幅提升。联合军演巩固了两国的战略协作伙伴关系，增进了彼此在军事领域的了解、交流和信任，展示了中俄联合打击国际恐怖主义的决心，将两国军事技术合作水平推向新的高度，极大地维护了地区的安全与稳定。

能源合作突飞猛进。两国正式签署石油领域合作的政府间协议、关于天然气领域合作的谅解备忘录、关于俄罗斯向中国供应天然气基本条件的框架协议和俄罗斯恢复向中国供电等协议。中国原油管道建设、运营合同、原油购销合同和贷款协议等一揽子合作文件正式生效。在中国向俄罗斯提供250亿美元贷款基础上，中国进出口银行又分别向俄罗斯天然气工业银行和俄罗斯对外经济银行提供了3亿美元和7亿美元两笔定向贷款，用于其从中国采购原油管线的设备等。俄方则承诺积极开发新油田来保障对中方的满负荷供油。天然气管道合作正式提上议事日程，俄方承诺在2015年前铺设完通向中国的管道，实现“东西”两线对华供气。未来，俄罗斯每年将向中国输送700亿立方米天然气[②]。俄中“东方能源公司”（俄方持股51%，中方持股49%）运转顺畅，已在伊尔库茨克州取得两个区块的开采许可证，目前已完成前期勘探，进入钻探作业阶段。俄罗斯石油公司还与中国石油和天然气集团达成在天津联合建炼厂协议，并拟在中国境内联合兴建大型石油基地。中俄在石油和天然气“两线”合作上双双取得重大进展，长期

① 俄塔社莫斯科2009年11月25日电。
② 俄塔社北京2009年10月13日电。

影响两国能源合作的油气管道建设问题实现历史性突破；两国在煤炭领域的合作也进展顺利，双方签署了《中俄关于煤炭领域合作的谅解备忘录》，俄罗斯开始向中国出口煤炭，仅此一项，2009年的双边合作总额即达到10亿美元。中俄领导人一致表示，要继续扩大煤炭和核能领域的合作，商定由中方银行提供资金，在俄罗斯远东产煤地区建设数座热电站，将对华供电能力增加到50亿度，长远对华供电600亿度[①]；双方还签署了《中国核工业集团公司与俄罗斯原子能公司关于田湾核电站有关问题的谅解备忘录》。俄方参与的江苏田湾核电站后期机组建设项目谈判还在继续，兴建两座快速中子反应堆的合作项目也在洽谈之中。

边区合作重大突破。长期以来，俄罗斯在同中国联手开发其远东地区和劳务合作上畏首畏尾，始终不愿迈出更大步子。2009年，两国在地方和毗邻地区的合作方面取得重大突破，双方签署有关改善两国移民制度协议，正式批准《中华人民共和国东北地区与俄罗斯远东及东西伯利亚地区合作规划纲要（2009—2018年）》，确定了两国地方和边境地区的合作重点，设立了200余个重要合作项目。双方在俄罗斯游击队城联合建立创新试验园区，在阿穆尔州成立俄中农业技术转让中心，在哈巴罗夫斯克建设信息技术转让园区。俄罗斯在叶利钦政府时期制订的“远东后贝加尔长期发展计划”终于正式启动，这对打破长期束缚中俄边贸、地区和劳务合作瓶颈问题具有划时代意义，将有力地推动两国在木材加工、开发新矿产、完成自由经济区基础设施、农业技术和品种改良等项目上的深入合作与交流，营造两国人员交往和物流的便捷环境，加速边境地区包括连接两国的桥梁等跨界交通运输网络建设进程。两国边境地区的旅游和贸易等民间交往会更趋于活跃，能源、矿产品、森工、农业及基础设施建设等领域的地区合作将进一步扩大。2009年，双方还决定在两国总理定期会晤委员会框架下设立海关合作分委会，签署了《中华人民共和国海关总署和俄罗斯联邦海关署关于规范通关监管秩序的合作备忘录》。这表明一直困扰两国的“灰色清关”问题有望得到较好解决，两国的边贸走私违法行为将得到有效控制，双边贸易秩序会有更大改善，地区合作的法律保障将进一步完善，人流、物流、信息流和资金流将更加顺畅，民间贸易往来也会有更大发展。两国毗邻地区合作迎来难得的历史机遇。

---

① Михаил Сергеев.КНР переносит грязные технологии к соседу//Независимая газета.08.10.2009.

经贸合作蓄势勃发。在胡锦涛主席访俄期间，两国元首批准了《中俄投资合作规划纲要》，确定了两国相互投资的优先方向。双方签署了《中华人民共和国商务部和俄罗斯联邦经济发展部关于促进双边机电产品贸易与合作的谅解备忘录》《中国进出口银行与俄罗斯对外经济银行7亿美元贷款框架协议》《中国黄金集团公司与俄罗斯列诺瓦集团关于联合开发贵金属的合作备忘录》等文件。在普京总统访华期间，双方签署了中国国家开发银行与俄罗斯对外经济银行间5亿美元贷款协议和中国农业银行同俄罗斯对外贸易银行间的5亿美元贷款协议。同时，双方还签署了有关道路交通、基础设施、建设和采矿等协议以及在俄罗斯修建高速铁路的谅解备忘录和建造船厂等协议；中俄贸易本币结算规模稳步推进，8亿美元数额虽小，但却有示范效应，前景广阔。尽管国际金融危机给两国双边贸易带来负面影响，中俄双边贸易额有所下降，但中国仍保持着俄罗斯的第二、第三大贸易伙伴地位，俄罗斯也位于中国对外十大贸易伙伴之列。2009年，两国签订的能源及大批经济技术合作项目之大、涉及领域之多、合作程度之深前所未有，为两国今明两年及更远期的贸易增长打下坚实基础；俄罗斯对深入发展对华贸易认识上的提高以及开始打破影响两国各领域深入合作羁绊的积极姿态，预示着后危机的中俄双边贸易水平将会有更大提高。

人文合作成果显著。2009年，中俄人文领域交流高潮迭起，胡锦涛主席和普京总理相继出席在对方举行的俄中建交60周年庆祝大会和中国的“俄语年”闭幕式，并宣布2010年在俄罗斯举办“汉语年”活动，将两国人文领域合作推向新的更高层次。两国签署了《中俄人文合作委员会文化合作分委会第十次会议纪要》和《中华人民共和国政府和俄罗斯联邦政府关于互设文化中心的协定》。中国“俄语年”的260多项大型活动极大地激发了中国民众了解和重温俄罗斯语言和文化的兴趣和热情，带动两国的教育、文化、卫生、体育、旅游和新闻媒体的合作与交流不断走向深入。

三、深化各领域合作是中俄双方的长期需要

中俄在资金、技术、资源、军工和产业等方面的互补优势得天独厚，不断深化两国各领域合作和提升对方在本国外交全局中的地位是彼此内外客观形势使然，也是双方长期的战略需要和战略选择。

第一，现实的战略环境需要两国长期彼此借重。虽然美国总统奥巴马推出同中俄接触与合作新政，但美国等西方国家对中俄的防范和遏制政策不会改变。尽管中俄两国的综合国力不断增强，但与美国等西方大国的力量相比差距依然很大。“西强中俄弱”的局面短期内难以根本改变。作为联合国安理会的两个常任理事国，中俄两国为了各自的国家安全和经济发展，战略上相互借重和在各领域深入合作是双方的战略考量。在大国中，俄罗斯是中国维护国家核心利益及运筹国际关系唯一可借用的重要力量。中国也是俄罗斯在大国中仅有的能用来平衡西方势力的可靠伙伴。保持稳定的俄中关系对确保俄罗斯的国家安全、稳定和领土完整具有重要战略意义。中俄战略协作伙伴关系深入发展给两国人民带来了实实在在的利益，也促进了世界的和平与发展。

第二，客观的互补条件是两国深化合作的基础。未来 10 年，俄罗斯人口将累计递减 800 万人，2026 年总人口将降至 1.37 亿人。而俄罗斯仅开发其远东地区所需的适龄劳动力就至少 50 万—60 万人。人口不断下降，劳动力资源严重不足以成为制约俄罗斯经济发展难以逾越的障碍。在本国劳动力不足，来自独联体国家的劳动力也只能满足其不到一半需求的情况下，紧邻的中国的庞大劳务市场，完全可以满足俄罗斯各类人才的需求；中国正实施《东北地区振兴规划》，俄罗斯也制定了《远东及外贝加尔地区 2013 年以前经济社会发展联邦专项规划》和 2020 年前的大规模基础设施建设专项规划，还计划兴建 30 座核电站，包括承办 2012 年 APEC 峰会和 2014 年索契冬奥会的基础设施建设等大型项目，整个远东地区有 327 亿美元—436 亿美元的宏伟建设构想。在这方面，中国完全可以依托现代化工业技术、较充裕的资金和人力资源及物流往来的便利条件，扩大对俄罗斯的投资与合作；俄罗斯的煤炭和电力产能一直过剩，增加对华出口可以扩大其煤炭销路，避免电力设备空转浪费。由中方贷款在俄罗斯远东地区联合建电厂，既能满足中方需求，也可为俄方出口创汇，“还有助于提高（俄罗斯）远东电站的开工量”。俄方也承认，“从综合开发远东地区来说，‘中国项目’有助于为（俄罗斯）国内消耗不掉，而且无法运往其他地区的电力用煤炭打开一条销路”，认为与中国合作可以使俄罗斯的煤矿得到开发利用，“能比单纯出口煤得到更大的产品附加值，出口电比出口煤更好”；[①] 而中俄油气管道建设工程，则更是两国最具战略性的“世纪合作”项目，它不仅可以促进俄罗斯远东和东西亚地区的经济发展、优化其能源出口总体布局，也对改善中国的能源进口结构，拉动边境地区的经济发展具有重大战略意义。而“在军事技术、太空、核工业、核能、高科技等俄罗斯传统出口和中国传统进口项目上，两国更具有极大的互补性”。[②]

第三，金融危机加快了两国互利合作进程。金融危机爆发以来，改变现有不合理的国际金融秩序和经济体系的呼声日渐强烈，也成为中俄两国新的战略协作契合点。俄罗斯明确表示，俄中对改变世界经济、贸易和金融体系以及改革国际金融组织等有着一致的观点，希望与中方携手共建经贸合作新模式。特别是受金融危机和国际油价暴跌双重打击，俄罗斯资金外流严重，石油美元锐减，应对危机所需资金缺口越来越大。加之近年来俄罗斯企业在海外不断扩张的“亏空”开始显现，外债总额已达 4650 亿美元，而且，2009 年和 2010 年已到还债高峰，连本带息的债务高达 1400 亿美元，令俄罗斯“求资若渴”，十分艰难。世界银行最新报告显示，俄罗斯 2009 年的国内生产总值下降了 8.7%，失业率将攀升至 9%，银行坏账率超过 10%，2010 年的通胀率将达到 9%—10%。俄罗斯财长库德林再次重申，如果世界经济不再二次探底，俄罗斯至少需要 3 年才能走出危机。在此非常时期，俄罗斯更加看重中俄战略协作伙伴关系，对借助与中国伙伴深化合作来实现经济复苏的迫切性上升。梅德韦杰夫总统明确指出，中国不仅是俄罗斯工业的大市场，还因为它拥有巨额资金，可以向俄罗斯投资，强调“应把对华合作定为重点”。

第四，打破对华合作瓶颈是俄罗斯客观和务实的选择。近年来，尽管俄罗斯的 GDP 连续多年增长，但油气的超额利润并没能使其脆弱的经济结构由此改变。突如其来的金融危机又把俄罗斯经济再次拖入困境。特别是其远东地区的基础设施陈旧，专业技术人才流失严重，不具备发展劳动密集型产业的基础。俄方也承认，“我国远东地区几乎完全不具备与之匹配的基础设施，而在中国东北开展技术先进的生产要容易得多”。[③] 在可见的未来，“俄罗斯政府顾不上对（俄罗斯）

---

① Михаил Сергеев.КНР переносит грязные технологии к соседу//Независимая газета.8.10.2009.

② 俄罗斯前外长安德烈·科济列夫：《您如何看俄中友谊》，载俄罗斯《报纸报》2009 年 9 月 14 日。

③ 俄罗斯战略文化基金会网站，2009 年 10 月 12 日。

东部地区进行经济开发”，西方对此也力不从心。俄罗斯“提供原料用于加工总比让出这些埋藏着原材料的土地好”。[①] 何况，如果生产同一种产品，其成本在俄罗斯要比在中国高出4—5倍。在此情形下，俄罗斯只能打破俄中合作瓶颈，放宽同中国合作滞后的一些领域的设限。如今，俄罗斯坦言，“我们的西伯利亚和远东发展严重滞后，我们没什么可讨价还价的”。[②]

第五，全球聚焦中国加剧俄罗斯深化对华合作紧迫感。中国成功应对国际金融危机和全球经济普遍遭重创的“冰火两重天”放大了“中国模式”的效应，呼之欲出的“中美G2共治”和全球新一轮抢滩中国市场的博弈加剧了俄罗斯深化与中国合作的紧迫感；欧美主要发达国家不断提高能效、提升非传统能源在能源中的比重，加快能源进口多元化进程，特别是德国新政府历史性地放弃了以往历届政府不建核电站的政策，引发了欧洲新一轮“回归核电大潮”，也使俄罗斯对欧洲的传统能源供应的垄断地位受到严峻挑战；中亚能源富集国不断扩大和深化对华能源和其他领域的合作，“必然会削弱克里姆林宫资源外交的实力，甚至有可能引起巨大的政治危机”。俄罗斯迫感有被边缘化的危险，试图“力争在吸引中国方面超过中亚国家，因为，北京对这些国家也有兴趣，尤其是能源储量丰富的土库曼斯坦，哈萨克斯坦以及乌兹别克斯坦。在这方面俄罗斯正在展开反击，以便中国更青睐俄罗斯能源”。[③] 尤其是在清洁、绿色能源革命大趋势下，俄罗斯高层对国际能源市场长远需求信心指数下降，担心错过中国能源需求旺季，导致紧俏油气资源贬值的心态也促使俄罗斯“未雨绸缪”大力开拓东方市场。梅德韦杰夫总统也在担心，由于“全球每50年就发生一次能源革命，谁知道2050年的情景，说不定到时候石油和天然气都没人要了呢”。[④]

第六，地区和国际整体环境有利于中俄不断走近。美欧深受金融危机、伊拉

---

① Россия готова отдать Китаю сырье-Чтобы не потерять территорию//Газете"Московский комсомолец" №25181 от 13 октября 2009 года.

② Артур Блинов-Зав. отделом международной политики "Независимой газеты".Сосед, партнер и друг на Востоке//Независимая газета.15.06.2009.

③ Андрей Резчиков.Премьера в Поднебесной-Владимир Путин заявил о стратегическом характере отношений РФ и Китая, но в Пекине уверены, что сотрудничать можно и продуктивнее//Взгляд. 13 октября 2009 года.

④ Интервью президента Медведева немецкому журналу «Шпигель»//Комсомольская правда. 7 ноября 2009 года.

克和阿富汗等问题困扰和缠身，需要中俄支持与合作的层面增多，对两国的遏制与打压程度相对减弱。尽管美国和西方主流社会对中俄战略协作伙伴关系不断深化仍存疑虑，但也不希望两国关系出现倒退。良好的中俄关系既是维护欧亚大陆的重要保障，也是全球安全的稳定因素。虽然中亚、南亚和东北亚地区的国家对中俄日益紧密的关系感受不一，但一个稳定和睦的中俄关系对这些国家和该地区稳定发展也起着举足轻重的作用。这为中俄不断走近营造了有利的客观环境。

四、中俄深化各领域合作趋势不可逆转

受金融危机影响，2009 年中俄双边贸易额将下降至 400 亿美元左右，截至前 9 个月，双边贸易额仅为 280.4 亿美元，同比下降 34.9%。中国对俄罗斯出口额为 120.1 亿美元，同比下降 48.9%。俄罗斯对华出口额为 160.3 亿美元，同比下降 17.9%。两国贸易结构过于单一问题依然存在，俄罗斯对华出口的原材料和低附加值产品所占比例较大，其一半以上为原料品贸易（56.4%），机械、设备和运输设施仅为 4.4%；两国在加大某些领域的合作力度和深度以及环节上的期望值还不十分吻合，俄方想尽早改变单一向中国出口原料的合作模式，中方则希望俄罗斯能成为中国包括能源在内的各类矿产资源的稳定供应国。俄罗斯企业希望两国在石油产业链的下游扩大合作，中国企业则力争推进双方在上游环节的密切合作。

尽管两国关系发展进程和深化各领域合作中还存在着上述问题，但所有这些还都只是两国关系发展中的问题，是中俄高水平战略协作伙伴关系“主旋律”中的支流和插曲，中俄双方深化合作的需求和意愿依然十分强劲。两国关系中的政治色彩正逐渐淡化，务实成分和互利共赢的理念在日益增多。中俄睦邻友好、互利合作大势所趋，难以逆转。普京总理指出，“我们拥有继续建设性协作解决当前国际社会面临的尖锐问题，包括应对全球性金融危机所必需的一切条件”。[①] 中俄之间“空前程度的相互理解让我们能够成功解决所有问题”。[②] 梅德韦杰夫总统也称，“在市场经济条件下，虽然俄罗斯与中国等其他亚太地区国家在有些方面

---

① Отношения России и Китая выдержали испытание кризисом-Путин//РИА Новости.13 октября 2009 года.

② 法新社北京 2009 年 10 月 13 日电。

存在相互竞争，但俄中仍然是战略协作伙伴，这是发展两国关系的基础和所有领域合作关系的出发点”。“俄中愿意深化双方在各领域的合作关系。我们在这方面拥有一切条件，包括政治意愿、国家领导人的信任关系、牢固的法律条约基础、人民相互好感、文化和经济的互补、对国际重大问题立场一致、务实合作和关顾对方利益的睦邻精神。”①

中俄毗邻而居，命运紧密相连，和则两利，不和则两伤。两国和睦相处，加强合作不取决于愿意还是不愿意。因为，两国除了难以割舍的深厚传统友谊，彼此还处于相似的战略环境，持有趋同的国际政治理念、拥有得天独厚的客观互补合作条件。深化中俄各领域合作符合两国根本利益，它既是两国政府高层的共识，也得到两国广大民众的拥护和支持。中俄各领域合作已全面启动，两国关系又站在了新的历史起点，面临着又一次的重要发展机遇。尽管前进的道路上还会有所起伏，但中俄深化各领域合作的趋势已不可逆转。

① 《梅德韦杰夫在俄中建交60周年庆祝大会上的讲话》，新华网，2009年6月18日，http://www.xinhuanet.com//world/2009-06/18/content_11558146.htm。

中俄关系的发展及展望[①]

2010年，中俄战略协作伙伴关系不断深化，各领域合作全面展开并取得丰硕成果。与此同时，两国也存在着贸易结构性矛盾制约经贸合作、知识产权矛盾未除阻碍高科技合作，以及俄罗斯对华仍有防范心理、抱怨中国与中亚国家能源合作和中国对其出售的农产品质量低劣等问题。但是，两国睦邻友好、深化合作的总体趋势难以逆转，未来中俄全方位、多层次、高质量、有效率的合作机制会把两国关系推向新的更高水平。

中俄经受住了金融危机和后危机考验，两国战略协作伙伴关系更加紧密，互利务实合作更加深入并取得各领域合作丰硕成果，为维护世界和地区和平与稳定发挥了重要作用。

一、两国关系的新发展

2010年，在世界大发展、大调整、大变革，全球经济缓慢复苏背景下，中俄两国团结协作、共克后危机困难，战略协作伙伴关系不断深化，各领域合作全面展开。

两国高层密切磋商，相互往来频繁密集。新年伊始，两国元首互致贺电问候，共同勾画双边关系发展蓝图，尔后又在“金砖四国”、G20、上合组织和APEC峰会等多边和双边场合会晤多达7次。胡锦涛主席出席俄罗斯纪念卫国战争胜利65周年庆典，梅德韦杰夫总统应邀访华，两国总理举行第十五次定期会晤。双方领导人就重大国际和地区问题，以及进一步增进彼此政治互信、发展两国战略协作伙伴关系等问题及时深入交换意见，确保了两国关系持续稳定向前发展。

两国将深化彼此关系作为各自对外关系的一个重要优先方向，政治互信不断

---

① 该文载在《和平与发展》2011年第2期，第36—42页。

增强。梅德韦杰夫总统访华时重申，发展对华关系是俄罗斯外交政策优先方向之一，并于11月批准俄罗斯议会两院通过的关于俄中政府间通报弹道导弹和空间运载火箭发射情况协议的联邦法律。梅德韦杰夫总统认为，《中俄睦邻友好合作条约》是两国发展战略协作伙伴关系的坚实基础，“与中国的友谊是俄罗斯的战略选择，是多年前用鲜血凝成的选择”，“由军事事件所巩固的俄罗斯和中国人民之间的友谊牢不可破”。普京总理进一步指出，中国是俄罗斯“完全意义上的战略伙伴”。

两国签署《中俄关于全面深化战略协作伙伴关系的联合声明》，双方在国际舞台的协同与配合更加紧密。两国在联合国改革、建立国际政治经济新秩序、应对全球气候变化等全球性问题的立场相同或接近，都主张联合国成员应通过最广泛的民主协商取得改革问题上的共识，愿与国际社会一道推进世界多极化和国际关系民主化进程，推动国际金融体系改革和完善全球经济治理机制，致力于建立完善、均衡、普惠、共赢的多边贸易体制；认为《不扩散核武器条约》是国际核不扩散机制的基石，支持《全面禁止核试验条约》早日生效，反对和防止外空军备竞赛；坚持《联合国气候变化框架公约》《京都议定书》及其确立的“共同但有区别的责任”原则，努力为共同应对全球气候变化挑战做出应有贡献。两国在伊朝核问题和阿富汗和平重建等地区性问题的立场一致或趋同。双方支持安理会对伊朗做出的新制裁决议；不失时机地就推动朝核问题六方会谈重启等重要议题对外宣示共同立场；支持国际社会在发挥联合国主导作用、尊重阿富汗独立、主权和领土完整前提下向阿富汗提供援助，使之早日成为一个和平稳定、独立自主、发展进步、友善中立、远离恐怖主义和毒品犯罪的国家。两国在G20、“金砖国家”、上合组织、中俄印三方对话和上海世博会重要对外窗口等多边外交舞台密切合作并取得积极成果。

两国在涉及国家制度、发展道路、主权、统一和领土完整等关乎各自国家核心利益问题上相互支持、战略借重更加默契。中方支持俄方为维护本国核心利益和促进整个高加索地区乃至独联体的和平与稳定所作的努力；欢迎俄美签订并批准新的《俄美关于进一步削减和限制进攻性战略武器措施的条约》；支持俄美本着兼顾各方利益、确保各国平等安全原则，在反导问题上的坦诚对话，积极评价俄方为应对新安全威胁和挑战、秉承安全平等和不可分割原则、团结各方力量推动制定的《欧洲安全条约》及反对扩张军事联盟的立场；支持俄罗斯在国际舞台和亚太地区发挥重要作用；支持俄罗斯参与东盟事务并发挥积极影响。俄方则坚定支持中方在台湾、涉藏、涉疆等所有关乎中国国家核心利益问题上的严正立场。两国以“二战”结束65周年为契机，共同发表《中俄两国元首关于第二次世界大战结束65周年联合声明》。中方积极评价苏军对中国抗日战争胜利所发挥的重要作用；俄方高度评价中国人民坚持抗击日寇，为苏军在苏德战场赢得最终胜利所付出的巨大牺牲和贡献。两国相互策应、坚决捍卫“二战”历史真相的行动有力地打击了诋毁解放者、美化纳粹和军国主义及其帮凶的图谋，最大限度地遏制了篡改苏联卫国战争和中国抗日战争史思潮的蔓延，极大地维护了两国的核心利益，凸显两国在维护各自国家利益上的坚定决心和彼此战略借重的新亮点。

双方安全合作不断发展，联合行动法律基础更加完备。面对“三股势力”从外高加索到中亚，进而到中国新疆再趋活跃的严峻形势，两国及时签署有关打击恐怖主义、分裂主义和极端主义合作协定，使两国合力反恐、联手打击“三股势力”的法律基础更加完备。俄方支持中方打击“东突”勾结恐怖组织在中国内地及新疆制造恶性暴力事件的举措，认为“东突”组织同许多外国恐怖组织都有联系并在经济上依靠它们。中方支持俄方在车臣等地全力打击非法武装及恐怖分子的行动。两国积极派兵参加上合组织“和平使命—2010”联合反恐军演，提高了各自在多边联合反恐行动中的协调行动能力，确保了各自的国家安全和社会稳定。

两国携手应对后金融危机影响，经贸合作重拾升势。双方利用元首和政府首脑访问之机签署总额近200亿美元，涉及石油、天然气、煤炭、电力、核能、高速铁路和汽车制造等数十项经济合作协议与合同，一些大型合作项目取得重大进展和突破。两国贸易额实现大幅度恢复性增长，全年双边贸易额为554.5亿美元，接近国际金融危机前的568.3亿美元水平，比2009年增长43.1%。其中，中国对俄罗斯出口296.1亿美元，同比增长69%。俄罗斯对华出口258.4亿美元，同比增长21.7%，中国对俄罗斯贸易顺差37.7亿美元。机械和技术产品在俄罗斯对华出口中的比重稳步提升。

双方科技合作不断深入，显露新的生机。梅德韦杰夫总统认为，21世纪不仅是俄罗斯提供初级能源和中国提供普通商品的时代，更应是两国高科技合作的世纪。温家宝总理访俄时也强调，中俄务实合作不仅要深化能源合作，还要开拓新的合作领域，开展联合科研和创新合作。双方主管部门根据两国领导人的指示，积极落实经济发展重点领域内基础科学和应用科学的70多个科研项目。两国核工业企业集团成功签署核能领域最大的高科技合作项目——建设中国田湾核电站核反应堆协议。双方在航天航空领域的合作进展顺利，并着手联合火星探索研究。

两国金融合作取得重大进展，成果喜人。双方正式将人民币和卢布在对方金融机构挂牌交易，以及在双边贸易中采用本币结算，这是两国经贸和金融合作的历史性突破，具有里程碑意义。中俄贸易实行本币结算降低了双方的交易成本和汇率风险，维护了各自的经济安全，也给双方企业扩大合作带来巨大商机、提供新的动力。在人民币和卢布现汇业务成熟后，双方还将拓展其他合作业务，逐步推出卢布远期结售汇等金融产品。2010年12月底，俄罗斯外贸银行（VTB）在香港发行10亿元人民币债券，并拟将此项业务发展至中国内地。

中俄副总理级能源磋商机制富有成效，两国能源合作实现跨越式发展。双方成功签署俄方通过石油管道对华供应原油总协议，标志着中俄能源合作从此进入一个崭新的发展阶段。两国就铺设从俄罗斯到中国中西部的天然气管道签署政府间协议，双方的天然气管道合作蓄势待发。两国的核能合作也取得积极进展，双方签署在田湾核电站新建两座价值13亿欧元的核反应堆协议和在中国建设超现代化快速中子反应堆BN-800协议。两国在电力、煤炭、煤转气、石油深加工、扩大边境电网以及开发可再生能源等相关产业方面的合作也相继展开。俄方继续保证每年向中国供应1500万吨煤炭，中方同意再向俄提供60亿美元贷款，以换取未来25年俄罗斯增加对华煤炭的供应。中俄合资能源企业运转良好，双方在石油开采、加工和销售上下游环节通力合作。俄中“东方能源有限责任公司”在萨哈林、东西伯利亚等地勘探和开采中密切协作，中俄“东方石化（天津）有限公司”也在大力开辟中国境内的石油下游市场。总投资45亿美元、年产1300万吨的大型炼油厂在天津滨海新区正式奠基，天津将成为华北地区最大的炼油基地。

双方积极落实“中国东北与俄罗斯远东地区合作规划纲要”，两国毗邻地区合作如火如荼。2010年俄罗斯远东地区与中国贸易额约为55亿美元，占其远东联邦区外贸总额近30%，中国成为俄罗斯远东地区第一大贸易伙伴。中国工商银行向俄罗斯犹太自治州彼得罗巴甫洛夫斯克采矿公司贷款4亿美元兴建热压铁厂，解决了当地部分居民就业，也使矿石经精选和精炼产生高附加值，激起俄方合作热情，开始积极筹划兴建通向中方的铁路和横跨阿穆尔河通往中国的大桥。

两国人文交流深入展开。中俄元首共同启动俄罗斯“汉语年”活动，2010年3月23日习近平副主席出席开幕式，再显两国领导人对彼此人文合作高度重视。俄罗斯“汉语年”的200多场大型活动涉及文化艺术、教育、广播电视等多个领域。通过播放中国电影、电视、文艺演出、汉语和汉语歌曲比赛、大型图片展览和互联网交友等一系列民众喜闻乐见的活动，极大地促进了两国人民的相互了解和友谊，增强了俄罗斯民众的对华友好情感和社会基础。“汉语年”使俄“汉语热”再度升温，希望增开中文课的学校显著增多，跟随《俄罗斯报》网站中文课堂学习汉语渐成年轻人的时尚。全俄已有17所孔子学院，3个孔子课堂，30个汉语教学点，130余所高等院校开设了汉语教学，20余所中小学校以汉语为主要外语。学习汉语的大学生、研究生达1.47万人，中小学生1.1万余人。2010年，中国赴俄罗斯留学1.8万人，俄罗斯在华留学生9000余人，俄罗斯在中国接收留学生国家排名中位居第六位。双方在对方首都相继开设首个文化中心，文化交流不断扩大。两国旅游合作稳步发展。双方签署旅游谅解备忘录，中国公民可通过互免团体旅游签证方式组团赴俄罗斯旅游。2010年，两国互往旅游观光人数增长40%。两国元首决定拟于2011年或2012年互办国家旅游年活动。

两国其他领域合作不断跟进。双方企业在机械制造、通信技术、电信、保险、创新与应用科学开发和化工等非资源领域的合作也迅速发展。两国总理定期会晤机制下环保委员会框架内开展的环保合作良好，在防治污染和针对环境灾害应急联络、跨界水体水质监测与保护、跨界自然保护区和生物多样性保护等方面的合作取得明显成果。在俄罗斯遭受罕见森林火灾和中国玉树发生地震及舟曲县发生特大山洪泥石流之际，两国都及时伸出援手给予对方力所能及的帮助或以国家领导人名义致电慰问并表示愿意提供援助。

二、两国关系存在的问题

虽然中俄关系保持积极向上发展势头，但基于彼此国情和文化不同，思维方式存有差异，各自近远期战略目标有时亦不完全吻合，两国在发展全方位战略协作伙伴关系过程中也存在一些分歧和矛盾，一定程度地制约了相互合作的应有潜力。

（一）俄罗斯向远东增强兵力部署，难释对华防范之嫌

近年来，俄军不断提高远东战力，把先期完成现代化整编的两个苏 –27SM 战斗机团和批量服役的 T–90A 坦克首先装备给西伯利亚军区，又向与中国接壤的赤塔边境地区增派两个旅。2011 年 2 月 19 日，俄罗斯国防部副部长公开表示，俄罗斯不但要加强其远东地区的陆军兵力，而且还将增强俄罗斯在该地区空军、海军潜艇部队的战力以及部署在潜艇上的战略核力量。[①] 与此同时，俄罗斯还在赤塔地区部署了刚组建的多兵种混合集团军——第 29 集团军以及目前最先进的 S–400 防空导弹系统，并将在 2011 年后的五年里装备 64 架对华禁售的苏 –35 多用途战机，以及新一代多用途 RVV–SD 远程空对空导弹和 Kh31AD 空对舰导弹。俄罗斯西伯利亚军区司令奇尔金对此解释称，“因为在边境另一侧部署着中国的五个（合成）军，我们不能忽视这种军事动向，不得不在那里部署军队”。俄罗斯外交部人士私下承认，“俄罗斯没有放松对远东的注意力，一旦发生不可测事态，我们准备了战术核武器”。[②] 尤为引人关注的是，俄罗斯“东方–2010”战略战役演习首次实现自苏联解体以来，北方、黑海和太平洋三大舰队南北协同，突破“某国”对太平洋舰队基地封锁联合作战的构想，尝试了战时紧急从欧洲战区调遣空降兵部队和苏 –34 前线轰炸机，不着陆从欧洲直飞中俄边境地区实施空中攻击的能力。俄罗斯武装力量总参谋长马卡罗夫对此军演目的直言不讳，其就是“针对远东边境敌方，确保远东地区安全，并维护国家利益”。[③]

（二）双方对合作“共赢”的认知差异及两国贸易结构性矛盾制约彼此深化经贸合作

第一，双方对各自“战略借重”的需求和获益程度的认知相去甚远。中方认为两国相互依存、互为依托、缺一不可。而俄方一些人士却认为，“在国际舞台

---

① 《俄军提高远东战力 剑指中国？》，中评网，2011 年 2 月 21 日，http://www.crntt.com/crn－webapp/doc/docDetailCreate.jsp?coluid=58&docid=101605175&kindid=1216&mdate=0221091223。

② 《转型之中的俄对外军事战略与部署》，载加拿大《汉和防务评论》2011 年第 1 期。

③ Юрий Югов.Пекинская утка-Российский ВМФ выразил намерение вернуться на свою прежнюю базу во Вьетнаме, что должно умерить геополитические аппетиты соседнего Китая//Взгляд.6 октября 2010 года.

上，中国需要俄罗斯超过了俄罗斯需要中国”。第二，俄方对双边经贸和军技合作心存戒意。俄方某些人觉得，两国在上述领域的合作更有利于中国，对华提供其“所需军技”和长期供给资源性产品会“壮大他人，削弱自己”，使俄罗斯沦为中国经济附庸。更有人认为，俄罗斯在对华合作问题上已没更好的路可走，只能“在可怕和更可怕之间做出选择”。[①]第三，两国经贸关系依然薄弱，与政治关系反差较大。2010 年，中俄贸易额在止跌回升情况下才达到 554.5 亿美元，只相当于中美前 10 个月 3710 亿美元贸易额的约七分之一。俄罗斯在中国对外贸易中所占份额不足 2%，下降至中国第 11 大贸易伙伴。而欧盟与俄罗斯前 9 个月的贸易额即高达 2178.47 亿美元，占俄罗斯贸易总额的 50% 以上。相比之下，中国只占俄罗斯贸易总额的 6%。第四，俄罗斯的投资环境不理想，一定程度影响了中企和华商在俄罗斯长期投资信心。俄罗斯自己也不否认“中国投资者在俄罗斯遇到严重的官僚、腐败、执法机关的肆意妄为问题”，[②]承认“我们的邻居对俄罗斯各级机构都感到害怕。（他们）需要向所有人（边防人员、海关人员）行贿。警察的贪得无厌是众所周知的问题。我们的‘光头党’无法无天最令人担忧”。[③]而且，随着经济危机的加深，俄罗斯的贸易保护主义也有所抬头，“限制汽车、肉类和收割机等产品的进口，以确保本国行业的发展和就业机会”。普京签署政府令，从 2010 年 6 月 14 日起正式对中国生产的轴承管征收为期 3 年的 19.4% 反倾销税。

（三）两国在遵守知识产权方面的分歧和矛盾阻碍着双方高科技合作的深入发展

中国在进口先进设备和军事装备等高科技产品问题上，一直坚持有选择地引进及合理吸纳和借鉴国外先进技术发展自主创新品牌的战略。但俄方却以中方涉嫌仿制其个别武器装备为由，坚持对华出售中方已“饱和”的“大路货”产

---

① Александр Храмчихин. Подъём с колен-Обзор внешней политики России в XXI веке//Частный корреспондент.среда.15 декабря 2010 года.

② Андрей Федяшин, политический обозреватель РИА Новости. Пекин-Москва: доверие в трубах должно расти по графику//РИА Новости.17.06.2009.

③ Юрий Савенков. Антикитайский синдром-Россияне оказались лицом к лицу с динамичной наступательной Азией//Новое время.3 августа 2003 года.

品，抑或对中方所需产品坚持“批量”出售原则，“以减轻中方仿制带来的负面效应”。由于双方在知识产权问题上的分歧，导致两国军技合作一度在低谷中徘徊。俄方不向中国出口第五代战斗机技术，包括雷达、发动机、航电系统。俄罗斯专家甚至提出，“停止向中国供应其旨在进行科学研究和试验设计”的军事装备，“因为它（中国）的目的是获取俄罗斯在机载雷达、发动机制造、定向天线系统、防空和反导防御等领域的先进设计”。[①]为了防止中国掌握武器核心技术，主要现代化武器（包括航空武器）生产国（俄罗斯）越来越不愿意与中国分享其先进技术，甚至将飞机的发动机拆开来向中国出售。[②]俄罗斯宁愿把更先进的武器出售给印度和越南，也不愿意卖给中国，从而使俄罗斯对华高科技产品出口已不及20世纪90年代的五分之一。

（四）中国与中亚国家的能源合作不断引发俄方抱怨

俄罗斯一直试图遏制中亚国家摆脱前“苏联能源体系”发展与其他国家能源合作的努力。中国出于国家发展需要，积极回应中亚国家的能源出口多元化战略，相继建成中哈和中土油气管线。但是俄罗斯专家认为，“中国已成为俄罗斯的主要竞争对手，并把中亚国家置于自己的经济影响之下”。由于土库曼斯坦铺设了通往中国的天然气管道，俄罗斯铺设里海沿岸天然气管道和增加中亚至俄罗斯中部天然气管道输送能力的项目受到影响，参与该项目的三个中亚国家在与莫斯科发生能源争端时的谈判地位已经增强。[③]

（五）中国生产的部分食品质量问题影响俄罗斯对华农业合作

俄罗斯从中国进口的蔬菜、水果和茶叶等农产品在其进口产品中所占比例依然不大。影响中国农产品进入俄罗斯市场的主要问题是中方生产的部分粮食和食品达不到俄方检测标准。其中，中方个别企业出于追求利润和“短期效益”，对所租土地施用当地禁用肥料，导致土地日渐贫瘠，引起合作方不满，影响了俄方扩大农业合作热情。俄罗斯一些人认为，对华农业合作是把双刃剑，在解决远东

---

① За три года Россия поставит в Китай военную продукцию на $1,3 млрд//Известия.23 ноября 2010 года.

② Илья Крамник, военный обозреватель РИА Новости. Пятое поколение по-китайски: чего ждать от восточного соседа//РИА Новости. 29 декабря 2010 года.

③ Виктория Панфилова.Туркмения соединилась с Китаем//Независимая газета.10.12.2009.

部分粮食和蔬菜供应问题同时，“中国人粗放地使用土地，不休耕，施用‘有毒’肥料”，并“选用承受化肥能力比我国品种高4倍的种子，导致土壤很快变得贫瘠”。特别是“远东地区对中国农产品的这种依赖，已构成对全俄食品安全的威胁”。[①] 俄罗斯医生已禁止5岁以下儿童食用当地中国人种的这类果蔬。[②]

三、两国关系发展前景

尽管中俄关系存在一些局部的“发展中”问题，但两国睦邻友好、深化合作的趋势难以逆转，两国关系中的一些分歧削弱不了双方战略借重的长期需求，挡不住两国业已开启的各领域合作蓬勃发展势头。中国不能失去俄罗斯这一重要战略协作伙伴，俄罗斯也长期需要中国，“两国关系紧张对俄罗斯来说简直就是战略灾难”。[③] 中俄全方位、多层次、高质量、有效率的合作机制将把两国关系继续推向新的更高水平。

其一，相似的外部环境要求两国长期战略借重。美国及北约仍将中俄视为潜在威胁和挑战，两国都面临西方不断施压的外部环境。美国继续遏制中国的发展，“控制中国的战略与处理俄罗斯的战略相同：包围、围攻，向国内破坏势力提供或多或少的地下支持”。[④] 以朝鲜半岛形势趋紧为由，美国加快构筑美日韩同盟步伐。美国务卿希拉里·克林顿2011年初仍在声称《日美安保条约》适用钓鱼岛，坚持对华牵制战略。随着美共和党控制新一届国会众议院，美方在人权、军备和贸易等问题上对华批评的声音再趋强硬。俄罗斯虽积极呼应奥巴马“重启”两国关系倡议，甚至不惜做出痛苦抉择承认苏联1940年在卡廷屠杀波兰军官的责任，以改善对欧盟整体关系。但“维基揭秘网”披露的美外交密电显示，即使2010年初俄美热衷“重启”关系时，美国还暗中与北约秘密制定“反俄机密军事计划”，将俄罗斯作为可能对其盟国入侵的“敌国”，并以伊朗核问题为由继续打造削弱俄战略力量的导弹防御体系。北约“对俄罗斯的包围在黑海、波罗的海和北极圈继续进行”，同时，“美国坚持将加拿大和斯堪的纳维亚国家拉进北

① Китай подкармливает нас ядовитыми помидорчиками?-Зачем Россияне добровольно отдают свою землю Китаю?//Газета Еженедельник "Аргументы и Факты" № 9 03/03/2010.

② 日本《富士产经商报》2010年2月22日报道。

③ Павел Быков, Геворг Мирзаян.Прорыв или не прорыв?//ЭКСПЕРТ ONLINI.27.09.2010.

④ 戴安娜·约翰斯通：《北约：包围俄罗斯盯住中国》，载西班牙《起义报》2010年11月23日。

极地区针对俄罗斯的公开军事部署中”。

莫斯科清楚，“只要俄罗斯保留当前的政治体制，西方就根本不会把它看作自己人。这也就大大限制了合作的可能性。因为在纯经济方面，除了管道西方对俄罗斯没有什么兴趣”。[①] 从美国迟迟不愿废除对俄罗斯歧视的《杰克逊—瓦尼克修正案》也可看出，西方不会乐助俄罗斯早日实现现代化。相反，“俄罗斯认为，在从伊朗核计划到减少对美元依赖等一系列问题上，中国是它限制美国影响力的一个重要伙伴”。[②] 在美国等西方势力继续推行遏制中俄的冷战思维战略环境下，中俄唯有密切配合、相互借重，才能最大限度地维护各自的利益。

其二，客观互补优势仍是两国互利合作的推力。中俄毗邻而居，得天独厚的地理环境和彼此的自然条件使两国在众多领域的合作具有较强的互补性。中国可持续发展离不开高科技和能源等自然资源的支撑。俄罗斯的高科技产品特别是尖端武器和航空航天技术以及丰富的自然资源也需要稳定的输出市场。尤其是在以美国为首的西方大国联手禁止向中俄提供现代化技术情况下，中俄互利合作尤显重要。尽管双方在军技合作方面有些分歧，但 2002—2009 年俄罗斯对华军售总额仍达到 140.55 亿美元。俄罗斯仍是中国远程防空系统、重型直升机和航空发动机的唯一供应者，在未来 3 年里继续履行向中国供应 13 亿美元的军售合同，保持对华武器出口的主导地位。2010 年 11 月，两国政府间军事委员会签署一系列军事合作协议，务实合作继续稳步推进。两国能源合作冲破瓶颈，跨界石油管道建成使俄罗斯“进入有前景的亚太市场特别是日益扩大的中国市场”，拓宽了其能源产品出口渠道，减少了对欧洲市场的依赖，同时，也使中国进一步确保了能源进口的安全和稳定。两国在基础性和高科技关键领域以及前沿技术领域也有很大互补性。双方已在着手为此合作提供专项贷款，共同实施大型科技创新项目。双方在农业科技和劳务等方面的合作潜力巨大。俄方农业资源丰富、科技实力雄厚，在远缘杂交创造新品种、染色体基固定位等方面有较深研究，在植物营养、生物防治等方面具有国际领先技术。在生物肥及无污染生物防治病虫害，以及农业环保技术等方面也有值得中方学习和借鉴的经验。中国在良种培育、田间

---

① Александр Храмчихин. Подъём с колен-Обзор внешней политики России в XXI веке//Частный корреспондент.среда, 15 декабря 2010 года.

② 《中国寻求与俄罗斯结盟以制衡美国霸权》，伊朗新闻电视台网站，2010 年 3 月 23 日。

管理等方面技术先进、农产品种多数量大、劳动力资源充裕，两国农业合作各有优势，互补性强，互利合作前景看好。两国在煤矿综合开发、铁路、港口建设和电网改造、建筑节能、新能源汽车、生态评估、农林牧业、跨界水域以及渔业等领域的互利合作也有明显优势。

其三，欧美经济前景不明促使俄罗斯对外经济继续加快向中国倾斜。受后经济危机影响，美国经济持续波动，国家债务超过 14 万亿美元，最高失业率达 9.8%，2011 年的失业率将超过 9%，经济增速将从上年的 2.6% 放缓至 2.2%，多年来不得不紧缩开支。欧洲主权债务危机蔓延拖累整体经济，复苏乏力，天然气进口量几十年来首次减少 8%，管道天然气购买量全面下降，导致俄罗斯对欧供气量减少 50% 以上。随着 2014 年纳布科天然气管线建成，2015 年俄产天然气将有 2000 亿立方米剩余。相比欧美市场萎缩、能源需求趋于饱和，中国则能源需求旺盛，经济发展速度超过 10.3%，并用投资和贷款帮助美国、希腊、西班牙等欧美国家抵御了金融危机，而且，中国还帮助欧洲走出欧元面临的金融困境。客观现实再次使俄罗斯确认，中国不仅是世界经济增长的引擎，也是俄罗斯经济发展的助推器。特别是西方已开始谈论对华武器禁运和高新技术限制放宽问题，愈加使俄罗斯对扩大对华合作的紧迫感增强，再度把经济罗盘指向中国。

其四，严峻的经济形势促使俄罗斯加大对华经贸合作步伐。虽然俄罗斯经济出现恢复性增长势头，但其经济依然面临 7% 的萎缩，10 年来首次出现财政赤字，至少有 50% 的企业处于半破产状态。为落实已制订的基础设施和社会计划，2013 年前，俄罗斯需要近 1 万亿美元。然而，由于经济复苏缓慢导致财政入不敷出，俄罗斯无法保证现代化所需的大量资金。特别是西方对俄罗斯经济发展前景信心不足，不断削减在俄罗斯的项目投资和贷款数额，更使俄罗斯经济雪上加霜。严峻的经济形势迫使俄罗斯不得不在 2010 年夏开始向中国国家投资基金出售一些大公司的战略股份。俄罗斯财政部公布了 200 亿英镑资产出售计划，包括俄罗斯最大的石油生产企业俄罗斯石油公司 24% 的股份、最大的银行俄罗斯储蓄银行 9% 的股份、国有船舶公司俄罗斯现代商船公司 25% 的股份。众多大型农业垄断型企业和俄罗斯石油管道运输公司 3% 的股份和其他资产也被指定待售。这样做的目的就是要在 2013 年前将预算赤字从目前占国内生产总值的 5.9% 降至 2.9%。

其五，俄罗斯客观对待“角色转换”使其对华合作心态更加务实。俄罗斯越来越多的人开始接受“中国的产能和投资不久将超过美国，西方的经济统治地位已发生动摇”的现实，认可中国发展、科技水平显著提高的人日渐增多，深化对华合作对俄罗斯利大于弊的观点被越来越多的俄罗斯民众所接受。中国的投资和广阔市场已成为俄罗斯经济恢复活力的重要源泉，通过搭乘中国经济快车来拉动俄罗斯经济增长已是俄罗斯的务实和客观选择。俄罗斯《独立报》载文称，“俄罗斯得益于中国经济的蓬勃发展，因为经济增长促使中国进口俄罗斯原材料——石油（将来还有天然气）、黑色金属和有色金属、煤炭、木材和化肥”，进而“拉动了原料国家……俄罗斯和南非等地区的经济发展”。[①] 虽然俄方抱怨中俄经贸结构不合理，但俄方对此也有客观认识，承认俄罗斯的一些产品缺乏国际竞争力，在两国贸易中不占优势。为此，梅德韦杰夫总统早就表示，俄罗斯确实“还会在很长一段时间内，可能是数十年，继续作为石油天然气主要供应国而存在”。[②] 普京 2010 年视察远东时也指出，中俄在科经贸领域各有所长，不存在竞争问题。中国可以继续发展自己的廉价日用品生产。俄方不打算也“没必要在日用品生产方面超过中国”。因为“俄罗斯的竞争优势在高科技领域”，可以“向中国销售几百万甚至几十亿特殊技术设备和武器”。同时“购买更多的（中国）日用品”。[③] 普京在索契度假时继续强调，“中国方面没有（对俄）构成威胁，我们已经相邻数百年，我们知道如何尊重对方。中国没有必要通过占领远东来获取需要的天然资源，中国边境也有庞大的煤炭储备，中国没有必要恶化局势”。[④] 中国在金融危机中的不俗表现及日益增强的实力，使俄罗斯精英不得不接受中俄“角色”转换的事实，进一步确认俄罗斯经济战略东移、搭乘“中国快车”带动本国经济发展是其正确的战略选择。俄罗斯对华观念上的转变必将加快两国科经贸领域的合作进程。

其六，中亚国家加强对华能源合作加剧俄罗斯对华油气合作紧迫感。中亚油气富集国率先赢取对华能源合作重大进展，促使俄罗斯“愈加发现其手中的‘能源牌’变得不那么好用了”，难以继续“拥油自重”、高枕无忧。因为，正是在俄

---

① Анастасия Башкатова.В Поднебесной становится жарко-Перегрев китайской экономики грозит российскому экспорту//Независимая газета.19.04.2010.

② Игорь Томберг. Сырьевой акцент юбилейного визита //Фонд стратегической культуры. 12.10.2009.

③ 俄新社莫斯科 2010 年 8 月 30 日电。

④ 《普京：中国不会占领俄远东》，载新加坡《联合早报》2010 年 9 月 7 日。

罗斯犹豫是否铺设俄中油气管道之际，中哈和中土油气管道已经建成投产，第二条管线也计划于2011年前铺设完成。届时，乌兹别克斯坦和哈萨克斯坦每年还将向中方提供100亿立方米天然气。中亚国家积极拓展油气出口渠道，减轻了油气对外出口对俄罗斯的传统依赖。[①] 俄罗斯对与中亚国家在“中国油气项目”竞争上错失良机、处于下风已后悔不迭，不得不摒弃或淡化对华一些偏见和疑虑，加快对华能源合作步子。

最重要的是，中俄“世代友好、永不为敌”理念已渐入两国民心。巩固和发展中俄战略协作伙伴关系成为各自主流社会的强烈愿望。中国视俄罗斯为全方位战略协作伙伴，俄罗斯也将中国作为最亲密的伙伴相待。两国睦邻友好、深化各领域合作是双方共同的战略选择，也是两国历届领导人的高度共识，更是两国民意所在。中俄政治和社会稳定、领导人对双边关系高度重视是两国关系持续发展的重要保障。两国相互依存、战略协作、共同发展符合双方人民的利益，也是当今国际形势和时代的要求。2011年是《中俄睦邻友好合作条约》签署10周年，两国将以此为契机，大力弘扬世代友好、永不为敌、共同发展的理念，进一步增强政治互信和战略协作、优化贸易结构、规范贸易秩序、推动经济技术和大项目合作不断取得新的进展，把中俄战略协作伙伴关系和各领域合作推向更高水平，造福于两国人民、为人类做出新的贡献。

① Виктория Панфилова.Туркмения соединилась с Китаем//Независимая газета.10.12.2009.

浅论中俄关系的挑战与机遇①

中俄借纪念《中俄睦邻友好合作条约》签署10周年之机，乘势将两国战略协作伙伴关系推向新高度，中俄关系提升至全面战略协作伙伴关系。两国高层继续保持密集接触，在国际和地区舞台上的战略协作更加紧密，经贸、科技和人文领域的合作全面发展。尽管中国事实上已成为俄罗斯在中亚乃至国际市场上的有力竞争对手，俄罗斯对中国经济快速发展和国力迅速提升疑虑犹在，但由于各自国内外形势使然，双方的战略借重需求却不降反升，经贸合作相互依存度日益加深，两国关系在良性互动和不断协调中仍呈现强劲的发展势头。

一、各领域合作深入发展

2011年，中俄两国以共同纪念《中俄睦邻友好合作条约》签署10周年为契机，全面推动双边关系向更高层次发展，两国领导人交往频繁、政治互信进一步增强，战略协作更加紧密，各领域合作起头并进，不断取得新的更大进展。虽然两国在互利合作中尚存在一些不尽如人意的问题，但中俄关系发展的总体趋势依然强劲。

2011年，中俄在隆重庆祝《中俄睦邻友好合作条约》签署10周年的热烈气氛烘托下，两国关系提升至全面战略协作伙伴关系，双方互利互惠合作全面展开，有力地促进了两国现代化建设和人民福祉的改善。

（一）高层继续保持密切交往

两国领导人继续保持密集会晤机制。4月13日，中国国家主席胡锦涛在海南会见前来参加“金砖国家”峰会的俄罗斯总统梅德韦杰夫。6月15日，胡锦

① 该文载在《和平与发展》2012年第3期，第29—35页。

涛主席应邀对俄罗斯进行国事访问，并发表题为《开创中俄战略协作伙伴关系发展新局面》的致辞，而后出席第15届圣彼得堡国际经济论坛等活动。俄方认为，胡锦涛主席适逢“条约”签署10周年访俄并出席一系列纪念活动对加强两国关系“具有标志性意义”。此后，两国元首又在G20峰会等多边场合举行双边会晤。与此同时，中国全国人大常委会委员长吴邦国对俄罗斯进行正式友好访问，普京总理和温家宝总理也相继借中俄总理定期会晤和上合组织总理会议之机实现互访。

中俄领导人认真总结了10年来两国关系发展的成果和经验，并就将两国关系提升至全面战略协作伙伴关系达成共识，[①]确定了未来10年双边关系的发展方向、目标和各领域合作规划。中方愿同俄方一道，秉承《中俄睦邻友好合作条约》的宗旨和原则，加大相互政治支持，全面深化互利合作和战略协作，推动中俄全面战略协作伙伴关系持续健康稳定发展。俄方强调要继续与中方加强战略沟通协调，全面落实彼此达成的各项共识，充分发挥现有双边机制和两国各自优势，加强彼此政治互信及各领域务实合作，实现互利共赢、共同发展，推动俄中战略协作伙伴迈上新台阶。无论形势发生什么变化，俄罗斯发展俄中战略协作伙伴关系的方针不动摇。

（二）战略协作更加紧密

1月，中俄在莫斯科相继举行副外长级战略稳定磋商和“国家安全”层面的第五轮战略安全磋商。双方就战略安全、国际军控和防扩散以及当前国际形势和中俄关系等问题进行了深入、坦诚交换意见。两国在联合国和20国集团等全球多边机制框架内紧密合作，在涉及对方主权、安全、发展等核心利益问题上相互支持，互为最重要的战略协作伙伴。俄方继续支持中方维护国家主权和领土完整的严正立场，中方一如既往支持俄罗斯力争2011年加入世贸组织的努力，支持俄罗斯对美国导弹防御计划所持立场，欢迎俄罗斯首次以全权成员国身份出席东盟地区论坛峰会并在亚太地区发挥积极作用。两国元首在《中华人民共和国和俄罗斯联邦关于当前国际形势和重大国际问题的联合声明》中一致反对外部势力干

① 《中俄元首举行会晤　两国关系提升为全面战略协作伙伴关系》，国际在线，2011年6月17日，http://news.cri.cn/gb/27824/2011/06/17/2625s3280122.htm。

涉阿拉伯国家的抗议活动，呼吁政治解决利比亚危机和伊朗核问题，敦促有关各方严格遵守联合国安理会1970和1973号决议，尽快停火。两国在少数国家推动联合国安理会对叙利亚进行制裁问题上积极协调，共同投票否决了对叙利亚制裁的动议。两国还在上合组织和金砖国家合作机制中密切沟通、紧密配合。中国借纪念六方会谈“9·19”共同声明发表6周年之际，着力推启朝核问题六方会谈，国务院副总理李克强也亲访朝韩斡旋。俄罗斯则通过政治和经济手段“寻找尽快重启朝核问题六方会谈对话机制突破口”，推动朝鲜早日回到六方会谈对话机制上来。两国共同努力，确保了金砖国家合作机制稳步发展。

（三）互为最重要贸易伙伴

两国原油管道正式运营，双方在原油开采、运输、加工和石油产品销售等上下游的合作相继展开。中国石油天然气集团公司同俄罗斯石油公司积极商讨在俄罗斯“马加丹1号”区快合作开采项目。两国成功签署《〈2009年6月24日天然气领域合作谅解备忘录〉的议定书》，双方加紧实施500千伏电网输电合作项目及尽快落实2010年9月签署的煤炭领域合作谅解备忘录议定书所确定的合作项目。未来5年，俄罗斯每年将向中国出口1500万吨至2000万吨煤炭，继续推进在中国田湾核电站二期工程上的合作。中国永晖集团控股有限公司以9000万美元收购俄罗斯伊特拉石油天然气公司名下的塞浦路斯Divalane有限公司60%的股份，使中企在购得俄罗斯煤田方面取得重大进展。两国还积极推进“俄罗斯—哈萨克斯坦—中国的跨境公路合作项目建设，力争在2018年全线贯通。

中国继续为俄罗斯最大贸易伙伴，据俄罗斯海关统计数据显示，2011年俄中双边贸易额达到835亿美元，同比增长40.84%，占俄罗斯全年对外贸易额8016亿美元的10.42%。其中，俄罗斯对华出口352.4亿美元，从中国进口482.6亿美元，分别同比增长73.3%和23.9%。俄罗斯对华贸易逆差130.2%，同比下降30%。

在第6届中俄经济工商界高峰论坛期间，双方签署了涉及电力、采矿设备、节能、可再生能源和生物能源利用等20余个合作项目，总价值达70亿美元。中国投资有限责任公司在斥资约1亿美元购买俄罗斯外贸银行约0.3%股份后，又以40亿美元购买了俄联邦储蓄银行5%股份，并与俄罗斯直接投资基金签署成立总额 40 亿美元的中俄投资基金协议。中国最大评级机构大公国际与俄罗斯评级公司商签合作协议，拟收购或与其开展全面合作。基于“中俄各自均无力生产符合国际标准的有竞争力客机并投入市场”的情况，双方在中俄总理定期会晤委员会第 16 次会议期间达成联合研制远程宽体客机的重要共识。两国领导人还制定了未来 5 年和 10 年将双边贸易额达到 1000 亿美元和 2000 亿美元的宏伟目标。

（四）人文合作不断深入

两国以庆祝《中俄睦邻友好合作条约》签署 10 周年为契机，分别举办了一系列大型纪念活动。中俄人文合作委员会召开第十二次会议，全面总结了两国人文领域合作的成果和经验，并对下一阶段工作做出安排。双方相继举办两国执政党有关“多民族社会的民主制度”专家研讨会，就两国的民主特征和西方式民主进行大胆而深入研讨。中国南京抗日航空烈士纪念馆举办的苏军帮助中国人民抗击日寇事迹展，为双方纪念“条约”签署 10 周年增加了友好气氛，使中国青年一代更多地了解当年中苏共同抗击日本帝国主义的历史。10 月，中国人民喜爱的俄罗斯传奇歌手维塔斯在人民大会堂举办个唱会，为中国观众献上自创励志歌曲《母与子》，引起中国观众的强烈共鸣。俄中互为第三大和第二大外国游客客源国，两国间旅游热继续升温，2011 年中俄旅游互访人数达到 335 万人次，其中俄罗斯来华旅游人数达到 253.63 万人次。8 月，俄罗斯铁路公司正式开通莫斯科—北京新式旅游专列，途中安排了一些可停车观光的俄罗斯、蒙古国和中国境内著名景点和历史名城旅游项目，吸引着两国越来越多的游客。在此背景下，两国领导人商定于 2012 年和 2013 年互办“旅游年”，为两国人民“相知、相近、相亲”搭建新的平台，为中俄战略协作伙伴关系长期发展注入新的活力。

二、两国关系中存在的问题

虽然中俄关系继续保持积极向上的发展势头，但两国深入合作仍受到一些主客观因素干扰，使彼此的科经贸合作深度和广度与高水平的政治关系形成较大落差，未能使双边合作潜力得到充分发挥。

（一）俄罗斯军方对中国军力上升忧虑依在

俄罗斯军方对中国除核武器外军力接近或正超过俄罗斯、进而赶超美国的看法没有多大改变，继续调整靠近中国的远东地区军事部署，将新研制的S-400“凯旋”防空导弹系统装备给远东部队，在离中国边境不远的赤塔地区组建了多兵种混合集团军——第29集团军，还将苏联解体后自主设计和建造的第一艘新战略核潜艇“尤里·多尔戈鲁基”号和拟从法国采购的“西北风”级两栖攻击舰装备给太平洋舰队。在俄罗斯军方看来，“这既可向日本展示捍卫领土主权的决心，也可牵制中国不断上升的军事实力”。日本学者发现，“俄罗斯军方对华怀有严重担忧情绪，但在俄中关系日益密切背景下，政治上不容许显露这种心态，俄军只能找其他理由落实对策”。[①] 俄军非常担心中国日益强大的经济力量转变成军事力量。他们认为，随着台海关系日益缓和，中国军队开始把注意力转向北方。中国进行的一系列大规模多兵种、大纵深进攻性演习也是在模拟对俄罗斯远东和西伯利亚地区实施的进攻。为避免太落后于中美两国，俄军继续推进未来10年斥资6100多亿美元更新武器装备的宏伟计划。截至2011年底，俄罗斯武装部队已有包括30支航空大队在内的超过250支部队更换了现代化装备。俄罗斯总统普京提出，俄罗斯武装力量到2020年的新型武器装备比例将不低于70%。[②]

（二）俄罗斯对借力中国发展自己的矛盾心态一定程度地掣肘了彼此地方合作潜力

俄罗斯毗邻中国边境地区的一些地方领导既希望利用中国雄厚资金发展当地经济，又担心中资及中方人员过多进入其经济界和社会界将使俄罗斯“受制于”中国。他们对中国对30多亿美元的对俄罗斯持续投资“超出同期俄罗斯中央政府为扶持犹太自治州、滨海边疆区和哈巴罗夫斯克边疆区而划拨预算开支的3倍”深感忧虑，对中国黑龙江省专门成立特别行政机构管理在俄罗斯远东地区的34个中俄经济合作区错误解读，认为是“中国当局在组建‘专门领导班

---

① 贞广贵志：《俄罗斯拟在远东部署新型核潜艇》，载日本《读卖新闻》2011年9月8日。

② Владимир Путин: "Быть сильными гарантии национальной безопасности для России"//Российскпя газета-Столичный выпуск №5708(35) от 20.02.2012.

子'操控俄罗斯远东开发进程"。基于这样的心态，虽然两国元首批准了《中华人民共和国东北地区与俄罗斯远东及东西伯利亚地区合作规划纲要（2009—2018年）》，"中方开始对联合项目投资，但俄罗斯地方却毫无作为，千方百计阻挠项目实施"，导致"纲要"形同"一纸空文"。① 位于俄罗斯米哈伊洛夫卡镇、乌苏里斯克市（扩大制鞋厂项目）、游击队城和纳霍德卡市的4个联合项目没有一个落实。中方同俄罗斯科学院远东分院自动化所搞的联合创新项目，也因俄罗斯政府层面不允许外国投资科学领域而被冻结。

（三）两国企业在第三国的军售和经贸竞争局面没有改变

俄方认为中国产的教练机在委内瑞拉已取胜于俄罗斯，伊朗和叙利亚等潜在军售市场也逐渐被中国所控，"中国研发的第五代战机也许是比美国的F-35更危险的竞争对手"，直接影响俄罗斯第五代歼击机T-50的出口量。俄罗斯一些精英甚至抱怨，中国已开始向一直被莫斯科视为专属利益区、不让西方染指的独联体国家"攻城略地"，认为中国向白俄罗斯提供"进攻性"的贷款和资助"搅乱了莫斯科与明斯克的全部牌局"，使俄罗斯要求白俄罗斯加快经济改革和国有资产私有化进程的打算落空。② 卢卡申科总统甚至把堪称世界最大钾肥生产企业之一的白俄罗斯钾肥公司股份出售给中国，却拒绝俄方求购，婉劝其最好试试自己"开钾矿"。③ 俄方还认为，乌克兰加强对华交往并成为中国的战略伙伴也影响了俄方部分利益，因为，"乌克兰完全可以向中国提供近年来莫斯科不愿出售的先进军事技术"。④ 而乌兹别克斯坦决定另铺一条通往中国的天然气管道，每年将占其天然气产量三分之一的250亿立方米天然气提供给中国，这也对俄罗斯在中亚天然气出口上的传统垄断地位造成冲击。

---

① Лариса Савина. Экономика под китайским приглядом-Эксперты опасаются зависимости экономики ДВФО от политических решений Пекина//Газета Известия. 17 февраля 2011 года.

② Александр Габуев.Китай и Белоруссия вступили в денежный союз-Белорусские активы могут не достаться России//Газета "Коммерсантъ" №175 от 20.09.2011, стр.8.

③ Мария Трифонова.Братья по союзу рвут Белоруссию на части//Газета Утро.25.05.2011.

④ Александр Габуев.Китай заходит с запада//Журнал "Коммерсантъ Власть" №38 от 26.09.2011, стр.48.

（四）两国能源企业间的油气价格分歧严重

1月1日中俄石油管道正式运营后，两国能源企业的原油价格分歧进一步显现。俄方并不否认，双方签署供需原油合同前，中方已对运费提出质疑。中方认为俄中支线的原油每吨应比通往东西伯利亚—太平洋石油管道终点的运费少7%，便宜30美元。但俄方坚持中国支付的原油费应按整条“东—太管道”运费计算，并称如按中方意见，到2030年俄方将“损失”282亿美元。为此，双方各持己见，难解难分，俄方一度要诉诸伦敦法庭，甚至考虑“提前偿还中方20年期贷款”，终止供油合同。与此同时，双方商谈已久的俄罗斯对华供应天然气合同也因价格谈不拢，未能按两国政府先前制定的“进度”签署。俄方不愿低于对欧供气价位对华供气，中方也因目前进口中亚天然气使其在国内的销售每日亏损，无力承受更高的“欧洲”气价。双方立场不愿松动的原因还在于，俄方国内气价稳步上升，赚钱同样不少，且中东和北非乱局也为俄罗斯扩大天然气出口提供了契机，俄罗斯对意大利输气量增幅超过50%，加之日本因地震引发核泄漏，使日本对俄罗斯天然气的需求上升，所以，俄方并不急于同中方签署供气合同。而中方因与中亚、缅甸和澳大利亚等国天然气的合作有了进展，对俄罗斯天然气需求的紧迫性也有所降低。10月12—15日，两国政府能源部门和能源企业代表在莫斯科的会谈中仍未能就天然气价格达成一致，2011年底前俄罗斯经西线对华天然气出口合同也未能签署。

三、中俄关系展望

尽管中俄在经贸合作中出现一些分歧和矛盾，但两国的关系早已发展为成熟的新型国家关系。双方各领域的深度合作不会因此而受到实质性影响，两国的全面战略协作伙伴关系会持续稳定发展。

第一，中俄领导人对双边关系高度重视是彼此关系持续稳定发展的有力保障。两国领导人以《中俄睦邻友好合作条约》签署10周年为契机，利用多次会晤之机，认真总结了10年来两国各领域合作取得的丰硕成果，并对未来10年中俄关系发展做了周密规划，提出了两国共同努力，密切协作，挖掘潜力，增加相互投资，加强和深化大型项目及能源合作，促进地方交流，不断提高两国经贸合作质量和水平，把中俄全面战略协作伙伴关系推向更高水平的新要求，有力地保障了两国关系积极向好的发展势头。

普京总理表示，“我们看到了中国领导层和中国人民有意与我们构建睦邻友好关系”，中国是俄罗斯非常重要的“可靠”和“杰出的战略与合作伙伴”，是“俄罗斯商品销售市场和经济投资者”。[①] 而梅德韦杰夫总统代表俄罗斯高层和主流民意推举普京总理参加 2012 年总统选举，则更加确保了中俄战略协作伙伴关系的持续稳定发展。普京总理在其总统竞选纲领的系列文章《俄罗斯与变化中的世界》中，对中俄关系做了新的重要战略定位，力挺“中国机遇论”。普京指出，俄中两国“所有的重大政治问题均已解决，包括主要的边界问题。两国已建立起牢固的、拥有坚实条约法律基础的双边关系。两国领导人的互信达到前所未有的高水平，可以确保俄中双方本着真正的伙伴精神，在务实和相互照顾对方利益的基础上开展合作。我们业已建立的俄中关系模式前景广阔”。[②]

第二，深化两国关系依然是双方应对复杂多变国际环境的共同需要。中俄互为最大邻国是客观存在的重要地缘政治现实，两国互为战略依托是彼此最大的战略需求。当前，美国虽重视发展与中俄的关系，但对两国的战略挤压并没减弱。美国保守势力继续鼓动奥巴马政府向台湾出售武器，并以扩大《跨太平洋战略经济伙伴关系协定》（TPP）成员，加强美日、美韩和美菲合作等手段构筑“亚洲反华联盟”，遏制中国在本地区的影响。奥巴马高调“重启”对俄罗斯关系，却拒绝俄罗斯提出的建立统一欧洲安全构架和建立联合反导系统建议，并不顾俄罗斯的反对与罗马尼亚签署 4 年后在罗境内部署反导系统的政府间协议，试图借监测伊朗“让俄罗斯的核潜力变得一钱不值”。[③] 维基揭秘网披露美国 2004—2010 年的近 10 万份文件也显示，美国从未降低过对俄的敌意。虽然美国没有改变从阿富汗撤军的时间表，但仍以向阿富汗运送物资为由，在乌兹别克斯坦和塔吉克斯坦寻求新的军事立足点，不断渗透和瓦解俄罗斯主导的独联体、欧亚经济共同体和关税同盟等组织。在可见未来，美国等西方保守势力继续顽固推行西化、分化和牵制中俄政策，这使中俄相互借重、共同抵御外部战略压力的战略需求不但没

① 俄塔社 2011 年 10 月 17 日电。
② Владимир Путин.Россия и меняющийся мир//Московские новости.27/02/2012 .
③ 埃菲社伊斯坦布尔 2011 年 9 月 2 日电。

有下降，反倒不断增强。中俄战略协作依然是两国各自运筹对外关系以及应对复杂多变国际环境和挑战的重要支柱之一。

第三，俄罗斯继续改变对华成见。普京总理在竞选总统期间高调评价中俄关系，与此同时，他也并不回避俄中“两国之间还存在这样或那样的一些小摩擦。我们两国在第三国的经济利益也并不总是完全相符，两国现有的贸易结构及相互投资水平还较低，不能令人满意”。但是，普京却反复强调，“我坚信，中国经济的增长绝不是威胁，而是包含巨大务实合作潜力的挑战，是俄罗斯经济之帆赶上‘中国风’的良机。我们应更加积极地发展俄中经贸关系，实现两国技术和产业对接。应合理利用中方资源，推动西伯利亚和远东的经济发展”。而且，“从中国在国际舞台上的种种表现看，中国并不谋求称霸”。虽然“中国在世界上的声音越来越自信”，但是“我们对此表示欢迎，因为中国赞同我们对建立世界更加平等的国际秩序的看法。我们将继续在国际事务中相互支持，共同解决地区和国际热点问题，加强在联合国安理会、金砖国家、上海合作组织、20 国集团及其他多边机制中的合作”。[①] 而且，俄罗斯主流精英阶层也在继续改变对华偏见，他们普遍认为中国无论是工业生产规模还是科学技术都有明显提升。称“中国在科技领域很快将超过俄罗斯并与西方齐肩。此举将打破高新技术只能在美国这样的民主条件下国家才能发展的神化”。[②] 中国的“这些经验对正在努力摆脱外部掣肘、迈上自主发展道路的俄罗斯尤具现实意义”。[③] 梅德韦杰夫总统也曾表示，俄罗斯放弃追求超级大国名分是理性务实的选择，而这种理性务实是基于对俄罗斯国情的清醒认识：军事实力下降、经济薄弱、科学发展停滞、工业基础遭到破坏、人口危机。他还强调，“除非中国投资于俄罗斯远东地区的大型项目，否则莫斯科在过去实施的大规模开发计划就可能无法实现。为此，必须使俄罗斯远东地区发展战略与中国重振东北地区黑龙江省等老工业基地的战略相协调”。[④] 普京总理访华后也公开表示，俄罗斯不打算与中国争夺主导权。[⑤] 俄罗斯专家也承认，由于“亚洲没有其他可同中国堪比的增长与发展引擎，如果俄罗斯希望其远东发生质

---

① Владимир Путин.Россия и меняющийся мир//Московские новости.27/02/2012 .

② Анисимов Александр. Китай-скрытая сверхдержава//Forum.msk.ru.18 сентября 2011 года.

③ Россия-Китай: визит, открывающий перспективы//ОКО ПЛАНЕТЫ.12-10-2011,

④ Stephen Blank,"Toward a New Chinese Order in Asia: Russia's Failure," *КНИГОГИД*,10.03.2011.

⑤ 俄塔社 2011 年 10 月 17 日电。

的改变，没有中国的参与是不可能的”。而且“不管莫斯科与美国和欧洲的关系怎样，中国实际上已变成俄罗斯的主要邻国，现在和将来许多东西都将取决于这一邻国”。“从这一意义上说，离开中国这样一个消费持续增长且拥有大量闲钱的国家也是行不通的。”① 因此，“不应把中国塑造成侵略者，因为，中国在走美国和其他国家走过的路，这是正常的地缘政治进程”。②

第四，欧美陷入债务困局促俄将吸引外资和现代化技术目光从西方移向中国。在对与欧美构建“现代化联盟”的希望受挫情况下，俄罗斯开始逐渐将寻求实现国家现代化所需资金和技术的主要期冀移向中国。普京访华时与中国签署了经济现代化合作备忘录，内容涵盖工业、投资、纳米技术、航天研究、生物技术、信息产业及其他一些领域的创新合作。俄方意识到，在全球几乎所有国家都把目光聚焦在中国的大背景下，与中国强化战略协作伙伴关系，深化各领域合作对俄罗斯尤显重要。由于西方国家货币和金融领域的不稳定性加剧，通过加快发展对华关系来降低实体部门风险应是俄罗斯经济政策的合理方向。俄罗斯《生意人报》明确表示，由于现代化建设投资数额巨大，俄罗斯没有能力靠自身能力生产现代化所需的全部高科技设备，与北京签署该备忘录旨在寻求中国的帮助。③

第五，两国互补优势继续推进彼此深入互利合作。中俄比邻而居的天然贸易伙伴优势依在。中国经过30多年改革开放，经济实力大为增强，外汇储备充裕，既有扩大对外投资的能力，也有确保外汇储备保值增值的需要。中国稳定的全球第一大能源消费市场是俄罗斯发展多元化能源出口战略的首选目标。俄罗斯作为中国潜在能源供应国的作用独一无二。两国油气产销形成的天然“直通供需链”，排除了途经他国可能出现的供需安全隐患，最大限度地确保了两国的能源安全。尽管两国能源公司基于各自利润考量，在油气价格上锱铢必较，但中国东西部地区油气市场需求旺盛，俄罗斯石油在中国全部进口石油中也仅占6%，双方油气合作前景无限。两国在积极解决贸易结构问题同时，俄方对此已有客观认知。俄

---

① Федор Лукьянов.Китайский ключик-Едва ли не главным содержанием следующего президентства Путина станет выработка модели сосуществования с Пекином на десятилетия//«Газета.Ру».13 октября 2011года.

② Китайский истребитель пятого поколения совершил первый полет//Деловая газета «Взгляд».11 января 2011года.

③ 法新社北京2011年10月11日电。

罗斯副总理茹科夫坦言，“中国的许多工业设备与西方同类产品相比具有价格更低、质量相当的优势。俄罗斯市场对其有客观的需求”。由于俄方“缺乏富有竞争力、既能在国内市场占据稳固地位，又具良好出口潜力的国产商品”，俄中贸易结构“主要是我们自身的问题”。俄罗斯“政府正积极努力，以提高俄工业竞争力”。而“同中国发展生产与创新合作有利于这一问题的解决”。[①] 俄罗斯专家也认为，俄罗斯无力将技术转化为产品，“购买中国设备没什么可耻，因为就连欧美国家公司也早这么做了”。[②] 中国商务部已与俄罗斯经济发展部就两国产品稳定进入对方市场创造可预见相关条件签署部门间合作备忘录。而中国企业则依然十分看重俄罗斯在发展核能、航天和航空制造业技术方面一直保持的世界领先地位，对规模超过 200 亿美元的俄罗斯医药市场也关注已久。中国在资金和人力资源等方面优势明显，特别是在高铁、造船、发电设备和替代能源方面已走在世界前列，且也是世界增长最快的医药市场之一，中俄两国完全可以取长补短，优势互补，达到互利、双赢效果。俄罗斯军界一些人士对中国军力发展的疑虑虽然短期难以消除，然而，中俄军技合作的潜力依在。中国军力虽有提升，但依然难以跟上形势发展要求，借助俄罗斯军技提高防御能力的需求依然很大。俄罗斯对华出售先进武器和零部件虽有保留，但中国潜在的军火市场潜力仍使其难以割舍。俄方在 9 月中俄政府间军事技术合作委员会第十六次会议上表示，愿意接受两国军事合作“形式”发生变化的现实，同意继续向中方出售伊尔 -76 军用运输机、别 -200 和 A-42 水陆两用飞机，以及 AL-31 战斗机引擎等中方所需武器装备。两国 2011 年累计签署军火贸易超过 15 亿美元。

尽管受金融危机影响，俄罗斯整体经济受到很大冲击，但其经济增长潜在优势依在。2011 年前 10 个月，俄罗斯 GDP 同比增长 4.3%，全年增幅 4.2%，位居 G8 集团首位，排名世界主要经济体中国和印度之后，位居第三。截至 2011 年底，俄罗斯外汇储备超过 5000 亿美元，债务仅占 GDP 的 10%，远低于欧美等发达国家债务水平，通货膨胀率已从 2000 年的高达 30% 降至 6% 历史最低，与欧洲国家通胀率相当。俄罗斯经济完全有望在 2012 年恢复到 2008 年金融危机前水

① «Эту проблему нельзя вырвать из контекста состояния российской промышленности»-Вице-премьер РФ об экономических связях с Китаем//"Коммерсантъ" от 10.10.2011.

② Александр Габуев.Промышленный придаток России-Китай станет партнером РФ по модернизации// Газета "Коммерсантъ" №189 от 10.10.2011, стр.1.

平。尤其是俄罗斯12月16日正式加入世贸组织后，随着其市场的进一步开放，中俄两国经贸深度合作会进一步加强。

第六，两国地方合作前景依然看好。截至2011年底，已有70多个俄联邦主体与中方开展合作，其中超过40个俄联邦主体与中国有关地区建立了正式合作关系。阿穆尔州、车里雅宾斯克州、犹太自治州、哈巴罗夫斯克边疆区以及外贝加尔边疆区与中国黑龙江的合作尤为积极。俄罗斯副总理茹科夫认为，有些人对中俄边境地区合作的恶意指责纯粹是“媒体的过度渲染”，把“对‘纲要’落实个别问题的批评当成对其原则性的否定”。他强调，“两国战略合作的综合发展不可能缺失地区间合作这一组成部分”。俄中政府对两国元首批准的《中华人民共和国东北地区与俄罗斯远东及东西伯利亚地区合作规划纲要（2009—2018年）》高度重视。[①] 虽然两国边境地区在落实一些合作项目进度上存在差异，但俄方负责的95个合作项目已有28项全部完成，包括下列宁斯科耶口岸码头设施和物流平台建设、外贝加尔斯克—满洲里国际公路口岸改造项目等。67个项目正在积极落实之中，拟于2016年前建成的大乌苏里岛（黑瞎子岛）“一岛两国”合作项目均在稳步推进。2011年底前俄方将制定出俄罗斯部分发展构想方案并提交联邦政府批准。未来几年，双方将在该岛建设饭店、商务、娱乐和文化中心、东亚实业合作中心、物流中心、跑马场等商业和国际旅游休闲设施，预计每年可吸引150万名游客前往观光。与此同时，双方还将完成波格拉尼奇内—绥芬河口岸公路建设项目，为2012年符拉迪沃斯托克亚太经合组织首脑峰会使用。克拉斯基诺—珲春公路口岸边检设施的建设与改造也将于2012年初完成。横跨黑龙江的中俄边境同江铁路大桥项目也取得积极进展，中方部分已开始动工兴建，俄方审批程序接进尾声，开工在即。继中俄双方在同江、饶河浮箱固冰通道开通后，两国在萝北—阿穆尔泽特、嘉荫—帕什科沃、黑河—布拉戈维申斯克三条浮箱固冰通道的工作都在有条不紊地进行之中。截至2011年底，黑河浮箱固冰通道已经实施成功对接，萝北、嘉荫两条通道也开工建设在即。此外，中俄双方在黑河、洛古河、东宁等地的跨界河流大桥、公路和铁路桥等合作项目也在稳步推进，连接哈巴罗夫斯克与大乌苏里岛的公路桥及两端区域基础设施项目相继启动。两国

① «Эту проблему нельзя вырвать из контекста состояния российской промышленности»-Вице-премьер РФ об экономических связях с Китаем//"Коммерсантъ" от 10.10.2011.

地方官员还提出建立哈巴罗夫斯克边疆区与黑龙江省联合委员会的设想，以便双方在联合开发大乌苏里岛项目过程中“定期交换意见”、研究和解决出现的各种问题。此外，中国国投公司及部分大企业还与俄罗斯车臣领导人达成协议，在格罗兹尼（车臣首府）兴建国际贸易物流枢纽，负责加工和向俄罗斯毗邻地区及外高加索销售和运送货物，并赋予其“北高加索批发零售中转基地”的功能。双方还拟联合建立一批中小型制造企业，以减少进口成品运输及关税等成本和解决当地居民就业问题。

综上，中俄世代友好已成为两国越来越多人的共识和愿望，利用客观互补优势和得天独厚的有利条件共同应对复杂的外部环境已成为彼此的长期任务。俄罗斯需要中国这个战略大后方，中国也需要俄罗斯这个他国无法替代的战略伙伴。不管两国领导人换届或更替，中俄睦邻友好的方针都不会改变。也正如俄罗斯当选总统普京所言：“俄罗斯需要一个繁荣和稳定的中国，反过来，中国也需要一个强大和成功的俄罗斯。”[①]

① Владимир Путин:"Быть сильными гарантии национальной безопасности для России"//Российскпя газета-Столичный выпуск №5708(35) от 20.02.2012.

新形势下的中俄全面战略协作伙伴关系①

2014年，在国际和地区形势深刻复杂演变过程中，处在高位运行的中俄全面战略协作伙伴关系进入新的发展阶段，两国政治互信进一步加深，战略协作更趋紧密。中国愈加重视深化对俄罗斯各领域合作，俄罗斯一改对华合作畏首畏尾心态，前所未有地取消了对华合作的一些限制，使两国军事和能源合作取得突破性进展，其他领域合作出现“全面开花”态势。在俄罗斯战略重心总体向亚太地区转移调整中，俄罗斯对华全方位、宽领域、深层次的合作进程提前到来。虽然两国各领域合作仍面临诸多挑战，但中俄全面战略协作伙伴关系的强劲发展势头难以逆转。

近年来，随着中俄国内和外部挑战不断增多，彼此战略借重明显加大。两国在政治、经济、科技、金融和交通等领域的深化合作史无前例，军事和能源合作取得突破性进展，其他合作领域也呈全面铺开态势，推升本已处在高水平的中俄全面战略协作伙伴关系实现跨越式发展。

一 、两国关系的内外发展动力持续上升

进入后金融危机时期，中俄均面临重新调整产业结构、推动经济发展方式转型以及培育新的经济增长点的艰巨任务。在世界经济总体复苏乏力的大环境下，两国都有加大相互借重的战略需求。尤其是在美欧轮番实施制裁下，俄罗斯对借中国之力促本国经济发展的愿望更加强烈。

① 该文载在《俄罗斯东欧中亚研究》2015年第4期，第48—56页，系中国知网《中文精品学术期刊外文版数字出版工程》(中英文双语网络版）首批向海外推送的中国专家精品学术论文。

（一）两国元首引领双边关系不断走向新高度

两国领导人审时度势，为双边关系定调、引航，不断迈上新台阶。2013 年 3 月，习近平主席在莫斯科国际关系学院发表演讲时指出，中俄关系已进入互相提供重要发展机遇、互为主要优先合作伙伴的新阶段。中俄都处在民族振兴的重要时期，双方要登高望远，统筹谋划两国关系的发展，要永做好邻居、好朋友、好伙伴，以实际行动坚定支持对方维护本国核心利益，坚定支持对方发展复兴，坚定支持对方走符合本国国情的发展道路，坚定支持对方办好自己的事情。[①]2014 年 5 月，习近平主席在普京总统对华国事访问期间重申，中俄是好邻居，也是世界舞台上的重要力量。双方要对接丝绸经济带和俄罗斯跨欧亚铁路建设，拉动两国经贸往来，开发毗邻地区，共享欧亚大通道和欧亚大市场。普京总统则表示，俄中关系已进入全面快速发展的新阶段。俄方愿积极推进双方的油气、核能、电力、高铁、宽体客机、金融等合作项目，增加对华油气出口，支持“丝绸之路经济带”建设，促进交通基础设施互联互通，欢迎中方参与俄罗斯远东地区开发。[②]

2014 年 11 月，习近平主席在与来华出席 APEC 领导人非正式会议的普京总统会晤时表示，“今年以来，我同你保持密切沟通，就发展中俄关系加强顶层设计和战略引领，栽培中俄友好合作常青树，我们收获了丰厚果实……两国国内支持发展中俄全面战略协作伙伴关系的呼声越来越高。这说明我们确定的发展两国关系的方针顺应两国民心、顺乎时代潮流，是大势所趋。不管国际风云如何变幻，我们都要坚持把发展中俄关系作为本国外交优先方向，不断增进政治和战略互信，不断扩大和深化全方位合作”。普京总统则回应说，两国元首都在大力推动俄中全面战略协作伙伴关系发展，政治对话不断加深，能源合作进展顺利，经贸合作取得更多实际成果。双方在国际事务中密切协作，有力维护了世界和地区安全稳定，“相信我们今天的会晤将为俄中关系发展注入新动力”。[③] 中俄最高领导人的频频接触、密切沟通以及彼此间的深厚友谊，有力促进了两国关系及各领

① 《国家主席习近平在莫斯科国际关系学院的演讲》，中央政府门户网站，2013 年 3 月 24 日，http://www.gov.cn/ldhd/2013-03/24/content_2360829.htm。

② 《习近平同俄罗斯总统普京会谈》，人民网，2014 年 5 月 21 日，http://politics.people.com.cn/n/2014/0521/c1024-25042790.html。

③ 《APEC 授权发布：习近平会见俄罗斯总统普京》，新华网，2014 年 11 月 9 日，http://news.xinhuanet.com/world/2014-11/09/c_1113175946.htm。

域合作的快速发展。

（二）俄罗斯主流社会对中国看法越趋客观实际

如今，俄罗斯绝大多数精英和民众对发展对华资源性贸易合作的心态更趋客观和实际。在他们看来，即使中国在俄罗斯轻工市场占据的份额超过 50%，也“未必能把俄罗斯称作中国商品的重要销售市场”，抑或“俄罗斯对中国的依赖”。因为，俄中贸易仅占俄罗斯外贸的 11%。何况，中国大力推进海外投资也并非只针对俄罗斯，中国在美国等西方国家的投资比在俄罗斯的还多。而且，中国对外投资所占 GDP 比例总共只有 5%，大大低于世界平均 33% 和经济转型国家平均 13% 的水平。由于俄罗斯工业基础薄弱，基本不生产任何现代化电子设备、电脑和通信工具，机械制造业也落后于西方，俄罗斯在作为欧洲长期能源供应商的同时，其从欧盟进口的机器设备早已占到从欧盟进口商品总量的 55%。但却很少听到有人说俄罗斯会成为西方的经济附庸，更不用说中国发展对俄罗斯合作具有多面性，其投资项目已从矿产资源扩大到了科技、金融、建筑材料和基础设施等非资源领域。① 而且，中国对俄罗斯第二大领域农工体和交通运输领域的投资规模也很大，还有包括文化与社会领域的投入。中国在 5 年前已超过欧洲，保障了西伯利亚和远东地区的果蔬供应。可见，中国不存在经济掠夺问题，更没有将俄罗斯作为其经济附庸的战略。对俄罗斯来说，深化对华关系是由发展远东及国家交通运输的战略必要性所决定，也是经济发展的大趋势。此外，中国移民对俄罗斯远东地区构成威胁的论调越来越没有市场，就连一直鼓噪俄罗斯远东地区有可能会被中国移民占领的那些人，对中国的看法也在发生变化，不得不承认俄罗斯并非是中国移民最为向往的国家。随着中国居民生活水平的不断提高，收入达到或超过俄罗斯的同类指标，特别是如果在俄罗斯赚不到更多的钱，中国人也不可能长期在俄罗斯待下去。何况，由于实行计划生育政策已使中国出现劳动力短缺，一定程度地还成为东南亚国家劳动力的移民目的地。因此，一些俄罗斯人开始认为，在可预见的未来，中国人也不会有扩张计划。至于自然资源不足问题，中国完全可以通过经济手段来解决。

---

① Шестаков Е.Вышли на трамплин.Россия и Китай нашли основу для военно-политического партнерства//Российская газета.22.05.2014.

（三）西方制裁加快俄罗斯战略重心向中国进一步转移

随着乌克兰危机引发西方对俄罗斯制裁的不断加剧，已经“关闭了俄罗斯通向现代化改革之路”，俄罗斯“如今挽救停滞的经济已力有不及”。[①] 在期冀西方对其提供现代化技术的幻想彻底破灭后，俄罗斯主流社会愈加坚定了借助新兴经济体国家，特别是与中国的合作来解决本国经济和外交问题的决心。俄罗斯媒体对有关中国的报道更加积极、正面，不断宣介中国经济已“坐二望一”的全球强势地位和“美国的领导地位已经终结”的客观现实。中国雄厚的外汇储备使其拥有超强的投资和支付能力。俄罗斯国内普遍开始承认一个业已存在，却又不愿承认的事实，即中国早已超过其他国家成为高技术产品出口的领军者。中国进入俄罗斯的大多是中国国企或有一定影响力的大型企业，其投资以及技术能力和产品质量毫不逊色西方，甚至“连全球著名品牌都请中国企业代工”。[②] 这些高科技企业“要么进行着世界领先水平的独立创新，要么借鉴了西方先进技术并将其有效发展”。即使“在那些本国创新资源有限的领域，中国也比俄罗斯有更多机会接触西方技术”，因为，“西方对中国市场的依赖为中国创造了获取军民两用技术的广阔机会”。中国在微电子元器件生产技术的有些方面已走在俄罗斯前面。中国还是全球最大的高级机械生产商，其在无人机制造方面已整体超越俄罗斯，成为俄罗斯在该领域有前途的伙伴。所以，“俄罗斯可以利用中国工业的潜力减轻西方技术封锁的影响”，[③] 中国能够满足俄罗斯对现代化技术的需要。而且，中国也是稳定的能源消费市场。进入早已超过美国成为世界最大原油和液化燃料净进口国的中国市场，对希望不断扩大能源出口的俄罗斯来说显然获益匪浅。俄罗斯能源企业也认为，中国经济发展模式逐渐从投资转向消费，这将使中国市场对任何一个出口商充满吸引力。俄罗斯《消息报》网站针对普京2014年首度访华期间大幅度发展对华合作评论说，面对西方国家的制裁威胁，俄罗斯应该在东方有良好的经济替代选择，而中国正是关键所在。俄中已到了全面挖掘两国各领域合作

---

① Баев П. Чем опасна для России дружба с Китаем//РБК.22.09.2014.

② Шестаков Е. Вышли на трамплин. Россия и Китай нашли основу для военно-политического партнерства//Российская газета.22.05.2014.

③ Кашин В-эксперт Центра анализа стратегий и технологий. Санкции мимо цели.Сотрудничество с КНР позволяет полностью заместить импорт оборудования и технологии с запада//Военно-промышленный курьер.17.09.2014.

潜力的时候了！一些俄罗斯精英更是认为，俄罗斯与中国合作所获是对西方亦步亦趋时得不到的。在这一思想支配下，俄罗斯国内要求深化对华各领域合作的呼声不断高涨，其主管部门在对华科经贸合作中不再像以往那样对有些项目闪烁其词，而是一反常态地主动向中方推介一些敏感的高科技项目，并积极商讨对华合作新路径。这是多少年来俄罗斯在对华合作中很少有的态度大转变。

二、务实合作取得重大突破性进展

在美国亚太再平衡战略促使盟国及有关国家在中国周边频频制造事端，西方借乌克兰问题对俄罗斯实施冷战以来最严厉制裁的战略环境下，中俄两国高度理解彼此关切，在国际舞台和地区事务上借力、给力、相互帮衬、密切配合，共同应对各种挑战。俄方前所未有地逐渐取消了之前存在的对华出口两用敏感技术限制，放宽了大型中国企业对俄罗斯经济投资准入。长期以来中俄科技、军事和经济等领域合作落后于政治关系的状况明显改观，俄罗斯支持中国“一带一路”倡议，中国支持俄罗斯“远东超前发展区”计划，两国迎来全方位、多层次、宽领域合作的大好局面。

（一）政治互信和战略协作水平空前提升

两国元首保持密切接触和往来。在习近平担任国家主席不到两年的时间里，两国最高领导人在双边和多边场合举行了10次正式会晤，就国际和地区形势以及双边关系等问题交换看法，共谋两国发展前景。普京在2014年首次访华前表示，中国是俄罗斯可信赖的朋友，扩大与中国交往无疑是俄罗斯外交政策优先方向。两国在国际舞台上一直成功合作，在解决国际和化解危机方面密切协调行动。“我们之间没有遗留任何可能对加强全面合作产生负面影响的政治问题。发展两国睦邻友好伙伴关系，完全符合俄罗斯和中国的利益。”普京还深情地说，他总是很乐于访问好客的中国，乐见中国邻居在俄罗斯人眼前发生脱胎换骨的变化，“上海就是这个变化的鲜明见证”。[①] 在普京随后的对华国事访问期间，两国元首签署《中俄关于全面战略协作伙伴关系新阶段的联合声明》，标志着中俄关

① 《俄罗斯总统普京接受中国媒体联合采访》，新华网，2014年5月19日，http://news.xinhuanet.com/world/2014-05/19/c_126515421.ht。

系进入新的发展时期。

双方在彼此关切问题上相互支持。在西方联合抵制俄罗斯举办冬奥会，美欧等国领导人纷纷拒绝与会之时，习近平主席打破中国最高领导人不出席境外体育赛事惯例，应邀出席索契冬奥会开幕式，并称索契冬奥会是普京总统领导俄罗斯人民走向繁荣富强的象征。中国人民的好邻居、好伙伴、好朋友办喜事，他特意专程前来道喜。这凸显中方在涉及俄罗斯国家重大利益问题上对其坚定支持的立场和两国关系的亲密。

在俄罗斯因乌克兰问题陷入外交困境之际，中国尽其所能全力支持和策应俄方，强调乌克兰问题有着复杂的历史经纬和现实因素，涉及各方利益和关切，解决起来应兼顾各方利益，呼吁有关各方保持克制，推动乌克兰所有地区和社会政治组织参与广泛的民族对话，通过和平和政治途径寻找解决现有问题的办法，避免冲突升级。中方还顶住压力在联合国安理会就有关克里米亚问题表决时两次投弃权票，被西方批评是对俄罗斯的“一种无声支持”。

俄罗斯举国上下对来自中方的支持普遍持肯定态度。普京在对理解俄罗斯在克里米亚举措的所有人表示感谢时，尤其感谢中国人民及其领导人能从历史和政治全局角度审视乌克兰和克里米亚的局势。俄罗斯联邦委员会主席马特维延科访华时也表示，中国对在乌克兰所发生的一切、对危机的起因给出了绝对客观、合适的评价。她能从中国国家主席口中听到不管中国承受多大压力，都永远不支持对俄罗斯制裁，也永远不会参与的话语是难能可贵的。俄罗斯感谢中国这样的立场。俄罗斯精英也认为，在俄罗斯陷入冷战以来最严重的外交困境和“国际孤立使俄罗斯脆弱性显而易见之时，北京并没有趁机落井下石”。① 与此同时，俄方也不失时机地宣称欢迎和支持中方申办2022年冬奥会。普京还表示，俄方积极响应中方构建丝绸之路经济带和海上丝绸之路倡议，愿将俄罗斯的跨欧亚铁路与“一带一路”对接。

两国在“二战”历史问题上的立场保持高度一致。中国反对有关国家篡改“二战”历史的行径，俄罗斯方面同样对日本首相安倍晋三参拜靖国神社不满。普京多次指出，欧洲纳粹势力对苏联等欧洲国家的侵略以及日本军国主义对中国

① Баев П. Чем опасна для России дружба с Китаем//РБК. 22.09.2014.

等亚洲受害国人民犯下的严重罪行不能被遗忘，称俄中都认为修改“二战”结论是极其危险和不可接受的，将抵制那些篡改历史、美化法西斯分子及其帮凶、抹黑英雄解放者功勋的企图，彰显俄方呼应中国批评日本篡改“二战”历史的鲜明立场。俄罗斯与中国在东海举行的例行“海上联合—2014”联合军事演习也被西方媒体解读为有针对日本和更具牵制美国亚太再平衡政策的外交效果。中俄还商定在2015年“二战”结束70周年之际共同举办“反法西斯战争胜利”庆祝活动，以宣示中俄联手抵制否认“二战”历史思潮蔓延的决心。

2014年11月9日，习近平主席与来华出席APEC峰会的普京总统会晤时重申，中俄在国际事务中协调和配合更加密切有效，“不管国际风云如何变幻，我们都要坚持把发展中俄关系作为本国外交优先方向，不断增进政治和战略互信，不断扩大和深化全方位合作”。普京则完全赞同习近平主席对中俄关系的评价，称双方在国际事务中密切协作，有力维护了世界和地区安全稳定[①]。

（二）军事和能源合作取得重大突破

2014年2月6日，习近平主席和普京总统共同与参加承运叙利亚化学武器联合编队护航的中俄军舰舰长视频通话，勉励两舰官兵再接再厉，努力完成好护航任务，为安全、顺利销毁叙利亚化武、推动国际社会政治解决叙利亚问题做出贡献。5月20日，中俄元首双双出席两国海军首次在长江口以东的东海北部海域举行的“海上联合—2014”联合军事演习开幕式，凸显中俄最高领导人对两国军事合作的高度重视。两国海军通过联合编队护航和海上联合军事演习，极大地提高了相互间共同应对海上安全威胁、协同打击海盗和防御作战的水平，进一步夯实了中俄全面战略协作伙伴关系的军事领域基础。随着俄方对中国看法的进一步转变，加之美欧对俄罗斯在诸如航空制造和电子工业等领域制裁的不断扩大，俄方对华军事技术合作步伐明显加大。2014年4月初，普京总统原则上批准向中国出售此前一直不愿向中方提供的S-400地对空导弹系统，使中国有望成为这套最先进防空导弹系统的首个外国客户。在2014年普京对华首访期间，双方除商定在中国生产米-26重型直升机外，俄罗斯军工企业还与中方签署对华出售

① 《APEC授权发布：习近平会见俄罗斯总统普京》，新华网，2014年11月9日，http://news.xinhuanet.com/world/2014-11/09/c_1113175946.htm。

苏-35S 多功能战机及其配套攻击武器备忘录，并积极商讨签署有关许可中方生产“阿穆尔-1650”非核潜艇合同，以及向中国提供最新的“拉达”级潜艇和研制卫星等技术产品所需的零部件等事宜。在面临西方制裁的当下，俄罗斯还打算通过与中国合作来发展军事技术项目及太空计划。

在 2014 年 5 月普京访华期间，两国政府及能源公司分别签署《中俄东线天然气合作项目备忘录》和《中俄东线供气购销合同》。从 2018 年起，俄方将通过东线管道每年向中方供应不少于 380 亿立方米天然气，历时 30 年，合同总价值 4000 亿美元。10 月，双方签署两国关于经东线向中国出口天然气合作的政府间协议和两国公司经东线向中方供气合同补充附件。这项跨世纪的能源合作项目最终得以落实，不仅是中俄关系史上的盛事，也备受世界广泛瞩目。俄方普遍认为，天然气协议对中国的地缘政治意义远远不及对俄罗斯的意义。乌克兰危机的升级将这笔交易变成了对俄罗斯性命攸关之事。中俄天然气合同可能为俄罗斯未来赢得与销往欧洲的 1600 亿立方米等量齐观的出口天然气市场，还将拉动其境内管道沿线相关产业发展，“激活重度衰退的远东经济”。尤其是“经济意义一直备遭质疑的‘南溪’项目最终落空后，有助于俄罗斯将精力和资源转投东方”。① 对中国来说，合同的签署无疑扩大了能源进口渠道，有利于加快能源消费结构的改善。正如普京所言，达成“斯科沃罗季诺—漠河”管道协议是两国双赢的结果，“对俄罗斯来说，意味着对外供气管道线路的多元化。对我们中国伙伴来说，通过使用这一清洁燃料，可以缓解能源短缺和提高生态安全”。②

与此同时，俄方一改以往对外国，包括中国企业进入其油气上游勘探领域经营持“非常谨慎”态度，破天荒地表示，俄罗斯在能源合作上对中国朋友没有限制，从而使两国在油气上游领域的合作也取得重大进展。2014 年 11 月 9 日，中石油与俄罗斯石油公司签署关于中国石油天然气勘探开发公司购买其旗下万科尔石油公司 10% 股份的框架协议，标志着中方正式进入俄罗斯油气上游勘探领域，实现了对俄罗斯能源合作的历史性突破。万科尔油田是通过东西伯利亚—太平洋管道和中俄原油管道供油的基地，对中国的战略意义不言而喻。中俄西线供气项

① Баев П. Чем опасна для России дружба с Китаем//РБК. 22.09.2014.

② 《俄罗斯总统普京接受中国媒体联合采访》，新华网，2014 年 5 月 19 日，http://news.xinhuanet.com/world/2014-05/19/c_126515421.ht。

目也在稳步推进。2014年11月9日，在普京来华出席亚太经合组织经济体领导人非正式会议期间，中俄双方签署《关于通过中俄西线管道自俄罗斯联邦向中华人民共和国供应天然气领域合作的备忘录》和《中国石油天然气集团公司与俄罗斯天然气工业公司关于经中俄西线自俄罗斯向中国供应天然气的框架协议》。到2020年，俄罗斯对华供气量将占中国天然气需求的17%，中国有望取代欧洲成为俄罗斯最大的天然气客户。

（三）科技经贸合作进一步扩大

中俄科技和贸易合作呈现新的发展势头。普京在2014年首度访华前表示，俄中现阶段共同努力的优先方向是加强经济、科学和高科技领域合作。两国潜力叠加是解决两国国内发展任务的重要补充推动力。俄中要加强互利经贸关系，而增加相互投资具有至关重要的意义。俄罗斯打算切实提振投资合作，“远东特区欢迎中国投资”。[①]5月，俄罗斯联合航空制造集团公司与中国商用飞机有限责任公司签署研发新一代远程宽体客机的备忘录。6月，两国就合作制造新型宽体干线飞机和载重量达15吨的直升机等大型项目进一步达成协议。10月，中俄总理在定期会晤期间强调，要加强两国在高新技术领域的合作，并在经费和科技投入对等、创新链条完整性、保护知识产权基础上优先开展有前景的联合科研等方面做出具体安排。双方一致表示要在执行《2013—2017年中俄航天合作大纲》基础上拓展并深化两国在航天领域的长期互利合作，尤其需要开展那些双方共同建议的有关对地观测、卫星导航、火箭发动机、月球及其他有前景的基础科学的新联合研究项目，以及推动信息通信领域的战略合作项目取得实际成果。两国总理定期会晤联合公报强调，双方要继续落实《中华人民共和国政府和俄罗斯联邦政府关于经济现代化领域合作备忘录》，推动双方在制药、医疗器械、化学、电子、铝业、油气开采设备、船舶、机床和运输机械制造领域的交流与合作。2014年，两国还达成在中俄政府间委员会框架内成立双重用途产品合作领域工作组和卫星导航重大战略合作项目委员会两个新机构，签署《中国卫星导航系统委员会与俄罗斯联邦航天局在全球卫星导航领域合作谅解备忘录》，这成为双方在新领域合

① 《俄罗斯总统普京接受中国媒体联合采访》，新华网，2014年5月19日，http://news.xinhuanet.com/world/2014-05/19/c_126515421.ht。

作的亮点。

中俄贸易规模不断扩大。2014 年前 10 个月，两国贸易额达到 788.9 亿美元，同比增长 7.1%，中国对俄罗斯出口 442.5 亿美元，同比增长 10.1%，从俄罗斯进口 343.6 亿美元，增长 3.4%。[①] 全年中俄贸易额有望达到近 900 亿美元。两国双向投资持续增加，前 8 个月中国对俄罗斯直接投资与 2013 年同期相比增长 73%，后 4 个月中国在外国对俄罗斯投资中跃居领先地位。两国正在实施或落实的 40 个不同领域合作项目总投资超过 200 亿美元。[②] 9 月，中俄在两国投资合作委员会第一次会议上一致决定继续增加相互投资，共同开发能源、高铁、电信、矿产、不动产和基础设施项目。10 月，在中俄总理第十九次定期会晤期间，双方签署涉及能源、交通、高铁、汽车、航天、客机、信息、金融、食品和信息技术等领域的 38 项重要合作协议。双方强调将继续共同努力，采取切实措施，深挖潜力，提升双边贸易质量，促进贸易结构多元化，增加机电和农产品比重，扩大市场开放，反对贸易保护主义，为双边贸易持续增长创造稳定、可预见的条件，推动两国务实合作持续快速发展。两国总理在联合公报中表示，要努力在中俄投资合作委员会框架内开展有效合作，落实好《中俄投资合作规划纲要》，重点推进大项目合作。俄方支持中方企业利用俄罗斯远东和东西伯利亚地区建立的经济特区潜力，系统参与实施该地区的战略发展规划及商定的合作项目。普京总统在会见李克强总理时着重强调，对中俄两国来说，“能源和高科技领域是最为重要的”合作方面。

（四）金融、交通、信息和农业合作取得新成果

在西方对俄罗斯制裁背景下的中俄金融合作尤显突出。为维护两国国家利益，2014 年，双方宣布要成立联合信用评级机构。普京在 5 月访华期间还高调呼吁加强对华金融合作，保护两国免受世界主要货币汇率波动影响。俄罗斯专家坦言，“在西方金融市场对俄罗斯关闭后，莫斯科寄望于中国的贷款”。[③] 中国虽

① Торговый оборот России и Китая за 10 месяцев вырос на 7-10%//РИА Новости.21 ноября 2014 года .

② Носкова Е. Подарок из Азии-Россия и Китая рсширяют сотрудничество в высокотехнологичном секторе//Российская газета.23.09.2014.

③ Симонов К. Приходите к нам в "добычу"-Россия и Китай подписали новое газовоесоглашение//Взгляд.13.10.2014.

然不能全部取代西方，但也是俄罗斯在困难时期的一个非常实际的资金来源。在此情况下，包括遭受西方制裁的俄罗斯对外经济银行、外贸银行和俄罗斯农业银行等多家金融机构都得到中方资金支持。俄罗斯方面事实上已获得约为 1.5 万亿元离岸人民币市场准入资格。中国人民银行与俄罗斯联邦中央银行签署额度为 1500 亿元人民币的三年期人民币和卢布互换协议。中国进出口银行与俄罗斯外贸银行签署约为 20 亿美元等值的人民币或卢布贷款协议，用于双方在俄罗斯境内开展合资业务、采购技术设备，创造就业岗位并成立制造工厂等项目。俄罗斯梅加丰电信公司与中国开发银行签署融资 5 亿美元用于购买中国设备协议。中俄总理在第十九次定期会晤期间强调，要继续密切两国在财金领域的协作和宏观经济政策的交流，加强两国金融机构在互提出口信贷、保险、项目融资和银行卡等领域的合作，在双边贸易、直接投资和信贷领域扩大使用本币范围，进一步提高双边贸易和投资便利化水平。在普京来华出席亚太经合组织经济体领导人非正式会议期间，中国出口信用保险公司与俄罗斯储蓄银行签署合作框架协议。中国进出口银行与俄罗斯储蓄银行签署贷款框架协议和两行间买方信贷协议。

两国交通、信息产业和农业合作取得新成果。2014 年 5 月，中国吉林省与俄罗斯苏玛集团签署合作建设俄罗斯扎鲁比诺海港合作框架协议。10 月，中国国家发展和改革委员会、中国铁路总公司与俄罗斯交通部和俄罗斯铁路股份公司签署“莫斯科—喀山”高铁发展合作备忘录，并将此项目作为发展两国首都间铁路交通先导工程，最终打造成途经俄罗斯、哈萨克斯坦、中国的“莫斯科—北京”欧亚高速运输通道。两国总理还商定，将共同努力如期完成同江—下列宁斯阔耶跨境铁路项目，抓紧协商《〈中华人民共和国政府和俄罗斯联邦政府关于共同建设黑河—布拉戈维申斯克黑龙江（阿穆尔河）大桥的协定〉的补充协定》，继续就设立黑瞎子岛（大乌苏里岛）口岸开展相关工作。

在美欧对俄罗斯制裁范围不断扩大，俄罗斯打算逐步用他国产品代替美国 IT 产品的情况下，中俄技术和信息产业合作得到进一步加强。2014 年 8 月，中俄双方就扩大相互提供 IT 产品达成协议，商定扩大中国服务器、存储设备和其他产品对俄罗斯的出口，以及扩大俄罗斯软件对中国的出口。双方主张用多边、透明的模式管理互联网基础设施的重要资源。

在俄罗斯对西方采取反制裁措施、禁止从欧美国家进口肉、禽、水产、果蔬和乳品等农产品情况下，中国成为俄罗斯此类商品的主要替代国。2014年10月，中国首批800吨猪肉经俄方检疫防疫部门验收后顺利出口至俄罗斯。这是自2004年俄方以口蹄疫为由对中国猪肉封关以来中国首次向俄罗斯出口肉类产品。面对新情势，两国总理在第十九次定期会晤期间一致表示要扩大农产品贸易，加强动植物检验检疫和农工综合体投资领域的合作，联合生产绿色农产品并促进两国间贸易及向第三国出口，扩大两国在渔业领域的长期互利合作。双方还着重强调，必须通过开展农业合作和建立工业合资企业来实现双边贸易和投资的多元化。[①]10月16日至18日，中俄首届农产品展销会在中国边境城市绥芬河举行，俄罗斯滨海边疆区有近10个大型农业生产企业以及一些肉类和蔬菜供应商出席本届展销会。

（五）人文合作继续稳步发展

中俄间结成的100多对友好省州（市）关系有力地促进了两国地方和人文合作的深入发展，中俄全面战略协作伙伴关系的社会和民意基础更加坚实。2014年2月和3月，由中国国家大剧院与俄罗斯马林斯基剧院联合制作的歌剧《叶甫盖尼·奥涅金》分别在马林斯基剧院和中国国家大剧院上演，受到两国观众的普遍好评。3月28日，俄中青年友好交流年活动在圣彼得堡正式启动，俄罗斯副总理奥莉加·戈洛杰茨和中国副总理刘延东出席开幕式，两国元首分别发去贺信。普京称俄中青年友好交流年及相关活动将扩大两国在教育、科学、文化、旅游、体育和卫生等领域的合作，有利于巩固俄中战略协作伙伴关系。习近平主席强调，青年是中俄关系和中俄人民友谊的未来，两国青年应与时代同步，顺应中俄全面战略协作伙伴关系发展大势，把自己的梦想融入推动中俄两国共同发展、共同繁荣的事业中来，为中俄两国和两国人民的友好事业和美好未来做出积极贡献。普京5月访华前继续表示，俄中人文合作正沿着两国全面战略协作伙伴关系持续发展轨道行进。两国青年对对方的历史、文化和传统的兴趣越来越大。“这是一个客观进程，我们将继续予以全力支持”。[②] 如今，中俄间的经济、政治和科

① Симонов К. Приходите к нам в "добычу"-Россия и Китай подписали новое газовое соглашение// Взгляд.13.10.2014.

② 《俄罗斯总统普京接受中国媒体联合采访》，新华网，2014年5月19日，http://news.xinhuanet.com/world/2014-05/19/c_126515421.ht。

学论坛、旅游交易会、文化节、艺术节、电影周、青年运动会、大学联欢会、中小学生和大学生夏令营、高校校长论坛、教育服务展览、青年代表大会和体育比赛等已成为双方主管部门定期举行的活动。俄罗斯新闻社 2014 年 10 月中旬的民调显示，俄罗斯人认为将来中国还会是俄罗斯的友好国家和亲密伙伴的人数已分别从 2009 年的 20% 和 27% 上升至 43% 和 36%，不看好俄中关系和认为中国会成为俄罗斯竞争对手的人数则分别从 29% 和 24% 下降到 10% 和 9%，相信俄中经济合作是互利的人从 37% 上升至 60%，而 74% 的人认为与中国的伙伴关系可以使俄罗斯在某种程度上弥补与西方国家关系破裂带来的损失，只有 1% 的人认为中国会变成俄罗斯的敌人。①

三 、新阶段的中俄关系仍面临诸多挑战

虽然中俄关系及各领域合作呈现强劲发展势头，但两国全面战略协作伙伴关系的新阶段仍面临诸多挑战。俄罗斯国内亲华声音所占上风是相对的，而不是绝对的。

第一,一些对中国有偏见的人的态度转变依然有限。他们对“中国不可思议的增长速度及不断膨胀的原材料和能源需求，以及扩张野心的倍感忧虑无法抹去，它与俄罗斯对北约频繁的军事活动的忧虑以及对似乎是由美国筹划和操纵的‘颜色革命’的恐惧交织在一起。俄罗斯精英不得不装出支持中国是为了共同利益的样子。实际上，很少有人相信利益是共同的”。而俄罗斯靠扩大对华合作来打破西方的孤立对策“丝毫不能抵消日益增长的制裁压力”，相反却为俄罗斯带来一系列目前无力应付的新地缘政治风险②。由于“中国过于强大，任何一个伙伴，即便是像俄罗斯这样的大国，也不可能不产生陷入附属境地的担忧。问题不在于北京居心不良，而在于客观的经济实力差距”。③

第二，在对华出售尖端武器问题上尚存疑虑。俄罗斯个别精英仍在反对向中国出售新式武器，认为“向潜在对手出售苏 −35S 战机是尤为愚蠢的错误”，提供 S−400 防空系统就更不用说了。“现在中国购买尖端武器的唯一目的是偷窃技术。

---

① Опрос:россияне позитивно оценивают перспективу отношениий с Китаем//РИА Новости.6 ноября 2014 года .

② Баев П. Чем опасна для России дружба с Китаем//РБК. 22.09.2014.

③ Лукьянов Ф., Логичное партнерство//Российская газета.21 мая 2014 года .

这种关系迄今只对中国有利。俄罗斯不仅要停止对华出售武器，还要在政治和经济领域毫不让步”。[①]

第三，俄罗斯国内对放开对华能源合作上的一些限制仍有反对声音。一些人认为，当年尽管俄罗斯有多少原油，中国就愿意买多少，但俄罗斯还是坚持让东西伯利亚—太平洋石油管道不只通往大庆，不惜巨额开支在科济米诺修了终端。但是，如今俄罗斯却改变了能源出口多元化战略，将天然气管线直接铺向了中俄边境城市布拉戈维申斯克，客观上满足了中国希望自己在这条管线上居于“独占”地位的要求。至于普京政府允许中方进入俄罗斯油气上游合作开发，更是有人不无嘲讽地说，“中国人已开始涉足我们的开采业务”，而“目前就差考虑在北极开发上展开合作的问题”了。[②]

第四，两国实现贸易多元化以及双边贸易达到与政治关系相称水平的任务仍十分艰巨。中俄贸易现状与政治关系水平长期不相称，两国双向投资相比各自对美欧投资规模依然不多。受上年同期大项目影响，2014 年前 10 个月，中国对俄罗斯投资下降 78.8%。虽然俄罗斯在中国吸引外资总额中所占比例持续上升，但也只占中国吸引外资的 2.6%。中美政治关系跌宕起伏，双边贸易却长期保持高位增长。俄欧政治关系一直不畅，但 2013 年俄欧贸易却创下 4170 亿美元记录，经济关系与政治关系并没有必然联系。尽管中俄贸易持续增长，但要实现两国元首确定的近中期贸易增长目标，尤其是达到或接近各自与美欧的贸易水平仍有很长的路要走。中俄经济融合度低，导致俄罗斯一直在中国第十大贸易伙伴前后位置上徘徊，中俄贸易仅占中国对外贸易的 2%。贸易多元化也是两国无法回避的重要议题。中俄贸易中的石油及石油产品和木材等资源性产品已占两国贸易总量的 70%—80%。“俄罗斯政府希望通过在其境内兴办合资企业来‘稀释’能源问题，以实现贸易结构多元化。”俄罗斯总理梅德韦杰夫也一再强调“俄中贸易结构应当更加现代化”。[③] 由于俄罗斯经济结构矛盾积重难返，要想尽快实现其调整的目标尚需时日，两国贸易状况达到俄方期冀的合理结构更需双方共同的不懈努力。

---

① Храмчихин А. Дружба по-пекински//Независимая газета.16.05.2014.

② Константин Симонов: Теперь России придется дружить с Китаем//Ведомости. 23 сентября 2014 года .

③ Симонов К. Приходите к нам в "добычу"-Россия и Китай подписали новое газовое соглашение//Взгляд.13.10.2014.

第五，俄罗斯严峻的经济金融形势增加了中国对俄罗斯投资风险。2014 年头 10 个月，由于地缘政治形势恶化、俄罗斯遭遇（美欧）制裁大棒，其与西方贸易额下滑了 2%—3%，与某些国家的双边贸易甚至萎缩好几成。[①] 而且，随着西方对俄罗斯制裁不断升级和国际油价持续走低，俄罗斯经济金融形势日益严峻。截至 2014 年 11 月底，俄罗斯资金外流总额超过 1100 亿美元，外汇储备减少 14%，降至 4 年来最低的 4390 亿美元，已无法应付 7320 亿美元的巨额外债，其债务违约风险明显上升，加之卢布贬值危机四伏，也引起中国国内一些人对中俄货币互换可能会给中方带来损失的担忧。尤其是一些在俄罗斯的中企经营利润大大缩水，正在遭遇卢布贬值袭来的寒流，让本已跃跃欲试准备前去开发俄罗斯市场的大批中国投资者望而却步。俄罗斯专家也承认，“俄罗斯的很多项目缺少清晰的金融论证和明确的商业计划，使得务实的中国企业不总想要参与”。[②] 如何既可保持稳定的对俄罗斯投资，又能规避对其融资带来的商业风险，不能不说是对中国政府及企业的一个巨大挑战。

此外，尽管俄罗斯高层对中国提出的“一带一路”倡议表示支持，但是，普京也多次强调，打造欧亚联盟是其复兴俄罗斯战略构想的关键，这也是俄罗斯围绕乌克兰问题与西方关系恶化的根源。而且，俄罗斯国内也一直有人认为“一带一路”是“中国当前最重要的地缘政治项目，带有公开的反俄性质”，称该战略构想旨在最终彻底“封杀”作为欧亚过境通道的西伯利亚大铁路和北极通道。[③] 如何配置和整合欧亚资源，避免中俄彼此利益碰撞，使“一带一路”倡议与欧亚联盟构想无缝对接，将是两国决策层在中俄全面战略协作伙伴关系新阶段始终面临的一个课题。

四、结　语

尽管新阶段的中俄全面战略协作伙伴关系面临诸多挑战，但所有这些却都只是两国关系发展中的问题和全方位合作中的支流和枝节，难以左右中俄

① Раксина А.,Идем на восток-Частота российских экономических контактов с Китаем нарастает с каждым днем//Новые известия. 1 Декабря 2014 года.

② Соловьева О. Пекин заявил о рисках сотрудничества с Москвой-РФ придется органичить движение капитала считают китайцы//Независимая газета.24.11.2014.

③ Храмчихин А. Дружба по-пекински//Независимаягазета.15.05.2014.

关系迅猛发展的强劲势头，两国高层对中俄关系持续稳定发展前景充满信心。

普京在2014年末的大型记者会上继续强调，中国是俄罗斯最大的贸易伙伴。尽管面对世界经济困境，但他对2014年俄中贸易达到900亿美元并继续增长毫不怀疑。两国的主要任务是促使双边经贸关系多元化，而“我们正朝着这一方向积极发展。我们将越来越关注两国贸易中的高科技产品的数量。我们正在建设核电站，只要中国愿意，我们还将继续发展这方面的合作。我们正在开展太空、航空和飞机制造、生产新型重型飞机方面的合作，以及其他一系列具有前景领域的合作。最主要的是，我们在国际舞台上的利益相符，包括维护国际局势稳定。俄中在联合国及其安理会平台上的紧密合作，无疑是促进当今世界稳定的非常重要因素。”[①] 针对西方媒体对俄罗斯经济金融已面临崩溃危险的鼓噪，中方不失时机地对外表示，俄罗斯拥有较充裕的外汇储备，公共债务占比GDP较低，加之其资源丰富，有较好的工业基础，相信俄罗斯有能力克服目前的困难。中俄经济互补性很强，合作领域宽泛、潜力巨大，无论是两国政府还是企业对加强相互经贸与投资合作都有着高度共识，积极性非常高，“我们对中俄经贸合作前景充满信心”。[②]

而且，从另一角度讲，在欧美制裁导致西方对俄罗斯投资锐减，国际大公司普遍对俄罗斯经济发展信心不足情况下，反使中企在对俄罗斯投资风险增加的同时，也面临难得的发展机遇。“我们不能期待伙伴关系毫无波折——如此规模的两个国家不可能没有矛盾和利益冲突。但世界发展的客观规律促使莫斯科和北京彼此靠拢，新阶段将（为两国关系）开辟新机遇。”[③] 中俄不断提升全面战略协作伙伴关系水平符合时代发展潮流，也是双方内外形势使然，大势所趋，难以逆转。

---

① Путинн В. Большая пресс-конференция Владимира Путинна//Сайт Президента России.18 декабря 2014 года.

② 《外交部发言人秦刚主持例行记者会》，外交部网站，2014年12月18日，http://www.fmprc.gov.cn/mfa_chn/fyrbt_602243/jzhsl_602247/t1220633.shtml。

③ Лукьянов Ф. Логичное партнерство//Российская газета.21.05.2014.

天然气“世纪大单”为中俄关系增添新动力[①]

2014 年 5 月 21 日，中俄政府和能源公司在上海分别签署《中俄东线天然气合作项目备忘录》和《中俄东线供气购销合同》。中俄天然气购销合同得以最终签署是俄方迫于国际市场竞争压力使然。双方商定从 2018 年起，俄方通过修建东线管道每年向中方供应不少于 380 亿立方米天然气，历时 30 年，供应协议总价值 4000 亿美元。这项跨世纪的能源合作项目最终得以落实，不仅是中俄两国关系史上的盛事，也备受世界瞩目。

天然气合作好事多磨

1994 年，中俄能源公司达成俄方拟向中方供应天然气意向，并于当年签署相关合作“备忘录”。然而，由于各种因素所致，俄方不久即对这一能源合作项目开始犹豫。后来，俄罗斯虽调整能源战略，将包括中国在内的亚太地区视为其能源出口多元化重点，但两国能源企业却在对华天然气供应价格上产生分歧。俄方坚持不能低于对欧供气价格并与原油挂着。中方表示，不能“倒挂”亏本引进难以承受的进口天然气价位，希望能与北美天然气现货、期货等挂着，双方各持己见，始终未能谈拢。2012 年，中方提出由俄方参股中国天然气管道建设，中方参与俄方上游天然气开发新思路，并于 2013 年成功签署中俄东线供气框架协议，使两国旷日持久的天然气供应价格谈判出现重大转机。

应该说，为降低生产成本和确保企业可持续发展，两国能源公司在对华供气价格上讨价还价无可非议。少了政治和人为因素干扰，通过商业运作会使这项战略合作更趋稳定和持久性，也表明中俄新型大国关系日趋成熟。而天然气合作文件直拖到双方签署有关电力、航空和地方等领域全部合作文件后的第二天，即在

① 载香港《大公报》2014 年 5 月 29 日。

普京总统访华行程最后一刻才“戏剧性”地单独签署，足以证明这份文件的分量。

签署合同是双赢结果

第一，深化能源领域合作是中俄双方共同的需求。在国际能源市场变化莫测大背景下，俄罗斯早有扩大亚太地区能源出口战略考量，将中国、韩国、日本和印度在内的亚太地区视为最有前途的能源销售市场，并规划到2030年将对亚太国家天然气的出口比例从2008年的零出口提高到19%—20%，天然气管道也将随之延长20%—23%。中国是全球增长最快的天然气需求市场，俄罗斯早有寻求对欧盟以外能源出口新渠道的打算，乌克兰危机使其增加了破解俄中天然气价格谈判僵局的紧迫感。对中国来说，天然气需求快速增长，在相当时期内仍有大约三分之一以上的缺口。

第二，成功签署天然气购销合同是中俄互利双赢的结果。俄罗斯经济严重依赖能源出口，中国是传统能源的战略买家，文件的签署使俄罗斯稳稳占据了对华天然气出口广阔市场，有利于其加速推进能源出口多元化战略，也会极大地促进俄罗斯远东地区油气资源开发和该地区的经济社会发展。对中国来说，中俄天然气购销大单的签署进一步拓宽了能源进口多元渠道，为经济发展提供了稳定的能源供应，不仅解决了经济快速发展对能源的迫切需求，也将带动沿线地区相关产业发展，还有助于优化能源消费结构，改善大气环境。

第三，中俄天然气购销合同得以最终签署是俄方迫于国际市场竞争压力使然。随着全球天然气供大于求，卖方市场已变为买方市场，尤其是中亚各国都在不断加强或扩大对华天然气出口合作。2020年土库曼斯坦在中国天然气进口中的份额将达到40%，卡塔尔和澳洲等国也纷纷与中国签署长期供应液化天然气协议，严峻的能源市场竞争现实已不容俄方再迟疑。从占领长达30年的市场和获得稳定的收入角度讲，实际上俄方赢得了最佳结果。

第四，天然气合作进一步夯实中俄关系经济基础。中俄天然气合作长期止步不前与高水平的中俄政治关系不符。中俄成功签署天然气合作文件是在两国领导人亲自关心和推动下，两国政府直接指导、双方能源企业长期共同努力的结果。天然气合作项目彰显了彼此坚持发展和深化中俄关系的坚定决心。中俄天然气合作纽带再次把两国发展前途和未来命运紧密联系在一起，必将促进双方各领域合作的发展，为进一步深化中俄全面战略协作伙伴关系增加新动力。

贸易下滑与中俄关系发展①

2015年中俄贸易额持续下滑，未能如期实现双方领导人早前提出的贸易额目标。究其原因，除受世界经济形势低迷和国际大宗商品价格下跌影响外，也有两国自身经济下行压力增大、相互投资内生动力趋缓等因素发生作用。中俄贸易额下滑并没有影响两国全面战略协作伙伴关系的迅猛发展势头，双方各领域合作依然取得重大成果。展望未来，虽然实现中俄贸易额的稳步增长和下一个5年贸易额目标仍面临诸多挑战，但双方经济互补性强和市场空间广阔等优势依在，中俄贸易额长期稳定增长仍具有坚实基础。

中俄贸易结构一直比较单一，能源和原材料等低附加值商品占据相当大比例。在前些年大宗商品价格处于高位推升中俄贸易额不断增长情况下，两国贸易结构性问题虽被一再提起，但并不十分突出。2015年全球出口值大幅下滑，国际大宗商品价格不断走低，中俄贸易结构的脆弱性开始凸显，双方未能如期完成两国领导人共同提出的2015年要使双边贸易额达到1000亿美元的目标。但在双方共同努力下，两国贸易额的再次大幅下滑并未对两国关系的发展及其他领域合作造成负面影响。展望未来，中俄贸易增长的机遇仍大于挑战，两国战略协作伙伴关系亦将历久弥坚。

一、中俄贸易额下降原因

中俄贸易额继2009年金融危机最困难时期大幅下滑后，2015年又出现下滑，全年贸易额总值仅为641.7亿美元（4227.3亿元人民币），同比下降

① 该文载在《国际问题研究》2016年第3期，第106—121页，被中国人民大学书报资料中心《国际贸易研究》2016年第8期收录转载。

27.8%。[①] 据俄罗斯海关统计，2015 年俄中贸易额为 636 亿美元，同比下降 28.1%。[②] 其中中国对俄罗斯出口 328.25 亿美元，同比下降 34.4%，俄罗斯对华出口 313.45 亿美元，同比下降 19.1%。中俄贸易额几近跌至 2009 年金融危机爆发后最低水平。中俄贸易额的再次下降，是世界经济整体形势和两国内部经济发展状况共同作用的结果。

（一）世界经济和国际贸易大环境的负面影响

2015 年，世界经济和国际贸易形势严峻复杂，在国际市场需求持续低迷和贸易保护主义抬头的大背景下，全球经济增长幅度仅为 3.1%，比 2014 年萎缩 0.3 个百分点，新兴市场和发展中经济体经济增长连续第五年放缓。随着全球经济不振、国际市场需求的低迷，近年来国际贸易一直保持两倍于全球经济的增长态势已然不在。2015 年，全球出口值出现几年来少有的大幅下跌，世界 70 个主要经济体出口持续下降，进口均为负增长。前 9 个月，美国、欧盟、日本、加拿大、韩国、印度、南非和巴西的货物贸易出口额比上年同期分别下降 6.2%、12.8%、9.2%、13.2%、6.6%、16.6%、7.9% 和 16.8%。前 10 个月，全球出口值降幅超过 11%。国际贸易的负增长使全球经济复苏进程放缓，也一定程度地制约了中俄两国经济和贸易规模的发展。

（二）两国经济下滑制约了贸易规模扩大

在欧美制裁和油价连续走低双重打击下，俄罗斯金融经济形势持续恶化。2015 年，俄罗斯经济下滑 3.7%，通胀高达 12.9%，居民实际收入从 2014 年 11 月起连续 14 个月萎缩，下降 4%。受居民收入减少影响，俄罗斯零售额锐减 10%，投资额下滑 8.4%，工业生产严重衰退，建筑业相比 2014 年萎缩 3 倍。[③] 在此背景下，2015 年俄罗斯与主要贸易伙伴国贸易普遍下滑，自非独联体国家

① 《2015 年中俄双边贸易总值同比下降 27.8%》，新浪财经网，2016 年 1 月 13 日，http://finance.sina.com.cn/stock/usstock/c/2016-01-13/doc-ifxnkkuv4532805.shtml。

② 《俄海关统计 2015 年中俄贸易额下降 28.1%》，中国驻俄罗斯联邦经商参处，2016 年 2 月 6 日，http://www.mofcom.gov.cn/article/i/jyjl/e/201602/20160201253568.shtml。

③ Ольга Кувшинова. Россия осталась на второй год.//Ведомости.26 января 2016.

进口总额为1615.71亿美元，同比下降36.4%。[①] 欧盟在俄罗斯对外贸易总额中的比重从2014年的48.1%下降至44.8%，俄罗斯对欧洲国家贸易总额下降37%—38%，其中对德国、荷兰、意大利的贸易分别下降34.7%、40.1%、36.8%。[②] 为应对危机，俄罗斯联邦政府不得不采取包括对总统在内的所有公职人员减薪10%，以及将此前对建设“超前发展区”投入890亿卢布削减至420亿卢布，数量也从14个削减到5—6个等措施来解决应急和民生问题。

金融经济形势的恶化极大地影响和抑制了俄罗斯的投资和国内消费，导致俄罗斯对来自中国的服装、鞋、手机、电脑等日用品的需求明显下降。[③] 经济危机使俄罗斯失去在华能源市场部分份额。俄罗斯政治信息中心有关俄中关系发展报告认为，土库曼斯坦和卡塔尔已成为中国天然气消费的重要供应国。今后，俄罗斯对华天然气的出口量只能占到中国天然气进口量的约20%—25%和俄罗斯天然气出口量的15%—20%。由于中国天然气市场需求增长趋缓，“俄罗斯已不能仰仗中国日益增长的能源和原材料需求，最终也无法借助对华供应来弥补其出口收入的缩水”。[④]

同样，受内需不振和房地产市场低迷等诸多因素叠加效应影响，2015年，中国经济增速明显放缓，全年GDP增速下降至6.9%，较2014年下跌0.4个百分点。在新一轮全球金融危机背景下，中国进出口贸易额出现少有的“双降”局面。2015年，中国货物贸易进出口总值为24.59万亿元人民币，比上年下降7%。其中，出口14.14万亿元人民币，下降1.8%；进口10.45万亿元人民币，下降13.2%。煤炭、铜和钢材进口量则分别下降29.9%、0.3%和11.4%。外商投资企业和国有企业进出口贸易分别下降6.5%和12.1%。加工贸易进出口下降10.6%。除对美国和东盟出口保持增长外，中国对其他主要贸易伙伴的进出口贸易普遍下滑。

---

① 《2015年俄罗斯自非独联体国家进口同比下降36.4%》，商务部网站，2016年1月18日，http://www.mofcom_gov.cn/article/i/jyjl/e201601/20160101236590.shtml。

② 《俄海关统计2015年中俄贸易额下降28.1%》，商务部网站，2016年2月6日，http://www.youhuodu.com/article/i/jyjl/e/201602/20160201253568.shtml。

③ 《商务部：中俄经贸将迎来恢复性增长》，中国经济导报网，2016年2月10日，http://www.ceh.com.cn/cjpd/2015/10/871517.shtml。

④ Анастасия Башкатова. Замедление китайской промьщл-енности утрожает РФ//Независимая газета.26 Марта 2015 года.

（三）双方相互投资有所收缩

2015 年以来中国对俄罗斯直接投资（FDI）大幅下滑，上半年对俄 FDI 降至 20%，下半年降幅虽有所收窄，但截至 11 月对俄投资总体仍下降 15.2%。[①] 与此同时，一方面由于经济增速放缓、能源进口渠道进一步多源化，中国对天然气等能源需求的迫切性相对减弱；另一方面国际油价持续走低，中国能源企业在与俄方有关经“西线”管道对华供气价格的谈判中已无再让利空间，导致双方经该管线对华供气的最终合同一直未能签署。

2014 年底和 2015 年初卢布暴跌使俄罗斯一度对卢布兑换外币和汇款出境采取非公开“应急”资本管制措施，导致包括中企和华商在内的在俄罗斯外商所得卢布利润兑换美元汇回国内成为问题。由于从俄罗斯向外汇出订货款数额受限，导致涉俄贸易拖欠货款违约行为比例急剧增加，有关部门受理对俄贸易报损率大幅上升 78.6%。[②] 这使中国投资商特别是中小企业在俄罗斯扩大经营规模信心遭到重挫。加之俄罗斯国内人力成本上升、卢布贬值和市场需求低迷等因素，华商在俄经营规模大多有所收缩。俄罗斯专家调查显示，除劳动力价格居高不下、可获技术有限和基础设施不完善等降低中国投资者对俄罗斯兴趣外，执法不当（占受访者的 66%）、经济形势不稳定和投资者缺乏保障（占受访者的 58%）、腐败和地缘政治局势紧张（占受访者的 52%）等也是重要影响因素。而且，国际评级机构对俄罗斯的负面评级、在劳动配额方面的限制以及对在俄营商不利的思维定式也一定程度影响了中国投资者的积极性。2015 年 6 月俄罗斯有关部门对在俄境内 142 家（其中 31 家营业额超过 10 亿美元）中企调查显示，只有 21% 的公司愿意在 2016 年继续在俄投资，40% 的公司表示未来 5 年继续在俄发展。[③] 受卢布下跌和俄罗斯经济动荡影响，早前莫斯科市政府与中国公司达成的投资约 60 亿美元建设新地铁线路和周边房地产意向性项目受到波及。此外，俄罗斯不

---

① 《商务部发布会通报 2015 年 11 月份我国商务运行情况》，中央政府门户网站，2016 年 1 月 2 日，http://www.gov.cn/xinwen/2015-12/17/content_5025142.htm。

② 《中俄贸易上半年骤降 三成在俄中国商人回撤信号》，经济网，2016 年 2 月 10 日，http://www.ceweekly.cn/2015/0730/121745.shtml。

③ Татьяна Едовина. На те же барьеры-Китайские инвесторы не спешат в Росси//Газета "Коммерсантъ" №104 от 17.06.2015, стр. 8.

少人认为向中方开放某些高科技领域合作有"丧失主权的风险"，而恰恰"正是出于这种担忧，中国人从未被允许参与重要项目，这种情况已持续了几十年"。[①]

俄罗斯实业界对中国经济增长趋缓和需求下降的忧虑有所加深。在俄罗斯一些人看来，鉴于企业和银行无法靠中国来填补西方贷款的空缺，俄罗斯不应期待中国对其广泛投资。[②] 尤其是鉴于中国 GDP 增速每下降 1 个百分点，至少会拉降俄罗斯 GDP 增幅 0.7 个百分点，俄罗斯有专家早就敦促政府不应与中国经济捆绑得过紧，而需要寻找其他能源销售市场，这也一定程度地掣肘了俄罗斯决策层全速推进对华合作的决心。此外，"俄罗斯政府部门中的中国问题专家不多，……决策者不了解中国"，许多人"弄不清楚该如何与中国人在丝绸之路经济带框架内展开俄中经济对接"，也是影响两国扩大经贸合作的一个重要因素。俄罗斯是在最后一刻才决定加入亚洲基础设施投资银行的，因为"俄罗斯一直认为中国经济很快便会下滑，对北京取得的成就估计不足"。[③]

（四）国际大宗商品价格走低使中俄贸易额"自然缩水"

2015 年的国际油价同比下跌 43%—45%，其他大宗商品的价格平均降幅也超过 14%。2015 年底美国商品调查局大宗商品（CRB）价格指数滑至 380 点，比上年最高位降幅 24%，跌到 2008 年全球金融危机时水平。2015 年中国进口铁矿砂和原油 9.53 亿吨和 3.34 亿吨，分别增长 2.2% 和 8.8%，可价格却分别下降 11.6% 和 29.3%。[④] 在此背景下，虽然俄罗斯全年对华原油出口达到创纪录的 3762 万吨，同比增长 28%，可出口额却未升反降。同样，中国从二连浩特口岸进口木材同比增长 2.4%，其进口额却减少 3.1%。两国贸易中的低附加值商品的增量在大宗商品价格持续走低中不断缩水。俄罗斯总理梅德韦杰夫指出，2015

---

① Семен Михайлов,Алексей Топалов,Владимир Тодоров. Зачем бояться китайцев-Чем дешевые китакйские кредиты опасны для российской экономики.//Газету.Ru.18 октября 2014 года.

② Ольга Соловьева. Разворот РФ на Воссок за год так и не произошел-Китайские инвесторы ждут утлубления кризиса в России.//Независймая газета.10 Февраля 2016 года.

③ Андрей Иванов. Москва и Пекин смогли найти взаимо-понимание только в сФере геополитики.// Информационно-аналитический центр.28 декабря 2015 года.

④ 《海关总署新闻司发言人介绍 2015 年全年进出口情况》，中央政府门户网站，2016 年 1 月 13 日，http://www.gov.cn/xinwen/2016-01/13/content_5032553.htm。

年俄中贸易额下降主要是油价下跌所致。[①] 俄罗斯经济发展部长乌柳卡耶夫强调，俄中双边贸易额大幅下降“首先是与商品价格变化有关”，从实际数量来看，两国的商品贸易量是增长的。[②]

二、中俄关系继续保持良好发展势头

在通常情况下，如果国家间政治关系长期缺失经济基础的强有力支撑，必然会影响两国全方位合作深化。2015 年初以来，随着中俄贸易额的不断下降，不仅西方一些政客乘机再次唱衰中俄关系发展前景，俄罗斯国内对中国抱有成见的某些人士的陈词滥调也随之泛起，他们认为在中国市场需求放缓、经济发展进入新常态下深化对华金融经济和能源等领域的合作并非正确选择，对中国在俄罗斯一些银行正常的资金流动和调配也捕风捉影地大肆炒作。然而，中俄关系是建立在彼此高度政治互信基础之上的新型国家关系。面对复杂多变的内外形势，中俄两国互为依托，相扶相持，抱团取暖需求进一步上升，战略协作愈加默契。双方不失时机地共同发表关于深化全面战略协作伙伴关系的联合声明，推动双边关系取得新的重大进展。

（一）俄罗斯主流社会继续深化对华关系认识

“中国风”能扬俄罗斯“经济帆”，已逐渐成为俄罗斯主流社会共识。如今，俄罗斯国内主流社会普遍认为，在西方对俄罗斯实施制裁后，俄罗斯发展与欧美合作的多年期盼已经破灭。“中国几乎成了俄罗斯唯一具有全球体量的伙伴。当我们意识到取消制裁无望之时，也明白了与西方的冲突只会不断增长，与中国的关系因而具有了战略性质。”[③] 何况，中国不仅在经济规模上已成为世界第二大经济体，在冶金、机械制造、微电子、运输和能源机器制造等领域也已接近世界先进水平，俄罗斯完全可以利用中国技术和设备发展现代化建设。

---

① 《睦邻友好和相互尊重的典范——访俄罗斯总理梅德韦杰夫》，人民网，2016 年 1 月 20 日，http://world.people.com.cn/n1/2015/1214/c1002-27923303.html。

② Улюкаев:стабилизация на нефтяном рынке ожидается к концу I квартала.//РИА Новости.16 января 2016 года.

③ Андрей Иванов. Москва и Пекин смогли найти взаимо-понимание только в сФере геополитики.// Информационно-аналитический центр.28 Декабря 2015 года.

俄罗斯官方不断强调，中国不仅不是俄罗斯的威胁，而且还是其“可靠的伙伴”。俄罗斯外长拉夫罗夫在接受本国媒体联合采访时表示，迅速发展起来的中国绝不是俄罗斯的威胁，“我已感受到他们的合作意愿”。[①]俄罗斯第一副总理舒瓦洛夫称，“那些喜欢搬弄是非的人说俄中合作互补只是俄罗斯为中国经济发展提供原材料的鼓噪完全是居心叵测的阴谋”。[②]俄罗斯联邦移民局局长罗莫达诺夫斯基认为，俄罗斯不存在中国移民扩张问题，有关对中国在向俄罗斯人口扩张的传言纯粹是胡说、捏造和完全错误的，俄罗斯联邦境内的中国移民数量仅比德国移民多1万—2万人。俄罗斯驻华大使杰尼索夫更是表示，俄罗斯对外贝加尔边疆区可能出租耕地给中国公司一事并不担心，“没有任何理由怀疑中方有觊觎俄罗斯联邦领土的计划和意图”，而“只有那些不了解事情本质或是不想厘清真相、另有图谋的人才会发表中国会夺取俄罗斯土地之类的言论”，对这些鼓噪“无须理会”。[③]

与那些别有用心鼓噪“中国威胁论”的人相反，俄罗斯相当一部分精英对深化对华各领域合作的紧迫感不断上升。“基于思维惰性、无知和唯欧洲是从论等主观因素，导致俄罗斯已错失20年良机，未能从亚洲尤其是中国的第一波腾飞浪潮中分得一杯羹。”[④]这使得哈萨克斯坦、土库曼斯坦、海湾国家、澳大利亚和加拿大都成了俄罗斯在能源领域的竞争对手，俄罗斯不再是中国唯一重要能源合作伙伴。而且，俄罗斯与中国联合研发宽体客机和重型直升机等项目的高科技领域“合作窗口期也是有限的”。随着时间推移，中国在“上述领域的合作需求也会逐年下降”。[⑤]为此，“将‘西伯利亚车厢’挂到不断提速的中国快车上”已是俄罗斯在21世纪的当务之急。[⑥]尽管俄中贸易结构不尽如人意，可近年来俄罗斯

---

① Иитервью Министра иностранных дел Российской Федерации С.В.Лаврова в прямом эфире радиостанций"Спутник","Эхо Москвы","Говорит Москва"//Министерство иностранных дел Российской Федерации.Москва,22 апреля 2015 года.

② 《中俄携手打造世界经济发展中心——对话俄罗斯第一副总理舒瓦洛夫》，载《参考消息》2015年6月22日。

③ Жанна Манукян. Посол:поводов для беспокойства изза аренды земель в Забайкалье нет.//РИА Новости.27 июня 2015 года.

④ Сергей Караганов. Обещание Евразии-Поворот Китая на Западкрайне вытоден России//Российская газета. 26 Октября 2015 года.

⑤ Геворг Мирзаян. Москва интегрируется в китайский план.//Expert Online.9 Мая 2015 года.

⑥ Овчннников Великий нефтегазовый путь-О чем напоминает двутлавый орел?//Российская газета.6 Мая 2015 года.

高层和主流社会开始承认两国贸易结构单一问题的责任并不完全在中方，因为除了航空、核能和尖端军工等领域里的一些敏感技术外，俄罗斯几乎无法再提供任何能吸引中方投资者的有竞争力的高科技产品。

（二）战略互信和战略协作水平不断提升

2015 年习近平主席与普京总统在双边和多边场合正式会晤 5 次，双方就国际和地区热点及双边关系现状等问题不断交换意见、协调立场，规划中俄关系的未来走向。在中俄第 11 轮战略安全磋商期间，双方都强调反对外部势力介入他国政权更迭，反对依据个别国家国内法律标准实施单边制裁；呼吁摒弃冷战旧观念，共同倡导国际社会构建以合作共赢为核心的新型国际关系。在习近平主席年内首访俄罗斯期间，中俄签署《国际信息安全保障领域政府间合作协议》，相互承诺不向对方发起网络攻击，加强国际信息安全方面的合作及有关潜在风险和威胁数据的交换，共同应对网络安全威胁。中国始终反对欧美对俄罗斯单方面制裁。在西方普遍唱衰俄罗斯、国际三大评级机构连续下调俄罗斯主权信用评级和大批企业信用级别之时，中国大公国际资信评估有限公司给予俄罗斯最大企业俄罗斯天然气工业股份公司的本外币信用等级和俄罗斯天然气工业银行信用等级“AAA”和“A－”稳定的评级展望。俄罗斯对于中国的支持亦投桃报李。俄罗斯联邦安全局宣布常驻图瓦共和国的达赖驻俄罗斯代表洛桑格勒及其助理洛桑次仁为“不受欢迎的人”，限期离境并永远不准重回俄罗斯。普京总统强调，“达赖喇嘛不仅被视为宗教领袖，还被视为政治活动家，俄罗斯反对将宗教问题与政治牵扯在一起”。拉夫罗夫外长公开表示，达赖喇嘛若想访问俄罗斯就必须远离政治；[①] 南海、东海或其他海域的任何争端都“应当在没有外部势力干预前提下找到各方均满意的解决方案”。[②]

在西方普遍抵制俄罗斯举办纪念卫国战争胜利 70 周年阅兵和中国举办抗日战争暨世界反法西斯战争胜利 70 周年纪念活动背景下，两国最高领导人携三军仪仗队分别出席对方庆典活动，并重申坚决反对世界某些势力企图否认历史、篡

① 《达赖代表在俄活动遭强硬驱逐专家：巩固中俄关系》，中华网，2016 年 1 月 2 日，http://military.china.com/news/568/20151019/20584168.html。

② Лавров: учения с КНР не означают поддержку в ее территориальных спорах //РИА Новости.5 августа 2015 года.

改“二战”胜利成果，歪曲纽伦堡、远东国际军事法庭判决结果的言行，彰显中俄共同维护“二战”胜利成果不容践踏的坚定决心。两国还不失时机地签署《中华人民共和国与俄罗斯联邦关于丝绸之路经济带建设和欧亚经济联盟建设对接合作的联合声明》，俄方重申支持中方的丝绸之路经济带建设，中方继续支持俄方积极推进欧亚经济联盟框架内一体化进程。梅德韦杰夫总理在访华并出席中俄总理第二十次定期会晤前夕表示，俄中全面战略协作伙伴关系达到前所未有的高水平，两国是真正的睦邻友好和相互尊重的典范，“如果其他国家之间都能有像俄中这样的关系，那么全世界都可能因此受益”。①

（三）军事和高科技合作不断扩大

2015年初，中俄双方就在中国境内完成建造12322型“欧洲野牛”登陆气垫船合同达成协议。10月，俄方重申将按期向中方提供S–400“凯旋”防空导弹系统，中国成为俄罗斯允许出口这一最新式武器的首个国家。11月，双方正式签署对华出售24架苏–35多功能战机合同，中国又成为首个海外订购该款战机的买家。俄方还同意再向中国提供100台用于FC–1/JF–17“雷电”战机的克里莫夫RD–93涡扇发动机，并积极与中方就对华出售“伊斯坎德尔–M”和“龙卷风–G”多管火箭炮等战术导弹系统进行谈判。中俄联合军演更加贴近实战，5月和8月，两国海军在地中海海域和彼得大帝湾海域、克列尔卡沿岸及日本海空域先后举行代号“海上联合—2015（Ⅰ）”和“海上联合—2015（Ⅱ）”实兵联合演习，两军着重演练了在陆海空方面有效防空、反舰、反潜、反破坏的协同行动能力，双方首次实现火控雷达和声呐等“核心数据共享”，凸显中俄战略互信的高水平。双方在高科技领域的合作不断深入，中国商用飞机有限责任公司（COMAC）与俄罗斯联合飞机制造公司（UAC）达成宽体客机初步设计方案。中俄卫星导航重大战略合作项目委员会决定在中俄总理定期会晤委员会框架下建立卫星导航合作机制。在习主席访俄期间，中国航空工业集团公司与俄罗斯直升机公司签署联合生产先进的重型直升机合作框架协议。中国陕西省政府和中俄投资基金及俄罗斯联合航空制造集团公司签署关于向协助俄方向中国和东南亚

---

①《睦邻友好和相互尊重的典范——访俄罗斯总理梅德韦杰夫》，人民网，2016年1月20日，http://world.people.com.cn/n1/2015/1214/c1002–27923303.html。

推广和销售近100架苏霍伊SSJ-100客机协议。中俄双方还就在中国境内组装生产20架卡-32A11BC消防用直升机达成协议。中国国家发改委和中国铁路总公司与俄罗斯交通部和铁路公司签署莫斯科—喀山高铁建设合作备忘录。双方签署的科经贸项目合同累计已达近万亿美元规模。[①]

（四）金融、能源、基础设施、农业和人文合作取得新成果

金融合作不断扩大。俄罗斯首次向资本金低于50亿卢布的中资银行开放投资其战略公司的大门，莫斯科交易所正式开设人民币/卢布期货交易业务。中国国家开发银行与俄罗斯对外经济银行和俄罗斯对外贸易银行先后签署巨额贷款协议，向俄罗斯储蓄银行提供60亿元人民币信用额度。同时，俄罗斯银行开设人民币贷款业务，卢布现钞在绥芬河市流通试点正式实施。双方远程销售领域合作悄然兴起，阿里巴巴全球速卖通（AliExpress）在线交易平台成为俄罗斯客户购买中国商品的最大电子商务平台。2015年9月，中俄边境贸易首个跨境B2C电子商务支付平台正式开通。自2014年10月中俄两国央行签署规模为1500亿元人民币/8150亿卢布的双边本币互换协议后，2016年3月，中国央行再次表示，未来将根据需要继续启动与俄方的本币互换合作，这无疑对推动双方在金融领域的深度合作具有重要意义。

能源合作稳步推进。2015年6月，在中俄“东线”天然气管道中国段正式开工建设后，中石油与俄罗斯天然气工业股份公司签署俄方经“东线”管道对华输气项目谅解备忘录，中国石油化工集团与俄罗斯石油公司签署《共同开发鲁斯科耶油气田和尤鲁勃切诺—托霍姆油气田合作框架协议》和俄罗斯石油公司收购中国石油化工集团30%股份协议，中国石油化工集团与俄罗斯西布尔集团签署收购俄方部分股权协议。

跨境江桥项目建设取得新进展。2015年9月，在双方正式签署黑河—布拉戈维申斯克大桥及跨江索道项目建设和运营协议之时，两国的同江—下列宁斯阔耶跨江铁路大桥项目中方段钢梁架设完毕，主体工程接近尾声。12月，中国水电建设集团国际工程有限公司与俄罗斯联邦公路署就在雅库茨克市附近建设跨勒

① 《中俄携手打造世界经济发展中心——对话俄罗斯第一副总理舒瓦洛夫》，载《参考消息》2015年6月22日。

拿河大桥项目签署合作备忘录。

农业合作突飞猛进。2015 年前 7 个月，俄罗斯对华农产品出口额上升 33%。中国浙江华俄兴邦投资有限公司与外贝加尔边疆区政府签署开发一处约 11.5 万公顷荒地意向协议，用来种植粮食、牧草、养猪和发展其他农业设施建设等项目，租期 49 年。9 月，中国产业海外发展协会、中国国际经济合作投资公司、精功国际集团等与俄罗斯远东发展部共同注资成立"俄罗斯远东农工产业发展基金"，为扩大两国农业合作搭建投融资平台。12 月，两国签署有关俄罗斯对华出口小麦条件议定书。

人文交流日趋活跃。中国在俄留学人数已位居世界第二。2015 年前 9 个月，有 111.7 万中国公民前往俄罗斯，其中 58.3 万名为游客，占赴俄外国游客 10%，中国首次成为唯一赴俄游客数量增长的国家。中国游客仅在莫斯科的消费全年即约达 8 亿到 10 亿美元。[①] 在圣彼得堡举行的主题为"全媒体时代下如何做好国际传播"的首届中俄媒体论坛期间，双方签署包括联合拍摄电视剧等近 60 项合作协议。俄罗斯首部全画幅大型动画电影《冰雪女王》在华上映大获成功。中方拍摄的多集微电影《你好，中国》之《中国创客》在俄罗斯也受到广泛好评。中俄两国总理共同出席中俄青年友好交流年闭幕式暨中俄媒体交流年开幕式，并勉励两国青年和媒体朋友继续深入了解彼此的国情和文化，当好文化交流、民心沟通的桥梁，为两国社会提供更多高质量的公共产品，增进两国人民发自内心的真诚友谊，让中俄两国友谊薪火相传。

三、未来中俄贸易额增长机遇大于挑战

俄罗斯经济发展部第一副部长阿列克谢・利哈乔夫认为，俄中两国能以多快的速度恢复贸易和投资额的增长"在同等程度上取决于我们双方"。不仅俄中经济和监管当局，还有两国企业界，都急需新的合作手段和机制。[②] 基于全球经济和贸易大环境以及中俄各自经济发展的实际情况，两国在未来 5 年实现 2000 亿

① 《中国游客 2015 年在莫斯科消费约 10 亿美元》，俄罗斯卫星网，2016 年 2 月 5 日，http://sputniknews.cn/society/20160203/1017946534.html。

② Товарооборот России и Китая в 2015 году снизился на $ 20 миллиардов//РИА Новости.2 марта 2016 года.

美元的双边贸易额目标既有机遇，也面临巨大挑战。

一是中俄各自面临的经济下行压力未有明显缓解。对俄罗斯来说，在油价和卢布汇率仍不断下跌的情况下，其经济复苏的不确定性增加。2016 年俄罗斯政府预算是在每桶 50 美元油价基础上制定的，如果油价长期在此基准下徘徊，俄罗斯财政将入不敷出。加之欧美又相继做出延长对俄制裁决定，无疑使俄罗斯金融经济雪上加霜。对中国来说，受世界经济复苏乏力，国际贸易进入深度调整期，以及人民币升值等多种因素影响，在继续扩大进出口贸易上的压力依然较大。俄罗斯“分析信用评级公司”（ACRA）专家认为，中国经济增长放缓和欧洲经济的持续低迷“将使俄罗斯的出口加速缺乏先决条件”。[①] 鉴于未来世界经济复苏缓慢、油价低价徘徊的情势，俄罗斯经济发展部长乌柳卡耶夫已公开表示，2020 年俄中贸易额要达到 2000 亿美元的目标可能需要在时间上做出调整。[②]

二是解决两国贸易结构问题难以一蹴而就。普京强调，虽然改变经济结构单一是俄罗斯要务之一，可要想在短时间内改变它并不可能，这需要一个长期的、大量投资的过程。[③]2015 年，俄罗斯对华贸易结构仍未有明显变化，俄罗斯石油和石油产品仍占对华出口的 60% 以上，木材和有色金属分别约占 10% 和 7%，机械设备占比不足 1%。双方真正付诸实施的大项目合作不多，市场和中小企业的作用未能充分发挥。鉴于中俄贸易结构问题短期内难以根本改观的实际情况，中方早就强调两国双边贸易的“质”比“量”更为重要，即中俄贸易“在 2020 年前增加到 2000 亿美元是质量的指标，而不只是量的增加”。中方认为两国在航空、航天和其他高科技领域有提高贸易质量的前景。[④]

然而，我们也应该看到，中俄经贸合作面宽、互补性强、市场空间广阔的基本结构并没有改变，双边贸易额长期稳定增长仍具备坚实基础，中俄实现双方领导人提出的 2020 年贸易额目标仍有巨大的潜能和机遇。

---

① Веронцка Буклей. Куда мчится экономика России по прогнозу болышой рейтинтовой "тройки"//РИА Новости.22 декабря 2015.

② Улюкаев:стабилизация на нефтяном рынке ожкидается к концу Ⅰ квартала //РИА Новости.16 января 2016 года.

③ Владимир Пугин принял участие в пленарном заседании Форума действий Общероссийского народного фронта//Сайт Президента России.18 ноября 2014 года.

④ Игорь Калиновский. Переходим на юань//Expert Online.21 ноября 2014 года.

首先，两国领导人都有如期实现这一目标的坚定决心。俄罗斯总理梅德韦杰夫重申，2020年以前中俄双边贸易额达到2000亿美元的目标有望实现。[①]李克强总理也强调，尽管当前世界经济形势复杂，给中俄作为两个最大的新兴经济体带来新的挑战，但中俄双方都没有回避矛盾，中方对中俄未来合作前景充满信心，对务实合作签署的文件落实有信心。[②]鉴于2016年国际贸易形势依然严峻复杂，两国领导人已责成各自主管部门制定应对举措，积极寻找扩大两国贸易、提质增量的有效途径。为进一步落实两国元首关于深化双边合作达成的重要共识，中国商务部与俄罗斯经济发展部还签署了《关于促进双边贸易的谅解备忘录》，达成促进双边贸易和投资增长的15项举措，以确保中俄全面战略协作伙伴关系及各领域合作的持续稳定发展。

其次，两国仍有扩大贸易和相互投资的巨大潜能。尽管中国经济增速放缓，对全球经济增长的贡献率从约50%下降至25%，但中国仍是仅次于美国的全球第二大经济体，国内生产总值年增幅依然是西方经济体的2—3倍。未来5年，中国经济仅保持6.5%的年增幅就完全能够在节制投资、防止经济过热的情况下，确保到2020年完成国内生产总值比2010年翻一番的任务。[③]虽然中国经济出现下行，但市场运行、对外投资、外贸出口和吸引外资情况仍好于全球主要经济体和新兴市场国家。俄罗斯经济也有转好迹象。国际货币基金组织预计2016年新兴市场和发展中国家的经济增长环境有望改善，略好于2015年。[④]惠誉主权信用评级认为，俄罗斯经济2016年将恢复增长约0.5%，2017年会加快到1.5%。俄罗斯经济发展部预测2016年俄罗斯国内生产总值增长0.7%，年末通胀为6.4%，其经济将迎来小幅增长和通胀速度放缓。[⑤]为进一步促进两国贸易和投资增长，2016年初以来，俄罗斯国家杜马批准俄中避免双重征税和防止偷税漏税的政府间新协定，俄罗斯

---

① 《睦邻友好和相互尊重的典范——访俄罗斯总理梅德韦杰夫》，人民网，2016年1月20日，http://world.people.com.cn/n1/2015/1214/c1002-27923303.html。

② 《外媒：中俄总理重申携手应对新挑战》，参考消息网，2015年12月19日，http://www.cankaoxiaoxi.com/china/20151218/1030798.shtml。

③ Дмцтрй Косырев. Китаю надоело спасать мир//РИА Новости.10 марта 2016 года.

④ 《世界经济贸易形势》，商务部综合司网站，2015年11月28日，http://zhs.mofcom.gov.cn/article/Nocategory/201511/20151101156506.shtml。

⑤ Веронцка Буклей. Куда мчится экономика России по прогнозу большой рейтинговой"тройки"//РИА Новости. 22 декабря 2015 года.

央行批准在俄罗斯各银行可使用人民币资产补充注册资本，期待“今年就能看到一些来自中国的新银行进军俄罗斯市场”。[①]2016年3月，俄罗斯总理梅德韦杰夫批准的2016年国家反危机行动计划强调，为促进经济增长模式结构性转变，俄罗斯将进一步改善经商条件和监管环境，扶持中小企业、进口替代和非原料产品出口，实现经济多元化，使经济迈入可持续发展的轨道。[②]

最后，中俄经贸互补性强，具有扩大贸易与开展大项目合作的客观条件。中国是世界能源消费第一大国和全球第一出口大国，并有望成为全球第一进口大国，其不仅对能源和原材料具有刚性需求，而且还迫切希望引进高新技术。俄罗斯不单是资源大国，还是科技强国，其在航空航天等高科技领域处于世界领先地位。中俄两国具有扩大贸易额的良好条件。在未来25年，“俄罗斯与欧洲国家在天然气领域的合作将有可能减少”，中国对天然气的需求无疑“为俄罗斯打开通往这个有前途市场的大门”。[③]俄罗斯天然气工业股份公司副总裁亚历山大·梅德韦杰夫指出，尽管当前俄罗斯经济形势非常复杂，但该公司仍可在不举债及无中国方面参与的情况下，自行完成通往中国的天然气管道整个项目。[④]中俄“一园两地”合作项目也取得新进展。2016年2月，总投资20亿元人民币的中俄丝路创新园首个产业项目“中兴深蓝科技产业园”在陕西省西咸新区沣东新城正式开建。俄罗斯苏霍伊商用飞机和北斗导航等一批中俄重大项目将在此落户。俄方位于斯科尔科沃创新中心地区的产业园也在积极吸引诸如中兴等中国科技企业落地。[⑤]据俄罗斯相关调查显示，尽管俄罗斯深陷金融经济危机，一些中企开始谨慎安排对俄投资，但2016年初以来，多数在俄中企（57%）仍计划扩大在俄市场存在。[⑥]

---

① Альберm Кошкаров,Татьяна Алешкина. Российские банки смогут пополнять katпитал юанями.//РБК.9 марта 2016 года.

② Медведев подписал антиккризисный план-2016//Труд.ru.1 марта 2016 года.

③ Игорь Наумов. Сибирский утолъ обещает России светлое будущее//Независимая газета.22 апреля 2014 года.

④ 《俄媒：俄气将自掏腰包铺设通往中国天然气管道》，参考消息网，2016年2月18日，http://www.cankaoxiaoxi.com/finance/20160213/1072388.shtml。

⑤ 《中俄丝路创新园首个产业项目开建》，中国新闻网，2016年3月6日，http://www.chinanews.com/cj/2016/02-26/7775043。

⑥ Ольга Соловьева. Разворот РФ на Восток sa годтак и не произошел-Китайские инвесторы ждут утлубления кризиса в России.//Независимая газета.10 Февраля 2016 года.

由此可见，在中俄双方共同的不懈努力下，随着两国宏观经济和投资环境的不断改善，以及新贸易方式的实施，必将出现中俄贸易提质增量的新机遇，两国贸易额将逐渐恢复增长，最终如期实现两国领导人提出的贸易额目标。

中俄关系：在复杂形势下奋力前行[①]

2016年是中俄关系承上启下的重要年份。双方以庆祝《中俄睦邻友好合作条约》签署15周年和建立“战略协作伙伴关系”20周年为契机，携手应对来自于严峻而复杂的国际地缘环境和国内经济形势的诸多挑战，推动双边关系及各领域合作取得新的重大成果。

2016年，面对复杂多变的国际形势和各自经济持续下行的压力，两国相互扶持，密切协作，政治互信不断加深，战略协作更加默契，推动中俄全面战略协作伙伴关系高水平运行，各领域合作齐头并进。

两国面临复杂的国际环境和经济形势

美国仍把中俄视为其推行全球战略主要竞争对手和障碍，美国国防部副部长沃克妄称发展壮大的中俄“越发具有侵略性的行事”，导致世界大国新的对抗。奥巴马政府以应对朝鲜核威胁为由，加紧在韩国部署“萨德”反导系统，推动有关国家签署排斥中俄的《跨太平洋战略经济伙伴关系协定》和《跨大西洋贸易与投资伙伴关系协定》。美国频繁派航母战斗群、导弹驱逐和侦察机在中国南沙岛礁临近海域炫耀武力，并借所谓南海仲裁案向中国发难、伙同欧盟和日本等国拒不承认中国市场经济地位。特朗普当选总统后公然与台湾地区领导人蔡英文通电话，并通过推特（twitter）继续对中国在南海岛礁建设说三道四、无端指责中国操纵汇率，蓄意挑战中美关系底线。俄罗斯战略环境持续恶化，美欧对其制裁一延再延，欧洲盟军最高司令柯蒂斯·斯卡帕罗蒂公开号召盟军做好与“日益复兴的俄罗斯”作战准备。北约还在俄罗斯周边国家增派4000人的四个营兵力并高调举行应对“敌国”可能进犯的大规模军事演习。

---

① 该文载《当代世界》2017年第3期，第24—27页。

中俄都面临经济增长放缓的挑战。中国面临来自财政赤字、工业增速放缓和供给侧结构性改革任务等巨大压力。2016年前三季度，中国货物贸易进出口总值比2015年同期下降1.9%。10月，中国外汇储备降至3.121万亿美元，连续4个月缩水。前11个月，中国进出口总值同比下降1.2%。11月，在中国制造业采购经理指数PMI降至49%，环比回落1.4个百分点。同时，居民消费价格指数CPI和工业生产者出厂价格指数PPI均创新高，同比分别上涨2.3%和3.3%。俄罗斯前8个月外贸总额同比下降18.3%，贸易顺差同比下降45.4%，原油出口额同比下降27%。截至10月，俄罗斯GDP同比下降0.7%，政府和企业外债高达6000亿美元，到2019年底，其国家福利基金和储备基金或将全部用尽。为应对财政困局，俄罗斯不得不将国防开支削减5%以及对筹备2018年足球世界杯赛开支削减60亿卢布，并以出售俄罗斯石油公司19.5%的股份换得110亿美元资金。即使这样，2017年俄罗斯也要新增借款70亿美元。为此，世界银行认为，即便欧美对俄制裁结束，俄罗斯经济前景依旧暗淡。由于持续不利的外部环境，其经济复苏将是一个漫长又艰难的过程。

战略互信与协作水平不断提升

2016年，中俄元首继续发挥对双边关系的顶层设计和战略引领作用，双方举行多达五次密集会晤，有时仅间隔一日或连月举行会谈，这在两国关系史上实为少见。习近平主席多次提出，中俄应加大相互支持，推动两国发展战略对接和“一带一路”建设同欧亚经济联盟建设对接合作，密切双方在重大国际和地区事务中协调配合。两国要在涉及彼此核心利益和重大关切问题上相互政治支持，不断巩固和深化政治互信和战略互信。普京总统也一再强调，俄中关系已发展到“从未企及”的水平，以致简单称之为“战略协作”都不够。

中俄均将对方作为本国外交优先方向之一，把对方发展视为本国的发展机遇，坚定支持对方的核心利益，相互给力借力。中方反对西方在乌克兰危机中对俄罗斯的不断制裁，俄方在新任台湾地区领导人蔡英文发表就职演说前夕重申无论谁担任台湾地区领导人，俄罗斯都反对任何形式的“台独”，并支持中国不承认海牙国际法庭对所谓南海仲裁案判决的立场。俄方还较早与中方商讨建立大欧亚伙伴关系构想，中方则在第一时间对这一倡议表示支持和欢迎。同时，双方正式启动中国与欧亚经济联盟经贸合作协定谈判。

两国在国际和地区事务中密切协调，成功举行中共中央办公厅与俄罗斯总统办公厅对口合作磋商、中俄第十二轮战略安全磋商和第四次、第五次中俄东北亚安全磋商，双方就落实好两国元首达成的重要共识，加大在国际事务和朝鲜半岛以及东北亚安全等问题深入磋商。两国都反对《跨太平洋战略经济伙伴关系协定》《跨大西洋贸易与投资伙伴关系协定》和美国在韩国部署导弹系统，并在叙利亚危机问题上彼此策应。

俄罗斯朝野上下不断深化对华认识。俄罗斯前外长伊万诺夫认为，虽然俄中关系并非十分对称，可并没有催生强势伙伴将自身意愿强加于较弱一方的等级关系。相反，两国却在每一个具体事务中都能找到彼此接受的利益平衡点。[①] 俄罗斯精英也认为，中国共产党不仅是中华民族的脊梁，也是实现世界和平与繁荣的支柱。二十国集团杭州峰会成功举行，表明中国“能够使世界上意见不相同的国家坐到谈判桌前商讨大相径庭的经济调控方法，并最终找到共同的解决方法”。[②] 尽管中国也存在不足，可中国的创新产品数量堪与美国一较高下，其在超级计算机和生物科技等领域已位居世界领先地位，联想和华为等中国高科技品牌也全球闻名，打造科技强国前景可期。改革开放前经济只有俄罗斯几分之一的中国如何发展成世界第二大经济体的现象值得研究。

各领域合作稳步推进

传统和非传统安全合作不断深入。中俄公安内务部门边境地区联合会晤机制第一次会议和中俄执法安全合作机制第三次会议相继在北京举行。双方议会批准的两国联合“打击恐怖主义、分裂主义和极端主义的合作协定”，以及两国元首发表的“关于协作推进信息网络空间发展的联合声明”为双方加强反恐合作进一步奠定了法律基础。中俄两军联合训练和演习从象征意义的传统式演练向真练实备的“练为战”转变。中俄举行首次“空天安全 2016”首长司令部计算机模

---

① Игорь Иванов (президент Российского совета по международным делам (РСМД), министр иностранных дел РФ (1998-2004 гг.)),Россия-Китай: к новому качеству отношений//Российская газета.17.05.2016.

② 《专访：世界经济振兴寄望于二十国集团杭州峰会——访俄罗斯中国问题专家马斯洛夫》，中国财经网，2016 年 8 月 26 日，http://finance.china.com.cn/roll/20160825/3876574.shtml。

拟导弹防御联合演习，并在中国湛江以东海空域举行“海上联合—2016”例行军演，双方兵力全程融合编组并动用大量新式装备和信息技术，彰显两军的高度战略互信。

科技、经贸及金融合作稳步发展。双方签署关于落实联合研发、生产、销售新型远程宽体客机和民用重型直升机项目的政府间和企业间协议。截至2016年11月，中俄进出口贸易总值561.95亿美元，同比增长0.5%，中国成为俄罗斯第一大贸易伙伴。双方央行签署在俄罗斯建立人民币清算安排合作备忘录，中国国家开发银行与俄罗斯对外经济银行签署中方向俄方提供60亿元人民币信贷资金框架协议。双方在贸易中的人民币和卢布结算份额分别达到9%和3%。

能源、基础设施、农业和人文合作持续扩大。两国总理发表关于深化和平利用核能领域战略合作联合声明。中国化工集团公司与俄罗斯国家石油公司签订俄方自2016年8月1日至2017年7月31日向中方供应240万吨原油合同。截至2016年9月，俄罗斯原油在中国市场占有率连续4个月超沙特，成为中国最大原油供应国。两国铁路部门签署全面战略合作协议，中国开发银行向莫斯科—喀山高铁项目提供超过400亿元人民币全额贷款。“中俄媒体交流年”活动如火如荼。中国国务院副总理刘延东和俄罗斯副总理戈洛杰茨在莫斯科共同主持中俄人文合作委员会第十七次会议，并出席中共六大会址常设展览馆开馆揭幕仪式。中国社会科学院与俄罗斯国际事务委员会签署开展智库合作协议，加强双方在全球和地区性重大问题上的战略沟通。中文在俄罗斯中小学的普及程度已上升至继英语、德语、法语和西班牙语之后的第五位，俄方继续推行汉语国考试点工作。两国留学人员数量不断扩大，中方在俄罗斯留学人员达2.8万人，俄罗斯在中国留学生为1.6万人，双方教育领域的长短期交流人员多达7万余人。

深化两国关系与合作中面临的挑战

第一，俄罗斯国内仍有一些人对中方给予的支持感到“不给力”。这些人认为中方在俄罗斯受欧美制裁期间未能给予其所期待“那样的”政治和经济支持，并将中企为规避风险对在俄罗斯的业务进行调整视为中国政府政策所为。[①] 也有

---

① Александр Храмчихин. Китай-виртуальный союзник//Военное обозрение. 30 апреля 2016 года.

人称中国“没有从伙伴角度制定对俄罗斯政策”，未能给予俄方“最优惠的市场经济合作”待遇，其投资条件要么是换取所有权，要么是有目的资助有中国公司参与的联合企业，俄方无法用“通常方式”得到中国资金。[①]

第二，相互投资和扩大贸易的内生动力不足。俄罗斯对华关系中“上热下冷”现象并未完全消除。两国“高层签署的协议项目在随后的具体商业谈判中往往难产”。[②] 诸多一揽子框架文件或意向性协议“没有得到相关内容的充实或充实得很缓慢”。[③] 在第二届中俄中小企业实业论坛期间，双方企业代表普遍认为，两国有关部门的官僚主义是希望相互投资的中俄民营企业面临的最大困扰：中方认为俄方官员对中国企业天生没好感，包括对外来劳工俄语考试准入门槛的严厉、劳动移民政策给中企前往俄创业造成诸多障碍，而卢布汇率急剧波动、经济金融形势不稳都使中企的投资“格外小心”，甚至不得不“放弃了许多在俄罗斯的重点项目”。[④] 俄方则感叹在西方制裁和卢布严重贬值导致俄罗斯成为高风险投资国的情况下，俄罗斯企业从中方获得大量融资更加困难。当然，由于“俄罗斯游戏规则经常改变，投资环境却并未显著改善也影响了中方增加对俄罗斯的投资意愿”。[⑤]2016 年初以来，除中国工商银行俄罗斯子行之外，中国银行、建设银行和农业银行在俄罗斯的子行资产均大幅收缩。俄罗斯远东发展部收到的首批 166 份对其远东投资的申请中仅有 8 份来自中企，其余均为俄罗斯、日本、韩国、澳大利亚和新加坡等国企业。由于双方能源企业在经“西线”管道对华供气的诉求并不完全吻合，导致两国高层推动的这一项目合作陷入僵局。

第三，两国民众相互认知有限。俄罗斯前外长伊戈尔·伊万诺夫坦言，迄今，俄中两国社会仍旧对彼此知之甚少，相互了解依然是常常依据远非客观的西方信息来源。俄罗斯专家也称，虽然“俄中人民积累了大量日常交往的经验，可

---

① Александр Лосев.С помощью проекта «Пояса и пути» Китай выстраивает вокруг себя новый экономический порядок-Поднебесная предлагает модель «общемирового менеджмента»// Ведомости.18.01.2016.

② Василий Кашин.Больше, чем партнерство//Ведомости. 17 августа 2016 года.

③ Владимир Скосырев.Китай не собирается вытаскивать Россию из кризиса-Большинство документов, подписанных в Пекине-декларации о намерениях//Независимая газета.27.06.2016.

④ Ольга Соловьева.Разворот РФ на Восток за год так и не произошел-Китайские инвесторы ждут углубления кризиса в России//Независимая газета.10.02.2016.

⑤ Китаист-Александр Габуев. Младший брат или старшая сестра?//Ведомости.27 июня 2016 года.

这种交往很大程度上还是受到各种成见束缚。两国人民之间的文化鸿沟依然存在”，包括“靠近中国边境地区的俄罗斯居民仍没有消除对中国的恐惧和成见”，双方的相互理解程度“依旧不足以提升相互的合作效率”。①

结　语

2016年，中俄密切协作，推动两国关系持续稳定发展。然而，正如俄罗斯前外长伊万诺夫所说，“俄中关系水平越高，在未来发展道路上所面临的任务也越艰巨”。② 展望来年，虽然中俄关系的持续健康发展依然面临诸多挑战，特别是随着美国新当选的总统特朗普的上任，有可能使中美和俄美关系出现某些微妙变化，但基于同美国建立正常国家关系和加强中俄新型国家关系始终是两国并行不悖的对外方针，其中任何一方与美国关系的改善都不会动摇中俄相互借重的战略构架，且不说美国保守势力对中俄的历史性偏见难以改变。纵观中俄关系史和现实经验教训，如今，中俄互为战略依托的需求比以往任何时候都更加强烈，两国高层和主流社会对持续推进和深化中俄全面战略协作伙伴关系的决心比任何时候都更加坚定。两国元首在APEC第24次领导人非正式会议期间会晤时继续强调，双方将在新的一年里继续保持高层密切交往和在国际事务中紧密协调与配合的势头，相互支持，巩固政治和战略互信，加强两国发展战略对接和“一带一路”建设同欧亚经济联盟建设的对接合作，促进世界和平稳定。普京总统发表的年度国情咨文和新版《俄罗斯联邦对外政策构想》重申，在当今复杂形势下，俄中全面战略协作伙伴关系已成为确保全球和地区稳定的关键因素，俄方将一如既往地与中国发展各领域合作，共同应对新的威胁和挑战，构建平等和互信的全面战略协作伙伴关系。

---

① «Культурная пропасть между нашими народами сохраняется»-Иван Зуенко о «желтой угрозе» и китайских инвестициях на Дальнем Востоке//lenta.ru. 5 мая 2016 года.

② Игорь Иванов.Россия-Китай: к новому качеству отношений//Российская газета.17.05.2016.

中俄关系：充满强大的内生动力①

在中俄两国元首共同努力下，两国政治互信和战略协作水平不断提升，军事、经贸、科技、金融、能源和人文等领域合作连续取得丰硕成果。虽然两国关系中尚存一些不尽如人意的问题，美国新政府也试图“拉俄抑华”，但所有这些都不会影响中俄全面战略协作伙伴关系的稳健发展势头。发展互利合作关系是两国长期的战略选择，不会受外部因素干扰，俄罗斯国内对发展对华关系亦有普遍共识。中俄两国互利合作潜力巨大、前景广阔。

2017 年，中俄全面战略协作伙伴关系在高水平上行稳致远，政治互信和战略协作水平不断加强、各领域合作深入发展。尽管两国在战略协作和互利合作中仍存在一些“发展中”的问题，然而中俄关系始终保持稳健的发展势头。

一、政治互信和战略协作水平不断提升

中俄领导人在双边会晤时反复强调，无论国际形势如何变化，两国相互之间都将努力支持对方维护国家主权、安全和领土完整等核心利益。中俄已成为真正相互信赖的战略伙伴。

（一）元首互动频繁。2017 年，两国元首保持 5 次正式会晤和其他形式的紧密互动，及时就重大国际和地区问题“对表”、交换意见，为双边关系发展夯基领航。双方在二十国集团峰会前一天签署《中华人民共和国和俄罗斯联邦关于进一步深化全面战略协作伙伴关系的联合声明》《中华人民共和国和俄罗斯联邦关于当前世界形势和重大国际问题的联合声明》《中华人民共和国外交部和俄罗斯联邦外交部关于朝鲜半岛问题的联合声明》，进一步协调了两国在国际和地区事务中的立场，强调无论国际形势如何变化，两国都将恪守《中俄睦邻友好合作条约》，相互

---

① 该文载在《和平与发展》2018 年第 2 期，第 26—42 页。

视对方为外交优先伙伴。两国元首在亚太经合组织峰会期间会晤时重申，双方将始终把发展中俄全面战略协作伙伴关系作为各自对外政策的优先方向，保持高层密切交往、加大相互支持，加强在重大国际和地区问题上沟通协调，巩固业已建立的高度政治互信，携手推动两国关系迈上新的更高水平。两国元首在分别致俄中友协成立60周年庆祝大会的贺信中，高度评价俄中友协为增进两国人民相互了解和友谊所做出的积极贡献。在中共十九大闭幕和习近平再次当选为中共中央总书记后，普京总统第一时间打来电话祝贺，称这充分体现了中国人民对习近平领导的中国共产党的信任和支持，及习近平在中国共产党和人民中享有的崇高威望。习近平主席则感谢普京总统的祝贺并强调，俄罗斯是中国的全面战略协作伙伴，无论国际风云如何变幻，中方深化中俄关系的决心不会改变。

（二）战略磋商机制化。习近平主席和普京总统在致两国执政党对话机制第六次会议和第五届中俄政党论坛的贺信中均强调，两党的“对话会”和“论坛”是中俄全面战略协作伙伴关系的重要组成部分和两党机制化交往的重要平台。双方在中俄议会合作委员会第三次会议期间提出，两国的立法机构合作不仅要跟上双边关系发展节奏，更要为两国深入开展全方位合作创造良好的法律和政策环境。在中俄第十三轮战略安全磋商期间，双方提出要认清加强战略互信和战略协作、加大在涉及彼此核心利益问题上相互支持的重要性，不断丰富中俄全面战略协作伙伴关系内涵，维护好共同战略安全利益，为各自发展振兴营造更加安全稳定的外部环境。

（三）发展战略对接。俄方“2030经济安全战略”与中方包括“两个一百年”奋斗目标在内的国家发展战略十分契合。中方始终对欧亚经济联盟持积极支持立场，视其为共建“一带一路”重要战略伙伴，俄罗斯可在这一建设中发挥独特和不可替代的重要作用。俄方高度评价中方对大欧亚伙伴关系倡议的支持，将“丝绸之路经济带”建设和欧亚经济联盟建设对接视为优先任务之一。“统一俄罗斯”党总委员会副书记热列兹尼亚克认为，欧亚经济联盟与“一带一路”对接合作具有世界性意义，有望成为最成功的地区一体化工程之一。经过5轮谈判、3次工作组会议和2次部长级磋商，中国与欧亚经济联盟签署《关于实质性结束中国与欧亚经济联盟经贸合作协议谈判的联合声明》。

（四）美国因素未能干扰中俄关系。无论是特朗普总统试图采取“拉俄抑华”，还是“联华制俄”策略，中俄关系都没有受到任何影响。俄驻华大使杰尼索夫早就表示，虽然特朗普的竞选口号及其承诺正在逐步变为具体政策，但无论是对中国还是对俄罗斯而言，俄中关系都是政治方程式中的常数，俄中关系不会因美国政府更迭而发生变化。当特朗普改变对华强硬路线后，俄总统顾问格拉济耶夫公开表示，基于俄中关系是建立在务实且利益一致基础上，并不会出现“中美国”的情况。俄精英也普遍认为，“中国领导人与特朗普的会晤没有使俄中合作走样”。[①] 至于中美签署 2535 亿美元的意向性天价合作项目协议，不少俄罗斯专家认为，这并不会影响俄中高科技和能源等领域合作的广阔前景。中国外交部部长王毅更是坚称，当今中俄关系处于历史最好时期，两国互信达到历史最高水平，中方对中俄关系充满信心，绝不会因外部因素影响而动摇。

（五）俄罗斯不断深化对华认知。普京总统及其精英阶层公开赞誉中国是促进世界经济发展的引擎和“牵引船”。[②] 如今，在俄罗斯用“全球科技领军者”一词来形容中国已无人感到吃惊，中国不再是廉价日用品的代名词，其科技完全可与西方媲美。俄共领导人久加诺夫不无感慨地说，中国完成了堪比苏联时期斯大林工业化的宏伟现代化，其工业产值世界第一，正在成为全球主要金融、经济和工业中心。[③] 中国向世界展示了一个很有吸引力的国际秩序新模式，越来越多的国家开始加入中国航道。[④] 相比之下，俄 GDP 占世界的比重却下降至 2%。在此情况下，再说谁是兄长、谁是小弟已无意义。俄罗斯对与中国的平等合作模式感到满意。[⑤] 与 10 年前相比，现在俄罗斯人对华态度更趋友好。全俄社会舆论研究中心民调显示，将中国视为战略和经济伙伴的俄民众比例从 2005 年的 34% 上升至 50%；对于俄是否需以某种方式回应“中国部署导弹”的问题，有 24% 的受访者认为无须担忧。[⑥] 俄“社会舆论”基金会的数据显示，62% 的受访民众认为，

---

① Андрей Кириллов, Николай Селищев.Эксперты позитивно оценивают итоги XIX съезда КПК и его влияние на отношения РФ и Китая//ТАСС.Пекин, 16 ноября 2017 года.

② Эксперт: Китай планирует стать "буксиром" мировой экономики//РИА Новости.18.10.2017.

③ 《俄共领袖：中国将成为全球主要的金融和工业中心》，俄罗斯卫星通讯社，2017 年 10 月 24 日。

④ Юрий Зайнашев. «Россия для США-всего лишь одно из звеньев цепи хаоса»//Взгляд.10 апреля 2017.

⑤ Вячеслав Костиков. В какие карты играет Китай. Стоит ли России опасаться восточного соседа?// газета Еженедельник "Аргументы и Факты" № 42 18/10/2017.

⑥ 《民调显示半数俄罗斯人视中国为战略和经济伙伴》，参考消息网，2017 年 2 月 8 日，http://www.cankaoxiaoxi.com/world/20170208/1667996.shtml。

在俄罗斯的对外关系中俄中关系最好，中国对其友好度首超传统的“头号盟友”白俄罗斯，跃居俄罗斯最友好和亲近的国家榜首。

面对新一轮的“中国威胁论”泛起，俄精英纷纷批驳，这与欧美炮制的“俄罗斯威胁论”如出一辙，都是西方政客用来吓唬本国民众的舆论工具；正是这些别有用心的人不断向俄“灌输来自中国的威胁论调”，企图让俄中相斗，“可我们已不再相信”。[①] 所谓的俄罗斯可能沦为中国经济附庸的论调越来越没有市场。俄中经贸合作中心主席萨纳科耶夫指出，俄过去一直向欧洲出口石油和天然气、购买来自西方的大量商品，但无人提及俄对西方的依赖问题；而今，有人说俄经济面向中国将丧失主权，这显然是鼓噪“黄种人是威胁”的“挑唆行为”，中俄经济利益互补，即使在互利合作中出现某些竞争现象，其也是“正和博弈”。[②] 至于中方针对美国在韩国部署“萨德”反导系统的严峻情势，有可能在东北地区部署“东风 –41”洲际弹道导弹的传闻，俄总统新闻秘书佩斯科夫明确表示，俄方没有把中国某些发展武装力量的行动以及军事建设视作对俄的威胁。俄联邦委员会国际事务委员会主席科萨切夫称，俄中在安全领域的合作正处于前所未有的高度，对此没有任何理由感到顾虑；俄大部分国土都处于中国导弹无法攻击到的盲区。[③]

（六）战略协作更趋紧密。中俄一致呼吁国际社会努力构建开放型世界经济，克服全球经济增长难题，反对贸易保护主义。两国重申：联合国作为最具普遍性、代表性和权威性的政府间国际组织应继续在全球治理中发挥核心作用；支持对联合国及其安理会进行必要和合理改革；愿同国际社会一道致力于完善全球治理体系，维护国际战略平衡和稳定，共同应对恐怖主义等全球性威胁和挑战，推动地区热点问题的政治解决进程；认为某些国家以所谓导弹威胁为借口，单方面发展并在欧洲和亚太地区部署反导系统，严重损害包括中俄在内的域内国家战略安全利益，对国际和地区战略平衡与安全稳定带来消极影响；反对并呼吁有关各

---

① Artyom Lukin-Professor, Far Eastern Federal University, Vladivostok, Russia, "Western Strategists Need To Stop Pitting Russia Against China," *Huffpost*, 01/11/2017.

② Игорь Гашков. От хлеба до атомных технологий: что Россия экспортирует в Китай//РИА Новости.19 сентября 2017 года .

③ Китай решил добиться "большего уважения" ракетным способом-СМИ связали размещение комплекса с инаугурацией Трампа//Независимая газета.24.01.2017.

方在中俄《防止在外空放置武器、对外空物体使用或威胁使用武力条约》草案基础上尽快启动谈判进程，共同维护《不扩散核武器条约》作为国际核裁军和核不扩散体系基石的权威性和有效性；主张就打击生化恐怖袭击制定国际公约，对叙利亚使用化学武器展开独立全面调查；高度评价俄空天军应叙利亚合法政府要求，为恢复叙领土完整和国家主权开展的反恐行动；谴责美国在韩国部署“萨德”反导系统是对来自朝鲜方面可能威胁的“不相称”回应，令朝鲜半岛核问题复杂化，给亚太地区安全带来严重风险。

二、军事与安全合作更加深入

中俄传统和非传统安全领域合作深入发展，两军关系持续高位运行，军事互动与军技交流更趋紧密。

（一）共同举行反导形势吹风会。在日内瓦裁军谈判和联大第一委员会会议期间等多边场合，中俄两军就全球和地区反导形势先后联合举行3次吹风会，重申有关国家以牺牲他国安全为代价、谋求自身绝对安全来发展全球导弹防御系统必然恶化国际安全环境，严重威胁国际太空活动安全、破坏全球战略平衡与稳定，引发对抗甚至军备竞赛。双方还向联大提交了两国不首先在太空部署武器的决议草案，呼吁所有国家支持这一倡议。

（二）俄方履行对华军售合同。俄已向中方交付第三批5架苏-35S战机，中方飞行员前往莫斯科接受驾驶此类飞机培训。2018年，俄将向中方交付余下的飞机和地面设施及备用发动机等设备。本应2016年底向中方交付的首批S-400防空导弹系统已于2017年12月向中国起运。俄新社报道称，中俄同在一片天空下，双方必须尽可能地利用两国战机和反导系统的合力来抵御各种当代威胁；俄中不打算建立基于相互义务的传统军事联盟，但共同防卫空间比形式上的联盟更重要。

（三）加强网络安全合作。中俄立法机构在制定网络空间普遍行为规则方面积极开展合作，携手应对来自网络空间的威胁。两国共同声明，谴责一切形式的恐怖主义，呼吁国际社会摒弃双重标准，以形成政治合力，标本兼治，共同打击恐怖主义。双方表示，要进一步深化两国在信息通信技术方面的合作，防止恐怖分子利用相关技术对各自的网络进行攻击，共同探讨国际社会在该领域开展合作的形式及具体措施，制定打击利用信息通信技术从事恐怖主义的公约，为各国开展多边执法合作提供依据。

（四）举行海上联合军演。在《2017—2020年中俄军事领域合作发展“路线图”》框架下，两国海军在毗邻俄罗斯的波罗的海、日本海和鄂霍次克海举行两个阶段的“海上联合—2017”军演。这次军演开创了多个“首次”：两国海军首次在波罗的海水域举行军演；中方首次将海军作战力量投送至波罗的海并首次将最新型战舰–052D型导弹驱逐舰投入两军演习；俄方首次邀中国海军进入波罗的海和鄂霍次克海联合演习并与中方演练对“失事”潜艇救援，这也是俄方首次与外军演练此类科目，突显两军高度互信水平和深厚友谊。通过联合军演，进一步提高了两军战舰联合行动的组织和协调水平，并彰显了两国海军携手维护世界和平与地区稳定的坚定决心。12月，中俄两军在北京举行“空天安全—2017”第二次首长司令部联合反导计算机演习，大大提升了双方在联合反导方面的能力。中国武警部队与俄国民卫队在银川某训练基地完成“合作—2017”联合反恐演训，极大地增强了两支部队在本地区突发恐怖主义威胁时的联合应对和作战能力，达到了相互学习、交流反恐战法和实战经验、增进友谊和深化合作目的。

三、其他领域合作不断跟进

中俄两国在高科技、经贸、金融、能源、基础设施建设、毗邻地区和农业等领域的合作不断取得新进展。

（一）高科技领域两国正式启动AHL重型直升机项目及相关合同的签署筹备工作。中俄国际商用飞机有限责任公司（CRAIC）在上海挂牌成立，标志着双方的CR929远程宽体客机合作项目迈出实质性步伐。中国卫星导航系统委员会与俄国家航天公司签署包括建立卫星导航创新中心等内容的合作议定书。两国有关部门完成“北斗”与“格洛纳斯”导航系统的兼容性测试，并签署《中华人民共和国国家航天局与俄罗斯联邦国家航天集团公司2018—2022年航天合作大纲》，双方将在月球和深空、特殊材料、卫星系统、地球遥感、飞船碎片寻找等方面开展深度合作。

（二）经贸方面在习近平主席对俄国事访问期间，双方签署价值达100亿美元的近30份合作文件。两国投资合作委员会确定的73个优先投资项目中的17

个项目已在积极落实之中。[1] 中国已成为俄罗斯最大的投资来源国，“一带一路”项目框架内 34% 的投资流向俄罗斯。中俄经贸合作呈现稳中向好的发展态势，中国连续 7 年保持俄第一大贸易伙伴地位。2017 年前 9 个月，中国对俄投资同比增长 34%，全年两国贸易额上升至 840.71 亿美元，同比增长 20.8%。其中，中国对俄的出口额为 428.76 亿美元，同比增长 14.8%；进口额为 411.95 亿美元，同比增长 27.7%。[2] 俄罗斯专家坦言，中国在恢复俄经济方面发挥了足够重要的作用：俄中贸易和农产品对华出口的增加有助于俄罗斯对本国出口结构实现多元化；中国保持高速经济增长也对其保持原材料的理想价位提供支撑。两国跨境电商合作快速发展，并成为双边经贸合作新亮点。“全球速卖通”成为最受俄罗斯人欢迎的电商之一，也是俄最大的外国电商平台，用户超过 2220 万人。继两国开通从郑州、哈尔滨分别到新西伯利亚的定期邮政航班以来，哈尔滨至叶卡捷琳堡的定期邮政航班也将正式开通。双方还计划开启中国通往雅库茨克、阿纳德尔、彼得罗巴甫洛夫斯克的定期邮政航班。

（三）金融领域俄联邦中央银行正式在北京开设代表处，突显两国金融关系的紧密程度。中国国家开发银行与俄罗斯直接投资基金签署建立以人民币结算的联合投资基金（总额 680 亿元人民币）协议，并与俄对外经济银行签署投资期限 15 年、总额为 8.5 亿美元的合作框架协议。中国银联国际公司进一步扩大了与俄罗斯国家支付卡公司（NSPK）和俄罗斯商业银行在俄境内的发卡业务合作。迄今，俄 10 家金融机构已发行了 50 余万张银联卡，有超过 30 万家商户和 4 万多台 ATM 可使用银联卡。此外，中国进出口银行与俄罗斯对外经济银行签署向后者提供 30 亿美元额度（人民币贷款）的框架性贷款协议，旨在对俄高科技、知识密集型和创新产业及基础设施项目融资。双方表示，将继续拓展两国银行间、支付系统和支付服务及保险领域合作，同意在遵守现有监管框架和世界贸易组织义务基础上促进双方金融机构和金融服务网络化布局与金融市场的整合。

（四）能源方面中俄石油贸易不断扩大。2017 年前 8 个月，俄对华原油供应增长超过 38.5%。在西方制裁导致俄大型能源企业资金链被切断的情况下，俄罗

① Китай решил добиться "большего уважения" ракетным способом-СМИ связали размещение комплекса с инаугурацией Трампа//Независимая газета.24.01.2017.

② 《海关数据：2017 年中俄贸易额达 840 亿美元，同比增长 20.8%》，中俄资讯网，2018 年 1 月 12 日，http://www.chinaru.info/zhongejmyw/zhongemaoyi/51520.shtml。

斯石油公司加大了从中方寻找融资渠道的力度，并获得了可“替代支持”，成功完成向北京燃气集团有限公司出售总额为11亿美元的所属上乔纳斯科石油天然气公司20%的股权交易。中俄企业咨询委员会第三次会议敲定中国—欧亚经济合作基金与阿拉伯投资者联合收购俄罗斯陆上石油钻探公司“欧亚钻井”的股份。中国石油天然气集团公司与俄罗斯天然气工业股份公司签署对华东线供气补充协议，从2019年12月起，俄方通过“西伯利亚力量—1号”（东线）天然气管道对华供气。中国石油天然气集团公司和中国国家开发银行与俄天然气生产商诺瓦泰克公司分别签署战略合作协议和谅解备忘录，就实施北极液化天然气二号项目、在中国境内和第三国开展LNG和天然气销售方面加强合作。12月，中俄亚马尔项目首条液化天然气生产线正式投产，中方每年将获得400万吨液化天然气。同时，中俄原油管道二期——“斯科沃罗季诺—漠河—大庆”管线全线贯通，从2018年1月1日起，俄对华年输油能力从此前的1650万吨增至3000万吨。随着在建的东线天然气管道于2019年投入使用，俄罗斯对华天然气的供应规模也将大幅增加。

（五）基础设施建设中俄“莫斯科—喀山”高铁项目被列入两国经济发展长期规划，并将于2023年投入运营。中国东莞至俄罗斯沃尔西诺的铁路线投入运行，不仅使经该路线运输货物的用时比海路缩短三分之二，其运费也比空运便宜一半。中国中车与俄锡纳拉集团就在俄建立高铁列车生产联合企业达成一致，以实现高铁列车设备的本地化生产。中国诚通集团与俄罗斯天然气工业银行签署关于建立规模达10亿美元的联合投资基金相互谅解备忘录，旨在投资两国基础设施等联合项目。两国还决定合作开发北极地区的交通基础设施、矿产和旅游等资源。针对跨境桥梁项目俄方一侧进展缓慢情况，俄方多次表示，将力争在2018年建成下列宁斯阔耶—同江和布拉戈维申斯克—黑河铁路桥。两国总理在定期会晤期间商定，双方将继续推动两国的交通运输、跨境基础设施、物流及其他重点领域的项目合作；推动同江—下列宁斯阔耶铁路桥、黑河—布拉戈维申斯克公路桥和黑河—布拉戈维申斯克跨江索道项目按期完工，加紧商谈并尽快签署建设东宁—波尔塔夫卡公路桥的政府间协定。继中国建筑工程总公司承建的中共“六大”会址常设展览馆项目荣获莫斯科古建筑修复比赛“最佳施工组织奖”和“最佳项目奖”后，该项目又获得俄方授予的“文化遗产修复及现代化使用”特别大奖。同时，由中国建筑工程总公司承建的“莫斯科中国贸易中心”凭借其优质的水准又使“中国标准”首次获得俄罗斯建筑管理行业的认可，彰显“中国速度”和“中国建筑品牌”的魅力，成为中企在俄罗斯一个标志性工程。在涵盖工业与民用建筑200多家公司的1000多个项目评比中，该工程荣获莫斯科市建筑行业质量最高奖——“2017年度莫斯科市优质工程奖”第一名。

（六）毗邻地区和农业方面中方在俄远东跨越式发展区和5个自由港内实施的23个项目稳步进行。仅2017年上半年，中国与远东地区的贸易额即增长33.6%，达到36亿美元，成为俄远东地区第一大贸易伙伴。[①] 截至2017年底，中国投资占远东地区总投资额的7%和外国投资总额的86%以上，涵盖林业、农业、建材、轻工、能矿和商贸等诸多领域。[②] 两国有关部门还商定扩大俄对华小麦出口。中国国家质量监督检验检疫总局分别与俄农业部签署关于俄联邦产小麦、葵花子、亚麻籽和燕麦对华出口植物检疫要求议定书，与俄联邦动植物卫生监督局签署阿穆尔州和车里雅宾斯克州对华出口小麦、荞麦、燕麦、葵花子和亚麻籽的资格议定书，使俄方具备对华出口粮食作物资质的联邦主体增加至6个。

（七）人文领域双方积极落实两国文化部2017—2019年“合作计划开局年”和中俄“媒体交流年”收官年举行的各项活动，以增进两国民众的相知相亲、巩固两国全面战略协作伙伴关系的社会和民意基础。在习近平主席访俄期间，双方签署了18份有关媒体领域的合作文件。两国总理在定期会晤期间决定，将共同支持扩大两国在广播、电影、电视、平面媒体、媒体产业和新媒体等领域的交流合作。学习对方语言的人数有增无减。中方在俄罗斯就读的大学生约有2.6万，俄方在华学习的大学生约为1.7万。中国有130所高校教授俄语，俄罗斯有200余所院校开设汉语课程。中文考试已覆盖俄罗斯所有设置汉语课程的中学，并成为其国考第五外语。相当一部分学校都将中文作为学生的基本必读科目，并将考试分数计入总成绩。2020年，汉语将正式纳入俄罗斯国家统考体系。旅游合作快速发展。俄方以“十月革命”100周年为契机，不断增加旅游线路和产品。2017年前9个月，仅免签证去俄罗斯的中国游客即增长24%，接近100万人次，

---

① Ольга Самофалова. Дружба с Китаем способна дать России большую прибыль//Взгляд .3 июля 2017 года.

② Анатолий Комраков. Госбюджет почти не получает отчислений от китайского бизнеса в РФ-К инвестициям из Поднебесной необходимо подходить с особой осторожностью//Независимая газета.12.04.2017.

位列外国人来俄旅游人数首位。中国游客每年在俄消费约为22亿美元。[①] 为吸引更多中国游客，俄方决定进一步放宽对中国公民的免签旅游规定，由先前最少5人组团降至3人，停留时间从14天延至21天。同时，中国也成为俄罗斯人第六大旅游目的国。两国总理商定，双方将继续积极协作，优化相关文件办理程序、简化旅行手续，为对方游客在本国停留创造更加舒适的环境。

四、存在的问题

尽管中俄各领域合作不断扩大和深入发展，但两国全面战略协作伙伴关系仍存在一些需要不断加强和完善的方面。

一是战略互信仍需加强。尽管中俄高层的战略互信水平毋庸置疑，但俄罗斯仍有相当一部分精英人士对华持有偏见，他们借助西方资助研究所谓的“中国威胁”议题，以恫吓本国民众。[②] 有人甚至指责俄政府部门制定的吸引中国游客签证方面的“优待”政策。虽然特朗普执政前后不断变换的对外政策未能影响中俄关系，可无论在中国，还是在俄罗斯，围绕特朗普政府对中俄政策调整或使两国分别陷入“中美俄大三角”的被动境地、抑或边缘化的议论仍不绝于耳。特别是中美签署天价商业合作大单后，俄不少精英担心，这有可能影响俄中联合研发大型客机的积极性，干扰俄对华出口天然气、粮食和肉类等出口的谈判进程。

二是两国企业相互扩大投资信心不足。虽然两国政府做出种种努力，可双方中低级别人员交往仍未达到令人满意的程度。“两国中小企业间联系不多，相互缺乏长远目标，甚至不清楚10年后彼此关系会如何。”[③] 尽管俄方在放宽市场准入条件方面采取了不少措施，但基于美国市场的重要性，中国投资者仍不愿对俄做长线投资，因为“美国和欧洲的游戏规则更明白易懂，发展中国家市场利润更多”；“俄罗斯的商业文化在美国、欧洲、亚洲和拉美映衬下‘过于独特’，中国

---

① Анастасия Башкатова.Китайцы захватывают Байкал-Туристическая отрасль принесла экономике России неожиданные проблемы//Независимая газета. 10.01.2018.

② Виктор Мараховский. Что нужно знать о "китайской угрозе" и как от нее избавиться//РИА Новости. 23.05.2017.

③ Костантин Волков. Мыслить постзападно-Россия и Китай искали площадки для диалога//Российская газета.04.04.2017.

人很难适应”。[①] 此外，俄罗斯结构性改革滞后，其经济企稳回升仍存在诸多不确定因素，使得中国的银行觉得其市场风险依然很大，并不急于向俄基础设施投资，也大大削减了对其他项目的融资和贷款规模。“几年前中国人还能自由地（对俄）投资，但如今中国的银行却开始十分认真地追逐多快能获得投资收益。”[②] 在此情况下，中国对俄直接投资不仅比不上对很多非洲和拉美国家，甚至还不如对哈萨克斯坦的投入。俄方统计，近年来中国对俄实际直接投资不足 20 亿美元，其余约 80 亿美元是需偿还的贷款。同样，随着中国企业债务的激增，2017 年中方 7 家大公司违约；中国大幅削减对外投资规模，1—9 月，中国非金融类对外直接投资同比骤降 41.9%，只有 780.3 亿美元。这影响了俄企业扩大对华经贸合作的信心。他们中不少人抱怨，“在西方制裁下，不要再指望中国能收购俄罗斯的大工厂或振兴俄经济”。[③] 由于中国已掌握天然气水合物（Gas Hydrate）开采技术，再将铺设对华天然气输气管道作为推动远东和西伯利亚工业化进程的决定已非长远之计。“失望或迫使俄企业和政府部门重蹈覆辙：它们没有耐性去对中国进行分析和起草与东邻合作的长期战略。”[④]

三是双方合作项目落实不够。虽然中俄达成的合作项目不少，但“大多停留在口头上，没有实际动作”。[⑤] 由于欧亚经济联盟内部和俄一些机构行动不协调，以至于这些部门仅在遴选用于吸引中国投资具体项目上即花费近两年时间，导致建立欧亚经济联盟—中国自贸区事宜仍处于讨论阶段。作为两国标志性的大型合作项目，“莫斯科—喀山”高铁正是因投资条件和回报率问题，停滞一年。有俄学者指出，俄中衔接的“对口部委更热衷于行为艺术，而非致力于地区综合发展——这些部门把资金都投到了各自孤立、与解决地区问题关系不大的项目上。符拉迪沃斯托克俄罗斯岛建桥一事表明，划拨的投资最终并没有被充分用在解决

---

① Михаил Коростиков. Китайские инвестиции приноравливаются к российской специфике-На привыкание китайцев к бизнес-культуре РФ отвели 10-15 лет//Газета "Коммерсантъ" №95 от 31.05.2017, стр.8.

② Анатолий Комраков. Китай продолжит вкладываться в российское сырье-РФ ответит "Катюшей" и "Смешариками"//Независимая газета.05.07.2017.

③ Александр Габуев.Как сохранить внимание на Китае-Китаист Александр Габуев о сложности дипломатии без крупных проектов//Газета Ведомости. 05 июля 2017 года.

④ Вита Спивак.«Высокие ожидания сменились разочарованием»-Вита Спивак о том, почему дружба с Китаем никак не начнет приносить выгоду//Газета.Ru. 03.07.2017.

⑤ Ольга Самофалова. Дружба с Китаем способна дать России большую прибыль//Взгляд.3 июля 2017.

基础设施等总体性地区问题上”。[①] 直到习近平主席对俄进行国事访问时，双方还在讨论一直停留在纸面上的有关在远东“跨越式发展区”的五六个政府和部门间的合作项目协议，其中包括符拉迪沃斯托克自由港和在俄罗斯中部投资的几个项目。[②] 有鉴于两国间凡是可凭政治意愿促成的大订单均已签完，余下的大合同要么现有的经济条件不允许，要么还需多年努力才能达成，中俄间大型合作项目将告一段落。在现有的天然气价格条件下，西线的“阿尔泰”输气管道不会很快动工，“莫斯科—喀山”项目谈判未能取得进展。[③] 尽管俄方已拟好欧亚高铁的初步可行性研究方案并提交给交通部，但负责“莫斯科—喀山”高铁项目的俄罗斯铁路公司第一副总裁亚历山大·米沙林却对外表示，由于中方为该项目提供的贷款利率有些高，“俄铁”无法接受中国国家开发银行提供的贷款。[④] 由于西门子公司、德意志银行、德国铁路公司等大公司组成的德国财团也有意注资 35 亿欧元角逐这一项目，最终结果将取决于中方在签署政府间协议后会做出什么样决定。[⑤]

四是俄方认为开展对华合作的“收益”不如中方。俄罗斯科学院远东研究所高级研究员瓦西里·卡申认为，“在俄美关系受挫的背景下，中国占据着有利地位并试图从中获取最大利益”。[⑥] 有学者称，“由于不愿因过于积极支持俄罗斯而导致与美国规模可观的经济往来面临风险，尽管中国没有与西方一起参与制裁，但也未与俄一起跟美国对着干”。[⑦] 俄罗斯《独立报》经济部副主任阿纳斯塔西娅·巴什卡托娃质疑，两国的研制宽体客机项目也向中方倾斜，无论是设计生

---

① Что мешает развороту России на Восток-В Москве отсутствует систематический и планомерный характер решения проблем Сибири и Дальневосточного региона//Независимая газета.02.06.2017.

② Алексей Грязев, Екатерина Суслова. Москва и Пекин сверят часы//Газета.Ru.02.07.2017.

③ Александр Габуев.Как сохранить внимание на Китае-Китаист Александр Габуев о сложности дипломатии без крупных проектов//Газета Ведомости. 05 июля 2017 года.

④ 造价 7.84 万亿卢布的莫斯科—喀山高铁线路是连接柏林与乌鲁木齐的欧亚高铁项目的一部分。中方对欧亚高铁的年客运量评估是 5800 万人次，比俄铁的数据高 40%，年货运量也高 20%。2016 年 5 月，中国打算向项目第一路段（莫斯科至下诺夫哥罗德）提供 520 亿卢布（100 卢布约合 11.4 元人民币）的股权融资，向第二路段（下诺夫哥罗德至喀山）提供 10 亿美元的股权融资，同时提供 4000 亿卢布贷款，期限 20 年，年利率 4%，但俄方请求中方增加贷款数额，并降低贷款利率。

⑤ Китайские скорости оказались дороговаты-ОАО РЖД не принимает условия кредита China Development Bank на ВСМ Москва-Казань//Газета "Коммерсантъ"10.10.2017.

⑥ Василий Кашин. Иллюзия успеха-Итоги визита Трампа в Китай вовсе не так блестящи, как может показаться//Газета Известия. 13 ноября 2017 года.

⑦ Владимир Скосырев. Си Цзиньпин опасается дружбы Путина с Трампом-Пекин не желает оказаться слабой стороной в тихоокеанском треугольнике//Независимая газета.23.01.2017.

产、销售还是服务的主角都是中国，“由于中国只有组装经验，其无疑会通过合资企业获得接触俄罗斯核心技术和工艺的机会”，“俄罗斯以提供高科技方式加入对华合资项目会冒着拿不到经济和政治利益、承受大量损失的风险”，因此“不排除俄也采取同样做法，如果想要俄飞机制造业现在就有所起色的话”。① 不少俄罗斯学者对于中俄经贸合作发展的远景表示悲观。他们认为：“由于中国运往欧洲的货物大多走海路，经陆路的仅占总货运量的5%—6%，加之俄境内道路基础设施陈旧、沿途多有‘狭窄路段’、运力低、费用高、时速慢，又被本国货物所挤满，其西伯利亚大铁路也不被看好，不排除未来几年俄罗斯有被挤出‘一带一路’项目的可能性”；②“中国投资也是面向自己需要的领域，而且还是通过本国银行进行的”；③“俄罗斯得不到任何个人所得税、增值税和利润税，以至于中国投资对俄经济产生的效益微不足道”；④ 虽然远东地区的运输物流系统得到改善，经济和工作岗位出现暂时增长，但却没有解决当地的根本问题，“远东扮演的角色仍主要是运输中国商品和为运往中国的原料进行开采和初步加工的地区”。⑤ 莫斯科卡内基中心“亚太地区的俄罗斯”项目负责人亚历山大·加布耶夫警告，“在无望再从中国轻易赚到钱的情况下，就存在俄罗斯管理层会把重心从亚洲方向移开的风险”。⑥

总之，尽管中俄在互利合作中存在一些需要进一步加强和完善的问题，但这些并不会影响两国全面战略协作伙伴关系的迅猛发展势头。发展互利合作的关系是两国长期的战略选择，不会因国际形势变化而受影响。习近平主席反复强调，

---

① Анастасия Башкатова.Российская авиация станет китайской-Шанхай скажет свое веское слово в производстве авиалайнера нового поколения//Независимая газета.23.05.2017.

② Рустем Фаляхов. «Шелковый путь»: Китай объедет Россию по кривой-Почему Россия не вписывается в китайский проект «Нового шелкового пути»// Газета.Ру.08.08.2017.

③ Вита Спивак.«Высокие ожидания сменились разочарованием»-Вита Спивак о том, почему дружба с Китаем никак не начнет приносить выгоду//Газета.Ru. 03.07.2017.

④ Анатолий Комраков.Госбюджет почти не получает отчислений от китайского бизнеса в РФ-К инвестициям из Поднебесной необходимо подходить с особой осторожностью//Независимая газета.12.04.2017.

⑤ Михаил Кувырко.Рост торговли с Китаем бросает вызов экономике России//Взгляд.23 апреля 2017 года.

⑥ Александр Габуев.Как сохранить внимание на Китае-Китаист Александр Габуев о сложности дипломатии без крупных проектов//Газета Ведомости. 05 июля 2017 г.

中国发展和深化中俄关系的明确目标和坚定决心不会改变。[①] 普京总统也一再表示，俄罗斯在发展对华关系上“具有全国性共识”，与谁当总统没有关系；无论2018年俄总统选举结果如何，其对华关系都不会有任何变化，在可预见的未来，俄中都将是长期的战略伙伴。[②]2017年末，两国元首和总理在互致新年贺电中均表达了要加强相互政治和战略互信、不断深化中俄全面战略协作伙伴关系，推动两国全方位合作取得新成果的意愿。针对中俄经贸合作中出现的问题，两国主管部门已在采取措施，积极创建新的合作模式和增长点，并在新建的查找和消除经贸及投资壁垒方面联合协作机制下，查找出各自企业在对方国家遇到的十余项壁垒和不合理限制问题。更重要的是，两国经济已企稳向好：俄经济呈现明显复苏和增长势头，通胀降至2.5%的历史最低水平，GDP实现1.4%的增长，吸引外国直接投资是上年的2倍，多达230亿美元。[③]2018年，俄经济有望达到1.9%的增长。随着中国国企债务危机的缓解，甚至开始转亏为盈，国际机构纷纷修改对中国经济增长预期，2017年中国经济实际增长6.9%，大大好于预期，外汇储备重新增至3.12万亿美元。这无疑表明中俄关系的发展具有强大的内生动力和发展潜力。

---

① 《习近平会见俄罗斯总理梅德韦杰夫》，新华网，2017年11月1日，http://news.xinhuanet.com/politics/2017-11/01/c_1121891929.htm。

② Дмитрий Смирнов.Большие пресс-конференции Владимира Путина (2001-2017 гг.): От войны в Чечне до маткапитала-что с нами было и что стало//Комсомольская правда.14 декабря 2017 года.

③ Дмитрий Смирнов.Большие пресс-конференции Владимира Путина (2001-2017 гг.): От войны в Чечне до маткапитала-что с нами было и что стало//Комсомольская правда.14 декабря 2017 года.

中俄关系：新时代、新挑战、新发展[①]

在大国关系深入调整、世界格局深刻演变、新时代中国外交面临诸多新的挑战背景下，2018年，美国少有地同时将中俄作为两个竞争对手和潜在威胁来集中打压。特朗普政府在加大对中国战略遏制、断然挑起对华贸易战同时，又对中国军方高官及相关机构进行制裁。与此同时，美欧等西方国家以涉嫌“斯克里帕尔毒剂案”为由，大规模驱逐俄罗斯外交官并一再追加对俄罗斯的新制裁。面对急剧变化的国际和国内经济形势，中俄相依相助，不断深化全面战略协作伙伴关系。虽然中俄关系依然存在一些尚需解决、完善的问题，但难以阻挡中俄关系持续稳定发展的大势。

2018年是中俄关系发展史上具有特殊意义的一年。两国都顺利完成重要国内政治议程，开启了中俄关系发展的新时代。在国际局势复杂多变、地缘政治环境和国内经济形势等多重风险交织上升背景下，中俄“抱团取暖”的战略需求更加迫切，两国相扶相助、政治互信和战略协作水平不断提升，在国际和地区事务中的协调与配合更趋紧密，双边关系和务实合作不断取得新的重大突破性进展，两国友好的民意基础不断加深。

一、中俄战略环境和经济压力骤然加剧

2018年初以来，美国政府在一系列战略安全报告中和公开场合少有地集中渲染中俄对美国已构成现实威胁和战略竞争，不断加大对两国的全方位战略遏制。由前民主党和共和党高级官员组成的国防战略委员会提交的国防战略报告发出警告，鉴于俄中不断加强自身军事实力的情势，美军可能遭受无法接受的高伤亡，“或许难以赢得甚至可能输掉与中国或俄罗斯的战争”。[②] 为此，特朗普政府

---

① 该文载在《俄罗斯中亚东欧研究》2019年第2期，第96—109页。

② Ryan Browne,"Experts warn US at risk of losing war with Russia or China,"*CNN Politics*,November 15, 2018.

连续在中国南海和台湾海峡制造事端、单方面对华发起贸易战并极力围攻和排挤华为公司；同时，美国又伙同盟友对俄罗斯实施全方位战略围堵，轮番对俄罗斯实施政治和经济制裁。因此，中俄战略环境和经济形势的不确定性急剧上升。

（一）中俄同时面临西方战略围堵

2018 年美国同时战略打压中俄的频次明显增多。美国国防部部长马蒂斯宣称美国国家安全的主要关注点不再是恐怖主义，而是大国竞争，即中俄等强国对美国构成的主要挑战[①]。美国国防部的核态势评估报告对 2010 年奥巴马政府的评估报告做了修正，将俄罗斯、中国和朝鲜一并列为主要核威胁国家。为此，美国计划在未来几年将驻非洲的驻军削减约 10%，以应对中俄的威胁。

1. 美国加大对华战略遏制攻势。一是将中国视为战略安全威胁和挑战。美国的最新国防战略纲要（NDS）认定中国是美国的战略竞争对手，指责中国用不正当经济手段恐吓邻国、使南海军事化、以重设印太区域秩序使其对己有利；妄称中国寻求印太地区霸权，试图取代美国占据全球主导地位。美中经济与安全评估委员会的年度报告提出警告，到 2030 年，中国军队的作战能力将提高到可在整个印太地区对抗美军的程度。美国国务卿蓬佩奥一再声称，从长远来看，中国可能是美国面临的最大国家安全挑战。

二是接连在南海制造事端。美军“霍珀”号导弹驱逐舰、“卡尔文森”核动力航母战斗群和“马斯廷”号导弹驱逐舰先后擅自进入中国黄岩岛 12 海里内海域、南沙群岛附近海域和南海有关岛礁邻近海域；“迪凯特”号导弹驱逐舰相继驶入中国南沙群岛近南薰礁和赤瓜礁海域以及中国西沙领海内航行，两架 B-52H 轰炸机也闯入中国南海岛礁附近飞行。2018 年 11 月，美国副总统彭斯在出席东盟峰会期间鼓噪印太地区不会容忍“帝国和侵略”行为，煽动一些国家的反华情绪。同时，美国以“作战编制”动用双航母战斗群等 10 艘舰只、150 架战机和 1 万余兵力在菲律宾海高调演习，两架 B-52H“同温层堡垒”轰炸机和“钱瑟勒斯维尔”号导弹巡洋舰再次擅自进入中国南海附近和西沙群岛领海航行。

三是继续支持“台独”和“藏独”势力。特朗普政府违反一个中国原则和中

① "China and Russia:The new rapprochement,by Alexander Lukin," *Financial Times*,March 5,2018.

美三个联合公报规定签署旨在鼓励美台官员互访的“台湾旅行法”，并批准33亿美元的对台军售案，向“台独”分裂势力接连发出严重错误信号。美军舰还多次穿越台湾海峡。同时，特朗普严重违反国际关系基本准则，执意签署美国国会两院通过的“2018年对等进入西藏法案”，粗暴干涉中国内政。

四是公然挑起对华贸易战。特朗普总统针对“中国制造2025”签署301调查行动备忘录，先期实施了总计500亿美元对华输美产品加征25%的关税行动。随后，美方又对2000亿美元的中国商品征收10%的关税，还扬言要对另外2670亿美元的中国进口商品加征关税。与此同时，特朗普政府积极推动美国与墨西哥和加拿大签署替代《北美自由贸易协定》的《美国—墨西哥—加拿大协定》，旨在挤压中国在北美地区的市场份额。美国国会超党派咨询机构——美中经济与安全评估委员会（USCC）推波助澜，妄称丝路基金资助的亚洲、非洲、中东和欧洲基础设施建设为中国在有关地区和国家的军事存在提供借口，中国的崛起危及美国国家安全和经济利益。

此外，特朗普政府对中方向美国制裁黑名单上的俄罗斯军工企业采购先进武器的个人和机构实施严厉制裁，授意加拿大警方无端拘捕华为公司副董事长、首席财务官孟晚舟。美国司法部还以所谓涉嫌参与一项针对美国等至少11个国家的全球网络攻击和间谍活动、窃取45家美国公司和政府机构知识产权和商业机密，以及美国海军敏感数据为由，对两名中方人员进行“起诉”，蓄意诬蔑抹黑中国①。

2. 欧美等西方国家轮番围攻俄罗斯。2018年3月，英国以莫斯科涉嫌俄罗斯“双面间谍”斯克里帕尔和女儿遭神经毒剂毒害事件为由，宣布驱逐多达23名俄罗斯驻英国外交官并暂停与俄罗斯的所有双边接触。美国更是借机造势，宣布一次性驱逐60名俄罗斯外交官、关闭俄罗斯驻西雅图领事馆并对俄罗斯实施新一轮严厉制裁。澳大利亚、欧盟、北约等至少27国也积极配合英美行动，先后驱逐俄罗斯外交人员151人。继2018年4月特朗普政府冻结俄罗斯政府部分高官、商业领袖及其旗下企业在美国的资产并禁止美国公民与其商业往来后，11月，美国财政部宣布就乌克兰和克里米亚问题对俄罗斯3名个人和9个实体实施

---

① 李司坤：《华春莹二度回击美国“网络窃密”无端指责：邪不压正！谎言说一万遍还是谎言！》，环球网，2018年12月21日，http://world.huanqiu.com/exclusive/2018-12/13865376.html?agt=15417。

制裁。美国海军“麦坎贝尔”号导弹驱逐舰前所未有地闯入俄罗斯太平洋舰队所在地——彼得大帝湾附近航行，公然挑战俄罗斯对该海域的主权，对俄罗斯扣留乌克兰船员和舰只施压。欧盟以此为由再次延长对俄罗斯的制裁。在此背景下，特朗普在最后一刻取消了原定在G20峰会期间与普京总统的双边会晤。美国海军第二舰队司令安德鲁刘易斯海军中将多次暗示，美国海军还准备在北极地区实施“保证航行自由”的行动，或将导致刻赤海峡事件的重演①。

（二）两国面临复杂的经济形势

受中美贸易战和清理国内债务等因素叠加效应拖累，中国经济发展面临爬坡过坎、闯关夺隘的严峻挑战，供给侧结构性改革和去杠杆、降成本任务更加艰巨，国内生产总值增长出现逐季下滑趋势：2018年一季度同比增长6.8%，二季度增长6.7%，三季度增长6.5%，为近10年来最低。在欧美制裁不断升级情况下，俄罗斯经济增长阻力持续加大：2018年一季度同比增长1.3%，二季度增长回升至1.9%，三季度又下降至1.3%。俄罗斯认为国家经济处于萧条状态的人数从上年占受访者的51%上升到61%。民调机构数据显示，超三分之一受访者表示，不能再衣食无忧生活，半数以上人感到勉强度日；五分之一的人生活捉襟见肘，没有任何盈余；中产阶级也慢慢滑向更低生活水平②。欧盟委员会的数据显示，俄罗斯仍面临外交风险及制裁加剧和卢布进一步贬值情况下资本外流的威胁。俄罗斯有专家分析称，俄罗斯要摆脱经济危机至少需要10—15年③。

二、两国务实合作取得突破性成果

面对复杂多变的地缘政治环境和国内经济下行压力增大的情势，中俄关系内生动力空前释放。两国互为战略依托，攻艰克难，政治互信和战略协作水平大幅提升，在解决重大地区和全球性问题上展开富有成效的协作，一些久拖不决的双边问题和项目得以迅速解决落地或取得突破性进展。

---

① Немецкие СМИ предсказали повтор"керченского инцидента"в Арктике//Газета Известия. 22 декабря 2018 года.

② Оксана Подтуркина.Россияне обеднеют в разы//Газета Утро.21.11.2018.

③ Ольга Соловьева.Для выхода из кризиса России потребуется 15 лет-Революционный план новой индустриализации предполагает сокращение потребления на 30%//Независимая газета. 13.02.2018.

（一）政治互信和战略协作水平显著提升

中俄元首保持高频率互动，共同规划中俄关系发展前景。习近平主席向普京总统颁授中国首枚“友谊勋章”，彰显中国人民对普京本人的崇敬和对俄罗斯人民的深情厚谊。两国坚定支持对方重大关切。俄罗斯主流媒体和精英阶层普遍认为，“习近平新时代中国特色社会主义思想”被纳入中国宪法完全合乎逻辑，中国国家领导体系的稳定是重大客观需要[①]；特朗普政府发动的对华贸易战将自食其果；即便特朗普政府游说俄罗斯高层，试图用缓解美俄关系来换得其“理解”美国对华牵制时，俄方也拒绝与美方背后谈论有关中国问题[②]。俄罗斯外长拉夫罗夫还公开表示，中国华为公司高管孟晚舟被加拿大拘捕是美国“非常傲慢”的大国政治又一例证[③]。中方则就俄罗斯前特工中毒事件发表声明，主张在弄清事件事实基础上通过当事国双方对话妥善处理，摒弃冷战思维，放弃对抗；有关国家应切实遵守国际法和国际关系基本准则，避免采取任何激化矛盾的举措。两国积极配合对方举办大型国际活动。中国国防部部长魏凤和在出席莫斯科国际安全会议期间对俄方表示：“在当前形势下，我们必须来支持你们。”[④]魏凤和部长在会见来访的俄罗斯陆军总司令萨柳科夫时重申，中俄应加强全方位合作，共同应对威胁挑战，维护地区和世界和平稳定。针对欧美一些国家极力抵制俄罗斯举办世界杯足球赛的情况，中方主张国际体育赛事和活动不应受非体育因素干扰，并派国家主席特使出席世界杯足球赛开幕式。习近平主席首次出席俄罗斯举办的第四届东方经济论坛，王岐山副主席出席第二十二届圣彼得堡国际经济论坛。梅德韦杰夫总理率团出席首届中国国际进口博览会开幕式并以主宾国参展。

（二）务实合作取得突破性重大成果

第一，联合军演从针对非传统安全挑战向应对传统安全威胁过渡。两军不断

---

① Ирина Алкснис.Китай отменяет границы времени:что задумал товарищ Си//РИА Новости.26.02.2018.

② Болтон пытался излагать претензии к Китаю, заявил источник//РИА Новости.Москва,23 окт.2018 г.

③ Лавров прокомментировал задержание дочери главы Huawei//РИА Новости.Милан,7 декабря 2018 года.

④ Владимир Кузарь, Александр Александров.Россия расширяет диалог с миром//Красная звезда.04.04.2018.

完善联合演习机制和科目，俄方首次邀请中国军队参加40年来俄罗斯举行的规模最大的一次“东方—2018”战略演习，彰显两国和两军战略互信和军事合作水平达到的前所未有高度。与以往两军主要针对来自非传统安全的威胁演练相比，此次演练则是提高两军在野战环境下海陆空协同作战应对传统威胁的能力。俄方参演兵力多达29.7万，动用1077架各类飞机、900辆坦克、80艘舰船和3.1万件其他武器装备。中方派出3200多名军人、900余台（件）地面武器装备和30架固定翼飞机。两军在演习中还出动了苏-35战机、苏-34“鸭嘴兽”轰炸机、T-90主战坦克、中国99式主战坦克和“戈尔什科夫元帅”级护卫舰等先进武器装备。演习展示了两国军队具备共同应对各种安全威胁的作战能力。

第二，军事合作从武器贸易到深化军技伙伴关系。中方在俄方军备订单中所占比例从2013年的5%增长至14%—15%。俄方在履行对华出售S-400“凯旋”防空导弹系统和苏-35战机合同的同时，还与中方积极磋商联合研制AHL重型直升机、由9K58型“龙卷风”多管火箭炮发射的炮射无人侦察机，并有意从中方采购新型战舰，以弥补军舰数量上的缺口。

第三，两国贸易、投资、道路和通关便利化法律基础建设取得重大突破。中国与欧亚经济联盟签署经贸合作协定，为消除中国与俄罗斯及欧亚经济联盟其他成员国的非关税贸易壁垒，提高投资便利化水平，扩大经贸往来提供了法律和制度性保障；中俄签署讨论已久的国际道路运输协定和《中国—俄罗斯—欧洲快速铁路和高速跨国货运铁路合作备忘录》，历史上首次将中俄国际道路运输开放范围扩大至两国全境并取消对货运线路限制，允许两国运输汽车在对方境内自由通行和任何地点装卸货物。这一突破性进展从根本上改变了两国跨境汽车货运不畅局面，成为两国贸易快速发展的又一强劲刺激因素；双方签署关于服务贸易、电子商务、中俄乳品双向贸易的兽医和公共卫生条件和进出口冷冻禽肉的检验检疫和兽医卫生方面的一系列协议，为两国扩大贸易往来进一步开辟广阔前景。

第四，能源、跨境电商、金融、经贸和农业合作成为两国经贸关系发展新亮点和增长点。一是能源合作突飞猛进。中俄原油管道二线工程正式投入商业运营，使中国每年从俄罗斯进口的原油供油量由1500万吨增至3000万吨。中俄东线“西伯利亚力量”天然气管道已完成91%以上建设，连接两国的跨境盾构隧道胜利贯通。西线“西伯利亚力量-2”天然气管道的谈判接近尾声。亚马尔全产业链项目进展顺利，中方经北极东北航道穿过白令海峡从诺瓦泰克公司获得史上首批俄罗斯产液化气。双方签署金额超200亿元人民币，项目造价逾千亿元人民币的核能领域最大合作大单：田湾核电站7、8号机组框架和技术设计合同、徐大堡核电站框架合同、中国示范快堆设备供应及服务采购执行合同和CFR-600快中子示范反应堆项目鉴定执行合同，锁定了两国未来数十年核能合作的主要发展方向。二是两国电商飞速发展。俄罗斯有过半数消费者（53%）钟爱在中国网店购物。俄罗斯商品也越来越受到中国消费者青睐，2018年，俄罗斯产的儿童乳制品甚至某些电子产品也受到中国消费者追捧，其在华销量同比增长170%①。为满足消费者日益增长的需求，俄罗斯邮政专门加开了俄罗斯至中国的定期航班，使其投递包裹的周转时间从40天缩短到14天。三是金融和经贸合作进入提质升级阶段。中国有近5870家法人和自然人在俄罗斯注册公司。中国在俄罗斯的外国直接投资中的比重从2014年的2.4%增加至2018年的3.1%。两国在建和正在磋商项目分别有17个和70个，总投资达650亿美元②。中国国家开发银行与俄罗斯对外经济银行（VEB）签署向俄方提供最高金额高达650亿元人民币（相当于6000逾亿卢布）大规模贷款框架协议，为“一带一路”建设与欧亚经济联盟对接项目提供融资保障。2018年的中俄贸易额首次超过1000亿美元。四是农业合作取得重大进展。双方制定和建立了支持毗邻地区开展农业合作的重点方向和相关政策及机制，签署了酝酿已久的一系列农业合作协议，为两国农产品和畜牧贸易加速发展提供有利条件。中国成为俄罗斯农产品的主要消费国，也是俄罗斯食用油（包括葵花油、豆油和菜籽油）最大购买国之一。中国也是俄罗斯第四大农产品供应国。俄罗斯远东地区有近三分之二的果蔬由中国提供。

（三）其他领域合作大踏步跟进

国际和地区事务协调更加默契。两国在联合国、上合组织、金砖国家、二十国集团、亚太经合组织以及东亚峰会等国际多边舞台紧密合作：努力维护以《联合国宪章》宗旨和原则为核心的国际秩序和国际体系；积极推动建设相互尊重、

① Анастасия Башкатова-Заместитель заведующего отделом экономики "Независимой газеты". "Почту России" спасет Китай-В китайских интернет-магазинах граждане РФ тратят сотни миллиардов рублей//Независимая газета.28.10.2018.

② 栾海高、兰吴刚：《中俄经贸合作让俄百姓得实惠》，载《参考消息》2018年5月25日。

公平正义、合作共赢的新型国际关系和构建人类命运共同体；坚决反对单边主义和一切形式的贸易保护主义，维护和巩固以世界贸易组织为核心的多边贸易体制；全力维护伊朗核问题全面协议、叙利亚领土完整和冲突后的有效重建，以及阿富汗的国内和平进程和国家重建，不断促进朝鲜半岛问题的全面和平解决。

高新技术和创新产业合作深入展开。酝酿已久的中俄知识产权联合中心在北京正式成立，旨在为两国公司、央企和高校提供创新成果交易和制定专利战略服务。经过多年艰难和复杂谈判，俄罗斯动力机械制造科研生产联合体与中国有关部门签署研发和生产液氧煤油、液氢液氧和液氧—液态甲烷火箭发动机的备忘录。中国国家航天局与俄罗斯国家航天公司签署关于月球和深空探测以及建立月球项目数据中心的合作意向协议。中国商用飞机有限责任公司与俄罗斯联合飞机制造公司签署有关联合研制的CR929远程宽体客机主要几何特性的协议。双方签署关于和平使用北斗和格洛纳斯全球卫星导航系统的合作协定和关于在空间碎片监测和数据应用领域合作的协定。中国航天空气动力技术研究院与俄罗斯中央空气流体动力学研究所签署有关联合研究火星登陆器的科学技术合作协议。

跨境桥梁建设取得积极进展。同江—下列宁斯阔耶跨江铁路大桥中方段主体工程全部完工并成功与俄方段合龙。大桥建成开通将大大削减两国跨境运输周期和成本，改善远东地区滞后的运输状况。犹太自治州的基姆坎—苏塔尔铁矿石对华出口缩短700多公里，运输成本每吨降幅达6美元。俄罗斯全年都可对华出口木材，运输成本每立方米可节省100元人民币左右（约合14.5美元）。与此同时，黑河—布拉戈维申斯克公路桥正紧张建设中。中国铁路东方国际集团与俄方积极商讨和推进绥芬河和哈尔滨通往符拉迪沃斯托克的高铁建设项目。地方合作成为中俄关系深入发展又一大亮点。总规模为1000亿元人民币的中俄地区合作发展投资基金正式成立，进一步促进两国重大项目快速落地。双方以“中俄地方合作交流年”活动为契机，利用圣彼得堡国际经济论坛、中俄博览会、东方经济论坛和中国国际进口博览会等双边和多边互动平台不断扩大对接合作，通过举办投资推介会、贸易洽谈会、工业和农业展销会、研讨会、艺术节及考察参观等数百项活动，极大地促进了双方各省（州）、自治区、市间的交往和两国地方、企业、人员参与双边经贸合作，技术、资金和人才的高效流通。

人文合作蓬勃开展。两国在对方首都设立的文化中心成为传播彼此文化的重要平台，双方共同举办的中俄文化论坛和“中俄文化大集”成为深化“一带一路”倡议与欧亚经济联盟对接的重要纽带。两国元首“同车厢”搭乘高铁赴天津观看中俄青少年冰球友谊赛，不仅开创国际舞台元首外交先河，也有力推动了两国冰雪运动的交流。中国创作的歌剧《这里的黎明静悄悄》首登俄罗斯顶级艺术殿堂——马林斯基剧院。两国民众互学对方语言的兴趣不减。俄罗斯开设了17所孔子学院和5个孔子课堂，有1.9万余所中小学校教授中文，超过1.9万俄罗斯人在中国留学。为满足社会的“汉语热”需求，俄罗斯教育与科学部专门编制了示范性中文教学大纲和系列教材，并将中文正式列为国考科目。同样，俄语也是继英语之后中国人学习的主要外语之一，在中国深受欢迎，有约3万中国学生在俄罗斯留学。两国在中俄人文合作委员会会议期间商定，到2020年，要使双方交换的留学生数量增加至10万人。中国仍是俄罗斯的第三大旅游目的地国（仅次于土耳其和芬兰）。① 前往俄罗斯旅游观光的中国游客在各国赴俄罗斯游客中位列前三名，并给俄罗斯带去30多亿元人民币的收入。

三、双边关系存在的问题

毋庸置疑，在中俄关系取得一系列重大成果的同时，两国互利合作中依然存在一些需要继续完善的方面。

（一）战略互信仍需进一步加深

首先，中俄民众相互认知不够充分。虽然近年来两国去对方国家旅游观光的人数不断增加，但是，俄罗斯仍未进入中国出境游人数最多的目的国前10名，赶不上日本、新加坡，甚至不及越南。俄罗斯前往中国的游客更是无法与中国去俄罗斯旅游的人数相比。算上旅游团组，每年来中国的俄罗斯人只有去俄罗斯的中国人的三分之一，两国航班有90%的乘客为中国人。除了莫斯科或圣彼得堡人外，来中国经商和旅游的主要是远东地区居民。由于获取中国信息渠道不多，特别是俄罗斯中部地区相距中国较远，以及两个民族的不同文化和对事物的不同

① Валерия Нодельман.Пекинские договоренности: Россия и Китай расширят гуманитарные связи-В ходе визита вице-премьера Татьяны Голиковой в КНР было подписано девять документов, развивающих партнерские взаимоотношения стран//Известия.31 октября 2018 года.

认知，导致有相当一部分俄罗斯人不十分了解中国。而对中国认识的缺失，也为听信有关中国的谣言和社会上的“中国威胁论”滋生提供了土壤。①

其次，双方都有在与西方交往时被“边缘化”和“落单”的担忧。俄罗斯质疑俄中战略协作伙伴关系者不乏其人，尤其当俄罗斯与西方关系剑拔弩张之时，常常认为中方提供的支持“不够给力”。俄罗斯不少精英担心，一旦反华和反俄势力消退，中俄任何一方与美国“奉行共同路线时”，另一方就会落入被动境地，即倘若特朗普“改弦更张”停止对华贸易战，俄中很可能就不会再开展重大政治对话。② 而且，俄方也不讳言，称“中国伙伴对俄罗斯的信任程度不能说达到了俄罗斯的预期”。③ 同样，中国也有精英对俄罗斯的“向东转”政策能坚持多久心里没数，认为一旦俄罗斯和欧洲关系走向正常化，普京等精英阶层还会再次做出回归欧洲的战略选择。④

另外，俄罗斯社会的对华好感度在悄然下滑。虽然民调显示俄罗斯民众将中国视为友好国家的比例仍高达62%，但相比2015年的77%峰值还是下滑15个百分点；认为最近一年来俄中关系恶化的民众比例跃升10个百分点，从3年前的15%上升到25%；认为两国关系改善的民众比例从56%降至45%，下降11个百分点。这无疑使俄罗斯高层提出的“向东转”政策面临某种危机。俄罗斯圣彼得堡政治基金会会长米哈伊尔维诺格拉多夫分析称，俄罗斯社会对中国好感度的下降“可能与俄罗斯人对中国的嫉妒感有关”。⑤

---

① Михаил Мошкин,Олег Москвин.Почему в России стали хуже относиться к Китаю//Взгляд.6 июля 2018 года.

② Китай и Россия: спиной к спине против США-В Москве считают, что к этому альянсу может присоединиться и Европа//Свободная Пресса.27 сентября 2018 года.

③ Наталия Портякова.«Торговые войны сегодня начались, а завтра закончились»-Посол России в КНР Андрей Денисов-о том, почему РФ не нужно занимать место США на китайском рынке и в чем истинный потенциал нашего торгового сотрудничества//Известия.31 октября 2018 года.

④ Геворг Мирзаян, специальный корреспондент журнала «Эксперт», доцент департамента политологии Финансового университета при правительстве РФ.Как далеко можно зайти в союзе с Китаем//Expert Online.1июня 2018 года.

⑤ Михаил Мошкин,Олег Москвин.Почему в России стали хуже относиться к Китаю//Взгляд.6 июля 2018 года.

（二）两国贸易规模大大落后于高水平的政治关系

双边贸易规模与两国经济体量严重不符。2017 年中俄贸易额达到 840.71 亿美元。但即使在被西方制裁的情况下，同期的俄罗斯与欧盟贸易额也高达 2446.7 亿美元，中国与欧盟的贸易额更高，达到 6444.6 亿美元。即便是经济体量不及俄罗斯的越南，2017 年对华贸易额也高达 1000 亿美元。

两国的营商环境不理想。俄罗斯驻华大使安德烈杰尼索夫认为，虽然从俄罗斯方面来说，在中国营商“没有看到任何重大的法律障碍，但大环境还有待改善”。[①] 同样，虽然俄罗斯的营商环境排名不断上升，可是，就连俄罗斯本地公司也认为在俄罗斯做生意不轻松。俄罗斯 Nafi 分析中心与普华永道会计师事务所对 1000 家大中小型俄罗斯企业负责人的调查显示，88% 的企业家认为在俄罗斯做生意难；约 30% 的人觉得非常难；60% 的人不信任政府采取的措施。认为官员没有考虑企业利益；70% 的人认为，俄罗斯腐败程度和经济犯罪率很高。而且，“税收过高、行政壁垒、官僚主义和法律频繁变更”。[②]

相互投资不足。2018 年上半年，中国对俄罗斯的直接投资从上年同期的 42 亿美元削减至 319 亿美元。中国对俄罗斯的非金融类投资少于对哈萨克斯坦投资，也落后于一些欠发达国家，甚至不及巴基斯坦等局势不稳定的国家，在俄罗斯远东地区吸引外资总额中仅占 7%。俄罗斯对中国的直接投资更是微不足道。即便是对莫斯科不断打压的美国，俄罗斯从 2016 年初到 2018 年中期也直接投资了 13.1 亿美元，对一再对莫斯科发难的英国直接投资 14.4 亿美元[③]。

双方均不能完全满足对方的进口“替代”需求。在西方制裁和美国发起贸易战的情况下，中俄贸易、创新和工业技术等领域的发展受到极大限制和阻碍。然而，中方不能完全满足俄方对西方现代化技术和大规模投融资的全部“替代”

① Наталия Портякова.«Торговые войны сегодня начались, а завтра закончились»-Посол России в КНР Андрей Денисов-о том, почему РФ не нужно занимать место США на китайском рынке и в чем истинный потенциал нашего торгового сотрудничества//Известия .31 октября 2018 года.

② Дарья Николаева. Российский бизнес надеется на китайский//Газета "Коммерсантъ" №219 от 28.11.2018, стр.2.

③ Валентин Катасонов.Китайские инвесторы обходят Россию стороной-Китай видит много привлекательного в российской экономике, но не хочет подставляться под вторичные санкции США//Фонд стратегической культуры. 10.12.2018.

需求。为规避风险，免受牵连，中国商业银行常常拒绝为被列入美国SDN名单（特别指定国民与禁止人员名单）的人提供金融服务，有些未被制裁的人也受到殃及。[①]同样，虽然俄方希望扩大对华能源、农产品和禽肉类供应，但其短期内却满足不了中方减少从美国进口天然气、特别是农产品的巨大缺口。俄罗斯无法在中国大豆市场取代美国人。中国每年购买9000多万吨大豆，而俄罗斯大豆产量总共不到中国从美国进口量——3500万吨的十分之一。[②]对华出口生猪和猪肉也存在问题，非洲猪瘟疫情在俄罗斯已持续好几年，不少国家都严格禁止从俄罗斯购买猪和猪肉。[③]尽管俄罗斯天然气工业股份公司总裁米勒在圣彼得堡举行的俄罗斯能源峰会上保证，当中俄东线“西伯利亚力量”天然气管道建成运营后，俄方除每年向中方供应380亿立方米天然气外，还有能力在冬季用气高峰期向中国增供100亿立方米天然气，可连俄方专家对此也产生质疑。实际上，这条管道现有的气源每年只够对华输送45亿立方米天然气，要填补335亿立方米的巨大缺口，俄罗斯天然气工业股份公司尚不具备从恰扬达油气田和科维克塔气田开采油气混和体的技术，且不说还要再修建800公里的输气管道。英国皇家国际问题研究所俄罗斯和欧亚项目处副主任尼古拉科扎诺夫也认为，如果俄罗斯上游部门不实行现代化改造，西伯利亚西部地区的石油产量可能大幅下降。“到2035年，可能会从目前每年3.3亿吨的产量降至1.8亿吨，甚至1.46亿吨”。[④]

大合作项目落地滞后。虽然两国高层确定了不少大合作项目，但是这些项目不是仍在论证，就是由于一方或双方都对方案不感兴趣而束之高阁。对此，俄罗斯专家尖刻地批评说，“一带一路”建设与欧亚经济联盟“对接设想只停留在意向和彼此客套层面，脱离实际，提出的切实有效和值得投资项目严重不足”。[⑤]俄

---

① Михаил Коростиков, Анатолий Джумайло, Ксения Дементьева, Олег Трутнев, Анатолий Костырев. Новое китайское предубеждение-Банки КНР не хотят обслуживать россиян из-за санкционных рисков// Газета "Коммерсантъ" №195 от 24.10.2018, стр.1.

② Наталия Портякова.«Торговые войны сегодня начались, а завтра закончились»-Посол России в КНР Андрей Денисов-о том, почему РФ не нужно занимать место США на китайском рынке и в чем истинный потенциал нашего торгового сотрудничества//Известия.31 октября 2018 года.

③ Владимир Кузьмин.Дружба в рублях и юанях-Дмитрий Медведев призвал нарастить товарооборот с КНР//Российская газета-Федеральный выпуск №7713（250）,07.11.2018.

④ "Gazprom promises China a supply of natural gas it cannot deliver," *stopfake.org,* October 18, 2018.

⑤ Владимир Скосырев.Россия остается на обочине Нового шелкового пути-Вашингтон вынуждает Москву и Пекин расширять военные связи//Независимая газета. 28.10.2018.

罗斯远东和中国地方政府发表的声明和官方文件常常是没有什么实际内容的表面文章。由于双方在哈尔滨至符拉迪沃斯托克的高铁轨距上找不到折中方案，两国的“滨海”国际运输走廊项目建设久议未决、进展缓慢。北京—莫斯科的高铁项目更是一再改动，虽然已决定先修莫斯科—叶卡捷琳堡线，可后来又压缩至莫斯科—喀山，再后来便成了莫斯科—弗拉基米尔。即便如此，这 180 公里的线路建设也还是停留在纸面上[①]。由于俄罗斯资金不足和工作效率低下，两国的同江—下列宁斯阔耶大桥俄方段工期一再延误，以致不得不推迟到 2019 年 7 月才能交付。

中美贸易战殃及俄罗斯经济。欧盟委员会认为中国经济放缓已成为俄罗斯经济面临的一个挑战。中美贸易战产生的负面效应或使俄罗斯经济下滑 2 到 2.5 个百分点，甚至不排除出现负增长的可能[②]。因为，中国经济增速减少一个百分点会连带俄罗斯经济增长放慢 0.5 个百分点。如果中国经济增速长期放缓，还有可能使“俄罗斯经济陷入新的衰退”。[③]

另外，两国的贸易结构过于单一。虽然近年来机电产品在中俄贸易中的比例有所增加，但在俄罗斯对华出口产品中仍有 77% 为矿产品，9% 为木材和纸制品，机械和设备占比不到 3%。而且，对华武器出口已达俄罗斯出口总量的近 15%，中国对俄罗斯军事装备的需求几近峰值。俄罗斯驻华大使杰尼索夫承认，如今，俄罗斯已没有什么商品可以突然大幅增加对华供给，双边贸易“不会出现飞跃式”发展。两国关系中的物质基础落后于政治关系水平的局面不会很快改观。[④]俄罗斯经济发展部长马克西姆奥列什金也认为，由于原料价格上涨已触及天花板，两国提出的下阶段 2000 亿美元的贸易额目标更难达到。[⑤]

---

① Ольга Соловьева.Китайские поезда стали быстрее самолетов-Современные железные дороги воспринимаются в РФ как чудо//Независимая газета.13.03.2018.

② Ольга Соловьева.Американо-китайская война превращается в мировую-Торговое противостояние Пекина и Вашингтона может подтолкнуть Россию к новому кризису//Независимая газета.02.08.2018.

③ Ольга Соловьева.Китай рискует потерять около 2% ВВП из-за американских пошлин-В России в этом случае начнется новая рецессия//Независимая газета.09.07.2018.

④ Наталия Портякова.«Торговые войны сегодня начались, а завтра закончились»-Посол России в КНР Андрей Денисов-о том, почему РФ не нужно занимать место США на китайском рынке и в чем истинный потенциал нашего торгового сотрудничества//Известия.31 октября 2018 года.

⑤ Наталия Портякова.В гости в Шанхай: аграрии РФ везут замену американских сельхозтоваров-Международную импортную выставку в Китае 5 ноября посетит премьер-министр Дмитрий Медведев//Известия.18 октября 2018 года.

结　语

尽管国际地缘博弈和国内经济形势不容乐观，两国互利合作中还有一些需要进一步完善的方面，但中俄关系发展顺应时代潮流和两国人民共同愿望。中国仍是全球最具吸引力的投资市场，发展处于并将长期处于重要战略机遇期。何况，中国发展拥有足够韧性和巨大潜力，并已在着力优化营商环境，经济长期向好态势不会改变。虽然俄罗斯必须下大力气来应对欧美的一再制裁，但梅德韦杰夫总理坚称，俄罗斯经济能挺住，“确信不会发生任何危机”。① 欧盟委员会的最新经济预测显示，随着俄罗斯的税收政策和结构性改革启动，其“形势很可能会继续改观，经济正逐步复苏”，2019 年和 2020 年的 GDP 会有 16% 和 18% 的增长。② 中俄两国民众对对方的经济发展前景也看好，《2018 中俄关系民意调查报告》显示，84.9% 的俄罗斯受访者对于中国的经济前景感到“乐观”，对俄罗斯经济前景感到“乐观”的中国受访者比例也达到了 81%。③

至于两国关系尚存的问题，中俄领导人已经商定，双方“都会从两国关系的特殊性出发，通过对接双方利益，找到彼此都能接受的解决方案”。④ 至于有关中国金融机构因美国和欧盟制裁不愿让俄方企业参与银行业务问题，俄方已表示“不能怪中国人关心自己的利益”，双方已在积极“寻找解决办法”。⑤ 虽然俄罗斯国内在对华出售先进武器上的质疑声音没有停止，但普京总统在瓦尔代国际辩论俱乐部的年会上明确表示，在不损害自身安全前提下，俄罗斯对中国不光出售武器，还愿对华转让自己的技术。⑥

---

① Владимир Кузьмин.Дружба в рублях и юанях-Дмитрий Медведев призвал нарастить товарооборот с КНР//Российская газета-Федеральный выпуск №7713（250）,07.11.2018.

② Михаил Сергеев.Россию и Китай ждут большие экономические проблемы-Дорожающая нефть не принесет потребителям в РФ ничего хорошего//Независимая газета.08.11.2018.

③ 《今年，中俄贸易将突破 1000 亿美元！俄官员：中国是俄全球最大伙伴》，一点资讯，2018 年 12 月 21 日，http://www.yidianzixun.com/0KteLsON。

④ 《中华人民共和国和俄罗斯联邦联合声明》，新华网，2018 年 6 月 8 日，http://www.xinhuanet.com/world/2018-06/08/c_1122959198.htm。

⑤ Наталия Портякова.«Торговые войны сегодня начались, а завтра закончились»-Посол России в КНР Андрей Денисов-о том, почему РФ не нужно занимать место США на китайском рынке и в чем истинный потенциал нашего торгового сотрудничества//Известия.31 октября 2018 года.

⑥ Россия заинтересована в передаче Китаю технологий, заявил Путин//РИА Новости. Сочи, 18 октября 2018 года.

习近平主席与普京总统在年内收官会晤中重申，两国将继续保持年度的元首互访传统，密切在二十国集团、金砖国家等多边机制内的协调，推动各方坚定维护多边主义，为维护全球和平与安全、建设开放型世界经济共同努力。中俄总理在临近年底的定期会晤期间一致表示，双方将共同努力消除两国间的贸易壁垒残余，为对方企业营创更加良好的投资环境，积极推动中国与欧亚经济联盟经贸合作协定尽早生效，本着务实原则启动商谈欧亚经济伙伴关系协定，为在欧亚地区建立全面、高水平、向其他经济体开放的贸易投资自由化安排奠定基础。[①]2019年6月，习近平主席进行了就任国家主席以来对俄罗斯的第八次访问，并与普京总统共同签署了《中华人民共和国和俄罗斯联邦关于发展新时代全面战略协作伙伴关系的联合声明》和《中华人民共和国和俄罗斯联邦关于加强当代全球战略稳定的联合声明》，我们有理由相信，在中俄领导人的战略引领下，两国完全能够凭借日益增强的国力和抗风险能力应对任何外部压力和国内经济形势的挑战，不断推动中俄新时代全面战略协作伙伴关系向更加健康、稳定的方向发展。

① Владимир Кузьмин.Дружба в рублях и юанях-Дмитрий Медведев призвал нарастить товарооборот с КНР//Российская газета-Федеральный выпуск №7713（250）,07.11.2018.

“百年变局”下的中俄关系①

当今世界正处于百年未有之大变局，世界秩序和国际格局发生深刻调整和变化。以中俄等为代表的新兴经济体崛起，世界多极化势头强劲。以美欧为代表的西方发达经济体影响力日渐式微，民粹主义沉渣泛起，保护主义重新抬头，全球化进程受到严重干扰，国际社会面临的共同风险和挑战增多。面对前所未有的嬗变局势，值此中俄建交70周年重要节点，中俄元首不失时机地将两国关系提升到新时代中俄全面战略协作伙伴关系的新高度。两国背靠背、守望相助，共同担起时代赋予的重任，坚定不移推动世界多极化和经济全球化发展，必将造福于两国民众和世界人民。中俄关系虽然面临诸多内部和外部严峻挑战，但已然成熟并充满韧劲。

“二战”结束后，世界秩序和战略格局发生深刻变化。在成立之初只有不到50个主权国家加入的联合国，如今已有近200个成员国。全球的“南升北降”“东升西降”力量对比日趋明显。中俄等新兴经济体和发展中国家不断壮大，西方的整体“色彩”日渐黯淡。欧洲债务危机余波未平，难民问题接踵来袭，民粹主义蠢蠢欲动，新老欧洲矛盾迭起，英国脱欧一波三折，导致“黑天鹅”事件频发。昔日“冒险家乐园”的美国风光不再，“9·11”事件和次贷危机成为美国时代的拐点，国内保守势力的焦虑和危机感不断加剧。这一届美国政府的霸凌和保护主义色彩更加突出，不断退出国际和地区多边机制，导致现有国际秩序摇摇欲坠。随着反恐不再是美国的第一要务，中美之间“崛起大国与守成大国”的矛盾被美国民主党和共和党的某些政客共同视为对美国地位的挑战，再次引发中美关系发生“质”变的争论。受涉嫌“通俄门”事件影响，特朗普团队的对俄政策被美国两党绑架，以致俄美关系临近转圜又突发逆转，两国关系非但没有缓和，

① 该文载在《统一战线学研究》2019年第5期，第39—53页。

反而更加恶化。面对纷繁复杂的地缘形势，如何应对变局、营造各自和平发展的环境，成为摆在中俄面前的严峻课题。

一、中俄关系的背景

冷战结束后，世界秩序和国际关系的演变进程没有戛然而止。美国一超独霸、单边主义横行，继续谋求单方面的绝对战略优势，全球战略平衡与稳定面临严峻挑战。21 世纪以来，以美欧为代表的发达经济体，在军事、政治、经济和科技等方面保持巨大优势，但其影响已经开始走向衰落。与此相反，作为发展中国家和新兴经济体的中俄风景独好，中俄关系逆势发展并成为维护世界和平稳定和国际公平正义的压舱石和稳定器。这使西方一些政客因对世界权力重心东移而产生的不安全感和焦虑感急剧上升，尤其是在反恐已经不再是美国头等要务后，特朗普政府不顾国际社会的普遍反对，一改美国一贯倡导并维护的以契约、规则和制度为基础建立国际政治经济秩序的做法，接连退出跨太平洋伙伴关系协定（TPP）、巴黎气候协定、联合国教科文组织、伊朗核协议以及美苏（俄）中导条约等国际多边机制和协议，以及影响国际战略稳定的条约，甚至扬言要退出世贸组织和联合国，给现有世界政治经济秩序造成巨大冲击，带来了极大不确定性。

（一）国际力量发生有利于新兴经济体的变化

21 世纪初，“9 · 11”事件和次贷危机给冷战结束后的美国造成了重大打击。美国乃至整个西方世界都开始出现衰退迹象。无论是小布什政府还是奥巴马政府都没能扭转美国对全球政治、经济和文化影响力迅速下滑的颓势。特朗普上台以来，喜怒无常、朝令夕改，加之党争纷沓、相互倾轧，导致白宫创下史上“政府关门”时间最长的纪录。美国有线电视新闻网著名节目主持人法里德 · 扎卡里亚公开表示，人们已对特朗普“在一个前所未有的地位上胡乱动用霸权并滥用权力的种种方式感到震惊”，“美国的霸权已经结束”①。欧洲也不再是人们往日趋之若鹜的美好世界，英国脱欧使本就矛盾重重的欧盟雪上加霜。相反，以中俄为代表的一大批发展中国家和新兴经济体的实力持续走强，成为世界经济增长的主要引

① Farid Zakaria."The Self-Destruction of American Power," *Foreign Policy's*, June 11,2019.

擎。全球经济增长重心开始从发达国家转向新兴市场，世界秩序进入从美国主导的一极体系转向多极体系的重构期。在过去10多年里，包括新兴经济体在内的发展中国家对世界经济增长的贡献率接近50%，到2035年，其在世界经济中的比重或达60%，在全球贸易和跨境投资中的比重将相应大幅上升①。改革开放40多年来，中国的综合国力显著提高，不但是世界第二大经济体，还是全球GDP超过10万亿美元的第二个国家，对世界经济增长的平均贡献率提高至近30%。对此，美国前国务卿基辛格也无不感叹，完全想象不到这么多年中国会发生如此大的变化。“这是一个超越人类极限的梦想，也彰显了人类精神的巨大胜利。”②与此同时，自2000年以来，俄罗斯经济连续9年保持增长，年均增速达7%左右。即便在美欧制裁情况下，2016年俄罗斯的平均家庭收入仍达到10344美元，比2000年的2935美元多出3倍以上。2018年俄罗斯预算盈余达到其GDP的2.5%，为近7年来首次。俄罗斯央行黄金储备突破2000吨，在全球储备总量中占比高达18%。

（二）中美关系进入“崛起大国与守成大国”冲突期

出于争霸世界的需要，尼克松在1972年主动开启对华开放大门，推动美国同中国建立了外交关系。然而，美国历届政府都没有放弃遏制中国崛起的政策。苏联解体后，美国遂将中国作为“和平演变”的下一个主要目标，不遗余力地强化对华围堵战略并利用所谓的“与台湾关系法”牵制中国统一大业。“9·11”事件和次贷危机打乱了美国全球战略，出于反恐和复苏经济的实际需要，小布什政府和奥巴马政府都暂时淡化了对中国是否会成为美国主要战略竞争对手的忧虑，对华采取了“接触”多于“遏制”的政策，为中美关系赢得了一段相对平稳的发展期。然而，在奥巴马政府提出“亚太再平衡战略”后，美国对华政策中的“遏制”力度开始加大，不断在中国周边排兵布阵，导致中国地缘环境急剧恶化。特朗普上台后，在“美国优先”和“让美国再次伟大”的施政背景下，中美之间既有的结构性矛盾进一步显现。美国共和党和民主党内的保守势力在对华认知和政

① 国务院发展研究中心课题组，隆国强、张琦、王金照、赵福军：《未来国际经济格局变化和中国战略选择》，载《经济日报》2018年12月20日。

② 亨利·基辛格（美国前国务卿）：《崛起大国与守成大国如何共处》，http://www.hqrw.com.cn/2015/0404/21550.shtml。

策上保持空前一致，妄称中国对美国国家安全及其主导的全球秩序构成严峻挑战和威胁，不断从政治、经济、科技和文化等全维度加大对华战略打压力度，并将美国太平洋司令部更名为印度洋—太平洋司令部，以强化印太战略，将中美关系几近推入谷底。

（三）俄美关系“症结”越拉越紧

冷战结束后，美国并没有放弃遏制俄罗斯的政策，仍变本加厉地继续向后苏联空间渗透，在独联体国家接连策动“颜色革命”、建立亲美政权，打造反俄前哨，瓦解和剥离前苏联地区国家与俄罗斯的传统关系，企图将俄罗斯的战略生存空间压缩到其本土，使之沦为二流国家，永远不能东山再起。在美国一些精英看来，改制后的俄罗斯理应按冷战结束后美国为它撰写的脚本，“成为民主国家并按美国为它指定的位置在欧洲就座”。在完成这一切之前，“美国将继续通过制裁和其他措施向俄罗斯施加巨大压力”。[①] 在此背景下，无论是叶利钦执政初期奉行全面“西倾”的对外方针，还是普京入主克里姆林宫后不断向美国释放善意，支持小布什政府发动对阿富汗的反恐战争，抑或是两人在后期都推行了对美国及其西方势力的抗争路线，都没能彻底走出俄美关系时好时坏的怪圈。在美国推动下，1999 年北约将波兰、匈牙利和捷克一并收入麾下，其战略防御前沿向东推进 650—750 公里，使俄罗斯受到“兵临城下”的严重威胁。2004 年 4 月，北约示威般地将中东欧地区的罗马尼亚、保加利亚、斯洛伐克、斯洛文尼亚，以及波罗的海的立陶宛、拉脱维亚和爱沙尼亚等 7 个前苏联加盟共和国和原苏东集团国家一并纳入囊中，致使俄罗斯不仅失去对波罗的海出海口控制，甚至退回到欧亚大陆东北部“原料和产品产地与运输线相距数千里”的原点[②]。2005 年 3 月，继格鲁吉亚和乌克兰爆发“颜色革命”后，美国等西方势力又在吉尔吉斯斯坦策动“街头革命”，导致俄罗斯主导的独联体四面楚歌、危机四伏。小布什政府不顾俄罗斯的强烈反对，一意孤行退出《限制反弹道导弹系统条约》，加紧研发和部署

① John S. Van Oudenaren.America's Nightmare: The Sino-Russian Entente-The most dangerous threat to America "would be a grand coalition of China and Russia, united not by ideology, but by complementary grievance," *The National Interest,* January 12,2019.

② Юрий Котенок-Интервью с президентом Фонда исторической перспективы, доктором исторических наук Натальей Нарочницкой.У России в запасе осталось два года//Газета Утро.13.03.2008.

导弹防御网络，旨在进一步削弱俄罗斯战略和战术打击能力。尽管奥巴马上台后试图通过缓和对俄关系，进而带动与俄罗斯在诸如尽快签署新的《削减和限制进攻性战略武器条约》等方面的合作，但由于美俄战略利益相悖、价值观迥异，在一些国际与地区重大问题上分歧严重，使两国关系“重启”虚多实少、效果不彰。虽然特朗普在当选总统前后都一再声称要扭转美俄关系的低迷状况，但由于共和党和民主党派系掣肘，俄美关系非但未能转圜，反倒促其不断加剧对俄的遏制和制裁，使两国关系出现自冷战结束以来最糟糕局面。

（四）中俄来自地缘环境和经济下行的压力不断上升

自奥巴马政府宣布“重返亚太”，并宣称在2020年前将60%部署在海外的空军和海军力量调往亚太地区以来，中俄两国的外部发展环境和各自国内经济形势的压力持续加大。2014年，在美欧对俄罗斯轮番制裁的同时，中国遭到西方势力新一轮战略打压。美国支持其盟国及有关国家频频制造事端，导致中国周边地缘形势异常严峻。2015年，美国国防部情报局局长文森特·斯图尔特公开鼓噪，俄罗斯和中国是关乎美国生存的最大潜在威胁。美国国防部的新版《国家军事战略》大肆渲染所谓的中俄威胁，妄称中国在南海的行动加剧了亚太地区紧张气氛，指责俄罗斯偏好用武力手段实现国家目的。2017年以来，美国同时打压中俄的频次明显增多，特朗普政府的首份《美国国家安全战略》报告声称中俄是美国面临的首要挑战。2018年美国《国防战略报告》摘要进一步强调，美国安全环境发生变化，大国竞争取代恐怖主义并成为美国国家安全主要关注点，中俄等国对美国构成主要挑战。① 美国国防部《核态势评估报告》对2010年奥巴马政府的评估报告作了修正，将俄罗斯、中国和朝鲜视为主要核威胁来源。美国某些政客更是煽风点火，妄称近年来“北京和莫斯科关系的深化程度已超出观察家几年前的预期。两国采取一致行动完全可能对美国的利益造成重大损害，即使它们从未结成联盟”。他们认为，俄罗斯和中国的非军事合作也会削弱美国，甚至威胁到美国民众的生活方式。②

---

① "China and Russia:The new rapprochement,by Alexander Lukin," *Financial Times,* March5,2018.

② "Andrea Kendall-Taylor and David Shullman,A Russian-Chinese Partnership Is a Threat to U.S. Interests," *Foreign Affairs,*May 14,2019.

为牵制中国，美国及其盟国不断在中国周边网罗盟友，编织反华小圈子，蓄意制造事端。美军“卡尔·文森”号核动力航母战斗群，“拉森”号、“霍珀”号、“马斯廷”号、“迪凯特”号等导弹驱逐舰，B-52战略轰炸机和海军EP-3侦察机等，频频闯入中国南沙岛礁临近海域炫耀武力。美国违反一个中国原则和中美三个联合公报，一再批准对台军售案，签署旨在鼓励美台官员互访的所谓“台湾旅行法”，接连不断派遣驱逐舰和巡洋舰等大型舰只穿越台湾海峡，向“台独”分裂势力发出严重错误信号。

为保持对俄罗斯的高压态势，美国和北约先后向波兰和波罗的海国家增派4000人的兵力，并拟再向波兰增派1000人的兵力，其侦察机和舰只不断在俄罗斯边界及位于地中海和黑海地区的海军集群驻地附近出没，导致双方战机和战舰频频发生几近碰撞的险情。美国及北约高调举行由14个成员国外加芬兰和瑞典参加的应对俄罗斯可能进犯的大规模军演，“旨在打破俄军与北约军队责任区交接地带的现有平衡”。[①]2019年初以来，美国国防部开始制定耗资约1350亿美元，专门针对所谓来自中俄威胁的新作战方案，旨在“秘密侵入”敌方（中俄）纵深地带，攻其薄弱部位[②]。

随着特朗普政府单方面挑起对华贸易摩擦和西方持续升级对俄制裁，中俄各自经济发展面临的不确定因素和风险骤然上升，俄罗斯经济复苏面对的挑战异常严峻，中国的供给侧结构性改革任务更加艰巨。2014年底至2015年初，俄罗斯卢布一路暴跌，经济金融形势严重恶化，包括俄罗斯外贸银行等27家银行不得不申请国家救助。惠誉、标普和穆迪三大国际信用评级机构接连将俄罗斯长期主权信用等级降至“BBB－”和“BB+”垃圾级，评级展望为负面。为解决民生问题，俄罗斯不得不将包括总统在内的所有公职人员月薪削减10%。2016年，俄罗斯GDP在上年下降基础上又下滑0.2%。为缓解财政窘况，俄罗斯不得不将国防开支和筹备2018年世界杯足球赛的开支分别削减5%和60亿卢布，以出售国有的俄罗斯石油公司19.5%的股份来换得110亿美元资金应急。2018年，俄罗斯经济增幅继续受阻：其GDP在一季度同比增长1.3%，二季度虽回升到1.9%，

① Американский ядерный бомбардировщик заметили у границ Ленинградской области//РИА Новости. Москва, 18 марта 2019 года.

② США готовят стратегию "троянского коня" против России и Китая, сообщили СМИ//РИА Новости. Москва,22 февраля 2019 года.

可三季度又下降至1.3%，四季度增长2.7%，但经济年化增幅仅为0.5%，低于政府和央行预期，居民实际可支配收入比2013年下降8.3%。2019年5月，俄罗斯制造业PMI指数从上月的51.8降至49.8；6月，加工业PMI指数降至48.6，继续沿荣枯线下行。由于无利可图，美国福特公司决定结束在俄罗斯境内的业务，退出该国市场。为此，世界银行认为，即便欧美制裁结束，俄罗斯的经济前景依旧暗淡，要彻底摆脱经济危机至少要10至15年。[①] 俄罗斯联邦政府预测其经济增长减速会持续20年，GDP年增幅在最好的情况下也只能约为2%。[②] 自2011年以来，尽管中国经济运行总体平稳、稳中有进。但受世界经济增长放缓、保护主义和单边主义上升等因素影响，中国经济也面临一定下行压力，[③] 经济增速开始放缓。

二、中俄关系的定位

中俄关系的定位是根据各自国内发展进程和国际及地区形势演进不断调整变化的，但不管如何调整，两国都始终坚持发展两国关系不针对第三方和不结盟的原则。尽管如此，自1996年两国将双边关系确定为面向21世纪的平等互信"战略协作伙伴关系"以来，有关中俄关系到底是"权宜之婚"还是会重走"结盟"之路的议论一直不绝于耳。尤其在中俄战略生存环境恶化，双方不约而同地加大战略协作力度时，有关国家和人士常常做出"中俄结盟"的错误猜疑。但实际上，中俄关系是不结盟、不对抗、不针对第三方的新型国家关系模式。

（一）中俄没有与西方为敌的政策

从对外关系维度看，西方中心主义一直是俄罗斯外交的主要优先方向，而发展对美国等西方国家关系也始终是中俄对外政策的主轴。虽然两国都将发展与对方的关系作为各自对外关系的"优先方向之一"，但双方都把对美国的关系置于

---

① Ольга Соловьева.Для выхода из кризиса России потребуется 15 лет-Революционный план новой индустриализации предполагает сокращение потребления на 30%//Независимая газета. 13.02.2018.

② Анастасия Башкатова.Россия потеряла 20 позиций в глобальном рейтинге МВФ-За четыре года ВВП на душу населения сократился почти вдвое//Независимая газета.29.11.2016.

③ 《李克强接受俄罗斯塔斯社书面采访》，人民网，2019年9月20日，http://cpc.people.com.cn/n1/2019/0916/c64094-31355944.html。

重要位置。俄罗斯前驻外大使鲍里斯·皮亚德舍夫认为，两国伙伴关系只是为了补充，而不是取代各自与美国和欧洲的关系。①

中国始终把维系与美国的良好关系作为稳定外交全局的关键所在。实现中美不冲突、不对抗、相互尊重、合作共赢，是中国外交政策的优先方向。②中国的振兴与发展离不开西方的现代化管理经验和科学技术，离不开稳定与和平的外部环境。无论是从对外政策上，还是国内需要上，中国都没有必要、也没有能力去挑战甚至颠覆当今国际体系和秩序的基本框架。1996 年，中国同俄罗斯建立战略协作伙伴关系后，1997 年，江泽民在访问华盛顿期间也提出建议，中美应按"建设性战略伙伴关系"的提法发展，这与俄中正式文件中的提法并没有太大区别。③2010 年 5 月，中国首次提出与美国探索构建新型大国关系的倡议。2013 年 6 月，中美元首在美国加利福尼亚州安纳伯格庄园会晤期间，确认了共同构建新型大国关系的共识。因为，只有不与西方发生争端，"才能扫清实现中国梦这一长期战略道路上的外部障碍"。④即使是在美国对华发起贸易摩擦的情况下，2018 年中美双边货物贸易额仍增加到 6598.5 亿美元，同比增长 3.9%，双向投资累计超过 2400 亿美元。

尽管对华关系极为重要，但致力于国家复兴、重回西方文明世界的俄罗斯，始终在寻求与美国建立正常国家关系，甚至是"战略伙伴关系"。⑤2003 年 10 月，普京在卡塔尔半岛电台发表谈话时强调，莫斯科和华盛顿有着保障世界战略稳定和人类安全的共同任务。因此，俄罗斯和美国结成战略伙伴关系的可能性是存在的。俄罗斯外交和国防政策委员会主席谢尔盖·卡拉加诺夫认为，俄美如果消除地缘政治偏见，两个最强大的军事大国的联合军事行动将是对付任何潜在侵略者

① Пядышев Борис-доктор исторических наук, Чрезвычайный и Полномочный Посол, главный редактор журнала «Международная жизнь». Пекин выбирает «ось удобства»//Журнал «Международная жизнь», № 9, 2009.

② 《习近平同美国总统奥巴马会晤》，新华网，2015 年 9 月 25 日，http://www.xinhuanet.com//world/2015-09/25/c_1116681366.htm。

③ Александр Георге Ларин. "Американский фактор в российско-китайских стратегических партнерствах"// Проблемы Дальнего Востока. № 6,2001.

④ Сергей Строкань, Татьяна Едовина. Российско-китайская суперсерия-Владимир Путин и Си Цзиньпин будут в этом году встречаться много как никогда//Газета "Коммерсантъ" №78 от 6.05.2015,стр.6.

⑤ Dmitri Trenin,"The Modernization of Russia's Foreign Policy," *Carnegie moscow centr*,August 02, 2010.

最好的遏制因素。[①] 即便在美国与俄罗斯关系恶化的情况下，普京等核心领导层也没有放弃改善与美国关系，即与其发展正常国家关系的努力。普京在接受美国福克斯新闻频道的采访时呼吁，美国国内的政治博弈不能让俄美关系成为“人质”。俄美应停止相互争斗，齐心协力面对共同困难。[②] 2018 年 10 月，普京在瓦尔代论坛上表示，特朗普总统愿意倾听他的意见，而并非像一些美国媒体所说的完全不听劝告的人，这位美国领导人正致力于恢复良好的美俄关系。[③] 有人士甚至认为，一旦制裁解除，俄罗斯更倾向于瞄准欧洲而非东方国家。[④]

（二）中俄两国坚持结伴不结盟

有人士认为，“俄罗斯和中国的联合反制措施会让美国人冷静下来”。[⑤] 这些人断言，不单是 20 世纪 50 年代的苏中联盟曾令西方提心吊胆，如今的俄罗斯核力量、科技和资源潜力与中国经济结合起来也足可推翻美国秩序并将世界格局拉向有利于自己的一边。[⑥] 美国军事专家声称，俄罗斯和中国在未来战争中“无法一对一与美国匹敌，可它们的合力无疑会给这个超级大国制造严重麻烦”。[⑦] 然而，国与国的结盟已不符合当今世界和平与发展的潮流。在中苏关系史中，双方结盟没能确保两国关系的持续健康发展。相反，“政治上的尖锐对立客观上却使两个伟大社会主义国家的必要合作中断近 30 年”。[⑧] 为此，1994 年 9 月，中俄在《联合声明》中郑重宣布，两国决心发展面向 21 世纪的建设性伙伴关系，既不结盟，也不针对第三国。这也是中俄发展双边关系的基本原则之一。2001 年 7

---

① 赵鸣文：《普京大外交：面向 21 世纪的俄罗斯对外战略（1999—2017）》，人民出版社、研究出版社 2018 年版，第 641 页。

② Дмитрий Смирнов.Владимир Путин-телеканалу Fox News: Не пугайте свое население угрозами, которых не существует-Президент рассказал, почему они не поругались с Трампом и куда нацелены российские ракеты //Комсомольская правда. 17 июля 2018 года.

③ "Vladimir Putin uses speech to herald end of US hegemony,"*The Financial Times*,October 18,2018.

④ Китай и Россия вырабатывают совместный ответ на экономический терроризм США//Экономика сегодня. 30.05.2019.

⑤ Геворг Мирзаян.России не нужен альянс с Китаем//Expert Online. 12.12.2014.

⑥ Геворг Мирзаян.России не нужен альянс с Китаем//Expert Online. 12.12.2014.

⑦ Антон Мардасов. Судьбу союза России и Китая определят США-В Вашингтоне обеспокоены сближением Москвы и Пекина в военной сфере//Мировое обозрение.28 апреля 2017 года.

⑧ Александр Яковлев, профессор, главный научный сотрудник ИДВ РАН. "Третья угроза":Китай-враг № 1 для России? (Как и зачем из перспективного стратегического партнера делают стратегического противника) //Проблемы Дальнего Востока, 2002(1).

月，双方签署的《中俄睦邻友好合作条约》，不同于《中苏友好同盟互助条约》，摒弃了不结盟即对抗的冷战思维模式。然而，随着国际形势急剧演变和中俄不断提升战略协作水平，国际社会乃至中俄两国国内的部分人士对中俄是否会始终坚持不结盟立场再次产生质疑。在这些人看来，中俄不结盟不过是双方在具体情况下的某个时间段做出的表态。在如今美国新军事战略已将中俄视为自己主要对手的情况下，不排除“或迫使莫斯科和北京将其作为考虑军事政治结盟的因素”。[①]有的人士甚至认为，中国坚持不搞军事政治同盟的原则并“不是任何情况下不容变更的教条”，“如果美国真的转向武力压制，这个封印就会解除”。[②]中国有学者表示，目前出现新大国结盟概率较小，但十年后国际格局很有可能出现质变，届时中俄结盟概率将提高。[③]也就是说，中俄是否结盟取决于美国给两国的压力有多大。然而，结盟无疑是冷战和集团政治的产物，历史经验和教训使双方清醒地认识到，中俄结盟不符合两国和两国人民的根本利益。中俄结盟虽然可以成为应对美国压力的有效工具，但这个联盟将被视为攻击性和挑衅的行动，而非防御性反应。[④]这“不啻为向美国发出两国欲对其展开全线对抗信号”，[⑤]给西方政客提供中俄是西方威胁的口实，加剧国际地缘形势恶化，影响两国对西方的整体战略推进。中俄在汲取历史经验教训的基础上，恰恰都不希望一纸盟约影响各自对外交往的更大空间，而是希望建立一种既能“背靠背”守望相助，又能感到相对自由舒适的关系。“中国对 20 世纪 50 年代末产生的国家利益被莫斯科破坏的感觉似乎是与俄罗斯牢固地缘政治、意识形态和军事联盟瓦解的主要原因。”[⑥]2019 年，中俄发表的《中华人民共和国和俄罗斯联邦关于发展新时代全面战略协作伙伴关系的联合声明》向外界发出两国将继续致力于维护多边主义和国际秩序的强音，

① Юрий Тавровский-профессор Российского университета дружбы народов.Российско-китайские отношения нуждаются в ручном управлении-Торгово-экономические связи должны взять под личный контроль лидеры обеих стран//Независимая газета. 12.02.2018.

② Владимир Скосырев.РФ и КНР договариваются, как противостоять санкциям США-Военные маневры в Сибири с участием Китая бросили тень на Владивостокский форум//Независимая газета.10.09.2018.

③ 谢超：《与中国结盟吗？——俄罗斯国家利益与中俄结盟概率》，载《当代亚太》2016 年第 4 期。

④ Антон Мардасов.Судьбу союза России и Китая определят США //СВОБОДНАЯ ПРЕССА.28 апреля 2017 года.

⑤ Петр Акопов,главный редактор"Политического журнала".Почему Китай не встает на сторону России в «деле Скрипаля»//Взгляд.30 марта 2018 года.

⑥ Петр Акопов.России и Китаю выгодно оставаться «партнерами, но не союзниками»//Взгляд.19 мая 2015 года.

但“中俄携手维护全球战略稳定，不是为了一己私利，更不是走结盟对抗第三方的老路”。[①]

（三）构建新型大国关系

20世纪80年代中苏关系实现正常化时，双方即达成在互相尊重主权和领土完整、互不侵犯、互不干涉内政、平等互利、和平共处的原则基础上发展两国关系的共识。苏联解体后，中俄继续强调的上述原则是进一步发展两国关系的基础。1992年12月，双方在《关于中华人民共和国和俄罗斯联邦相互关系基础的联合声明》中重申，两国将按照《联合国宪章》，本着互相尊重主权和领土完整、互不侵犯、互不干涉内政、平等互利、和平共处的原则及其他公认的国际法准则来发展双边的睦邻友好和互利合作关系。1994年9月，双方在《联合声明》中首次确认“两国已具有新型的建设性伙伴关系”。2001年7月，双方签署的《中俄睦邻友好合作条约》，成为两国不以意识形态为标准建立面向21世纪新型国家关系的重要基石。俄罗斯前驻华大使罗高寿表示，俄中“两国关系经历半个世纪以来的坎坷道路”，终于“找到了一种能够以最佳方式考虑到现在和未来两国国家利益的合作方式”。[②]中俄历史和文化不同，思维方式存在差异，但共同的利益和使命将两国的命运连在一起。在西方世界普遍担心所谓“文明冲突”会影响世界“和谐”秩序的背景下，中俄这两个不同文明的毗邻大国友好相处本身就证明，只要坚持和平共处五项原则，本着尊重对方主权和领土完整、互谅互让、求同存异、互利共赢的精神，“大国间、核国间、邻国间、东西方间、南北方间、不同政治制度和文化传统国家间建立和谐关系是完全可能的”。[③]2017年7月，双方在《关于进一步深化全面战略协作伙伴关系的联合声明》中进一步强调，中俄开创性建立新型国家关系的基础是相互尊重、平等信任，其核心价值是相互支持，目标是两国人民共同繁荣。中俄在国与国交往中提出了全新的思维和理念，

---

① 《外交部就中俄两国元首共同签署〈中俄关于发展新时代全面战略协作伙伴关系的联合声明〉等答问》，中华人民共和国中央人民政府网，2019年6月6日，http://www.gov.cn/xinwen/2019-06/06/content_5398117.htm。

② Интервью Чрезвычайного и Полномочного Посла в Китае Игоря Рогачева Российскому информационному агентству "Новости"//РИА Новости.22 мая 2003 года.

③ Евгений Верлин. Путин и Ху не будут ссориться с Бушем//Независимая газета.28.05.2003.

为冷战后的国际关系体系创建了一种全新的国家关系模式。两国创建的新型大国关系模式，打破了西方对大国关系的传统理念，也为不同历史、不同文化、不同文明、不同民族、不同意识形态、不同经济发展阶段的国家间建立平等互利的关系提供了有益借鉴。

（四）面向新时代的守望相助

根据百年未有之大变局的新形势，中俄元首高瞻远瞩、审时度势，不失时机地对两国关系再定位，确立了面向新时代“守望相助、深度融通、开拓创新、普惠共赢”的全面战略协作伙伴关系，相互给予对方走自身发展道路和维护本国核心利益方面更加坚定有力的战略支持；强调要体现双方作为世界大国和安理会常任理事国的使命和担当精神，维护以《联合国宪章》宗旨和原则为核心的国际秩序和国际体系，推进全球治理改革，支持多边贸易体制，推动建设相互尊重、公平正义、合作共赢的新型国际关系，构建人类命运共同体。双方进一步强调两国发展关系不针对第三方，不结盟、不对抗。在百年未有之大变局的当下，赋予中俄关系新定位和新内涵，既是历史的传承，也是时代的召唤，既是双方的选择，也是各方的期盼，具有特殊重要意义[①]。

三、中俄关系的发展

在顶层设计的战略引领以及相关职能部门的通力合作协调下，中俄两国关系迅速进入稳步发展期。21 世纪以来，中俄关系快速发展，两国不断深化和丰富务实合作内涵，持续提升政治互信和战略协作水平，不断扩大各领域合作，日益加深两国世代友好的民意基础。

（一）不断实现双边关系的跨越式发展

苏联解体后，两国顺利实现从中苏关系到中俄关系的平稳过渡。1991 年，双方确认了俄罗斯继承苏联与中国的外交关系。1992 年，中俄宣布相互视为友

① 《外交部就中俄两国元首共同签署〈中俄关于发展新时代全面战略协作伙伴关系的联合声明〉等答问》，中华人民共和国中央人民政府网，2019 年 6 月 6 日，http://www.gov.cn/xinwen/2019-06/06/content_5398117.htm。

好国家。1996年，两国将双边关系提高到“发展平等信任的、面向二十一世纪的战略协作伙伴关系”。不到5年的时间，中俄关系顺利实现“三连跳”。进入21世纪，中俄关系更是一年一个台阶，几年一个发展阶段，进入两国关系快速发展期。2001年签署的《中俄睦邻友好合作条约》为两国关系持续稳定发展奠定了坚实的法律基础。面对共同安全风险和挑战上升以及中俄关系发展的实际情况，两国元首在2011年将中俄“战略协作伙伴关系”不失时机地提升至“全面战略协作伙伴关系”，并在2014年宣布进入“全面战略协作伙伴关系新阶段”。2015年和2017年，两国签署《关于深化全面战略协作伙伴关系、倡导合作共赢的联合声明》和《关于进一步深化全面战略协作伙伴关系的联合声明》。在百年未有之大变局的当下，中俄元首将两国关系提升至“新时代全面战略协作伙伴关系”的更高层次。短短八年时间里，中俄关系又成功实现“几连跳”，上升到了前所未有的高度，这显著表明两国关系更加牢固、富有韧性。

（二）持续提升政治互信和战略协作水平

首先，政治互信不断加深。1992年12月，中俄双方在《关于中俄相互关系基础的联合声明》中承诺，两国互视友好国家，相互不参加任何针对对方的军事政治同盟，不同第三国缔结任何损害另一方国家主权和安全利益的条约或协定，相互不以任何方式，包括不利用同对方接壤的第三国领土、领水和领空使用武力或以武力相威胁。即使是在“9 · 11”后俄美关系空前拉近之时，普京也认为，无论从政治互信，还是经济合作层面，俄中关系都从未达到如此高的水平。“就俄中合作性质而言，要高于俄罗斯同美国关系。”① 而在特朗普政府上台后试图通过解除制裁换取俄罗斯高层“理解”美国对中国的牵制政策时，俄方也始终“拒绝与美方背后谈论有关中国问题”。② 俄罗斯驻华大使杰尼索夫明确表示，虽然特朗普的竞选口号及其承诺有可能变为切实政策，但无论是对中国还是对俄罗斯而言，中俄两国关系都是政治方程式中的常数，不是变化不定的。③ 普京在接受《金融时报》

---

① Двуглавый орел смотрит и на восток//Газета Труд из номера 097 за 7 июня 2002 года.

② Болтон пытался излагать претензии к Китаю, заявил источник//РИА Новости.Москва,23 октября 2018 года.

③《俄驻华大使：俄中关系完全去意识形态化并基于彼此利益》，俄罗斯卫星通讯社，2017年2月10日，http://sputniknews.cn/russia_china_relations/201702081021798548/?from=timeline&isappinstalled=0。

采访时着重指出，“中国的核力量发展水平远低于俄美……当今主要的核大国是俄美。因此，我们两国应首先缔结条约。我不认为中国将来会产生任何威胁。我很难想象这一点”。[①] 同样，在美国等西方政客鼓动建立“中美两国集团”时，中国没有理睬“中美共治”问题。2019 年 6 月，中俄两国在《中华人民共和国和俄罗斯联邦关于发展新时代全面战略协作伙伴关系的联合声明》中宣布，将进一步开展相关领域的互信合作。

其次，战略协作水平不断提升。1997 年 4 月，中俄两国首次以联合声明方式就世界多极化和建立国际新秩序阐述共同立场，双方将本着伙伴关系努力推动世界多极化发展和国际新秩序的建立，强调独联体是欧亚地区稳定和发展的重要因素。随着 21 世纪以来国际地缘形势的急剧变化，中俄“抱团取暖”的需求愈加强烈，两国相扶相助、战略协调与配合更趋紧密。中俄两国不断阐述对一些相互重大关切、全球和地区战略稳定与安全问题的观点，在国际事务上相互协调。中俄认为美国在欧洲和亚太地区部署“岸基宙斯盾系统”和“萨德”系统与导弹扩散领域面临的实际挑战和威胁毫不相干，其真实目的是谋求本国及其盟国单方面的军事和安全优势，这将对俄罗斯、中国和其他国家的安全，对美国及盟友的自身安全和全球战略稳定造成最严重的消极后果。2017 年 7 月，中俄双方在《关于进一步深化全面战略协作伙伴关系的联合声明》中强调，两国将全面加强国际领域战略协作，在外交工作中优先重视彼此就国际问题进行沟通，就各自重大政策和行动加强协调，深化各自外交部门、驻对方国家使领馆、各自驻第三国外交代表机构之间的合作。

再次，两国在涉及彼此核心利益和重大关切问题上相互坚定支持。俄方支持中国统一大业，反对一切有关“台独”的言行；中方认为车臣问题纯系俄罗斯联邦内政，支持俄罗斯中央政府为打击恐怖分裂势力而采取的行动。两国在捍卫二战历史真相问题上也彼此策应，都“不接受破坏‘二战’后形成的国际安全架构、损害战略稳定以及用某些规则暗中替换包括《联合国宪章》在内的国际法准则的企图”。[②] 在西方普遍唱衰俄罗斯企业时，中国大公国际资信评估有限公司给

---

① Интервью Владимира Путина THE FINANCIAL TIMES в преддверии Саммита G20-Что сказал Путин в интервью Financial Times. Главное//ТАСС.28 июня 2019 года.

② Черноморский фронт-Главы МИДов России и Китая в Сочи похвалили друг друга и отчитали США// Газета "Коммерсантъ" №80 от 14.05.2019,стр.1.

予俄罗斯天然气工业股份公司的本、外币信用等级和俄罗斯天然气工业银行信用等级“AAA”和“A—”的评级和稳定评级展望。同样，正值美国等西方势力煽风点火，企图扩大中国南海问题事态之际，俄罗斯外长拉夫罗夫公开表态，俄罗斯主张中国南海、东海或其他海域的任何争端都“应在没有外部势力干预前提下找到各方均满意的解决方案。我们不认为将这些争端国际化是有益之举”。[①] 在特朗普政府不择手段伙同盟国封杀华为之时，俄罗斯外长拉夫罗夫再次表示，华盛顿授意加拿大拘捕中国华为公司高管孟晚舟事件无疑是美国“非常傲慢”的大国政治又一例证，“这甚至引起美国最亲密盟友的排斥。应该到此为止了”。[②] 普京认为，美国制裁封杀华为的事例表明，“在当今世界非市场的竞争手段频频被使用”。[③] 双方在各自国家发展战略上相互支持。中方视俄罗斯为共建“一带一路”的重要战略伙伴，俄罗斯可以在这一倡议中发挥独特和不可替代的重要作用，并始终对欧亚经济联盟框架内一体化进程和大欧亚伙伴关系计划持支持立场。在双方遭遇西方冷遇或抵制情况下，两国元首相互出席对方举办的大型主场外交活动并发表主旨演讲。面对新的形势和新的挑战，中俄两国在《中华人民共和国和俄罗斯联邦关于发展新时代全面战略协作伙伴关系的联合声明》中宣布：两国将以“守望相助”的更加坚定有力的战略协作姿态，支持对方走符合自身利益的发展道路和维护本国核心利益，保障各自安全、主权和领土完整，携手有效应对各类传统和新型安全威胁与挑战，保持双方在重大国家安全问题上的密切沟通和协调配合。

（三）军事及安全合作不断深入

其一，两国武器贸易、军事和安全合作不断加强。双方从起初的单一武器贸易和两军的礼节性互访逐步发展到军事技术和安全领域的深度合作。2014 年以来，俄罗斯对华军售政策出现明显变化，其武器制造商不再拒绝向中国出售最

① Лавров: учения с КНР не означают поддержку в ее территориальных спорах//РИА Новости.05.08.2015.

② Лавров прокомментировал задержание дочери главы Huawei//РИА Новости. Милан,7 декабря 2018 года.

③ Путин уверен, что отношение Запада к России кардинально не изменится-Этому не поспособствуют даже значительные уступки со стороны Москвы, уверен президент//ТАСС.20 июня 2019 года.

先进的军事装备。[①]中国在俄罗斯武器装备订单中的占比从2013年的5%上升到2018年的14%—15%，中国成为俄罗斯允许出口S-400“凯旋”防空导弹系统的第一个外国客户和已交付苏-35战机的首个国家。双方联合研发重型直升机项目取得积极进展。

其二，中俄联合军演愈加贴近实战。自2005年在俄罗斯符拉迪沃斯托克和中国山东半岛及附近海域举行中俄“和平使命—2005”联合军演以来，联合军演成为两国军事领域常态化的合作形式，两军从主要针对非传统安全挑战逐步向应对传统安全威胁拓展，并连续创下一系列联演“首次纪录”。2015年，两国海军在地中海海域和彼得大帝湾海域、克列尔卡沿岸及日本海空域举行代号“海上联合—2015（Ⅰ）”和“海上联合—2015（Ⅱ）”实兵联合演习，双方首次实现火控雷达和声呐等“核心数据共享”。2016年，中俄首次举行“空天安全—2016”首长司令部计算机模拟导弹防御联合演习。中俄“海上联合—2017”军演再度创下多个纪录：两国海军首次在波罗的海水域举行军演；中方首次将海军作战力量投送至波罗的海并首次将最新型战舰-052D型导弹驱逐舰投入两国军演；俄方首次邀请中方进入波罗的海水域和鄂霍次克海举行演习并首次与中方演练对“失事”潜艇救援，俄罗斯海军与外军首次演练此类科目，再次展现两军的超高互信水平。2018年，俄方首次邀请中方派兵参加俄（苏）军40年来举行的规模最大的一次“东方”系列战略演习，首次允许非前苏联国家参加这类演习。中俄“海上联合—2019”联合演习首次实现水下互救潜艇艇员和实现舰机联合反潜，首次实现实射导弹武器。所有这些充分表明两国和两军战略互信和军事合作水平已达到前所未有的高度，两军海上联合演习的实战化、信息化、规范化水平不断迈上新台阶。联合军演巩固和完善了两国高度战略互信的军事联演指挥机制，极大地提高了两军的传统安全和非传统安全威胁应对能力，为各自国家稳定发展提供了强有力的保障。

---

① John S. Van Oudenaren.America's Nightmare: The Sino-Russian Entente-The most dangerous threat to America "would be a grand coalition of China and Russia, united not by ideology, but by complementary grievance," *The National Interest*, January 12,2019.

（四）科技、经贸、能源、金融及人文合作全面跟进

科技合作深入展开。从2001年起，中俄两国开展了一系列国家层面的科技合作项目。双方制定的首份航天领域（2004—2006年）合作纲要，将探月计划作为一项长期的重要任务。在连续完成几轮合作计划后，双方提出在实施2018—2022年航天合作大纲基础上，继续拓展并深化两国在航天领域的长期互利合作，包括在运载火箭及发动机、月球与深空探测、对地观测、航天电子元器件、空间碎片监测、低轨卫星通信系统等重点领域的合作。同时，两国联合研制大型客机合作取得积极进展，双方先后签署研发新一代远程宽体客机备忘录和关于落实联合研发、生产、销售新型远程宽体客机项目合同和政府间协议。两国的互联网技术合作突飞猛进。华为与俄罗斯移动通讯系统公司（MTS）签署发展5G技术合作协议。中俄还决定在2020年和2021年互办“科技创新年”、定期举行创新对话等活动，大力推进两国联合科技创新基金建设和大科学合作，包括中方参与俄方基于超导重离子加速器的离子对撞机装置项目的实施，加强两国科技创新人才交流与合作等。

经贸合作提质增量。2001年两国贸易额首破百亿美元大关，达到106.7亿美元。2007年和2008年中俄贸易额实现两连跳，达到481.65亿美元和568.3亿美元。受金融危机和国际贸易低迷及大宗商品价格走低等多重因素影响，两国贸易额在2009年和2015年两度大幅下滑。2010年，中俄经贸合作水平重拾升势，双边贸易额回升至554.5亿美元。2014年中俄贸易逆势增长达到创纪录的952.8亿美元。2017年，双方贸易额从2015年的680.7亿美元（俄方统计为635.52亿美元）重新回升至840.71亿美元。2018年，两国贸易额首破1000亿美元大关，达到创历史纪录的1070.6亿美元。中国连续8年保持俄罗斯第一大贸易伙伴国地位。2019年6月，俄罗斯总统新闻秘书佩斯科夫表示，美国的制裁对中俄经济关系有影响，但两国能够自主应对，“不论国际经济形势如何，我们两国的贸易额都将不断增长”。①

---

① Песков заявил, что влияние санкций США ощущается в отношениях России и Китая-При этом представитель Кремля отметил, что Москве и Пекину хватает суверенитета, чтобы принимать важные для себя меры//ТАСС. 3 июня 2019 года.

金融合作持续发展。中俄双方金融机构互设，本币结算规模日益扩大。2014年以来，在美欧对俄罗斯持续实施制裁后，俄罗斯希望进一步扩大对华金融合作。在此背景下，俄罗斯首次向资本金低于50亿卢布的中资银行开放并允准其向具有战略意义的公司投资，莫斯科交易所正式开设人民币兑卢布期货交易业务。与此同时，包括俄罗斯对外经济银行、外贸银行和俄罗斯农业银行等在内的多家金融机构都相继得到中方资金支持。中国人民银行与俄罗斯联邦中央银行签署规模为1500亿元人民币/8150亿卢布的三年期双边本币互换协议。中国进出口银行与俄罗斯外贸银行签署约20亿美元的等值人民币或卢布贷款协议。中国国家开发银行与俄罗斯直接投资基金签署建立人民币结算的联合投资基金（总金额680亿元人民币）协议，并与俄罗斯对外经济银行签署投资期限为15年的总额8.5亿美元合作框架协议。对此，俄罗斯有关人士表示：事实证明，俄罗斯同中国合作得到的益处“是对西方亦步亦趋所得不到的”，[①]“没有与亚洲尤其是中国的合作，俄罗斯经济不可能在结构上成为真正发达的经济”。[②]截至2018年底，人民币在俄罗斯央行黄金外汇储备中的占比接近15%，人民币在两国贸易中的使用比例上升至17%。2019年4月，俄中投资基金、黑龙江省大正集团与俄罗斯直接投资基金正式启动一项以人民币计价的总价值60亿至70亿元的基金，旨在支持“一带一路”相关项目和其他有前景领域的合作。6月，中俄双方签署两国过渡到本币结算的政府间协议，今后数年，俄罗斯对华卢布结算的比重可能从目前的10%上升至50%。

能源合作扎实推进。中俄能源合作起步早，但进展一度滞后于其他领域。21世纪以来，两国能源合作奋起直追，石油贸易和上下游合作不断扩大。2005年至2010年，俄方以“石油换贷款”方式对华提供了总计4840万吨石油。自2011年1月中俄原油管道正式运营，2013年12月俄罗斯与哈萨克斯坦签署过境（西线）对华供油政府间协议以来，俄方对华供油稳步增长。随着中俄原油管道二期正式运营，2018年俄方对华出口的石油达到创纪录的7149万吨，俄罗斯连续3年成为中国第一大原油供应国，供应量占中国石油进口的15.47%。中俄两

① Дженнифер Ковтун, Денис Тельманов, Марина Балтачева.Не только газ-Россия и Китай расширяют сотрудничество в сфере безопасности и военных поставок//Взгляд.21 мая 2014 года.

② Дорога в Поднебесную-Политик Борис Титов-об экономических предпосылках российско-китайского сотрудничества//Газета Известия.19 мая 2014 года.

国天然气大规模合作蓄势待发。两国政府和能源公司分别签署总价值4000亿美元的《中俄东线天然气合作项目备忘录》和《中俄东线供气购销合同》，并计划于2020年竣工运营。未来30年，俄方每年将向中方供应不少于380亿立方米天然气。双方的西线“阿尔泰”天然气管道合作项目谈判积极推进，从哈巴罗夫斯克和符拉迪沃斯托克对华供气的第三条天然气管道项目也在磋商之中。中俄亚马尔合作项目的首条液化天然气生产线正式投产，中方每年可从此项目获得400万吨液化天然气。在西方切断俄罗斯大型能源企业资金链的情况下，俄方加大了从中方寻找融资渠道力度并成功获得支持。2019年4月，中国石油天然气集团公司和中海油与诺瓦泰克公司签署收购北极液化天然气二号项目20%的权益合同。随后，普京在会见俄中能源商务论坛与会者时表示：“能源业是俄中合作最关键、发展最积极的领域之一。”两国元首都“高度重视能源合作问题，对共同倡议和合作项目给予支持”。[①] 中俄油气合作迎来历史最好时期。

交通基础设施合作取得积极进展。中国地铁技术和标准赢得俄方信赖。2017年，中国铁建成功中标莫斯科地铁第二条环线的第三换乘环线西南段工程，开创俄方首次在地铁建设中引进外国企业施工先河。这也是中国地铁首次带着设备、设计、技术、管理和“中国标准”全产业链挺进欧洲地铁市场的第一个项目。随后，中国铁建先后赢得包括莫斯科地铁西南线项目等其他工程的订单。两国道路和通关便利化取得突破性进展，双方签署《中华人民共和国政府与俄罗斯联邦政府国际道路运输协定》和《中国—俄罗斯—欧洲快速和高速跨国货运铁路的备忘录》，将中俄国际道路运输开放范围扩大至两国全境并取消对货运线路限制，历史上首次允许两国运输汽车在对方境内自由通行和在任何地点装卸货物，从根本上改变了两国跨境汽车货运不畅的局面。两国跨境铁路、公路大桥和索道建设取得阶段性成果。同江—下列宁斯阔耶跨江铁路大桥和黑河—布拉戈维申斯克的黑龙江（阿穆尔河）跨境公路大桥相继成功合龙，为两桥尽快投入运营打下坚实基础。同时，两国首条跨境索道——黑河—布拉戈维申斯克跨黑龙江（阿穆尔河）索道也正式开工建设。

人文合作有声有色。2006年以来，中俄连续互办“国家年”“语言年”“旅游

① Путин отметил важность энергетического форума с Китаем//РИА Новости.7 июня 2019 года.

年”“青年友好交流年”和“媒体交流年”等大型主题年活动，极大地促进了两国民众的相知相亲，进一步夯实了两国关系的民意基础。由中国中央广播电视总台和今日俄罗斯国际通讯社联合主办的“乐动中俄”大型媒体活动创下参与人数最多纪录，点阅互动突破 10 亿次，“中俄头条”新闻客户端获得近 600 万下载量。两国民众对对方的人文地理和历史文化兴趣日渐浓厚。中国赴俄罗斯旅游观光的人数连年攀升。2015 年至 2017 年，前往俄罗斯的中国游客分别增至约 112 万、128.8 万和 147 万人次。2018 年，入境俄罗斯的中国公民人数超过 200 万人次，中国是俄罗斯第一大入境客源国。同时，中国也成为俄罗斯民众旅游度假的第三大热门目的地，前往中国的俄罗斯游客数量大幅增长：2015 年和 2016 年俄罗斯来华旅游的人数分别达到 158.23 万人次和 118.3 万人次，2017 年和 2018 年分别达到 230 万人次和 200 余万人次。两国民众对对方语言的兴趣越来越浓厚。2018 年有 3 万名中国学生赴俄罗斯高校深造。近 7 年来，中国在俄罗斯 85 座城市就读的学生人数增加了近一倍。同样，有超过 1.9 万名俄罗斯学生在中国留学。在“汉语热”推动下，俄罗斯教授汉语的中学不断增多，从此前的 1.6 万所增至 2018 年的 1.9 万所。俄罗斯相当一部分学校将中文作为学生基本必读科目并将其考试分数计入总成绩，中文考试已覆盖所有设置汉语课程的中学并成为其国考第五外语。截至 2019 年，俄罗斯有 542 所高校文凭被中国承认。俄罗斯人民友谊大学、圣彼得堡国立师范大学、远东联邦大学等多所高校都与中国有共同教学大纲。两国计划在 2020 年将双方的留学交流人数增加到 10 万。

四、结 语

诚然，同国际关系中的任何一对双边关系一样，中俄关系的发展过程不会一帆风顺。中俄与美国等发达国家之间的结构性矛盾是长期的，两国关系发展始终会面临严峻的地缘环境挑战。但也应看到，如今的国际大环境以及中美俄的自身情况已与冷战时期不同，相互间已有了某种“共生关系”，中俄包括同美国在内的西方仍有足够的对话与合作空间。尽管中俄关系中还有不少尚待解决和完善的方面，两国民众的相互认知还不够充分，两国经济金融合作无论在深度还是在广度上都与两国高水平的政治安全合作不相符，但所有这些都不过是“发展中的问题”。双方既有意愿，也有能力妥善解决好这些问题。聚焦世界百年未有之大变局，中俄关系已超越双边范畴，成为维护国际战略平衡与世界和平稳定的重要因素，两国作为联合国安理会常任理事国肩负着促进世界和平与发展的特殊使命，任何一方都不会以舍弃对方的巨大代价来换取西方的好感。正如俄罗斯国家杜马主席沃洛金所言，俄中关系发展符合两国人民利益，“我们不想改变，我们的中国朋友也不想改变”。[①] 历经 70 年的风风雨雨，睦邻友好已成为中俄双方深思熟虑的国策，两国关系更加成熟、坚韧。在两国元首战略引领和坚实的民意支撑下，中俄关系站在新的历史起点上，将迎来新时代的发展机遇。

① 范伟国、胡晓光：《专访：俄中双边关系模式应成为各国文明交往的典范——访俄罗斯国家杜马主席沃洛金》，新华网，2017 年 4 月 20 日，http://www.xinhuanet.com/world/2017-04/18/c_1120830656.htm。

中俄关系：新时代全面战略协作伙伴[①]

中俄关系是国际关系中最为重要的一组双边关系，在维系国际和地区和平稳定、全球战略平衡方面发挥着举足轻重的作用。中俄关系在2011年由“战略协作伙伴关系”发展到“全面战略协作伙伴关系”后，2014年进入“全面战略协作伙伴关系新阶段”。2019年中俄元首将双边关系再次提升到“新时代全面战略协作伙伴关系”这一更高层次。两国政治互信和战略协作水平空前提升，军事和科技领域合作取得突破性进展，经济、金融、能源和道路基础设施等领域合作成果丰硕，农业和人文领域合作突飞猛进。面对突如其来的新冠疫情，中俄继续合作应对。尽管两国关系发展仍面临诸多外部挑战、内部还有进一步完善的方面，但中俄关系发展的内生动力强劲。新形势下，两国将进一步增进政治互信，改善双边贸易结构和投资环境，加强合作项目的前期可行性研究，推动新时代全面战略协作伙伴关系持续深入发展。

近年来，随着国际格局加速调整、世界形势急剧变化以及单边主义、保护主义和逆全球化思潮泛起，中俄面临的内外挑战明显增多、战略压力持续加大，两国合作的需求进一步上升，携手应对风险和挑战的战略协作愈加紧密。2019年，两国通过共同庆祝建交70周年系列活动，极大地促进了双边关系深入发展。中俄元首不失时机地将双边关系提升到新时代全面战略协作伙伴关系，开启了两国关系新篇章。尽管仍面临诸多挑战，但中俄关系已然变得更加稳健、成熟和坚韧。

一、中俄政治互信和战略协作水平空前提升

面对世界百年未有之大变局，两国关系对双方的战略价值进一步显现。俄方

---

① 该文载在《国际关系研究》2020年第3期，第22—38页。

将中方作为“向东转”重要方向的决心更加坚定，中方将俄方视作践行人类命运共同体理念伙伴的信心倍增，双方守望相助的愿望更加强烈。中俄元首以双方建交70周年为契机，频繁会晤，精心规划双边关系发展蓝图，又一次将中俄关系提升到新的历史高度。

（一）俄罗斯主流社会对华认知持续深化

新中国成立70周年前夕，俄罗斯精英阶层和主流媒体普遍对新中国这70年，特别是改革开放以来发生的天翻地覆变化给予高度评价，称从一个落后且受制于人的国家，逐渐蜕变为全球发展的领军者。“或许，只有在目睹当年画面之后，我们才能最真切理解中国在这70年间创造的奇迹。”[①] 中国创造性地发展了苏联政权模式，建立了中国特色的社会主义协商民主，使之成为中国改革成功的关键因素之一。尽管新中国在建立基础工业部门和培养科学工程人才方面曾得到苏联的帮助，但当代中国完全是中国人民和中国共产党自己用努力和牺牲换来的。[②] “中国创造性地吸收和发展了我们在苏联时期的经验”，克服了导致苏联解体的那些困难，如今进入了新的发展空间。经过70年的历史性变革，中国在诸多方面已走到整个人类文明的前沿。[③] 俄罗斯联邦共产党中央委员会主席久加诺夫在接受媒体采访时感慨：“我们国家搞砸的事在中国成功了。”中国做到了苏联没有做到的事情。单凭让7.5亿人脱贫这一件事，就足以在任何历史评判中为中国共产党树立丰碑。[④] 至于所谓的中国移民将占领俄罗斯远东的说辞，越来越没有市场。俄罗斯资深专家坦言，现在中国人到俄罗斯打工已没有意义。中国北方的收入与远东地区收入相当，甚至更高。如今，反倒是俄罗斯人去中国找工作了。就连一向对中国抱有偏执态度的俄罗斯安全部门也转变了态度，认为俄罗斯不应担心来自北京的威胁，至少眼下不应该担心。为此，它们正越来越多地与中

---

① Диана Ковалева.Китай-движение вверх-По российскому телевидению показали первую серию фильма о начале пути коммунистического Китая//Российская газета-Столичный выпуск № 207(7965) от 16.09.2019.

② Виктор Пироженко.70 лет КНР-итоги творческого развития советской модели политической власти-Формировать устойчивость к вызовам будущего//Фонд стратегической культуры.30.09.2019 .

③ Сергей Глазьев: Призывы отказаться от китайского опыта-это попытка удержать Россию в рамках сырьевого придатка//ИЗБОРСКИЙ КЛУБ. 29 сентября 2019 года.

④ Зюганов: Китай осуществил то, что не смог сделать СССР// ТАСС.Пекин, 6 декабря 2019 года.

国合作。[①]

（二）两国互为不可替代的优先合作伙伴

中方视俄方为构建“人类命运共同体”不可或缺的战略伙伴，俄方将中方作为建立“大欧亚伙伴关系”的重要伙伴和坚定支持者。基于两国关系的重要性，双方都不会置双边关系于不顾，与美国和西方发展针对对方的关系。如今的战略环境已经发生变化，已不是冷战期间美国离间中苏、拉华抑苏的战略环境。不管国际风云如何变幻，中俄都把发展两国关系作为本国外交优先方向。无论西方势力图谋“联俄抑华”或“拉华制俄”，中俄发展新时代全面战略协作伙伴关系的决心坚定不移。即便在特朗普政府游说俄罗斯政府高层，试图用缓解美俄关系换取其“理解”美国对中国的牵制的情况下，俄方也拒绝与美方在背后谈论有关中国的问题。[②] 俄罗斯精英曾明确表示，在俄美关系如此错综复杂的当下，莫斯科无论如何也不会去迎合美国政客臆想的与俄罗斯进行“利益交换”的某些交易。因为“我们无意玩火自焚。首先是因为俄罗斯与中国存在共同利益”。[③] 普京甚至表示，俄罗斯与中国已建立具有战略联盟性质的特殊关系，两国成为没有正式白纸黑字规定军政义务联盟实质内容的盟友。在致力于世界秩序改革事业中，两国是没有“兄弟”和“主从”之分、绝对平等和两相情愿的盟友。[④] 拉夫罗夫外长更是强调，如今的中俄关系甚至“超越一些正式联盟”。任何想在两国间“打入楔子”、挑拨离间以破坏中俄关系的企图都不会得逞，俄中合作构架牢不可破。[⑤]

中俄坚定维护世界和地区和平稳定。2019 年，两国发表《中华人民共和国和俄罗斯联邦关于加强当代全球战略稳定的联合声明》，再次向世界发出中俄致力于维护全球战略稳定，维护多边主义和国际秩序的强音和坚定决心。

两国在涉及彼此核心利益和重大关切问题上相互支持。面对来自美国等西方国家的压力，如美国对参与俄罗斯“北溪 2 号”项目的欧洲企业施压制裁和指责

---

① Yaroslav Trofimov,"The New Beijing-Moscow Axis," *Wall Street Journal*, February 2-3, 2019.

② Болтон пытался излагать претензии к Китаю, заявил источник//РИА Новости.23 октября 2019 года.

③ Геворг Мирзаян-доцент департамента политологии Финансового университета при Правительстве РФ.Кремль не станет помогать США в борьбе против Китая//Взгляд.1 мая 2019 года.

④ Петр Акопов.Путин перевел отношения с Китаем на союзнический уровень//Взгляд.3 октября 2019 года.

⑤ Лавров: третьим силам не удастся 'вбить клин' в отношения России и Китая//РИА Новости. Москва,13 сентября 2019 года.

“俄罗斯当局继续限制公民通过自由公正的选举进行和平集会和行使基本权利”，以及2019年世界反兴奋剂机构决定禁止俄罗斯在今后四年内参与重大国际体育比赛，中方均给予俄方强有力的策应和支持。2019年12月，在联合国大会就乌克兰、美国和英国等针对俄罗斯提出的“关于克里米亚自治共和国和乌克兰塞瓦斯托波尔市以及黑海和亚速海部分地区军事化的问题”决议草案表决时，中方一改以往在涉及乌克兰危机事件时所持的谨慎做法，坚定地站在俄方一边投了反对票。同样，早在2015年，俄罗斯外交部长拉夫罗夫就宣称，俄罗斯主张南中国海、东中国海或其他海域的任何争端都“应在没有外部势力干预前提下找到各方均满意的解决方案”。[①] 与此同时，俄罗斯联邦安全局宣布常驻图瓦共和国的达赖驻俄罗斯代表洛桑格勒及其助理洛桑次仁为“不受欢迎的人”，限期离境并不准重返俄罗斯。2019年，俄方重申中华人民共和国政府是代表全中国的唯一合法政府，反对台湾在未获得中国同意情况下参与国际组织工作。针对美国欲将中国拉进俄美核裁军的企图，普京总统多次表示，中国的核力量水平远低于俄美，俄美应首先缔结条约。在美国发动对华贸易战、插手香港事务、歪曲抹黑新疆人权状况等问题上，俄方均给予中方坚定声援。

双方在各自举办大型国际活动上相互支持。在西方联合抵制、美欧等国领导人拒绝与会情况下，中方除连续多年派高级代表团参加圣彼得堡国际经济论坛外，2011年胡锦涛主席还亲自出席这一论坛。2014年，习近平主席打破中国最高领导人不出席境外体育赛事惯例，莅临索契冬奥会开幕式。2019年，习近平主席出席圣彼得堡国际经济论坛。同样，在西方主要国家质疑“一带一路”倡议背景下，普京总统连续两次来华出席“一带一路”国际合作高峰论坛。俄方还主动提出在担任2020年金砖国家机制轮值主席国期间，努力推进中方早前提出的“金砖＋”机制模式。

两国携手共抗新冠疫情。在2020年抗击新冠疫情最艰难时刻，俄方在自身医疗防护用品尚不十分充裕情况下鼎力相助，及时向中方提供大量医疗援助物资并派专家赴华开展防疫合作与交流，这也是新冠疫情期间来华援助的首个外国防疫专家组。同样，在中国疫情趋缓后，中方也优先向俄方提供大批医用口罩、防

---

① Лавров: учения с КНР не означают поддержку в ее территориальных спорах//РИА Новости.Москва,5 августа 2015 года.

护服等防疫物资，第一时间向俄方派去有抗疫经历和经验的医疗专家组。同时，在不到两个月的时间里，中俄元首三次电话沟通，协调两国开展疫情防控合作。普京一再表示，中国政府为抗击疫情采取了卓有成效的举措，不仅控制了国内疫情，还向遭受疫情的国家及时伸出援手，为保护世界人民健康安全做出重要贡献；强调一些人试图在病毒源头问题上抹黑中方的做法不可接受，中国的抗疫行动是对个别国家挑衅和污名化中国的有力回击；俄方将同中方坚定站在一起，加强抗疫等各领域的交流合作，密切在联合国等框架内沟通配合。习近平主席也反复强调，在抗击疫情特殊时刻，中俄相互支持、守望相助，体现了新时代中俄关系的高水平。中方愿同包括俄罗斯在内的各国一道，加强国际防疫合作，携手应对共同威胁和挑战，维护全球公共卫生安全。

（三）中俄元首引领两国关系再上台阶

中俄元首在重大节日互通电话或互致贺函，延续着年度互访和在多边场合举行双边会晤传统，就两国关系及重大国际和地区问题交换看法、协调立场。在中俄建交 70 周年的重要节点，两国元首着眼世界形势变化，顺应两国人民共同愿望，全面总结两国关系发展历史经验，签署并发表《中华人民共和国和俄罗斯联邦关于发展新时代全面战略协作伙伴关系的联合声明》，引领双边关系朝着更高发展目标迈进。此外，双方还举办了一系列丰富多彩的庆祝活动。

中俄关系的新定位为两国关系长期健康、稳定发展指明了方向。新时代中俄关系与过去两国关系相比，无论从深度和广度来说都将是一个质和量的大幅提升，预示着中俄关系和务实合作将在原有基础上加速深化和发展。正如拉夫罗夫外长所说，两国元首宣布俄中关系进入新时代，“意味着我们将在所有领域给予对方更多的支持”。[①]

二、务实合作为新时代中俄关系奠定坚实基础

这些年来，中俄各领域合作持续扩大，特别是自 2014 年以来，两国务实合作迅猛发展，“量”与“质”同步上升，凸显中俄关系发展的强劲内生动力和广

① Сергей Лавров.Партнерство, устремленное в будущее-Связи между российским и китайским народами уходят корнями в глубину столетий//Российская газета-Федеральный выпуск № 216(7974) от 26.09.2019.

阔前景。

（一）军事合作不断深入

双方保持积极参与对方举办的大型军事活动和赛事的传统。中方多次派舰艇编队参加俄罗斯海军节阅兵盛事，而俄罗斯海军除来华访问外，2019 年也派舰艇编队参加中国海军成立 70 周年海上阅兵式。中方不仅连续参加在俄罗斯举办的“国际军事比赛”，还承担了该赛事 2019 年 8 月在中国举办的四项比赛。俄方也派出强大阵容参加在武汉举行的第七届世界军人运动会。

中俄联合军演从只针对非传统安全挑战向同时应对传统和非传统安全威胁过渡。2015 年，两国举行的“海上联合—2015”实兵演习首次实现火控雷达和声呐等“核心数据共享”。2016 年，在中俄“海上联合—2016”军演期间，两军兵力全程融合编组并动用大量新式装备和信息技术。2018 年，俄方首邀中方参加其 40 年来规模最大的军事演习——“东方—2018”战略演习。2019 年，在中俄“海上联合—2019”演习期间，两国海军首次实射导弹和首次实现舰机联合反潜，两军海上联演实战化、规范化达到空前水平。同年 7 月，中俄空军首次在东北亚地区实施联合空中战略巡航，也是两军战机首次编队巡航。9 月，中方再度受邀参加俄罗斯“中部—2019”首长司令部战略演习。10 月，中国武警部队与俄罗斯国民卫队在俄罗斯新西伯利亚市近郊及周边地域实施“合作—2019”联合反恐演练。11 月，中俄首次同南非在开普敦附近海域举行海上联演，也是中俄首次在南半球的南非附近水域举行的三国联合演习。

中俄军事技术合作取得重大突破。2015 年，中国成为俄罗斯允许出口 S-400“凯旋”防空导弹系统的第一个国家和海外订购苏 -35 多功能战机首个买家。2019 年，俄方前所未有地着手帮助中方建立涵盖天基组成部分的导弹预警系统。这彰显两国、两军战略互信和军事合作水平达到前所未有的高度。2020 年，双方积极落实 2020—2021 年军事合作计划，俄方继续向中方提供 S-400“凯旋”防空导弹系统中的其他部件，双方积极筹备签署联合研制重型直升机项目合同的相关事宜。

（二）经贸金融和科技合作稳步推进

第一，经济和金融合作不断深入。两国投资合作委员会确定的 73 个双边合作重点项目已有 11 个完成，15 个正在落实中。2019 年，双方先后签署两国过渡到本币结算和支付的政府间协议、《中俄会计准则合作备忘录》《中国财政科学研究院与俄罗斯联邦财政部财政研究所战略合作协议》《中国财政部政府和社会资本合作中心与俄罗斯国家政府和社会资本合作中心合作备忘录》和《中华人民共和国商务部和俄罗斯联邦经济发展部关于编制〈至 2024 年中俄货物贸易和服务贸易高质量发展的路线图〉的联合声明》。中国化学工程集团有限公司与俄罗斯天然气开采股份有限公司（RusGasDobycha）签订价值 120 亿欧元的波罗的海化工综合体（BCC）项目 FEED+EPC 总承包合同，也是全球最大的乙烯一体化项目。同年 10 月，中方还与包括俄方在内的欧亚经济联盟成员国共同发表《关于 2018 年 5 月 17 日签署的〈中华人民共和国与欧亚经济联盟经贸合作协定〉生效的联合声明》，为建设共同经济发展空间、实现“一带一路”倡议与欧亚经济联盟对接，以及“一带一路”倡议与大欧亚伙伴关系倡议协调发展提供重要法律保障。

第二，贸易投资规模不断扩大。2019 年，中俄贸易额再破 1000 亿美元大关，达到前所未有的 1107.57 亿美元，中国连续 10 年保持俄罗斯第一大贸易伙伴国地位。华为公司和小米公司的智能手机分别占到俄罗斯智能手机市场销售份额的 28.5% 和 10.7%。2019 年前 10 个月，中国对俄罗斯汽车出口增长 66.4%。同年 1—7 月，中国对俄罗斯全行业直接投资同比增长 13%。截至 9 月，中国对俄罗斯累计投资 110 亿美元，俄罗斯在华投资 10 亿美元。[①]

第三，科技合作不断加强。俄罗斯是世界科技大国之一，在基础研究和原始创新方面独具优势。中国在信息通信、卫星导航、无人机、超级计算机等方面逐步走向世界前列。两国发挥各自优势，不断完善各层级科技创新合作机制，科技人员往来交流频繁并在示范快堆、远程宽体客机等高新技术领域取得丰硕合作成果。2019 年 9 月，双方签署《关于中国投资有限责任公司与俄罗斯直接投资基金共同发起设立中俄联合科技创新基金的投资意向书》，共同承诺向该基金投

① Прогноз: Объем российско-китайской торговли достигнет 110-115 миллиардов долларов по итогам 2019 года//Российская газета.02.09.2019.

资10亿美元，着重支持科技型中小企业和两国重要经济领域及交叉领域的新技术发展，促进双方创新成果转移、转化及推广应用。两国2018—2022年太空合作计划顺利实施。同时，双方还签署了《中华人民共和国国家航天局与俄罗斯联邦国家航天集团公司关于建立联合月球与深空探测数据中心的合作协定》和《中华人民共和国国家航天局与俄罗斯联邦国家航天集团公司关于协同实施“嫦娥七号”月球极区探测任务和“月球—资源—1”轨道器任务合作协定》。此外，中国科协与俄罗斯科工联签署关于进一步加强科技人文交流与合作的谅解备忘录；中国华为公司与莫斯科国立罗蒙诺索夫大学数字经济科研中心和俄罗斯移动通讯系统公司（MTS）签署发展了5G技术合作协议，中俄的“北斗”和“格洛纳斯”卫星导航系统兼容工作在稳步进行。

2020—2021年，中俄共同举办“科技创新年”活动。双方将利用各自在资源禀赋上的不同优势，推动两国科技创新合作向更高、更宽领域发展，夯实新时代中俄全面战略协作伙伴关系的物资基础。两国将加强在生物医药、航天、纳米技术、新材料、大科学和数字化等前沿技术领域的合作。双方在信息通信技术、人工智能、物联网等领域的研发合作潜力也十分巨大。虽然突发的新冠疫情延迟和改变了“科技创新年”的某些活动时间和组织形式，但这一主题年活动总体计划仍在有序进行。2019年11月，中国驻俄罗斯大使馆为中俄“科技创新年”启动预热举行盛大招待会。12月，中俄友好、和平与发展委员会媒体理事会决定，将积极促进两国媒体在5G+4K/8K+AI等新技术领域的合作，共享技术发展成果，努力构建中俄媒体技术创新共同体。2020年，该媒体理事会将再度发布《中俄民意调查报告》，为两国相关部门决策和学者专家研究中俄关系发展提供更加翔实可靠的数据支撑。12月，普京总统签署总统令，责成相关部门进一步发展对华关系，扩大两国科技创新领域的合作，为2020年中俄“科技创新年”活动拉开序幕。目前，中俄相关部门正密切沟通，加紧制定两国科技创新年的重点任务清单、实施方案等事宜，包括共建月球基地等合作项目都在有条不紊地磋商之中，两国拟于2020年上半年为月球基地发送着陆装置，首批宇航员将于2031年登月。两国还在积极筹划建立月球和深空探测联合数据中心。①

① Андрей Лезчиков. Россия и Китай освоят Луну вахтовым методом//Взгляд.14 марта 2020 года.

（三）交通基础设施和能源合作取得重大进展

交通基础设施建设合作取得显著成果。2019 年 3 月，中俄首座跨境铁路界河桥——同江—下列宁斯阔耶铁路桥全线贯通。4 月，中国铁建俄罗斯公司与莫斯科工程设计院旗下全资子公司——“工程技术发展管理”开放式股份公司签约莫斯科地铁西南线项目。5 月，两国首座跨黑龙江（阿穆尔河）界河公路桥——黑河—布拉戈维申斯克大桥成功合龙。7 月，中俄首条跨境索道——黑河—布拉戈维申斯克跨黑龙江（阿穆尔河）索道正式开工建设。

核能领域合作突飞猛进。2019 年 3 月，中核苏能核电有限公司会同中国原子能工业有限公司与俄罗斯原子能建设出口股份有限公司（ASE）签订《田湾核电站 7、8 号机组总合同》。6 月，中核辽宁核电有限公司、中核苏能核电有限公司会同中国原子能工业有限公司与俄罗斯原子能建设出口股份有限公司签订《徐大堡核电站 3、4 号机组总合同》。11 月，中核建中核燃料元件有限公司、中国原子能工业有限公司与俄罗斯国家原子能集团公司签订《燃料零部件及运输容器采购合同》和《TVS—2006 燃料技转合同》。

油气“两线”合作双双取得重大进展。2010 年 9 月，中俄石油管道竣工并从 2011 年 1 月开始向中方输油，从此结束了两国石油贸易长期依赖高成本的铁路运输的状况，走向更加稳定、安全和便捷的管道合作模式。随着 2018 年 1 月中俄石油管道二线投入运营，两国石油贸易不断扩大。2019 年，俄罗斯对华出口石油仅次于沙特阿拉伯（8332 万吨），达到创纪录的 7764 万吨，比 2018 年增加 9%，成为对华第二大石油出口国。在受新冠疫情拖累，欧洲需求进一步下降的情况下，2020 年前 4 个月，俄罗斯对华石油出口仍达到 360 余万吨。[①] 两国在“天然气上下游一体化”方面的合作不断加强。2019 年 4 月，中国石油天然气集团有限公司旗下的中国石油国际勘探开发公司（CNODC）、中国海洋石油集团有限公司（CNOOC）分别与俄罗斯诺瓦泰克公司（Novatek）签署协议，各自收购由诺瓦泰克公司牵头开发的北极 LNG2 项目（ArcticLNG2）10% 的权益。6 月，中石化与诺瓦泰克、俄罗斯天然气工业银行签署有关在华成立合资企业协议，旨

① Reuters: Китай закупил у России рекордные 1,6 млн тонн нефти//ТАСС.Москва,26 марта 2020 года.

在主营液化天然气和天然气销售。12 月，横跨两国的能源大动脉——中俄东线天然气管道正式投产通气。2020 年 1—2 月，俄方向中方输送了价值约 1.29 亿美元的 6.35 亿立方米天然气。目前，双方还就经“西伯利亚力量—2”（或经蒙古国）、哈巴罗夫斯克和符拉迪沃斯托克等其他线路对华供气事宜进行积极磋商。

（四）农业、地方和人文合作方兴未艾

农业合作突飞猛进。在中美贸易战胶着、中国中止或减少从美国进口农产品的情况下，中俄对双方的农业互利合作需求同时上升。2019 年 6 月，两国签署《中华人民共和国商务部、农业农村部与俄罗斯联邦经济发展部、农业部关于深化中俄大豆合作的发展规划》。2019 年前 10 个月，中方从俄方进口的农产品同比增长 12.4%。鉴于双方在租赁土地合作上取得的喜人成果，俄方表示将根据《中俄远东地区合作发展规划（2018—2024 年）》，再向中方提供 1500 万亩土地种植大豆，并准备在 2025 年前，将对华出口的大豆增加至每年 370 万吨。截至 2019 年底，中方从俄罗斯累计进口了 6.26 万吨禽肉（整鸡及内脏）和 63.5 万吨大豆。2020 年 2 月，中方首次以万吨级货轮从俄罗斯进口了 14857 吨大豆。

“地方合作交流年”圆满收官。中俄通过举办投资推介会，贸易、工业和农业展览会等上百场活动，极大地激发了两国地方合作热情。2019 年，中国投资者已占俄罗斯远东地区外国投资者数量的 70% 以上，俄罗斯超前发展区建立的近 100 家中俄联合企业为当地创造 1.3 万个高科技就业岗位。2019 年前 9 个月，俄罗斯远东地区同中国内地省份的贸易额同比增长 17.1%，对华贸易已占其对外贸易的 48%。双方还商定增建中国北部地区与俄罗斯中央联邦区、中国东南沿海地区与俄罗斯西北联邦区两个地方合作机制，以激发两国地方合作潜力。迄今，两国缔结了 140 对友好省州和城市关系，俄罗斯有 59 个联邦主体与中国各省直辖市签有合作协议。

人文合作成果丰硕。2019 年，由哈尔滨工业大学和莫斯科鲍曼国立技术大学联合创办的哈工大鲍曼工学院在哈尔滨成立。俄罗斯已有 542 所高校文凭被中方承认，俄罗斯在华留学生人数突破 2 万。中国有近 4 万留学生在俄罗斯就读，同比增加 10% 以上。加上其他类型学生，两国在对方国家留学人数接近 8.5 万，2020 年有望突破 10 万。基于对汉语人才需求的上升，2019 年汉语首次成为俄

罗斯国家统一考试外语科目。“俄罗斯热”也在中国悄然再起，越来越多的人开始追俄罗斯影视剧、赴俄罗斯旅游。2019年，中国公民前往俄罗斯的人数达到225.7万，其中149.3万为旅游观光客，占赴俄罗斯外国游客的29.5%。中国游客在俄罗斯的人均消费高达1000美元。前往中国的俄罗斯公民为93万，同比增长25.7%。两国庆祝建交70周年活动吸引了双方民众的广泛参与。由中国中央广播电视总台制作的《平“语”近人——习近平喜欢的典故》(俄语版)在全俄广播电视公司新闻频道和中国中央广播电视总台俄语新闻平台同步开播。“乐动中俄”全媒体跨国创意活动创下两国民间交往参与人数新纪录，上线不久的点阅量即突破10亿次，从两国征集到的创意献礼作品超过1800万个。俄罗斯各大电视台播出的《中国的重生》大型纪录片再现了新中国开国大典和中苏建交的一幅幅珍贵彩色画面，深深地打动了中国广大观众。两国元首共同出席莫斯科动物园熊猫馆开馆仪式，谱写“熊猫外交”新篇章。普京总统就中方提供两只大熊猫开展合作研究表示感谢，称这是中方对俄方及其专家非常尊重和信任的体现。

公共卫生合作成为一大亮点。“大疫”当前，公共卫生领域合作成为中俄双方又一共同需求。俄方在新型药物、医疗器械创新领域有不少成果。中方在医药和医疗器械方面有很多研究项目或新的创新产品。譬如，已经或接近临床应用的无接触式激光采血仪、激光眼科手术设备（准分子和飞秒激光）、钬激光（肾结石）碎石机，快速尿液检测技术设备以及一些先进的康复治疗辅助器材等。2020年5月，国际顶尖医学期刊《柳叶刀》总编理查德·霍顿在接受中国媒体采访时也证实，在新冠疫情期间，中国医生和科学家已做出了最为杰出的贡献。因为中国有一个非常优秀的科学研究和医务人员群体。中国现在是科学大国，中国的科学发展已处于世界领先水平。现在中国是向《柳叶刀》系列期刊提供研究论文方面的领导者之一。[①] 可见，中俄在公共卫生领域，包括疫情防控、疫苗与药物研发等方面有着广阔的合作空间。

① 《〈柳叶刀〉总编接受白岩松专访：我认为中国应该非常自豪》，澎湃新闻网，2020年5月6日，https://www.thepaper.cn/newsDetail_forward_7242647。

三、新时代中俄关系面临的外部挑战和内部尚需完善的方面

在中俄元首战略引领和两国有识之士积极推动下，中俄关系得以持续快速发展。然而，如同国际关系中任何一对双边关系的发展都不会一帆风顺一样，特别是在当今世界正处于百年未有之大变局的当下，中俄面临的外部发展环境异常严峻，两国发展新时代全面战略协作伙伴关系也面临着诸多挑战和需要不断加强的方面。

（一）美国等西方势力对中俄长期实施遏制政策

美国仍把中俄视为其推行全球战略的主要竞争对手和威胁。尽管特朗普政府致力于“美国优先”的收缩政策并不断“退群”，但却丝毫没有放弃编织遏华制俄包围网的政策。虽然美国这届政府将中国视为美国最大竞争对手和主要威胁，但特朗普试图转圜美俄关系的政策已被共和党和民主党内斗绑架，美俄新一轮地缘角逐将愈演愈烈。基于俄美结构性矛盾根深蒂固，美国难以改变对俄罗斯的遏制战略。[①] 面对相同的不利战略环境，中俄为了各自的安全和发展，相互战略借重和战略协作将是长期的需要。两国唯有加强战略协作，守望相助，才能化危为机，实现各自民族的伟大复兴。

“大疫”当前，中方应坚定支持俄方在联合国递交的新冠疫情期间取消欧美对其旷日持久的制裁提案等诉求，俄方继续坚决反对个别国家污名化中国、对华追责索赔等无耻行径。中俄可发挥各自掌握的有关信息和地缘优势，共同推动世卫组织联合调查美国在世界各地的生物实验室，倒逼美方在诬陷中国问题上收手。两国不仅在关乎各自核心利益上给予对方道义上的强有力支持，还要在军事和战略安全上密切配合，不断充实联演科目，有效应对传统和非传统安全威胁。鉴于美国接连退出反导条约和中导条约的严峻情势，中俄应及早制定应对美国废弃《俄美第三阶段削减进攻性战略武器条约》的预案，加强两国在应对美国强化核武库方面的战略协作。在空中联合巡航基础上，中俄还应将这一合作机制逐步扩大至两国海军在相关海域联合巡航，迫使美国等西方鹰派势力对中俄的敌对政策回归理性和现实。

---

① 赵鸣文：《普京大外交：面向 21 世纪的俄罗斯对外战略（1999—2017）》，人民出版社、研究出版社 2018 年版，第 407 页。

（二）进一步加强中俄民众间深度认知和融通

新时代中俄全面战略协作伙伴关系要始终以互信为基石，筑牢彼此战略依托。虽然两国政府一直在努力加强双边关系，但两国民众对对方的了解和认知仍不够全面。正如俄罗斯前外长伊戈尔·伊万诺夫指出的，迄今，俄中两国的社会仍对彼此知之甚少，相互了解还常常依据远非客观的西方信息来源。[①] 两国中小企业间联系不多，缺乏长远合作目标，甚至不清楚10年后彼此关系会如何，包括靠近中国边境地区的俄罗斯居民没有消除对中国的恐惧和成见，双方的相互理解程度依旧不足以提升双方的合作效率。[②] 正因为如此，俄罗斯国内的“中国威胁论”时常泛起。加之中国赴俄罗斯劳务人员中也有一些缺乏环保意识，或以不正当手段与当地人竞争，引起俄方不满，从而进一步加剧了“中国威胁论”的蔓延。

一些俄国人对本国影响力不自信，转而对中国心存忌惮。俄罗斯科学院历史研究所民调显示，仍有三分之一以上（37%）的人相信中国的“劳务”是一种战略“扩张”，近一半的人认为中国对俄罗斯领土完整构成威胁，三分之一的人觉得中国威胁到俄罗斯经济发展。[③] 为此，俄罗斯有人提出应对中国投资保持谨慎。在此背景下，尽管俄罗斯高层对中国十分友好，但俄罗斯社会层面对中国的好感度却有所下滑。2018年7月的俄罗斯社会舆论基金会民调显示，俄罗斯民众视中国为友好国家的比例为62%，尽管这一比例并不算低，但相比2015年的77%峰值却直落15%；认为一年来俄中关系恶化的民众增加了10%，从2015年的15%升至25%；认为两国关系改善的民众比例从56%降至45%，下跌11%。俄罗斯圣彼得堡政治基金会会长维诺格拉多夫分析称，这一时期俄罗斯社会对中国好感度的下降可能与俄罗斯人“对中国的嫉妒感”有关。在新冠疫情肆虐的背景下，2020年初以来，俄罗斯人对中国的好感度再度下滑。1月，据列瓦达中心对俄罗斯50个地区137个居民点的1603名18岁以上公民调查显示，虽然受访者

---

① Игорь Иванов-министр иностранных дел России (1998~2004 гг.).Россия-Китай: к новому качеству отношений//Российская газета. 18 мая 2016 года.

② Костантин Волков.Мыслить постзападно-Россия и Китай искали площадки для диалога//Российская газета.04.04.2017.

③ Анатолий Комраков.Китаизацию Дальнего Востока стимулируют российские чиновники-Больше половины пахотных земель в регионах уже заняли граждане КНР//Независимая газета.22.10.2019.

对中国好感度比2018年高，但还是从2019年11月的72%下降到65%，对中国持负面态度的人数从18%上升至24%。相反，越来越多的俄罗斯人对西方好感度却大幅上扬，对美国和欧盟国家持正面态度的受访者从2018年的25%和32%上升到42%和49%，近80%的俄罗斯人对俄罗斯与西方结成伙伴关系和友谊纽带充满信心，67%的受访者认为俄罗斯应将西方视为伙伴，甚至有11%的人觉得西方是朋友，认为西方是竞争对手的人为16%，将西方视为敌人的仅有3%。

同样，中国也有不少人认为，在欧美解除制裁后，俄罗斯外交优先会重向西方特别是欧洲回摆。在能源合作方面，尽管俄方有能力满足中国20%的天然气需求，可中方却不想这样，即不允许任何外国在任何类型产品中占据过高的中国市场份额。

为此，两国应继续大力做好双方民心相通工作。双方可借鉴中苏友好时期两国文化交流的一些成功经验，再现双方中小学乃至高校学生“结对”交往的盛况，从对方多引进一些更能令当今民众尤其是广大青少年喜闻乐见的现代歌曲、影视和文学作品，将两国民众相知相亲工作做深、做实。针对“中国威胁论”，中方可在做好增信释疑工作同时，加强对中企特别是对国企的管理以及对劳务人员的出国教育，强化“外事无小事”意识，不说有损于中俄关系的话，不做有损于中俄关系的事，避免触碰俄方敏感之处；俄方也可发挥主流媒体舆论导向作用，用客观、公正的事实驳斥有损两国互利合作的不实之词，使其没有滋生泛滥的土壤和市场。

（三）进一步改善双边贸易结构和投资环境

中俄双向投资相比各自对欧美投资规模尤显不足，仍有待进一步扩大对方进入本国市场的“准入大门”。俄方业界人士认为，中方对俄罗斯企业在华投资没有给予多少政策倾斜，甚至觉得俄罗斯对中企政策比中方更开放。这在2014年俄罗斯“向东转”后体现得尤为明显，中方并未成为俄罗斯进口替代的重要伙伴，投资合作不是很积极。俄方电商企业协会抱怨，由于中方对俄罗斯包裹的进出口税高达包裹价值的60%，以至于只有传统的大批发商才负担得起，零售商对华出口无利可图。同样，中方业内人士认为，俄方不但没有为中企营商提供专门优惠政策，还对中企在其境内投资设限，抱怨俄方并不想对华出售中方感兴趣的军用和民用技术，即中国人感兴趣的一些东西俄罗斯给不了。[①] 况且，俄罗斯在对外经济领域奉行保守或审慎政策，这也一定程度上影响了投资者积极性。加之俄美关系持续走低和中美贸易摩擦前景未卜，都加剧了两国企业对对方市场不确定性的担忧，影响长期投资的战略和布局。而且，俄罗斯还是资源出口型国家，对华出口 80%以上是石油、矿石和木材等原料产品。近年来，尽管俄罗斯对华贸易出口结构有所优化，但迄今资源性产品仍占 78.51%—84.81%，机械设备等高附加值产品仅为 3.26%—6.94%。未来 20 年，俄罗斯对华出口结构将变得"更加原始和更加倚重原料"。[②] 虽然 2020 年第一季度中俄贸易额同比增长 3.4%，但随着新冠疫情蔓延，世界经济整体下行和能源及原材料价格的断崖式下跌，美国西德克萨斯轻质原油（WTI）的 5 月合约跌破 15 美元 / 桶，这无疑给资源性产品占据多数的中俄贸易额稳增长带来巨大挑战。因此，如不采取应对措施，不排除再度出现 2015 年两国贸易额大幅下滑的局面。要完成重新设定的 2024 年双边贸易额达到 2000 亿美元目标，两国的任务将十分艰巨。

为此，两国政府应责成各自主管部门加紧研究和寻找常态化疫情防控下的双方扩大贸易、提质增量的新路径。可以疫情为契机，加快编制《至 2024 年中俄货物贸易和服务贸易高质量发展的路线图》进程，精准施策，推动俄方再向中方开放一些诸如其领先于世界的高超音速等高科技领域合作，力争启动一两个战略性大项目，提前锁定双边贸易额的增长规模，促使双边贸易和投资增长落实到位。两国还要不断优化投资环境，以联合研制宽体客机和重型直升机等大型科技合作项目为抓手，逐步扩大创新产业的合作规模。中方可继续鼓励本国企业对俄罗斯非资源领域投资，俄方继续落实好"鼓励非原料非能源出口产品专项国家计划"，努力扩大对华非资源产品出口，使两国贸易在增加"量"的同时，加大提升"质"的力度，逐步使两国贸易和投资走上可持续的市场化轨道。

（四）进一步强化双边项目"具有法律效力"的前期可行性研究

虽然俄罗斯法律法规十分健全，但中俄双方仍有一些合作项目因俄方

① Казанин Максим.Золотой ключик Си Цзиньпина-Китайский бизнес узнал в Петербурге все, что хотел//Военно-промышленный курьер. 11 июня 2019 года.

② Ольга Соловьева.Россия стала сырьевой кладовой Поднебесной-РФ наращивает поставки углеводородов, Китай-изделий высоких технологий//Независимая газета.11.02.2019.

"单方面原因"被搁置或中途夭折。2019年，中方阿克瓦西伯有限责任公司（AquaSib）与伊尔库茨克市政府签订的从贝加尔湖深处取水、在库尔图克镇建瓶装水厂项目刚一开工，即遭到全俄几十个城市数百万民众联名反对。在时任总理梅德韦杰夫的复验令干预下，地方法院以最初通过的项目环境评估和相关听证会"没有考虑到濒危迁徙鸟类以争议土地为季节性栖息地"和"没有充分考虑珍稀植物分布情况"为由，最终废止了这个已投资2100万美元的项目。两国的莫斯科—喀山高铁项目被束之高阁，甚至退回到经济可行性评估原点。双方合作向中国和东南亚出口100架"苏霍伊超级喷气机-100"的项目止步不前。①

有鉴于此，双方在确定合作项目时必须进行"不可逆"的前期可行性研究，形成具有惩戒效力和法律约束力的"刚性文件"，尤其是双边大型合作项目，必须由国家担保，以确保合作和投资项目最终落实到位。

结 语

尽管发展新时代中俄全面战略协作伙伴关系面临诸多挑战，但两国关系发展的内生动力依然强劲，美国少数政客拼凑"抑华反俄联盟"并非易事。当今，欧盟和日韩等美国盟国并非事事追随美国，中俄在国际舞台有足够的战略回旋空间，两国携手为国际社会主持公道、维护世界公平正义，赢得更多国家理解和支持。虽然新冠疫情使世界经济受到严重影响，但2020年前3个月中俄贸易却逆势上扬，彰显了新时代中俄全面战略协作伙伴关系的强大内生发展动力。

经过70年风云变幻考验，中俄不仅有应对世界大变局的政治意愿和决心，而且承压和抗打击的能力也明显增强，能够经得起任何复杂国际局势变换的考验。站在新的历史起点上，两国将以政治、安全、务实合作、人文交流、国际协作为重点领域，深入发展新时代全面战略协作伙伴关系。展望未来，我们有理由相信，在两国元首战略引领和两国人民支持和参与下，中俄新时代全面战略协作伙伴关系将持续深入发展。

---

① Анатолий Комраков.Си Цзиньпин едет в Россию дружить против США-Фронт новой холодной войны пройдет через Петербургский экономический форум//Независимая газета.29.05.2019.